R Réserve

R 269

R. 574.

LES
DOVZE LIVRES
DE ROBERT VALTVRIN

touchant la difcipline Militaire

TRANSLATEZ DE LANGVE

LATINE EN FRANCOTSE

Par Loys Meigret Lyonnois.

AV ROY.

A PARIS,

Chez Charles Perier, demourant en la rue fainct Iean de Beauuais,
à l'enfeigne de Bellerophon.

1555.

Auec priuilege du Roy.

AV ROY.

I la cognoissance naturelle, & commune à tous hommes de la loy diuine conseillant le bien, & defendant le mal, confortée de la creinte d'vne iuste, & seuere peine, & vengeance, eut peu (Sire) d'vn bon remord refraindre, & arrester court nostre prompte, & indomtable concupiscence, ou que ce grant iubilé irreuocable de la remission de noz pechez donné par la clemence, & grace diuine, & publié à son de trompe par les quatre herauz Euangeliques, eut esté par vne entiere, & ferme foy receu de tout le monde, toutes iniustices, & outrages eussent esté supprimez, & tous Princes, & Potentaz releuez d'vn insupportable trauail, & solicitude, & hors de grans ennuiz, & perils. Mais comme pour l'insatiable desir de la volupté mondaine & delices, l'entendement, & la rayson soient mal obeiz, & suiuiz, il est auenu qu'au lieu d'vne mutuelle iustice, l'iniustice a audacieusement prins pied entre les hommes, tant par cauteleuzes paliations de droit, que par violances publiques, & effrontées. A ceste cause les hommes autant bons, que mauuais sentans la foiblesse de leurs forces priuées pour resister à ce commun mal, & peril, ont par vne certaine prouidence diuine auisé d'en dresser des publiques en leurs contrées: establissans Roys, ou autres Potétaz pour leur côduite, douez d'authorité & pouuoir, pour suyuant la raison & equité vuyder tous differens entre leurs subiects, refraindre & punir le dol, la malice, efforts, & outrages de ceux que la crainte, & menasses des sainctes loix n'ont peu dissuader, & retirer de leurs furieuses audaces. Ce que considerant sainct Paul a à bonne rayson ordóné (escriuant aux Romains) que toute personne suyuant l'ordonnance diuine porte obeissance aux princes, & autres magistras, côseillant au demourant de bien viure, à qui ne les voudra craindre: comme qui ne portent pas les armes sans cause. Combien que si les Potentaz n'eussent esté forcez qu'à les emploier à la punition, & vengeance des delicts, & offences priuées dentre leurs subiects, elles eussent esté la pluspart du temps oysiues, & au danger de la rouille, pour la crainte d'vne punition ineuitable, que la foiblesse, & inegalleté d'vne force priuée au pris de la publique peut facilement persuader à l'outrecuydé, & l'epouanter, & refroidir en ses audacieuses entreprinses. Mais apres que l'auarice & ambition (vices insatiables) ont embrasé les cueurs des Potentaz au moien de leurs grandes forces à vn ardát desir de richesses, & Empires demesurez: allors les armes iadis ordon-

≈ ij

nées pour la conſeruation d'vne iuſtice commune, ſe ſont decoché, & de-
bandé furieuſement ſur les etrangers auec toute violance, & cruauté, que
l'iniuſtice de la guerre a de coutume de forger: de ſorte que pour entendre à la defenſe d'eux, de leurs principautés, & ſubiects, leurs forces n'ont
plus eu grand loyſir ne repos, quelque repit, ou pluſtoſt reprinſe de halay-
ne qu'en donnent labſtinence, ou trefues : ny ne les a iamais peu rendre ſi
aſſeurez vne paix tant bien iurée qu'on voudra, qu'vne crainte epouanta-
ble de ſon effrayant & perilleux retour ne les ayt trauaillé, & forcé à vn plus
grant entretenement de forces, que ne requiert l'aſſeurance du gouuernement de leurs prouinces. De là eſt prouuenuë la diligence des hommes en
l'inuention de nouuelles armes tant pour la defenſe, & conſeruation d'eux,
de leurs maiſons, & pays, que pour courir ſus, & pourchaſſer vne ruine à
leurs ennemiz. Et comme finallement la neceſſité ayt trouué tous les arts,
celle de la guerre comme la plus perilleuſe & mortelle a preſſé les hommes
de dreſſer quelque obſeruance de loix, & ordonnances pour ſa conduitte,
leſquelles gardées ſont de grant proffit, & conſequence: comme auiourdhuy on le peut voyr en ceſte diſcipline militaire entre les gens de guerre
François, de la quelle toute la France vous recognoiſt premier autheur &
conſeruateur : ayant ia ſi bien proffité, que comme par cy auant la nation
Françoiſe denuée d'elle eut faict quelque perte de ſa reputation, elle l'a au
moien de voſtre diligence recouuré ſi apparante, ſoit pour les courſes, eſcar-
mouches, batailles, defenſes de places, & forts, ou pour aſſauls tant en gens
de pied, que de cheual, qu'il ne ſe treuue auiourdhuy peuple ſi agguerri qui
n'en redoubte le rencontre. Car qui donne bon ordre au payement de la
ſoulde comme vous l'auez faict, le donne auſſi à l'obeiſſance du ſouldat:
ſans laquelle il eſt impoſſible d'en tirer ſeruice : de ſorte que de tant plus
qu'vne armée ſera grande, de tant plus ſera ſa ruine & confuſion lourde:
tout ainſi que nous le voyons auenir en toutes autres choſes grandes &
maſſiues, eſquelles les fondemens, ou forces defaillent: veu que comme les
finances ſoient les nerfs, à bonne rayſon on les tient & eſtime les forces de
la guerre: Et combien que la paye deut eſtre vn ſuffiſant moien pour con-
tenir le ſouldat en l'obſeruance des ordonnances d'elle: la hardieſſe toutefois accompaignée, & confortée de force eſt aiſée à ſe deboſcher, & debor-
der en toutes façons d'outrages, pilleries, detrouſſes, voleries, & violemens,
ſi la frayeur d'vne prompte, & ſeuere execution de iuſtice ne la tient de
pres, la refrenant, & arreſtant quaſi comme d'entraues. Laquelle toutefois
ſe trouuera foible & ſans effect, ſi la pourſuite depend des couſts, & fraiz
de la perſonne offenſée: comme qui pluſtoſt liurera aux delinquans aſſeurance que crainte de peine en leurs mesfaicts, veu qu'il n'eſt gueres d'hommes de ſens, qui ne preferent vne pacience en leur perte, ou outrage
à vne nouuelle depenſe, pour le deſeſpoir qu'on a de la recourſe, &
qu'vne vengeance eſt de bien petite reſourſe, & recompenſe: ioint que
combien que le vouloir y ſoit bon, & prompt, il eſt toutefois le pluſſou-

uent fans moien, & puiffance. Eftant donques l'obeiffance des fouldats af-
feurée, il ne refte plus à vn chef qu'vne bien auifée conduite qui eft vne
charge prefque infupportable à l'efperit de l'hóme, tant foit il vif, prompt,
fubtil, & vigilant : d'autant que la guerre tient en hazard tout ce que l'hóme a le plus cher, comme les biens, la vie, & l'honneur. Voylá d'ont vient
que tous les iours on rumine tous moiens de ruzes, & inuentions nouuelles, d'ont on fe peut auifer pour offenfer l'ennemi, & le ruiner : ny n'eft fi
petit aduertiffement auquel vn fage capitaine ne prefte l'oreille. A cefte
caufe, Sire voyant voftre bon vouloir, & diligence en l'eftabliffement, &
exercitation de l'art militaire, i'ay prins la hardieffe de vous vouer, & ad-
dreffer cefte prefente tranflation des douze liures que Robert Valturin a
compofé, faifant vn recueil de la difcipline militaire ancienne tirée des
fauans, & notables autheurs, tant Grecz, que Latins : efperant bien que la
lecture ne vous fera pas feulement aggréable pour le defir que communement tout homme a de la cognoiffance de l'antiquité : mais auffi pour
le contentement que vous y trouuerez en quelque doctrine, & quelques
notables auertiffemens non moins neceffaires au temps prefent,
qu'ilz furent onques pour le meftier de la guerre.
Au demourant Sire ie prie Dieu autheur de tous
biens, & de toutes graces, de donner par
fa clemence fi bon ordre à tous voz
affaires, qu'en menant vne vie
faine, longue, & profpere,
vous & voftre peuple
puiffiez toufiours
en paix luy dõ-
ner toute
louáge,
&
gloyre.

De Paris ce 28 de Mars 1554

Voftre trefhumble & obeiffant fubiect
Loys Meigret.

AV LECTEVRS.

E vous emerueillez pas si en ceste translation françoise vous trouuez quelques clauses perfectes, ou imperfectes delaissées en langue latine. Car comme Valturin ayt poursuiui les significatiõs, & expositions des vocables latins militaires, il a pour leur donner authorité, & prouuer l'vsage, allegué
bien souuent des passages tronquez, priz en autheurs bien approuuez : sans au demourant auoir le plussouuent egard à la substance perfecte du texte. Parquoy ie n'auoy
pas besoing de les translater, combien que i'en ay traduit quelques vnes. Au regard de
la diuersité des rimes d'ont i'vse, & mesmement d'vne fort libre en ses finalles, enten-
dez que comme en brochant ceste translation ie laissasse quelques poësies à traduire
iusques à la reueue, d'vn desir qu'ont tous hõmes de se haster, ne faisans quasi qu'ebos-
cher pour venir, & voir la fin de leur entreprinse, il est auenu qu'en lisant les Odes de ce
tant admirable, & renommé poëte Ronsart, i'en ay decouuert de mesme, qui m'ont enhardi à faire le semblable : d'autant que ce seroit à luy d'en suer le premier : mesmes
qu'vn translateur ne saroit cercher, ne s'ayder de trop d'aisances pour rendre son euure
dè tant plus facile, & entendible. Au demourant i'ay trouué cest Autheur Valturin
d'vne impression si corrompuë, & mutilée, que quelque fois de desespoir d'vne honnorable poursuite, i'é pensé de faire vne tacite retraicte : comme qui preuoyoye par la lecture,
le temps plus long, & le labeur plus ennuyeux à reparer les fautes, que ie n'en ay employé au reste de la translation : quoy que ie confesse franchement, & rondement, en
y auoir laissé (oultre les incognues) aucunes de mon sceu, pour n'auoir peu coniecter
le sens, ou bien l'Autheur, duquel il a tiré son auis. Aussi ne se fault il pas emerueiller
si les anciens ecriuains, & imprimeurs en la langue latine sont tumbez en telles corru-
ptelles, d'ignorance ou bien d'vne trop grande presumption de leur suffisance, veu qu'auiourdhuy nous voyons les nostres faire le semblable à nostre nés, mesmes en nostre langue
maternelle. Pensans de vray les aucuns d'eux auoir beaucoup meilleure cognoissance, &
experiance & vsage de la langue françoise, ilz corrigent bien souuent les euures d'autruy, cõme silz en auoient à porter le reproche : & ce non seulement en l'Orthographie,
de laquelle ilz s'vsurpent tousiours l'authorité, mais aussi es mutations des vocables.
    Parquoy i'é auisé apres auoir faict la lecture de ceste presente impression de
dresser vn traicté des fautes principalles, & difficilles à corriger
de prime face : commises tant par leur ignorance,
que par leur presumption.

Table des chapitres contenuz es douze liures ·
DE ROBERT VALTVRIN.

Liure premier.

DE la premiere & seconde source de l'art militaire : de quelles nations il est premie-
tement sorti, & pourquoy il a esté ainsi dist. *chap.j.feuille.1.a*

Qu'est ce que l'art militaire, & en combien de parties il est distribué selon la doctrine
d'Iphicrate. *chap.ij.feuil.2.b*

Des lettres, & de beaucoup de choses dignes de memoire, de ceux qui s'y sont adonnez. *chap.iij.feuil.3.a*

Liure second.

Que la cognoissance de Philosophie & des histoires porte de merueilleux proffictz à
ceste discipline, & que bien grandz Capitaines ont escrit histoires. *chap.j.feuil.9.a*

De l'eloquence, & de quel proffit elle est en cest art. *chap.ij.feuil.11.b*

Des Poëtes, quel fruict en vient, quelz sont receuables, quelz danables. *chap.iij.f.14.a*

De la musique, & quelle acointance elle a auec l'art militaire. *chap.iiij.feuil.17.a*

De l'Arithmetique & Geometrie militaire. *chap.v.feuil.19.b*

Liure troisiesme.

De l'Astrologie, & diuerse façon pour preuoir les choses futures, s'il en est aucun art. *chap.j.feuil.21.a*

Liure quatriesme.

Des Loix. *chap.j.feuil.30.a*

De la Medecine. *chap.ij.feuil.34.b*

De l'exercitation de la guerre, & de celle de cheual. *chap.iij.fueil.37.b*

Du repos des gens de guerre. *chap.iiij.fueil.41.a*

Liure cinquiesme.

Des quatre especes de vertuz, & de leur departement, & quelz chefz de guerre en ont
esté tenuz excellens. *chap.j.f.42.b*

Des auiz des chefz d'armes, que les Grecz appellēt Stratagemez, & des propoz dictz
auant, durant, & apres la guerre sagement, de bonne grace & rencōtre. *cha.ij.f.47.b*

Liure sixiesme.

La façon des anciès pour signifier & mener la guerre, & pour passer accord. *ch.j.f.59.a*

De la forme d'euoquer, & vouer. *chap.ij.f.60.a*

De la religion des anciens capitaines d'armées. *chap.iij.f.61.b*

Que la guerre estoit vnechose si ceremonieuse, que nul n'estoit receu au nombre sans
serment. *chap.iiij.f.62.b*

De quel temps premierement le serment de la guerre a esté d'vn accord voluntaire prins

≈ iiij

entre les gens de guerre, transferé aux Tribuns, & à vne legale action de iurement, & que c'est qu'ilz iuroyent.   chap. v. f. 62. b

Les parolles du Tribun des gens de guerre, quand il falloit faire leuée. chap. vj. f. 63. a

Que le ferment des chefz de guerre estoit l'eleuation du sceptre.   chap. vij. f. 63. b

Le moyen de diuerses nations à leuer gens de guerre.   chap. viij. f. 63. b

Du chois des cheuaux.   chap. ix. f. 67. a

Le moyen des nations à élire vn chef.   chap. x. f. 67. b

L'ordre de marcher en bataille selon la discipline Gercque & Romaine. chap. xj. f. 70. a

Diuerse maniere de dresser batailles.   chap. xij. f. 70. b

Liure septiesme.

Des perilleux, c'est à dire malheureux ou infames iours d'aucuns moys, & du temps idoëne à la guerre.   chap. j. f. 77. b

De l'assiete d'vn camp.   chap. ij. f. 79. b

De la recognoissance de la contrée ennemye, & de la multitude, vouloir, entreprinse, & conseil.   chap. iij. f. 80. a

La forme d'vn camp, & les façons de faire de ceux qui en ont la charge. chap. iiij. f. 81. b

Quelz hômes on doit enuoyer pour parlemêter auec les ennemys s'il le fault. ch. v. f. 83. b

De quelle prudence on doit parlementer auec l'ennemy.   chap. vj. f. 83. b

Qu'on doit auoir égard aux armes des ennemys.   chap. vij. f. 84. a

Que la multitude des armées doit estre considerée, d'autant que grandes armées ont esté rompues & deffaictes d'vne bien petite.   chap. viij. f. 84. a

Qu'on doit decouurir la fantasie des assiegez.   chap. ix. f. 86. a

Qu'il est de faire s'il auient qu'on assiege vn camp.   chap. x. f. 86. a

Que quelque fin de guerre qui s'offre, elle ne doit iamais estre delaissée. chap. xi. f. 87. a

Qu'il est de faire si apres la bataille perdue, on s'est ietté dedans vn fort. chap. xij. f. 87. a

Qu'il est de faire la ou les ennemys veincuz en bataille n'ont point de retraicte.   chap. xiij. f. 87. b

Que l'auis de plusieurs capitaines n'est pas de poursuiure les fuyans opiniatrement iusques à vne extreme ruine.   chap. xiiij. f. 88. a

Qu'il fault auoir l'ennemy par esclatz: ny n'est rien tant bien seant à vn chef, que le retardemêt & dissimulation: ne rien moins que la hastiueté & temerité. cha. xv. f. 88. b

Qu'il fault auiser que par vne gloire on ne tombe en peril, & ruine, au moyen d'vne bonne fortune.   chap. xvj. f. 89. b

Que les apparatz des banquetz se doiuent euiter en vn camp.   chap. xvij. f. 90. a

Quelles choses sont necessaires tant pour bailler secours, que pour le tirer, s'il auient que nostre armée soit enfermée d'vn camp, ou de places fortes, ou qu'elle assiege quelqu'vn.   chap. xviij. f. 91. a

Liure huitiesme.

Des vocables Latins anciens & excellens d'vne dignité publique en l'art militaire.   chap. j. f. 94. a

Liure neufiefme.

Qu'eſt ce que la guerre, & en quantes manieres, & d'ou ſont deriuez les autres vocables des armées, & quelles ſont les cauſes des bataillons, & de leurs denominations.   chap.j.f. 116.a

Liure dixiefme.

Des abitz d'ont vſoient anciennement les Romains, auec les noms, deriuation, & interpretation d'iceux.   chap.j.f. 131.b

Des armes, & de la ſourſe du vocable.   chap.ij.f.134.a

Des armes deſquelles nous ſommes couuers.   chap.iij.f.134.b

Quelles armes ſont propres au combat, & quelz noms ont les inſtrumens de guerre.   chap.iiij.f.138.b

Liure vnziefme.

De la guerre marine, & du temps que premierement les Romains l'exercerent, & du premier qui a eſté digne du triumphe matin.   chap.j.f. 176.a

Quel bois eſt le plus conuenant à nauires.   chap.ij.f.177.a

Qu'il fault auoir eſgard au temps de la coupe & de la lune.   chap.iij.f.177.b

Des cloux d'ont il fault aſſembler le baſtiment d'vn nauire, & quelz doiuent eſtre.   chap.iiij.f.178.a

Du premier vſage des nauires, & de leur forme receuë entre les anciens, leurs noms, & du premier qui à part a trouué les moyens de les conduire.   chap.v.f.178.a

Le nombre des vens, leurs noms, raiſons, & effectz.   chap.vj.f.181.a

La marinale Aſtrologie ſelon l'obſeruation du ſoleil, & de la lune, & des autres eſtoilles, & des paſſions des Elemens.   chap.vij.f.185.b

Les remedes de ceux qui ſont en peril.   chap.viij.f.186.b

Ce qu'on doit faire auant que de tirer à l'ennemy.   chap.ix.f.187.a

Ce qui eſt neceſſaire au rencontre des deux armées.   chap.x.f.187.a

Inuentions dignes de memoyre pour paſſer riuieres.   chap.xj.f.188.a

Quelles armées par mer, ou par terre ont eſté merueilleuſemēt grādes.   chap.xij.f.194.a

Des grandes proueſſes des gens de guerre, tant par mer que par terre, qu'on recite.   chap.xiij.f.197.a

Comparaiſon de la gloire auec le parragon & excellence des chefz.   chap.xiiij.f.199.a

Peines diuerſes des ſoldas habandonnans leur enſeigne, & deſobeiſſans à leurs capitaines.   chap.xv.f.208.b

Liure douziefme.

Des triumphes, & que c'eſt, & d'ou il eſt venu.   chap.j.f.213.a

Des trophées, & de leur origine, & en quoy ilz ſont differens du triumphe.   chap.ij.f.213.b

Diuers genres de triumphes, ſelon la diuerſité des peuples & nations.   chap.iij.f.214.a

Que les triumphes n'eſtoient pas octroiez à tous, & quelz ilz eſtoient.   chap.iiij.f.214.b

Les paremens, & ornemens des triumphans.   chap.v.f.215.b

La façon des Romains en leurs triumphes. cha.vj.f.216.b

Les loix touchant les coronnes. chap.vij.f.218.a

Les honneurs es personnes priuées. chap.viij.f.222.a

Les seruices d'aucuns victorieux & triumphãs renõmez par surnoms. chap.ix.f.223.a

Les recompences des anciens, pour les prouesses. chap.x.f.225.a

Les tiltres renommez non seulement pour la memoire des chefz viuans: mais aussi des trespassez, & subsequemment des Columnes, Obelisques, Pyramides, arcz, boucliers, tableaux & vases pour cela edifiez. chap.xj.f.226.b

Les solennitez des ieuz. chap.xij.f.229.b

Les oblations des princes faictes aux Dieux du butin des guerres. chap.xiij.f.232.b.

FIN DE LA TABLE.

Pour euiter les repliques d'vn mesme nombre, tant es chapitres, feuilletz que pages. Les chapitres sont signez de nombre françoys. Le feuillet, du nombre latin. Et les pages par a. & b pour premiere & seconde.

Les fautes notables, pour la premiere page lisez a, & pour la seconde b.

Lisez au feuillet 6.a, ligne 33, reuestement, f.9.a, l.26, enfregnions f.12,b,l.21, comme qui est f.13,b,l.31, Grecz ce.f.16,b,l 16, ostez aussi. f.18,b,l.8, apprendre: f.22,a,l 19, & la. f.25,b,l. 6, ce qu'il ne, & l.8. Argiues, f.28,a,l.18, entre lesquelles, b,l.7, si cest.f.32,b,l.24, denomination, f.33,a,l.36, Parthes, f.34,a, en l'apostille, mente, pour merito, & b,l.44, Monarre. f.40,a,l.31, baricaues. f.42,a, l.23, bien de ceste.f.45,b,l.27, est la louange, & l.41, corruptelle.f.50,a,l.23, etaché.& l.46, dit qu'il. b,l.14, ceux ausquels.f.53,b,l.23, de tant plus f.55,b,l.41, fante.f.57,a,l. 1, baricaues. f.59,b,l 34, ces hommes, ou ces.& l.41.terrestres.f.60,a,l.22, n'auoir.l.28, arenes.f.65,b,l.13, le ronfler.f.66,b,l.25. aiumentiz.f.71,a,l.1, & font, & l.2.comme fit, b,l.3, recouurera.f.72,a,l 36, campaigne.f.73,a,l.4.combat, ordonnãt. & l.8. de partir.f 74,b,l 35, bancs de barba, pour seccaignes. f.78,a,l.17. restituerent, & l.25, Maxon, b,l.7, se font mal.f.79,b,l.33, verrues.f.81,b,l.19, ilz sont.l 28.es quatre.f.85.b.l.17. emeuz.f.100,a,l.4, Cereales.f.108,b,l.33, par ce qui, f.109,a.a Troye.b, ostez ordónées.f.110,a,l.28, effacez, l'apostille, & aioustez au texte apres malice, ou (multitia). & l.41, mettez en apostille (Cela n'est pas obserué entre les Francoys: car on n'employe pas gueres souuent les gens de guerre a tels actes.) f.111,a,l.22, Vulsins.f.112,b,l.29, de quinze.f.114,a,l.6, façon.f.116,a,l.11, denominatiõs. f.117,a,l.22, Pentathlum.f.18,b.l.17, six vingts.f 119,a,l.43, estayes.f.120,b,l.26, meschans, pour. f.123,a,l.17, peignoit.l.19. Tout ce.& l.36, Patuluque. f.125,b,l.29, soixante seize. f. 129,b,l. 7. Volsinies.f.130,a,l 43, fit sonner.f.132,b,l.40, Capitaines, estoit.f.134,a,l.5, combat seroit b,l.30, bauiere f.137,b,l.28, Sons de boucliers f.157,b,l.9, l'œil. f.176.l.10, Hausser.f.184,a,l.1, Tonne. b,l.1, & qu'en f.201,b,l.11, venu.f.210,a,l.3, troupes pour bandes. f.217,b,l.37, qui a esté vne coutume obseruée.f.219,a,l.18, proscription. f.223,b,l.41, sus, f.226,b,l.16, en pliz d'vne.f.230,b, l.37. Chacun an.

Extraict du priuilege du Roy.

Par grace & priuilege du Roy, il est permis & octroié à Charles Perier, Libraire iuré
& Imprimeur en nostre vniuersité de Paris, d'imprimer, ou faire imprimer, tant de
foys, & en tel nombre que bon luy semblera, ce present liure, intitulé Les douze liures
de Robert Valturin, translatez de Latin en Françoys, par Loys Meigret Lyonnois:
& sont faictes inhibitions & defences par ledict Seigneur, à tous autres Libraires
& Imprimeurs & personnes quelconques, de n'imprimer, ne faire imprimer, vendre
ny distribuer, en ses païs, terres, & seigneuries, autres que ceux qu'aura imprimé, ou
faict imprimer ledict Perier: & ce durant le temps & terme de dix ans, à commencer du iour & datte que seront paracheuez d'imprimer lesdictz liures: sur peine
de confiscation des liures qu'ilz imprimeroyent, & d'amende arbitraire, applicable
audict Seigneur. Et outre ce ledict Seigneur, tant pour ceste œuure que pour autres con-
tenues & mentionnées en sesdictes lettres, en mettant au commencement, ou à la
fin, en brief & au vray (sur peine d'encourir crime de faux) le contenu en sesdictes lettres de priuilege, veut & luy plaist qu'elles soient tenues pour suffisamment signifiées à tous libraires imprimeurs, & autres: & soit cela de tel effect & vertu, que si lesdictes lettres leur auoyent esté expressement signifiées &
monstrées: sauf que en cas de debat ou contredict, ledict exposant sera tenu leur
monstrer, & exiber, le present original, & d'iceluy leurs en bailler coppie, à leurs
despens: & ce par expres mandement dudict Seigneur, à tous ces iusticiers, & officiers: nonobstant oppositions ou appellations quelconques, mandemens, ordonnances,
restrictions, defences, establissemens de cours & iurisdictions, & lettres à ce contraires: lesdictes defences tenans comme plus à plain est contenu & declaré par lesdictes lettres de priuilege, sur ce données à Paris le, 15. Mars 1554
Par le Conseil

De Courlay

LES DOVZE LIVRES DE

ROBERT VALTVRIN DE L'ART MILI-
taire, Vouez au Magnanime & Renommé Prince Sigifmond
Pandulphe Maleteſte, Treſexcellent Roy de Rimene,
Chef touſiours victorieux. Tranſlatez de Latin
en François par Loys Meigret Lyonnois.

LIVRE PREMIER.

De la premiere & ſeconde ſourſe de l'art militaire; de quelles nations
il eſt premierement ſorty, & pourquoy il a eſté ainſi dict.

CHAPITRE PREMIER.

OMME il ſoit tout commun entre tous les
hommes de noble eſtime, qui ſoubz la guide
de Xenophon & de Ciceron ont eſté d'vn
vif & excellent entendemét, que la force de
l'hóme de ſoy par trop foible & freſle, ne ſoit
pas ſuffiſante pour pouuoir embraſſer tous
les affaires commodes à la vie tát à la maiſon
que hors, & qu'elle a beſoin d'ayde: il eſt manifeſte que l'aſſemblée du maſle & de la femme a eſté raiſonnablemét dreſſée par nature:
à celle fin qu'il ſen fiſt vne compagnie treſprofſitable, & meſmement neceſſaire à la vie: & que ce ſoudain prinſt de l'vn qui bien ſouuét defaudroit
en l'autre. Et comme outre plus on euſt à viure es maiſons, & non pas cóme du commencemét en plain champ, il a eſté neceſſaire que l'vn fuſt dehors aux champs, qui par ſon trauail & induſtrie procuraſt les fruictz &
alimens pour les ſerrer à couuert: & que lá ou ilz ſeroyent acquiz & arriuez
à la maiſon, il en fuſt vn autre qui les gardaſt amaſſés pour l'vſage neceſſaire à la vie: A bon droict donques eſt l'induſtrie de la femme dónée par nature pour le menage de la maiſon, & toute celle de l'homme au ſoing &
trauail des champs & forein pour porter la faim, le veiller, le chaud, & le
froid aueques les voyages & peines de la paix & guerre, & des autres
meſtiers, & fourniture de la ſoulde. Et pourtant nature a créé les hommes
plus hardiz que les femmes: d'autant qu'il eſtoit quelques fois neceſſaire
à ceulx qui conſeruoyent leur vie dehors & aux champs, de repouſſer vn
outrage à force d'armes. Laquelle maniere d'hommes les vns ont appellé

A

les defenſes du païs & gens de guerre : les autres, gardes : les aucuns les ont
appeléz Soldatz par vn plus commun vocable, dont il auient que ceſt art
militaire, qui a eſté procreé de bons & honneſtes principes pour la cómodité de la vie ſelon nature es compaignies & amas des hommes aſſemblez
par raiſon (que les noſtres appellent Cité) ſemble auoir eſté liuré & octroyé
pour le ſalut & vtilité des hommes. Or comme ie conſidere à part moy les
choſes anciennes ia delaiſſées & abolies de la memoyre des hommes, ie ne
puis bié entédre pourquoy on a attribué l'origine de ceſt art aux edifieurs
de villes, ou bien aux Gouuerneurs d'elles. Ie treuue de vray que les ſourſes
de ceſt art ont eſté merueilleuſemét anciennes, & inuentées long temps au
parauant l'edification des villes, & des loix, & au parauant l'vſage du fer &
du cuyure: ſoit qu'elles ayent prins leurs racines de ce grãd Iuppiter, lequel
Platon deſcrit eſtre accompaigné au ciel de l'armée des dieux auecques les
eſpritz ayans les gouuerneurs, Prefectz, & Preuoſtz, ou bien à ces hommes
ignares & engendrez de terre, comme le recite le Poëte.

Es champs le chef leua de la race terreſtre: Ou bien naiz par quelque corruption, ou par quelque autre moyen ſans pere ne mere, & conſeruez ſans
cognoiſſance de droict, ne de beaucoup de choſes: attendu qu'en ce temps
là il n'eſtoit nul droict naturel ne ciuil mis en eſcrit, ne nulz commence-
més de ſapience, ny n'eſtoyét les diſſentions, diſcordz, inimitiez, ne guerres commãcées. Car comme dit Ceſar le Germanique en la poëſie Aratée.

,, *La rage encor n'auoit l'eſpe' ſacqué cruelle,*
,, *Ny entre les parens eſtoit diſcord cogneu.*

ne meſmes aux eſtrangers veu qu'il n'eſtoit pour lors aucunes eſpées pour
degainner, attendu que la peine augmentée de conuoitiſe, rage, malice, &
meſchanceté a prins perfection par forfaictz, pilleries, rapines, meurtres, &
cruauté. Le meſtier bellique ne ſembloit pas ſans propos ainſi dict & appellé par Horace à cauſe des Bellues: d'autant qu'à la façon d'elles ilz combatoyent alors pour les viures & cauernes qu'ilz auoyent pour maiſons, à
ongles & dens: ou bien d'autant que la diſſention d'elles eſtoit mortelle.

,, *Quand premiers ſur les champs vindrent les animaulx*
,, *Pour les gites & gland ces muets & brutz troupeaux*
,, *Combatoient d'ongl' & poins, puis aux baſtons le cours,*
,, *Puis aux armes ſoudain forcé fut le recours.*

Si les premiers n'euſſent ramené du commencement ceſt art procedé
d'entrée de nature, & alors rude & preſque fortuit, à vne diſcipline, & à l'ex
ercice d'experience, comme ont fait les Aſſiriens, leſquelz ont eſté les premiers qui certainement ont mené la guerre à leurs confins; combien que
non gueres cruelle ne trop rude, d'autant que les peuples eſtoyent encores
bien neufz pour y reſiſter, ne n'eſtoyent en grãd nombre, ne fort peuplez,
attédu que c'eſtoit mille ans apres le deluge de Noé, lors que le Roy Ninus
fils de Belus (auãt lequel ie ne treuue rien es liures eſcript d'excellent) a mis
ſoubz ſon obeiſſance ceſt Egiptien Veſor, & Tanée Roy de Scytie menans

la guerre

la guerre aux nations loingtaines, fans chercher domination, mais tãt feulement la gloire de leurs peuples(i'excepte toufiours les contens de la feule victoire) aufsi a-il toutes les nations & peuples depuis les limites de la Syrie iufques à l'extremité de la Lybie: auquel temps ilz commécerent à f'entredreffer embufches, & f'acquerir gloire par le fang humain : ou comme les Abantes, lefquelz feulement eurent l'art de combatre de pres, & outre tous autres, de venir au cõbat de main à main auecq l'ennemy. Car comme dit Antiloche:

,,   *Les druz arcz ilz ne tendent ou tirent coups de fonde,*
,,   *Ny ne donne fur mer les cruelles batailles*
,,   *Le fier Mars: car de pres à la roideur d'efpées*
,,   *On vuide le combat, dont fur tous ont vfé*
,,   *Les vaillans en bataille & fiers Negrepontoiz.*

Ou bien comme les Candoys, le païs defquelz a eu le premier renom eñ rames & fleches, ou bien comme les Chalibes qui ont efté les plus hardiz de toutes les nations belliqueufes : par lefquelz a efté le fer premierement fouillé & mis en œuure : ou bien(comme il femble à Hefiode)par ceulx de Candie, qui ont efté appellez Dactyles Idées. Les autres donneront cefte gloyre, partie aux Aphricains, partie aux Theffalins, du nombre defquelz les Centaures habitãs au long du mont Pelion, ont premieremẽt monftré à cõbatre à cheual & de volter à toutes mains.Mais quant aux Aphricains, d'autant qu'ilz ont efté les premiers qui contre les Egiptiens ont combatu à cours baftons, qu'ilz appellent Phalanges, il f'en trouuera qui debatront au contraire, comme les Doces, les Medes, & Thraces : lefquelz on tient fi certain auoir toufiours efté fi gés de guerre, qu'on dit communemẽt, Mars eftre nay entre eulx.D'autre part les Gaulois querelleront cefte gloire contre ceulx cy, comme leur eftant à bon droict deuë : veu que par l'auis des Druides ilz fe diét eftre tous naiz à la guerre par leur pere Ditis, auquel toute la force & nature terreftre eft dediée : ne fouffrans venir publiquement deuant eulx leurs enfans que premierement ilz n'ayent l'age fuffifant pour le fais de la guerre. Les autres l'attribueront aux Atheniens, d'autant que leur Cité(dont il n'eft rien plus renommé en la Grece)depend de Minerue princeffe & deeffe, inuentrice de la guerre, & des armes, laquelle on appelle en Grec Ἀθηνᾶ, comme qui belliqueufe & fage, a voulu elire la region telle, qu'elle portaft les hómes telz qu'elle eftoit. Plufieurs finallemẽt la lairront aux Lacedemoniés, la difcipline defquelz il eft manifefte(à fin que ie laiffe les autres)par les exéples de † Maharbal excellét capitaine, & par Xantippe combien elle a efté profitable en l'exercice de la guerre.De vray par l'induftrie de ce Xantippe foldat ou capitaine, il fut tué trente mille Romains, eftant leur chef Regule prins, auec le nombre de cinq centz cheuaulx. Hannibal aufsi en la fecóde guerre Punique, apres eftre paffé par les Alpes en Italie, f'aydant de ceft autre Lacedemonien pour guide, auecq vne armée prefte, hardie, & prompte à la guerre, a (comme lon dit) tué plus de

† Atqui Maharbal hic, Carthaginenfis erat, filius Hunilconis, factionis Barchinç. tefte T. Liuio.

A ij

deux centz mille hommes du peuple Romain , & prins plus de cinquante
mille. Par la conduicte duquel (ie me tais du demourant) c'eſtoit faict des
Romains apres ceſte tant grande & merueilleuſement epouuantable deffaicte aux Cannes,ſi le retardement d'aſſaillir la ville de Rome,n'y euſt fait
obſtacle,& que l'art de la guerre en vn ſi grand trouble d'affaires,ne fuſt retourné d'vne lógue demeure quaſi comme reſſuſcité de mort à vie. Lequel
finallement apres manié en toute diligence,n'a pas ſeulement procuré aux
Romains la principauté de tous leurs voiſins,comme Sabins, Hetruſques,
Latins, Hernicains , Volſques , & Auronqueins , & de tous les peuples de
l'Italie : mais d'auantage les a fait Roys & Seigneurs de preſque toutes les
nations & peuples eſtranges du rond de la terre.

QV'EST CE QVE L'ART MILITAIRE, ET EN
combien de parties il eſt diſtribué ſelon la doctrine d'Iphicrate: & comme
il eſt parfaict en trois choſes,tout ainſi que les autres arts:par nature,
doctrine, & exercitation: & comme il eſt de beſoin à cil qui
auecq' gloyre veult commander aux autres, entendre à
pluſieurs exercitations des artz nobles. Chap. I I.

L'ART militaire eſt vne certaine partie ciuile, & meſtier fort honorable, pour en defendant cóſeruer les autres parties de la puiſſance ciuile , & qui meſmement eſt neceſſaire ſelon nature : &
pourtát à bonne raiſon forcée à ce meſmes par diuers exemples
de diuers temps,par chois & ſermét. Ceſt art donques eſt(comme dit Iphicrate)departy en gens de pied & de cheual,bataillons & chefz.Les gens de
pied tiennent la ſemblance des mains, ceulx de cheual des piedz,le bataillon du pis,& de la poictrine:au regard du Capitaine,il tiét celle de la teſte:
lequel,comme dit Ariſtote, eſt comme l'entendement ou l'eſprit . Oultre
plus ceſt art eſt acomply de ces troys choſes; de la nature,doctrine,& exercitation. Par la ſource de nature les hardis ſont engendrez des bons & hardiz. La vertu des peres eſt es taureaux & cheuaulx,ny n'engendre l'aigle le
debile pigeon,comme dit Horace . Mais qui doute que la doctrine & inſtitution ne ſoit de grád ſecours à ceſt art ? veu que iadis on ait donné grád
honneur aux batailles vuidées par toute maniere d'artifice des artz nobles,
cóme quaſi à vne pepiniere de Capitaines & Chefz : & que noz anceſtres
auoient de coutume de bailler à ceulx qui alloient à la guerre des gardes &
maiſtres pour les dreſſer la premiere année. Ce que auſi le Prince des Poëtes n'a pas oublié en ſa poëſie de Pallas,diſant:

,,   *Soubs ta guyde mener le meſtier de la guerre,*
,,   *Euure de Mars moleſte.*

Au demourant la vigueur de l'vſage & exercice eſt tel, que le coeur des
combatans eſt touſiours preſt au combat, & ardant à la bataille : là ou ſi tu
menes vn nouice de guerre tu le trouueras tenant de la femme:& combien
que coutumierement ſon age le rende plus roide que n'eſt le viel ſoldat,
toutteſſois

touteffois le vieil foldat montrera le chemin aux autres, comme qui eft
aguerry. Veu que comme fouuenteffois on tranfporte les bleffez hors des
troupes, nous voyons le ieune homme de guerre & mal aguerry pallir au
moindre foupfon de playe auec vn cry par trop effeminé : là ou tu verras le
vieil foldat aguerry & endurcy aux coups, & qui bleffé rapportera bien
fouuent la victoyre. Et quoy qu'il foit quelqueffois rudement repoulfé,
battu, & porté par terre, tu le verras derechef reuenir au combat dedaignāt
les chirurgiens & leurs emplaftres.   Comme donques ces trois chofes
foient neceffaires pour vn parfaict maniment de ceft art, qui font (comme
nous auons dit) nature, doctrine, & exercitation, il eft neceffaire que celuy
foit cōfommé en toutes chofes, qui fe voudra preferer aux autres. Parquoy
il eft neceffaire que le chef de guerre foit ingenieux, docile, & prompt en
toutes difciplines, & en la cognoiffance des inftitutions des anciens, ny ne
peũt la vigueur de l'entendement fans difcipline, & exercitation de plufieurs chofes grandes, ne la difcipline auffi denuée d'efprit, & exercitation,
rendre vn Chef parfaict. Et fi quelques vns le penfent autrement, ilz f'abufent beaucoup, & font en bien grand erreur. Et comme il ne foit nul art, ne
difcipline fi parfaicte qui n'ayt auffi befoin de l'ayde des autres difciplines
comme en ce meftier, auquel on entend continuellemēt aux inftrumens,
veu que les vns aguifent leurs pointons, †dards, & fleches, les autres entendent à proportionner & compaffer les baliftes, & fcorpions, & que les aucuns font empefchez à ouurer des mordz, & à toutes ces autres chofes qui
cōcernēt l'accouftrement des hómes & des cheuaulx, il ne fault pas trouuer eftrange fi ie fuys d'auis qu'à ceft art militaire il y a beaucoup de beaux
enrichiffemens de plufieurs bónes & nobles fciences, aufquelz il fault entendre. Soit donques premieremēt le Chef homme de letres, & qu'il fuyue
les preceptz merueilleufemēt falutaires de la philofophie, qu'il ait auffi plu
fieurs & diuerfes hiftoyres en memoyre, fans ignorer auffi l'art d'oratoyre
& poëtique : & qu'il ait felon fon pouuoir la cognoiffance de la Mufique
Arithmetique, Geometrie, des raifons des eftoilles, & du ciel. Qu'il entende auffi la difference des droictz & loix de diuerfes nations, fans dedaigner
la cognoiffance de medicine : & que finallement il f'adonne du tout à la
luite, & à faulter, & à l'exercice & paffetemps des gens de guerre, & finallement aux autres chofes militaires, pour les couronnes & triumphes, comme qui font fort neceffaires, & qu'il foit ainfi, en voycy fubfequemment
les caufes.

†Lego te-
la fagittas,
pro telis
fagittis.

DES LETTRES, ET DE BEAVCOVP DE
chofes dignes de memoire, de ceulx qui f'y font adonnéz.   Chap. III.

IL fault fur toutes chofes qu'vn Chef d'armée foit lettré & bien
apprins. Car les lettres luy feruent d'vn bien grand fecours, & de
forces bien auantageufes à dreffer fa façon de viure, & pour acquerir vne gloire en augmentant à iamais la memoire de fes

prouefſes. Ie n'entends pas des lettres vulgaires, ne de ces lourdes & barbares, deſquelles ſ'aydent auiourd'huy les Chefz d'armées : mais de celles qui
ſont nobles acompaignées de la ſcience de pluſieurs choſes. Car celuy qui
ne ſera ainſi inſtruict, n'entendra point les ordonnances de ceulx qui ont
eſcrit, ne ſuffiſamment les exemples de ceulx dont on eſcrit. Pour leſquelles
acquerir, il fault auant toutes choſes que l'entendemēt ſoit trempé & quaſi
comme abbreuué par le deuoir d'vn bon maiſtre, veu que noſtre diligence
& ſolicitude eſt neceſſaire : & que le temps & l'heure ſe rencontrent quelque fois, auſquelz il fault ſe deporter de la guerre, veu qu'elle ne ſe mene
pas touſiours, & que chaſcun a iour & nuict quelque loyſir, auquel tu peux
garder la maiſon & eſtre ſeul auecques les anciens amys, i'entēds les liures.
Ce que conſiderāt Philippe Roy des Macedoniens treſſage, bailla ſon filz
Alexandre à Ariſtote, Prince pour lors des Philoſophes, pour par ſus tous
autres maiſtres, auſquelz il en auoit baillé la charge, luy apprendre les lettres: à fin qu'il ſ'acquiſt ceſte excellēce de litterature, & erudition, dōt nous
auons maintenant parlé. Ce que ce Roy là ſi prudent n'euſt pas fait, ſi ce
n'euſt eſté qu'eſtāt baillé par ſon frere Alexandre en oſtage aux Thebains,
il auoit eſté inſtruict l'eſpace de troys ans par Epaminondas vaillant Capitaine & excellent philoſophe : ny n'euſt vn ſi grand Philoſophe prins ceſte
charge, ſi les ſemences des bons artz n'euſſent deu eſtre traictées d'vn bon
precepteur. Pour laquelle choſe les lettres qu'il a eſcrit à Ariſtote touchant
ſon fils, ſont encores en nature, de ceſte teneur.

,,   Saches que i'ay eu vn fils, dont ie rends graces à Dieu, non pas tāt
,, pour ſa naiſſance, que d'autant qu'il eſt nay de ton temps. Car i'eſpere à
,, l'auenir, qu'eſtant nourry & enſeigné par toy, il ſe trouuera digne de ſucce-
,, der à nous & à noſtre Regne.

O la merueilleuſement ſage parolle, & digne d'vn ſi grand prince: qui a
penſé ſon fils de tant digne de ſucceder à l'auenir à la courōne & au regime
d'vne ſi grande charge, qu'il ſeroit dreſſé es lettres & ſciences. Auſſi auint il
ainſi : veu que de ſa nature premierement par la conuerſation, puys par la
doctrine & enſeignement d'vn ſi grand philoſophe ce Roy eſtant paré, a
fait de ſorte qu'on le penſoit eſtre engēdré de Dieu & à luy fort ſemblable.
Car ſoudain qu'il fut hors d'enfance & mis ſoubz le gouuernemēt d'Ariſtote l'eſpace de cinq ans, & depuys ſoubz celuy de Caliſtenes il a (aſſaillāt
tout le mōde) battu innumerables nations & armées d'ennemys, ſe faiſant
cognoiſtre par tout le rōd de la terre par ſes victoyres. Et comme en ce tēps

† Lego
omnē pro
cōmuné.

là il trauaillaſt d'armes preſque †toute l'Aſie, preſſant de pres de batailles &
victoyres ce ſi puiſſant Darius Roy de Perſe & Medie, on peut par ces preſentes, voir en quant grād eſtime il auoit les lettres, & combien d'honneur
il leur a fait. De vray durant ces ſi grands affaires il eſcriuit à Ariſtote des
lettres par leſquelles il ſe plaignoit ainſi.

,,   Ce n'eſt pas bien fait à toy d'auoir mis en lumiere les ſciences ſpecula-
,, tiues : car en quoy d'oreſnauant ſurpaſſerons nous les autres, ſi les diſciplines

„ nes esquelles nous auons esté dressez commencent estre à tous communes?
„ Car quát à moy, i'aymeroye beaucoup mieulx exceller en doctrine, qu'en
„ armées & opulences.

Parauenture que ceste parolle sent son homme conuoiteux & enuieux
attirant tout à son proffit, mais aussi la coniecture en est plus aisée, en quát
grand' estime il a eu les lettres, veu que ne portant point mal enuis d'auoir
es autres choses des competiteurs, il ne pouuoit en elles souffrir vn emula-
teur. On peut aussi aisément cognoistre quelle solicitude de dresser son entendement & quel desir a eu Antigonus excellent Roy des Macedoniens
par Persée & Philonide ses precepteurs, & par les choses qui cóme dit Apol-
lonius Tyrius, ont esté escrittes de Zeno † par luy en ceste sorte.   †Lego ab
                                                                        eo pro ad
                                                                        eum.

„ Antigone à Zenon Salut. Ie pense bien te passer en fortune & gloyre:
„ au regard des disciplines & artz nobles & de la parfaicte felicité dont tu
„ iouys, ie me sens beaucoup moindre que toy. Parquoy i'ay auisé te prier de
„ venir à moy, me persuadant que tu ne me souffrirois point estre frustré en
„ mes prieres. Et pourtant efforce toy en toutes sortes de me faire ioyr de ta
„ compagnie, tenant pour certain que tu ne seras pas seulement mon pre-
„ cepteur, mais aussi ensemblement de tous les Macedoniens. Car il est cer-
„ tain que qui endoctrine le Roy des Macedoniens, & le dresse à la vertu,
„ instruit aussi ses subiectz à la magnanimité & preudhommie: attédu que le
„ plus souuét il est necessaire que les subiectz deuiennét telz qu'est leur Chef.

Ny n'a sans propos (si nous croyons à Homere prince des lettres) le
Roy Peleus baillé son fils Achilles (comme lon dit) en charge à Phenix
pour autre cause, à fin qu'accoutumé à l'exercice non seulement de bien
parler, mais aussi de bien faire, il acquist & creust tousiours en honneur.
Qu'a fait Themistocles, lequel i'ose bien dire entre tous les preuz du
sang Grec auoir esté le plus renommé, & le plus ruzé & sage Capitaine de
toute la Grece? N'a-il pas eu des precepteurs pour apprendre les sciences?
Et combien que † Stesimbrote les tienne auoir esté Anaxagore, & Melisse   † Lego
le philosophe: en recherchant touteffois bien la raison des temps, par la-   Stesim-
quelle il est certain auoir failly, il semble qu'on doyue auoir plus de foy   brotus p
à Mnesiphile, comme qui le dit auoir esté disciple de Phrearée, pour tant   Emnisces
seulement apprendre la discipline, que nous appellons Art militaire: com-   Imbro-
bien qu'au parauát se confiant de sa nature, il l'auoit dédaignée. Au regard   tus.
de Dion le Syracusain, Platon l'a dressé en toute façon de disciplines: l'auenement duquel vne Epistre de Dionysius le plus ieune à luy, montre de
quant grand desir il a requis, & en quelle estime il a eu, comme qui en ce
temps là a plus aymé les escriptz d'Archite le Pythagorée, que de nul autre. L'opinion aussi de Platon a eu longuement gráde authorité enuers les
anciens, lequel estoit d'auis que lors les Republiques seroient bienheureu-
ses quád les Philosophes regneroient, ou quád les Roys philosopheroient.
Ny n'a Isocrates instruit d'autres ars Timothée grand Chef de guerre &
tressçauant homme, fils de Conon tresexcellent Capitaine. Quelle estoit

l'erudition d'Epaminonde grand Philofophe & Capitaine? quant grande
l'auons nous entendu auoir efté en luy? N'en donne lon pas l'honneur à
Lyfias le Pythagorien? Au regard d'Archefilae, homme bien entédu en l'art
militaire, & inuenteur des combatz fur mer, nous l'auons cogneu tellemét
ententif à l'eftude des lettres, qu'il fe repofoit de tous fes affaires fur Euripide le Tragique. A la mort duquel le Roy n'eftant affez fatiffaict de faire les
mifes & depéfes funebres, a publicquemét donné à cognoiftre par la rafure
de la barbe, & la tonfure des cheueux, la grande douleur qu'il auoit conceu
en fon cœur. Nous auons auffi entédu que Pyrrhus Roy des Epirotes grád
homme de guerre, n'a pas feulement leu les hures, mais a d'auantage efcrit
beaucoup de bós auiz de l'art militaire. Hannibal excellent Chef des Car-
taginoys homme tant grand & tant caffé pour les guerres, a auffi (comme
lon dit) employé quelque temps aux lettres, eftant au camp : comme qui
oultre le Sylene f'eft aydé es lettres Grecques de Sofilae Lacedemonié pour
docteur. On dit auffi que les Mufes vierges marcherét en camp auecq' leur
pere Liber, lefquelles donnoient grand paffetéps à ce Capitaine, les voyant
bien apprinfes es fciences : lequel auffi le pedagogue Silene nourriffeur &
dreffeur des bons artz a enfuiuy, & luy a fait beaucoup d'honneur, tát pour
la vertu que pour la gloyre, & meftier de la guerre. Tu ne t'emerueilleras
point de Mitridates Roy de la grande Turchie, & Capitaine de grand renom, aiant à l'age de foixante & douze ans toufiours auecq' foy tous Philofophes de grand'excellence, eftant auffi grand ou plus en toutes manieres de fciences, que nul de fes predeceffeurs. Au regard des Capitaines Latins, ou bien des Princes Romains, combien que parauanture, ilz ne foient
pas egaux en fcauoir aux eftrágiers, ilz ont touteffois prefque tous efté doctes & excellens en lettres. Cato de vray, qui a efté le premier de toute la race Porcienne de la plus grande viuacité d'efprit, eftimoit chofe bien excellente d'eftre bien apprins es lettres : mais on peut bien iuger combien tard,
par ce que ia au parauant inftruit es lettres Latines, il a efté ia vieil enfeigné
par Q. Ennius es lettres Grecques eftant Preteur en Sardaigne : tellement
que non feulement il a efté receuable en cefte ancienne éloquence, art oratoyre, & hiftoriographie, mais a auffi efté grand Iurifconfulte, & merueilleufement ardant en toutes lettres : defquelles combien que vieil (comme
nous auons dit) il ait prins l'eftude, il a touteffois fi bien proffité en elles,
qu'à peine fe trouuera il chofe des difciplines Grecques, ne Latines qui luy
ait efté incogneuë. Et combien qu'vn autre Catŏ, fon fucceffeur, & de plus
frefche memoire, fuft d'vne plus tardiue apprehenfion des lettres & difciplines, eftant touteffois dreffé premierement foubz la charge de Sarpedon,
& du philofophe Antipater de Tyrie, il entra en vn fi infatiable defir de lire, que comme vn deuoreur de liures, & mefmement des Stoiques, il ne fe
contenoit ne en fon priué, ne en la Cour, mefmes contre la folle opinion
du peuple quand le Senat f'affembloit, qu'il ne les eut enueloppez dedans
fa robbe, pour nourrir fon efprit, quafi comme de quelque viand de d'humanité,

nité, fans rié deffaillir au deuoir deu à la Republique. Nous lifons auffi que
Scipion l'Affricain & premier s'eft retiré du meftier de la guerre & de la Republique aux lettres : & combien qu'il ne foit point demouré de temoignage de fon efprit, & qu'il ne f'en trouue rien par efcrit, nous fçauós bien touteffois qu'il n'a point exercé le meftier de la guerre fans lettres & fans les
Mufes Pieries. Car comme dit Claudian de luy.

>> 　　*A fes coftés eftoit, & à toutes alarmes*
>> 　　*Le fcauant Ennius fe rencontroit en armes.*

Et comme de bonne heure il triumphaft reuenant de la conquefte de
Cartage, il voulut que le Chef d'Ennius fut couronné d'vne Martiale couronne de Laurier, tout ainfi que le fien. Et fi dauantage ordonna (que tu
confefferas beaucoup plus grand & efmerueillable) que la ftatue & effigie
du mefme Poëte, fuft affife es monumens & fepulchres de la race des Cornelins : & que ce nom tant glorieux, ou bien la depouille rauie de la tierce
partie du monde, fut leuë fur le chemin auecq' le tiltre du Poëte : penfant
que la memoyre de fes geftes ne fe pourroit efteindre, fi la lumiere de ce diuin Poëte y eftoit cóioinéte. Paul Emile apres auoir fubiugué Perfée, meit
peine de tout fon pouuoir, que fes enfans fuffent dreffez en la difcipline Ro
maine en laquelle il auoit efté apprins : & comme à cefte caufe il euft requis
lés Atheniens de luy enuoyer vn philofophe bien eprouué pour fes enfans,
& pour auffi dóner ordre au triumphe de la † viétoyre, les Atheniens éleu-
rent le philofophe Metrodore l'affeurans eftre en fes deux fouhetz homme
trefexcellent. Ce qu'auffi Paul iugea eftre veritable : & non cótent de ce, f'il
auoit quelque relache des affaires publiques, il fe trouuoit à leur leçon eftát
enflambé d'vne merueilleufe amour en l'erudition de fes enfans. On dit
que Iulle Cefar n'a iamais paffé vn iour fans leéture : lequel comme nous
auons entendu fouuenteffois f'eft trouué au college des Poëtes pour les có-
muns eftudes, quád il luy eftoit loyfible, & qu'en fes fort facheux voyages,
& au fort de fes guerres, il efcriuoit & lifoit des liures, diétoit, & donnoit
audience. Le diuin Cefar Augufte, fils du diuin Iulle a (comme lon dit) fuiuy de fi grand defir les erres de fon pere, qu'eftant prefque opprimé de foul-
cyz infupportables de la guerre & de l'empire, & affiegé des embufches des
coniurez, il fe referuoit des heures, & momens, ny ne laiffoit perdre inuti-
lement aucun temps, f'aydant d'Apollodore de Pergame enfeigneur de lettres, & non content de ce, il a eu pour apprendre diuerfes fciences oultre le
Philofophe Sperarée & Afinin Pollion, Valere Meffala, Parie, & Geminus
tous excellens Orateurs, Virgile & plufieurs autres poëtes de ce temps lá, le
fuyuans & tenans fa table toute fa vie : & beaucoup plus par vne gratieufe
conuerfation, & humaine façon de viure, que par vne fubieétion : & mefmement Horace comme nous l'auons leu en fes œuures, efcriuant ainfi
de foy à Iule Flore.

>> 　　*Aux armes encor neuf la fureur de la guerre*
>> 　　*Ciuile m'a poulfé, inegalles aux forces*

† Lego
viétoriæ
pro viéto-
rem.

»   *Du grand Cefar Augufte: & là les Philippeins*
»   *Me laifferent; parquoy de pauureté l'audace*
»   *M'a forcé faire vers, comme bas & a pennes*
»   *Roignées, denué de tous biens paternelz.*

Aufsi a il eu Ouide difant ainfi.

»   *Au iour que de Iuba magnanime les forces*
»   *Deloyalles Cefar rompit victorieux*
»   *Es limites Lybiques, alors Cefar m'eftoit*
»   *Chef, & me glorifie auoir efté Tribun*
»   *Soubs luy: car fur ma charge il auoit le regard.*
»   *Ce fiege i'ay aquis par la guerre, & en paix*
»   *Tu me l'as procuré eftant decemuiral.*

Combien que finallement l'eftimant indigne de fa compagnie, il le re-
legua en Scytie, là ou il mourut, duquel banniffement il pleint par ces parolles la rudeffe & longueur.

»   *I'ay ia d'vn quinquennal en Scytie l'efpace*
»   *Fourny: vn autre aufsi prefque du tout fe paffe.*
»   *Or fortune f'obftine, & d'enuie teueche*
»   *Malicieufement tous mes defirs empeche.*

Par le moyen donques de ces autheurs de la langue Grecque, & Latine,
lefquelz Augufte lifoit fouuent, il comprenoit de grand ardeur les chofes
feruans par vne doctrine ou exemple à l'erudition & bonne façon de vie
d'vne difcipline priuée ou publique. Tenát donques ces chofes en memoyre, il les foloit là ou l'affection le requeroit remonftrer fi bien de mot à mot
à fes amys, & au camp à ceulx de fa cognoiffance, ou bien aux Magiftratz
Prouinciaux, & des villes, qu'il leur perfuadoit que telles chofes ne luy a-
uoient pas efté premierement en recommédation, mais aufsi aux anciens.
Finallement il ne feft pas acquis moindre renom des efpritz du rencontre
de telz autheurs & fçauans hommes en vn mefme temps, que de toutes les
legions Romaines. Mais quel aufsi grand bien luy ont peu rapporter ces
trente cinq races du peuple Romain, ou bien tant de legions belliqueufes,
comme feulement a fait Maro de fa poëfie heroique, ou bien Horace de la
fienne auecq la Lyrique pour la durée de fon renom? Car quát aux legions
elles font peries auecques leur Chef, au regard de fes nobles faictz, ilz font
encores en eftat par la louenge des poëtes pour ne faillir iamais. Lucain a
eu vne merueilleufe excellence d'entendement, & vne cognoiffance fort
grande des lettres & de toute l'ancienne philofophie Academique, auecq
vne eloquence de bóne grace, & a vefcu auecq l'amitié & cópaignie d'Antioche l'Afcalonite, homme de grand, fubtil & merueilleufement docte artifice de bien dire. D'vne mefme amour aufsi P. Craffe entra en vne fi grande ardeur de la langue Grecque outre la Latine, lors que Conful il paffa
auecq vne armée en Afie contre le Roy Ariftonique pour le deffaire, qu'il
la cogneut entieremét par fes parties eftant diuifée en plufieurs efpeces: qui

fut

fut vne chofe qui procura vne merueilleufe amour de tout le camp . Ny ne
treuue que ce tant heureux & bien fortuné Sylla, ne Pompée mefme grand
Capitaine, ne Q . Fabius, ne M. Brute, ne Traian, ne Adrian, ne Maxime,
ne finallement Marc Antoine Aurele (lequel pour la pourfuite des lettres
& fapience, a efté dit Philofophe) ayent efté eftragés de cefte tát noble cognoiffance des lettres: veu qu'il foit memoire qu'ilz ont eferit des oraifons,
epiftres, & liures. Auffi t'effe vn merueilleufement grand honneur, ô Sigifmód Prince magnanime, de lire beaucoup, ouyr beaucoup, difputer auffi,
& de patiemment fouffrir vne contradiction: & que cóme tu ayes grád fçauoir, & par grace diuine toutes feméces de tous ars à l'opinion cómune de
chacun, de touteffois apprendre tous les iours quelque chofe es heures libres, & de te trouuer es affemblées tát publiques que priuées à deuifer auec
les fages: prendre plaifir auffi es grandes & fubtiles queftions & raifons des
chofes naturelles, fauorifer les orateurs, & poëtes de bó entendemét de ton
téps, les enrichir & honorer : r'habiller les eglifes, & y dreffer les librairies à
tes propres couftz & defpens, en me donnát, & à autres plufieurs la charge
de cercher les liures, qui feront non feulement proffitables à ton téps, mais
auffi à l'auenir. Et pourtant ie ne fçay, ne n'entends bonnement fil eft rien
qui puiffe eftre meilleur, ne plus digne à vn grand Chef & Prince pour fon
immortalité: mefmement qu'en ton ieune age tu fembles auoir acquis ces
trois chofes, qui font deniées à plufieurs en leur viel age, comme de faire
quelque gráde chofe & noble, q̃ les autheurs fuffifans eferiuét de toy, ce que
plufieurs tát poëtes que orateurs, & hiftoriographes font: ou bien en eferi-
uant quelque chofe que la pofterité life : comme font vn grand nombre de
rithmes en langue maternelle des chofes humaines , & diuines , que tu as
efeript, & qui ia font cogneues par plufieurs regions & cótrées: ou bien en
edifiant quelque grand edifice, cóme eft la noble forthereffe, ou bien le plus
grád chafteau faiét en ton nom, auecq vne excelléce telle de rufe & artifice
de guerre, que fa beauté, affiete, & ordonnance attrayent & forcent à bóne
raifon non feulement les citoyens de le contépler, mais auffi tous ceulx qui
iettent leur veue deffus. De vray on voit tout autour la plaine: la beauté du
lieu gift en rempars egaux : ayant premierement du cofté de la ville en fon
tour la forme de ceintre . Ny n'eft pas croyable la profondeur du reueffe-
mét, lequel eftát en tallu à la forme d'vne pyramide, depuis le pied du fondement a vne fort grande epeffeur iufques au haut , auecq vne hauteur de
cinquante piedz: & au deffus de terre foixante canonnieres, & autát au dedans, ordónées par certains efpaces, efquelles on affiet des baliftes à pierres
& fleches pour repouffer les effortz des ennemis , & toute fedition ciuile, fi
quelquefois il auenoit. Le deffus a tel efpace & epeffeur , que plufieurs au
rencótrer ne fe donnét point d'empefchemét . Le premier foffé & celuy du
dedans, qu'vne fontaine continuelle réplit, a cent piedz de large, & plus de
trentecinq de profondeur. Le tour de toute la maffe, qui eft faiét de brique
& pierre de taille, a en fon circuit trois cents cinquante pas. Au regard de

l'autre cofté , & qui eft fur le derriere, qui tire en quarré, le verger & le mur
de la ville y eft auec double pont : auffi eft vne tour d'vne largeur incroyable pour fa defenfe auec grandes munitions , & vne porte couliffe de fer:
Il y a auffi vne grande place au dedans, & vn puy auec les loges ordonnées
merueilleufemét bien d'vn cofté & d'autre & leurs gardes. Or a ce chafteau
la ville en frót, & a à fa premiere entrée vn rampart auec fa garnifon: & vne
porte bien eftroitte : fubfequemmét font deux tours fort epeffes fur le foffé
faictes quelque peu d'artifice, eftát l'vne de couleur verte, l'autre de violet,
auec vn double pont leuis de boys : apres lequel paffé on treuue vne certaine grande place tout autour de la maffe , laquelle eft pleine de terre iettée
pour le rápart du premier mur. La hauteur du fecond mur eft de cinquante
cinq piedz , & fon epeffeur de vingt. Il y a fix tours de quatre vingt piedz
de haut pleines de terre, depuis leur fondemét fort efpes iufques prefque au
fefte. Parquoy elles font de tréte piedz plus hautes que ce mur. Au fommet
& fefte d'vne chafcune tour l'epeffeur eft de quinze piedz : lá ou fur les coftez de chacune d'elles font feize logis des mortepayez ordónez egalemét
& percez de huict canonnieres pour tier pierres & fleches. Or eft au milieu
de ce mur à dextre vne bien belle pierre de marbre quarrée , qui comme les
vers chátent en lettres d'or, denotent Sigifmód Pandulphe eftre l'autheur
de ladicte maffe: fubfequemmét vn portail fort riche à main gauche fe mó-
tre à ceulx qui entrent vn peu à main feneftre , de marbre graué , & poly à
l'vngle, d'vn bel artifice: fur l'amortiffemét duquel eft vn elephát d'albaftre
Indien pour anciennes armories des Maletestes paré tout autour de beaucoup d'or, & du nom de Sigifmond Pandulphe, fon autheur, auec aucunes
grádes lettres fplédiffantes. Au milieu de tout l'efpace de la place y a vn certain mur trauerfant qui fepare la fortereffe & ces deux flancs de fon aire du
puy, & d'vne maifon de charpéterie: cótre lequel eft affife ta maifon Royalle bien eleuée, qui n'eft pas depuis fon fondemét d'affiete fi carree, comme
elle eft fpatieufe, auec le rencótre de troys portes, & leurs dangereufes cou-
liffes, ioinct les marchecouliz, & la fierte des defenfes auec leur garde, plufieurs chábres, vn puy fort profond, auec auffi vne triumphante montée, &
vne falle pleine de toutes manieres de baftós, & artillerie, & qui eft pareillement d'vne hauteur efpouuétable , cóme qui furpaffe les fommetz des plus
hautes mótaignes, auec vne veue bien auát dans la mer. Finallement ie ne
puis paffer ce que du cómencement i'ay deliberé, veu que ce n'eft pas feulement la tutelle & fauuegarde de la ville & fortereffe de Rimene , mais auffi
vne vraye merueille de la magnificéce Italienne . Et comme toute la maffe
foit creufe & garnie de plufieurs faillies & auenuës par lefquelles les gés de
guerre peuuét fortir fur la ville par des poternes fans eftre decouuerts de nul
des citoyens, & à fin auffi qu'elle puiffe eftre hors de toute batterie, & de tra
hifon, il y a au dehors vn autre foffé fort grand auec eaue viue , tout ainfi
qu'vne riuiere, qui eft vn ouurage d'vn bien grád & excellent entendemét:
car d'vn cofté & d'autre elle eft tout autour forte d'vne groffe muraille auec

fes

ſes flancz & rampars, & au demourant elle eſt dreſſée dés le fondement de
tours de merueilleuſe epeſſeur auec ſes petites canonnieres, comme deſſus
nous auons dit, à fleur d'eau & de terre : & les loges des mortepayes, ioint
l'ordre de la menuë artillerie & du trait, d'vne ſi grande force, & d'vn ordre
tant merueilleux de l'eſpace d'entre les deux foſſez pour loger tous les gens
de pied & de cheual: de ſorte que les continuelles batteries des engins ne la
pourront corrópre, ne la force de l'artillerie l'abbatre: ny ne ſçauroit on dire, ſi la force de ceſte place, ou ſa beauté ſera plus admirable aux hómes. Ie
laiſſe les edifices ſains & honorables dediez à Dieu. Ie laiſſe auſſi le téple de
Fortune, Senegalle, auec les autres villes que tu as réedifié: les bourgades
que tu as dreſſé, les fortereſſes baſties, & infinies autres telles choſes, qui ma
nifeſtent ton nom par lettres. En quoy ſi nous te parragonons aux autres
Princes & Roys de noſtre temps, tu ſeras à bóne raiſon dit les paſſer tous en
toute façon de louenge, & meſmement d'autant que ceſte louenge a des ra
cines fort amples, eſtant ſi ſolide & ferme qu'elle eſt pour durer à iamais: de
ſorte qu'elle ne pourra eſtre corrompue de vieilleſſe, ne par l'oubliance des
hómes eſtre effacée de la memoyre. Combien dóques eſt louable & digne
d'eſtre enſuyuie ceſte tienne vie, & de ces princes qu'hores nous auós nommez, leſquelz ont employé leur ieuneſſe, & la force de leur age pour le païs,
& leurs derniers ans à leur proffit, ſuyuant ce qu'en ordonnent les loix, qui
veulent que les vieillars viuent en repos? Combien auſſi eſt blamable & de-
teſtable celle de Licine & de Domician Ceſar, & d'aucũs autres, leſquelz la
fortune a preferé aux autres en richeſſes, & lieu en gloyre & dignité de ſtatuës de leur race : leſquelz au contraire infames par leur vice, appetit, nonchallance, oyſiueté, vilennie ont eſté perduz? De vray le premier auoit de
coutume d'appeller les lettres, l'apoſtume, le venin, & la peſte publicque.
Nous auons entendu, que quand l'autre eſtoit las de la compagnie des hómes, ou qu'il ſe fachoit de quelque honeſte affaire, & qu'il ſe vouloit de-
charger de ceſte cure & ſolicitude, & prédre quelque paſſe temps, il ſe reti-
roit ſeul en ſa chambre chacun iour, & là enclos il ne faiſoit que prédre des
mouches par la piqueure d'vn poinſon bien pointu. Parauenture auſſi eſt il
excuſable cóme de race ruſtique : car combien qu'il ſoit monté iuſques à la
dignité Ceſarée, il n'auoit pas touteſſois par lá deſpouillé ſa nature preſque
champeſtre & ſauuage. Car ce dit d'Horace eſt vray, la fortune ne change
point la race. Parauéture deuroit on pardóner à ceſtui-cy ceſte entrepriſe
ſi orde, & à ſa tant abominable occupation, & à l'auenement de ſa Principauté auquel il paſſoit ſon temps en telle volerie, ſil euſt employé le reſte
du temps à euures dignes de renom, & qu'il ne ſe fuſt donné à cognoiſtre
plus odieux d'vne plus grande haynne par ces execrables vices de ceſte vacation tát digne de moquerie. Que diray-ie plus ? Tu ne trouueras nul Capitaine Romain qui ſoit exemple aux autres, excepté le ſeul Cn. Marin, ou
bien M. Marcel, qui ait eſté ignorant les lettres, & qui excepté le ſeul Licin
(duquel nous auons parlé, n'agueres) n'ait approuué l'eſtude des lettres, &

qui n'en ait fait grand' eſtime les pourſuyuans de grand deſir . Or que les
Chefz, Princes, & Roys de noſtre téps crient, & ſe mocquēt tāt qu'ilz voul-
drõt, ſigniſiãs la guerre à la vertu & aux lettres : & qui d'vn feint dedaigne-
ment couurent la lourderie de leur eſprit, ou bien leur pareſſe & lacheté: Ie
t'oſe bien dire hardimēt Sigiſmond, que les liures & lettres eſtoyēt ancien-
nemēt les meubles Royaux & venerables, & paremés des Chefz & Princes.
Et pourtant Piſiſtrate eſt loué en cela qu'eſtant Roy des Atheniens, il fut le
premier qu'on a dit auoir liuré publiquemēt, & en cómun à ſes citoyens ſa
librairie pour la lire:laquelle de rechef eſtant augmentée ſoigneuſemēt par
les Atheniens, Xerxes leur oſta, ayant reduit la ville ſoubz ſa puiſſance:& la
fit tranſporter en Perſe : & depuis long téps apres le Roy Seleuce , dićt Ni-
canor, la fit (comme il eſtoit raiſonnable) trãſporter en Grece à la Cité des
Atheniés.Le ſoing & vn certain plaiſir d'aſſembler les liures de diuerſes nations, & artz, ſauãça tant en pluſieurs, qu'Alezãdre, & ſes ſucceſſeurs prindrent fantaſie de dreſſer librairies.Par ce moyen on a cerché, & fait vn bien
grãd nombre de liures, & preſque incroyable en Egipte . Car on dit qu'à la
premiere guerre Alexandrine,ainſi qu'on ruinoit la ville, & que les nauires
parauanture furent bruſlez par les gens du ſecours eſtant Ceſar dićtateur, il
en fut conſumé quarante mille, ou bien comme ie treuue autre part, quatre
cents mille, ou bien cóme diſent Oroſe & Seneque, ſept cēts mille preſques,
ou bien ſelon l'auis de Aulus Gelius, & Amian Marcellin ſept cēts mille vo
lumes que les Roys Ptolemées auoyent compoſé d'vne grande diligéce : &
ce d'autãt que la flãbe gaigna le quartier de la ville, auquel pour lors eſtoit
ſerré vn certainement ſingulier monumēt de la vigilance, & eſtude des an-
ciens.lequel Tite Liue dit auoir eſté vn ouurage excellent de la grace & ſolicitude des Roys:cóbien que Seneque le reprend ne le diſant pas eſtre l'ou
urage de la grace & cure des Roys, mais d'vne curieuſe ſuperfluité , & non
encores pour cela, mais d'vn qui ſe glorifie follement en ſpećtacles exquis.
Les richeſſes Royalles touteſſois excuſent parauanture aucunement le dićt
de Tite Liue, & le faićt de Ptolomée, & d'autant qu'il auiſe pour l'auenir au
bien publicq, & qu'il dóne ordre à l'immortalité de ſi grandz hómes : mais
encor eſt il en cela meiueilleuſemēt louable , qu'il a fait traduire d'vne grãde diligéce & depenſe, de langue Hebraique en Grecque, par hómes éleuz,
les Saińctes eſcritures, non ſeulement vtiles, mais auſſi fort neceſſaires. Pluſieurs auſſi des Chefz & principaux de la ville de Rome ont enſuiuy la meſme cure & amour d'aſſembler liures: deſquelz Emille Paul a eſté le premier
apres la deffaitte de Perſe treſpuiſſant Roy des Macedoniens : & depuis Luculle, de la depouille Pontique: apres leſquelz Iulle Ceſar, baillãt la charge
à Marc Varron de recouurer, dreſſer , & publier les plus grandes librairies
qu'il ſeroit poſſible des deux langues . On loue auſſi en ce Domitian que
cóbien qu'au commencemēt de ſon Empire , il dedaignaſt les artz nobles,
il dóna touteſſois ordre de reparer les librairies cóſumées par feu , auec vne
recerche de toutes pars des exemplaires par hómes enuoyez en Alexãdrie,

qui

qui les doubleroyent & corrigeroyent. On tient à grand merueille par fus tous autres vne femblable métion d'Azinim Pollion à Rome: lequel fut le premier qui en dediant les librairies Grecques & Latines, a fait à la Republique des hommes ingenieux. Au demourât ie ne fçauroye pas bien dire, fil en a eſté là au parauât d'autres, & en plus grâd nombre de liures: ou bien en Alexandrie & Pergame, lefquelz ont à l'enuie dreffé des librairies. Quât aux priuées, ie ne dy pas de celles qui s'egalét, ou bien furpaffent les Royaux appareilz, mais feulement les autres: nous lifons de Serein Samonique, hôme de grande doctrine, mais de plus grand foing enuers les belles lettres & grand nombre de liures, qu'il auoit foixante deux mille volumes: lefquelz tous en mourât il laiffa à Gordian le plus ieune: au pere duquel il auoit eſté fort grâd amy: qui fut vn noble threfor, & vn heritage excellent d'vn cœur noble & façon humaine. Ie fuis d'auis que ceulx qui ont à eſtre Chefz, & Capitaines doyuent diligemmét cerchér, & auoir à plaifir ceſte abondance de lettres Grecques & Latines: comme vn fort grâd & perfaict bien aux hommes. Ie fuis forcé de côfentir à Corneille Celfe, qui dit que la fapience eſt le fupreme bien: & le fupreme mal la douleur du corps: veu que fa raifon ne me femble point hors de propos. Car côme nous foyons (ainfi qu'il dit) compofez de deux parties, qui font l'ame & le corps: defquelles la premiere eſt la meilleure, & le corps la moindre: le fupreme bien eſt le meilleur de la meilleure partie: & le fupreme mal le pire de la moindre. Or eſt la fapience le meilleur de l'ame, & la douleur le pire du corps: comme dôques la douleur foit le fupreme mal, le fçauoir auffi eſt le fupreme bien de l'homme. Sâs doute donques côme ie penfe on conclud que fi aucuns la peuuent acquerir, non pas pour oſtétation, mais pour l'honneur, & dignité, & pour la cômodité & vtilité du païs, ceulx là certes me femblent pouuoir facilemét attendre la felicité, & beatitude. Au regard des autres biens humains, ilz font bien petitz & minces, côferez à ceſtui-cy, & fort eloignez de la dignité & excéléce de luy. Ie fçay bien Sigifmond, que tu diras que c'eſt vne trefbelle chofe de commâder à plufieurs: mais la face de l'Empire eſt beaucoup plus belle que paifible: & d'ont il n'eſt aucune côdition plus curieufe, ne moins libre: ne d'auâtage plus ferue felon l'auis de Seneque. Les dardz & pointons tiennent de toutes pars leur vie de pres: l'efpée leur eſt toufiours à la gorge: ilz font en crainte de leurs gardes, & fuite, preſtz à tout faire, comme qui la fureur, ou pauureté, ou bien l'auarice militaire irrite facilement à toute façon de mefchanceté. Pertinax ne fut point tué d'autre que de fes foldatz, auffi le furét les deux Maximins pere & fils. Ainfi auffi le fut Balbin, & Maximin: auffi fut Probe Chef bien renommé: & femblablement Gratian & Valentinian le plus ieune, trefbôs freres. Ceſt autre fut trahy par fes legiôs, & Valentinian le fut par fon compagnon. Autres auffi innumerables, inuincibles de leurs ennemys, ont eſté deffaictz par leurs armées: & ont trouué pour bourreaux ceulx qu'ilz appelloyent leurs foldatz, & compagnons, & amys. Ioint auffi que toute façon d'age eſt dedaignée en la principauté:

toùt homme vieil semble estre inhabile, on charge la ieunesse de furie. La dignité de race est belle : mais quelle autre chose y voit on que quelque loüenge procedât des merites des parés ? Les richesses sont choses precieuses, mais ce sont dons exterieurs de la rauissante fortune : lesquelles donnēt torment en leurs pourchas : & apres estre acquises, leur recreation effemine, & si enflambe la conuoitise : auec ce que fortune les brouille, & trouble à sa fantasie. Or les liure-elle à qui bō luy semble, & les iette à ceulx qui les ont. Puis de rechef elle les rend quád bon luy semble à ceulx qui n'y ont point d'esperance : souffrant aussi sans autre egard, ne choys, le bon & le meschant estre participans d'elles. Il est vray que la gloyre, est entre toutes choses fort noble & gratieuse : mais aussi est elle inconstâte, & subiecte à beaucoup de perilz : comme qui est vn bienfaict beaucoup plus souuent de fortune, que de vertu. Ny n'est rien plus vain comme dit Theophraste : dont il n'y a rien plus pernicieux, à l'auis de Iuuenal. La gloyre de vray de quelques vns a autreffois ruiné le païs : aussi a le desir de loüenge, & de tiltre. La beauté de la forme est plaisante, mais c'est vn biē, ou fresle, ou bien (comme dit Ouide) sans puissance : laquelle Bion dit estre vn bien forain, & Theophraste vne deception couuerte. Socrates l'a appellé vne tyrannie de petite durée : Platon vn priuilege de nature : Carneades vn regne solitaire : Theocrite vne rature d'yuire : Iuuenal vne florette soudain passée, disant :

»   *Or haste fort ses paz la hastiue florette,*
»   *Fort brieue portion de ceste pauure vie :*
»   *Pendant que nous beuuons, & que nous desirons*
»   *Bouquets, senteurs & filles, à nostre desceu lors*
»   *Nous surprent la vieillesse.*

La bonne santé est plaisante, mais aussi vne reiouissance est mal auisée, qui a de coutume rendre les iouissans nonchallans & inconsiderez, & le plus souuēt d'attraire maladies : desquelles la cōsideration d'vne debilité se fust detournée. La force est desirable. Or n'est il nulles forces du seul corps, qui ne s'afoyblissent & consument, ou de trop grád trauail, ou d'vne grosse maladie, ou bien de la vieillesse, qui mine toutes choses. Voyla comment vne force d'vn mal secret a vaincu Hercules donteur des nations, & inuincible par les hommes. Ainsi aussi vn arbre seul entr'ouuert, & fort branchu a arresté Milon le Crotoniate, luyteur fort renommé, & l'a offert à la gueule des bestes sauuages. Au demourant, la discipline des lettres, & des choses humaines coniointes auec la vertu, semble pouuoir decliner & fuïr toutes ces incommoditez : car ne cas, ne fortune, ne calomnie, ne maladie, ne armes, ne la peuuent amoindrir, ne la vieillesse la corrōpre : au contraire combien que toutes autres choses soyent subiettes au temps, les seulz monumens des lettres r'aieunissent de la longueur du temps.

Fin du premier liure.

LE SECOND LIVRE DE ROBERT

VALTVRIN DE L'ART MILITAIRE.

*Que la cognoiſſance de Philoſophie, & des hiſtoyres porte de
merueilleux proffitz à ceſte diſcipline, & que bien
grandz Capitaines ont eſcrit hiſtoyres.*

COMME donques il ſoit pluſieurs eſtudes de lettres ſelon
ce que nous auons dit, ô Sigiſmond Pandulphe Chef inuincible, qui peuuent apporter aux Chefz gloyre, & honneur : la cognoiſſance tant excellente de la Philoſophie &
des hiſtoyres de tout temps ſera en ceſt art merueilleuſement deſirable. De vray auſſi tous hommes doctes, & excellens, qui ont iamais grauement & ſagement parlé, departent tous la raiſon de la vie, de ſorte qu'vne partie giſe en documés, & inſtitutions, & l'autre es hiſtoyres. Or comme ceſt autre ſ'attribue la raiſon, & la loy de viure,
liurant les deuoirs des hommes, & que c'eſt qui eſt hôneſte, ou infame, ou
vtile, quelle choſe ſoit decente à chaſcun, quelle non : & qu'elle mette en
auant les autres choſes recerchées d'vn vif entendement, ſi touteſfois elles
ſont ſeules declarées, elles emeuuent plus lentement les cœurs des liſans,
auec vne eſtime d'eſtre impoſſibles de faict : mais là ou l'hiſtoyre, excellent
teſmoing des faictz & des téps vient en place, elle dreſſe aucuns flambeaux
& eguillons, de ſorte, qu'il eſt tout manifeſte que les fantaſies des hómmes
ainſi tiedes ſ'enflambent merueilleuſemét à vn deſir de gloyre & d'immortalité par la memoyre des faictz excellens, au regard de ce que les documés
de Pythagoras, Democrite, Platon, d'Ariſtote, & du reſte des Philoſophes
commandent : comme que nous nous iettions aux griefz tormens, & aux
grádz perilz de la vie, q̃ nous n'enfreindions point la foy iurée à l'ennemy,
que nous ne troublions point les conuenáces, & accordz de guerre paſſez,
leurs parolles ſeront trouuées bonnes : mais là ou il faudra mettre la main
à la paſte, le cœur ſ'amollira, il ſ'eſpouuantera, & deffaudra : ſi auſſi au contraire tu mets en auant l'execution de Brutus à chaſſer Tarquin, ou bien la
magnanimité & force de Scipion Naſique contre Tyberius Gracchus, ou
bien M. Attile Regule, Caſſin Sceue Centurion, ou bien le ſoldat † C. Aci-
lius, ou L. Sicinius Dentatus Tribun de la cómune, ou bien vn certain Cynegirus, extraictz quaſi comme teſmoings, des monumens des hiſtoyres:
ou eſt l'homme de ſi lache courage, ne ſi amorty, qui ne ſemeuue à l'exemple d'eulx, & ne ſ'employe pour la conſeruation du païs, & à ſon propre ſalut, & des ſiens, en dedaignant le peril, & la mort? Voyla cóme les trophées
de Mycialde ont eueillé Themiſtocle. Ainſi auſſi ont eſté les autres emeuz
d'enſuyure les excellens Capitaines, comme les Alexádres, les Scipions, les
Sabins, les Catons, les Regules, les Curſorins, les Valeres, les Marcellins, les

† C. Aci-
lius pro
Atilius ex
Suetonio.

Emiles, & finallement les Cefars, & autres innumerables, d'vne incroyable
ardeur pour le commun renom de leur vertu. Au-demourât fi on veult regarder l'autre force de l'hiftoyre, nous la trouuerons pouuoir dreffer aux
Chefz vne bien fuffifant' eftime en leurs auiz, auec vne prudence aux affaires de la guerre. Si donques nous voulons r'amener en memoyre les proëf-
fes des anciens, & que nous trouuions grandes Republiques, & excellens
Royaumes, & peuples fort puiffans de nations diuerfes auoir efté augmen-
tez, & renduz floriffans par vn bien fage côfeil de la vieilleffe, d'autant que
les vieilles gês femblent par la longueur du temps auoir beaucoup fceu, &
veu, par vn rôdement de plufieurs païs, auec l'experience : en quelle eftime
deuons nous auoir les hommes ftudieux & fachans toute l'antiquité? auxquelz les geftes font cogneuz, non pas d'vn feul Senat, & empire feul, ne
d'vn feul age, mais de toutes nations, prefque, & de toût temps? Toutes lefquelles chofes noftre Ciceron donnant la diffinition de l'hiftoyre a exprimé en ce peu de parolles. L'hiftoyre eft le temoing des temps, la lumiere de
verité, la vie de memoyre, maiftreffe de la vie, & meffagere de l'antiquité.
Par laquelle diffinition tu entendras les raifons des temps, les faiâtz des hômes, la vie d'vn chacun, la nature, la forme, la penfée, les confeilz, les façons
de viure, les œuures eftranges de nature, les euenemens de fortune contre
toute efperance. A quoy auffi feruira cefte façon d'efcriuains, côme vn bien
& equipage de guérre, bien noble, & excellét, lefquelz il fault lire, & auoir
en main pour la neceffité de la paix, & pour le temps de la guerre. Or entre
les eftrangers Herodote eft le premier auec Thucidide. Herodote de vray
eftant foldat à la guerre de Perfe, lors que Xerxes defcendit en armes en la
Grece, a montré par l'hiftoyre, qu'il a efcrit fort elegamment, quel il a efté
en cefte façon de parler. Thucidide n'en a pas fait moins : car côme il euft
quelque temps hanté la guerre, il fe meit finallement à efcrire l'hiftoyre en
laquelle il a efté fi excellent, que combien que fon renom en guerre ne fuft
point incogneu, il f'eft touteffois acquis beaucoup plus de loz & gloyre de
cefte maniere d'eftude, qu'il n'a fait par les armes. On pourroit auffi dire le
femblable de Timothee fils de Conon, lequel, côbien qu'il fuft Capitaine,
a perfaiétement & elegamment efcrit l'hiftoyre. Mais encores (qu'à mon
auis tu trouueras eftrange, fi tu n'as leu Probus) Hannibal Chef des Aphricains tât renommé, & enueloppé de tant & fi lourdes guerres, a laiffé efcriuant en lettres Grecques les faiétz de Cn. Manilius Volon en Afie, pour
quelques tefmoignages de fon loyfir, folitude, & entendement. Iofephe de
race Iuif, & Capitaine de la Galilée, prins par Vefpafian, & laiffé à fon fils
Tite venant de Hierufalem à Rome, n'a il pas offert aux Empereurs pere &
fils toute la guerre que les Iuifz ont mené auec les Romains, la plus cruelle, & la plus rude de toutes autres, qu'il a defcrit en fept liures? N'a-il pas merité vne ftatue? Ie laiffe les autres liures des antiquitez depuis la creation du
monde iufques au quatorziefme an de Domitian Cefar, efcritz par luy (côme aucuns le dient) en langue Latine, & elegance d'oraifon tous telz que
                                                                    nous

nous les auons. Il en eſt, qui le penſent les auoir eſcrit en lettres Grecques,
& que depuis ilz ont eſté tournez de Grec en Latin par Ruffin Aquilegéſe,
ſelon l'auis d'aucuns: & ſelon celuy de quelques vns, ce a eſté par autres.
Quelques vns auſſi de noz Capitaines apres auoir hanté la guerre, ont eſté
en meſme propos que les eſtrangers, de ne conſumer tout leur temps en
armes, ſe tranſportans par foys des affaires de la guerre à la vacation des hiſtoyres: & des hiſtoyres au meſtier de la guerre. Parquoy M.Portius Cato,
lequel bien ſouuent les hómes doctes appellent par honeur pour la difference, maintenant l'ancien, ores le ſuperieur, quelque fois le maieur, & ſou
uenteſſois Prince de la race Porcie, & Cenſorin, a eſcrit les liures des origi-
nes, ouurage fort noble & fort ample: & auquel ſont pluſieurs hiſtoyres, &
temoignages de l'antiquité, autant que nulle autre part. dót il en a fait ſept,
deſquelz le premier cótient quelles choſes ont eſté faictes par les Roys Romains: le ſecond & le tiers les fondateurs d'vne chacune ville de l'Italie, leur
commancement & origine, dont il a ſemblé auoir eſcrit les liures des origi
nes: Le quart cótient la premiere guerre Carthaginoyſe: le cinqieſme la ſeconde, terrible, & memorable que Carthage eut auec les Romains ſoubz
la conduite d'Hannibal. Au regard des guerres, qui ont eſté de ſon temps
vuydées, le ſixieſme & ſeptieſme les recitent iuſques à la Preture de Sergius
Galba, en expoſant auſſi les faits de l'Italie, & de l'Eſpaigne, qui ſeroyét ou
ſembleroyent dignes d'admiration. Le temps paſſé auſſi a loué iuſques au
ciel à merueilles le noble Capitaine Q. Fabius, lequel auſſi a eſcrit l'hiſtoyre Romaine, & duquel on dit les oraiſons auoir eſté fort ſemblables à celles de Thucidide: combien qu'il a eu beaucoup plus grand renom par la
peintrerie que par les lettres. Par meſmes raiſons auſſi nous auons entendu
que Sylla a reduit par eſcrit les proëſſes de Luculle pour la memoyre des
hommes: & meſmes à celuy qui euſt peu polir l'hiſtoyre par commétaires
auec vne plus gráde richeſſe en gloyre d'oraiſon. La ſolicitude en elle auſſi
de Iulle Ceſar a eſté entre tous autres bien grande: car il a mis telle diligence à faire les cómentaires des guerres Gauloyſes, & de la ciuile Pompeiane
(de vray il a ainſi intitulé ſes liures)qu'il a comprins en chacun la guerre de
chaſcun an: tellemét qu'il a eſcrit ſept liures de la guerre Gallique, & troys
de la ciuile Pópeiane: auſquelz ſept premiers, Hirtim a aiouſté le huitieſme apres ſa mort. De vray il a ſupplié entierement ſur la fin les choſes qui
deffailloyét de la guerre de la Gaule par vn liure. Et à la fin ſont troys liures
de la guerre Alexádrine, de l'Aphricane, & de celle de l'Eſpaigne, deſquelz
Suetone eſcriuain ancien & noble, dit l'autheur incertain, d'autant qu'aucuns les penſent auoir eſté eſcritz par Hirtim, les autres par Oppie. Au demourant Hirtim dit en ſa preface du huitieſme liure de la guerre Gallica-
ne(comme i'ay dit) que ces troys auſſi des guerres que Ceſar a faict en Alexandrie, ſemblent indubitablement eſtre eſcritz par luy: leſquelles choſes
ſoyent dictes par moy comme vrayes & approuuées par le temoignage de
Hirtim & Suetone: quant aux inſcriptions elles ne ſe treuuent pas moins

faulſes que diuerſes, d'autant que les vns les intitulent de Iulle Ceſar, les aucuns de Iulle Celſe, quelques vns de Hirtim, pluſieuts de Suetone : & non
ſeulemēt ceulx là, mais auſſi tous ceulx que ie nommay des geſtes de Ceſar
qui ſont iuſques au nombre de quatorze . Dient touteſſois ceulx là ce que
bon leur ſemblera, au regard de nous, nous auós ſuiuy Hirtim, & Suetone.
Au meſme temps de Ceſar, Azinim Pollion hôme de renom pour le triũphe Dalmatique, ne ſemble pas deuoir eſtre delaiſſé : & combien que de ſon
eloquéce il ne ſoit aucun temoignage, il eſt touteſſois memoyre qu'il a eſté
excellēt eſcriuain d'hiſtoyre . Quant à Marc Varron, qui comme il eſt certain, a hanté la guerre, les liures qu'il a eſcrit ſoigneuſemēt, de la deſcription
des temps, & de l'age du païs, monſtrent manifeſtemēt quel proffit il a fait
à la Republique Romaine . Qu'eſſe de noſtre Ciceron grand orateur & Cã-
pitaine ? N'a-il pas apres auoir ſuiuy les guerres ſi bien honoré ceſte façon
de lettres, qu'il a eſcrit les geſtes de ſon tēps, & a vſé & examiné de lire, toute
l'hiſtoyre de Cyrus eſcrite par Xenophon . Priſcus Ceſarienſe recite auſſi
qu'il a eſcrit des Annales, & des liures de Coſmographie, dõt il ſeſt trouué
quelque reſte . Il en a eſté auſſi d'autres outre ces Romains Princes & Capitaines braues, grandz & de grande nobleſſe : leſquelz ayans ſubiugué tout
le móde, n'ont point dedaigné ceſte façon d'eſcrire. Meſmes Octauien Auguſte, & Claude Octauien, de vray a eſcrit treize liures de ſes faictz eſtāt en
Eſpaigne à la guerre de Biſcaye : au regard de Claude, il commença à eſcrire
hiſtoyres en ſon adoleſcéce, à la perſuaſion de Tite Liue, & à l'ayde de Sulpice : & comme durant ſa principauté , il ait comprins beaucoup de matie-
res, par ceſte maniere d'eſcrire, commēnçant ſon hiſtoyre au meurtre & de-
ces du dictateur Ceſar, il a laiſſé ſur la premiere matiere deux liures, & ſur la
derniere quarãte & vn. Nous auons auſſi entédu, que Hadrian a eu ſi grande affection du renom de ſçauãt, & d'hiſtoriographe, qu'il a eſcrit des liures
de ſes faictz, les liurant à ſes familiers & libertins pour les diuulguer en leur
nom . Finallement Gordian le plus vieil , a aſſemblé en liures de proſe les
louanges de tous les Antonins du temps paſſé , auſſi a-il l'Antoniade, c'eſt
à dire qu'il a eſcrit la vie & les guerres d'Antoninus Pius , & d'Antoninus
Marcus en trente liures, & en vers fort elegans, leurs faictz tant publicques
que priuez . Ie me tay d'autres innumerables autheurs en hiſtoyres, ſans
leſquelz les excellens faictz des Roys & ducz tãt Grecz que Latins du tout
fuſſent perilz, ou bien d'vne perpetuelle oubliãce aſſoupiz en tenebres : Et à
fin que le propos ſe tourne au renom des plus grandes citez, ne fuſt ia bien
conſumée Troye à cauſe de ſon feu ? ne le fuſſent auſſi Thebes & Micenes,
Lacedemone, Athenes, Corinthe, & Birſe de Carthage, & les murailles de
l'ancienne Babylone ? Que ſeroit ce finallement de Rome meſme , iadis la
ſeule gloyre du móde , & la naiſſance & domicile de ſi excellens hommes ?
Elle ne ſeroit rien ſans doute , ſi elle n'eſtoit reſſuſcitée par les eſcritures de
leurs faictz tãt Grecques que Latines . Par ce ſeul moyen de vray les muëtz
parlēt enſemble, les abſens ſont preſens, & les mortz viuēt. La vie des mortz

(dit

(dit Ciceron) confiste en la memoyre des viuans, dont il auient que nous cognoissons mieulx les choses, hors nostre age & memoyre, pourueu qu'elles soyent manifestées par excellens autheurs, que celles qui sont de recente memoyre : attédu que ceulx qui ne veirent oncques Rome, cognoissent touteffois les Romains renómez, & leurs faictz magnificques, si bien qu'il semble auoir mieulx cogneu presque les choses, que ceulx qui de tout téps sont venuz de la race. Finallement, il n'est rien plus conuenable pour aller & nauiger diuerses contrées que la cognoissance des regions terrestres, & maritimes : veu qu'elle descrit non seulement les campaignes, boucages, foreftz, buissons, montaignes, riuieres, lacz, marestz, portz, & mers, mais aussi tant de contrées, & villes du móde, & seigneuries epanduës, & les dissonantes & differentes langues des peuples : de sorte que tu ne penseras point les lire mieulx de la bouche & entédement que de l'oeil. Parquoy comme dit Horace, Vlixes nous a proposé vn excellent & vtile exemplaire.

> Lequel donteur de Troye a d'vne prouidence
> Veu beaucoup de citez, & des hommes l'vsance :
> En dressant son retour par mer il a souffert
> Souuent beaucoup de maulx, à grandz perilz offert.

Sur la mesme matiere aussi l'institution d'Alexandre, me semble souuenteffois sage, & digne de memoyre : lequel au manimét des guerres s'aydoit de l'auis des sages conseillers, historiographes, & des vieilz soldatz, gens de bien & cognoissans les lieux, à fin que si le temps passé, quelque tel affaire eust esté bien vuydé, il eprouuast par experience, ou bien qu'il y auisast mieulx, & plus sagement. Aussi est excellent l'amonnestemét de Demetrie le Phalerée à Ptolemée l'Egiptien de lire les liures, esquelz les deuoirs des Roys & des princes renómez aueques leurs vies & meurs estoyét reduictz par escrit, en les lisant d'vne grande affection sans les lacher de ses mains. A quoy n'est pas moins conuenable ce que nous auons trouué auoir esté obserué par Scipion l'Aphricain, homme diuin, lequel n'eust pas tát employé de soing & peine à la lecture de Xenophon : en laquelle la vie de Cyrus estoit (comme on disoit) contenue, s'il n'eust pensé qu'elle eust esté en guerre, ou en paix de bien grand proffit. Ny ne temoigne ce Cato le vieil, auoir escrit de sa main à son fils les gestes amplement pour autre cause, sinon à fin qu'elles luy fussent proffitables, & en ayde, tout ainsi que sont les simulacres en la maison, de la vertu des maieurs. Cóme donques ces choses soyent telles, nous ne pensons point qu'il puisse estre aucun capitaine excellent & perfaict, s'il ne se presente instruict & apprins en la cognoissance & doctrine de ces choses, pour bien conduire les charges qui luy seront proposées, s'il n'a aussi non seulement ouy, leu, & se soit acoustumé es choses que les plus sages de noz ánciés ont temoigné par leur escriture du bien & du mal : de mepriser la pecune, augmenter la gloyre, rompre les conuoytises, bien dresser les meurs des hommes, prendre le peril & la mort pour le desir d'vn bon renom : mais aussi se soit longuement exercité en elles, & ait de toute

memoyre de l'antiquité cogneu leurs exemples, & depuis cogneuz rete-
nus, tenant pour certain que Pythagoras, Democrite, Zenon, Chrisippe,
Plato, Ariſtote, Tite Liue, Saluſte, Herodote, Thucidide, Ephore, Theopompe, & les autres ſages n'ont pas moins fait que filz euſſent conduit les
armées, euſſent eu les dignitez, ordonné loix, & qu'il ne leur fault pas ſeulement liurer les palmes & couronnes, mais auſſi decerner triumphes, &
les eſtimer dignes d'eſtre dediez entre les dieux.

DE L'ELOQVENCE, ET DE QVEL
proffit elle eſt en ceſt art.   Chapitre I.

IL eſt beſoin, ſi ie ne me trompe d'aiouſter à ceſt art, ce bien parler,
que le poëte des poëtes appelle perſuaſion, Royne de toutes choſes, & beaucoup plus fameuſe, & plus noble que l'hiſtoyre. Maïs
cóme il ſoit deux manieres d'oraiſon, & qu'en l'vne ſoit le deuis,
& en l'autre la contention. Il n'y a point de doute que la contention de
l'oraiſon n'ait plus de force à la gloyre, car c'eſt celle que nous appellons
eloquéce. Il eſt vray qu'il eſt incroyable de dire combien vn langage doulx
& affable gaigne les cœurs des hommes. On trouue des lettres de Philippe
à Alexandre, d'Antipater à Caſſandre, d'Antigone à ſon fils Philippe, auquelz on commande que par vn gratieux langage ilz gaignent la beniuo-
lence de la multitude, & qu'ilz adoulciſſent les gens de guerre en les appellant gratieuſement. Au regard de la harangue qui ſe fait par remontrance à
la multitude, elle enflambe ſouuenteſſois vne gloyre vniuerſelle, de ſorte,
qu'ardans d'vn grand deſir, ilz ont en horreur l'iniquité, l'auarice, la luxure, la nonchallance, pareſſe, & mechanceté : Elle fait auſſi que les refroidiz,
laches, & etonnez de paour ſaiguillonnent à la vertu, eſtime, honeur, &
gloyre, & qu'ilz entrent en meilleure eſperáce, & fantaſie. Et combien que
telles choſes ne ſoyent decouuertes particulierement que par ceulx qui cognoiſſent les natures des hommes, & toute la force d'humanité, & les cauſes par leſquelles les fantaſies ſont emeuës, ou r'abatuës, leſquelz nous ſçauons eſtre les Philoſophes, & auquelz & principalement celle charge eſt
deuë, le courroux touteſſois & la miſericorde, & toute emotion de cœur,
ſont ie ne ſçay commét en la puiſſance des Orateurs, deſquelz nous ne faiſons point de doute, que l'eloquence ne ſoit tenue de tout le peuple bien
heureuſe, & bien fortunée, & eſtimée comme choſe Diuine : veu que nous
ſçauons que par elle, les Tyrans ont eſté bien ſouuét chaſſez & tuez, & que
les diſcordz en ont eſté appaiſez, l'enuie pacifiée, les mutins & ſeditieux
tuez : & que pluſieurs en ont eſté eleuez aux honneurs, & gouuernemens
grandz, & pluſieurs villes auſſi gaignées : Ce que les choſes auenues au téps
paſſé montrent auoir eſté : auſſi le temoignent les exemples d'hommes excellens, & des nobles Repub. Et à celle fin que noſtre propos face foy par
ceulx qui en ces choſes ont eu grád pouuoir : qui doute ce que nous ſçauós
auoir

auoir esté faict par Luce Brute, homme d'ancienne race, lequel a chassé vn
si puissant Roy, & retiré la cité d'vn ioug perpetuel, n'a peu autrement estre
fait que par vn gratieux & affable langage, & d'vne eloqueuce militaire, &
propre à gens de guerre? Qui ne sçait aussi qu'vn peu apres la chasse des
Roys, Menenin Agrippa homme grand appaisa par le moyen de hareguer
la commune estant en'armes, eguillonnée de diuers outrages, & en discord
auec les gouuerneurs pres le riuage de la riuiere d'Anien, tenant ce mont
Auentin, qu'on appelle Sacre, duquel temoigne Piso? Nous pouuons bien
aussi tenir du nombre de ceulx cy, Apius Claudius, homme copieux, cassé
de vieillesse, & aueugle: lequel porté en litiere par la place à la court par ses
enfans, apres auoir ouy les choses que Cyneas auoit bien dict au Senat, &
gratieusement lors que Pyrrhus offroit deliurance des captifz, & secours
pour subiuguer l'Italie, ne requerât pour ces choses que leur amytié, & seu-
reté aux Tarétins, fut cause au moyen d'vne magnifique harengue, que cóbien que la plus part d'eulx y entédit, ilz ne receurét touteffois cest accord
de paix, cóme qui auroit en soy beaucoup d'infamie, & d'embusche. Nous
pourrons à bonne raison dire M. Tulle Ciceron perfaict en l'excellence de
bien dire, tant en deuis, qu'en remonstrances: lequel a deffait Verres hóme
meschant & tresaudacieux par ses armes : & etonné sans armes Catelin accompagné d'vne force cruelle, pour entreprédre toutes choses, & l'a chassé
deliberant de mettre la ville à feu, & à sang: & a sauué d'vne euidente ruine
les maisons, les téples, & la forteresse du Capitole de Rome, les Dieux domestiques des gens de bien, & finallement tout le corps de l'Empire. Parquoy à bonne raison (comme dit Pline) il a esté le premier, qui entre tous a
esté appellé pere du païs, comme qui premier a en robbe longue merité le
triumphe, & l'honneur de bien parler, estant pere de l'eloquéce, & des lettres Latines : & qui a acquis le plus grand hôneur de tous les triumphes, de
tant que la gloyre est plus grâde d'auoir etendu les limites de l'entendemét
Romain, que celles de l'Empire: & d'auantage il dit que Cesar le Dictateur
iadis son ennemy a escrit telles choses de luy, prenât foy par le † temoignage de l'ennemy. De l'eloquence duquel Cesar ie pense que nul aucunemét
bien apprins ne doit estre en doute, combien de pouuoir elle a eu entre les
gens de guerre: comme qui a esté egal aux plus sçauâs Orateurs, ou bien les
a passé en eloquence: tellemét qu'accusant Dolobella il a fait le deuoir d'vn
perfaict Orateur, & plus que ne requiert celuy d'vn homme de guerre: de
laquelle accusation il se plaint, de ce qu'on luy voloit vne bien bóne cause
par la defense de L. Cotta. Par lequel mot de voler, *extorquère*, il a (comme il
semble à Valere) exprimé la vertu de l'eloquéce. Car ce mot là a la force telle que cest accusé sembloit auoir esté soudain rauy non pas d'vn lien leger
de parolles, mais d'vn bien serré & indissoluble, là ou il estoit vaincu par
l'eloquence de Cesar: apres laquelle occasion il a esté indubitablement (cóme dit Suetone) tenu entre les plus grâdz patrons. Ie pourroye reciter aussi
en quelles batailles sa harangue a tellement enflambe les cœurs des gens de

† Lego, ex
testibus
inimicis
etiam pro
inimici-
tia.

guerre, qu'oublians tous perilz ilz se iettoyent aux combatz, ioyeux & de-
liberez : quelles mutineries aussi d'vne merueilleuse armée il a appaisé ? &
quants milliers de soldatz en armes a-il seul & sans armes espouuanté de sa
parolle?de sorte qu'en parachèuant sa harangue il sen est trouué qui au seul
cil de l'euil tédoyent le col, & autres qui les chargeoyent : ny ne se trouuoit
homme qui fit cóplainéte, sinon que la narration fust longue. Nous auons
aussi entendu qu'Auguste entre autres plusieurs graces de son esprit & entendemét, ne dedaignoit point ceste paternelle eloquence, que nous auós
maintenant recité. Car comme il est escrit de luy, en poursuyuát vne façon
de parler elegante, & moderée, il a prins principalement peine de donner
proprement à entendre sa conception, en se mocquant de ses amys qui
estoyét affeétez à vocables neufz, & obscurs. Il redargua aussi son ennemy
comme insensé en escriuát choses qui seroyent de plus grand' admiration,
que d'intelligence aux ecoutans. Il ne m'est pas aussi raisonnable de passer
en silence Asinius Pollio en escriuant de l'eloquéce des excellens capitai-
nes:lequel(à celle fin qu'on cognoisse chacun auoir son iugemét) Seneque
autheur tresnotable ordonne entre les deux plus eloquens Latins M.Tulle
Ciceron, & Tite Liue. De vray il met trois princes d'eloquence, lesquelz il
semble vouloir preferer à tous autres en vne certaine epistre, tenant Pollio
pour le second : le langage duquel il tient different à celuy de Ciceron, cóme il est rude, sautellant, & qui cótre ton esperáce demeure court. Si quelqu'vn recerche l'eloquence de Portius Catho à plaider vne cause, tu le diras en ce temps lá auoir acquis vne grande gloyre de l'art oratoyre: comme
qui a fait tant d'oraisons de toute sorte, tát pour soy que pour autruy, & cótre : & a tellement persuadé, que non sans cause il a esté à Romé appellé le
Demostene Romain: lá ou aussi il sest acquis par sur tous autres comme à
luy propre, d'auoir esté quarante quatre fois accusé, & qu'onques homme
ne fut si souuent cerché d'enuie & menées d'ennemyz, r'aportant toutesfois viétoyre & absolution. Comme donques il eut certaine cognoissance
de la force & nature de l'eloquence, il disoit, en animant la ieunesse de cou
rageusement combattre, que les ennemys sont le plus souuét plus tost ren-
uersez & deffais par la parolle que par l'espée : & aussi de cryz plus tost que
de main. Si par autre moyen l'eloquéce excellente & notable de L. Crassus
ne nous estoit cogneuë, nous la pourrions bien decouurir, en ce que Ciceron plourant es liures de l'orateur sa mort d'vne grande magnificéce, le recite auoir tousiours surpassé tous autres en eloquence, & soymesmes, quelque peu de iours auant son trespas.Il recite aussi qu'apres sa mort, luy & autres à l'enuis sont retournez au lieu, auquel de n'agueres il auoit mis le pied
epris de la douldeur & memoyre de son langage que de n'agueres il auoit
ouy de luy, & comme pour derechef l'ouyr. Il dit d'auantage que Crasse a
esté seul en cela singulier, que toutes les fois qu'il haranguoit, autát de fois
sembloit il parler plus profondement, & d'inuention. Or n'ay ie pas trouué
estrange, attédu le peu de cognoissance qu'a le commun de sa renommée,

d'aiouster

d'aiouster deux tesmoignages de Ciceron, auxquelz touchant ce propos
fault croyre plus qu'à nulz autres. Ie le trouue de vray auoir escrit en ces propres termes. Quand Crassus háraguoit, ne fut onques si arrogât qu'il espe-
rast pouuoir faire le séblable:& en vn autre passage apres auoir ouy tous orateurs, ie suis d'auis, & pense qu'onques hóme n'eut tât, ne si grâdz enriches-
semës de bien dire cóme Crasse. Il tesmoigne aussi d'Antoyne. De vray, cóme il ait dit en vn certain lieu parlât de l'vn & de l'autre enséble, qu'ilz ont
esté excellés par sur tous, tât en desir de sçauoir, que d'entendement, & doctrine, & perfaictz en leur art, de sorte que la grace de haranguer ne deffail-
loit point à Antoyne, ny ne regorgeoit en Crasse, il dit touteffois en vn autre passage, que de tous ceulx qu'il auoit ouy, Antoyne estoit le plus eloquent: laissant quasi tout de gré en doute, à quel costé s'abbaisseroit la balance de si grand los. Il est vray que le renó d'Antoyne, auquel le iour de sa
mort a dóné grâd auantage semble estre mieulx cogneu. Car cóme en ceste
tormête Mariane, ou ne se trouuoit aucũ port de misericorde, les borreaux
ayâs charge de le tuer fussent arriuez à sa maison, le regardâs, & que les vns
aux autres s'entredonnoyent la charge & l'honneur de le tuer, son lâgage
fut de si grâde grace, ou bié quelque Déesse de persuasió, que lors qu'il có-
méça à parler, tous les gens de guerre, fors vn Annius, adouciz de sa parolle
remirent leurs espées aux fourreaux sâs coup ferir, ia nuës, & dressées, tũ-
bans soudain d'vne grâde fureur en vne grâde misericorde. Or est l'acte de
l'oraison de grâd effect pour persuader, duquel Ciceron à fait mention en
son Orateur, & en autres lieux: car cóme il defendoit la cause criminelle de
M. Aquilius, qui auoit esté Consul, & capitaine bien renómé enuers le Senat, & le peuple, estât finalement spolié de tous honneurs, & ia viel tombé aux extremitez de la deceptiue fortune, & qu'il le leuast au mylieu de
l'ardeur de l'oraison tout difforme & crasseux, & en dessirant sa chemise
pourrie, & monstrât aux iuges les cicatrices de son pis iadis noble & pour
lors pitoyable, & en se tournât vers Marin, qui estoit en la cópagnie, le luy
presentast auec maintes larmes pour auoir pitié de son iadis collegal, il à
émeu toute l'assistence à misericorde. Mais à fin que nostre propos tumbe
sur les forains, desquelz nous ne nous pouuons passer en ceste façon de deuis, Pisistrate viét maintenât en ieu, cóme auquel est deu le premier lieu de
l'eloquéce militaire: car il est certain que florissant d'vne eloquence exqui-
se, les Atheniens l'ont souffert regner sur eulx, en luy offrât de leur bon gré
l'Empire: & à celle fin qu'il ne séble auoir esté faict plus par inauertéce que
par bó auis on le peut cóiecturer par lá, & mesmement lors que Solon pre-
uoyant de lógue main la coróne de Pisistrate prédre naissance, eut asséblé
le peuple se mótrant en public armé d'vne cuirace & d'vn bouclier, & qu'il
eut manifesté ses effors & embuches mechantes, & cóme depuis delaissât
le païs apres s'estre desarmé en la presence de la Court, il eut nauigé de cour
roux en Egiphte, puis en Chipre, & par apres arriué à Cresus, & de lá en
Armenie, & qu'il fut auerty non seulement du cómencement de Pisistrate

C

en la coronne, mais auſſi de ſa perſeuerance, il leur fit remontrâ ces par let-
,, tres de ceſte teneur. Si par voſtre lacheté vous endurez grandz outrages ne
,, vous en prenez point aux Dieux, côme qui les vous auez procuré, & auez
,, engagé la liberté pour ſouffrir vne dure ſeruitude : au demourant chacũ de
,, vous chemine en renard, vous eſtes tous d'vn eſprit volage & fol : de vray
,, vous vous amuſez au parler d'vn homme & à ſon langage diuers, & plein
,, de ruzes & tromperies, ſans ſçauoir conſiderer la fin des choſes. Pericles
auſſi ſucceſſeur de ceſte coronne, & eloquence, luy fut ſi ſemblable à bien
dire, que qui l'oyoit penſoit ouïr ceſt autre, ſi par fortune il l'eut quelque
autreſfois ouy : Mais en celà fut Pericles plus excellent que Piſiſtrate, comme qui ſecourut ſon eloquence d'armes, eſtant à ceſt autre elle ſeule ſuffiſante pour conſeruer ſon Empire, auquel il regna long temps, & magnifiquement. Il le tint de vray quarante ans, durant lequel temps il à mené
les affaires ciuilz & de la guerre ſans armes. Si eſt ce vn cas merueilleux,
que comme il haranguoit au deſauantage du bien public, armé d'vne forte eloquence, il ait touteſfois eſté bien voluntiers ouy de tout le peuple.
Qu'a fait Alcibiades filz de Clineas, & chef des Atheniens tant par mer
que par terre? Ne le dit on pas auoir eſté ſi eloquent, & eſtre peruenu à vne
ſi grande gloire du meſtier de la guerre, que la louenge de l'vn ſemble com
battre en ce chef là auec celle de l'autre, pour l'excellence? Lequel entant
que touche les autres a eu la parolle ſi bonne, que par bien dire nul autre
ne luy a peu faire teſte. On peut auſſi voir au Neſtor Homerique ceſte force & puiſſance de parolle, & harangue beaucoup plus clairement quaſi
qu'en vn bien grand mirouer : car comme les deux columnes de toute l'armée fuſſent en diſſention, qui ſont Agaménon puiſſant Roy, & Achilles
grand homme de guerre, il y auoit faute d'vn homme, de la bouche duquel partit vne parolle plus doulce que miel, & qui fuſt renommé d'vne
grande prudence, pour appaiſer l'orgueil d'Atrides, & adoulcir la fierté de
Pelide, & qui par authorité les detournaſt, les amoneſtant par exéples, &
appaiſant d'vn gracieux langage. Cóme auſſi (ainſi que dit le meſme Homere) Agaménon mit en auãt, preſent l'aſſemblée des Grecz, que dormant
il auoit veu pour dreſſer la bataille. Neſtor le faiſant à croyre à l'armée ne
l'a pas moins ſecouru de ſon eloquence, que le reſte de la multitude de ſes
armes & forces. Par la meſme raiſon ce tant excellent chef de la Grece,
ne deſiroit pas ſeulement, ne iamais (ſi nous croyons à Ciceron) des gens
de guerre ſemblables à Aiax, mais bien à Neſtor comme ſages. Et que ſi
cela luy auenoit, il ne feroit point de doute que Troye ne fuſt bien toſt
ruynée. A cecy ſert auſſi ce Socratique Xenophon, qui eſtimoit vne tref-
bonne choſe d'auoir des Tribuns ou Capitaines de gens de cheual pour-
ueuz d'eloquence, ou bien auoir des harangueurs idoenes es aſſemblées du
cãp, pour par vne crainte épouuâter les gés de cheual & de pied, au moyen
de la vertu d'vne riche parolle, à celle fin qu'ilz ſ'amédent : & qu'au ſurplus
ilz les appaiſent, & r'amenent à la raiſon, filz ſont quelques fois mutinez.

Ny ne souloit finalement pour autre cause ce Roy Pyrrhus Capitaine tant sage dire, que Cineas auoit prins plus de Villes de parolle, que luy par force, sinon que suyuant l'auis d'Euripides la harangue mene à fin tout ce que les armes ne peuuent persaire.

DES POETES, QVEL FRVICT EN
vient, quelz sont receuables, quelz damnables. Chapitre II.

Omme donques les Poëtes soyét prochains des orateurs, & que le temps passé les Roys & excellens Capitaines auoyent de coutume à l'entreprinse d'vne guerre de premierement sacrifier aux Muses, comme à celles qui auoyent la memoyre des disciplines & iugemens, à fin qu'aisément & promptement elles leur veinssent au secours en vn peril, & que les prouësses des cóbattans fussent renduës dignes de memoyre: nous sommes d'auis qu'on les doit lire & ouyr, à fin qu'ilz demeurent totalement fichez en l'entendement : mesmemét d'autant qu'ilz ont apparence de doctrine, & sapience. Au demeurant comme ilz soyent beaucoup, & diuers comme les Tragiques, Farseurs, Epiques, Lyriques, Iambiques, & Dythirambiques, & qu'à l'auis d'aucús les vns sont reprouuables, estás les autres en estime, il fault pour plus aisément discerner quelz sont dignes d'estre leuz, & quelz reiettables, faire vne declaration par ordre de diuision. Tous poëtes donques ont feint des fables pour tant seulement donner plaisir à l'oreille, ou bien par eloquence prendre meilleure voye de vie. Or contentent sur tous autres merueilleusement bien l'oreille les farses & moralitez, dont ie n'ay pour ceste heure que dire pour eulx, sinon que les anciés Romains, (auxquelz les Tragedies & Comedies n'eussét iamais peu approuuer leurs meschancetez es escharfaux, & theatres) ne les eussent iamais souffert, si la coutume de viure ne le souffroit, prenant son commécemét aux sacrifices diuins du pere Liber, & d'Apollo, La Tragedie & Comedie de vray ont prins leur source d'eulx : & a esté la Tragedie nómée de mesme que l'Hymne sacré du pere Liber: veu que cóme cest Hymne châtoit les prouësses & louenges du pere Liber, la Tragedie aussi ne reprenoit que les vices des hommes grands & puissans: ou bié elle est aussi ditte pour la grandeur de la voix, laquelle renforcée des repercussions concaues, semble faire tel son qu'il ne semble presque pas estre d'homme. Elle est dressée sur piedz debout, d'autant que si quelqu'vn d'entre les pasteurs auoit esté aggreable pour vne telle voix on luy donnoit vn bouch : ou bié l'escriuain de la poësie estoit entre autres dons paré d'vn bouch, ou bié d'autát qu'vne peau de bouch pleine de vin estoit vn don solennel aux chantres, ou bien les iouëurs auát l'vsage des masques trouué par Aeschille, frottoyét leur visage de lie. La lie de vray est appellée en Grec τρὺξ: pour ces causes, dóques la Tragedie a prins son nó. Par séblable moyé aussi cóme lóg téps apres on celebrast à Apollo Nomí, ou Aristée, c'est à dire au Dieu des pasteurs & Villages, des festes & ieuz inuétez au long des Villages, Bourgades, metairies,

Virorum pro vicinorum.

C ij

& carrefours du païs Athenien, là ou les villageoyz fautellâs se mocquoyét des faictz humains en plaisans vers, & que l'Hymne sacré à Apollo estoit vn chant qu'on appelloit Comedie, par vn nom (comme ie pése) composé de κώμης & ᾠδὴ village & chāson, ou bien de κωμαζων qui est autant a dire que banqueter en chantant, on a de coustume aussi de reciter là des vers mordans, comme és solennitez de Liber: lesquelz touteffois ne reprendroyent que les vices des villageoyz & pauures gens, deſquelz estoit mesmement faicte ceste façon d'assemblée au païs des Grecz. Il fut aussi premierement permis par la loy que la Tragedie, & Comedie diroyent quasi comme par ieu, ce qu'elles voudroyent, & qu'elles parleroyent de qui bon leur sembleroit par nom & surnó auec vne sage & plaisante reprehension bien ordonnée, & auec vne dignité de parolles, & vtilité de corriger les façós de viure, qui fut de grand proffit en ce temps là, d'autant que chacû se dónoit garde de faillir, pour la paour d'estre mocqué publiquement sur vn theatre. Mais apres que le peuple par les victoyres, & premierement celuy d'Athenes, & par apres l'Italien commença elargir ses terres & villes, & que par la multitude des citoyens les menées & vices prindrét croissance, & que les poëtes de tant plus aigremét reprenoyent, veu la matiere des vices, tellemét qu'ilz venoyét iusques aux nobles, & que sans estre en rié offensez ilz reprenoyét non seulement les meschás & mutins de la Republique. Mais aussi aucuns gens notables par leur vertu, & dignité, tellemét que Neuius souuéteffois mordoit, & oultrageoit les Metellins: la noblesse indignée fit vne loy, qu'ame ne reprint en nommant, comme dit Horace.

>> Le plaisanter iadis a esté bien receu,
>> Iusques à ce que rude il commença tourner
>> En manifeste rage: & sans peine courir
>> Par les maisons honnestes en menasses, alors
>> Les feruz se plaignoyent d'vne telle morsure,
>> Ceulx qui n'estoyent atteints auoyent la mesme cure
>> Comme d'vn mal commun: auquel fut establie
>> Pour ne mesdire en carmes vne loy auec peine.

Et comme par quelque téps ilz se teussent à cause de ceste loy & peine, & qu'ilz ne composassent rien, estans detourbez de l'ancienne coutume, ilz ont de rechef inuété vne nouuelle façon de composer. Là de vray commença la Satyre, laquelle a prins son nom des Satyres, que nous sçauós bié estre tousiours es ieuz, Dieux lubriques: aucuns la pensent mal, auoir d'autre part prins son nom. Ceste Satyre fut doncques telle, qu'en elle estoit la poësie, auec vn ieu rude & siluestre des vices des citoyens, sans touteffois nómer ame par son nom: qui fut encores vne façon de Comedie qui porta dommage aux poëtes: d'autát que les plus puissans citoyens les subsonnerent auoir descrit leurs faictz au pire, & les auoir diffamé de leur poësie. Pour cest inconuenient donques ilz ont esté contraintz de delaisser la Satyre, & d'inuenter quelque autre maniere de vers, c'est a dire inuenter de

nouueau

nouueau la Comedie : ce que les Grecz ont voulu eſtre plus communémét
licite, combien qu'il fuſt trop effronté, voyans les reproches des vices eſtre
aggreables à leurs dieux, & que les meſchancetez non ſeulement des hommes, mais auſſi des dieux meſmes fuſſent recitées ſur les eſcharfaux, ſoit
qu'elles fuſſent controuuées par les poëtes, ou bien vrayes, & qu'elles fuſſent iouées es theatres par ceulx qui les adorét : que pluſt à dieu qu'elles ſemblaſſent ſeulement dignes de riſée, & non pas d'eſtre enſuyuies, ſuyuant ce
dićt de Terence, pourueu que de la meſcháceté du plus que bon Iuppiter,
il enflambaſt la malice de la ieuneſſe. Que feront de vray les ieunes gentilz
hommes, & filles voyans telles choſes ſe faire ſans honte, & affećtueuſemét
eſtre veues des hommes? Ne feront ilz pas par là auertiz de ce qu'ilz peuuét
faire, & enflambez de luxure, que la veuë ſur toute choſe émeut? Il eſt vray
que les Romains memoratifz de leur honneur & chaſteté, n'ont point fait
d'hóneur à ſes iouëurs de telles farſes à la façon des Grecz, & ont tenu ceſt
art de ieuz & toute farſe pour infame : & voulu ceſte maniere d'hommes
n'eſtre pas ſeulement priuée de l'hóneur des autres citoyés, mais auſſi eſtre
par vne ſentéce de Cenſeur effacée des races : combien que deſia ilz fuſſent
preſſez d'vne pernicieuſe religion : tellement qu'ilz honnoroyent les dieux
qu'ilz voioyent auoir voulu telles infamies de farſes leur eſtre conſacrées.
Car combien que là les ieuz de muſique, & les dićtz d'vn temps de parfaić-
ćte prudence ayent fleury, l'age touteſſois ſubſequent meſlant les choſes
de riſée a attiré les inuentions des anciés à vices, & par vn eſprit perdu tourné aux voluptez du corps ce que par plaiſir auoit eſté honneſtemét inuenté : dont il eſt auenu que peu à peu les honneſtes diſciplines fuyans la compagnie des meſchans ſe ſuſtraioyent de là, auec vne cóſideration pudique,
qui eſtoit vne choſe ſagement faićte. Car quelle autre choſe apprennent, &
émeuuent les mouuemens dehontez des iouëurs de farſes, ſinon concu-
piſcéces, les corps deſquelz eneruez d'vne marche & habit feminin feignét
par geſtes immodeſtes les femmes impudiques? Que diray ie des contre-
faiſeurs plaiſans qui ont vne diſcipline de mauuaiſe vie & de toute impudence feignans les humains, leſquelz apprennét à adulterer par leurs feintes, & en feignant les paillardiſes ilz dreſſent les hommes aux vrayes? Mais
ſi les farſeurs n'eſtoyent point receuz aux honneurs, il ſemble bien raiſonnable que les poëtes autheurs de telles fables, auſquelz auſſi eſt defendu
par la loy des douze tables de ne toucher à l'honneur des citoyens, ne ſoyét
pas moins repoulſez qu'eulx. Platon auſſi donnant la vraye forme de la có-
dicion de la cité, qu'il a feint pour eſtre d'vne bonne façon de vie, & d'vn
bon eſtat, a eſté d'auis de chaſſer tous les poëtes de la cité cóme ennémyz,
(exceptant touteſſois Homere lequel il conſeille deuoir eſtre traićté honnorablement, en luy dédiant vn temple, & rependant ſus des ſenteurs) que
par fortune ilz ne ruïnent par leurs fables la vraye opinion d'vn Dieu, comme qui ſouffroit mal enuis les outrages faićtz aux Dieux, ne que les cœurs
des citoyés fuſſét abuſez & corrópuz de telles lećtures. Les Lacedemoniés

auffi ordónãs d'ofter de leurs villes les liures du Poëte Archiloche , ont approuué quelque chofedefeblable:d'autátqu'ilz en eftimoyétlalecture eftre
bien peu modefte, chafte,& pudique, ny n'eftoit point vne feméce de vertu, mais plus toft vne ruïne & corruptió de la ieuneffe, & qui dreffe le chemin à toutes villennies . A ceulx cy font prochains auffi ceulx qui doulx à
ouyr font au demeurant pleins d'amorcemens, & d'infames amours,liurás
la loy de toute lafciueté & intemperance , comme on tient Marfe Pedon,
AEdiuie,Zetulicie,Portie,Teie Lacedemonien,Meminie, Titys, Cynna,
Cornifice, Anfer, Hortenfe,Seruie, Galle,Catulle,Calue,Properfe,Tibul-
le, Apice, Lefbia femme, & finalement Ouide le plus lafcif de tous auec
M.Valere Marcial: & tout ce que des poëfies Melices, ou Lyriques, & Di-
thyrambiques fera de mefme , comme qui femblera eftre dit de trop gráde
licence & lafciueté:veu que les liures de tous ceulx cy femblét mieulx dreffer le meftier de Venus,que l'exercice ne les loix de Mars. Car à la verité ilz
amoliffent de leur doulceur les coeurs des hómes de bien gráde hardieffe,
les effeminans de forte, qu'ilz ne font pas feulement leuz, mais auffi appris
& retenuz. Comme doncques il feront ioinctz à vne mefchante difcipline
de defordre durant toute la vie,ilz eneruent toute la vertu.Il y en a d'autres
qui font Epiques,lefquelz femblent plus approcher auec vne fupreme force d'eloquence & preexcelléce de poëfie, à vne vraye & perfaicte façon de
vie par plufieurs & grandes guerres memorables & vuidées par excellens
Capitaines foubz honneftes feintes , & couuertures des chofes : combien
que quelquefois ilz fe degorgent en faictz villains & falles . Ceulx cy font
ceulx qui epouuátent & etonnét de diuers fupplices & peines les mefchás,
& qui difent ceulx au contraire monter au ciel purs, fans paffion , & bien
heurez par les merites de leurs vertuz, & eftre rauiz d'icy en quelques
champs fortunez, pour là iouyr d'vn merueilleux plaifir: qui aurót efté iu-
ftes & bons, & qui pour le païs auront porté plaies & coups : auffi ferót les
Prelatz qui auront mené vne vie chafte, & les Poëtes portans reuerence à
Dieu , auec parolles conuenantes à luy : ou bien qui pour auoir inuété les
ars ont rendu leur vie honnorable.Et combien qu'il fen rencontre vn bon
nombre de cefte condition, Homere & Virgile touteffois viennét les premiers en place, comme les plus renommez de tous . On peut de vray voir
en Homere quelle eftoit la prouidence des chefz à la guerre, quelle rufe ou
hardieffe es foldats, quelle maniere d'aftuces deuoit eftre euitée ou dreffée,
quelle finalement eftoit la remontrance,quel confeil & quelle maniere
Eneas ayant la conduitte des citoyens en vn combat auoit repoulfé viuement les Grecz iufques dedans leurs camps,& comme il prefentaft de trop
grande hardieffe toute l'armée à leur fort, Hector accourt luy remontrant
de ne fe hafter, & d'auoir l'œil par tout , difant que le chef d'vne armée ne
doit pas tant eftre hardy que fage . Penfe Sigifmóde & rumine à par toy de
quel eftime eft digne vne telle parolle, mefmement partie de ce tant hardy
Hector.Au furplus ne reprend pas auffi Iris de dás le mefme poëte, Atrides,

ou bien

ou bien comme autres difent, vn fonge à luy enuoyé le trouuant endormy, en luy remontrant que celuy n'auoit pas à dormir, auquel le falut de tant de peuples & nations eft donné en charge, & auquel finalement git la prouidence de fi grands affaires? Au demeurant ce grand Vlixes & Diomedes ne font ilz pas choifiz comme gens de confeil, d'ayde, d'entendement, de main, de cœur, & d'armes: là ou aux affaires douteux & defefperez il fault élire des efpies qui au repos de la minuiét entrent dedãs le camp des ennemys? Quiconque donques veult deuenir grand harangueur & capitaine, & qui defire eftre femblable à Achilles, ou à Agamemnõ, qu'il fe iette en la doctrine de ce poëte, l'ayant continuellement en fes mains: ce qu'on dit auoir efté faict par Alexãdre, comme on peut voir par fes epiftres. Ce Roy certes ardant de lire, & de fçauoir a perfaictement apprins l'Iliade foubz Ariftote: laquelle il auoit de coutume eftimer, & appeller la prouifion de l'art militaire, & de l'auoir ordinairement auec fon poignard couchée foubz fõ oreiller, & qui au refte a dõné à cognoiftre en quel eftime il auoit Homere, en ce mefmement que comme entre les depouillez de la defaitte de Darius, il eut trouué vne bouete de fenteurs enrichie d'or, & de pierreries, & que fes amys luy en enfeignoyent diuers vfages, plus toft (dit il) foit elle employée à la garde des liures d'Homere, à fin qu'vn ouurage tant precieux d'vn entendement humain tant grand foit conferué en vn riche artifice. Au refte peut il rien deffaillir à Maro fuyuãt prefque en tout Homere, d'ont nous auons maintenant parlé: la poëfie duquel eft fans doute nõ feulement la prouifion, mais auffi la difcipline de tout le meftier prefque de la guerre, feruant au temps de guerre, & de paix. Et combien que par le commencement de fon œuure diuine cela foit affez manifefte, on le voit touteffois principalement par ceulx qui de plus pres recerchent fa fantafie. Car fi tu demandes vne forme de iuftice militaire, & vn commandement de chef redoutable, Brutus f'offrira incõtinent à toy, puys Torquate auec fes rigoreufes verges, & d'auantage auec fes cruelles dolloueres: puniffans griefuement leurs enfans pour le païs, & pour la difcipline du meftier de la guerre. Si tu cerches la magnanimité, Horace Cocles fe prefentera, lequel s'arreftant fur vn pont de bois, a ofé & peu tenir bon cõtre l'ennemy, combattant Porfenna, & fon armée menant vne forte guerre cõtre les Romains: & combattit pour la conferuation du païs, iufques ad ce qu'on eut rompu le pont a fes talons. Si tu quiers des particuliers facrifices pour ofter les perilz publicz, les Decies y font tous preftz, à fin que mourans & pacifians l'ire des dieux par leur fang, l'armée Romaine fuft deliurée. Ie me tais de la victoire de Camille, contre les Gauloys, & des renommées proueffes de Coffus, auffi fay ie de la fobrieté de Fabrice & de Curie auec leur rudeffe & cõtinéce: du temporifement de Q. Fabius, & d'affez autres telles chofes, non moins notables tant en guerre qu'en paix, qui me viennent en memoyre: lefquelles toutes n'ont point efté incongneues au poëte Claudian difant ainfi.

C iiii

> Pendant ton douillet age aux muses soit ton cœur
> Et pour ensuiure lis, ny ne cesse iames
> De parler aueq toy la Grecque ancienneté
> Et aussi la Romaine: & chefs anciens recerche.
> Tu t'accoutumeras aux guerres auenir,
> Au temps passé Romain ta recourse feras.
> Si la liberté plaist, tu t'emerueilleras
> De Brute: & si blasmant d'aucun la trahyson,
> La peine de Metin bien le satisfera.
> Si la rigueur trop grande, est triste, de Torquat
> Considere les meurs: & si bonne est la mort
> Exposée, aux mourans Decies porte honneur.
> Si la constance quiers, Cocles se presentant
> Opres le pont rompu bien te l'enseignera,
> Ou de Mutin la flambe: & quel est le regard
> Du temporisement, Fabin: & aussi d'vn bon chef
> Le deuoir monstrera Camil, par la defaitte
> Des Gauloys: par cecy l'on cognoist qu'aux bienfaictz
> Nulle fortune nuyt: la cruauté punique
> Te prolonge ô Regule vn renom eternel.
> Ses ennemyz Caton vainq de sa defortune:
> On aprent quel pouuoir a la pauureté sobre,
> Pauure estoit lors Curin que les Roys veinquit d'armes,
> Et Fabricin, quant l'or de Pyrrhus dedaignoit.
> Or courbé Sarranin a la ville charrue,
> Des borreaux les Cabanes estoyent enuironnées,
> Et aux portes de saulx, les fesseaux attachez.
> Par le consul estoyent les gerbes recueillies,
> Et les champs labourez par le vestu de pourpre.

Delaissant donques le reste de noz poëtes i'en nómeray aucun des estrágers, & proposeray premieremét Tirthée poëte & chef des Lacedemoniés pour la poësie duquel, estant pronuncée en l'assemblée on a combattu soudain d'vn si grand cœur les Messanes en les vaincant, qu'a peine fut il onques bataille de si grande fureur: cóbien qu'au parauát les Lacedemoniés deffaits en bataille, & epouuátez pour le peril, estoyét d'auis de ne cóbattre plus. Me tairay ie de Thucidide, lequel cóposeur de Tragedies les Atheniés r'appellerét apres l'auoir bány, estát leur chef: & depuys troublez d'vne grá̃de tormẽte de guerres ilz éleurét auec bóne raison deux Capitaines, qui furét Pericles, hóme de grande vertu, & Sophocles cóposeur de Tragedies: Lesquelz diuisás leur armée en deux ont faict degast d'vn bié grá̃d païs des Lacedemoniens, & ont ioint a l'Empire des Atheniés beaucoup de Villes d'Asie. Mais pourquoy me tay ie de Diopite & Menestée, Leosthene & Charedeme? Ne sçauós nous pas bié qu'ilz ont par ces artz & coguoissance
du mestier

du meſtier de la guerre acquis honneur en góuuernant la Republique, à la
façon de Pericle, Ariſtide, & Solon, comme entierement perfaitte & dreſſée, & propre tant à la guerre qu'à la paix? vn chaſcun d'eulx comme dit
Archiloche ſembloit digne du Dieu Mars, & des gratieuſes muſes de He-
licon, comme qui d'vn continuel exercice faiſoit les deux meſtiers. Finalement les poëtes ſont en ſi grande reuerence aux plus ſauuages, & à aucunes nations barbares, comme aux Galates, la fureur donnant lieu à la
ſapience: auſſi porte ſi grand reuerence Mars aux Muſes, que quand les armées ſ'entr'approchent en ordonnance de bataille les eſpées au poing, &
les dardz lancez, non ſeulement les amys, mais auſſi les ennemys ceſſent à
leur entr'arriuée au combat.

DE LA MVSIQVE, ET QVELLE AC-
cointance elle a auec l'art militaire.   Chapitre IIII.

A diſcipline des cháts, & meſure qu'on appelle Muſique n'eſtoit
pas moins requiſe que l'enuie & excellence de bien dire. De vray
elle eſtoit par ſes meſures & nombres vne adreſſe pour moderer
par raiſon les mœurs nobles de l'ame, & quelque éguillon pour
l'émouuoir & pour induire vne viuacité quaſi furieuſe & hardie. Car comme ceſte diſcipline ſoit diſtribuée en modes, tons, & nóbres, ſoudein auſſi
que l'accord, qu'ilz appellét harmonie de ſons diuers eſt diſtinct, les fantaſies des ecoutans, ſe diſpoſent auſſi à vn chaſcun d'eulx, aux vns poſément,
& moyennement, comme au Dorique, que tous confeſſent conſtát & ferme, & auoir vne façon virile autheur de prudence & chaſteté: aux autres
rudement, comme à celuy qu'ilz appellent Phrigie, lequel émeut, tráſpor-
te & rauit le cœur au combat, l'enflambant à fureur de telle ſorte qu'il ſemble eſtre inſenſé, comme il eſt eſcrit de Pythagoras, lequel par vn chant du
Spondée, a rendu l'entendement raſſis d'aucuns ieunes hommes violens
& furieux incitez par ceſte autre maniere de ſon. Car comme ilz vouloyét
bruſler la maiſon de quelque femme qu'il aimoyent & rompre les portes,
Pythagoras auerty que ceſte ieuneſſe eſtoit en furie, rauie du ſó des fluſtes,
& du ton de Phrigie ſans vouloir deſiſter, quelques perſuaſions que pluſieurs euſſent commencé, ordonna de changer la mode, & a par la peſanteur de tons abatu leur furieuſe concupiſcence. On dit le ſemblable de Timothée de Miles, lequel eſtant en vn banquet d'Alexandre, & chantant ce
ton que nous appellons Phrigie a tellement (comme lon dit) émeu le Roy,
qu'il courut aux armes, le ramenant de rechef à la compagnie & au báquet
par vn changement de ton. On dit que le meſme Alexandre mit la main
aux armes au chant de Xenophon. Il eſt d'autres tons appellez par vocables de diuerſes langues, comme l'Eolic, qui appaiſe les facheries du cœur,
& procure ſommeil à ceulx qui ia ſont appaiſez. Iaſis aguiſe l'entendement
aux hebetez, & fait que ceulx qui ſont aſſommez d'vn deſir terreſtre, deſi-

rent les chofes celeftes. Le Lydie a efté inuenté contre les trop grandes folicitudes & facheries de l'efprit, le reparant d'vne retraicte, & fortifiant de
delectation. Il fault dire le femblable aux accordz, veu que les vns rendent
la vie plus conftante, les autres plus emeuë, les vns font les mouuemés plus
gratieux, les autres plus violentz: d'ont il auient que les mutations fe font
grandes des meurs & des cœurs. Si de vray les tons & confonances penetrent iufques à l'entendemét, il eft befoin qu'ilz rendét les cœurs telz qu'ilz
font. Et pourtant vne fantafie molle & diffoluë par lafciueté, prend plaifir
en tons molz & impudiques, vne plus rude fe reiouit de fons plus durs, la
gratieufe, des mediocres. D'ont on peutbien cognoiftre quant grande affinité nous auons auec les chantz harmonieux, veu auffi que plufieurs des
fages ont dit, les vns que l'ame eftoit vne harmonie, les autres, comme Plato, que celle du monde a efté formée d'vne conuenance muficale. Oultreplus la folicitude de la mufique n'a point deffailly à nul de ceulx qui font
profeffion de la fapience felon l'opportunité du temps, veu que Pythagoras inuenteur d'elle, & quelques nobles Philofophes l'enfuyuans l'ont du
tout rendu perfaicte, eftans abbreuez de l'opinion prinfe des anciens, que
ce monde eftoit formé des quatre elemens par cefte refonance, laquelle
apres a enfuiuy la Lyre en femblance d'vne vraye tortuë, de laquelle on dit
que Mercure a efté inuenteur auec des nerfz de troys cordes à l'imitation
des troys temps de l'An. De vray il a ordonné troys voix, la haulte, la baffe,
& la moyenne, la haulte à caufe de l'Efté, la baffe, de l'Hyuer, & la moyenne de la Vere & Autumne. Finalement les Aftronomes, l'ont eftimé (comme procurát tant de chofes vtiles) deuoir eftre recerchée entre les eftoilles,
perfuadans qu'il eftoit vne mufique celeftielle, veu qu'ilz ont peu cóprem-
dre la forme de la Lyre eftre logée entre les eftoilles. Or n'eft il pas mal aifé
de repondre aux detracteurs, difans que l'exercice de cefte difcipline eft vil,
dedaignable d'autant que (comme ilz dient) les pauures & vilz exer cent la
mufique, fi on a regard par quelz moyens, & inftrumens, & iufques à quád
ceulx qui font dreffez à la vertu ciuile y doiuent prédre plaifir: veu qu'il eft
honnefte & modefte de l'apprédre, & s'y exercer iufques à quelque poinct,
& auffi infame & indecét de la pourfuyure iufques au bout, & d'eftre prins
de fes amiellemés. Et comme il n'y ait rien qui empefche les tons & inftrumens de mufique de faire ce qu'ilz difent, il eft tout notoire qu'il fault que
cefte difcipline n'empefche les autres artifices, ny ne rende le corps mol &
inutile aux affaires de la guerre & ciuilz: ce qu'auiédra fi nous ne nous em-
ployós point trop au temps qui eft neceffaire pour emporter le pris de l'artifice, ne touchant ie ne fçay quelles chofes amirables, & fuperfluës, mais
tant feulemét de forte que nous puiffions nous reiouïr en tons receuables,
non pas d'vne commune façon de mufique feulement, cóme font vn amas
de ferfz vilz, & d'enfans. Or comme des fons qui font la matiere des chanfons la nature foit en troys fortes, que le nombre de troys mufes perfaict,
lors que le fon fe caufe de la voix comme eft celuy qu'on chante de la gorge, ou

ge, ou du vent, comme celuy des trompettes, ou fluftes, ou par chofes tenduës & battement, es nerfz, harpes, & tabourins, & aucuns autres, lefquelz
concaues refonnent à la touche, on peut bien cognoiftre par les dictz de
Philippe, & Cato, comme le fon de la voix eft conuenable, & comme il eft
licite aux nobles de le pourfuyure. Ce Caton appelle M. Senateur notable,
extrauagant, & fefcenin : d'autant qu'il luy fembloit que le bien chanter
n'eftoit pas bien feant à vn homme d'authorité. Au regard de Philippe il a
reprins gratieufement, fon fils en la remontrance qu'il luy a enuoyé, cóme
il fut auerty du chát melodieux fait par luy en quelque certain lieu, difant:
n'as tu point de honte de fçauoir fi bien chanter? Il fuffit à vn Roy de donner audience aux chantres. De vray auffi femble-il fauorifer beaucoup les
mufes fi tant feulemét il affifte comme iuge de ceux qui debattét enfemble
de telles chofes : veu qu'onque ieune gentil hóme n'a defiré d'eftre Phidias,
ou Polyclete pour auoir veu Iuppiter, quoy, qu'il ait leurs ouurages en gráde amiration. Et combien que ceft ardant defir de mufique n'ait point efté
en fantafie de ces deux princes hores par nous recitez, il a touteffois enfláa-
bé & gaigné le cœur des mefchantz mefmement de Caïus, lequel eftoit fi
tranfporté du plaifir de chanter qu'il ne fen gardoit pas mefmes es ieux publicz. L. Silla, homme de fi grand renom a le bruit d'auoir trefbien chanté.
Il n'y a hóme tant foit peu fçauant qu'il ne fache quelle folicitude a eu Neron de conferuer ou augmenter fa voix : ny ne dira parauanture ame que
ceux cy l'ayent fait fans propos. Sans point de doute cefte partie de mufique a merueilleufement grand pouuoir, & font fes effectz plus diuers qu'il
n'eft croyable : veu qu'elle émeut les vns à vne folle ioye, à poëfie ama-
toyre, & à autres attrahymens de volupté, plufieurs auffi à la vertu, & à
vne ioye fainéte & deuote, & quelques fois à larmes faineétes : laquelle diuerfité a tiré à diuerfes opinions, mefmes les grandz efpritz des fainétz peres. Sainét Hierofme de vray a femblé blafmer le defir de chanter, quand
il dit qu'on ne cháte pas à Dieu de la voix mais du cœur : ny n'eftoit befoin
d'adoucir la gorge auec medicamens à la mode des Tragedies, tellement
que les fons theatrales foyent ouïz en l'eglife. D'ont il auient fouuét, cóme
dit Sainét Gregoyre, qu'en cerchant vne voix douce au Diuin feruice la
bonne vie eft oubliée, & le chantre en fon feruice irrite Dieu, pendant qu'il
donne plaifir au peuple de fa voix. Sainét Ambroife aimant l'honneur de
Dieu a ordonné qu'on chátaft. Athanafe fuyant la vanité, approuue l'vfage de chárer en l'eglife qui eft d'vne voix fi baffe, qu'il a approché plus d'vne
prononciation, à fin que par vne fuperfluité, & affection de volupté ou vanité, ou d'vne voix lafciue, & abádonnée le menu peuple ne foit tranfporté cóme tranfy. Sainét Auguftin voyant la difficulté qui d'vn cofté & d'autre luy fourdoit pour la doute, dit : Ie brále fort entre le peril de la volupté, &
l'experience du falut, & códefcens plus non pas d'vne fentéce irretractable,
que la coutume dy ie de cháter foit approuuée en l'eglife, à fin qu'vn cœur
debile fexcite à l'affection de l'honneur de Dieu par vn plaifir des oreilles.

Quand touteffois il m'auient de prendre plus grande delectation au chant qu'à a fubftance, ie confeffe faire peché digne de punition, & lors i'aime-roye¹mieux n'ouïr point le chantre. Combien qu'en vn autre paffage il de-clare que nous ne deuons pas fuïr la mufique pour la fuperftition des pro-phanes, fi nous pouuons par là prendre quelque vtilité pour entendre les fainctes efcritures, ne nous trouuer à leurs menfonges Theatrales, fi nous entrons en quelque difputation des harpes & inftrumens muficaux qui ferue à l'apprehenfion des chofes fpirituelles : ny ne deuons laiffer à prédre les lettres, combien qu'ilz difent Mercure en eftre le dieu, ou bien delaiffer la vertu de iuftice pour luy auoir dedié des temples, aimans mieux adorer en pierres les chofes qu'ilz deuoyent porter au cœur. Au regard du fon qui fe fait par le vent, & la bouche, nous ne le deuôs point autrement blafmer, qu'ainfi que raifonnablement le temoignent les anciens, de Minerue & d'Alcibiades. Ilz la difent de vray inuentrice des fluftes, lefquelles elle a re-prouué, fafchée de la difformité de la bouche : le femblable eft auenu à Al-cibiades, comme il eut apprins le ieu de fluftes de fon grand pere Pericle, & comme il eut embouſché celles que luy auoit prefenté vn excellent iouëur de fluftes qu'on auoit mádé, & qu'il eut en retenát fon vent enfle les iouës, il rougit découurât la deformité de fon vifage, & en dedaignant les fluftes, il les ietta & rompit, meritant en fon premier age de donner exemple, que d'vn cómun confentement du peuple l'vfage des fluftes fut des lors reprou-ué à Athenes : lequel apres la victoyre contre les Medes il auoit prins, & re-ceu, de forte que tous les nobles l'apprenoyent. Ie treuue que d'vne inftitu-tion ancienne non feulement des hommes nobles Atheniens, ne de cefte ancienne Grece iadis tant renommée, qui depuis a efté faicte terre d'Italie, mais auffi de noz grádz peres, & d'affez d'autres natiós & peuples, on auoit es banquetz, danfes, & affemblées folennelles harpes & fluftes, lors que par chants & elles, ilz louoyent ceulx qui pour le païs eftoyent mortz en gens de bien, & blafmoyent ceulx qui de couhardie auoyent euité la mort. De vray auffi eftoyét elles cogneuës au ieuz & aux pleurs ainfi que dit Ouide :

»   *Au temps iadis eftoyent les fluftes en vfance,*
»   *Et toufiours en honneur furent par excellence:*
»   *D'elles le fon au temple, & aux ieuz refonnoit,*
»   *Et aux triftes obfeques à fluftes on fonnoit.*

Et combien que cefte maniere d'exercice de fluftes foit tombée (cóme parauáture autreffois elle a fait de ces tant nobles, & graues hommes entre les mains de certains yurongnes, gourmans, volages, & villains, il eft tou-teffois manifefte par plufieurs exemples qu'elle a feruy d'vne certaine do-ctrine de guerre à plufieurs nations, & peuples Marciaulx pour donner ba-tailles. L'armée des Lacedemoniens marchoit principalement aux chant, & à la flufte, ny fe faifoit aucnne remontrance fans le chát du pied Ana-pefte. Et pourtant le rencontre en eftoit beau, & à craindre, cóme qui mar-choit de mefure, & au fon de la flufte fans rompre l'ordre du bataillon, ny
ne

ne s'etonnoit, veu que par le chant ilz estoyent gratieusement, & allaigrement attraictz de prendre le peril : d'autant qu'il semble tout certain qu'ilz ne peuuēt tomber en trop grande fureur, ne trop grande frayeur estās telz, mais plus tost auoir vne grandeur de cœur ferme, constāte, & meslée d'vne esperance, & hardiesse. Nous n'auons point entēdu que les Lydiens ayent de coutume d'aller autrement à la bataille, mesmes souz leur Roy Haliacte menāt la guerre aux Milesins, veu qu'il n'a pas seulement eu des trōpettes entre les rancz de son armée durant le cōbat, mais aussi des fifres & harpes. Ce que de mesme on dit auoir esté fait par les Candoyz auec raison, nō pas du fifre, mais de la harpe, quasi comme maistresse & guide, & dressant tous leurs combatz. Car, comme dit ce poëte Laconique:

Et aux armes accourt la harpe resonnante.   Mais à quoy seruoit en noz legions les cornetz, trompettes, clairōs, trompes, & tabourins, sinon qu'à la guerre on en sonne la marche, & retraitte, ou biē pour enhardir les trop decouragez, ou pour retirer les trop ardās. Ce que n'a pas ignoré le prince des poëtes disant: *De chans enflamber Mars, & l'homme de trompettes.*

Or est il certain que les cœurs des hommes ne sont pas seulemēt enflambez, & rabaissez par le chant, mais aussi sont ceux des cheuaux, desquelz la docilité est si grāde, qu'on treuue que toute la cheualerie de l'armée des Sybaritains auoit de coutume de danser & tressaillir aucunemēt au chāt harmonieux. Au regard du son, Sigismond Pandulphe, qui se fait de la touche sur les cordes tenduës, il y a bien à considerer cōme quoy chacun s'en ayde. Car si quelqu'vn le fait, cōme quelque fois tu fais à par toy, ô Prince tressage, pour apres les grādes solicitudes, & les difficiles, & honnorables affaires de la guerre, passer le temps & recreer ton esprit, ou pour ses amis, ou pour la vertu, il en tirera quelque plaisir, qui ne sera point desordonné, mais raisonnable. Ny ne fault point que sans propos quelqu'vn s'esmerueille de ce que tu as accomply ceste partie de musique à la prouësse des guerres, cōme qui ensuys Mercure, qui a enseigné à luyter, & a premier inuēté le luc, mais celuy qui sonner le fera pour dōner passetēps aux écoutās, semblera le faire auec infamie, & deshonnesteté, veu que la fin pour laquelle il se fait, soit mauuaise, & l'vsage à bonne raison damnable, & non point moins que plusieurs instrumēs des anciens ont esté reprouuez, comme les Pentades, Barbitons, & ceux qui tendoyent à donner passetemps aux auditeurs: aussi ont esté les Heptagones, & tous ceux qui ont besoin d'vn exquis mouuemēt de mains. Il fault donques, cōme ie pense, que la musique qui se cōsume en ces instrumens auec toute diligence, n'est pas cōmandée, ne celle qui estoit iadis aux Theatres, & escharfaux effeminée, & molle pour la plus grand' part en tons impudiques, & qui est rude, & variable, mais celle qui au contraire soit simple, de bōne sorte, graue, virille, & modeste, & d'ont on châtoit les louenges des vaillans hōmes, & que mesmes ilz chantoyent: laquelle quiconque ignoroit estoit tenu pour mal apprins. Ce que Ciceron temoigne estre auenu à Themistocles Athenien Capitaine des Grecz tresrenommé:

D

d'autant qu'en banquetant il auoit refusé à iouër de la harpe . Nous auons
entédu que Epaminóde Thebain fuyant ceste infamie iouoit merueilleusemét bien de la harpe. Homere aussi escrit qu'Achilles reuenant du cóbat
soloit prédre soulas en cela,ne iouất pas choses Veneriennes,mais les prouësses des vaillans hommes . Ouide n'a pas seulemét dit Achilles docte en la
harpe,& bié dressé es disciplines de musique,mais aussi Alcide disant ainsi:

> *L'on croyt que sur Hector iettant ses mains iadis*
> *A meurtr'il employoit,& au iéu de la harpe.*
> *Parti' ayant vuydé des trauaux vint Alcide*
> *Ne presque luy restoit que la fin de sa charge.*

Au demeurant il est incroyable de quant grand desir Neron sest adóné
à la harpe,veu qu'il ne delaissa rié de ce que les ouuriers de telles choses ont
de coutume de faire.Mais il fit vne chose folle, & digne de moquerie,de ce
que la nuict qui luy fut la derniere de sa vie en ce monde,il ploroit souuen-
tessfois & miserablemét comme malheureu entre tant de debatz proposez
par la mort & la paour presente auec douleur, non pas de ce qu'vn si grand
prince,mais qu'vn musicien mouroit. On pourroit amener en auant plusieurs exéples d'Adrian,d'Alexandre,de Seneque,& d'autres anciens: mais
ie crain que si ie m'arreste longuement à les nombrer, ie ne semble auoir
oublié mon propos,ou bien encourir le blasme de langard.

DE L'ARITHMETIQVE ET GEOME-
trie militaire. Chapitre V.

IL m'a semblé bon, & bien conuenant de toucher les disciplines,
qui ont par les raisons Geometrales les nóbres & multiplications
manifestes. Car elles sont de grand secours pour declarer la force
& nature des choses qui sont sur nous, & de bien grád aussi à celles qui sont au dessouz, cóme pour les distances des lieux, hauteurs d'edifices,& pour mesurer les profondeurs d'eaux par l'art d'aucuns instrumés cy
dessouz descritz.Qui est vne chose que les Caldées(tát est le genre humain
própt & curieux)ont,cóme l'on dit,premierement trouué, & les Egiptiens
receu,ardás d'vne mesme serueur: lesquelz par vne collection generale des
raisons de ceste discipline , l'ont montré si propre à toutes ces choses que
nous auons dit, & à tout ce qui peut estre contenu es formes generales,que
sans elle pas vne de ces choses ne peut estre veritablement cogneuë . Nous
trouuons par memoyre qu'Eudoxe, & Archite l'ont commencé en la parát
de diuerses formes & figures.Ceulx cy certes ont diuulgué les raisons inge-
nieuses, & occultes de cest art gardées en secret, aussi ont ilz les proporciós
couuertes, & les demóstrations par le sens & exemples d'instrumés:& l'ont
mis en auant formans engins auec lignes & figures geometriques legeremét tirées pour dresser des instrumens.Parquoy Platon sest fort animé cótre eux,cóme qui auoyent aboly la dignité & excellence de cest art,d'autát
qu'il estoit tombé d'vne consideration & des choses incorporées à quel-

ques

ques autres ſenſibles, comme ſi pour ſen ayder il euſt beſoin d'vn corps, &
ignorance mercenaire. En quoy nous ne faiſons point de doute que l'indu
ſtrie laborieuſe, & amirable d'Archimedes, & de Serpin a eſté en grãd'eſtime, & approuuée à Sarragouze par hiſtoriographes fort renõmez. Ilz ont
de vray laiſſé à la poſterité beaucoup d'inuétions inſtrumétales, & gnomo-
niques, & manifeſtez par nõbre, & raiſons naturelles, ſacquerãs vne grãde
gloyre par ſus tous autres. Meſmes Archimedes inuéteur du cercle cõcaue
d'airain, & du globe celeſte. Ceſt hõme là excellent par ſus tous autres en la
doctrine & pourſuytte de ceſt art, eſtoit à Sarragouze lors qu'elle eſtoit preſ
ſée d'vn rude ſiege de Marcel, lequel touteſſois eſtoit encores plus amirable ouurier, & compoſeur d'inſtrumés de guerre: & pour la defenſe de murailles: par leſquelz diuerſes eſpeces de traictz, & pierres d'vne merueilleuſe
grandeur dardez d'vn grand bruit, & viſteſſe offenſent l'ennemy, & en vn
moment ſont les murs abbatuz, & les forttereſſes rompuës. Deſquelz Archi
medes vſant pour la defenſe du païs contre le ſiege de l'armée Romaine, &
de Marcel leur Chef, là en vn ſi grãd nombre de citoyens, & d'vne ſi grãde
ville, ſeul rendu plus long: lequel retardement comme Marcel ayant finalement prins la ville euſt trouué auoir donné grand detourbe à ſa victoyre,
& qu'il eut permis le ſac, & pillage à la furie des gens de guerre, il excepta
d'vn ſi grand nombre de citoyens Archimedes luy ſauuant la vie pour le
plaiſir qu'il auoit prins en ſes excellens ouurages, & l'eſtimant à bonne raiſon beaucoup plus que tout le reſte du peuple. Au demeurãt comme en vn
ſi grand vacarme, & tel qu'il peut eſtre au ſac de la prinſe d'vne ville, Archimedes fut totallemét rauy aux lignes & formes qu'il auoit tiré en poudre,
vn ſoldat Romain ce pendant entra, le deſir duquel au pillage, & la memoyre de l'ordonnance du Chef le tenoit en ſuſpend: & tenant ſon eſpée
nuë ſur la teſte d'Archimedes ainſi rauy, il luy cõmandoit de dire ſon nom.
Mais comme la grande ſolicitude de ſon eſprit luy eut perclus les yeulx &
l'ouïe, ſans ſe ſoucier de faire quelque reponſe à la fiere demande du ſoldat,
ſenquerant qu'il eſtoit: & qu'au contraire il mit tant ſeulement la main au
deuant le priant de ne luy brouiller, ſa poudre, il luy donna occaſion de le
tuer, cóme courroucé de dédain. De la mort duquel le Chef des Romains
ayant pitié, tranſſera à ſes parens l'indemnité à luy pour neant deſtinée: &
luy fit les obſeques & ſepulture, qui eſtoit la ſeule choſe qui reſtoit, & qu'on
luy pouuoit plus faire. Le ſepulcre duquel Ciceron prince de l'eloquence
Romaine, ſe donne gloyre auoir trouué chanſy dedans des buiſſons auec
vne ſphere, & obeliſque inſculpez, & taillez au deſſus, & long temps apres
eſpandu ça & là, meſmes incogneu à ſes citoyens, aux quelz l'ignorans il
enſeigna eſtant Queſteur en la Sicile. Par ce moyen donques, & par ces autheurs on voit l'induſtrie de compoſer engins eſtre deriuée de la Geometrie par l'imitation de ceſt art courant, & diuulgué par tout, laquelle ſeule (eſtant la philoſophie delaiſſée & ſeparée,) eſt aiugée aux inſtrumens de
guerre, & aux ars mecaniques.

On comprend la hauteur d'vne tour, ou d'vn poſteau
par leur vmbre.

Vne boule de plomb , ou de cuyure auec vne main de fer ſoit de ceſte
ſorte, laquelle miſe dans l'eau tirera au fond, apres lequel auoir touché, elle
remontera de rechef . Comme donques elle commencera à deſcendre
cotte, durant ſa deſcente les momens du temps, puis y mettant vne lance
diſtribuë la quantité des piez ou des coudées, cela ſans doute qui ſe trouuera en petitte eau, te ſera vn bó indice, & temoing en toute autre plus gráde.

LE TIERS LIVRE DE ROBERT
VALTVRIN DE L'ART MILITAIRE.

De l'Aſtrologie, & diuerſe façon pour preuoir les choſes futures ſ'il en eſt aucun art.

L nous reſte encores Sigiſmond Pandulphe, de liurer vne certaine diſcipline Mathematique, c'eſt à dire de la raiſon d'Aſtronomie qu'aucuns eſtimét fort opportune pour denoncer les euenemens des guerres futures. Laquelle ſi Lucain n'a enſeigné, il a touteſſois attaint la ſecte de l'erreur lors qu'il deſcriuoit la crainte de la ville, & qu'il preuoyoit la guerre ciuile deuoir ineuitablement aduenir par argumens neceſſaires de ceſte diſcipline aux approches de Ceſar. Ce poëte de vray ſi ſçauant, (ſi touteſſois celuy ſe doit dire poëte, qui par vne vraye narration des choſes faictes approchoit plus des orateurs ou hiſtoriens) afferme que la malice de Saturne ſeroit effrenée, lors que ſeul il reſideroit au throſne de ſon domicile, diſant ainſi:

Quelle ruine ô dieux? de quelle peſte auſſi
Dreſſez vous cruauté? de maints les iours derniers
Ia ſe ſont en vn temps aſſemblé, ſi la froide
Et eſtoylle nuyſante au haut ciel enſlamboit
Les noirs feus de Saturne, Aquaire euſt deſia plu
Eauz Deucalionées, auſſi toute la terre
Submergée ia fuſt ſous la mer epandue,
Si de tes raiz Phebus le furieux lyon
Nemée tu preſſois, tout le monde ſeroit
En feu, auſſi l'Aether de tes carz fuſt brulé.
Or ſont ces feuz eſtaints: mais Mars pourquoy fais tu
Si grant apreſt, mettant en feu le Scorpion
Courroucé, ia eſtant la queue toute en flambe,
Et qui brules ſes piez? ia Iupiter au ciel
Eſt forcé de l'occaſé, & la ſalubre eſtoyle
De Venus eſt debile, & le viſte Mercure
Tarde, le ſeul Mars tient le ciel. pourquoy leur voye
Ont les ſignes laiſſé vagans au monde obſcurs?
Du Porteſpée Orion le coſté trop reluit
Des armes la fureur & du fer la puiſſance
Menaſſe & confondra tous drois & loix par force.
De vertu prendra nom le meſaict execrable
Par pluſieurs ans aura ceſte fureur ſon cours.

Si quelque cas donques de semblable s'offre en ceste contemplation des choses hautes, par lequel les curieux de telles choses puissent cognoistre la vraye assiete des estoilles, & preuoir la qualité des temps, & prendre vn fort plaisant fruict de leur speculation, ilz semblent auoir le contentement si grand qu'ilz dédaignent comme petites & moindres toutes les nostres autres choses, mesmement exterieures, auec les graces de fortune que chacun estime tant . Par cest art de vray, & autres de la recerche du futur, s'il en est aucun, plustost qu'vne moquerie folle d'vn chacun, nous voyons les entédemens des plus renommez Philosophes se tormenter. Democrite de vray en a roddé tout le rond presque de la terre, auec la dissipation de tout son fort riche patrimoine: Platon & Diogenes en ont esté captifz : Pythagoras en a voyagé longuemét à diuerses nations . Au regard d'Hostane, & d'Empedocle, ilz ont nauigé plus en façon de bániz que de voyageurs, non seulement d'vn desir, mais aussi d'vne rage de l'apprédre, laquelle estans de retour ilz ont loué & tenu secrette : combien que ie treuue qu'outre eux vne extreme clarté de lettres, & gloyre de ceste recerche des choses secrettes a esté anciennemét presque tousiours estimée & recerchée, comme par Thales le Milesin, Anaxagoras Clazomenien, Xenophon, Eudoxe le Colophonin, Caliste, Melon, Philippe, Euchemenon , Arate, Hiparée, ioint Socrates, Zeno, Dicearche Peripatetique, Cratippe, Cleante, Chrysippe, Antipatre, Possidoine & Panece auec assez d'autres, desquelz la pauureté voluntaire, la patience d'iniures, & contumelies, le trauail receu d'auantage est en memoyre. Pour lesquelles choses aucuns d'eulx ont merité des venerations & honneurs diuins, ou bien à eux égaulx : & ont tous apres leur trespas acconsuiuy le loz, gloyre, & immortalité de leur nom, que viuans ilz auoyent tousiours deprisé . Il n'est pas tant seulement manifeste que les seulz philosophes ont employé si grand estude, & diligence en la cognoissance des choses futures, mais aussi presque toutes natiós, & puissantes Republiques auec les plus grandz Capitaines, Roys & princes de grand renom ont esté de mesme fantasie, & auis: tellemét que sans ces artz qui promettent les choses futures, qui sont diuerses, & en plusieurs formes, ilz ne pensoyent point deuoir asseurémét entrer es grádes entreprinses . En quoy s'offrent premierement les Babiloniens & Egiptiens : l'esquelz d'autant qu'ilz n'estoyent point à couuert à cause de la condition de l'air, & qu'en ceste region lá le ciel n'est point caché de nuës, ilz ont noté tresbien, & ont inuenté par le seul vsage la diuersité des cours du Soleil, & de la Lune, & les voyes des estoilles auec leurs effectz, d'autant qu'ilz les voioyent plus à l'aise que nulz autres . Les Caldées subsequemment sont estimez auec les Assyriens auoir fait la science par vne obseruation diuine du ciel, auec vne grand' estude, & contemplation pour surpasser tous autres suyuant ce que dit Lucain.

,, *Qui pourra par entrailles auoir des destinées*

,, *La science, ou d'oyseaux faire certaine epreuue,*

Et obseruer eclairs, ou ruminer les Astres
De cure Assirienne?

Au regard de la discipline des Aruspices, ie ne sçauroye pas bien dire cóme quoy elle soit peruenuë en toute la Carië, & iusques à la tressaincte Ville de Telmesse merueilleusemēt curieuse & diligente en cela, & en la cognoissance des estoilles : ne pareillement comme quoy elle soit peruenuë aux Villes de Thessalie : laquelle aussi les Angloyz ont (cóme l'on dit) gardé en si grandes ceremonies, qu'ilz peuuent sembler l'auoir baillé aux Perses : au païs desquelz (comme le temoigne Ciceron, & Aristote, au premier liure de Philosophie) ceste maniere de Magiciens si sçauans à flory de plus grande ancienneté qu'entre les Egiptiens. La Gaule à eu iadis les Druïdes interpretes de leurs religions, disputans du tout, & de la forme des estoilles, du ciel, de la terre, & du monde : de la force aussi des Dieux immortelz, de leur puissance, & voluntez : se faisans fortz de sçauoir les choses auenir, partie par Augures, & coniecture. Et combien que leur discipline soit estimée auoir esté trouuée en Angleterre, & de là, transferée en la Gaule, ceulx toutessois qui depuis ont voulu la cognoistre s'y sont transporté pour l'aprendre : là ou aucuns d'eulx (cóme il est escrit) ont consumé dix & huict ans, & plus. Les Gauloyz aussi vsoyent de Diuins, lesquelz là, prédisoyent l'auenir par augures, & sacrifices, estás en vne merueilleuse estime, & obeissance de toute la commune, de là ou il failloit auiser aux grandz affaires ilz gardoyent vne coutume merueilleuse, & incroyable. Ilz coupoyēt de vray d'vne espée la gorge à vn homme, à la cheute duquel, & de son demembremēt auec le repandement du sang ilz cognoissoyent l'auenir par vne ancienne obseruation des choses. Au regard de la Grece nourrice de tous bós artz, cóme elle n'ait iamais enuoyé quelque part peupler Ville sans sçauoir la volunté des Dieux : aussi n'ont ilz sans elle commencé n'entreprins aucune guerre. Qu'a fait l'Hetrurie? N'a elle pas esté inuentrice de la diuination par les entrailles? & diuiné les portentes & esclers : & pourtant appellée par les Grecz Tuscie, à cause de Thus (encens) & des sacrifices, ou biē de la façon de sacrifier. Ie me tay des Troyens, qu'on tient auoir inuenté les augures. Ie laisse aussi la natió de la Cilicie, & Arabes, des Pisidares, & subsequemment de la Pamphilie, & de Spolete ententiue tousiours à ceste discipline pour la cognoistre. Celà suffira pour les diuerses natiós de peuples : aioustons maintenant les exemples nobles des Republiques : & premierement des Atheniens, & Lacedemoniés, d'ót ces derniers ont (comme lon dit) baillé pour collegal, & assesseur à leur Roy vn Augur, & les Atheniens faisoyent presider à chacune assemblée publique quelques prelatz diuins, lesquelz (comme dit Cicero) ilz appelloyent Mantes. Toutes les foys aussi qu'vn bruit d'armes estoit ouï au ciel, ou qu'vne pluïe prodigieuse de pierres, tuiles, fer, chair, & de sang tumboit sur terre, & que les boucliers ardens se monstroyent, ou que les coronnes celestes ardoyent, ou bien que les femmes se transmuoyent en masles, pour lesquelz presages on s'attēdoit à quelque grãd dommage à la Republique. Ne se sont pas le Senat, & P.R. aydé de ces disciplines auec les vers Sibyllins? Mais encore non contens de ces choses ilz disoyent preallablement par presage au commencement de leurs entreprises qu'il fust bon, prospere, heureux, & bien fortuné, estimans celà seruir beaucoup en tous affaires. Nous sçauons bien que Calcas a esté tenu des Grecz à si grand honneur que lors qu'ilz tireret à Troye il fut(comme l'on dit)gouuerneur de leur innombrable armée de mer à cause de la discipline des Auspices, en laquelle veritablement il a excellé, estant moindre en autres choses que maintz autres: Au surplus Amphiarée, & Tirezie sont tenuz tant excellens en cest artifice, que le premier fut honnoré comme Dieu, & le second non seulement ne fut pas preferé aux hommes viuans, mais aussi aux trespassez, estans les autres vacabondz cõme vmbres. Mopse & Amphiloche Roys sont perfaittement cogneuz en Grece à cause du renom des Augures. Ie voy euidemment qu'aucuns pourront s'esmerueiller ou est ce que i'ay laissé ce tant bõ Augure pere de la ville de Rome. I'ay touteffois regret d'en parler, aussi ay ie de penser que la cité de Rome, chef certain de tout le monde, edifiée & florissante de bon heur, ait plus tost voulu se fier aux oiseaux, qu'à Dieu, de la fortune d'vn peuple si puissant, veu que soubz les Roys, & Empire consulaire par vn bien long temps, on n'auoit point de coutume de rien faire sans auruspices, n'assemblées de ville, ne requestes de secours aux Senateurs, ne les cõseilz des Cheualiers, ne les rolles des gens de pied, ne finalement tout l'art Militaire. Ie m'etonne rememorant ces hommes tant renommez & magnifiques s'estre assuiettiz aux volz & chantz deceptifz des oyseaux: ou c'est aussi que i'ay oublié les Martiaux freres tant renommez en cecy entre les plus anciens de Rome. Ie confesse touteffois n'auoir rien d'eux que le seul nom. Ie me tay de la pucelle Cassandre, fille du Roy Priam: la fureur de laquelle a anõcé vn cas de renom, & bien grand: aussi fay ie d'vn certain Polybe de Corinthe, qu'Homere dit auoir predit la mort à plusieurs Grecz, faisãs le voyage de Troye, & mesmement à son filz: on ne scet si ce fut de fureur ou autrement. Au regard de moy ie laisse tresvoluntiers & de bon gré tout ce qui est fable, ou qui s'en deult. N'est il pas certain qu'Atlas a esté fort sçauant en Astrologie, & qu'il a premier disputé de la sphere entre les hommes? N'a pas aussi Zoroastre Roy des Bactrianes premier inuēteur de l'art magique suyuant le tesmoignage des plus renommez autheurs, esté grand amateur des estoilles, comme son nom le chante, & regardé d'vne grande curiosité les principes du monde, & les mouuemens des estoilles, ainsi que le dit Hermodore, & Dion au cinquiesme liure de Philosophie. De laquelle curieuse cognoissance & contemplation d'estoilles, Pericle a deliuré d'vne paour vaine les cœurs des Atheniens tremblans, & espouuãtez de l'eclipse du soleil, au moyen des causes que par la doctrine d'Anaxagore il auoit apprinse. Comme aussi Alexandre poursuyuoit Darius ainsi que la lune eclipsoit au matin les Macedoniens pensãs les Dieux leur estre courrou-

cez,

cez, fe mutinerent fi bien, qu'ilz deliberoyent de ne combattre point, ny n'eut peu les engarder le commandement d'vn fi grand chef, fi Ariftander le diuin n'euft dóné à entendre les raifons de nature : tout ainfi que Dion de Sarragouze eftans de prime face les cœurs des gens de guerre fort troublez lors qu'il deliuroit le païs de Denys le tyran trefpernicieux & cruel, ne fut point eftonné d'vn femblable cas, d'autant qu'Amilta le diuin montra & rédit la raifon de l'eclipfe du foleil. † On blafme auffi les poifons de la lune, pour laquelle paour Nicias chef des Atheniens ignorant la caufe a perdu vne fort belle armée de mer ruinant leur puiffance pour l'auoir retirée au port. Ny n'a autrement L. Sulpice le Gauloys qui auoit efté Cóful auec Marc Marcel, predit le proche deffault de la lune en l'armée de L. Paul contre le Roy Perfes otant la paour aux gens de guerre. Ie n'ignore pas auffi que Iulle Cefar a aioufté dix iours par raifon Aftronomique à l'obferuatió des anciens : d'autant que troys centz foixante & cinq fourniffent le cours du foleil, qu'il fait tournoyant le Zodiac, à celle fin que la raifon des temps douteufe cóuint plus à l'an : laquelle raifon Aufte apres vne faute découuerte a amendé par l'entreiect du Biffexte, & (comme il appert es Saturnales) fit infculper tout ceft ordre en vne table d'airain pour vne garde eternelle. Il eft auffi manifefte que Neron prince trefexecrable & cruel, a merueilleufement aymé l'art qui depéd de l'air, des eftoilles, de l'eau, des fpheres, flambeaux, baffins, des propoz auec les efpritz, & ames, & de plufieurs autres façons qui promettent diuination : ardant pour fa fortune fupreme es chofes humaines, & defirant commander aux Dieux. Ny ne fuis ignorát qu'Adrian a efté fi fçauát en l'Aftrologie, qu'il a efcrit iufquesau dernier iour de fa vie toutes fes fortunes : & difoit du vray Helie ce vers de Virgile.

†Verti ex Plinio li. 2, cap. 12.

De ceftuy cy feront les Dieuz la feule monftre
Au monde, fans foufrir que dauantage il viue.

Ie me tay d'Alexádre Seuere treffauát es Mathematiques, & art d'Arufpice, auffi fay ie d'Herofcope merueilleufement les defiderant, & de Caffius, n'omettant rien en elles. Ie me tay de Varin Antoyne Heliogabale qui diuifoit continuellement auec les Magiciens. Il en eft outre ceux cy qui font fort renommez es diuinemens du vouloir des Dieux : qui n'eft pas chofe fort eftrange veu qu'a tous hommes venans fur terre font baillez aucuns bons anges deftinez (fauf la certitude de la mort) à leur garde & falut comme maiftres gouuerneurs de leurs œuures, & qui ont efté veuz par aucûs, bien peu touteffois, lefquelz ont efté excellens par la lumiere de leurs vertuz diuerfes, fuyuant ce qu'en ont enfeigné les Theologiens, & les liures des Socratiques, & Platoniques auec autheurs de renom comme Cenforin, C. Flaccus, Euclides, Apulée, Trimegifte, Année Flote, Ammian Marcellin, mais principalement Menander le comique, & Homere : par les Metres defquelz nous auons apprins que les Dieux celeftes n'ont point parlé auec les hommes vaillans, ny n'ont efté au fecours des cóbattans, & qu'au demeurant leurs bons anges familiers ont frequenté auec eulx : par l'ayde

†Ex Cice.
1.de diui. defquelz: & amonitions plufieurs ont efté renommez, mefmement†Socra-
tes, lequel nous auons entendu auoir de coutume de dire qu'il auoit auec
foy ie ne fçay quoy de la vertu diuine, qu'il appelle bon ange, auquel il a
toufiours obey, ne l'incitant iamais, & fouuenteffois le retirant:ce que fou-
† Dellium,
pro duel-
lum, uent luy eft auenu, & mefmemét lors que la bataille fut perduë prest†Dellie
foubz la conduite du Preteur Lachete, lá ou comme fuyant auec luy, il fe
fut trouué a vn carrefour prenant autre chemin que les autres, il fit refpon-
fe à ceux qui en demádoyent la caufe que Dieu l'en auoit auerty, & detourné: & lors ceux qui prindrent autre chemin tomberent entre les mains des
ennemys. Ny n'a lon feulement tenu Socrates, comme i'ay dit, excellent
en cefte preuoiance diuine, mais auffi Zaleque, Minos, Cimon, Zoroaftre,
Licurge: & Numa, comme auffi en a fait Curius Fabrice, Coroncane du-
†Caiũ Du
ellum, pro
Caratinũ.
† Marcũ
Marcel.
pro maxi-
mum. rát la guerre de Pirrhus: &†Caius Duellus, Metellus, Luétatius à la premie
re punique, & en la feconde†Mar.Marcel, P.Grache, Caton le premier Affricain, Lelius Silla, Marin, & comme aucuns penfent, Cefar Augufte, &
outre plus affez d'autres: outre lefquelz auffi les Republ.des Romains, &
Grecz ont eu des hommes finguliers, d'ont il ne faut pas penfer aucũ d'eux
auoir efté tel finon par l'ayde de Dieu. Pour laquelle raifon les Poëtes, &
mefmement Homere accompagnoyét de Dieux pour les dágers & perilz,
les plus notables princes cóme Vlixes, Achilles, & Agamenon. Outre plus
les prefences quelquesfois des Dieux telz, que cy deffus ie les ay declaré, ma
nifeftent qu'ilz donnét auis à aucuns hommes : ce que mefmes fe cognoift
par les fignifications des chofes futures, qui leur font predittes, tát en veillant qu'en dormant. Et combien qu'aucuns blamans telles chofes affermét
qu'à nul des fages foit apparu Dieu, ne bon ange, mais qu'aucuns hommes
tranfportez de foibleffe, & rauiz d'efprit, ou bié mal difpofez de leur corps
prennent des opinions vaines, & eftranges, qui ont vne fuperftitió d'auoir
en eulx vn bon ange: auxquelz certes ie péferoye deuoir cófentir, comme
fouftenu des raifons d'Epicure, & me faifant fort à caufe de noftre mutatió,
& deceptió, fi Dion & Brute hómesgraues, & adónez à l'eftude de fapiéce,
ne fe deuoyát point par aucune affeétion, ou maladie, & mal aifez a tróper
n'euffent efté ainfi difpofez par leurs anges cóme ilz ont recité à leurs amys
& familiers. Parquoy en me détournát d'vn perilleux chemĩ, ie ne fçauroye
pas bonnemét dire s'il faut cófentir aux plus anciés autheurs approuuás ce
propos, ou bié fi cefte façon d'hómes gouuernás, & maniás les Royaumes,
armées & Republ.ont point veritablemét inueté l'opinió de Dieu, fe difans
auoir des anges & Dieux familiers, à fin de tróper par la nouueauté, & grádeur de la chofe les peuples indótables, & difficiles, & que par lá ceux pour
qui on les feint, fuffet cóferuez. Qui feroit celuy(s'il n'eft hors du fens dira
quelqu'vn)qui ne croyroit aux oracles, s'il voyoit nó feulemétlesgrádz phi
lofophes, & maiftres de la vie humaine, mais auffi grádes natiós, peuples, &
Roys de grád renó, courir aux Delphes, à Dodone, & à Ammó? Qui dedaignera les Sybilles, defquelles le Senat, & peuple Romain prenoit cófeil en
leurs

leurs extremes perilz?Qui dedaignera auſſi lesſõges ſachãt(ie me tay des au
tres)que les Lacedemoniés(leſquelz ie neſçay ſi ie doy iuger approcher des
Romains,& eſtre des plus coũrageux,& excellés de tout le monde)en ont
eſté tãt curieux,cóme eſtoit Ciceró, que leurs chefz nõ cõtésdesſolicitudes
du iour, couchoyent pour ſonger au temple de Paſiphe aſſis en vn champ
pres la ville : par ce(dit il)qu'ilz eſtimoyent les oracles vrayz de ceux qui
eſtoyent en repoz? Qui eſt ce qui ne receuroit les Mages , ſans la doctrine
deſquelz il ne cognoiſtroit homme pouuoir venir à la coronne des Perſes,
tant fut il bien doué en autres choſes? Or eſtoyent lors les hommes inſenſez, menez par ces manieres,& autres telles de prouidence,que nous auons
dit: ſe fians à dangereux conſeillers : ny n'eſtoit encores le temps venu de
ſe retirer de ſi grandes tenebres: la vengeance de Dieu pourſuyuoit lors le
genre humain, & preſſoit le demerite , tellemẽt que(s'il eſt licite de le dire)
la patiéce diuine fauoriſoit aux ſuperſtitiõs humaines. Au regard de nous,
ſur leſquelz la ſplendeur de la grace diuine a ietté ſa lumiere , nous deuons
prẽdre autre façon de vie,& autre maniere de faire,péſans que tous moyẽs,
ſelon qu'a vn chacun eſt ſa charge ordonnée,comme de gouuerner les oyſeaux, & leur dreſſer leurs chans, regarder aux entrailles, figurer les ſonges,
inſpirer les diuins, lancer les foudres, gouuerner les ſortz, & toutes autres
choſes par leſquelles nous cognoiſſons les choſes futures , ſont faittes par
l'ayde & aminiſtration des diables. De vray ilz ſont pleins de deceptions,
& illuſions, par leſquelles il auient qu'ilz troublent tout, & qu'ilz epandẽt
es fantaſies des hommes des erreurs, de ſorte que par ces moyens, fins,&
ruſez de preſcience pluſieurs choſes a l'auenir ſont predittes, n'y n'auien-
nent autrement qu'elles ſont dites : dont les hommes embaclez ſont renduz plus curieux, s'enuelopans de plus en plus es laqz infiniz d'erreur . Ce
qu'ilz font bien ſouuẽt pour plus aiſémẽt pouuoir & obtenir ce qu'ilz nous
dreſſent, à fin que les hommes émerueillez aiouſtent foy aux ſimulacres
d'vne diuinité & puiſſance.D'ont il auient que ſouuenteſſois ilz troublent
la vie, & trauaillent de ſonges,fachent les membres, gaſtent la ſanté,ſuſci-
tent maladies, & quelque fois ilz epouuantent la fantaſie . Delá eſt auenu
qu'au temps de Tarquin, Accius Neuius eſtant augur vne pierre fut coupée
auec vn razouer, de lá auſſi qu'à aucuns les ſignes d'vn Royaume a venir
ſe procurent . Dont il auint qu'vne Aigle enleua le bonnet de la teſte de L.
Tarquin allant à Rome:& apres qu'elle fut montée fort hault,elle le luy remit à la teſte: qui eſt vne choſe forte à croyre. Durant le reghe duquel auſſi
on dit que la vierge Creſſe auoit de coutume de porter aux vierges Veſtales
le relief de toute la table du Roy, & que quelquefois il auint que quãd elle
le mettoit ſur le feu ſacré,qu'vne cédre genitale d'hóme ſoudain ſe dreſſa du
feu, & que ceſte Creſſe chãbriere de la Royne Tanarquil , & ſa captiue qui
ſeſtoit lá aſſiſe en partit groſſe, & que Seruie Tulle,qui ſucceda à la corõne,
en naquit, auquel eſtãt en enfance,couché en la ſalle royalle on a veu ardre
le chef,& a lon creu qu'il fut filz de lange familier,diſant Ouide auz Faſtes.

,,
,,
,,
,,
,,
,,
,,
,,
,,
,,
,,
,,

De Tulle fut Vulcan pere auſſi fut la mere
Creſſe corniculée, & a la belle face:
A elle Tanaquil ayant les ſacrifices
Accoutumez perfait commanda de repandre
Vin au foyer paré: la ou entre les cendres
Fut d'vn membre viril veue, ou bien pluſtoſt
La forme fut au vray: la ſerue obeiſſant
S'aſſiet en ce foyer, de qui Seruin conceu,
A de ſa race print la ſemence du ciel.
Les ſignes a donné le pere. Alors qu'au chef
De ſa bouche eclarant il toucha & qu'ardit
Vne hupe enflambée au haut de ſa perruque.

De lá auſſi eſt venu que Iuno de Vegie repondit qu'elle vouloit aller à Rome, & qu'on dit que la nef ſuyuit la main de Claudia, & que Iuno ſpoliée a fait vengeance des ſacrileges. Ce que de meſme fit Proſerpine de Lares, & Ceres de Milles, & Hercules du Sanglier. Ny ne menacent point les ſonges autremẽt Hannibal de la perte d'vn œil. Le regard auſſi des entrailles predit le peril de ſa perte à Flaminin. Le ſerpent, ou plus toſt le prince des diables, tyré d'Epidaore deliura la ville de Rome de la peſtilence: & à Eneas par l'indice des oracles trouua l'Italie promiſe,& cerchée: en laquelle il fit ſa demeure,non pas tant par l'auis des puiſſances diuines que par celuy des diables. Que fait autre choſe Anchiſes es ſonges? A quoy tendent Iuppiter & Apollo s'efforçans de couurir leurs oracles auec ambiguité, à fin qu'eſtans trouuez trompeurs,& mẽteurs ilz puiſſent quelque foisſoubz couleur de raiſon couurir leur deception, & par ce moyen ilz ne ceſſent de ruïner les ruïnez,& d'épãdre aux deprauez l'erreur de peruerſion, & les trõper,iuſquas à ce qu'ilz enuoyent à perdition ceux qui leur obeïſſent. A qui ont eſté proffitables de tout iamais les réponſes des diuins? A ce eſté à Craſus,ou Pirrhus, ou à Laye,ou bien à aucun precedant,ou ſubſequẽt? Ne fut pas,comme lon dit, Crœſus abuſé d'vne telle reponſe,qui eſtoit Roy de Lydie ſi puiſſant quãd il eut a mener la guerre contre les Perſes?Il eſt vray qu'é entrãt dedãs Alys il auoit ruïné de grãdes puiſſances,mais en péſant par vne reponſe ruïner la force de ſes ennemyz, il ruïna la ſienne: au ſurplus auenãt l'vn ou l'autre l'oracle ſe trouuoit veritable. Celle qui fut faitte à Pirrus ne fut pas plus claire,lequel deliberãt la guerre contre les Romains, & ſe conſeillant à Delphos rapporta ceſte reponſe, comme dit Ennius:

,,   *Ie dy qu'Eacides le Romain pourra vaincre*

Pirrhus eſtoit bien pauure de ſens, s'il n'entendoit biẽ que l'vn ou l'autre ayant la victoire l'oracle auoit apparence de verité. Voylá commét ce cautelleux ouurier l'auoit ourdy: voylá auſſi cõmét en tout euenemẽt il auoit gaigné ſa retraitte de verité: celá de vray ſent ſa tromperie ſi euidente, que combiẽ,comme dit le meſme Ennius,que la race des Eacides, ayt touſiours eſté folle, Pirrhus toutelfois l'a peu conſiderer ſans difficulté. Celuy qui a

deceu

deceu Crœfus eſtoit plus obſcur,& qui euſt peu tróper Chryſippe. De vray
Ciceron l'a ainſi eſcrit, auquel touteſſois le cas ſemble finalement eſtre có-
trouué, le ſuſpeçonnât auoir eſté feint par le poëte, & ceſt autre par l'hiſtoriographe amenant ces raiſons. Premierement qu'Apollo n'a iamais parlé
Latin, ſubſequemmét qu'au temps de Pirrhus, on ne faiſoit plus de metres:
& penſe, comme il dit au meſme liure aſſez d'autres choſes,que le dernier a
eſté dit par moquerie. Cóme que ce ſoit touteſſois ces raiſons ne m'eſmeu-
uent pas beaucoup, d'autant que la doute de l'oracle a peu eſtre tráſlatée en
Latin, & miſe en vers,eſtát premieremét en parolles Grecques,& en proſe.
Car ſi ie regarde à la langue, toutes choſes qui ont eſté dittes par oracles, &
qui nous ſont en Latin, ſont deſcenduës de la ſourſe Grecque, & proferées
en Grec par Apollo,ou bien par eux reduictz en memoyre, ny n'a la diuerſité des lágues nuy à la verité. Vne autre raiſon dóques de Ciceró me preſſe
de plus grande violence, car il dit que les Grecz ne ſauent rien de ceſt oracle: & pourtant il eſt bien croyable qu'Ennius l'a inuenté quaſi comme ſié.
Au regard de Herodote, que Ciceró appelle pere de l'hiſtoire,ie ne le croy-
ray pas ſi aiſément auoir controuué ce premier oracle. Il m'a ſemblé bon
donques en vne choſe ſi douteuſe toucher la verité, & de n'obmettre l'auis
de Ciceron. Ceſt autre auſſi eſt ambigue & inopinable, que Philippe de
Macedoene print d'vn meſme temple, c'eſt qu'il euſt à prendre garde au pe
ril eminent par vn car: ce qu'entendant le Roy, & faché commanda rompre les cars par toute la Macedoene, & ſi ſe detourna d'vne ville de Boetie
qui portoit le nom de Car,comme luy eſtant fatal:ou bien,ainſi que aucũs
dient, il la feit raſer. Ce fut touteſſois pour neant, car les menaces de l'oracle tendoyent ailleurs. On dit que le manche de l'eſpèe dót Pauzanie le tua
auoit vne graueure d'vn chariot. Et pourtant Tulle récontre de bonne gra
ce: car l'auertiſſement n'eſt pas ſeulement obſcur,mais auſſi menteur,quaſi
que le Roy deuſt mourir du manche, & non pas de la pointe. Ceſt Appius
Claudius qui durant la guerre ciuile ſuyuit le party de Pompée,experiméta
pour la ſeconde fois doutant quelle en ſeroit la fin vn Apollo eſtant voiſin
du camp, & qui pour lors delaiſſé n'auoit ſonné mot. Et pourtant vne certaine Perhemonoe diuinareſſe du temple, & chaſſée dedans vne caruerne,
& bouillant de ſon acoutumée furie, tint ſes propos, comme lon dit. Ne
crains point Romain les grandes menaces de ceſtuy cy, elles ne te feront
rien: car tu poſſederas en repos les coles de Negrepont. Ou bien,comme
aucuns dient, la coſte Negrepontique, diſant Lucain.

Tu fuyras ô Romain des guerres les menaſſes
Immenſes & ſeras hors de ſi grand peril
Tenant de Negrepont ſeul le grand val paiſible.

Pour laquelle reſponſe receuë, quaſi cóme en ſonge, il s'en retourna plus
perplex qu'il n'y eſtoit venu. Bié toſt apres il mourut d'vne maladie au païs
qu'on appelle Cole,auant la derniere bataille:par ce moyé eſtát ſoubſtraict
aux guerres,& mis en vn ſepulchre Negrepontique, il dóna foy à l'oracle.

E

Par la mefme façon aufli il fut prediét à Laie par Apollo . Garde toy de faire femence d'enfant qu'on t'a defendu, car celuy qui naiftra te tuera execra
blement, & fera toute la falle epanduë en fang . Apollo donques preuoyát
les chofes qui s'enfuiuroyét defendoit fuyuát l'oracle de faire les femences,
fachát qu'il eftoit en fa puiffance s'il s'en vouloit abftenir. Laie interrogoit
celuy qui fauoit que c'eft qu'il auoit a faire, ce qu'il faifoit cóme ignorát les
chofes à venir. Or fema-il nó pas attraiét par l'oracle, mais cóme vaincu d'in
téperance . En femblable aufli cóme les Argines s'enquiffent par oracle s'il
eftoit bon d'entreprendre contre les Perfes, il leur fut refpondu: O peuple à
Dieu tant aggreable reprime les puiffances des armes ennemies des voifins,
la feule vmbre de ta tefte defendra tout le peril du corps. Il fauoit de vray
que c'eft qn'on deuoit elire, & que le chois eft au pouuoir de l'hóme, mais
que la fuyte du chois git en l'oracle . Depuis ceux cy Nero Cefar auoit entendu des Mathematiques que la mutation de fon eftat luy eftoit deftinée:
Lefquelz en cela concordans difcordoyent touchant fa fortune apres eftre
chaffé de l'Empire. Pour lefquelles nouuelles eftát faché il delibera déprou
uer l'oracle Delphique, car par lá il luy a féblé que fó doute fe deuoit tráffe-
rer d'vn cófeil humain au diuin, auquel fubfequémét il fut refpódu qu'il fe
dónaft garde du foixáte treziefme an. Ce qu'entédu il entra en vne fi gráde
affeuráce cóme hóme inconfideré, & n'ayant pas encore trente troys ans,
que ia ne craignát plus rien, il fe promettoit profperité, & áge entier, quafi
cóme ne pouuát mourir auát le téps prefix par Apollo . Finalemét il vint à
telle infoléce, qu'eftans aucunes grádes richeffes periës en la mer par la tor-
méte, il affermoit qu'elles luy feroyét réduës, mefmes à l'ayde des poiffons,
tant eftoit fon orgueil grád pour telz erreurs, quád foudain il fut abádóné
& forcé à vne mort fort infame, & à la verité dire du cófeil d'Apollo, cóbié
que ceft efprit tant faux, & pere de méfonges ayt pourueu de fes ambages,
& artifices accouftumez que rien ne femblaft hors de raifon. Ce que Neron
mefme a peu entendre à fa derniere nuytée, combien que tard, oyát le bruit
des gens de guerre execrans fon nom, & louans celuy de Galbe : & appeller pour le comble de fon malheur l'autheur de l'oracle, veridique. De vray
fon fucceffeur Galbe auoit lors l'age de foixante treze ans. Quelque mefdi-
fant nous dira que ce confeiller donna bon auis à quelques vns, & qu'on fe
plainét d'vne part & d'autre auiourd'huy des defenfes de leurs facrifices, &
de l'abolition de leurs ceremonies: dont mefmement il auient qu'on ne fait
point de refponfes aux requerans, ou bien qu'elles font douteufes, & inex-
plicables. Mais pourquoy eft ce donques que long téps au parauant l'Empire de Cefar, & la natiuité de noftre fauueur Iefus Chrift, la creance de l'o-
racle d'Apollo Pithius, a efté prefque du tout abolye, & de tát abolye, qu'el
le eftoit dédaignée, comme leurs autheurs le tefmoignent? Mais pourquoy
dédaignée, finon que comme vaine, ou faufe, ou douteufe? Et pourtant le
poëte confeille fagement, difant.

,,   *Sans reponce s'en vont, haïffans la Sybille.*

Et

Et à fin que par auanture ilz n'eſtiment celá peu, d'auoir eſté contemné, aboly, & delaiſſé, & que ce n'a eſté que la diuination ou le ſiege, ceſt Apollo Pithius eſtoit celuy qu'on dit apres la defaitte de ce grand ſerpét Python auoir eſté le grand prophete, & autheur de toute la vaticination, prince & heritier du ſiege de la diuination, & du nom, & auoir eleu ce lieu là pour y rendre reſponſe, auquel la diuination ſembloit auoir prins ſa ſource auec l'Autheur. Il eſt vray que Cicero ſe mocque de ceux qui cerchent des euaſions, & diſent que la vertu du ſiege & du lieu eſt éuanouïe par ſucceſſion de temps: de ſorte qu'il les dit ne prendre pas garde qu'il eſt queſtion de la force diuine, & que ſi elle eſt, elle eſt auſſi eternelle, tellemét qu'ilz en parlent tout ainſi qu'on fait d'vn vin, ou de quelques ſallures, leſquelles diminuent leur force de vieilleſſe, & periſſent peu à peu. Parquoy il appelle ceux qui en font profeſſion philoſophes ſuperſticieux, & preſques inſenſez. Leſquelz ayment mieux cercher des excuſes friuoles à leurs folies, feignans qu'elles ſont euanouïes, que de confeſſer liberalement la verité, & de cognoiſtre plus toſt tard que iamais leur erreur, ayans eſté longuement ſeduictz en ces oracles, partie faux (à fin que i'vſe des parolles meſmes de Ciceron) partie vrays d'auanture: comme il auient ſouuenteſſois en toutes choſes, partie ambiguës, & obſcures, de ſorte que l'interprete a beſoin d'vn diuin, & que le ſort meſme ſe doit referer au ſort, partie par oracles douteux & perplex: ceux de vray trompent le plus, deſquelz les populaires ne peuuent diſcerner la verité des illuſions. Et pourtant on penſe qu'ilz liurent les Empires, victoyres, richeſſes, & les bonnes fortunes. Finalement comme il ſoit manifeſte, qu'à leur vouloir la Republique ait ſouuenteſſois eſté déliurée de perilz eminens, ſi eſt ce que tous les perilz qu'ilz ont annoncé par leurs reſponſes, & qu'ilz ont detourné & appaiſé par ſacrifices ſont toutes vrayes tromperies. Car quand ilz preuoyent les diſpoſitions de Dieu, comme qui ont eſté ſes miniſtres, ilz s'entremeſlent aux choſes, tellement qu'ilz ſemblent faire, ou auoir fait, toutes celles que Dieu fait, ou a faict. Toutes les foys auſſi que quelque bien doit auenir par l'ordónáce de Dieu à quelque peuple, ville, duc, ou prince: ceux là promettent le faire par prodiges, ou ſonges, ou oracles, ou bien par ſort, & par ces autres telles choſes, cóme nous auós dit, ſi on leur fait honneur & ſacrifice. Apres leſquelles choſes liurées, ilz ſe font adorer lors que celá eſt auenu, qui par neceſſité deuoit auenir. Et lors qu'il y a dáger de peril ilz ſe dient eſtre courroucez pour quelque cauſe legere & ſotte: cóme à Varró, d'autát qu'il auoit mis vn beau page au réple de Iuppiter pour le guet: pour laquelle cauſe le nó des Romaís fut preſque aboly aupres des Cánes. Et ſi Iuno bruſloit pour vn autre Ganimedes, pourquoy eſt ce que la ieuneſſe Romaine en porte la peine? ou bié s'ilz ont tát ſeulemét le regard aux Ducz & Princes, pourquoy delaiſſét ilz le reſte du peuple? Pourquoy eſt ce que le ſeul Varróeſt ſeul echappé, qui a fait la faute, & Paul tué qui n'auoit rien démerité? Et pourtant ſoit que le peril eminent ſoit euitable, ilz veulent ſembler l'auoir detourné, eſtans appaiſez : ſinon

E ij

ilz executent, & par ce moyen ilz se procurent vne authorité & crainte enuers les hommes ignorans: & ont par ces cautelles & ruses détourné la cognoissance de la Trinité, & d'vn vray Dieu enuers toutes nations. Par les
obseruations donques supersticieuses de ces disciplines, qui sont conioinctes à la cognoissance des estoilles, il faut euiter l'aliáce desmauuaises spritz,
ny ne pense qu'on doiue tenir hors de ceste façon de supersticions ceux qui
sont descenduz de la nation Chaldaique: d'autát que d'eux est la raison des
natiuitez, à fin de pouuoir expliquer les choses passées & futures par la ra-
tiocination des estoilles, c'est à dire de cercher par la raison humaine quelz
effectz ont les douze signes, les cinq planetes, auec le soleil, & la lune. Duquel art Berose se tenant en l'isle & cité de Cohos a là premier declaré la discipline: & depuis Antipater y ayant mis son estude: & de rechef Achina-
pole, lequel n'a pas seulement laissé les raisons explicquées de la naissance,
mais aussi de la conception. Et combien que ceux cy pourchassent sçauoir
la vraye position des estoilles à la naissance de chacun, & que quelquesfois
ilz la treuuent par reigles inuétées & escrites, ilz se trópent toutesfois beaucoup s'efforças de predire noz actes, meurs, & auétures, & sont epriz d'vne
trop grande follie: lesquelz les institutions de nostre religion Chrestienne,
& la lumiere de nostre foy non seulement cófutét, mais aussi font plusieurs
sentences d'aucuns Poëtes & Philosophes renómez, de Capitaines & Empereurs excellens, entre lesquelz est principalement ordonné à Moyse es
,, lettres sainctes. Quand tu seras entré en la terre que ton Dieu te liurera, gar-
,, de toy de vouloir ensuyure l'abomination de ces nations là, & qu'il ne se
,, treuue entre vous homme qui tournoye filz ou fille le menát sur le feu, ou
,, qui interrogue les Arioles, & prenne garde aux songes, & augures. Ne sois
,, point malefique ou enchanteur. Ne va point aux Pythons, ny aux diuins,
,, ny ne requiers la verité aux mortz. De vray il abominera toutes ces choses,
,, & les abolira tous à ton entrée, à cause de ceste maniere d'execratió. Tu se-
,, ras perfait, & sans macule auec tó Seigneur & Dieu. Ces peuples desquelz
,, tu possederas les terres, ecoutent les diuins & augures, au regard de toy tu
es autrement institué de ton Seigneur, & Dieu. Qui sera donques doute,
que ces choses ne soyent non seulement capitales, mais aussi la peruersion
de la foy que la sentence diuine defend auec si grande diligence? D'auanta-
,, ge il y a au Leuitique. Vous n'vseres point d'augures, ny ne prendrez garde
,, à voz songes, ny ne vous retirerez aux Magiciens, ny ne demádez rien aux
,, arioles, de sorte que vous soyez polluz par eux. L'homme (dit il là mesme)
,, ou la femme qui aura l'esprit Pythonique, ou de diuination soit puny de
,, mort, qu'on les lapide, & que leur mort redóde sur eux Ny n'est pas moins
,, exprimé aux Romains par les parolles de l'Apostre. Qui a cogneu la sentéce de Dieu, ou bié qui luy a donné conseil? Ce conseil aussi est diuin & ce-
,, leste. Ne cerche point plus hault que toy, ny ne recerche les choses plus for
,, tes que toy: mais pense tousiours es choses que t'a commandé Dieu, ny ne
,, soys curieux en plusienrs de ses oeuures. De vray il ne t'est pas necessaire de
voir

,, voir les chofes qui te font cachées. Ce n'eſt pas à vous(comme il eſt autre
,, par eſcrit)de cognoiſtre les téps,ne les momés qui giſent en la puiſſance du
,, pere. Annoncez(dit Eſaïe)les chofes à venir, & nous croyrons que vous
,, eſtes Dieux. Ce dićt de l'Eccleſiaſtique eſt de meſme. L'homme ignore ce
,, qui a eſté auāt qu'il fuſt,qui luy pourra faire ſçauoir ce qui eſt a venir?Quel
,, le autre choſe afferme ce dićt de Sapience?Les penſées des hommes ſont ti-
,, mides(dit il)& noz prouidéces incertaines. Le corps qui eſt corruptible ag
,, graue l'ame,l'habitation auſſi celeſte abaiſſe le ſens péſāt beaucoup de cho-
,, ſes: & eſtimons à grād'difficulté les chofes qui ſont en terre, & trouuons á
,, grand trauail celles qui ſont à noſtre veuë. Au regard de celles qui ſont aux
,, cieulx,qui les découurira? Et qui ſçaura ta péſée,ſi tu n'en donne la ſapiéce,
,, & que tu n'envoyes ton ſainćt eſprit des cieulx? Et que par ce moyé ſont les
,, voyes de ceux qui ſont en terre corrumpuës, & ont les hommes apprins les
,, chofes qui leur ſont à plaiſit. Or eſt il, dit Firmian, que les Philoſophes qui
,, diſputét de ce qui ſe fait aux cieulx, ne fōt pas ainſi: ce qu'ilz péſet leur eſtre
,, touſiours loyſible de faire, par ce qu'il ne ſe treuue homme qui les arguë en
,, leurs erreurs,& s'ilz péſoyét que quelqu'vn deſcédiſt de lá,qui leur mōſtraſt
,, qu'ilz ſont folz, & méteurs iamais ilz ne diſputeroyét des chofes qu'ilz ne
,, peuuét ſçauoir. Ny ne faut pas pourtāt eſtimer leur ipudéce & audace eſtre
de tāt plus heureuſe,qu'ilz ne ſont point repriz.Car Dieu,auquel ſeul la verité eſt cogneuë, les redarguë,combié qu'il ſéble ny prēdre garde, & eſtime
ceſte ſapiéce d'hómes pour vne ſupreme folie. Ie laiſſe les traićtés tāt laborieux & fortz de ſainćt Auguſtin, & ſainćt Ambroiſe, & leur fort ample diſ-
putation, leſquelles le temps ne requiert, ny ne reçoit le lieu, ny ne la requerra homme quiconque aura quelque peu proffité en lećture, comme
qui ſont cogneuës: tant ſeulement diray ie vne ſentence de ſainćt Auguſtin, ie ne ſçay ſi plus vraye que briefue du liure qui eſt intitulé de la cité
de Dieu. Toutes ces choſes conſiderées(dit il)on croit à bonne raiſon
que quand les Aſtrologues diſent auec grand miracle beaucoup de chofes
vrayes, que celá ce fait par vn ſecret inſtinćt des eſpritz malingz, deſquelz
la ſolicitude eſt de mettre en teſte aux humains ces folles & offenſiues opinions des deſtinées des eſtoilles, & d'aſſeurer par vn art qui n'eſt point
de l'Horoſcope†noté & regardé.L'autre eſt de ſaićt Ambroiſe au liure qu'il †Ex Au-
nous a laiſſé auec vne notable oraiſon du treſpas de ſon frere Satyre. Les guſti. no-
Philoſophes diſputent du cours du ſoleil, & de la raiſon, & en eſt qui ſont tati pro
d'auis de leur croyre, combien qu'ilz ignorent ce d'ont ilz parlent. Ny mutati,
ne ſont montez au ciel, ilz ont meſuré l'eſſeau qu'ilz ne veirent iamais,car
pas vn d'eux ne fut au cómécemét auec Dieu. Nul d'eux auſſi ne dit point
de Dieu que lors qu'il dreſſoit le ciel,i'eſtoye auec luy, & ordonnoye toutes
chofes. Or en deſcédāt des chofesdiuines aux humaineſil ſe treuuét beaucoup de ſentéces des Poëtes excellens de meſme ſens, entre leſquelles celle
d'Homere entre autres principale, treſanciéne & viue doit venir en auant.
Iuppiter(dit il)epouuante a grandes menaces, non paſvn homme mortel,

E iij

ny vn Dieu d'vne commune aſſemblée : mais ceſte ſienne femme Iuno , ſa
ſœur , & Royne de Dieux, qu'elle n'euſt à s'enquerir du ſecret de ſon cœur,
ny à preſumer de le pouuoir auoir. Apres lequel deux autres dirz ſe treuuét
par eſcrit de deux Poëtes fort renommez en ce premier age, diſát Pacuuius.
,, Si preuoyent les choſes futures ilz ſont equiparez à Iuppiter . De rechef ce
,, poëte meſme:Ie ſuis d'auis de plus toſt ouïr, que de conſentir à ceux qui en-
,, tendent les langues des oyſeaux , & qui ſçauent plus par le foye d'vn autre
qu'ilz ne ſont par le leur. Arrius dit. Ie ne croy rié auſſi aux augures, qui en-
richiſſent les oreilles d'autruy de parolles , pour enrichir leur maiſon d'or.
l'aiouſte Ennius pour quart à ceux cy, lequel ſe moque auſſi d'eux en ceſte
,, eloquence anciéne & venerable, vſant de ceſte façon de parolles. Leſquelz
,, pour leur proffit ſuſcitent des ſentences faulſes . Ilz ne ſont de vray diuins
,, par ſcience, ou art, mais ſuperſticieux propheres & dehontez Arioles , ou
,, bien ignorans & tranſportez , ou bien auquelz la pauureté domine : & qui
,, ignorás leur voye montrent aux autres leur chemin, requerás vne dragme
,, à ceuz auſquelz ilz promettent richeſſes. Qu'ilz prennét dóques la dragme
,, de ces richeſſes lá, & qu'ilz rendent le demeurant . Ie propoſe pour le cinquieſme Horace poëte treſſçauant, d'authorité, & grauité notable, diſant.
,, Dieu par ſa prudence enuoye deuát à l'obſcurité de la nuiét, la fin des cho-
,, ſes a venir: Et ſe moque ſi les hommes craignent plus que de raiſon. Au ſur-
,, plus ſois recordz de gouuerner le preſent auec equité , ſans t'enquerir de ce
,, qui auiendra demain , & tiens pour gain chacun iour que la fortune liure-
,, ra à chacun . Il y a encores du meſme poëte ce diét à Leuconoe. Ne cerche
,, point Leuconoe de ſçauoir quelle fin les Dieux t'ont dóné, n'à moy:ny n'ex
,, perimente les nombres Babyloniens, comme choſe beaucoup meilleure de
,, porter patiemment tout ce que liurera Iuppiter, ſoyent pluſieurs hyuers, ou
bien le dernier. Lucain vient pour le ſixieſme entre ceulx cy.

,,   *Soit prompt ce qu'entreprens & de la deſtinée*
,,   *Le ſens de l'homme ſoit aueugle & ſoit licite*
,,   *Au paureux d'eſperer.*

,,   l'aſſembleray auec eux Stace pour le ſeptieſme. Il eſt defendu à l'homme
,, de ſçauoir que c'eſt que le iour de demain amenera . Tous leſquelz poëtes
ſuyt en dernier lieu Iuuenal Aquin diſant ainſi.

,,   *Vn tendron amoureux l'Armenien promet*
,,   *Ou vn teſtament riche apres auoir touché*
,,   *D'vn chault pigeon les rouges: ou l'augur Compagein*
,,   *Rumine des poullets la poche: & les entrailles*
,,   *D'vn caignol, quelquefois porter il luy fera*
,,   *D'vn enfant la freſſure auz Chaldés: mais plus grande*
,,   *La fiance ſera, & tout ce partir creu*
,,   *Sera du front d'Ammon que dira l'Aſtrologue:*
,,   *Car ia ſont de Delphos les oracles ceſſez:*
,,   *Le brouillard du futur les hommes endommage.*

Or

Or font fubfequentes à ces inftitutions de noftre religion, & aux diétz
des poëtes renommez femblables à elles, les fentéces des philofophes, mefmement de Socrates : lequel a efté le plus affecté que nul autre en l'inquifi-
tion des chofes celeftes, & en la recerche des caufes occultes. Et comme il fe
vit n'y pouuoir attaindre il mit en auât ce tant renommé propos approuué
de tout le monde. Ce qui eft fur nous ne nous eft rien. Et par ce moyen
tenant en doute la difputation de toute queftion de nature, il f'eft reduit à
ce que toute fon eftude gifoit en la vertu, & en fon deuoir. Il y a aufli vn ren
contre de Democrite phificien de meilleure grace que nul autre côtre telle
maniere de gens. Nul n'a l'œil à ce qui eft à fes piedz, & on contemple les
regions du ciel. La moquerie aufli que fait Ciceron contre ces folz difpu-
tans, eft de bon rencontre, qui tiennét toutes chofes certaines comme f'ilz
defcendans fur l'heure du concile des dieux ilz auoyent veu de leurs yeulx,
ou ouy de leurs oreilles ce qu'on fait là. Sãs point de doute comme le mefme Ciceron dit en fon traiété de vieilleffe. Les heures paffent, aufli font les
iours, moys, & ans, ny ne reuient iamais le temps paffé, ny ne fe peut fauoir
le fubfequent. Il y a aufli des fentéces des philofophes excellens contre ces
monftres d'hommes, en laquelle eft celle de Fauorin repoulfant beaucoup
mieux, & plus preffant, que nulle des autres que i'aye leu, la cognoiffance
de l'auenir difant ainfi : Il difoit de vray qu'il ne pouuoit rien ouïr d'eux qui
ne fuft grief & facheux : d'autant que là ou ilz diront chofes vrayes (ce qui
ne leur auient gueres fouuent) & qu'elles foyent mauuaifes, ce fera amener
auant temps vne mifere auec vne folicitude fans propos : car eftant là la verité, la neceffité f'y conioint. Par ce moyen le requerant ne veult en cecy finon fouffrir douleur, à fin que plus grande elle fe puiffe entremefler à la
moindre : Ce que la commune nature des chofes ne permet pas d'éprouuer.
voylà que dit Fauorin. Voycy ce que dit Ciceron à fin que nous laiffions
les precedés. Penfes tu auoir efté vtile à Marc Craffe, lors qu'il floriffoit en
opulence, & fortune grande, de fauoir, qu'apres la mort de fon fils Publin,
& la deffaitte de fon armée il auoit à perir audelá d'Eufrates auec ignominie, & honte ? Penfes tu que Cn. Pompée euft penfé refiouir pour la gloyre
de fes trois confulats, de fes trois triumphes de meruelleufes prouëffes, f'il
euft fceu qu'il auoit à eftre tué es defertz d'Egipte, apres la perte de fon ar-
mèe, & qu'apres fa mort il auiendroit chofes que nous ne pouuós dire fans
plorer ? Qu'euft penfé Cefar, f'il euft diuiné qu'il demoureroit tué en la prefence du Senat, qu'il auoit pour la plus grãd' part éleu, & en la court Pompeiane mefme deuant le fimulacre de Pompée, à la veuë d'vn fi grãd nombre de fes Centurions, & des plus nobles citoyens : auxquelz en partie il a-
uoit fait tant de biens, tellemēt qu'à fon corps n'approchoit aucun de fes
amys, ne mefme de fes efclaues ? De quelle angoiffe de cœur euft il vefcu ? A
la verité l'ignorance des maulx à venir eft plus proffitable que le fçauoir.
Voyla qu'en dit Ciceron. Or pourray ie bien appeller en temoignage de
cefte fentence des gens de bien, nobles, & riches, mais il n'eft pas neceffai-

re,ny ne réquiert ce paſſage plus long diſcours: auec ce que Ciceron a touché les plus notables. Et ſi, à fin que ie reuienne à l'argument de Fauorin,
ilz annoncent des biens, ilz ſuruient deux incommoditez: la faſcherie de
l'attente & l'extenuation de la ioye preueuë,laquelle non preueuë fuſt auenuë plus aggreable & plus grande: ou bien ſ'ilz mentent (qui leur eſt vne
choſe fort commune, & frequente) & que ce ſoit malheur,tu ſeras tormenté d'vne faulſe alarme: & c'eſt bon heur, d'vne faulſe eſperance & ioye, &
d'vne triſteſſe là ou tu te ſentiras eſtre trompé. Ces menteurs donques &
trompeurs ſont en tout euenement dignes d'eſtre depriſez: & ſuis côtraint
à ceſt auis preſque par la raiſon du philoſophe Anaxagoras. Ie me tay de
Diætarche, lequel a conclu en vn grand volume qu'il eſtoit beſoin d'ignorer toutes choſes futures. De vray comme Alexandre fuſt paſſé à la ville de
Babylon qu'il auoit delaiſſé au delà d'Euphrates, là Anaxarchus luy feit
des remontrances, comme ſouuenteſſois au parauant, qu'il ne feiſt conte des diuinations des Magiciens, comme fauſes & incertaines, & non
ſans cauſe. Car ſi les choſes qu'on predit, dit il, ô Alexandre dependent de
la deſtinée,elles ſont incogneuës aux hommes. Si elles ſont ſubiectes à nature elles ſont immuables. Ce dict du philoſophe Demonacte eſt de meſme,lequel dit regardant vne fois vn diuin ayant gages de la ville pour rendre reſponſes. Ne voys tu pas de quelle choſe tu demandes loyer? Si tu as
puiſſance de Iuppiter de changer quelque choſe de ce qui eſt ordonné par
la loy fatale,quelque reſponſe que tu demandes,elle eſt bien petitte.Si auſſi
toutes choſes ſont poſées en la voluntè de Dieu, de quoy nous peut ſeruir
ton diuinement? Demoſthenes ſe confiant aux armes des Grecz, & de la
force prompte & ſi grande d'hommes, ne voulut point qu'on print garde aux oracles,ne qu'on ecoutaſt les diuinemens, mettant en auât qu'Epaminonde, & Pericle auoyent touſiours eſtimé cela eſtre vne couuerture de
paour & de lacheté. Ce dict auſſi d'Halicarnaſée excellent en Aſtrologie,
& prince treſſuffiſant au gouuernement de ſes citoyens, eſt fort ſalutaire &
memorable à toutes heures,en contemnât toutes manieres de diuinations
Chaldaiques.Or eſt ſuruenu vn certain grâd hôme en rien moindre à croyre que tous les precedens,c'eſt ce ſeuere Caton,qui diſoit ſeſmerueiller,que
l'Augure ne ſe moquoit de l'Augure,ſoudain qu'il a apperceu: qui eſt vn
dict qu'on peut adreſſer à tous Augures,ſortileges, côiectureurs,Chaldées,
& Mathematiques,& finalemêt à toute diuination.En conſiderât de vray
tât de folies par leſquelles ilz trôpent les hômes credules,le rencôtre indubi
tablemêt deuſt émouuoir la memoyre,& le ris d'vne mutuelle conſcience.
O côme fut de bonne grace ceſt autre dict,ainſi que quelqu'vn luy requiſt
diſant: Si ce n'eſtoit pas vne choſe monſtrueuſe que ſes chauſſes auoyent
eſté rongées de ſouriz. Il reſpondit que cela ne l'eſtoit pas, mais que c'euſt

† Ex Ci-
ce.lib.2.
de diuina.
exuláti,
exultanti.
eſté vn môſtre ſi les ſouriz euſſent eſté rôgées des chauſſes. Ce que c'enſuyt
n'eſt pas moindre,mais magnifique,mouelleux,& biê côſideré. Car côme
Hannibal ſeſtât†retiré à Pruſie deſiraſt la bataille,côme autheur du côbat,
& que

& que Prufie n'y voulut entendre, d'autant que les entrailles le luy defendoyent, aimes tu (dit il) mieux croyre à vne chair de veau, qu'à vn viel capitaine? Qui fut vne parolle grande, & digne d'vn fi grãd prince, comme qui
luy mit en auant la ruine de l'Efpagne, de la Gaule, des Geneuois, & finalement celle de l'Italie, portant mal enuis que les entrailles d'vn facrifice villain & ord, fuft preferé à tant de temoignages & victoyres de guerres.
Quelle autre chofe feit Cefar lors, qu'il eftoit auerty par vn grand Augure,
& docte Arufpice de ne paffer armée en l'Aphrique auãt la bruïne. Ne l'a-il
pas fait en contemnant fon dict? Et f'il ne l'euft fait, toutes les forces de fes
ennemys fe fuffent affemblé. Au contraire auffi n'a pas efté prins Regule,
ayant eu egard aux Augures? Mancinus auffi garda la religion, & fut mis
fouz le iou. Ces chofes donques, & leur femblables qu'on met en auãt pour
confermer les aufpices, & cefte façon d'erreurs font fi impertinẽtes, & fouuent fi friuolles que le cõfeil de M. Marcel, qui fut cinq fois Conful femble
à plufieurs receuable. Lequel comme il fuft Capitaine general, & trefbon
augur laiffa tout ceft augurage de guerre, & auoit coutume d'aller couuert
dedans vne litiere, à fin qu'il ne luy donnaft empefchement : & non fans
caufe, car comme homme de bon cœur, & fage il defefperoit de pouuoir
chaffer eftant decouuert l'opinion fi vulgaire, & ia de long temps receuë
& adherant aux oz. Ie ne penfe pas touteffois qu'on doyue totallemẽt con-
fentir à Marcel, ne les Augures deuoir eftre de forte repudiez, que les grandes chofes ne foyent preuenuës par aucũs fignes, ou augures: veu que Dieu
dreffe le vol des oyfeaux de forte qu'vn bec refonnãt, ou vne penne volante
par vne voye trouble, ou calme montre les chofes futures, cõme les anciens
Theologiens, & aucuns autheurs renommez le temoignent. Mefmes Ouide es Faftes:

<blockquote>

Quoy que pour la victoyre ô Cefar tu te haftes,

Ie ne veuil point que marchent au combat tes enfeignes

Si l'aufpice ne veut Flamin & de Perouze

Le lac te foyent tefmoings, que les dieux par oyfeaux

Plufieurs fignes émeuuent.

</blockquote>

De vray auffi Ciceron en a trefbien parlé, comme des autres chofes. Les
fignes (dit il) des chofes font montrez par eux : efquelz fi quelqu'vn f'abufe,
il n'aura pas fait la faute par la nature des dieux, mais par la coniecture des
hommes. Ny n'eft rien finalement outre les fignes des chofes futures, que
ces certains annonceurs de l'auenir puiffent promettre à chacun, ou bien
eftre ouiz par la raifon des fignes ou des planettes: car ilz n'ont rien de certain es fept eftoilles, defquelles nous auons ia parlé, & qu'à raifon de leur
marche nous appellons errantes (combien qu'il ne foit rien qui erre moins
qu'elles) fi ce n'eft felon le commun regime à elles deu au mõde †vne feptu- †Non in-
ple intelligence conioincte par vertu eftant leur fubftance hors confiften- telligo.
te. Nous fçauons auffi (à fin que nous touchions l'audace de ceulx cy par le
menu) qu'ilz ont coutume de dire, que quiconque naiftra au figne de

l'Aquaire fuyura le meftier de pefcheur. Mais veu que la Getulie n'a point
de pefcheurs, qui fera celuy d'eux qui aufera dire que nul ne naift là fouz le
figne de l'Aquaire? Outre plus il faut bien puis qu'ilz predifent que ceux feront pour la plus part changeurs qu'ilz entendent eftre naiz fouz le figne
de Libra (lefquelz touteffois font incogneuz à plufieurs prouinces de peuples) qu'ilz côfeffent ou que ce figne leur deffaut, ou bien qu'il n'eft point
d'effect fatal. Mais côme les Roys des Perfes & des Lacedemoniens foyent
eftabliz par la race, & que les enfans des Roys naiz fouz vn mefme figne
que les ferfz, furuiuans viennent à la coronne, d'ou vient que les ferfz qui
font naiz auec eux à mefmes momens d'heures, & de temps demeurêt con
tinuellement en feruitude? Les hommes auffi de diuerfes regions, & diuers
age, naiz fouz diuers & variables mouuemens des fignes periffent d'vne
mefme façon de mort, & à mefme moment de temps, filz font tuéz en vn
mefme affaut de ville ou bataille, ou bien en tormente de mer, comme il
auint à la bataille des Cannes, quelz moments de naiffance donnéz à vn
chacun felon qu'ilz difent auront leurs loys? Par auanture auffi viendra au
contraire de leurs iugemens l'infinie grâdeur auec fon infinie hauteffe departie en foixâte dix fignes, par les effigies des chofes, ou d'animaux: efquelles les fauans ont departi le ciel. Il eft auffi croyable que par l'infini nombre
des eftoilles, il fe peuft faire qu'autre fignes font en vne pareille, ou plus grâde, ou moindre puiffance: fans lefquelz l'obferuation ne peuft eftre menée
à vraye perfection & perpetuelle: & que ces hommes là ne peuuent voir ne
apperceuoir l'excellence de la clarté ou de la hauteffe : veu qu'aucunes des
eftoilles font veuës en aucunes regions & cogneuës aux habitans d'elles,
lefquelles mefmes ne font point veuës par toute vne autre contrée : & qui
font aux aucuns totallement incogneuës: comme le Canope. Car c'eft vn
figne grand luyfant de nuict clair & bien émerueillable. Duquel fil n'eftoit
autre temoignage M. Manille vient en auant pour temoin trefexcellent, en
fon premier liure d'Aftronomie. Et pourtant (dit il) nous ne voyons pas en
toutes terres tous fignes. Tu ne trouueras iames la clarté du Canope iufques que tu fois à la Grece par le Ponte. Parquoy comme il foit certain, que
de cefte façon de diuinations il fengendre pluftoft vne ambiguïté & con-
fufion dommageable, qu'vne certaine & duifante cognoiffance à ceux qui
les requierent, & qu'ilz n'y voyent rien à point ny n'apperçoyuent: ny n'a-
uient rien de ce que ces refueurs promettent, comme yurongnes par leurs
côiectures gliffantes & deceptiues (fi ce n'eft quelque chofe rare & fortui-
te, comme il echape & auient quelque fois à ceux qui voluntairemêt mentent) ie ne te confeille Sigifmond de t'ayder de cefte façon de iugemens fu-
perfticieux d'hômes: les difciplines defquelz mefmes tu entês, & employes
temps, fauorifant les bons efprits. & te refiouïs mefmemêt es fubtilites, veu
que fur toutes chofes tu as toufiours eu auec toy, & as des hommes de tous
ages excellens Mathematiques, excellens Horologers, & Aroftronomes à
la coutume de tes anceftres pour diuiner les chofes à venir tant en paix
qu'en

qu'en guerre. Me confiant donques des exemples, & authorité d'hommes
fi grands, fi fauans & tant renommez auec la raifon ie ne diray point fans
propos que l'art de diuiner, par requel quelqu'vn veult refpondre au vray à
chacune demande des chofes futures au feul Dieu cogneuës eft totallemét
nul. (Ce que Socrates afferme, & fubfequémet les Academiques, lefquelz
auffi nous appellons Peripatetiques) ou bien qu'il eft, mais encores incogneu, ou que c'eft quelque opinion, & au furplus vne vaine coniecture
d'hommes deceuant autrement leur iugement.

Fin du troifiefme liure.

LE QVATRIESME LIVRE DE

ROBERT VALTVRIN DE
l'art militaire.

Des loix. Chapitre I.

COMME auffi, Sigifmód Pandulphe, il foit neceffaire que
celuy que nous auons ordóné pour Chef & Capitaine aux
autres, foit non feulemét apprins es bós ars que nous auons
maintenant dict, mais auffi foit iuge du droict legitime: &
à la coutume des anceftres des ceremonies & du feruice enuers les dieux, & pour vuïder les contentions & differens
d'entre les hommes, & auoir la fuperintédence de la conduitte d'vne guerre iufte. Car la guerre (comme dit Ciceron en fa Rep.) eft lors iufte qu'elle
eft fignifiée auec defiance: & mefmement celle qu'on dreffe pour le recouurement de prinfes, ou pour repoulfer l'ennemy. Nous dirons auffi que la
charge d'vn droict legitime eft de cómander les chofes, qui appartiennent
à vn homme de cœur, comme de n'abandonner fa place durant la bataille,
de ne fuïr point, ny n'abandonner les armes: & les chofes qui concernét la
modeftie, comme de ne commettre adultere ne faire mefchãceté, & celles
qui concernent la gratieufeté, comme de ne poulfer ne eftre querelleux: &
ainfi des autres vertuz & vices en defendant ceux cy, & commandant les
autres. Il eft auffi outre ces chofes aucuns deuoirs de guerre, comme de garder la folénité pour entrer en combat, les decretz publicz, les accordz paffez, la reuerence du ferment, la punition des gens de guerre, la dignité & les
degrez des recompenfes, & honneurs. Il en eft aucuns lefquelz il fault auffi
bien fouffrir que les faire: comme de brufler les bledz, abbatre les maifons,
faire prinfes d'hommes & beftail, & autres telles chofes, dont il y a particulierement des loix eftablies. Pour l'eftabliffemét defquelles aucuns penfent

Zeleuce auoir esté le premier, les autres Rhadamante ou Lycurgus, aucuns
Ceres, laquelle a inuenté le froment, là ou au parauant on viuoit de gland,
aussi a-elle à Athenes la façon de le mouldre, & en faire pain, les autres diset
en Sicile, & à ceste cause iugée Déesse, comme Carcine le Tragedian le témoigne en sa poësie. Les autres aisément en ont donné la gloyre, côme chose approchant plus la verité à Moyse, ce grand Chef de la nation Iudaïque,
& grand philosophe. Au regard de Lycurgus, de Zeleuce, & de tous ceux
qui sont en grâde amiration enuers les Grecz ilz sont recens, & nouueaux
comparez à Moyse : d'autant que le nom mesme de loy n'est point cogneu
auoir esté anciennemét entre les Grecz, d'ont Homere est temoing, lequel
n'a iamais vsé de nom de loy en ses euures diuines. Car le peuple n'estoit pas
gouuerné par loix, mais par sentences, & commandemens indefiniz des
Roys, tellement qu'ilz ont long temps vescu vsans seulemét de coutumes,
& non point de loix escriptes, permettans beaucoup de choses selon les cas
auenäns. Phoronée aussi second Roy des Argines, duquel on pense que (fo-
rû)le lieu des pletz, & la maniere de playder causes forenses, sont deduictz,
fut le premier entre les Grecz, qui six cents ans presque auant la guerre de
Troye a fait que les Argines seroyent regiz par loy, & iugemens certains, si
nous tenons pour fables & méteries les choses que Critias au Timée de Platon recite de Solon touchant les loix Attiques, assez de milliers d'ans au
parauant Phoronée. Ny ne suis ignorant qu'Isis a esté appellée porteloy
par les anciens Grecz, premiere inuentrice des loix. Au regard des Egiptiens, le Roy Minos ou bien Trimegiste leur a liuré les premiers temoignages des loix escrites : lequel par auanture quelqu'vn tiendra du nombre des philosophes, combien que tenu pour Dieu, il est honoré par les
Egiptiens souz le nom de Mercure. Sasochis hommé d'excellente prudence est dir entre les Egiptiens second bailleur de loix, lequel on dit auoir
aiousté beaucoup de choses aux precedentes concernans l'honneur & re-
†Ex Dio- ueréce des dieux. On dit le Roy †Soosis auoir esté le tiers, lequel par ses in-
doro Soo- stitutions a fait des grâs biens pour l'art de la guerre. On tient le Roy Buc-
sis, pro
Sesoosis. choris auoir en quart lieu baillé des loix, comme expert en la sapience &
experience des choses, baillant les loix de la vie des Roys, & establissant les
foyres & iugemens des hommes : apres lequel le Roy Amasin a beaucoup
aiousté, lequel on dit auoir ordonné des choses qui touchent les Monar-
ches, & tout le gouuernement des Egiptiens. Minos a obtenu la mer, &
quelque peu auant la prinse de Troye il bailla loix aux Candoys, comme
le recite Paradie, ce que Platon a conuaincu estre faulx. Au regard des loix
des Spartains, diétz Lacedemoniens, Lycurge les leur a premier (comme
lon dit) forgé par l'authorité d'Appollo. Et (combien que selon l'auis d'autres) il n'en ayt ordonné aucunes par escrit, i'en reciteray touteffois l'vne
de celles qui sont appellées Rhetres faisant defenses de ne combattre l'ennemy, à celle fin que d'vne frequente coutume de combat ilz ne se fissent
gens de guerre. A ceste cause on a depuis blasmé le Roy Agesilae, comme
qui

qui par continuelles & frequentes courſes & batailles ſur Beocie apprint aux Thebains à reſiſter aux Lacedemoniens . Et pourtant comme Antalcide le regardaſt bleſſé , tu rapportes , dit il , des Thebains vne treſ-bonne recompenſe de ta doctrine , les dreſſant à la guerre maugré eux , & leur ignorance . Au demeurant on a appellé ceſte maniere d'ordonnances Rhetres , quaſi comme ordonnées de Dieu , & comme certains oracles de luy . Ariba Roy des Epirotes , & extraict de la race de Pyrrhus , fils d'Achilles leur dreſſa premierement les loix , le Senat , les Magiſtratz annuelz , & la forme d'vne vie policée : & aux Arianées , Chatharacte : Zamolxis aux Getes : Pittace aux Metelins : lequel a eſcrit en ſix centz vers Elegiaques à ſes citoyens des loix prinſes ça & là . Il a eſté vn autre Pittace bailleur de loix , duquel Fauorin & Demetrie ont parlé .ˑAu regard des Atheniens , deſquelz on penſe que les droictz & loix ſont iſſuës & diſtribuées par tout le monde , Draco homme fort ſeuere les leur a baillé : leſquelles Solon plus doulx que luy , & l'vn des ſept ſages , & dreſſeur de loix , a fait diligence d'abolir pour la trop grande rudeſſe & grandeur de peines : car à toutes choſes preſques la ſeule peine eſtoit la mort , tellement que ceux qui eſtoyent condamnez pour l'oyſiueté eſtoyent puniz de mort : auſſi eſtoit le ſupplice de ceux qui auoyent derobé des chouz ou des fruictz ordonné tout tel qu'aux larrons des finances publiques , ou homicides . Parquoy ce dict de Demas eſt trouué bon entre les ſauans , diſant que Draco auoit eſcrit ſes loix de ſang , & non pas d'ancre . Entre les loix que Solon a faict en bon nombre , & toutes eſtabliës de grande prudence , il a faict celles notables par leſquelles il a corrigé d'vne bonne modeſtie les loyers des luyteurs : & ordonna à celuy qui vaincroit à l'Olympie cinquante eſcuz , & dix à celuy qui vaincroit à l'iſthme : & par meſme raiſon que ceux qui auroyent eſté tuez au combatz & batailles fuſſent honorez de recompenſes , & leurs enfans nourriz au deſpens de la cité , d'ont eſtant chacun enhardy combattoit vaillamment es batailles . Ainſi fit Polizée , Cyneagire , Callimache , & tous ceux qui combattirent à la prinſe de Marathon : ainſi auſſi le feit Armodie , Ariſtogiton , Mylciade , & autres innumerables . Alexis le comique dit que les Atheniens ſont bien louables en ce que combien que toutes les loix des Grecz contraignent les enfans d'alimenter leurs peres & meres , ilz les forcent ſeulement de nourrir ceux qui leur ont apprins meſtier . Il a eſté auſſi quelque fois vne loy en Macedoene , par laquelle celuy eſtoit accollé d'vn licol qui n'auoit tué aucun ennemy . Entre les Sythes auſſi ſoudain que quelqu'vn auoit abbatu vn homme , il beuuoit du ſang : ny n'ont autrement coutume d'eſtre participans du butin , qu'ilz n'euſſent r'apporté au Roy les teſtes de tous les mortz : leſquelles quelque fois (qui eſt choſe eſtrange) ilz vuídoyent & les doroyent , les portans pour y boyre . Il n'eſtoit auſſi licite à aucun d'eux en vn banquet ſolennel de prendre la taſſe qu'on portoit tout autour , ſinon à celuy qui euſt tué quelqu'vn de la troupe des ennemys . La

F

coutume auſſi des Gauloys eſtoit de contraindre la ieuneſſe d'aller en armes à la guerre ſouz vne loy commune, que celuy qui arriuoit le dernier eſtoit tué en la preſence de toute la troupe épanduë tout autour a-
uec toute maniere de torment. Et à celle fin que nous r'amenions noſtre propos des eſtrangers aux noſtres, qui eſt celuy qui ne ſait bien qu'vn
certain Itale Roy de l'Enotrie (duquel par vn changement de nom ilz ont
eſté appellez Italiens pour Enotries) n'ait donné loix aux Italiens, & que
ceſte contrée là maritime de l'Europe, qui eſt entre les Golphes Sylla-
tique & † Napitine premierement print le nom d'Italie? Les ſauans donques dient que ceſt Itale auoit enſeigné les Enotriens l'agriculture, veu
qu'au parauant ilz eſtoyent paſteurs vagans & rodans païs: & fut le premier qui leur inſtitua les còllations, & ordonna des loix leſquelles aucuns dient n'auoir eſté dreſſées par Itale mais par Saturne aux Italiens, &
par Quirin aux Romains. Car comme on veſquiſt rurallement en Italie d'vne façon ruſtique ce Saturne dreſſa ceſte maniere de peuple indo-
cile, & epars es hautes montaignes, en leur donnant loix: & aima mieux
qu'ilz fuſſent appellez Latins, d'autant qu'il ſe cacha en ſeureté en ce
païs là. Au regard de Romule, comme apres la mort de ſon frere il iouiſt
ſeul de l'Empire, il bailla ordonnances au peuple: ny n'a penſé eſtre rien
qui peuſt faire aſſembler la multitude en vn corps, que les loix. Parquoy
il departit en trente parties le peuple Romain, qui pour lors eſtoit aſſemblé d'vn nouuel amas de paſteurs & gens ramaſſez: auſquelz encores furent aiouſtées cinq, leſquelles il voulut eſtre appellées Curies, attendu
qu'ilz auoyent les charges publiques, lors qu'il ſe faiſoit quelque choſe
en chacune des parties: tellement que chacun faiſoit en ſa Curie ſes ſacrifices, & obſeruoit les feries. Et dit on qu'à chacune deſdictes Curies
furent impoſez les noms des vierges Curies, que iadis les Romains a-
uoyent rauy des Sabins. Au regard de ceux qui auroyent le gouuernement du peuple, il éleut d'entre les plus nobles races cents vieilz hommes: leſquelz il appella Senateurs à cauſe de l'age, & Peres pour la reuerence & ſimilitude de leur ſoucy: & ont eſté leurs enfans appellez. Patrices. Il a par apres inſtitué trois Centuries de cheualiers, leſquelles il
a appellé Ramnes, & à cauſe de Tacin Titieuſes, & de † Lucumon Luceres, combien que ce ſurnom (comme dit Tite Liue) ſoit incertain: outre
plus trois cents cheuaux armez, qui ſ'appelloyent cheuaux legers pour
la garde de ſon corps tant en paix qu'en guerre, appellant leur Chef
Tribun: tout le demourant le ſuyuoit à pied en guerre: leſquelz tous
il appelloit gens de guerre. Il eſt vray qu'alors tous ceux qui eſtoyent
en l'armée tant de cheual que de pied, eſtoyent communément tous enſemble appellez Milites (gens de guerre) pour la commune frequentation
de la guerre, & non pas comme depuis & auiourd'huy ceux ſeulemen:
qui ſont parez d'eſperons dorez, & de ceinture d'or. Auquel ſuccedant
Numa Pompille fils de Pomponie, & appellé des Cures (bourgade des
Sabins)

†Ex Stra
bone, Ne-
pitinum,
pro La-
meticum.

†Lucumo
ne, pro à
luci com-
munione.

Sabins) pour regner, à par faincteté rendu plus gracieux le peuple Romain estant fort rude : leur apprenant de garder la foy en paix & en guerre par meintes solennitez par luy instituées. De vray il a dressé vn temple à Vesta, & a edifié des portes à Ianus le iumeau : & a creé des Augurs, trois flamines, le Iouial, Marcial, & le Quirinal auec les Salies prelatz de Mars, aussi a-il le grand Pontife. Il a fait plusieurs loix, aussi a-il des ceremoniës, & reuerence de tous les dieux immortelz : pour laquelle si grande iustice & religion ame ne luy a osé mouuoir guerre. A Numa Pompille succeda Tulle Hostille plus courageux que Romule : lequel a reduit le peuple aux guerres, & aux armes ia accoutumé au repos & aux loix. Il a aussi composé toute la discipline militaire, & l'art de la guerre. Et apres auoir vaincu les Etrusques il ordonna le premier que le siege Currule fust à Rome auec les executeurs de iustice : aussi fit il le manteau de pourpre, & celuy qui en est bordé, qui estoit le parement des Magistratz Etrusques. Auquel succeda Ance Marcie petit fils de Numa Pompille par sa fille, & gardant fort bien la religion de ses predecesseurs. Cestuycy institua des ceremoniës par vne certaine loy, à fin que les guerres semblassent estre prinses auec quelque moyen, & estre signifiées sainctement, desquelz le ferial, & le Pere Patré vseroyent quand ilz seroyent deputez à telles choses, c'est à dire à repeter les choses rauies, lorsqu'ilz feroyent leurs defiances. Tarquin Prisque regna apres Ance, lequel print des Tuscains tous les apparatz & honneurs, d'ont la dignité de l'Empire est honorée. De là de vray est venu le chariot d'or & triumphal auec les quatre cheuaux, le saye de pourpre, les verges, la robbe Currule, les bardes, les anneaux, les cottes d'armes, & ont esté en plusieurs batailles douze peuples de l'Etrurie vaincuz par luy. Depuis luy Seruie Tulle ministra tres-bien l'Empire, combien qu'il commençast à regner quasi comme par souffrance, & diuisa la ville en quatre par les regions, & colines qui estoyent habitées, & appella comme ie pense ces parties là Tribus, à cause du tribut. Ce fut il qui ordonna les compagnies, & Centuries des ges de cheual & de pied : au temps duquel comme Fabin le peintre temoigne fut faicte montre des citoyens de Rome, iusques à quatre vingt mille honnes, qui pouuoyent porter armes : & fut par luy ordonné le tribut. Or diuisa-il la cité nõ pas selon les regions, mais selon la taille, faisant vn corps de ceux qui auoyent vaillant plus de mille escuz corone : vn autre de ceux qui pour le moins en auoyent sept cents cinquante. † Le tiers de ceux qui †Verti ex iusques à cinq cents, & ainsi rabaissant iusques à deux cens cinquante, Tito Liuio. & qui iusques à cent dix : ceux qui auoyent moins estoyent delaissez comme pauures & foibles. Or ordonna-il les charges necessaires tant en paix qu'en guerre selon les biens. Mais pour autant que les patrimoines se diminuent & augmentent dedans cinq ans, il voulut qu'on fist l'estimation des biens au bout de cinq ans, lequel espace de temps les anciens appellerent Luftre . Tarquin auquel pour fa façon de viure fut baillé le nom de Superbe, fut le dernier de tous, hóme inique, cruel, preux, & vaillant en guerre, comme qui rafoit villes, & les redigeoit à fon obeiffance par rufes infames. Mais cinquante fept ans apres l'abolition de la coronne, & trois cents & plus depuis l'edification de Rome on crea dix hommes pour eftablir les loix: qui fut vn nouueau Magiftrat, & de grande puiffance, par lefquelz furent premieremēt dreffées les dix tables, & cōfermées par les affemblées des Centuries , & quant & quant aiouftées deux , à celle fin que tout le droiĉt des Quirites comprins en ces douze tables , fuft mené à perfeĉtion. Par ce moyen ilz publierent fes loix decemuiralles denommées des dix hommes, defquelz le nom eft des douze tables, en arein, ou yuoyre. Et les a eu le peuple Romain en fi grande recommendation (comme l'on dīt) que tant que l'honneur & l'innocéce de la pudicité eft demouré entier il en a efté contant . Mais apres que l'iniquité a prins pied , les interpretations des fages ont efté receuës par coutume, lefquelles on a voulu appeller droiĉt ciuil, & non pas loix. Duquel droiĉt font defcenduës les aĉtions, qui font le droiĉt de conuenir, inftituées folennellement, aux quelles le college des Pontifes prefidoit, tout ainfi qu'à l'interpretation. A quoy eft aioinĉt l'auis du peuple , les decretz du Senat , les fentences de la commune, les ediĉtz des Preteurs : & apres que finalement la puiffance du peuple a efté tranfferée eux princes, le vouloir du prince a commencé auoir vigueur de loy. Par cefte progreffion de loix, plufieurs notables Confulz Romains, Tribuns , ou Cenfeurs ont efté autheurs d'eftablir loix , d'ont elles ont prins domination, comme Confulaires, Tribunicies, Iulies, Cornelies. De vray Papius , & Pompée Confulz fouz Oĉtauian Cefar firent des loix qui font furnommées de leur nom Papies, & Pōpeies : fouz le mefme Empereur auffi Falcidin a ordoné vne loy, du nom duquel eft la loy Falcidie: autant en a fait Aquille, qu'on appelle loy Aquilée, ainfi eft il de la Iulie, & Cornelie . Auffi eft ce la reigle Catoniane inferée par les Catons entre les loix, defquelz le nom eft tāt cogneu, & tant renommé qu'ilz n'ont pas feulement rendu honorable la cité, mais auffi tout le monde en leur temps de leur prefence, & depuis par leur memoyre & renom. Et à fin que ie me taife de Prifque, & Cenforin, ce dernier diĉt Vticenfe a efté tenu en fi grāde reuerence, que cóme Cefar le tiraft de fon fiege à la prifon, tous les bōˢ citoyens auec le Senat le fuyuoyent en filence fachez d'vne grande trifteffe : & qu'es folénitez & ieuz Floraux (auquelz les putains publiques nuës à la façon des anciennes ioueufes de farfes faifoyent leur office, & eftoyent retenuës en la prefence du peuple, iufques au contentement des yeulx impudiques, auec infames mouuemens) le peuple Romain auoit honte d'aller au ieu d'vne lafciueté accoutumée, d'autāt que par fortune Caton eftoit pour lors venu au theatre. D'ont Marcial dit au commancement de fes Epigrammes.

,,   *Pourquoy comme cogneuſſes ô Caton le feuere*

,,   *De la Flore plaifante vne tant gratieufe,*

                                             Solennité

„ *Solennité & ieux feslez, & la licence*
„ *Du peuple es tu venu au theatre?seroit ce*
„ *Pour estant arriué soudain te retirer?*

Nous lisons que comme au tabourdement du peuple il eust entendu de son amy & familier Fauonin assis auprès de luy que sa presence donnoit empeschement au spectacle acoutumé, il partit soudain du theatre, ramenant à son partemét sur l'echarfault ceste ancienne façon de iouër, en quoy le peuple confessoit deuoir plus d'honneur & maiesté à luy seul qu'à soymesme en sa totallité. Au regard de l'ordre des cheualiers, & de ceux qui ont laissé leurs dictz par escrit à la posterité, il est certain qu'il en a esté beaucoup de Iurisconsultes, & de grand renom: les escritures desquelz Aufide Namusa a comprins en quarante liures. Entre lesquelz sont Aufide & Nerua tous deux fort doctes, & de l'ordre des cheualiers. Aussi a esté Furius Sabinius, & a premier escrit publiquement. Ie laisse Tiberius Coruncan, Labeo, Trebace, & Alphée, ie laisse aussi assez d'autres innumerables, par lesquelz quasi comme estoilles les loix resplendissent: par le conseil desquelz aussi plusieurs des princes ont conduit leur Empire à vne merueilleuse felicité. De vray Adrian sest aydé de Iuille Celse, Saluin, Iulian Prisque, & Merace: Antonine Pie de Vindie, Vere, Saluin, Valens, Voluxe, Martiane, Vlpie, Marcel, & Iabolene: M. Antoyne le philosophe de Seuola souuerain iurisperite. Alexandre Seuere de Fabin, Sabin, Iulle Paule, & d'Vlpian: lequel il est certain auoir tenu en si grand estime au pris des autres, que Helie Lampride a laissé par escrit que ce prince là a esté grand Empereur, d'autant qu'il a gouuerné la Republique, principallement par le conseil d'Vlpian. Te confiant donques ô bon prince Sigismond de l'estude & meurs de ceux cy, tu as tousiours de mon temps baillé, comme vn perfaict pasteur de peuples la superintendence de ton royaume, le gouuernement, la cure, & regime à hommes qui ne sont point cautelleux, ne sedicieux, ne adonnez à mal, ne ennemys de vertu, ne abandonnez à leur plaisir, ne cruelz, ne meschans, ne ministres de lachetez, non iniques, ne pilleurs de prouinces, mais vieilz, sages, sobres, seueres, craignans Dieu, hommes sainctz, & qui eussent tousiours en leur cœur cest ancien commandement, Ensuys Dieu: qui ne védroyent rien, & sans mensonge feinte, ne deception de ta bonne estimation, ne de tes mandemens à la façon des rapporteurs de Perse, recitans bien souuent aux peuples autrement que n'a repôdu le Prince, ny n'ensuïuoyent la façon de faire des Roys Paothes, lesquelz ame ne peut saluër sans present. Et à celle fin que les derniers ne soyent mis en oubly, ce ne sera pas chose impertinente de reciter les noms, & dignitez d'aucuns de ceux que tu as ordonné en ton conseil. A bonne raison donques Iustus auant tous, de nostre magistrat le principal & premier honneur, de la race la plus ancienne, & noble des Contes de la cité de Rome, d'vne telle saincteté de vie & perfection, & d'vne religion telle auec vne si grande cognoissance du droict ciuil, & canon, & finalement

F iij

doué d'vne fi fupreme abondãce & doulceur d'eloquence tant maternelle
que Latine,qu'on peut à bonne raifon, & à tref-bon droiơ eftimer que par
luy elle nous a efté tranfmife du ciel. Entre ceux cy feft apparu quafi cõme
l'aurore Iaques Aneftaxe de Burges excellent,non feulemẽt en droiơ ciuil,
& canon,mais encores tref-expert en tous bós,& excellés artz, & merueilleufement propre à mener grands affaires:cõme qui decouure tref-bien les
fantafies cautelleufes des ducz, & princes, & duquel ie loué l'efprit & fauoir,de forte que ie ne paragonne perfonne auec fa louenge:& le cõtemple
de forte,qu'il femble promettre beaucoup pour l'auenir, veu qu'à quelque
chofe qu'il mette fon efprit,il y paffe foudain, & aifément tous autres de fa
viuacité & promptitude. Deindus eft furuenu de l'ordre des cheualiers,
defcendu des plus grandz de Perofe, homme de grand, & excellent efprit,
de grande leơure,& fauoir : & par ce moyen il eft homme cogneu en toute ftabilité de confeil, & en gloyre de toute vertu, & eloquence, tellement
que non feulement noftre ville,mais auffi celle de Rome(fi cefte ancienne
gloyre des anceftres eft encores en regne) fen peut à bon droiơ glorifier.
François Vifcomte de la race tant noble des Vifcomtes feft offert en quart
lieu, & qui eft de l'ordre des cheualiers, homme de peu d'acces, & de grande confideration,& qui au demourant eft fort duït au maniment des affaires,& renommé pour fa grande experience . Il en eft auffi plufieurs de l'ordre des cheualiers, & d'ancienne nobleffe, fauans, philofophes, & grandz
orateurs: par lefquelz on peut aifémét auoir pour la conferuation bien fortunée de ton royaume bon confeil,harangues doơes,& propoz fauans.

De la medecine.   *Chapitre II.*

Ous ne lairrons pas auffi en arriere la medecine, combien que
noz anceftres fort affeơez à toutes vertuz , ont par auanture
femblé l'auoir moins loué,qu'il n'eftoit raifonnable . Il en faut
auoir de vray la cognoiffance, en ramenant à ce temps la raifon-
des anciens, comme le dient les treffauans autheurs, non feulement pour
les remedes des maladies & playes, d'ont cõme que ce foit les corps foyent
affoiblis, mais auffi pour affoir vn camp en lieu fain, là ou quelque fois
il y faudra longuement camper . Les hommes fans point de doute du
temps paffé regardoyent les foyes des beftes qu'ilz facrifioyent paiffan-
tes es lieux efquelz ilz deliberoyent faire villes,fortz, ou affoir camp: &
filz les trouuoyent entiers, & leur nature folide, ilz ordonnoyent là leur
fort, ayans égard à la pafture, & à l'eau : & fi la nature eftoit corrompuë
ilz delogeoyent eftimans que le mefme pourroit auenir aux hommes par
la peftilence du lieu , & des viures : tellemẽt qu'ilz changeoyent de païs,
cerchans à tous lieu fain . Et fi à caufe de la difference des regions, &
diuerfes proprietez de la terre, ilz ne le pouuoyent decouurir, ilz y perue-
                                                        noyent

noyent aſſément par la renommée & diſpoſition des corps des habitans, & de leur teinct. Il faut auſſi auec grande induſtrie, & ſuyuant l'inſtitution des anciens cercher, & choiſir les fonteines, & ſi ne ſen treuue point, & qu'il faille longuement tenir camp, on pourra par ces ſignes,
indices, & moyens coniecturer ou elles ſont. Premierement l'abondance
d'herbes verdoyantes, vne belle hauteur d'arbres denotant les eaues eſtre
prochaines:†car l'abondance d'aucuns germes ſ'eſiouiſt es terres eſquelles
vne humeur graticuſe n'eſt pas fort au deſſouz, comme le ionc, la cane, la ronce, le ſaulx, l'aune, & la grenoille s'arreſtant longuement en
quelque place ſur ſon ventre. Or en ſont telz les indices. Qu'on fouille
vne place non moindre de cinq piedz en tous ſens enuiron le ſoleil couchant, en aſſeyant dedans ceſte foſſe vn vaiſſeau cru de craye, ou vn baſſin de cuyure, ou de plomb oingt d'huyle la gueule en bas : ou bien vne
lampe ardante bié accouſtrée, & pleine d'huyle: & qu'on couure la bouche de la foſſe de ioncz ou feuillards auec terre au deſſus, & qu'au iour enſuyuant on l'ouure: ſi on trouue le vaiſſeau ſuant, n'eſtant auſſi la lampe ta-
rie, & ayāt quelque reſte d'huyle & de meche:& que meſmes elle ſoit trouuée humide : ou que la layne miſe en ceſte foſſe rende l'eau, elles promettēt
indubitablement eau. On dit d'auantage, & qui eſt vne choſe plus certaine, à ceux qui de loing regardent leuer le ſoleil, en ce qu'aucuns ſpeculent
d'vn lieu haut vne fumée menuë d'vne exhalation nebuleuſe, qui fait foy
que de quant grande hauteur elle ſera eleuée en hault, d'autant dans terre
ſera l'humeur abaiſſée. A la leuée du ſoleil, ceux regardent le païs, qui ſont
curieux de telles choſes, & là ou ilz verrõt ſur terre voleter vn amas de mouches, ilz promettēt alors facilement pouuoir eſtre trouué ce qu'on cerche.
Il eſt auſſi vn autre peculier iugement tant ſeulement cogneu aux ſauans,
lequel ilz ſuyuent durant les grandes chaleurs, & plus ardentes heures du
iour par la qualité de la reuerberation qui reſplendit de quelque lieu que
ce ſoit: car eſtant la terre ſeiche, elle eſt plus humide, & d'vne eſperance certaine. Mais il faut que la veuë y ſoit ſi ententiue qu'elle s'en deulle, & pourtant ceſtuy là deffaillant, on recourt aux autres indices. Ilz prediſent auſſi
la ſaueur des eaux, de ſorte qu'on ne doyue cercher vne eau aſpre auec vn
trauail dommageable, ne de laiſſer la douce & neceſſaire en deſeſtime. La
terre argilleuſe promet les eauz douces, & le ſablon les limóneuſes, & ſubti-
les: Le grauier promet veines incertaines, & touteffois de bonne ſaueur, &
en excellence les pierres rouges. Marcel a entre les Latins baillé ceſte ſcience auec grande diligence à ceux qui les pourſuyuent. De vray il dit que les
eauz qui ont leur ſource à l'orient, ou au midy, ſont doulces, claires, & ſaines à cauſe de leur legereté : & qu'au regard de celles qui tendent au Septē-
trion ou occident, elles ſont tenuës pour trop froides : mais auſſi ſont elles
incommodes à cauſe de la douceur de leur peſanteur. Tout ainſi donques
qu'apres eſtre trouuées, les bonnes, & vtiles ſont d'vne grande diligence
deſirables pour la conſeruation de la vie humaine, auſſi ne doit on pas de

† Diluci-
dius &
paucis vt
author vo
luit per-
ſtrinxi. ex
verbis &
merito Vi
truuii lib.
8.cap.1.

moindre folicitude fuïr leurs vices. On blafme premieremét cellés lefquelles de quelque part que ce foit cropiffent, & fót pefantes, & amaires, & qui-
conques ont quelque odeur, ou faueur,excepté vne eau d'vne feule fonteine en tout le monde, comme ie trouue qui eft plaifante, & odorante . Les
eauz coulantes, & courantes en la Mefopotamie font eftimées les meilleures, car ilz difent que par leur cours, & mouuement elles s'affubtilient, &
font proffitables . Et pourtant m'efmerueille ie de ce qu'aucuns eftiment
tant l'eau de cifternes, veu que de leur durté elles foyent inutiles au ventre,
& à la gorge. Et s'ilz mettent en auant que l'eau des pluyes eft la plus legere
d'autant qu'elle a peu monter iufques au ciel, & pendre en l'air, & qu'à cefte
caufe les neges font preferées aux pluyes. Ilz difét de vray qu'elles font plus
legeres qu'elles, & la glace encores plus que l'eau, la boyffon defquelles neges & glace ilz difent eftre peftilentiale, & mal faine. On reprouue auffi les
eauz qui font boüe & limon, comme qui rendent les corps debiles , mauuais teinét, les greues vitieufes, & les yeux plorás. Elles font auffi blafmées,
fi efpanduës elles colorent vu vaiffeau de cuyure de Corinthe , ou de quelque autre fin cuyure, ou fi les Legumes y cuifent à peine, & que cuitz ilz fa-

†Ex fenté
tia Vitru-
uii lib. 8.
cap. 5.

cent groffes croftes au pot. †Auffi ne doit moïs eftre l'eau approuuée de la
fonteine fi elle eft claire , & femblable au ciel , & fi la mouffe ou le ionc ne
croift lá ou elle a fon cours ou qu'elle coule : & que le lieu ne foit infeét de
quelque ordure. Il y a auffi grand egard fi elle paffe par contrées pleines de
foulphre, de nitre, ou de bitume : car elle prend vn mauuais efprit, & vne
chaleur peftifere, ou bien trop grande froidure par le vice du lieu à caufe de
la diuerfité de fon gouft, tellement qu'elle corrompt d'vne grande foudai-
neté, par ce que beüe elle endurcift foudain, tout ainfi que le plaftre fe referre auec l'humidité, & qu'il lie les entrailles. Dót s'en enfuit ce diét d'Ouide.

,,   Les entrailles en pierre vn Ciconin tuiffeau
,,   Tourne, beu: marbre auffi rend ce que atteinét fon eau.

Il eft auffi medecinal, & de fa nature limonneux de forte qu'il congluti-
ne les corps, tout ainfi que la poudre de la Pouille deuient pierre fi elle touche à l'eau : fi au contraire cefte eau attouche quelque chofe folide, elle y
adhere & s'y attache. Voylá pourquoy les chofes iettées en ce lieu lá fe retirent tournées en pierre. Ces lacz ont la mefme force que le vin fi quelqu'vn
en boit comme dit le mefme poëte.

,,   Il enrage, ou bien feufre vn fort profond fommeil.

Car tout ainfi que l'yurongnerie eft vn tranfport d'entendemét iufques
à ce qu'elle foit deffechée, & que par vn grand poys elle s'aggraue de fommeil, auffi a la force de cefte eau quelque venï agu de l'air qui émeut le cerueau à furïe, ou bien l'affomme de fommeil . Il auient auffi que plufieurs
mourent non feulement de venins compofez d'induftrie, mais que d'auantage aucunes eauz gardent en elles vne pefte par vn cours acoutumé d'vn
ordre naturel. On parle de vray d'vne fonteine d'Armenie, le poyffon de
laquelle mangé, tue. Celle qu'en Archadie aupres de Nacriue les habitans
                                        appellent

appellent Stix eſt mortifere, & qui trompe les eſtrangers? car elle n'eſt pas cognoiſſable à la couleur ny à l'odeur, ne ſuſpecte en ſon gouſt, cóme ſont les poiſons des grandz ouuriers, qu'on ne peut decouurir que par la mort. Il eſt certain auſſi qu'en la meſme region a vne fontaine, comme l'enſeigne l'epigramme ſculpé en pierre, qui n'eſt pas propre pour lauer, & qui eſt en- † Lego ex nemye aux †vignes, d'autant que la Melampe auoit purgé la rage des filles Vitruuio vitibus ‚P de Proetus, & qu'il auoit remis en leur premiere ſanté les entendemens de vſibus. ces pucelles. Il y a auſſi la fontaine du Line, qui ne ſeuffre point faire des auortemens: & au cótraire vne riuiere eſt en Pyrrhée, qu'on appelle Aphro- diſée qui fait ſterilité. Il eſt auſſi vne eau en Theſſalie au pres de Tempe, que toute beſte, & ouailles fuyent: elle ſort par fer & par cuyure, ayant vertu d'amollir les choſes dures, ny ne nourrit aucun boucage, & ſi tuë les herbes. En Macedoene aſſez pres du ſepulchre d'Euripides, deux ruiſſeaux courans à dextre & à ſeneſtre du monument s'aſſemblent là ou les paſſans ont de †Ex Vi- coutume de † prédre leur repas à cauſe de la bóté de l'eau: au regard de l'au- tru.8.lib. ca.3. prá- tre qui eſt d'autre coſté, perſonne n'y va, par ce qu'on dit que ſon eau eſt ſitare pro mortifere: l'Achaïe a des humeurs excellemment froides diſtillantes d'vne tranſire; roche, leſquelles vn vaiſſeau d'argent ne de cuyure, ne de fer, ne d'autre ma- tiere ne peut ſouſtenir ſans eſtre minez: car elle treſſault, & ſe diſſipe: au de- mourant elle ne peut eſtre conſeruée, & contenuë qu'en ſole d'Aſne, ou de mule, ou bien, comme les autres dient, en celle de cheual: laquelle auſſi on dit auoir eſté apportée à la prouince en laquelle eſtoit Alexandre par Iole filz d'Antipatre, & auoir eſté par luy tué de ceſte eau, qui ne fut pas ſans grá de infamie d'Ariſtote. Il y a deux fontaines en Beotie, deſquelles l'vne cau- ſe la memoyre, & l'autre l'oubliançe. Vn ruiſſeau court en Cilicie, vers la ville de Viſque, d'ont comme dit Varro les eſpritz de ceux qui en boyuent ont les ſens plus ſubtilz, & en l'iſle de Co vne fontaine dont les hommes ſ'hebetent. La riuiere de Cidne en Cilicie guarit les podagres, comme il ap- pert par l'epiſtre de Caſſin de Parme à M. Antoyne. Il y auoit auſſi vne fon- taine douce en la Germanie de là le Rhein, au camp qu'auoit dreſſé Ceſar le Germanique, le long de la mer: la boyſſon de laquelle gaſtoit les dentz dedans deux ans, & les faiſoit tumber, les ioinctures auſſi des genoux ſe re- lachoyent. A vne maiſon des champs ſituée ſur le riuage d'Auerne lac du Capouan en tirát à Pozole, & qui eſt renommé à cauſe d'vne gallerie & fo- reſt appellée par M. Ciceron Academie, à l'exemple des Athenes, ſourdirét des fontaines chauldes quelque peu de temps apres ſa mort, eſtant en la poſ ſeſſion d'Antiſtie, leſquelles Laurée Tulle, qui fut l'vn des Libertins de Ci- ceron a louée en ceſte maniere de vers.

"   *D'autant que ta foreſt ô treſnoble defenſe*
"   *De la langue Romaine en plus grande verdure*
"   *Se dreſſe, ¿ꝛ qu'auiourd'huy ſoubs vn plus excellent*
"   *L'ancien frequentement repare la bourgade*
· "·   *Renommée iadis du nom d'Achademie:*

>> *L'a auſſi fait ſa ſource vne eau au parauant*
>> *Incogneuë, les yeux qui de langeur allege*
>> *Le lieu de vray l'a fait à l'honneur de ſon Tulle,*
>> *Lors que pour vn ſecours il epandit les ſourſes,*
>> *Pour l'acces à iames de toutes pars à luy,*
>> *L'eau y eſt abondante auz yeuz medicinalle.*

Il y a auſſi en pluſieurs lieux des alpes d'Italie vne maniere d'eau qui cauſe le goetron à ceux qui ordinairement en boyuent. Or y a-il finalement en diuerſes contrées des ſourſes en aucuns païz froides, es autres chaudes, & autre part d'vn commun ſecours, & qui tant ſeulement ſourdiſſent pour les hommes. On parle d'aucunes qui lachent le vêtre & qui ſont propres pour la guariſon du chef, des oreilles, & des yeux: les autres conſortent les nerfz, & les piedz: les aucunes ſeruent aux denoueures & rompures d'oz, & guariſſent les playes. Or eſt l'eau ſulphurée fort vtile aux nerfz: celle d'allun aux paralitiques: & la bitummée ou bien nitreuſe par meſme moyen aux debilitez, meſmement eſtât chaulde. Ie ne m'eſmerueille pas que Homere n'ait point fait de mention des fonteines chauldes, mettant en auant ſouuent qu'aucuns ſe lauoyét d'eau chaulde, attédu que la medecine qui a recours aux eauz n'eſtoit pas lors en nature. Au demourant cóme les eauz ne puiſſent pas touſiours eſtre preſtes à ceſte maniere de remedes pour l'infirmité humaine, & qu'elles ſoyent en aucuns lieux, meſmement entre elles fort diſtantes, & que toutes ne ſoyent pas bonnes à toutes choſes, aſſemblons maintenant les autres ſecours de ſimple medecine, ou compoſez contre la vermine, & leurs morſures, & qui ſoit en main, & autant inuenté par nature que party de l'artifice auec facilité. On dit que naturellement il eſt bon d'epandre la fougere es lieux ſuſpectz, d'autant que comme l'experience le montre elle ne reçoit point le ſerpent, & que bruſlée elle les chaſſe de ſon odeur. Les experimentez ont fait entendre que ſi on enferme vn ſerpét dedans vn cerne de feu, & de rameaux de freſne, qu'il fuyra plus toſt au feu qu'au freſne: & que d'auantage qui eſt bien plus grand cas, il ne veult aucunement toucher à l'vmbre du ſoleil leuant, ne du couchant tant ſoit elle lógue: mais ſi d'aſtuce comme il auient ſouuent, ainſi auſſi que Marco le dit.

>> *Que ſoubs fermes eſtables ayt fait là ſa retraitte*
>> *La vipere picquant, & qu'eſtonnée du ciel*
>> *Elle ait la fuïte prins, ou bien que la coleuure*
>> *Frequentant la maiſon ſe retire de l'ombre*
>> *Aſpre peſte des beufs, & au beſtail venin:*
>> *Aprens à enflamber dans l'eſtable le Cedre*
>> *Odorant, & chaſſer de la fumée Galbane*
>> *La Marine Tortuë.*

Ou bien comme plus amplement l'a eſcrit Lucain.

>> *Vn feu medicinal enuironne le camp*
>> *Et la l'hieble petille, & l'eſtrange Galban*

Suë

> ,,　　*Suë & le Tamarix de feuilles mal veſtu:*
> ,,　　*Et d'orient le Coſte auec le fort Panax,*
> ,,　　*La Centaure Theſalle, auſſi le Peucedane,*
> ,,　　*Et le Tapſe Ericin ſuent a force flambes.*
> ,,　　*On brule les Larices, & l'Aurone ennuyeuſe*
> ,,　　*De fumée aux ſerpens, & les rames du cerf.*

Aucuns hommes profitent de tout leur corps ou d'vn membre à ceux qui en ſont mordz, comme a fait anciennement Ophiogenes en l'iſle de Paros, & les Marſes en l'Italie, & iadis les Pſilles en l'Affrique, s'il en eſt encores: Leſquelz ſont appellez du Roy Pſille dit Agarchides. Lucain,

> ,,　　*De leur ſaliue ilz touchent premierement les membres*
> ,,　　*Qui retraint le venin, & l'arreſte en la playe.*

Il n'y a point de doute que non ſeulement la ſaliue des Marſes & Pſilles ſert de remede contre la piqueure du ſerpẽt, mais auſſi fait celle de tous hõmes à Iun. Ie tairoye en mon propos les remedes des piquez, ſi ie ne ſauoye que M. Varro à l'age de quatre vingt ans, & M. Caton Porcie ont mis en auant que les piqueures des aſpicz ſont guariës ſi ceux qui en ſont piquez boyuent de l'vrine: ou par la nielle broyée auec enuiron demy ſextier de vin viel, infuſe aux narines, en appliquant ſur la piqueure du fien de porceau, les ſcorpions auſſi mortz & broyez, puis applicquez ſur la piqueure qu'ilz ont fait, donnent gueriſon. On dit auſſi que la vipere bruſlée, & miſe en cendres ſert à la piqueure. Pour les piqueures auſſi de ce genre de ſerpent, Nigidius au ſecond liure des animaulx temoigne qu'il faut prendre vne poule, & l'y applicquer. Par art auſſi les remedesſont approuuez, qu'on trouue auoir eſté grauez en pierre ſur la porte du temple d'Eſculapiusd'vne compoſition fort excellente. C'eſt à ſauoir deux dragmes de ſerpollet, autant de l'oppoponax, & en ſemblable demil, vne dragme de treffle, & de la ſemence d'aneth, de fenoil, de l'anis, de perſil, †& d'ammium, chacun ſix †Verti ex dragmes, & douze de la farine de veſſe:leſquelles choſes battuës & criblées ^{Plinio.} en vin excellent, on depart en maſſes du pois de deux dragmes: chacune deſquelles ſe baille meſlée auec troys doigtz de vin. De laquelle façon de preſeruatif le grand Roy Antiochus vſoit comme l'on dit contre venins. Nous trouuõs qu'au cabinet du Roy Mitridates a eſté trouué vne compoſition de preſeruatif contre tous venins eſcrite de ſa main, & fort louée par Galien & Dioſcorides, qui eſt de deux noiz ſeiches,autant de figues,vingt ſueilles de ruë pilées enſemble auec vn grain de ſel, & finalement de tel effect que qui le prenoit à ieun eſtoit certain que nul genre de venin ne luy nuyroit pour ce iour là. Au demourant ce ne ſera pas choſe impertinẽte ne inutile de maintenant pourſuyure les remedes des playes: mais pourautant qu'vne playe ne ſe peut clorre ſi le fer demeure dedans, nous enſeignerons premierement comment nous tirerons des corps ceux qui y ſont fichez & attachez, pourſuyuans aucuns remedes qui ſont peu, & en main. La cendre de l'arondelle bruſlée en vne poeſle auec du vin aigre tire le fer d'vne playe : le rat mis en pieces, & appliqué auec farine de la femence de lin, & la racine du concombre fauluage, eſt bon aux oz rompuz: la cendre auſſi des machoueres d'vn ſanglier: les crottes de chieures auſſi auec du vin viel ſont ſingulieremẽt louez pour les coſtes rompuës:de vray elles ouurẽt, attirent, & guariſſent. †Au regard de l'effuſiõ de ſang par playe, la pouldre du Clymene l'arreſte,en faiſant emplaſtre auec poil de lieure & le blãc d'vn œuf, & en l'appliquãt deſſus iuſques à ce qu'il tombe. La pouldre auſſi d'a-loës ſeule, ou bien auec vin aigre fait le ſemblable de quelque part que ſoit l'effuſion de ſang. Si on eſtuue les playes tant recentes que vielles de la de-coction de choux, & que broyé on le mette ſus, il guariſt merueilleuſemẽt bien. Les vers qui naiſſent es arbres guariſſent toutes playes : au regard des recentes les vers de terre les conglutinent ſi fort, que Democrite a donné à entendre que dedans le ſeptieſme iour ilz conſolident les nerfz coupez par onĉiõ, & pourtãt il a eſté d'auis de les garder en miel. La cicuë broyée & appliquée guarit l'enflure d'vn coup,cõme l'achillée qu'on appelle mille feuille la grande,beuë auec vin aigre vault à beaucoup de choſes: elle ſert principalement aux tombez de hault pour l'haleine. Au temps des Troyẽs il fut des euures excellentes d'Eſculapie touchant ceſte façon de remedes. Auquel ſes enfans Podalire & Machaon ſuccederent: leſquelz ayans ſuyuy Agamenon chef excellent à la guerre de Troye, ne furent pas de petit ſer-uice aux playes, en guariſſant ſeulement leurs cõpaignons de guerre. L'hi-ſtoyre de Xenophon temoigne que Cyrus ordonna des Medecins à ſon ar-mée. Nous ſauõs biẽ que Xerxes Roy des Perſes fut accõpaigné de Soſthe-ne à la guerre qu'il mena aux Grecz, auſſi fut Alexandre de Soſthene le ſe-cond, & non pour autre choſe que par la vigilance de ceſt art, ſon ſecours, & excelléce laquelle nous ſauons bien auoir eſté celebrée par les chiefz de noz anceſtres.M.Caton de vray maiſtre & longuemẽt ſeul l'a premier tou-ché en peu de parolles ſans oublier les medicamens pour les maladies des ouailles & omailles: leſquelz finalement ont par apres eſté par autres trai-ĉtez plus amplement. Apres lequel C.Eualgius l'vn des plus excellens hõ-mes, & renommé en ſauoir l'a traiĉté par la compoſition d'vn volume de-dié au diuin Ceſar Auguſte . Il eſt vray qu'au parauant comme ie treuue le Libertin de Pompée le grand, nommé Leucus en a ſeul eſcrit entre les no-ſtres, lors que premierement on cogneut que ceſte ſcience eſtoit peruenuë aux noſtres. Mais à fin que ie reuienne aux eſtrangers qui ſe glorifient de l'inuention des choſes de ceſte diſcipline. Le Roy Mitridates & chef non pareil que Pompée vainquit, a eſté tenu tant par indices que par renom le plus curieux cercheur des remedes de medecines de tous ſes predeceſſeurs: lequel ſeul inuenta(comme ſouuent on eſſaiaſt de l'empoiſonner)de boy-re tous les iours poyſon, prenant premierement remedes, à fin que pour l'accouſtumance il ne luy peuſt nuyre:par ce moyen iuſques à ce iour ſon preſeruatif eſt en reputatiõ ſurnommé de luy qu'on appelle Mitridatique. On dit que Zópire a compoſé au Roy Ptolomée vne autre maniere de pre-

ſeruatif

† Coniá-cio legen-dum Cly-meni pro olibani,ſi-ſtit enim ſanguinẽ ex ſenten-tiâ Dioſco-ridis.

feruatif qu'il a appellé Ambrofie. Outre luy le Roy Iuba pere de Ptolomée
beaucoup plus émerueillable pour la gloire de fon eftude que du regne
(combien que premier il ait regné fur les deux Mauritaniës) a inueté l'herbe d'Euforbe, laquelle les medecins appellent du nom de fon frere eftant
à fa loüange vn liure compofé. La Centaurée eft appellée auec vne grande loüenge de Chiron le Centaure fon inuenteur, de laquelle il fut guary,
comme eftant logé en la maifon de Hercules, il fut en maniant les armes
bleffé au pied, de la cheute d'vne fleche. On dit auffi que l'Achillée fut inuentée d'Achilles difciple de Chiron pour guarir les playes : laquelle à cefte caufe s'appelle Achileos, nous l'appellons mille feuilles. Les autres dient
qu'il a inueté premierement la rouille de cuyure bien profitable pour les
playes, & pourtant on le peint la fecouant de la pointe d'efpée dedans
la playe de Telephus. On dit auffi qu'au mefme temps Teucer inuenta le
Teucrion, qu'aucuns appellent Hermion : & que Gentius Roy des Efcla-
uons a trouué la Gentiane naiffant partout : mais touteffois fort excellente en la Sclauonië à beaucoup de chofes. Il eft auffi d'autres genres de medicamens, qui par vne quafi certaine puiffance diuine fe font du feul attouchement & s'en fait guarifon, comme il auint à l'Empereur Vefpafian,
& à Pyrrhus Roy des Epirotes. Car comme Vefpafian eftant en fon fiege
& donnant publique audience, vn certain aueugle, & vn autre boiteux
d'vne iambe vinfent à luy enfemble, luy requerans fecours en difant, qu'il
leur auoit efté foudainement démonftré en dormant, affeurant qu'à l'vn
feroit reftituée la veuë s'il luy crachoit fur fes yeulx, & à l'autre la iambe ferme s'il luy plaifoit y toucher du talon, & que cela femblaft d'entrée digne
de moquerie, & qu'on n'en fift conte, finalement touteffois à la priere des
amyz, & perfuafion d'aucuns affiftás l'on éprouua l'vn & l'autre, ny ne de-
faillit à pas vn d'eux la fortune de la fáté defirée. Au regard de Pyrrhus nous
auons entendu qu'il guariffoit les malades d'enfleure de rate, eftás couchez
fur le dos, en les preffant du gros ortel du pied dextre, apres auoir facrifié vn
coq blác : ny ne fut onques hóme de fi baffe códitió, auquel la requerát il de
niaft la medecine. Il en eft auffi qui péfent qu'il y a vne gráde vertu es parolles pour les maladies des hómes, & beftes láguiffantes, ou clochátes, ou bié
moribódes. Et cóbié que noz lettres fainétes la reprouuent, & qu'on penfe
qu'elles ne feruét de rien pour le recours de la fanté, Homere touteffois temoigne qu'Vliffes eftácha le fág d'vn hóme bleffé, par charme. Theophrafte en a autant dit des Siatiques, & Cato des mébres denouez. Varro pareillement dit que le charme fert aux podagres. On dit que le diétateur Cefar
apres vne cheute d'vn car, auoit de coutume foudain qu'il eftoit móté, d'affeurer fon chemin par vn charme repeté troys foys : Ce que lors plufieurs fa-
uoyent bien faire. Il refte vne bien grande abondance de telz exéples, que
ie diroye volútiers, fi le propos n'eftoit preffé pour la luyéte de nud à nud : &
le refte de l'exercitation des gens de guerre, qui eft le plus grád deuoir de la
charge que nous auós prins, & pour la difcipline militaire. Il fuffit dóques

† Lego ex
Plinio
Hermion
pro Ger-
mineam.

† Lego á-
deó pro
ab eo.

G

entant que touche l'exercice des bons artz : nous pourſuyurons d'oreſena-
uant par ordre l'exercitation des gens de guerre.

DE L'EXERCITATION DE LA
guerre, & de celle de cheual. Chapitre III.

AV demeurant, comme il ſoit beaucoup de manieres d'exercice,
nous receurons bons ceulx tant ſeulement qu'on prendra ſelon
la force de la nature, & la raiſon de l'age, à fin que la ſanté ſe garde, & que ſubſequemment les membres ſoyent réduz plus robu-
ſtes pour porter les trauaulx de la guerre. Il fault péſer que ce n'eſt pas petite
conſequence tant pour l'vn que pour l'autre à quelle façon de nourriture
chacun ſera dreſſé en ſes premiers ans, & dequelz exercices, rudes, ou gratieux, on le force par coutume, cóme ſemble ceſt ordre des Lacedemoniés
auoir eſté mis en leur cité publiquement ſeule, ou bien auec bié peu d'autres
par le Legiſlateur pour le regard de la nourriture & exercice. Il apparoiſt
auſſi par les autres animaulx & natiós, leſquelles ont les armes en recómé-
dation que le nourriſſemét de l'aict, & d'aucunes fonteines eſt fort propre
à la ſanté, & force du corps : cóme des Lucanoyz, & d'aſſez d'autres natiós.
On dit auſſi qu'accoutumer les enfás au froid, eſt vne choſe bóne. Parquoy
Horace eſcriuát à ſon amy luy remonſtre que comme robuſte il apprenne
en ieuneſſe porter patiémét la diſette & pauureté d'vne rudeſſe de guerre :
& que l'hóme de cheual d'vn redoutable poincton deface la fierté des Parthes : qu'il viue à l'erte en ſe iettant au peril. Et comme la nature des enfans
ſoit prompte à toutes euures & actes, il faut en ceſte age là entreprédre ceux
meſmemét qui ſe font par ieu. Au regard des ieuz, ilz ne doiuent eſtre ne
villains ne ſans trauail, ne remiz, mais telz qu'on dit que Licurge les a inſtitué aux enfans Lacedemoniens. De vray ſoudain qu'ilz eſtoyét de l'age de
ſept ans, il les prenoit & departoit par bédes, & les accoutumoit à vne meſme compaignie & chambre, de lire enſemble, & enſemble s'exercer : à fin
que par combatz mutuelz & debatz communs il decouuriſt quel eſtoit de
chacũ l'entédemét, & quel hardy, & qui aux cóbatz ne fuyoit point la liſſe.

+Ex Dio
doro' Se-
ſoſis pro
Seſoſis.
†Mirys auſſi Roy d'Egipte apres la naiſſáce de ſon filz Seſoſis ordonna que
tous les enfans de toute l'Egipte nez au meſme iour que ſon filz, les ayát aſ-
ſeblez fuſſet nourriz, & les fit tous dreſſer en vne meſme diſcipline & exercice, eſtimant qu'ainſi nourriz & dreſſez enſemble il ſeroyent de tant meilleurs à la guerre : & les exerçoit par vn continuel vſage à la patiéce des trauaux, ny n'eſtoit licite àaucun de prédre le repas que premieremét il n'euſt
couru neuf vingtz ſtades. Et comme par ceſt exercice ilz fuſſent tous deuenuz hommes, & d'vn corps robuſte auec le cœur bon, Seſoſis fut premierement enuoyé par ſon pere en Arabie auec vne armée de ceux auec leſquelz il auoit eſté nourry, eſtant accoutumé à la venerie, & à l'abſtinence de boyre & de manger, & ſ'aſſubiectit toute la nation au parauant
libre,

libre, & non accoutumée à la feruitude. Et depuis tirant à la Lybie, il en a
reduit eſtát encores bien ieune la plus grande partie à ſon obeiſſance. Alexandre auſſi par vn meſme moyen ayant choyſi trente mille enfans barbares commanda qu'ilz fuſſent dreſſez es lettres Grecques, & au maniement
des armes, & autres exercices à la façon Macedonique, ordonnát pour celà pluſieurs maiſtres, par ce moyen outre les lettres que par neceſſité ilz apprenoyent, ilz acqueroyent auſſi tout le reſte d'exercitation & diſcipline
pour eſtre obeiſſans & à bien porter le trauail, & peine des armes, & à vaincre en bataille. Mais comme en ceſte pourſuyte les Lacedemoniens ren-
diſſent bien ſouuent par trauaulx leur ieuneſſe preſque brutalle, comme
feruant à la hardieſſe ilz ſe trompoyent beaucoup. Auſſi eſtoyent ilz de
vray fruſtrez de leur intention, ny ne voyons pas vne hardieſſe es autres
animaulx ne nations par trop farouches, mais plus toſt les humaines, &
qui ſont de nature Leonine. Auſſi eſt il beaucoup de peuples qui entendent aux meurdres des hommes & à les deuorer comme les Acheins, &
les † Henioches aupres du Ponte, & autres entre les Mediterranées, qui par   † Lego
Heniochi
pro Agnio-
chi.
ſurprinſe font des deſtrouſſes, & ne vallent rien à la guerre. Car toutes ces
natiós qui ont vne liberté ſauuage à la façon des loups ne peuuét ſeigneu-
rier tout ainſi qu'ilz ne peuuent ſeruir, d'autát qu'ilz n'ont pas la force d'vn
entendement humain, mais ſilueſtre & intractable. Nous ſauons bien que
les Lacedemoniens ſurpaſſoyent tout le monde pendant qu'ilz s'exercitoyent & que par apres ilz ont eſté moindres que les autres. Ilz n'eſtoyent
pas de vray plus excellens pource ſeulement qu'ilz exercitoyent leur ieuneſſe, mais auſſi par ce qu'ilz combatoyent auec experience contre gens
ſans exercice. Les legions Romaines auſſi n'euſſent iamais peu aucunement en leur ieuneſſe ou apres marcher à pied auant l'armée, porter gros
faix, & leurs armes, ne faire rié louable ny digne de memoyre, ſi elles n'euſſent eſté premierement accouſtumées aux continuelles exercitations : auſſi
l'exercice eſt dict d'exercer, d'autant qu'il eſt rendu meilleur par l'exercice.
Et ſi de ceſte matiere & temps nous deffailloyent exemples, nous pouuós
eſtre renduz certains par ceulx de Scipion l'Aphricain le plus ancien, &
d'Emille Lepide : car cóme l'Aphricain eſtoit encores en bas age, ainſi que
dit Flore & Seneque, & Imherbe comme dit Tite Liue, il retira du peril de
la mort à la bataille (en laquelle aupres de Pauie Hannibal fit vn merueilleux eſclat de tuerië contre les Romains) ſon pere citoyen Romain, Conſul, & chef de l'armée eſtant bien fort bleſſé d'vne playe, & enuelopé des
ennemyz, d'ont il rapporta vne fort grande louëge pour la vie ſauuée a ſon
pere. Au regard d'Emille, comme il fut entré en combat, il tua l'ennemy,
& ſauua vn citoyen par vne meſme charge : & en memoire de ce vne ſtatuë en habit de ieuneſſe luy fut miſe au Capitole par vn decret du Senat, à
fin que les autres s'enflambaſſent de ceſte façon d'exemple. Mais auſſi, Sigiſmond Pandulphe, tu ne dois pas en ce paſſage eſtre mis en oubly, ſinó
que nous portions enuië à tes louenges, ny à tout le moins eſtre tenu

moindre que ces deux autres, veu que n'ayant presques pas l'age de dix &
sept ans, à ce pestifere & mortel effort de la conspiration des trahistres
furieux, c'estoit fait de tout l'estat de la race des Maleteftes, & des citoyens
estans tous les tiens éperduz, si en te dérobant soudain de là comme l'vn
des soldatz d'vne legion, & appellant de toutes pars secours des peuplee
subiectz s'assemblans en vn iour à toy tu n'euffes combatu de force & hardieffe, & armes côtre plusieurs hommes vaillans, & fort cruelz pour la ruine de noftre ville auec vn bien grand peril de ta vie : & si tu n'euffe remis le
païs, & sauué ses biens, & ses richeffes auec les tiennes ia periës, & presques
perduës à toy, & à tes freres en chaffant de la cité cefte pefte là, & ce monftre & portente autheur, & enflambeur de feditió, & en deffaisant par apres
les chefz & côplices de cefte factió & tumulte, & tous ceux qui leur eftoyét
venuz au secours iufques à troys mille de la cité, moyennant l'armée des
Pezeroes, & vn bon nombre d'hommes, & bendes appellées par toy, & ordonnées pour la garde, sauueté, & côferuation de noftre cité . Par ce moyé
tu as en ceft age là, (qui eft vne chose merueilleuse) en ceft amas mefchant
d'hommes defefperez, duquel vn soldat le plus experimenté du móde aux
armes, & en cheualerie, & en tout le meftier de la guerre se sauuant euft affez fait, merité par ta vigilance, viuacité d'entendement, & excellence de
cœur triple coronne pour l'affection tant publique que priuée en sauuant
le frere, & le païs: qui fut vn commencement notable d'vn chef inuincible
à l'auenir. Quel plaifir fut ce de voir le Prince au cómencemét de son ado-
lefcence ofer entreprendre vn si grand cas? Eft il rien plus magnifique, plus
magnanime, plus glorieux, ne plus louable? Que trouue lon es anciennes
hiftoyres de tes anceftres plus excellent ? Que pouuoys tu laiffer à ta pofterité de plûs grand renom, que d'eftre en l'eftime de tous, d'auoir en vn mefme temps conferué cefte tant noble ville, tout le peuple, le droict, l'equité,
les loix, & coutumes? De vray auffi cela ne doit à aucû fembler incroyable,
comme qui as toufiours preuenu l'age, & as eu toutes les vertuz des ton enfance en si grande reuerence, qu'elles ont efté premierement en toy certaines auât que les autres les ayent decouuert & cogneu. Tu as de vray en có-
temnant les coutumiers attraictz de l'age d'enfance apprins par vne grâde
influence des aftres ioinct la difpofition de la fortune en tes plus grâdz affaires pour l'Empire, de n'eftre endormy par vne niezerië ou repos, ne par
oyfiueté & pareffe, ne par volupté: mais d'endurcir tes membres, porter les
trauaulx de la guerre, veiller, endurer faim, & soif, froid & chaud , & d'entreprendre auec les moindres des gés de pied & de cheual toutes chofes &
mal aifées. Tu es auffi duit plus que nul de ton téps d'eftre gouuerné & de
gouuerner, mener armée, affoir camp, dreffer les batailles, affoir garnifons,
charger l'ennemy , dreffer l'artillerie , remparer, lancer dardz & iauelotz,
faire fonner bouclier, forcer de l'efpée, chofes incroyables, monter à cheual, non pas à la mode Perfique auec ayde, mais auec le pied en l'eftrier fans
montouer, legerement , & aifément te ietter à cheual, en ayant les mains

au

au dos, à la façon d'vn condamné à mort, luy donner fouuent la courfe
royde, puys de rechef ores l'arrefter à my courfe en vn moment, & à vn
tour de main: autreffois picquer à la montagne, faulter le foffé : & as finalement perfaictement apprins fauoir tous les deuoirs du meftier de la guerre: tellement qu'homme ne fauroit bonnement iuger, fi tu te prefentes, ou
fi tu es tenu pour plus grand homme de pied que de cheual, Tribun que
Capitaine general. Comme donques tu fois fort auancé par plufieurs maiftres en plufieurs chofes, tirez de tous coftez de l'Italie, auquelz tu n'as auāt
donné congé, que tu ne les ayes en t'exerçitant en elles egallé, ou bien furmonté en gloire, leur faifant au demeurant de grandz dons de richeffes, &
d'honneurs, en enfuyuant (comme ie croy) Alexandre Seuere qu'on dit a-
uoir entendu au ieu de la luicte apres l'eftude des lettres, ou bien plus toft
P. Rutille, lequel eftant foldat, a, maniant les armes premier ordonné la
difcipline de ruer coup, & fe couurir, & de donner iufques dedans vn cāp,
à fin qu'il ne fuft pas feulement preux des forces du corps, & de hardieffe,
mais auffi d'art & d'induftrie. Nous lifons auffi que Paul Emille s'adon-
noit au mefme art: lequel voulut que fes enfans, à l'inftitution defquelz
il fe trouuoit fouuent, fuffent endoctrinez, & foubz la charge de maiftres
excellés en telles chofes, & d'eflite. Marin auffi non feulemēt en fa ieuneffe
mais ia aggraué d'ans & pefant pour la grande foibleffe du corps, fe iettoit
tous les iours à la compagnie au moyen des mefmes artz combatant auec
les ieunes gens à celle fin de rendre fon filz bien renommé en faifant les deuoirs de la guerre le refte de fa vie: fachāt cōbien cefte façon de guerre ima-
ginaire durant la paix accoutumée de ieuneffe eftoit de confequence aux
grandz dangiers auenir, & aux vrais combatz. Et combien que cefte façon
de guerre qui fe cerche, & cefte maniere d'exercitatiō foit beaucoup differente de celle qui s'apprend entre les vacarmes auec vne indigence de toutes chofes, & toute maniere d'efpouuantemens, elle rēd touteffois le corps
plus adroit à cheual, & plus alaigre aux armes, d'auantage quand Marin a
mené armée, il a exercé à continuelz trauaulx de courfes & de lóg chemin,
& leur ordónoit fouuenteffois de porter charges, leur bagage, & viures en-
féble en vn trouffeau liez à fourches, au moyen defquelles le faix s'alegeoit,
& que le repos en fuft plus aifé: dōt eft venu le prouerbe, que le foldat qui ne
trouuoit riē difficile, & qui portoit biē le trauail, ny ne fuyoit point la liffe,
faifāt de frāc cœur & d'affectiō les cōmādemēs de fon capitaine fans fōner
mot eftoit appellé Mulet Marian. Cato le Cēforin auffi enfeigna fon propre filz, cōme qui luy apprint nō feulemēt à lācer dardz, & à manier les armes, mais auffi d'eftriller le cheual, & le cheuaucher, & de cōbatre à coupz
de poingz, d'ēdurer chaud & froid, & de force paffer les torrens, & riuieres
roydes. Au regard de Cato l'Vticēfe qui fut depuis, on le dit auoir fi biē por
té le trauail, que chemināt à pied auec fes amyz eftās à cheual il leur tenoit
propoz, venant puis à l'vn, puis à l'autre à tefte découuerte, fuft foleil, fuft
pluïe. C'eftoit vn grand triumphe pour donner cœur de voir ce grand

G iij

Capitaine Pompée à l'age de foixante ans, exercitant premieremét les gens de pied au fault, & à la courfe, & les gens de cheual aux armes, de tirer l'efpée & en courant la remettre au fourreau de bonne adreffe : & quât à lâcer dardz, non feulement les lancer, mais auffi à temps montrer la force:& lequel faifât telles chofes la plus part de la ieuneffe ne vaïquoit pas aifémét. Auffi ne pouuoit il pas eftre egallé à Sertorius, s'il ne fe fuft preparé, & les fiens aux combatz par continuelz exercices, veu qu'il auoit vne certaine,& fupreme fcience de mener vne armée, comme accoutumé à grâdz & perilleux affaires, & à longz voyages, par côtrées rudes & inacceffibles pour de quelque part que ce fuft affaillir, & echapper. Maffiniffa Roy des Numides à l'age de quatre vingt dix ans a fur tous autres hómes efté merueilleux en cela, tellement que côme le recite Ciceron, il ne couuroit iamais fa tefte pour pluië, ne pour froid. Il eft certain auffi qu'il auoit de coutume d'arrefter fur vn mefme pied quelques heures, ny ne le remuoit que premieremét il n'euft laffé la ieuneffe d'vn femblable trauail : & s'il eftoit befoin de faire quelque chofe affis, comme il auient fouuent, il tenoit quelque fois le fiege tout le iour fans tourner le corps ça ne là : & s'il auoit encommancé vn voyage à pied, iamais ne monta à cheual, Si à cheual, il ne defcendoit point, en paffant quelque fois ainfi la nuiôt auec le iour, à fin qu'il ne femblaft rien omettre de ce que la ieuneffe a de coutume faire. P. Scipio enuoyé contre la ville de Numance corrigea par exercitation vne armée qu'il menoit corrumpuë de lacheté : la forçant d'endurer neiges & froidures, paffer à gué les riuieres, en chaftiant par reproches les timides, & laches, & en affoibliffant la façon de vie delicate, & lafciue auec les bagages inutiles pour le voyage. Cyrus a outreplus donné ordre, que les gens de guerre ne dinaffent ou fouppaffent iamais fans auoir premierement fué: ce que fe faifoit par la chaffe, ou par quelque autre charge commandée. Mitrydate Roy du Ponte n'a iamais fouffert en hyuer auachir les gens de guerre par oyfiueté, il ne les tenoit pas de vray, ne mefmes fa perfonne dedans les villes, mais en camp: ny n'a tous les iours exercité leurs membres qu'à ieuz rudes, eftant accoutumé de pourfuyure les beftes fauuages à courfe, & de quelque fois les combatre de force, à fin que Zephire les appellant à la guerre, leurs forces ne languiffent par amiellemens. Nous lifons auffi que du temps de Cefar, (lequel a, plus qu'il n'eft croyable à homme, efté bien portant le trauail) les ieunes gens de guerre eftoyent dreffez es maifons par les cheualiers, & Senateurs experimentez es armes, & qui leur en a fouuenteffois efcrit pour en prendre d'vn chacun la cure & difcipline, ny n'augmentoit ou accourfiffoit le chemin feulement aux nouueaux foldatz, mais auffi à fes vielles bendes, & à toute l'armée, à fin de trauailler ceux qui par pareffe, & lacheté demeuroyét derriere: toutes lefquelles chofes Probe Aurelle cognoiffant durât la paix, trouua meilleur le trauail pour fes foldatz que l'oyfiueté, craignât vne lâgueur:& pourtât il les employoit maintenât à dreffer inftrumés de batterie, ores eleuer haultes tours, épuifer

les

les païs aquatiques, restaurer les téples tombez de vieillesse, ou bié pour en edifier d'autres beaux & nœufz, & les reuerer. On dit que les danses que les Lacedemoniës permettoyét durant la paix estoyent vtiles entre les exercitations pour la guerre, lesquelles Socrates a approuué entre les Grecz. Noz ancestres aussi en semblable ne la tiennét pour deshonneste, mais plus tost necessaire: veu qu'il est certain que la danse a esté faicte en armes, & que d'élle autres ont esté surnommez ieuz de danses. Et combien qu'en vn mesme temps il soit certain que non seulement le desir de danser, mais aussi le sauoir ait esté en trois des plus nobles citoyens, qui sont Gabinian cósulaire ennemy de Ciceron, ce qu'aussi il luy reproche apertement, & M. Celin homme cogneu pour troubles : lequel aussi Ciceron a defendu : & Licinin Crasse qui mourut en Parthie : Crispe Saluste reprēd touteffois Sempronie, femme de bien noble race, non pas pour estre bonne danseresse, mais pour autant qu'elle en auoit vn singulier sauoir, & doctrine. Scipion aussi, à fin que i'vse des parolles de Seneque au liure qui s'intitule De la tranquillité de l'ame, mouuoit ce corps triumphal & militaire par mesure, & non pas delicatement, mais l'efforçant à la façon d'auiourd'huy auec vne marche coulante non pas d'vne molesse feminine, ainsi que souloyent faire ces anciens en leurs ieuz & temps des festes, esquelz ilz n'eussent point esté blasmez encores que leurs ennemys eussent esté presens : aussi ne t'a point esté Sigismond la poursuyte de la façon de leur danse, & celle d'auiourd'huy à deshonneur en te monstrant & exercitant comme eux maintenant à visage découuert, autreffois en masque en la presence du peuple. Par ceste tienne raison veu que (comme souuéteffois tu dis, & en philosophe) nulle partie du corps est oysiue en la danse, & que le col auec les iābes & mains sont exercitez, & les doyuét estre par celuy qui vouldra auoir vn corps plus agile, & plus adroit à tout mouuemét, & hastiueté d'homme de guerre. Outre ceste inuétion de Nembroth, ou bien (comme les autres disent) d'Apollo, & de Diane tu as de coutume de faire la chasse, d'autant qu'elle te semble bien peu differéte d'vne vraye guerre, veu qu'il est besoin de suiure les bestes sauuages à leur fuïte par baricanes, rochers, & païs desertz : prendre grandz trauaux pour le desir de la prinse : s'abstenir de beaucoup de choses, endurer chaud & froid, & souffrir faim & soif, prendre hardiesse lors qu'il faut cōbatre auec elles de pres, ou de loing . Il est tout certain que la plus part des anciens, & des plus graues ne se font point amusé à ces moyens treshonnestes tant seulemét pour leur plaisir & passe temps. Car combien qu'Alcides ait tué d'vn coup de fleche vne biche, & asseuré les forestz d'Erimantie par sa victoyre, & que Meleager ait tué le sanglier ruïnant la region de Calydon, & que le premier fondateur de la race Romaine ait abbatu les corps des cerfz, ilz ont tous eu égard à l'vtilité publique, & non à leur volupté. Cyrus aussi par vn mesme moyen à cause de l'vtilité publique, & militaire accoutumoit ceux à la chasse qui luy sembloyent les mieux naiz à la guerre : par ce que ceste maniere d'exercice est indubitable pour seruir au mestier

de la guerre, à cercher les paſſages, & diuers detours de chemins. Ie me tay
d'Alexandre, du Sertorin, de M. Antoyne, & auſſi d'Alexandre Seuere,
Adrian, & pluſieurs autres capitaines, & Chefz excellés, qui ont pourſuiuy
d'vn ſupreme deſir ceſte façon d'exercice. Au regard de ceux aux quelz la
façon de la volerie, ſi tu la penſe deuoir eſtre tenuë du nombre des chaſſes,
elle ſe conduit plus gratieuſement, & non pas de moindre viſteſſe ne volupté. Duquel exercice ont dit que Machabée Chef de guerre a eſté l'inuen
teur. Ceux touteſſois qui croyent aux anciens eſcriuains des hiſtoyres mó-
daines diſent que ce fut Vliſſes, lequel apres le raſement de Troye amena
en Grece des oyſeaux de proye, & les dreſſa à voller leur ſemblable. par ie
ne ſçay quelle force, & plaiſante amiration des aſſiſtens ſouz la guyde de
nature. Car comme les oyſeaux de proye facent la guerre par tout aux oyſeaux, les vns les empietans ſeulement a terre, les autres en voletant autour
des arbres, & les aucuns ceux qui ſont perchez haut, & les autres eſtans en
plein vol: les hommes d'auantage, & les oyſeaux de proye volent par compagnie en la Romanië au deſſus d'Amphipoly. De vray les hommes chaſ-
ſent les oyſeaux des foreſtz, & ioncieres, leſquelz ces autres volans au deſſus rabatent: & depuis la prinſe faiête ilz leur font leur part: & dit on qu'en
leur en iettant ilz les empietent en l'air, & que lors que la ſaiſon de la prinſe
eſt venuë ilz les inuitent à criz & à vne façon de vol à les tuër. Au regard
de la peſche elle eſt plus moderée, laquelle encores pluſieurs grans hómes
n'ont pas dedaigné, Meſmes Auguſte & Marc Anthoine leſquelz par recreation ont ſouuëteſſois (comme l'on dit) peſché à la ligne, combien que
par auanture la vie de ceux ſemblera plus honneſte, & beaucoup plus receuable de laquelle parle Ouide.

                                Encores lors nageoit ſans tente le poiſſon
                                Entre ces peuples là: en ſon eſcalle l'huytre
                                Seure eſtoit, ny l'oyſeau d'Ionië la riche
                                Auoit veu l'Italie, ou celuy qui du ſang
                                Pigmeo ſeiouit.

    L'art de nager ſemble deuoir eſtre icy aioinêt à cauſe des guerres mari-
times: veu qu'il a de coutume de ſembler bien ſouuent ſauuer les ſoldatz,
& Capitaines, & les rendre plus hardiz à quelque noble entreprinſe. Et
pourtant noz anceſtres ont choiſi la place à Mars prochaine du Tybre, à
fin que les ſoldatz lauaſſent toute l'ordure, ſueur, & craſſe militaire, que
l'exercice des armes leur auoit procuré, & qu'en nageant ilz allegeaſſent le
trauail. Par le ſauoir de ceſt art le Sertorin ayant perdu ſon cheual, &
eſtant bleſſé à la defaitte des Romains contre les Dannemarquoys paſſa la
riuiere du Rhoſne au trauers des vagues auec la cuïrace & l'eſcu, & de ces
abiſmes ſ'efforçant beaucoup de tout ſon corps, & (comme l'on dit communement) meſmes de ſes ongles. Ce qu'en ſemblable fit Iulle Ceſar lors
que preſſé en l'aſſaut d'Alexandrie, & à la furië de la multitude qui ſor-
toit, il ſe ietta en vn ſquif, qui ſoudain fut mis à fond du poix de ſa ſuyte,
                                            & por-

& portant à vne main éleuée ſes lettres il gaigna vn nauire nageant l'eſpace
de deux cents pas. Parquoy ſoit qu'il y en ait qui le diſent auoir nagé iettãt
ſon manteau dedans les vagues, & que ce ſoit cas d'auanture, ou bien faiſt
à eſſien, à fin que les ennemys ſy amuſaſſent à coups de fleches & de pierres:& qu'il en ſoit qui l'affermét auoir tiré ſon mãteau aux dents, & n'auoir
pas ſeulement laiſſé aux ennemys ceſte occaſion de ſoy glorifier: ceſte opinion touteſſois eſt la plus cõmune, & cõfermée de plus certains temoings.
De vray on ne fait point de doute,qu'il ne ſe ſoit ſauué à nage ayãt la main
ſeneſtre éleuée, à fin que l'eau de la mer ne tranſperçaſt les liures qu'elle te-
noit.Auguſte par auanture memoratif de ce danger,a prins peine telle que
ſes arrierefils fuſſent dreſſez en cela, que bien ſouuent il les enſeignoit luy
meſme. Au ſurplus les exercices doyuent eſtre receuz qui ſe peuuent accõ-
moder à l'imitation des choſes qu'il faut par apres faire au naïf, & qui ne
rendent point celuy qui le fait,ouurier d'vn vil exercice. Celuy ſe doit tenir
pour exercice vil,qui réd le corps, l'ame, & l'entendemét en mauuais eſtat,
comme vn infiny nombre de mercenaires, & que nous appellons villains:
car ilz ne rendent pas l'entendemét prompt ny vtile au meſtier de la guerre, mais l'occupent à choſes villes. Il y a auſſi vne choſe qui n'eſt pas à oublier,comme la plus vtile de toutes:c'eſt que les cheuaux bons à ſelle, & qui
ne ſont point trauaillez ont de coutume de bien toſt ſe defaire, & mourir.
Au demeurant il eſt beſoin que le cheualier le pique ſouuãt, & pour autant
que les freins & harnoiz faiſtz de courroyes de cuïr ſont profitables, il ne
faut iamais aller ſans prouiſion d'elles,par ce moyen auec peu de couſt il ſe
pourra garnir d'vn grand ſecours, & auoir en tout combat & guerre vne
plus glorieuſe victoyre.

DV REPOS DES GENS DE GVERRE.
Chapitre IIII.

R pour autant que les gens de bien, & excellens ne doyuent pas
moins auoir egard au repos qu'au trauail, veu qu'il n'eſt preſque
rien en l'œuure de nature,qui ne deſire par fois repos à l'exemple
des iours & des nuiſtz, ordonnons luy quelque moyen & fin.
Premierement donques cõme il ſoit beaucoup de façons de recreation de
l'ame telles,qu'elles peuuét alleger les laſſez de quelque art, & rédre ioyeu-
ſemét la vigueur de l'eſprit purgée de toute triſteſſe,& allegé d'vne perſeue-
réte continuation de labeur en vn repos & ceſſe:ce ſera le meilleur que rien
ne ſoit fait meſchammét,rien en laſciueté,vice,ne villennie,lacheté,impru
dence, ne malignité : & que tout ce qui ſy trouuera ſoit ciuil, noble, face-
tieux,& tel finalement auquel quelque lumiere apparoiſſe d'vn cœur bon
& noble,comme ſont ceux qu'on appelle diſtz plaiſans, & rencõtres : deſquelz on dit qu'Auguſte Ceſar, Adrian , & aſſez d'autres hommes hardiz,
& gens de guerre,meſmes les Lacedemoniens ont vſé. Licurge de vray en-

tre autres inſtitutions d'vne vie perfaitte leur ordonna ceſte maniere de ieu
que les ieunes gens apprinſſent à dire, & endurer rencõtres ſans pique, tellemẽt que ſi quelqu'vn fuſt par indignation tombé en telle faute, il ne luy
eſtoit plus loyſible de faire rencontre ſur vn autre : Mais ſi quelqu'vn veut
ſauoir de quelle vtilité eſt celá, il le trouuera aiſément en la vie de Licurge.
Il ſera auſſi licite d'vſer de diuerſe façon de vie, cõme maintenant eſtre aux
champs, & ſ'y promener comme faiſoit ce Scipion qui premier merita par
ſes prouëſſes, & vertu le nom d'Affricain, comme qui auoit de coutume
de tranſporter lá l'eſprit donteur de peuples, & ſes oreilles pleines du bruit
du camp, & des ſons de trompettes : nõ pas à fin que la vertu languiſt d'oyſiueté, mais à ce que l'entendement ſeparé de la varieté d'affaires reprint ſes
forces : parquoy il ne ſ'eſtimoit iamais oyſif, ne ſeul. Scipion l'Affricain ſon
arriere fils, ayant de coutume d'aller & voyager aux champs auec Lelius
comme portant le trauail, & l'exercice plus qu'il n'eſt croyable deſiroit le
repos, & la ſolitude. Et dit on que quelque fois ſe promenant au long des
riuages de la mer, il a abbaiſſé ceſte main dextre victorieuſe de Carthage, &
Numance, pour amaſſer des coquilles & cailloux : & à fin que i'vſe des parolles de Ciceron, il auoit de coutume de raieunir plus qu'il n'eſt croyable,
ſe tranſportant de la ville aux champs, comme ſ'il eſtoit eſchappé de priſon.
Q. Muce Seuole d'vn merueilleux ſauoir tãt en droict diuin que humain
fuyant de la tempeſte du palais au repos, ſ'ebatoit, cõme lon dit, au tablier,
& aux eſches : & par ce changemẽt de choſes il a releué ſon eſprit rõpu d'affaires. Combien qu'en cela par auãture ſeront plus receuables Q. Muce
Sceuole, Augure, & Licon le philoſophe, leſquelz on dit auoir treſ-bien
ioué à la balle, d'autant que trauaillez pour les pletz, & pour l'interpretation du droict, & des choſes naturelles, ilz ſe retiroyẽt à ceſte façon de paſſe temps pour recréer leurs forces, & renforſer leurs coſtez. Nous auõs auſſi
entendu que Denis de Sarragouze auoit de coutume de ſebatre à ce ieu, &
qu'Auguſte le diuin ſ'adonna apres l'exercice des chãps à la balle depuis les
guerres ciuiles finiës : auſſi fit M. Antoine, Vere, Auguſte, M. Aureille, & Antoyne lequel cõme il eſt eſcrit de luy a principalemẽt ioué à la balle. Le ieu
des eſches auſſi n'eſt pas à deſpriſer au iugemẽt d'aucuns, veu qu'il a vne façon de combat, & de guerre, & d'vn rencõtre d'ennemys cõme dit Ouide.

"   *A fin que d'vn droit train marche le cheualier*
"   *Alors que le pion perit enueloppé*
"   *Entre deux ennemys, & que mieux vouloir ſache*
"   *Suyure & retirer l'autre qui le precede.*
"   *Et que fuyant bien toſt, ne ſoit ſans compagnie.*

Lequel ieu eſtoit appellé par les anciens l'arronneau, pour autant qu'il
eſt faict de petites pieces de boys allans, eſpians, & ſurprenans à la dérobée.
Et pourtant dit Marcial :

"   *Si tu combas au ieu des cauteleux eches,*
"   *Ce riche cheualier te ſera ennemy.*

Et

Et combien qu'aucuns le louent, d'autant qu'il semble éueiller d'vne grande pensée la viuacité de l'entendemét, il me semble en celá de tát plus reprouuable, veu qu'il n'est rien si miserable que la perte du temps, ne rien plus dommageable que ce en quoy tu trauailles beaucoup, & profite peu. Ce mouuement de vray d'esprit, & emotion d'entendement qui se perd en celá pourroit estre employé à grádz affaires de consequence, & meilleurs. Et pourtát outre Sceuole & Auguste, noz ancestres ont laissé en memoyre, cóme temoigne Pline que les Singes ont de coutume d'y iouer. Au regard du ieu du tablier il ne nous semble pas deuoir estre dedaigné, lequel on lit que (comme dit Varro) Palamedes a inuenté à la guerre de Troye, à fin qu'il occupast en cela les gés de guerre, & que par ce ieu il detournast l'armée de mutinerie. C'est aussi vne chose plaisante, & de profit de cognoistre le com bat des dez : auquel nous auons entendu que Claude Cesar estoit subiect, & en a fait vn liure : nous lisons de mesme de Neron, Domitian, Vere, Cómode, & principalement Auguste Cesar auoir esté sur toutes choses adonné à ce ieu, tellement qu'il en courut vn Epigramme le mordant touchant la Sicile en ses termes.

»   *Apres auoir esté sur mer vaincu deux fois*
»   *Au dez ioue tousiours pour vaincre quelque fois.*

Nous auons aussi entendu que Ptolomée, & Alexandre, & autres assez ont allegé leurs plus grandes solicitudes par le moyen de ce ieu, & fait que par iouer par fois ilz se sont renduz plus adroictz aux grandz affaires auec los & gloyre : mais s'il est fait d'auarice, il n'est point noble, ou bien ceste cóuoitise amollissant l'hóme qu'Athale l'Asiatique est dit auoir trouué (com bien qu'apres l'Empire de l'Asie ruíné on dit qu'il fut transporté aux Grecz auec le butin, & non en vne sorte seule) il le faut fuïr comme dommageable, & plein de debatz : ce que les loix commandent, & qu'en ces parolles Ouide ne taist pas.

»   *Autres moyens escrits sont de ieuz hazardeux.*
»   *Noz maieurs en celá sont chargez de grand crime.*
»   *Que vallent osselets? que plus haut point pouuoir*
»   *Assoir, ou bien fuïr les dommageables chiens.*

Au regard de cest autre façon de ieu de hazard, auquel les enfans iettans en l'air certains deniers de †cuyure, en criant †teste ou nauire estát le ieu temoing de l'ancienneté, ie n'y voy ne cognoy quel vice ou infamie il ayt en soy. Herodote dit d'auantage que les Lydiens pressez de famine inuenterent le ieu de l'osselet, & de la balle pour soulager leur famine. Ilz iouoyent de vray vn iour, & repassoyent l'autre : & ont ainsi vecu l'espace de dix & huict ans, lesquelz ie ne pense pas deuoir estre blasmez, sinon qu'ilz fussent inuentez pour plaisir. Le desir donques si grád de tant d'excellens hómes, Ducz, & Princes ne tendroit pas à tant de diuerses façons de ieuz, & esbatz s'ilz n'auoyét par nature quelque façon de volupté, veu qu'il est certain que la vie se doit departir en trauail & repos : & pourtant le veiller & trauaux de

† Légo æreos quosdam.
† Que nous disós croix ou pille.

la nuict n'ont pas feulement efté inuentez , mais auffi a efté le dormir : ny
feulement les turbillons & tempeftes, mais auffi la tranquillité: ne de rechef
la guerre , mais la paix & les treues : ne toufiours les euures de peine , mais
auffi quelques folennitez de feftes ordonnées par les dreffeurs de loix , par
lefquelles les hommes fuffent contrainctz publiquement à refiouiffance.

Fin du quatriefme liure.

LE CINQIESMÉ LIVRE DE

ROBERT VALTVRIN DE
l'art militaire.

*Des quatre efpeces de vertuz, & de leur departement, & quelz Chefz de
guerre en ont efté tenuz excellens.* Chapitre I.

L me femble Sigifmond Pandulphe que nous auons touché es liures precedens toutes les inftitutions, la nature &
exercitation de prefque toutes les difciplines, lefquelles fans
point de doute font de grand proffit . Or ceux qui maintenant pourront cheminer par toutes les efpeces de vertus, &
d'exemples par vne certaine cóprehenfion plus ample, pro-
fiteront de tant plus, mefmement fi diligemment ilz confiderent les ruzes
de guerre des Chefz & Empereurs, que les Grecz appellent Stratagemes,
auec de plufieurs hommes infiniz dictz graues, fubtilz, & plaifans: comme
font ceux que Caton a ramaffé qu'ilz appellent Apophtegmes, en fen aydant en temps & lieu: Car les exemples de toutes noz doctrines ont plus de
pouuoir & efficace, que n'ont mefmes les artz qu'on enfeigne. De vray, noz
Capitaines & Chefz prendront es artz vne nourriture amirable & diuerfe,
& es exemples vn moyen d'inuenter & forger femblables euures, d'autant
qu'il n'eft rien (par maniere de dire) dict ne fait auec los & vertu auant, ne
durant, ne apres la bataille, qui foit de prouefle, de memoyre, de renom, de
ruze, d'aftuce, de perfeueráce, & conftance, ne rien de benignité, liberalité,
d'innocence, de magnificéce, ne de fageffe qui par ce moyen ne puiffe aifémét gaigner les cœurs des lecteurs . Il ne fera donques pas eftrange de premieremét toucher les exemples de la vertu , de laquelle la diuifion en quatre, eft à tous cogneuë. Il faut de vray que le Chef foit rufé, & non feulemét
en ce qu'il faut faire auec l'ennemy en la bataille, mais auffi eftre induftri-
eux par tout & en toutes chofes: car ces capitaines ne combattent pas toufiours, mais fouuenteffois ilz parlementent par treues, ou par cas de fortune
fans armes auec leurs amys, ou ennemys, là ou, faillir au chois ou repoulfe-
mét des chofes fent fon villageoys, ou prefque ruftau: & la parolle fotte, fon
fol,

fol, & mal apprins.Or pour n'y tóber point, vne gratieuſe nature & ciuilité,
il y donnera ordre: pour laquelle l'Affricain le plus vieil, & depuis Auguſte
Veſpaſian,& maints autres des noſtres, cóme l'Ópile Roy des Romains, Fa
bius Maximus, & les deux Catós ſót renómez. Aiouſtez y M. Antoyne mer
ueilleuſemét prudét. I'entens celuy qui ayma mieux le ſurnom de Phiſicien
q̃ de Ceſar. Entre les eſtrãgers les deux Cyrus, Hãnibal de Carthage, & Mi
tridate le Pótique. Ceſte vertu de prudéce eſt au demeurãt en trois mébres.
Elle procure de vray la memoyre, l'intelligéce, & prouidéce : leſquelles iettét trois yeux à tout autãt de téps par vn aſſemblemét des choſes diſtãtes: au
regard de la memoyre qui ſe recorde des geſtes des lieux, des téps & perſonnes, ie ne pourroye pas bien nómer celuy qui l'a eu plus excellête q̃ nul autre: veu que pluſieurs en ont eu la gloyre. Ie ſçay bié que les ennemys de Ceſar luy ont ſur toutes choſes attribué vne excéllece de memoyre: duquel dit
Cicero qu'il ne ſauoit rié oublier que les outrages : cóme qui par la grace de
la memoyre auoit de coutume de lire, & enſéble eſcrire, oïr, & de ditter pró-
ptemét lettres de ſi grãds affaires à deux ſecretaires pour le mois, cóme diſét
Oppie, & vn autre hiſtoriographe, & orateur bien renómé, quatre paires ou
bié ſept, s'il n'auoit autre affaire. C'eſt ſãs point de doute vne choſe bié cóue
nable d'entédre aíſi aiſémét à toutes, & d'en auoir vne ſi certaine memoyre.
Ie ne ſuis pas auſſi ignorant qu'à Q.Maximus ne ſoit auenuë vne ſinguliere
louáge en celá, ie n'eſtime pas peu de choſe auſſi, qu'il a eu vne bié grãde co
gnoiſſáce de l'antiquité, duquel Ciceró temoigne, qu'il auoit la ſouuenãce
de toutes les guerres, nó ſeulemét domeſtiques, mais auſſi de celles des païs
eſtrãges, pourtant ne m'emerueillay ie pas beaucoup qu'en la ſecóde guerre
Punique ſes dictz & auiz eſtoyét tenuz pour oracles, tãt du peuple q̃ des plus
grãdz De vray auſſi péſeray ie dire verité, q̃ qui aura en memoyre beaucoup
de choſes du téps paſſé, ſera aucunemét pphete de l'auenir. Mais cóme il ſoit
deux eſpeces de memoyre, l'vne des choſes, & l'autre des dictz, ie treuue q̃ la
premiere a eſté en telle vigueur & amirable en L. Luculle grãd Capitaine &
philoſophe, q̃ nous l'auós de n'agueres recité auoir eſté en Fabin. Au regard
de la ſecóde, Scipion ſéble l'auoir eu, ny n'eſt hóme entre toutes les nations
ne de memoyre que ie vouluſſe preferer à luy en celá, ſi ce qu'on dit eſt vray
qu'il ait nómé tout le peuple Romã, qui eſt vne choſe preſque incroyable,
ſi pluſieurs excellés autheurs entre leſquelz eſt Pline le ſecond en l'hiſtoyre
naturelle ne l'euſſét affermé de leur propre temoignage. Adrian auſſi a eſté
d'vne memoyre grãde, & amirable cóme q̃ recitoit par memoyre les liures
à luy ſoudain leuz, & incogneuz à pluſieurs, & en vn meſme téps deuiſoit,
eſcriuoit, dictoit, & eſcoutoit. Mais reuenãt de l'Occidét à l'Orient Themi
ſtocle ſoffre le premier entre les Grecz: leql eſtant empeſché pour les grãdz
affaires tãt publics que priuez, auoit ſouuenãce eſtãt nay d'Athenes de tous
les nós de ſes citoyés: qui eſtoit vne choſe eſpouuãtable ſi le recit de Scipion
ne l'euſt perfaict. Cineas auſſi courrier du Roy Pyrrhus a acquis vne bié grã
de gloyre en cela, car eſtant embaſſadeur au Senat de Rome ſalua le lendemain de ſon arriuée tout le Senat par leurs propres noms eſtãt hóme nœuf,

H

& de païs eftrãge. Il en eft qui aiouftét tout l'ordre de cheualerië, autres qui toute l'affemblée du peuple ependuë autour du Senat. C'eft fans point de doute vn cas bien excellent, laborieux, & diligent, & ne fuft il venu à Rome pour autre chofe. Au furplus combien que Cyrus roy de Perfe euft vne bien groffe armée, il luy fouuenoit toufiours des noms de tous fes foldatz. Finalement Mytridate, comme il femble à A. Gellius autheur des nuictz Attiques, fauoit, comme lon dit, vingt & cinq langues, felon Pline vingt & deux, & felon fon arriere fils au liure intitulé des hômes renommez, les langues de cinquante nations eftans fouz fon Empire: faifant à chacune iuftice en fa propre langue : & qu'au furplus en fes harengues faictes à elles il ne vfoit point de truchement, qui eftoit vn cas qui rendoit Cyrus aggreable à fes foldatz, & ceftuicy à fes peuples. L'intelligence confifte en la cognoiffance des chofes prefentes, de laquelle le Chef qui en fera proueu ne me femblera point digne de gloyre empruntée, mais de la vraye, & immortelle. A quoy conuiendra bien ce qu'Accius dit louant Vliffes en fon Philoctete, & au commancement de fa tragedie.

,,   O le bien glorieux nay de petit païs,
,,   D'vn nom fort renommé, & aufi d'vn cœur noble
,,   De l'armée de mer Achiue autheur, & grief
,,   Vengeur fur les troyens, ô fils de Laërtes.

Il nomme en derriere fon pere: Laërtes touteffois, ny autre ne f'attribuë rien de toutes fes louenges : ce que tant feulemét fait la vertu compagne de ce Capitaine. Ny n'enfeigne Homere autre chofe en ceft Vliffes, auquel il a toufiours voulu la prudéce faire cópagnie, laquelle il a à la coutume poëtique appellé Minerue, d'autant que fouz fa guide Vliffes a entreprins chofes efpouuãtables, & a vaincu toutes auerfitez. Par fon ayde il eft entré dedãs la Cauerne de Cyclops, & en eft refforty, doublant les bancs de Barbarie, ny ne fut retenu, ne efchappé. Il alla aux Lotophages, & n'y eft pas demeuré: il a ouy les chantz des Syrenes, & a cogneu les breuuages de Circes, lefquelz fi amiellé il euft beu auec fa compagnie cóme fol & conuoiteux, il euft efté fubiect à la putain comme villain & lache de cœur: il euft vefcu en ord mâtin & pourceau amy de bourbier, comme dit Horace. Maro auffi imitateur d'Homere en toutes chofes, & depeignât vn homme renommé d'armes, & fecourable, & qu'il a eftimé digne d'eftre pere des Romains, luy baille Achates pour compagnon en toutes fes entreprinfes, à celle fin que d'vn Capitaine bien auifé tous les affaires foyent fi bien conduictz, qu'il ne foit furprins par rufes & fineffes, & quafi cóme inuinfible il vienne à la fin de fon intétion par vne voye inufitée des chofes qu'il a à faire. Ce qu'il fait de bonne grace : attendu que l'art militaire, & l'euure de faincteté ne fe peuuét pas exercer fans folicitude & prudence: laquelle il nous a femblé bon d'encores diuifer. Il eft de vray vne certaine maniere d'hômes merueilleufement propre à apprédre lettres, lefquelz pour l'excellence de l'efprit nous appellons plus communemét ingenieux, combien qu'es euures humaines ilz foyent

quelque

quelque fois de moindre viuacité d'entendement:là ou autres au contraire
font merueilleufemét vifz à mener la guerre qui touteffois font inhabiles à
apprendre lettres, lefquelz on n'appelle pas fans raifon fages, bien auifez,
próptz, & aftutz, aufquelz eft bien feante la plus gráde partie des faictz que
les Grecz appellét Stratagematiques:là ou en menant la guerre, l'auis prins
fur le cháp felon la neceffité fe met en execution. Mais d'autát que cela ne fe
vuyde pas fans peines, quelque autheur elegát en la langue Romaine a dit:
il n'auoit pas touteffois faute de malice ou rufe pour fe côtregarder. Salufte
auffi dit qu'il eft tout manifefte que l'entédemét peut beaucoup en guerre.
Or eft il que fi nous voulons bien iuger fans nous trôper pour nous cóplai-
re entát que nous touche la viuacité & prudence, nous verrons manifeftement que noz téps ne quadrent pas au paffé, finon que par auanture le téps
prefent puiffe mettre en auant quelques vns egaux à Pyrrhus, Hannibal, ou
à Fabius Maximus, ou bié à Marcel, ou à Iulle Cefar. Au demeurát la proui
dence entre en regne lors que le téps de l'effect d'vne entreprinfe fe mene à
la lógue, laquelle eft la tierce partie de prudéce, par laquelle le prefent n'euft
point plus que le futur par vne conference des chofes prefentes & paffées.
S'enfuyt apres la force mefmement conuenáte à l'homme de cœur, laquelle
confifte en deux membres. L'vn eft au cœur d'ont par cy apres il nous faut
parler, & l'autre au corps, fouz laquelle eft contenuë la vigueur des mébres,
l'agilité, & bonté des cinq fens. Vn Capitaine de vray debile quoy qu'il foit
entendu, & propre aux charges de la guerre debatra mieux des affaires, &
plus commodemét en la maifon qu'au camp, cóme qui eft bon de cófeil, &
non de cóbat. Qui fut vn cas qui rédit le fils du grád Affricain inhabile aux
armes, eftant en grádeur de cœur egal à fon pere, & d'vne plus excelléte doctrine. Au cótraire auffi l'homme membreux eftát aggraué d'vne trop gráde maffe de corps, ne pourra bien foudain fe trouuer en diuers lieux, pour
quand l'affaire le requerra donner cœur aux fiens, repoulfer les ennemys:
auffi ne pourra pas l'aueugle, ne le fourd vifiter fon camp, ou celuy des ennemys tout autour: ne iuger par les voix & cris diuers des foldatz que ce
peut eftre, ne qu'il en auiendra. On dit que le fort de membres eft propre
à mener armée, faire degaft fur l'eftranger, rafer les villes, ruïner les bourgades, tuer les peuples libres, ou les reduire en feruitude, duquel le nom
fera de tant plus renommé comme plus d'hommes il aura tormenté, fpo-
lie, & fait mourir, & aura inondé le païs de fang, & teinct les riuieres,
& comme plus hautes auront efté fes entreprinfes. Pour laquelle vertu
Pyrrhus a eu grand renom enuers les eftrangers: auffi a eu Hannibal, &
Mafiniffa. Au regard de ceux qui fe glorifient d'vne prodigieufe apparence de forces. Polydamas, & Milo vainquirent en toutes luytes en empor-
tant la victoyre: defquelz l'vn a eu de coutume auant le combat Olympi-
que d'arrefter vn chariot en fa courfe, & de le retenir à force de mains contre l'effort des Cheuaux:l'autre demouroit ferme fur vn bouclier oinct, duquel non feulement on ne le pouuoit faire par aucune force déplacer, mais

d'auantage il refiftoit tout ainfi qu'vne ftatuë fichée en plomb. Nous lifons
auffi d'vn certain Tritane, lequel en vn ieu gladiatoyre des Samnites vainquit tous fes ennemys d'vne legere touche:& que fon fils foldat de Cn.Pó-
pée dédaigna tant fon ennemy l'appellant au combat,qu'il le defit du bras
dextre nud,& le trouffant d'vn doigt il le tranfporta au camp de fon Capi-
taine.On dit auffi que Firme Saturnin fut fi robufte qu'il paffa en force Tri
tane pere de ceftuy cy,d'ont Elius fait mention, par vne force prodigieufe.
Il porta de vray conftamment vne enclume pofée fur fon eftomach, veu
qu'eftant renuerfé & courbé fur fes mains,& dos,il eftoit plus veritablemét
enleué que couché . Au regard de noz Roys, & Capitaines . Tulle Hoftile
Roy des Romains, & les deux Affricains, Marin, & Marin le Tyran, Iulle
Cefar,& finalemét Papyrius Curfor, & Maximus ont efté en grád renom,
defquelz Papire a prins fon furnom de fa viftefle,& l'autre pour fa force,veu
qu'aucuns l'appelloyent comme ce Milon de Crotone , & les autres Hercules , les aucuns Antée . Il refte maintenant que nous parlions de l'autre
efpece de grandeur de cœur,le deuoir de laquelle gift mefmemét en vn dedain de mort,& de douleur,& des chofes difficiles & terribles.Et combien
que plufieurs des Capitaines la penfent eftre la propre vertu des gens de
guerre,veu quelle eft commune à tous hommes,elle fe montre touteffois
plus apertement en guerre entre les coupz, & mortz. De laquelle vertu Ro
me a efté par fus tous autres l'habitacle inuincible,le plus approchant a efté
Lacedemon,& Carthage . Et entre les noftres foffre premierement Cato
prince de la fapience Romaine,comme furpaffant à l'auis de plufieurs fages
tous autres,en enfuyant,cóme ie croy Cleante, Chryfippe,Zeno, & Empedocle , lefquelz tous, combien que pour vne autre raifon ont offert de
leur bon gré leurs teftes à la mort,cóbien qu'autres de grand entendement
& fauoir ont opinion qu'elle ne fe trouua point en Cato, & qu'au contraire
il perdit le cœur, veu que le propre de cefte vertu foit de ne foublier point,
ne la voye droiéte de raifon , ne de pareillement fe troubler, ne éperdre es
groz affaires,mais plus toft y perfifter: difans que la force n'eftoit pas cefte
autre vmbratile , laquelle comme vn monftre feffforce contre nature , fortant hors fes limites par vn epouuantement de cœur, ou bien d'vne cruauté ou fureur,cóme a efté(ainfi que nous l'auons entendu)vn certain brutal
gladiateur au ieu de Cefar,lequel cóme les medecins incifoyent ces playes,
tint le vifage tel, que par vne viétoyre qu'eut la ioye fur les douleurs , il mó-
troit vne contenance riante:au cótraire ilz dient cefte là vraye & bóne que
Socrates,& noz anceftres ont dit eftre la fciéce des chofes tollerables, & nó
tollerables : parquoy il eft manifefte qu'aucunes chofes font intollerables,
lefquelles les hommes de cœur ne peuuent fouffrir,ne endurer.Or entre les
noftres Iulle Cefar,d'ont nous auons fouuét parlé & parlerós,fe préfente có
me doué d'elle:auffi font les deux Affricains,& autant de Paulz,qui font le
Macedonique & le Cánenfe,Claude Marcel,Claude Nero,Tyberius Grac
chus,C.Marius, & les Cefars,Drufus, & Germanicus, auffi font les princes

Tite

Tite & Traian. Au regard des plus anciens le premier, & le tiers roys Romains, aussi Orace Cocles de l'ordre des cheualiers, auec L. Siccius le dété, M. Sergius Tribun de la cômune, & autres innumerables, si on les veut recercher par le menu, veu qu'vne nation seule en a eu plus d'excellés en toute maniere, que le reste du môde. Au regard des estrâgers, il y a eu Leonides Lacedemonien, Milciade d'Athenes, & les ia cy dessus nómez Temistocle, & Epaminonde, & entre les plus anciens Liber, Hercules, Thesée, Achilles, Hector, Tydée, Diomede, Aiax, & le Vergilian Enée: aussi a-il Hânibal, & son pere Amilcar, auec son cousin Hasdrubal, Alexandre de Macedoyne, son pere Philippe, & son oncle Alexandre de l'Epire. Pyrrhus aussi Roy des Epirotes duquel nous auôs ia parlé. Outre plus entre les Hebrieux Dauid, Iosué, & depuis Iudas. Au demeurât ie suis certain que côbien qu'Aristote ait preferé ceste vertu lá, que ie sembleray à aucûs auoir peruerty l'ordre moral des vertuz, non seulement en tenant la prudence de leur nombre, mais aussi en preferât la force militaire à la iustice: veu que bien souuêt la iustice est tenuë plus excelléte, & plus perfaitte vertu au pris des autres: & nó sans cause: sachez touteffois que cela est faict tout de gré. Car la force est le propre de l'homme, seule masle entre les autres, pleine d'esprit, de vigueur, & de cœur: au demeurât il est manifeste par l'auis d'Aristote qu'elle est la plus honorable de toutes les vertuz par cela, non pas qu'elle soit meilleure, mais pour les choses qui sont en elle tref-bónes, & vtiles, & pourtât voyons nous les images des Capitaines trepassez estre parée presques d'vn accoutrement de guerre, & les obelisques, columnes, pyramides, & arcz triumphans dressez, & consacrez à la posterité, quasi que ce soit chose fort excellente auoir esté renommé en ceste façon de louenge, & vertu. Et combien que la force conserue principalemét l'assemblée des hommes, aussi ne fait pas moins la iustice maistresse & royne de toutes les vertuz: laquelle aussi peut estre estimée propre aux Chefz, d'autât qu'elle semble gouuerner les peuples, qu'elle garde les confederations de la societé humaine, & qu'elle amoneste de garder la foy non seulemét aux amys, mais aussi aux ennemys. Et côbien qu'il n'est rien en la guerre plus vtile que la fraude, ne de plus grâd efficace que le dol es choses qui se font vuydées es guerres, d'heur, & à souhet, & que tu trouueras en bon nombre, & grandes, pour lesquelles aussi il faut quitter la charge de Chef, ou la faire auec ses ruses: il en est touteffois qui se côfians de ceste sentéce de Xenophon, au liure qui s'intitule Le Chef des gens de cheual, pensent leur estre licite non seulement tromper l'ennemy, mais aussi de prier les dieux immortelz que faire se puisse, & de s'efforcer de tout art, fraude, ou vertu suyuât l'auis de Corebus dedans Virgile en ceste nuictée lá tât miserable de la prinse de Troye, disant apres la mort d'Androgée.

> Changeons donques noz escuz, & prenons comme amys
> Les liurées des Grecz: car qui querellera
> Soit la force, ou le dol qu'on dresse aux ennemys?

Et combien qu'il en soit qui estiment deuoir estre detesté en tout temps

ce changement de bouclicrs, & d'autres chofes difans auoir efté le dict d'vn
ieune hôme, & non pas de ce tant graue poëte, qui eft vn mal d'ancienneté
& de noftre temps: car foit que ce foit la beftife des Chefz, ou l'infoléce des
foldatz, & vne rage d'auarice, ces deux auiz doyuét eftre extirpez du cœur
des capitaines & foldatz, à celle fin que la foy foit gardée à l'ennemy, l'humanité à l'amy, & la iuftice aux vns & aux autres: ny ne nuyfe à l'ennemy,
finon en gardant le deuoir, ne iamais à l'amy. Mais quelle chofe peut eftre
plus infame, ou bien plus mefchante que d'offenfer ceux pour la tutelle &
defenfe defquelz tu es appellé, ne qu'auffi d'eftre faict d'vne garde, rauiffeur,
& d'vn chien, loup? Fabrice, Camille, & Regule ont efté fort renommez, &
louez en cela, defquelz les deux premiers pouuãs vaincre par dol, ne le vou
lurent faire, le tiers eleut plus toft mourir cruellement que de porter dommage au païs, ou de faillir de foy à l'ennemy. Mais entre les gardeurs de foy
à l'ennemy Caffin ne doit point eftre oublié: quant à l'autre ceux y font
comprins, lefquelz ont eftimé peu de chofe f'abftenir d'outrager fes amys,
fi d'auátage ilz ne mouroyent pour eux. Entre lefquelz fe prefentent auant
tous Curie & les deux Decies à Rome, & à Athenes Codre, & les deux Phi-
leins freres à Carthage: defquelz le premier le feit pour appaifer l'epouuan
tement du peuple, les fecondz pour affeurer la victoyre & l'armée ia branlant, le tiers pour deliurer la ville d'vne ruïne prefente, les quatriefmes pour
etendre les limites de leur païs font allé à vne mort voluntaire, quittans
leur vie pour l'aife de leurs citoyens. Mais Pompée le grand a eu les deux:
combien que Ciceron compare à ceftuy feul toutes les louenges de guerre,
& toutes les chofes d'ont ont befoin les Capitaines pour eftre grandz, que
nous auons dict ou à dire: & ce à bonne raifon & à bon droict. Mais f'il en
eft à qui on face raifon du fien, la iuftice auec la continençe cogneuë entre
les victoyres & triumphes, la louenge de guerre deuë à Pompée, laquelle
doit eftre referée à la vertu, d'ont ores ie commenceray le propos, en y aiou-
ftant vne chofe qui maintenant concerne la iuftice, c'eft que la beneficence & liberalité font robbes tref-belles des Chefz & Capitaines par lefquelles on peut couurir beaucoup d'imperfectiós: par laquelle Iulle Cefar paffe
tous en gloyre, iamais hôme de vray n'vfa (f'il me fouuiét bien des parolles
de Seneque) plus liberalement de la victoyre, d'ont il n'a rien prins finon le
pouuoir de la diftribution. Quant aux forains Alexandre tient le premier
lieu, ne ny côtredifent les noftres, combien que Philippe pere d'Alexandre
cerchant la bienueillance des Macedoniens par largeffes, a blafmé en luy
>> cefte façon de prodigalité, difant ainfi: Quelle raifon (dit il) t'a mis en cefte
>> efperance que tu penfes ceux t'eftre loyaux, que tu as corrumpu par argent?
>> Le fais tu à celle fin que les Macedoniés ne te tiennét pour Roy, mais pour
>> vn feruiteur, & defpéfier? Qui eft vne chofe que tu entens bien eftre infame
>> à vn Roy, & eftre plus toft dicte corruptible que largeffe, car celuy qui re-
>> çoit en deuient toufiours pire, & toufiours plus preft à mefme attente. Que
>> peux tu faire plus follemét, que de te trauailler à ne pouuoir faire plus lon-
guement

„ guemét ce que voluntiers tu fais?les rapines fuyuét les largeſſes demeſurées,
„ car quád en donnant tu comméceras entrer en indigéce,tu feras cótrainct
„ de ruër fur le bié d'autruy,& pourtant cóme tu fois prodigue pour t'acque-
„ rir vne bien veilláce,tu ne t'acquerras point l'affection fi gráde de ceux auquelz tu auras efté liberal,que tu feras de hayne de ceux que tu as depouillé.
Parquoy il ne faut pas tenir fon bié fi enferré que la liberalité ne le puiſſe é-
largir,ny eftre fi ouuert qu'il foit cómun à tout le móde: mais faut tenir par
tout moyen,qui fe doit mefurer felon la puiſſance.Il me refte maintenát la
quarte qui eft la modeftie qu'on appelle l'attrépence, à laquelle eft cóioin-
ĉte celle qu'vn peu au parauant i'appelloye continéce: fans laquelle ne f'eſt
point trouué(ie ne dy pas vn bon capitaine)mais tant feulemét vn homme
de bien.Or comme le propos foit maintenát des chefz, dequoy leur feruï-
ront l'eloquence, & la cognoiſſance des lettres? dequoy auſſi la magnanimité ne toutes les autres difciplines des chefz, fi vn capitaine eft ferf de l'a-
uarice, de la couuoitife, ou gourmandie, en abandonnant le frein duquel
il doit manier vne armée?il fe pert auec les legions, & les attrait à vne pefte
d'ont plufieurs fe font ruinez auec toutes leurs forces? Voyla dóques la vertu propre & finguliere de Pompée, en laquelle fi fon collegal Craſſus l'euft
voulu enfuyure il ne fuft pas mort auec fon filz, ny auec vne fi grande ruïne de l'Empire. Le temple tant riche de Hierufalem temoigne cefte continence d'vn capitaine des Romains, auquel Pompée n'a point touché, &
l'autre l'a fpolié: aſſez d'autres chofes le temoignent, vne partie defquelles
font declarées par Ciceró:les parolles duquel ie mettray icy en auant. A ces
autres f'accompagne vne gratieufeté,douceur, & facilité de nature en laquelle l'Affricain & Iulle Cefar font excellens : ny n'eft rien de plus grand
efficace pour gaigner les cœurs des hommes. A elle eft conforme vne certaine egalleté, & familiarité auec les foldats, qui eft vne chofe qui rend le
plus les gens de guerre affectionnez à leurs chefz. Laquelle ont notoyre-
ment eu entre les noftres, Valere, Coruin, & Marin: & entre les eftrangiers
Hannibal. Ces moyens donques refrenent les gés de guerre, & les fubiectz
par bien veillance & amour, tout ainfi que leurs contraires feuerité, & ar-
rogante puiſſance. Pour lefquelz Marc Curin, & Q.Cincinatus, & Papi-
rin le coureux, & Fabius Maximus ont efté renommez : pas vn d'eux touteffois n'a efté en cela pareil à Brutus, ne à Manlius Torquatus. Le premier
defquelz l'amour de la liberté commune a emeu de trencher les teftes à fes
propres enfans apres auoir efté fuftigez en ferf z,pour autant qu'ilz tenoyét
le party du tyran qu'il auoit chaſſé. Au regard du fecond l'affection qu'il
portoit à la difcipline militaire le força de faire mourir fon filz hóme ieune, & d'vne efperance grande, quoy qu'il fuft vnique & vainqueur, pour
auoir fans fon congé couru fus à l'ennemy. On luy accouple auſſi pour có-
paignon d'vn faict par trop feuere Pofthumin Tyburte, duquel i'entens
auoir fait le recit pour plus toft ne fembler l'auoir omis, que de vouloir affermer vn fi grand cas. De vray quelques vns des hiftoriographes le tien-

H iiij

nent pour vray, les autres font doute fur le bruyt qui en court. A tout ce grand nombre de vertu on aioufte la patience, & en beaucoup de fortes: elle porte de vray de bon cœur les douleurs du corps, vne autre porte les parolles outrageufes quafi comme vne playe en l'oreille & au cœur, l'vne & l'autre font neceffaires aux chefz, & aux folicitudes de la guerre. A la verité auffi la premiere concerne la conftance, & la feconde la ciuilité, & cefte modeftië d'ont il eft propos. Quant à la premiere Mutius, & Marin, & Pompée en font eftimez, auffi eft vn certain Attilius foldat de Cefar cogneu à Marfeilles, & M.Sergius auec fes compaignons d'ont nous auons parlé. Quant aux forains Cynegirus Athenien eft en grand bruyt par les hiftoyres Grecques. Au regard de la feconde, les Empereurs Iulle Cefar, & Augufte les font entre les noftres, & entre les forains, Philippe & Antigone Roys de Macedoyne, & Pyfiftrate Roy des Atheniens. Finalement Pompée furpaffe les noftres, & les eftrangers, ou bien il les egalle. Parquoy ie me perfuade de mettre icy le propos au parauant prins par moy que M. T.Ciceron a tenu en vne oraifon qu'il a faict de fon Empire, & de la continence des Capitaines & chefz, & de ces autres quatre que nous recerchons en vn chef, lequel comme i'efpere(ó Prince trefclement & inuinci-
,, ble)te fera proufitable, ou plaifant. Ces vertuz(dit il)ne font pas feules ne-
,, ceffaires au chef que communement on loue, comme le trauail es affaires,
,, la grandeur de cœur es perilz, l'induftrie en fes euures, la diligence en l'exe-
,, cution, le confeil en la prouoyance. Puis fubfequemment, il n'eft ia befoin
,, de cercher la vertu de mener la guerre feulement en vn grand & perfait
,, chef d'armée: il y a d'auantage plufieurs ars excellens, feruans & cópaignes
,, de cefte vertu: mais de quant grande innocence doiuét eftre les chefz d'ar-
,, mées, de quant grande auffi attrempence en toutes chofes, de quelle foy,
,, de quelle facilité, de quel efprit, & de quant grande humanité: puis bien
,, toft apres. Qui eft celuy qui ignore, quant grandes calamitez ont enduré
,, noz armées quelque part qu'elles fe foyent rencontré par cefte auarice des
,, chefz? Souuienne vous des voyages qu'ont fait noz chefz d'armées ces der-
,, niers ans en l'Italie par champs, par les bourgades des citoyens Romains,
,, comme vous ordonnez facilement ce que vous eftimez deuoir eftre faict
,, aux nations eftranges, penfez vous qu'il y ait eu plus de villes ennemyes
,, ruïnées ces ans paffez par les armes de noz gens de guerre, ou bien plus de
,, celles de noz alliez en leurs garnifós? Croyez que le chef qui ne fe refreind,
,, ne peut pas refreindre vne armée, ne celuy auffi iuger feueremét, qui d'au-
,, truy contre foy ne veult le iugement feuere. Apres ces chofes dictes retour-
,, nant aux louenges de Pompée: auffi nous emerueillons nous(dit il)de l'ex-
,, cellence de ceft homme par fus tous autres, les legions duquel font arri-
,, uées en Afie d'vne telle façon de vie, qu'on dit que non feulement cefte fi
,, groffe armée n'a frappé aucun homme paifible, ne mefmes fait de fem-
,, blant. Au demeurant nous auons tous les iours rapportz & lettres, com-
,, me quoy les foldats hyuernent, là ou non feulement on ne force ame de

faire

„ faire la depence à l'homme de guerre, mais encores moins le permet on à
„ qui le defire faire. Noz anceftres de vray ont voulu que le refuge aux mai-
„ fons des alliez & amys fuft pour l'hyuer, & non pour l'auarice. Quant au
„ refte confiderez quelle eft fon attrempance es autres chofes, d'ou penfez
„ vous auoir efté inuentée cefte tant grande diligence, & courfe tât incroya-
„ ble? Croyez que la grâde vigueur des rames, ne quelque art de pilote admi-
„ rable, ne les ventz ne l'ont pas fi legerement tranfporté au bout du mon-
„ de, ny ne l'ont retardé les chofes qui ont de coutume d'arrefter les autres,
„ ny l'a l'auarice detourné de fon voyage deliberé, à quelque pillage, ny fon
„ plaifir à la volupté, ny la plaifance à la delectation, ny la noblefle de la vil-
„ le pour eftre cogneu, ny finalement le labeur au repos. Il n'a pas trouué bon
„ de tant feulement voir les bronzes, tableaux, ne autres paremens des vil-
„ les Grecques, qu'autres penfent deuoir eftre eleuées. Et pourtât tout le païs
„ auiourd'huy regarde Pompée comme tumbé du ciel, & non comme quel-
„ qu'vn enuoyé de cefte ville. Finalement ilz cômencent auiourd'huy croire
„ que les Romains furent iadis de mefme abftinence, ce que ia fembloit aux
„ nations eftranges incroyable, eft faufement diuulgué: auiourd'huy la gloi-
„ re de noftre Empire eft manifefte à ces nations là, à cefte heure cognoiffent
„ ilz que non fans caufe leurs anceftres ont mieulx aymé feruir au peuple
„ Romain, que de regner, lors que nous auions noz Magiftratz auec toute
„ attrempance. Au furplus les perfonnes priuées ont l'acces à luy tant facile,
„ on dit auffi que les pleintes des outrages y font fi libres, que celuy qui paf-
„ fe les princes en dignité, femble eftre egal en priuauté auec les moindres.
„ Vous voyez au demeurant Meffieurs les Quirites fouuenteffois en ce lieu
„ de quel bon confeil il eft, & de quelle grauité & abondance d'eloquence,
„ lequel mefme montre de foy vne dignité d'Empereur. Mais quant grande
„ penfez vous fa foy eftre eftimée entre les alliez, laquelle les ennemys ont
„ iugé la plus fainéte de toutes les nations? Or eft il fi humain, qu'il eft bien
„ difficile de dire fi les ennemys ont en combatant plus craint fa vertu, que
„ vainqueuz aymé fa douceur. C'eft ce que dit Ciceron, de la boutique duquel i'ay voulu mettre en auant ces fi grandes doctrines des chefz & capitaines d'armées, par ce que ie ne fçay s'il eft auffi bien quelque autre part
efcrit plus amplement ne mieux de leur bonne & excellente façon de vie.
Il refte l'authorité qui s'engendre mefmement des chofes fufdiétes: le renom de vray f'augmente de l'opinion des hommes conceuë des vertuz, &
de la profperité des chefz. En quoy Iulle Cefar, le plus grand Aphricain
auffi, & le grand Pompée ont efté merueilleufement renommez: & a efté
leur authorité fi grande, & la fiance des foldats foubz eux telle, qu'ilz ne
penfoyent point aller à la bataille & au peril: mais à la victoire, & depouille des ennemys. D'ont il n'eft rien plus vtile pour les euenemens de la guerre defirables & profperes: lefquelz on a fouuent trouué eftre tournez au côtraire, par la defiance des combattans conceuë de la legereté, & ignorance des chefz. Finalement l'heur n'eft pas feulement a defirer en la guerre,

mais auſſi en la vie. Toutes choſes de vray ſe rapportent là: ny n'eſt aucun qui le ſe puiſſe liurer, ne l'augmenter: c'eſt ſans point de doute vn don de Dieu qu'on doit eſtimer ſi neceſſaire à vn chef, que ſi ce ſeul luy defaut, on ne ſera point d'auis de le choiſir quoy qu'il ſoit fleuriſſant en toutes choſes: car la paour des ſoldats d'ont il n'eſt rien plus prochain de la mort ſuit le malheur d'vn capitaine, tout ainſi que leur fiance, ſon bon heur. Si eſt ce que Tite, Traian, Theodoſius & Silla, ou bien comme le bruyt court Metel ſurnommé bienheureux paſſent tous autres. Et combien qu'a l'opinion des Philoſophes, ça bas ne ſoit aucun heureux, le propos touteſſois eſt touchant l'heur de la guerre, d'ont nous diſons le chef bien heureux, qui a de couſtume de vaincre, & n'eſtre point vaincu. Du nombre deſquelz eſt Alexandre de Macedoyne, entre les forains, & Cyrus Roy de Perſe s'il n'euſt point fait de voyage en Scytie: auſſi eſt Hannibal chef des Carthaginoyz s'il euſt creu à Maharbal, ou qu'il fuſt vn peu plus toſt mort.

DES AVIZ DES CHEFZ D'ARMEES, que les Grecz appellent Stratagemes, & des propoz dictz auant, durant, & apres la guerre ſagement, de bonne grace & rencontre. Chapitre II.

Pres ces eſpeces de vertuz, & les deuoirs des chefz de guerre, l'effect deſquelz eſt certainement grád, nous dirons ſubſequemment les raiſons, & exemples promiz des ſentences, tout ainſi que des proueſſes, pour rendre ſage vn capitaine general. Pour la plus noble & plus excellente deſquelles ſera miſe en premier lieu celle qu'Ariſtote a vſurpé de Heſiode, & Tite Liue de Heziode ou Ariſtote, lors que M. Ruffus Minuce recogneut auoir eſté ſauué auec ſon armée par Q. Fabius Maximus. C'eſt que premierement celuy eſt Capitaine treſexcellent, & premier entre les hommes, qui preuoit & conſidere ce qu'il a à faire: & en ſecond lieu ſera celuy qui ſuit vn bon conſeil: eſtant au contraire celuy d'vn bien pauure entendement & inutile, qui ne ſcet donner conſeil aux autres ne le receuoir.

Vn certain Gymnoſophiſte d'vn eſprit vif & ſubtil pour repondre en peu de parolles, interrogué par Alexandre par quel moyen vn grand Empereur pourroit s'acquerir vne grande affection, repondit, qu'il ne fuſt point terrible. Puis eſtant de rechef par luy interrogué, comme quoy vn homme mortel pourroit eſtre receu au nombre des Dieux, s'il fait (diſt il) euures plus que humaines.

Comme vn certain Athenien reprint par moquerie les eſpées Laconiques pour eſtre trop courtes les diſant pouuoir aiſément eſtre englouties par les baſtelleux ſur les theatres, le Roy Agis dit, à peine touteſſois ſommes nous atteins de celles des ennemys qui ſont plus longues. Quant à moy ie conſidere que le langage Laconique qui ſemble eſtre brief, comprend grandes ſubſtances, & qu'il atteint l'entendement des ecoutans.

Comme

Comme Cyrus eut entēdu qu'vn cētenier menoit au foupper vn certain Verti ex Xenophō
foldat fort pellu,& richement laid, le faifant feoir aupres de foy il l'appella te de pæ-
par fon nom. O Sambaole t'accompagnes tu pas de ce ieune homme qui dia Cyri.
mange aupres de toy pour fa beauté à la coutume des Grecz?Oy fans point
de doute dit Sambaole: ie m'en reiouy donques auffi qui fuis du banquet,
& en ay la veuë. Alors toute l'a cōpagnie le regarda s'esbouffant de rire apres
auoir découuert fa fi laide face. Et comme quelqu'vn luy dift, dy moy pour
Dieu ô Sambaole de quel moyen t'a enchanté ceft homme?Lequel refpondit. En bonne foy ie le vous diray mes amys. Toutes les fois que ie l'ay appellé fuft iour ou nuyt, il ne s'eft iamais excufé, ny n'a iamais obey lentement, mais toufiours de courfe. Ny ne l'ay iamais veu rien faire fans fueur
de ce que ie luy ay commandé, & que d'auantage il auoit rendu fes compagnons de guerre diligés à fon exemple. Ce Cyrus auffi a d'auāture aioufte cefte inuention a la grandeur de fon Empire, qu'il fauoit incontinent
ce qui fe faifoit es plus elongnées contrées. Sachant de vray combien vn
cheuaucheur pouuoit faire de païs iour & nuyčt, & les ordonnant à relais,
à fin que l'homme frais receuant les lettres couruft pour le laffé, il fauoit en
diligence ce que fe faifoit par tout, & y pouruoyoit felon que la neceffité
le fembloit requerir. Et pourtāt cela a efté caufe(quoy qu'il foit bien eftrā-
ge de la verité)qu'ilz fembloyēt faire leurs voyages plus vifte que les gruës,
& a cela efté creu pour la grande diligence des courriers.

Aefchile regardant vn combat en l'Iftine, lá' ou tout le theatre f'efcria
eftant l'vn des combattans bleffé, poulfa Ión de Chios voys tu pas(dift il)
que c'eft que de l'exercitation? Le bleffé fe taift, lá ou l'affiftance s'efcrie.

Agefilaus interrogué par quel moyen les Lacedemoniens feroyent vi-
čtorieux. Si vn chef bien apprins menoit leurs affaires, dift il. Eftant de rechef ce capitaine prefent que quelqu'vn fe plaignoit que les Lacedemoniens n'auoyent point de murailles. Parle mieulx(dift il)les bourgeoys de
noftre ville font rempars inexpugnables. Il eft bien raifonnable de defendre & garder le païs, les Dieux domeftiques, les autelz, maifons, parens,
femmes & enfans par vertu, & non de boys ne de brique.

Comme Brafidas eut prins vn rat dedans vne figueraye, il le lacha pour
vne morfure, puis fe retournant aux affiftans il dit. Sur ma foy il n'eft rien
fi petit, ne fi foible, qui ne fe puiffe conferuer la vie, s'il ofe fe venger, & fe
defendre contre les affaillans.

Chabridas auoit de coutume de dire qu'vne armée de cerfz foubz la cō-
duite d'vn lyon eftoit plus à craindre, que celle de lyons foubz la charge
d'vn cerf. Il difoit auffi que celuy feroit bien la charge d'vn chef qui fauoit les entreprinfes de l'ennemy.

Comme Sefoftris Roy des Egiptiens eut reduit à fon obeiffance les peuples Maritimes de la mer rouge, & qu'il eut à fon retour par terre fubiugué
toutes les nations qui luy donnoyent empefchement, il dreffa des columnes en chacune des regions qui luy auoit femblé courageufe, & aymant

la liberté,efquelles il graua fon nom, celuy du païs, le membre virile d'vn homme, & comme fa puiffance les auoit vaincu: au regard de celles qu'il auoit fubiugué fans coup ferir, il y a dreffe auffi des columnes, en y grauant les noms, & la nature d'vne femme.

Comme deux fignesl'vn de paix, & l'autre de guerre euffent efté prefentez par les Carthaginoiz à. Q.Mutius pour lors Ambaffadeur pour les Romains en luy laiffant le chois d'emporter celuy qui bon luy fembleroit au Senat & peuple Romain: les tenant toutes deux il dit que c'eftoit aux Carthaginoiz de demander, & non aux Romains celuy qu'ilz vouloyent.

Au contraire Q.Fabius chef des Romains enuoya en mefme forte des lettres aux Carthaginoiz efquelles on peut apperceuoir que de ces deux peuples l'auis, la vigueur, & la puiffance ont anciennement efté egales. Car comme elles continffent que le peuple Romain leur enuoyoit le pointon, & le Caducée, qui font deux fignes de guerre & de paix, pour elire ce que bon leur fembleroit, & qu'ilz eftimaffent celuy leur eftre enuoyé qu'ilz éliroyent, les Carthaginoiz repondirent n'en vouloir point elire: mais qu'ilz eftoyent en l'auis de ceux qui les auoyent apporté, de laiffer celuy qu'ilz voudroyent, le tenans pour aggreable. Et combien que ces chofes foyent efcrites par trefelegans hiftoriographes, M.Varro touteffois autheur trefveritable ne dit pas que le pointon ne le caducée ayent efté enuoyez, mais deux tablettes en l'vne defquelles eftoit grauée l'image d'vn caducée, & en l'autre celle du pointon.

Comme le chanure & les nerfz defailliffent aux Carthaginoiz pour tirer fleches, ilz fe font aydez de la tonture des cheueulx de femmes pour faire des cordes, ce que quelquefois a efté faict par ceux de Marfeilles, par les Rhodiens, & Aquilegenfes, & par les Romains affiegez au Capitole, eftant Rome prinfe par les Gauloys : d'ont en l'honneur des matrones le Senat ordonna vn temple à Venus la chauue.

Comme les Quirites fe fachaffent du trauail & du peril, Tarquinius Prifcus inuenta vn nouueau remede au parauant incogneu & bon à l'auenir. Il commanda de vray d'attacher en croix fix carnages d'hómes mortz à la veuë des citoyens, pour au furplus eftre demembrez par les beftes fauuages & oyfeaux . Parquoy la reuerence du nom Romain , laquelle au parauant a fouuéteffois regangné les batailles perduës, fut lors de grand fecours : veu que la honte les faifit comme fi les mortz l'euffent à foufrir.

Cóme Cecilius Metellus Proconful ne peuft reduire à fon obeiffance la Trebie capitale ville d'*Efpagne*, & qu'il campeia par cy & par lá auec fon armée, affaillant puis les vns, puis fe tranfportant aux autres, & qu'vn ieune Tribun de gens de guerre luy demandaft à quoy tendoit ce remeuemét de camp faict fi fouuent : Si ie péfoye(dit il) que cefte miéne chemife fceuft mon intention, ie la depouilleroye & ietteroye incontinent dedans le feu. Par ce moyen d'vn commencement bien fortuné, & apres tant de chemins faictz, & auoir efté par tant de diuerfes villes libres, il retourna à Trebic biē par surprinſe, & la print venant à bout de ſon deſir, qui ne fut pas ſans grande admiration de tout le monde.

Scipion qui fut le premier ſurnómé Aphricain diſoit cóme dit Valere le grãd, ou biē Fabius ſeló l'auis de Seneque, que l'excuſe d'vn Capitaine d'armée eſtoit infame, & pleine de beſtiſe, de dire, Ie ne le penſoye pas. Il eſtoit d'opinió que les affaires de la guerre deuoyēt eſtre menez ſagemēt, veu que les choſes paſſées, & precipitées peuuēt mieux eſtre repriſes que reuoquées par la force ou raiſon humaine, ou bien corrigées, ou remiſes en leur entier.

Comme auſſi ce meſme Scipion delaiſſant l'art militaire, & les affaires publiqs ſe fuſt adonné aux lettres, il diſoit que comme il eſtoit oiſif il vuydoit tant plus d'affaires. Et comme depuis il euſt forcé, & reduit Carthage à obeiſſance, & que les gens de guerre luy euſſent amené vne pucelle d'vne merueilleuſe beauté qu'ilz auoyent prins luy en faiſant preſent. Ie la prēdroye voluntiers (diſt il) ſi i'eſtoye peſonne priuée, & nón pas chef d'armée. Et cóbiē que le cómū bruit coureuſt de luy, qu'il diſoit que iamais vn chef ne doit dóner bataille ſinon que l'occaſion s'y offre, ou que la neceſſité preſſe, ſelon touteffois que porte le quart liure des hiſtoires de Sēprogne Aſellion ancien hiſtoriographe, on le dit ainſi de P. Aphricain filz de Paul: c'eſt qu'il auoit ouy dire à ſó pere L. Emille Paul, qu'vn excellēt chef ne cóbat iamais ſinó qu'auec grãde neceſſité, ou qu'vne biē grãde occaſió s'offre: l'vn & l'autre ſont certainemēt treſ-bós. De vray il n'eſt rien de ſi grãd efficace pour la conſeruation d'vne armée qu'en ce, que le chef ne deffaille point à la fortune qui s'offre, en condeſcēdāt a la raiſon, là ou le cas s'eſt offert. Il n'eſt rien plus pernicieux qu'vn homme couard, quãd il eſt en extremité du combat: ce que l'euenemēt non ſeulemēt montre, qui eſt le maiſtre des folz, mais auſſi la meſme raiſon qui a ſouuenteffois eſté, & ſera.

Comme Auguſte à l'age de dixhuiĉt ans aſſailliſt Rome comme ennemy, le Centenier Corneille, & l'vn des ambaſſadeurs de ſon armée pour demander le Conſulat pour luy, ouurit au retardement du Senat ſa cotte d'armes monſtrant le manche de ſon eſpée, & ne fit point de doute de dire à la court, ceſte cy le fera, ſi vous ne le faites. Ce meſme Auguſte chaſtia legierement vn certain bleſſé en vn voyage, & fort difforme de viſaige, d'vne bien apparente cicatrice, au demeurant louant fort ſes proueſſes. Auquel il dit, quand tu fuyras ne regarde iamais derriere toy.

Vn certain viel ſoldat eſtant en grand danger pour vn aiournemēt perſonnel, l'approcha en public, & le pria de luy ayder: ſoudain Auguſte luy liure vn auocat qui eſtoit en ſa compagnie, & luy recommēda ce plaideur, d'ont le ſoldat ſ'eſcria à haute voix. Si eſt-ce Ceſar que ie ne cerchay pas vn vicaire lors que tu fus en grand peril à la bataille Aĉtiatique, mais combatty pour toy: puis decouurit ſes cicatrices, pour leſquelles Ceſar rougit, & vint pour auocacer pour luy, comme qui craignoit de pouuoir ſembler nó ſeulement fier, mais auſſi ingrat. Au demeurāt il a eſté d'auis qu'il n'y auoit rien plus mal ſeant à vn bon chef d'armée que l'outrecuidãce, & que tou-

I

tes chofes eftoyent affez haftées qui font faittes à propos. Et combien que ce fuft vne chofe dicte au parauant par Caton, il auoit touteffois de coutume de fouuenteffois l'auoir à la bouche comme fien . Il me fouuient encores finalement de ceft autre cas d'Augufte, lors qu'eftant en Alexandrie il entra en vne crotte, en laquelle eftoyent gardées dedans des bouettes les corps des Roys d'Egipte, & regarda voluntiers celuy d'Alexandre de Macedoyne, & comme on luy demandaft f'il vouloit point voir celuy de Ptolomée, il repondit qu'il vouloit voir les Roys, & non les mortz: Ptolomée touteffois auoit efté Rov. Mais ce fage Capitaine vouloit bien diffinir en peu de parolles quelle difference il y auoit entre les vrays, & ceux que le commun appelle Roys.

Scipion le plus ieune gardant le commandement de Polybe, f'eftudioit de ne partir point de la grande place que premierement il n'euft, cóme que ce fuft gaigné l'accointáce & amytié de quelqu'vn de ceux qui fe retiroyét.

Comme auffi quelqu'vn montraft par brauerie vn efcu fort bien enrichy, ecoute ieune homme (dit il) fans point de doute l'air eft bié beau: mais il faut que le Romain homme de bien mette plus toft fon efperance en la dextre qu'en la feneftre.

Comme Scilurus vint à mourir delaiffant quatre vingtz enfans, il commanda à chacun d'eux rompre vne trouffe de dars qu'il leur montroit , & comme chacun d'eux nya le pouuoir faire, il les rompit aifément les tirant vne à vne, leur remótrát par lá, qu'ilz feroyét fermes & puiffás, perfeuerás en vne mefme amytié, & foibles lá ou ilz fe fepareroyent, & feroyét difcordás.

On dit que Tigranes defirát donner quelque attainte de plaifante moquerie à l'armée des Romains, dit ce prouerbe commun, qu'ilz eftoyent beaucoup, f'ilz venoyent en ambaffade, & bien peu, fi pour le combat.

Comme Amafis Roy des Egiptiens fuft dédaigné des fiens, d'autant qu'il eftoit venu de petit lieu, & de nagueres peruenu à la coronne, il caffa vn vaiffeau d'or qui feruoit à lauer, & à feruices deshonneftes, & en fit vne image d'vn Dieu, l'affeiant au plus apparent lieu de la ville. Et comme les Egiptiens luy portaffent grande reuerence, de cela auerty, il les affembla, & leur donna à entendre le cas, comme que cefte image eftoit faicte du vaiffeau, auquel au parauant ilz vomiffoyent & faifoyent leur vrine, & auqnel ilz lauoyent leurs piedz: & qu'auiourd'huy ilz luy portoyent reuerence: ce que de mefmes luy eftoit auenu, comme qui au parauant eftoit du commun peuple, & auiourd'huy leur Roy, par ce moyen il cómáda qu'on luy portaft honneur, & perfuada ainfi les Egiptiens à l'auoir en reuerence.

Agathocles fut filz d'vn potier de terre, lequel ayant acquis la principauté de la Sicile & eftant appellé Roy auoit de coutume de mefler les potz de terre auec ceux d'or, & de dire en les montrant aux ieunes gens, ie fay cela maintenant, pour autant qu'ayant accoutumé cefte façon de vaiffelle, i'ay entendu à la diligence & hardieffe . Au furplus comme il tint vne ville affiegée, & que quelques vns de la ville luy efcriaffent des
rempars,

rempars, ô potier comment payes tu la foulde aux gens de guerre, il leur
repondit gratieufement en foubzriant, apres que i'auray prins cefte ville : & comme il euft reduit à fon obeiffance par force, il vendoit les prifonniers leur difant . Si vous me dittes des iniures ie m'en plaindray à
voz maiftres.

Comme Antigonus eut veu quelques vns de fes foldats qui iouoyent
à la balle armez de leurs cuiraffes & fallades il s'en efiouyt, & appella leurs
capitaines pour les en louer : mais comme il fuft auerty qu'ilz beuuoyent,
il donna leur charge aux foldats. Et comme auffi il fuft apres vne longue
maladie efchappé & reuenu en fanté, ie prie à Dieu (dit il) qu'il ne nous
auienne rien pire : car cefte maladie nous a bien donné à entendre de ne
deuoir par trop faire le fier, veu que nous fommes mortelz . Et comme
vne nuyctée il euft ouy quelques vns de fes foldats maudiffans leur Roy,
qui les auoit mené en vn chemin d'ont on ne fe pouuoit tirer pour la bour-
be, il vint aux plus empeftrez, & apres les auoir retirez ignorant celuy
qui leur donnoit fecours, maudiffez maintenant (dit il) Antigone par la
faute duquel vous eftes tumbez en ces miferes, en fouhaittant au demeurant bien à celuy qui vous a retiré de cefte fondriere. Il a outre plus porté auffi gratieufement les iniures des ennemys que celles de fes propres
citoyens . Et pourtant comme les Grecz fuffent affiegez en vn certain
chaftel, & d'vne confiance contemnans l'ennemy, ilz diffent force moqueries contre la deformité d'Antigone, fe gaudiffans maintenant de fa
petite ftature, puis de fon nez croché, il dift s'efiouiffant i'efpere bien, fi
i'ay filence en mon camp : & apres auoir prins ces moqueurs par famine,
il traitta les prifonniers de forte, qu'il ietta es bandes ceux qu'il veit bons
pour la guerre, & fubhafta les autres, difant qu'il ne l'eut iamais fait, fi ce
n'eftoit que ceux qui auoyent la langue fi mefdifante auoyent befoin de
maiftres. De rechef comme il eftoit trauaillé de la tormente ayant tous
les fiens en vn mefme nauire, on dit qu'il commanda à tous fes enfans
de leur en fouuenir, & le faire entendre à la pofterité, que iamais homme ne fe hazarda aux chofes douteufes auec toute fa famille enfemble.
Duquel commandement Philippe memoratif, ayant auec foy enfemble
deux fiens filz, il dit qu'il ne les hazarderoit pas tous deux à la fortune qui
f'offriroit, & qu'en menant auec foy l'aifné il renuoyeroit en Macedoyne
le puifné, pour le fecours de l'efperance, & pour la garde du Royaume.

Comme Antagore faifoit bouillir vn congre en fecouant la poalle Antigone eftant derriere luy dift, Penfes tu point qu'Homere en efcriuant les
geftes d'Agamenon feit bouillir vn congre? Auquel Antagore repondit,
Penfes tu qu'Agamenon faifant fes proueffes fuft curieux de fauoir fi quelqu'vn faifoit au camp cuyre vn congre?

Lamache reprenant vn chef de chambre pour autant qu'il auoit failly,
& l'autre repondant qu'il ne le feroit iamais plus, dit il, n'eftoit pas loifible de faillir deux foys à la guerre.

Memnon qui menoit la guerre pour Darius contre Alexandre, apres auoir frappé d'vne lance vn certain fien foldat medifant beaucoup d'Alexandre, luy dit, ie te nourry pour combattre, & non pas pour medire d'Alexandre.

Comme l'ordonnance des Perfes fuft mife en fuite par la charge que leur firent les Mediens, & qu'elle fuft du tout eperduë, ny n'ofaft montrer vifage à l'ennemy, leurs meres, & femmes leur vindrent au deuant de toutes pars, & fe ferrans enfemble elles les prient qu'ilz ne tombent point en l'infamie d'vne fuyte, & qu'ilz retournent au combat: à quoy ne voulans entendre, elles leuerent leurs cottes leur monftrant leur nature, & les priat de ne vouloir fe retirer pour refuge dedans les ventres de leurs meres, ou femmes. Eftans donques reprimez par cefte maniere de reprehenfion, ilz retournent à la bataille, & en donnant dedans ilz forcerent de tourner vifaige auquelz ilz le tournoyent.

Comme Themiftocle encores ieune ayant fouuenance, & ruminant la victoire tant renommé de Marathon, & l'Empire de Milciade tant renommé, tellement qu'il ne dormoit point la nuict, ny ne fe trouuoit plus aux banquetz accoutumez, auoit de coutume comme lon dit de repondre à ceux qui s'enqueroyent & emerueilloyent de ce changement de vie, que la victoire de Milciade le gardoit de dormir. Et comme on luy demandaft, lequel il aymeroit mieux eftre d'Homere ou d'Achilles, lequel (dit il) defirerois tu plus eftre ou vainqueur en l'Olympie, ou bié precher les victoires, Et comme auffi Adimanthe craignant la bataille fur mer dit à Themiftocle la confeillant aux Grecz, & les y perfuadant, les premiers ô Themiftocle qui chargent en vne bataille font toufiours defaictz. Il eft vray (dit il) Adimanthe, mais auffi ne font pas coronnez ceux qui font les derniers. Comme auffi il fe fuft tranfporté à la mer pour voir les corps mortz, & qu'il eut apperceu des efcuffons, & chaines çà & là abandonnées il dit en paffant outre à vn fien amy qui le fuyuoit, amaffe les pour toy, car tu n'es pas Themiftocle. On dit auffi qu'il auoit de coutume de dire qu'il n'eftoit ny honnoré ny en admiration aux Atheniens, & que là ou ilz fentent la tormente & que le peril eftoit eminét, ilz recouroyent à luy comme à vn platane, lequel apres le beau temps reuenu ilz arrachoyent & abbatoyent.

Comme le Roy Antiochus apres l'abbord des Romains fait en Afie côtre luy euft enuoyé à Scipion pour pacifier la guerre, on dit qu'il eut cefte façon de reponfe, c'eft qu'il failloit au parauat auoir fait, & non pas maintenant, que tu as receu le frein, & le cheuaucheur. Comme auffi le mefme Scipion euft à aller en Grece, auec vne groffe armée, & que tous fuffent eftonnez pour le bruyt qu'vn peu au parauant couroit pour la multitude, & diuerfité des gens de guerre, il vfa de cefte maniere de parler enuers les Acheins. Comme (dit il) eftans gratieufement receuz en efté en la maifon du Calcidenfe bon hofte, & homme entendu à feftiër les gens. Nous nous émerueilliffions, d'ont luy pouuoit en cefte faifon là venir tant de venaifon

naifon & diuerfe, ceft homme glorieux fe riant de la varieté dit que cefte efpece de chair de venaifon auoit efté faiéte d'vn porceau priué, mais qu'elle eftoit deguifée par le moyen des faulfes & appreftz. Et pourtant ne vous émerueillez point pour ces tant diuers noms de nations incogneuës, comme des Daces, Cadufins, & Elinés, ne de maintes diuerfes armes, comme haftez, armez de toutes pieces, Pezeteres c'eft à dire gens de pied des aliez, ne pour ouir parler des archiers eftre auec les gens de pied, penfez que ce font tous hommes differens entre eux d'armes, ou à peu pres meilleurs ferfz que efpece de gens de guerre, pour la nature qu'ilz ont feruile.

Comme l'armée de Luculle redoutaft fort les gens armez de pied en cap de Tygrane, il leur enioingnit de s'affeurer, d'autant qu'il auroit plus affaire à les depouiller, qu'à les vaincre.

Lucius Sylla montra aux affiegez de Prenefte les teftes des Chefz qui auoyent efté tuez à la bataille, fichées en des pointons, rompant par ce moyen leur obftination. Outre plus le mefme Sylla furnommé l'heureux, eftimoit fort deux de fes felicitez par fur toutes autres, l'vne l'amytié de Pie Metel, & qu'il n'auoit pas rafé la ville d'Athenes, la conferuant au contraire.

Comme Eumene retournoit au camp & qu'on y trouuaft à chacun pas des lettres iettées par terre, par lefquelles il eftoit ordonné grandz guerdons à ceux qui porteroyent fa tefte à Antigone il affembla les foldats, rendant premierement graces qu'il ne s'eftoit trouué homme qui preferaft l'efperance d'vne recompenfe meurtriere au ferment de fidelité, puis il y aioufta d'auantage d'vne grande aftuce que ces lettres là auoyent efté feintes par luy pour éprouuer le cœur des fiens, & qu'au demeurant fon falut eftoit entre leurs mains: & qu'Antigone ne autre chef ne vouloit point pourchaffer vne victoire telle qu'elle donnaft vn tref-mauuais exemple pour luy. Cela faict il a pour lors refreint les cœurs de ceux qui branloyent, & prouueu pour l'auenir, que là ou il auiendroit vn cas femblable les foldats s'eftimaffent eftre plus toft éprouuez par leur chef, que d'eftre corrumpuz par l'ennemy. Au demeurant eftant auerty que fi fon armée fauoit contre qui on la menoit, non feulement elle ne marcheroit pas, mais d'auantage fe departiroit foudain qu'elle en feroit auertie. Il tint comme l'on dit vn bien auifé moyen, la conduifant par chemins égarez, auquelz ilz ne peuffét auoir certaines nouuelles, & que par là il leur perfuadaft qu'il marchoit contre quelques barbares: finalement il perfeuera en fa fantafie iettant fes gens en bataille, & combattant auffi, auát qu'ilz fceuffent auec qui ilz combattoyent. Il feit auffi que gaignant les lieux à l'auantage, le combat fut plus toft dreffé par les gens de cheual, d'ont il eftoit plus fort, que par ceux de pied, d'ont il eftoit plus foible. Et comme vne autrefois Antigone le pourfuyuift eftant le plus fouuét accompagné d'vn grand nombre de toute maniere de foldats, ne le pouuant touteffois combattre finon es lieux efquelz peu de gens pouuoyent refifter à vn bien

I iij

grand nombre, & comme finalement il ne le sceust attraper de ruse, il fut enueloppé d'vne grande multitude d'ont touteffois il se desempestra faisant grande perte des siens, & se sauua dedãs vn chasteau de Phrigie qu'on appelle Nora: là ou se voyant au danger d'vn siege, il dóna congé à la plus grande partie de son armée, craignant qu'vne si grande multitude d'hommes ne le liurast à l'ennemy: oy bien que le siege ne fust trop chargé d'vn si grand nombre. Et comme au surplus il fust en creinte pour ceux de sa retenuë, pourautant qu'arrestant en vn mesme lieu, il ne filt perte des cheuaulx de guerre à faute d'espace pour les piquer, il s'auisa d'vne subtile inuention pour trouuer moyen de les pouuoir eschauffer, & mettre en alaine, à fin qu'ilz mangeassent de meilleur appetit, & qu'ilz ne deuinsent laches: il les attachoit si haut d'vn licol par la teste que les piedz deuant perdoyent terre, les forçant par apres du ruer du trein derriere: qui estoit vn mouuement qui ne leur émouuoit pas moins la sueur que s'ilz eussent eu pleine course, d'ont auint qu'il tira les cheuaulx du chasteau aussi poliz, que si les eust tenu aux champs, qui fut vne chose qui sembla fort admirable, veu le long siege. Demade apres le trespas d'Alexandre disoit qu'il luy sembloit voir l'armée des Macedoniés semblable au Cyclope aueugle pour autant qu'elle auoit perdu vn tel prince.

Comme aussi Artaxerce fuyant quelque fois apres la perte des munitions, viures, & bagages mangeast des figues seches, & du pain d'orge, ô quelle friandise(dit il)d'ont ie n'auoye point encores tasté.

Appollonius homme de grand renom & auctoriré, appaisa l'Empereur Aurelian de sorte qu'il n'vsa de vengeance contre la ville de Thiane, comme il auoit deliberé. De vray(dit il)si tu veux vaincre ô Empereur il n'y a point de raison que tu vses de cruauté enuers tes citoyens: si tu veux regner il est besoin que tu te gardes d'épandre le sang des innocés: si tu veux viure vy de clemence. Et comme le mesme Aurelian tint assiegée la mesme Thiane pour sa rebellion il iura qu'il n'y lairroit pas vn chien s'il la prenoit : en quoy il fit tresbien: car cela donna esperance & desir de la prendre aux soldats aspres au pillage, & aux assiegez desespoir. Mais comme la ville fust prinse d'assault, & que les gés de guerre requissent la ruïner suiuant ce propos qu'il n'y lairroit pas vn chien, il leur repondit, iay donques dit que ie n'y lairroye pas vn chien, tuez donques tous les chiens. Laquelle parolle leur deniant le saccagement de la ville & la cóseruant, toute l'armée receut quasi comme vne órdonnance. Or comme d'auantage vn certain Manlin Chilon luy reprochast par fortune d'auoir fait mourir vn hóme, par le cóseil duquel il auoit prins leur ville, sa reponse fut comme lon dit en ces termes : i'ay souffert mettre à mort celuy par le moyen quasi duquel i'ay prins Thiane, comme qui ne pouuoye porter affection à vn trahistre, aussi ay ie aisémét enduré le malsacre qu'en ont fait les soldats : car à la verité celuy ne m'eust peu garder sa foy, qui n'auoit pas epargné son païs.

Iulian l'apostat menant armée cótre les Perses, brusla vn pont qu'il auoit
gaigné

gaigné apres qu'elle fut paſſée, à fin qu'on combattiſt de plus grand cœur, d'autant qu'il falloit que les gens de guerre vainquiſſent ou mouruſſent en terre d'ennemys.

Les Lacedemoniens d'vne excelléte gloyre par ſur tous autres au meſtier de la guerre eprouuoyent la bóté du cœur de leurs enfans à coups de fouet publiquement, & leur donnoyent courage de les porter conſtamment, les prians au ſurplus eſtans deſſirez & preſque morts de perſeueramment attédre playes ſur playes: ny ne remontroyent autre choſe les meres à leurs enfans allans au combat ſinon qu'en ne le fuyant point, ilz retournaſſent deuant elles vifz, & armez, ou qu'on les r'apportaſt preſques mortz auec leurs armes: car comme le r'apporte leur Epigramme, ilz trouuoyent bon de voluntiers viure & mourir, pouruel que ce fuſt auec la vertu. Comme l'ennemy en parlemétant diſt par brauerie que les Lacedemoniens ne verroyent point le ſoleil pour l'abondance de leurs dardz, & la multitude des fleches, vn certain d'entre eux dit: tant mieux combattrons nous en l'vmbre.

Le grand cœur auſſi des Dannemarquoys & des Celtiberes eſt à louer, leſquelz entre les armes, le ſang, & les playes ſe reiouiſſoyent comme heureux de mourir: & auoyent regret comme les autres hommes de mourir de quelque maladie, comme ſi c'eſtoit vne choſe infame, & miſerable. Ilz tenoyent auſſi à grande honte eſchapper d'vne bataille, là ou celuy pour le ſalut duquel ilz ſeſtoyét vouez eſtoit mort. Au ſurplus ilz portoyent ioyeuſement les playes, qui eſt vne choſe amirable, ilz contoyent leurs cicatrices, & portoyent grád amour à leur Capitaine pour lequel ilz mouroyent tranſpercez de dardz.

Combien qu'Alexandre homme touſiours de grand cœur eut leu la lettre par laquelle Parmenio luy mandoit qu'il ſe gardaſt du poiſon du medecin Philippe, il print touteſfois le breuuage ſans ſepouuáter: parquoy comme il ait eu plus gráde fiance à l'eſtime de ſon amy, il a eſté digne de l'auoir innocent, & auſſi digne de le faire. Comme auſſi eſtát ſon armée en bataille il vit quelque ſoldat mettát à ſon dard vn aneau, il le chaſſa des rancz cóme inutile, attendu qu'il ſarmoit lors qu'il eſtoit beſoin de frapper. Au ſurplus comme aupres d'Arbeles il euſt à cóbatre en bataille vn milion d'hommes, & que ſes amys luy vinſſent r'apporter que les ſoldatz en diuiſant en leurs loges faiſoyent leur complot de ne rien r'apporter du butin en la maiſon du Roy, & qu'ilz le prendroyent pour eux. Il diſt en ſouzriant, vous m'apportez toutes bonnes nouuelles, i'entends que ces gens de bien ſont leur eſtat de vaincre, & non pas de fu'ir. Comme auſſi il euſt eſté bleſſé à la iambe d'vn coup de fleche, & que pluſieurs qui auoyét de coutume de l'appeller Dieu y fuſſent accouruz: à lors il diſt d'vne face ioyeuſe, & riáte, c'eſt icy ſang comme vous voyez, & nó pas ceſte liqueur telle que les Dieux ont de coutume d'enuoyer. Le meſme Alexandre auſſi en enſuyant comme ie croy ſon precepteur Ariſtote, tenoit vne boulle d'argent, ayant le bras tédu hors le lićt, & au deſſouz vn baſſin d'airin à fin que là ou le ſommeil par

Ex Quin to Curt. Parmenio nis, pro matris.

I iiij

tout epandu refoudroit la vigueur des nerfz, le tintemét de la cheute de la
boulle l'eueillaft.Cóme outre plus il tint prifónier celuy qu'on tenoit pour
le meilleur archer d'entre les Indiés , & qu'on difoit dóner d'vne fleche dedans vn aneau,il luy cómanda de le mótrer,& cóme l'Indien ne le vouluft
†Verti ex faire,† Alexádre courroucé cómáda de le mettre à mort:lequel ainfi qu'on
Apophteg le menoit fe retourna aux bourreaux difant: que ia de pieça il n'auoit fait le
matibus
Plutarchi. meftier,& qu'à cefte caufe il auoit eu paour de faillir. D'ont Alexádre eftát
auerty fefmerueilla,& en luy faifát des prefens il luy fauua la vie. Et cóme il
enduraft gráde foif, vne troupe de Macedoniés portát eau en des chieures,
luy en prefenterét vne pleine falade,laquelle prenát,&regardát tout autour
fon armée alterée de foif, il baiffa la tefte, & iettát fon œil fur la boiffon,il la
rendit fans en goufter,vfant de cefte façon de parolles louables:Si i'en boy,
dit il,la lágueur preffera ceux cy.Cela ouy,les foldatz le voyant eftre là fef-
crièrent à haute voix, & d'vne grande efperáce,enfemble qu'ilz ne fentoyét
point le trauail, ny ne fe péfoyent eftre fubieétz à la mort tát qu'ilz auroyét
auec eux vn tel Roy, & Capitaine. Ainfi auffi qu'vne certaine ville luy promettoit la moytié de fes biens, & des terres, Alexádre repódit: Ie ne fuis pas
venu en Afie fouz intention de prédre ce que vous me donnerez,mais à fin
que vous euffiez ce q̃ ie vous lairroye : Il eft auffi vn diét de ce Roy mefmes
amirable de parolle, & de faiét:lequel ayant les filles de Darius captiues, &
merueilleufemét belles,ne les voulut tát feulemét voir , eftimát chofe indigne & infame à vn Roy, & Chef vainquát les hómes,eftre vaincu des fem-
+ Parum mes.† Finalemét,Sigifmód,il ne me femble pas bó de taire icy ton auis fort
hæc qua- femblable à celuy d'Alexádre, lequel non feulemét n'a pas bruflé à la façon
drát prio-
ribus, de Cefar les lettres des ennemys à luy voluntairemét offertes,mais recerché
celles des fiés d'vne gráde aftuce. A caufe dequoy nómé ie Alexádre ne toy,
veu q̃ les opiniós de tous hómes prefques font en cela pareilles, & qu'on les
voit plus toft Alexandrines & Sigifmódines que Cefarines,ne Pópeianes?

C.Pópille(cóme prefques tous difent,mefmes Pline & P.Oétauius Cóf.)
eftant enuoyé en ambaffade à Antiochus par les Romains pour luy defendre de ne toucher à l'Egipte, & de leuer le fiege qu'il tenoit deuát Alexandrie,à fin qu'il n'occupaft le royaume des enfans de Ptolomée pupilles , ou
bien qu'il f'en departift fil f'en eftoit ia faify : & comme Antiochus eftát en
Egipte l'euft falué fort gratieufemét de loing arriuant à fon cáp, & que par
apres il l'euft embraffé fás garder le retour du falut.(De vray Antioche auoit
fort aymé Pompille fur tous autres pédant qu'il eftoit oftage à Rome)àlors
Pompille luy dift qu'il laiffaft pour l'heure l'amytié priuée,pour l'entreieét
des mandemens du país.Et cóme apres auoir prefenté,liuré,& leu le decret
du Senat,le Roy dift qu'il en parleroit à fon cófeil, & luy donneroit repon-
fe:Alors Pompille faifant d'vne verge vn cerne tout autour du Roy, luy dit
auifes donques & repons icy tout planté . Et comme tous femerueillaffent
& eftonnaffent de fa grauité en grand cœur, Antiochus a repondu qu'il
obeiroit au Senat, & lors Pompille le falua, & embraffa bien gratieufemét.

Hadrian qui a paffé prefques tous Roys en largeffe,voyant quelque fois

vn vieil foldat qu'il auoit cogneu à la guerre frottant contre les murailles
fon dos, & tout fon corps aux bains, luy demanda pourquoy il fe frottoit
contre le marbre, puis voyant que c'eftoit à faute de valet, il luy donna des
feruiteurs & leur depenfe. Mais comme le iour enfuyuãt plufieurs vieillars
fe frottaffent contre les murailles pour émouuoir la liberalité du prince, il
les fit appeller, & fe frotter les vns les autres. Cõme auffi aucun de fes amys,
le reprinfent pour fa trop grande familiarité enuers tous, il leur dift, que
l'Empereur deuoit eftre tel enuers chacun, comme il vouloit vn chacun
eftre enuers foy.

Comme le philofophe Fauorin fuft fans propos reprins d'Adrian pour
vn mot qu'il auoit proferé bien elegamment, & fe fuft retiré auec vne reprehenfion de fes amys portás mal celá, il dift en fouzriant, vous ne me con
feillez pas bien, qui ne me voulez fouffrir croyre celuy eftre plus fauant que
moy, qui a trente legions·

Comme quelqu'vn des familiers d'Antoyne fuft interrogé que c'eft
qu'il faifoit, veu qu'Antoyne fuyant du fiege de Modene beuuoit fouuent
là ou l'occafion f'offroit, ou bien par vne coutume naturelle de fon corps
laffé de trauaux, & f'arreftoit à chacun pas, puis foudain il reprenoit la courfe comme perdu, il refpondit qu'il faifoit ce que font les chiens en Egipte,
il boit & fuyt: car on dit d'ancienneté que les chiens Egiptiens boyuent &
fuyent, pourtant qu'attaintz de crocodiles ilz deuiennent folz & enragez.

Comme Theocrite non pas le Sarãgofin mais de Chio, eftoit mené deuant le roy Antigone qui eftoit borgne & courroucé contre luy, & que les
fiens luy donnaffent efperance que là ou il feroit arriué deuant les yeulx
d'Antigone il trouueroit mifericorde: cefte cõdition, dit il, eft impoffible:
c'eft faiĉt, ie fuis mort. Touteffois ce broquard vint à mauuais temps, car il
procura la mort à Theocrite, & fit Antigone homicide, & periure, car il
auoit iuré de luy pardonner, mais émeu de l'atteinte du rencontre, il ne luy
fit point de grace.

Mithridate Roy de Ponthe preparant vne trahifon à Ariaraĉte Roy de
Capadoce fouz couleur de parlementer auoit caché fouz fes iarretiers vn
coufteau: lequel combien qu'il fuft ieune homme, cruel, & deftiné à meurtres, fouffrit touteffois eftre fouillé à la coutume royalle de ce temps là, &
comme on le fouillaft trop curieufemét iufques es plus fecrettes parties du
corps, il dit par maniere de moquerie, garde que tu ne trouue quelques autres armes que tu ne cerches: par ce moyen eftant la fufpition oftée il couurit plaifamment fon embufche, & tua le Roy tiré à part de fes amys, comme pour parler en fecret à la veuë des deux armées.

Comme Ciceron fuft bien tard venu au camp de Pompée au commencement de la guerre ciuile, & que fes amys le reprinfent d'auoir trop tardé:
Ie ne fuis point venu, dit il, trop tard, car ie ne voy rien icy de preft, fe moĉ-
quant de la longueur de Pompée es appreftz de la guerre. Comme auffi
vn certain Nonin dift à Ciceron apres la bataille de Pharfalles, & la fuyte

de Pompée, qu'ilz auoyent encores sept aigles, & qu'à ceste occasion il ne se fachast point, tes remontrances, dit il, seroyent raisonnables si nous auions à combatre des iais.

Comme quelqu'vn s'enqueroit de M. Crasse du temps du delogement de l'armée, il repondit, crains tu de n'ouir point la trompette?

P. Licinius Crassus Consf. grand pontife enuoyé contre Aristonique frere d'Athale auec vne armée bien dressée, & equippée d'armes, & vn renfort au surplus de grosses troupes, & forces de Roys, fut touteffois deffaict en bataille : & pour ne tomber en seruitude du vainqueur barbare il donna dans l'œil d'vn Thrace d'vne baguette d'ont il guydoit son cheual, à fin de l'irriter à le tuer. Ce que luy auenant, il garda par sa mort la dignité de la Repub. & la sienne.

Comme Pelopide sortoit de sa maison estant sa femme en pleurs, & le priant de se sauuer, il dit, c'est le mestier des personnes priuées d'amónester, & celuy des Chefz & Capitaines de sauuer les autres. Cóme aussi on eust auertissemét que les ennemys prédroyent leur chemin par lieux raboteux, & par destroictz, & que quelqu'vn se hastast luy disant : O Pelopide nous sommes tumbez entre noz ennemys. Comment, dit il : sommes nous plus tost tumbez en leurs mains qu'eux es nostres ? Apres celá dit, il fait pousser vne iument par la queue par maniere d'ecarmouche de la bataille future. Comme de rechef il fust arriué à Pharsale contre Alexandre & que quelqu'vn dist que le Tyran arriuoit auec grosse armée : tant mieux, dit il, la victoyre sera de tant d'hommes.

Apres que M. Porcin Caton eut subiugué les Celtiberes, & qu'il fust certain tant par l'experience maistresse de toutes choses, que par les sentences des excellens autheurs que ceste nation lá estoit plus própte à rebeller, non seulement plus tost, que toutes autres prouinces, mais encores plus tost que l'Italie mesme, il máda pour les en garder à chacune cité des lettres d'abbatre leurs murailles : Lequel mandement tant inhumain eust peu plus tost les émouuoir à rebellion qu'à s'appaiser, s'ilz eussent cogneu celá estre general. Mais comme chacune d'elles pensast estre seule à qui on le commandoit, & & non aux autres, toutes y obeïrent de paour. Pline & presques tous historiographes l'afferment ainsi. Mais selon Tite Liue pere de l'histoyre Romaine, il est certain que Caton manda les Senateurs de toutes les citez, ausquelz il remontra que la consequéce de ne se rebeller n'estoit pas moindre pour eux, que pour les Romains : veu que iusques à present celá s'est tousiours fait auec plus grand dommage des Espagnolz qu'auec le trauail de l'armée Romaine. Or à fin que celá n'auienne plus, ie pense qu'on y peut donner ordre par vn moyen qui est, si on fait tant que vous ne puissiez rebeller. Ce que ie veuil faire auec la plus gratieuse voye qu'il sera possible : aydez moy aussi en celá de vostre conseil, ny n'ensuyuray aucun plus voluntiers que celuy que vous mesmes me cóseilleres. Et cóme ilz ne sonnassent mot, il leur bailla quelque espace de iours pour y péser : & comme de rechef

mandez

mandez à la feconde affemblée ilz fe teuffent, apres auoir fait abbatre en
vn iour les murailles de toutes les citez il marche contre celuy qui n'obeif-
foit pas encores : & en quelque region qu'il fe iettaſt il a fubiugué tous les
peuples circonuoifins. Comme auffi le Roy Eumene fuſt arriué à Rome, &
receu du Senat gratieufement & honnorablemét auec vn grand abbort des
plus nobles de la cité, Caton le fuyoit fufpeçonnant apertement cefte gran
de careffe enuers le Roy. Et comme on luy diſt que Eumene eſtoit homme de bien, & qu'il eſtoit venu à Rome portant vne merueilleufe affeétion
à la Republ. ie le veuil bien, dit il, fi eſt ce que cefte grande befte, i'entendz
ce nom de Roy, eſt de fa nature vn chien bien gourmand.   Comme de rechef il euſt cófideré la prinfe qu'il pouuoit faire d'vne certaine ville d'Efpa-
gñe par furprinfe, il defit les ennemys, les furprenant par vne diligence de
quatre iournées faiéte en deux iours par contrées raboteufes, & defertes : &
comme les fiens ayans la viétoyre, luy requiffent la caufe d'vne auanture fi
aifée, il leur diſt, que la viétoyre leur eſtoit auenue pour auoir fait en deux
iours le chemin de quatre iournées.

Comme Epaminonde n'euſt eu iamais femme, & que Pelopide le reprint pour n'auoir point d'enfans, qui en auoit vn diffamé, luy reprochant
qu'il pouruoyoit mal à la Republique. Donne toy garde, dit il, que tu ne
face pire, qui as à luy laiffer vn tien tel fils. Ie ne puis de vray auoir faute de
race, car ie delaiffe de moy la bataille des Leuétres, qui ne me furuiura pas
feulement, mais fera d'auantage immortelle.

Comme Pomponius homme excellét fuſt en vne bataille des Romains
mené fort bleffé à Mitridate, luy demandant fi guery il feroit fon amy, ouy,
dit il, fi tu l'es des Romains, finon tu m'auras auffi pour ennemy. Mitridate
fefmerueillant de la conſtance fi notable de l'homme, fe garda totalement
de luy faire outrage.

On dit que par les exemples de Licurgus fes reponfes furent telles aux
citoyens demandans comme quoy ilz pourroyent repoulfer les effors des
ennemys, fi vous demourez, dit il, pauures, & que vous delaiffiez voz mu-
tuelles querelles. Et comme ilz feiffent le femblable de leurs murailles, la
uille, dit il, ne fera pas moins encourtinée de murailles, l'eſtant de gens de
bien, & de cœur, que fi elle l'eſtoit de brique.

Comme Paul Emille menaſt fon armée dans le païs Lucain le long de
la mer par vn deſtroiét, & que les Tarentins le chargeaffent à coups de fcor
pions il ietta fur les flancz en cheminant les prifonniers pour rempar, pour
le regard defquelz les ennemys cefferent de tirer. Il ordonna auffi que le
guet fuſt fans baſton ny efpée, à fin que defefperans du moyen de refiſter à
l'ennemy, ilz refiſtaffent mieux au fommeil.

Comme les Portugaloys diffent qu'ilz auoyent viures pour dix ans, &
qu'ilz ne craignoyent point le fiege, Tibere Gracche leur repondit, qu'il
les prédroit l'vnziefme année, d'ont les Portugaloys etonnez fe rendirent,
combien que garniz de viures.

Comme Lyſandre euſt paſſé le rempar eſtans les Corinthiens endormis, & qu'il vit les Lacedemoniens laches à l'aſſaut, & que par fortune vn lieure fuſt paſſé le foſſé: n'auez vous point de hôte, dit il, craindre vne façon d'ennemys, aux murailles deſquelz les lieures giſtent.

Pompée blaſmant les faictz de Luculle, le diſoit auoir mené ie ne ſçay quelle guerre tragique & feinte auec les Roys: & qu'à luy eſtoit reſerué la victoyre contre vne aſſeurée & ruſée force d'ennemys, veu que Mitridate auoit prins ſon refuge aux boucliers, eſpées, & cheuaux. A quoy repondit Luculle, qu'au contraire Pompée eſtoit venu pour combatre les images & vmbres de la guerre, comme qui a de coutume de venir ſur la fin d'elle, auſſi viſte que fait vn oyſeau ſur la carongne abbatuë par vn autre. Et diſoit qu'il auoit ainſi combatu le Sertorin, Brutus, & les Lacedemoniens, veu que Craſſus en auoit mené l'vne, de grande proueſſe, Metel l'autre, & Lepide le demourant. Outre plus ayant recouuré les lettres du Sertorin en Eſpaigne, entre leſquelles eſtoyent celles de pluſieurs Capitaines, par leſquelles ilz l'appelloyent à Rome pour changer, & troubler la Republique il les bruſla toutes donnant par là moyen aux meſchans de ſ'amender & deuenir meilleurs. Comme auſſi tous ceux de ſa ligue preſques d'vne voix diſſent quaſi comme amonneſtez par oracle diuin, qu'ilz ne pouuoyent apperceuoir aucun moyen, par lequel ilz peuſſent ſe defendre de la venuë furieuſe de Ceſar: veu que venant vne ſi grande tormente de guerre, il n'auoit pas vn homme leué pour reſiſter, ny ne ſe preparoit: on dit qu'il repondit, qu'incontinent qu'il donneroit du pied en terre, il en ſourdroit armées de pied, & de cheual. Quelque peu de temps apres, comme le bruyt & les nouuelles continuaſſent, & qu'il euſt entendu que Ceſar auoit paſſé le Rubicon, & auoit ſoudain prins Rimene pour lors ville renommée & riche, & que le bruyt ſ'augmentoit de iour en iour de l'ire & courroux de Ceſar contre Pompée, & les Senateurs, & qu'il marchoit à l'intention d'auoir le conſulat liuré de leur bon gré, ou bien par force, là où il luy ſeroit denyé, & qu'à ceſte cauſe il faiſoit paſſer ſes troupes pour prendre le païs de la marche, Spolete, Hetrurie, & pour venir à Rome auec ſon armée (combien que cela eſtoit faux, veu qu'il n'auoit point armée de plus de trois centz cheuaux, & de cinq mille hommes de pied) à lors la ville de Rome entra en plus grande frayeur & tumulte qu'elle n'auoit iamais au parauant fait: & furent les cœurs de tous ceux de la menée Pompeiane ſi effrayez que toute la cité trembloit, ny ne ſembloit pas que ce fuſt Iulle Ceſar bourgeoys Romain, ne les legions Romaines venir à Rome, mais plus toſt ce Carthaginoys cruel ennemy Hannibal, & toute la Barbarie, & eſtoit l'opinion & coniecture, cóme qu'en vainquant il ne ſeroit pas plus clemét que Cinna au malſacre des Princes, ne plus moderé que Sylla à rauir & piller les biens des riches.

Comme on diſoit à Aulus Torquatus tenant vne ville aſſiegée que la ieuneſſe

ieuneſſe ſeſtoit lá bien diligemment exercée à dardz & à fleches, il dit, qu'il la vendroit tant plus.

Comme Iugurtha Roy des Numides apres auoir corrompu vne partie du Senat par dons, & vaincu par or les Chefz d'armées, vint bien ſouuent au deſſus de ſes affaires, & qu'il fuſt finalement venu à Rome ſouz ſauf-conduit ſe confiant à ſes aſtuces : comme auſſi contre ſon eſperance il vuy-daſt hors par commandement, d'autant que la honte vainquit la conuoi-tiſe, on dit qu'eſtant ſorty les portes, & ſareſtant ſouuent ſans ſonner mot, il dit finalement en ſe retournant, voyla vne ville en vente, & bien toſt periſſable ſi elle trouue marchand. Laquelle parolle prononcée par l'enne-my, a eſté plus qu'il n'eſt croyable diuulguée à la honte des Romains.

Comme les eſpies euſſent r'apporté à Philippe pere d'Alexandre, qu'vn chaſteau merueilleuſement fort eſtoit inacceſſible, & totalement impre-nable, il leur demanda ſil eſtoit ſi mal aiſé qu'vn aſne chargé d'or ne le puiſſe approcher?

Comme Cleomene d'Athenes euſt aſſailly trois cents hommes, qui eſtoyent en garniſon dedans Craterie, il fit tirer quelques dardz entre les murailles, eſquelz eſtoit eſcrit qu'il eſtoit venu pour deliurer leur Repu-blique, en leur renuoyant auſſi quelques priſonniers ia reconciliez par la menée deſquelz eſtant vne ſedition dreſſée dans la ville il la print appro-chant ſon armée d'elle. Comme auſſi quelqu'vn luy promiſt luy bail-ler des Gauloys qui mouroyent en combatant : Ie ne vouldroye point, dit il, que tu me baillaſſes ceux lá, mais plus toſt ceux qui tuent en com-batant.

Lycene de Siconye rompit les canaux tombans en la ville des Chryſées, puis ſoudain en feit d'autres, & leur enuoya vne autre eau corrópuë d'hel-lebore, de laquelle vſans, il les print atteinctz du flux de ventre.

Comme Pyrrhus euſt engendré Ptolomée d'Antigona, Alexandre de Iauoſſa, & Helenus de Tircenna tous adroitz à la guerre & hardiz, eſtans à cela nourriz des leur enfance, il repondit (comme lon dit) à l'vn d'eux encores enfant luy demandant auquel d'entre eux il lairroit ſa coron-ne : à celuy de vous qui aura la meilleure pointe d'eſpée. Mais cela n'eſt point differant de ceſte autre exercitation Tragique, que les freres di-uiſoyent la maiſon au trenchant de l'eſpée. Comme auſſi on le priaſt de chaſſer vn certain meſdiſant de l'Ambracie, il repondit, il vaut mi-eux qu'il parle de nous entre peu de gens qu'entre pluſieurs en courant le païs.

Darius voulant tenir ſecret ſon departement aux Scytes, laiſſa les aſnes, & chiens au camp : leſquelz les ennemys oyans brayre & abbayer pen-ſoyent que Darius ne fuſt bougé. D'vn ſemblable moyen auſſi les Gene-uoys lierent en diuers lieux des ieniſſes à des arbres, leſquelz ſeſtans retirés donnerent apparence de reſidence par vn frequent buglement.

Comme quelqu'vn parloit ſans propos des affaires de la guerre, mon

K

amy, dist Leonide, tu n'vses pas des choses selon l'opportunité. Il est aussi vn temoignage louable de ce Capitaine contre les Perses remontrant à ses soldatz de disner quasi comme pour soupper aux enfers. C'est vn cas meruilleux que le morceau ne leur est point eschappé de la bouche, ne aresté en la gorge, ne tombé des mains : au demeurant ilz ont promis d'vn gentil cœur au disner, & au soupper.

Periandre donna conseil à Thrasibule de cueillir les plus hautz espicz, comme estant necessaire d'oster les plus grandz des citoyens. Ce que de mesmes le pere de Tarquin Superbe ordonna faire es princes des Sabins.

On a de coutume aussi d'approuuer l'auis de Theopompe, lequel, comme quelqu'vn dist, que Lacedemon se conseruoit d'autant que les Roys auoyent apprins à regner, repondit, mais plus tost d'autant que les bourgeoys sont obeissans : car ceux ne seuffrent pas qu'on leur obeisse, qui ne sauent pas regner, & pourtant l'obeissance des subiectz est la discipline du Prince : car celuy qui guide bien, fait qu'on le suyt bien. De vray aussi le deuoir de la puissance Royale est de rendre les siens obeissans, tout ainsi que de l'art d'escuyrie, de rendre le cheual doulx, & obeissant.

Helin Commode Cesar a baillé souuent à ses laquetz des æsles tout ainsi que Cupido, & les a souuentessois appellé par les noms des vents, l'vn boreas, l'autre vent de Midy, l'autre Aquilon ou Circée, & ainsi des autres noms, les faisant au demourant courir outre mesure.

Marc Sertorin donna d'vn poignard au trauers du corps à vn barbare combatant qui luy auoit rapporté qu'Herculegius estoit mort, à fin qu'il ne vint à la cognoissance des autres, & que les cœurs des siens ne se r'abbaississent.

Antoyne Pie a tant aymé la paix, qu'il auoit de coutume d'auoir tousiours à la bouche vne sentéce de Scipion, par laquelle il disoit qu'il aymoit mieux garder vn bourgeoys, que de tuër mille ennemys.

Comme trois mille Carpentenoys habandonnassent Annibal venant en Italie, il fit crier de paour que les autres ne sen emeussent par vne ruse bien cautelleuse, qu'il les auoit r'enuoyé : & pour donner couleur à celà il en renuoya quelque peu d'autres à leurs maisons hommes de peu de seruice. Il vsa aussi enuers ses soldatz d'vn auis bien gratieux & salutaire : car comme ses soldatz fussent transiz de gelées & froydures, il fit crier qu'ilz prinsent leur repas estans des feuz dressez deuant les tentes, & enuoya des huyles pour les departir par les cambrades, à fin de les en oindre, & adoulcir leurs membres : ce qu'il fit de bon sens & sagement. Car (comme les Phisiciens dient) il n'est rien plus salutaire aux hommes que l'huyle appliquée par dehors, ne rien plus pernicieux au dedans du corps.

Comme de rechef il eust son camp assis pres la riuiere du Faute ioinct les Cannes, & que † Varro eust à la pointe du iour soudain donné signe de bataille (car de vray il y auoit vne certaine robbe rouge estenduë sur les

† Lego Varro bel li signum.

tentes

tentes du Conful)& que les Carthaginoys apres auoir regardé l'audace du
Chef des Romains, & le grand nombre des troupes ennemies, veu qu'ilz
n'en approchoyent à moitié pres, furent d'entrée fort effrayez, il commanda que le camp farme, & contemple à cheual auec peu de compagnie les ennemys d'vn petit coftau, qui ia auoyent ietté leurs legions en
bataille, & comme quelqu'vn de ceux qui eftoyent autour de luy homme de renom dict Gifco, difoit que la multitude des ennemys eftoit amirable, Annibal retournant fa veuë, ie penfe, dit il, auoir veu vne chofe
encores plus émerueillable, d'ont tu as perdu la memoyre: & comme Gif-
go demandaft que c'eftoit, Annibal repondit qu'entre tous tant d'hommes il n'y en a pas vn qui ait nom Gifco comme toy. Ces moqueries aue-
nans à l'improuuifte firent rire tous les compagnons de guerre tant ceux
du coftau que ceux qui eftoyent au tour: parquoy comme les Carthaginoys viffent leur Chef fe iouer en ce peril, & faire peu de conte de cela ilz
deuindrent plus hardiz pour aller à la bataille.

Comme Claude Neron euft ietté dedans le camp d'Annibal la tefte
d'Hafdrubal apres auoir deffait par furprinfe les Aphricains paffans de
l'Efpagne en Italie, d'ont il auoit la conduite, il auint qu'Annibal fe fa-
cha (attendu la mort de fon frere) pour le defefpoir de l'armée fur la venuë du fecours.

Comme les Romains affiegez, debatoyent auec les Gauloys touchant
le pris de l'argent qu'il failloit payer, Camille entreuint, & prenant les finances auec les plus groz de la cité, il les bailla aux officiers, & rendit
les balances aux ennemys, leur commandant de déloger, & difant que
c'eftoit le propre des Romains de garder leur païs auec armes, & non
pas par argent.

Comme Donïice Corbulon affiegeoit Candie, & que les Armeniens
fembloyent eftre obftinez à porter le fiege, il fit trencher la tefte de Va-
duade, l'vn des Megeftanes qu'il auoit prins, & la tyra auec vne balifte dedans les remparts des ennemys: laquelle par fortune tomba au mylieu de leur confeil, que pour lors les Barbares tenoyent: pour la veuë
de laquelle épouuantez comme d'vn prodige, fe hafterent de fe rendre.

Les gens de cheual Gauloys ont porté les teftes des Romains penduës
fur les piz de leurs cheuaux pour les effrayer, auffi ont ilz au bout de leurs
lances, chantant à leur mode, combien qu'ilz fen trouuent qui dient que
c'eftoyent les Spoletains & non les Gauloys.

On dit qu'Appius Claudius auoit de coutume à tous propos de preferer le trauail des Romains à leur repos. Si n'eft il point d'homme fi fol,
qui iuge la douceur du repos deuoir eftre preferée aux folicitudes des affaires, f'il fe rencontre auec la feurté: mais ceft homme bien fage regardant
au paffé, voyoit ce que la fin a montré, la vertu Romaine fe nourrir d'affaires, & languir de pareffe.

Q. Metellus apres la chaſſe d'Annibal en la ſeconde guerre Carthaginoyſe, & apres la prinſe de Carthage meſme eſtans tous en grande lieſſe
fut ſeul qui vſa au Senat d'vne ſentence graue, & bien conſiderée, ſe diſant ne ſauoir ſi ceſte victoyre eſtoit point digne de ioye, ou plus à craindre à la Republique de paour qu'vne nonchallance ſans ſoucy ne ruïnaſt le
peuple Romain, tout ainſi qu'Annibal paſſant à grand vacarme les Alpes
en trauaillant l'Italie l'auoit éueillé aſſoupy de pareſſe.

Scipion Naſique, qui fut iugé par le Senat treſ-homme de bien, en ce
qu'il fut d'vne ferme & conſtante opinion diuerſe de l'auis de Caton le
Cenſorin(qui eſtoit tenu le plus ſage du monde)auquel il fut contraire en
ce qu'il vouloit que Carthage fuſt inexorablement raſée, non pour autant qu'il luy portaſt moins de hayne, eſtant ville merueilleuſement ennemye, mais pour l'amour qu'il portoit au païs, la façon de vie duquel il diſoit preuoir ſe perdre en ſuperfluité de delices, leur eſtant oſté l'eguillon de
ceſte enuieuſe ville. Que pleuſt à Dieu que lors ſon conſeil euſt eu lieu:
par auanture que la felicité euſt eſté de plus longue durée, ny ne fuſt
perië de vices la ruïnans, veu l'infamie que la paix cauſe à la gloyre de la
guerre, & la vengeance du monde vaincu, que fait vn delicat deſordre de vie.

Comme Melanthe Chef des Atheniens vint au combat par vne defiance faitte par Xante Boetien Roy des ennemys ſoudain qu'il fut aupres, Xante, dit il, tu ne fais pas en homme de bien ne ſuyuant les conuenances de la paix, car tu es venu au combat contre vn ſeul accompagné
d'vn ſecond. Et comme Xante ſemerueillaſt il regarda qui luy eſtoit en
ſuyte, & aſſaillant l'homme il le tua d'vn coup.

Verti ex
Apopht.
Plutarchi. Comme par fortune l'election des gouuerneurs du peuple ſe fiſt ſuyuant l'ordre des lettres, Denys le plus vieil, auquel par cas fortuit la lettre
M echeut, repondit à vn qui luy dit: tu es Morio(fol)Denys, mais au contraire Monarche: tellement que ſoudein qu'il eut fait ſa harangue aux Sar-
ragouſins il fut par eux ordonné Preteur: & comme quelques vns le blaf-
maſſent d'auoir auancé vn homme en honneur & dignité qui eſtoit meſchant & mauuais aux bourgeoys, ie le vueil, dit il, eſtre tel, qu'il leur ſoit
plus odieux que moy.

Comme vn boſſu reprochaſt à Leon de Conſtantinople vn vice es
yeulx, blaſmes tu, dit il, vn mal humain, veu que tu portes la peine de ton
ſupplice au dos.

Apres que Hermocrates de Sarragouſe eut vaincu les Carthaginoys en
bataille, il feingnit que la nuict ſubſequente arriueroit la cheualerie des
ennemys, craignant que les priſonniers qu'il auoit en grand nombre ne
fuſſent pas fort bien gardez, car la verité de l'euenement de la bataille
pouuoit contreindre les vainqueurs à boyre & manger en ſeureté, pour
laquelle attente il a fait que le guet a eſté plus grand que de coutume.

Caius

Caius Pontius Chef des Samnites auoit par fortune enclos les deux
Confulz, & leur armée en des baricanes, & lieux contrainctz qui eftoit
vn fpectacle miferable de voir tant de gentilz compagnons prifonniers,
mefmement en armes, aufquelz eftoit ofté le moyen du combat. Et comme l'entreiet de la nuict eut rauy les cœurs du trauail au foucy, & que la
ioye n'auoit pas moins ofté le fens aux victorieux que la douleur aux enclos, il leur fembla bon d'auoir l'auis de Herennius pere du vainqueur,
homme de grand age & fauoir (de vray il n'eftoit pas loing) le bon homme ayant ouy l'eftat des affaires leur confeilla qu'il leur permift fen aller,
& que d'auantage il leur fift toutes les gratieufetez, honneur, & plaifir qui
luy feroyent poffibles. Lequel auis commença à eftre debattu en l'affemblée du camp entre les cœurs fiers de la ieuneffe, & leur fembla celuy de ce
bon vieillard trop mol & refueur touchant leurs fi cruelz ennemys, & à
tous indigne: Finalement on renuoya le meffager pour demander vn confeil plus virile. A quoy il fut d'auis de tuër tous les Romains: & lors tous
mefmement le Chef ont penfé que ce bon vieillard refuoit, comme qui
confeilloit fur vn mefme faict des chofes fi contraires:mais touteffois d'autant qu'il eftoit homme de renom, ilz voulurent de rechef fenquerir fi par
fortune ilz auoyent point quelque moyen confeil, à lors le bon vieillard
fe feit dreffer fur vn lict, & tranfporter au camp fur vne lictiere à l'arriuée
duquel tout le monde fe iettant autour, il leur dit qu'il ne venoit point
pour leur bailler de nouueau auis, mais pour tant feulement leur dire la
raifon de ceux qu'il a baillé. Le premier auis eft pour attraire d'inimitié à
amitié les Romains excellens gens de guerre, & les plus gens de bien du
monde, obligez par vn grand bien faict, & non efperé, & pour vous gaigner & à voftre pofterité vn fupport d'vne fi vaillante nation. Car comment pourroyent ilz iamais auoir en hayne ceux, ou les leurs, & leur pofterité par lefquelz il leur fouuiendra la vie, & la liberté leur auoir efté donnée. Le fecond fi ceft autre vous deplaift, & que ie fuis d'auis de iouir de
la bonne fortune, & que voftre vouloir foit de ruiner res piez res terre
vne nation ennemie : Par ce moyen vous donneres ordre non feulement à
vous, mais auffi à la pofterité de voz enfans, & à ceux qui naiftront d'eux.
Au regard du tiers auis d'ont vous me requerez, il n'en eft point, car c'eft
vne grande beftife de laiffer aller auec outrages ceux que vous tenez en
voz mains, comme qui n'ofte l'ennemy, ny ne fe procure amy. Le cœur
touteffois du vainqueur aueuglé & infolent print le tiers auis en delaiffant les deux autres, & lacha les Confulz & armée fans armes, & paffez
fouz la picque: & les depouillant de leurs armes, & habillemens, il leur
laiffa tant feulement des haillons pour couurir leur nature. D'ont eftant
auerty Herennion, & qu'il oyt qu'ilz fen alloyent bien fachez, & qu'il n'y
auoit amy ny ennemy qui peut tirer vne parolle des Romains. O que
de menaces rudes, dit il, font couuertes fouz ce miferable filence, ce
que comme il fut veritablement dit, la deffaitte des Samnites qui fut

apres souz la charge de Papirius Cursor le temoigne: aussi fait le iou auquel Pontius & ses legions ont esté souz mises. On dit aussi que ce dict memorable fut du mesme Ponce Chef des Samnites. Pleust à dieu, dit il, que ma destinée m'eust gardé au temps, auquel les Romains commécerent à prendre dons, ie ne les eusse pas souffert regner longuement. Cest ennemy là le disoit bien sagement, car il voyoit bien qu'vn Empire corruptible de dons ne pouuoit pas longuement durer.

Comme propoz glorieux se tinsent de toutes partz à Xerxes pour le grand nombre de son armée suffisans pour l'enflamber ia rauy d'vne trop grande estime de soy, disant l'vn que les Grecz contre lesquelz il auoit à mener la guerre n'attendroyent pas tant seulemét les nouuelles de la guerre, & qu'au premier bruyt de sa venuë ilz tourneroyent visaige, puis vn autre, qu'il n'y auroit point de doute que d'vne telle multitude la Grece ne feroit pas seulement vaincuë, mais pourroit estre ruinée: subsequemment vn autre, qu'à peine la nature des choses luy feroit suffisante, que les mers estoyent trop estroictes pour telle armée de mer, & le camp pour l'homme de guerre, & qu'à peine estoyent les champagnes assez larges pour ietter en bataille ses troupes de cheuaux, ne mesmes le ciel suffisant pour les dardz tirez de main, & plusieurs autres telz propoz, Damarate Lacedemonien fut seul qui dist que ceste tant grãde multitude sans ordre, & lourde qui luy estoit aggreable estoit à craindre à celuy qui la guydoit, car à la verité elle n'a pas forces, mais est de grande charge, & que ce qu'on disoit qu'il auoit plus grand apprest de guerre qu'il n'estoit possible à ces regions là le receuoir, qu'il auoit deliberé de combatre, estoit veritable, qui est vne chose à ton desauantage. Et en ce te vaincra la Grece, qu'elle ne sera pas capable de ton armée, ny ne t'en pourras ayder. Outre plus tu ne pourras obuier aux premieres charges en quoy gist la seule conseruation d'vne guerre, ne donner secours à ceux qui branlent, ne renforcer & asseurer ceux qui se rompent. Tu seras long temps au parauãt vaincu que tu te sentes l'estre. Finalement tout ainsi que Demarate l'auoit predit, Xerxes defait par toute la Grece cogneut combien moindre estoit vne tourbe de peuples au pris d'vne armée.

Hanno de Carthage homme entre les siens d'vne prouidence notable, contemplant des l'enfance l'esprit d'Annibal fort bouillant, remontra tousiours qu'on le deuoit garder dedans la ville souz les loix, & luy apprendre à viure d'equité auec ses citoyens, le detourner des armées à fin qu'acoutumé à vn Empire trop hasté, & apres s'estre souz-mis à luy, il ne fist le tyran. Or si son auis estoit si salutaire ou non, la fin l'a montré: Car il est si notoyre qu'il n'est ia besoin de cõmemoration de quant grãde ruïne de l'Espagne, de l'Italie, & de grãdz gemissemés & sang de peuple, cest enfant là s'est efforcé rendre perpetuelle ceste douceur de regner, l'ayant vne fois gousté.

Aristophane le Comique a feint Pericle Chef des Atheniés (qu'on sçait certainement auoir esté homme fort rusé) retournãt des enfers, & amonnestant heſtant ſes bourgeoiz qu'il ne failloit pas nourrir vn lyon dedans la ville, & que s'il y eſtoit nourry, il luy faudroit obeïr: voulant par ceſte feinte leur perſuader qu'il failloit ſerrer la bride aux ieunes hommes nobles & courageux: car on la reſtreint à tard apres l'auoir laché: d'autant que la licence trop immoderée ne peuſt endurer le mors: & que finalement on pouuoit bien denier aux requerans la trop grande faueur ennemye de la liberté : & non pas touteſſois l'oſter à ceux qui l'ont ia acquiſe. Et comme le meſme Pericle fut fort contraire à Themiſtocle, & qu'il y eut entre eux beaucoup de contentions, groſſes, & diſcordantes, on dit qu'il ſembloit dire en ſes harangues que iamais les affaires des Atheniens ne viendroyent à bien s'ilz ne le iettoyent au Barathre auec Themiſtocle.

†Barathre lieu dans Athenes, auquel eſtoyēt precipitez les condánez à mort.

Comme Cimon d'Athenes qu'on dit auoir eſté du temps de la guerre de la Morée, merueilleuſement inhumain, & fuyant la compagnie des hómes & l'accointance, fors celle d'Alcibiade, qui pour lors eſtoit ieune & de forme belle, meſmemēt d'vne langue prompte, l'embraſſant & baiſant de bon cœur, fut interrogué d'Epemante pourquoy il le faiſoit: Il repondit qu'il aymoit ce ieune homme pour autāt qu'il ſauoit bien qu'il ſeroit cauſe de beaucoup de maux aux Atheniens.

Comme Iulle Ceſar vſant gratieuſement de la victoire de la guerre ciuile eut recouuré les bouetes des lettres enuoyées à Pompée par ceux qui ſembloyent auoir ſuyui le party contraire, ou neutre, il les ietta au feu: & combiē qu'il euſt de coutume d'eſtre mōderé en ſes courroux, il ayma touteſſois mieux n'eſtre courroucé: & a eſtimé l'ignorance des fautes que chacū auoit commis, eſtre la plus excellente voye de perdon: aymant mieux eſtre deceu en aucunes choſes, que par irritamens de ſuſpitions, & coniectures merueilleuſement faulſes pouuoir deceuoir. Comme auſſi Pomponius montraſt vn coup receu en la bouche à la ſedition Sulpitiane, ſe vantant qu'il auoit receu en combatant pour luy, Ceſar luy dit, ne regarde iamais derriere en fuyant. Auguſte depuis parauenture memoratif de ceſte parolle ſe courrouça de meſme à vn certain ſe ventant de meſmes , & montrant ſes cicatrices.

Comme Antigone le ſecond filz de Demetrie eut à cōbatre ſur mer contre les Preteurs de Ptolomée & que le pilot diſt les nauires des ennemys eſtre en plus grand nombre, à combien de veſſeaux (dit il) offres tu ma preſence. Et comme eſtāt aſſailly des ennemys, il reculaſt il dit qu'il ne fuyoit pas, mais qu'il ſuyoit le profit qui conſiſtoit au reculer.

Comme Alcibiade euſt vn treſ-bon chien qu'il auoit acheté douze cētz vingt & cinq liures tournoiſes, il luy coupa la queue : & repondit à ceux qui luy dirent que c'eſtoit vn faict villain à vn noble Capitaine, ie l'ay fait (dit il) à fin que les Atheniens parlās de cecy ne s'enquierent point curieuſement de quelque autre choſe de moy.

Comme Demenate eut commēcé à medire en vne harangue des faictz de Tymoleon, & qu'il l'accuſaſt en aucunes choſes, il dit qu'ores il eſtoit fi-

K iiij

+Refti =
tuerēt pro
reftitue-
ret.
nalement venu à bout de ſes ſouhaitz : car il auoit touſiours requis aux Dieux, † de remettre les Sarragonz en telle liberté qu'il fuſt loyſible a† chaſcun de parler librement de qui bon luy ſembleroit.

† Cuiuis
pro cuius.
Comme tout le Portugal preſque ſe fuſt rendu à Decius Brutus, & que de toute ceſte nation lá la ſeule cité de Cinanie tint bon opiniatrement, & qu'on euſt eprouué de les rançonner, ilz repondirent tous d'vne voix aux ambaſſadeurs de Brutus, que leurs anceſtres leur auoyent laiſſé du fer pour defēdre leur ville, & nō pas or pour acheter la liberté d'vn Capitaine auare.

Comme on eſtimaſt Thimothée Capitaine bien heureux, & que ceux qui luy portoyent enuie, peignoyent des villes, leſquelles luy dormant entroit dedans vne naſſe : ſi donques diſoit il ie les prends en dormant que
† Verti ex
Apophte.
Plutarchi.
penſez vous que ie feroye en veillant? † Et comme auſſi quelqu'vn des audacieux Capitaines fiſt grand cas d'vne ſiéne playe aux Atheniens, quant à moy (dit il) i'ay eu honte qu'vn dard lancé d'vne catapulte ſoit cheu pres de moy eſtant voſtre chef contre Samos.

Comme Liſimache eſtant vaincu en la Romanie par Dromachete ſe fuſt rendu auec ſon armée, il s'ecria apres auoir beu eſtant captif, ô Dieux pour quant peu de plaiſir ie me ſuis fait de Roy ſerf.

† Popilius
Silo pro
Publ. Syl-
lanus. Ex
Plutar. de
vita Marii,
& ex Apo
phte.Pom
peius Silo.
† Ex plu-
tarcho, ne
que enim
illi terga
veſtra, nec
vos illorū
habenas.
Comme Popilius Silo eſtant en grand eſtime & pouuoir entre les ennemys euſt dit à Marin eſtant enueloppé & aſſiegé d'vne tranchée durant la guerre ciuile attendant le temps, & l'occaſion, dit. Marin ſi tu es ſi grand Capitaine viens au combat : & ſi tu es auſſi ſi grand dit Marin contreins moy d'y venir. Comme de rechef les ennemys luy euſſent donné moyen de les charger, & que les Romains ſe furent effrayez, il fit vne harengue à tous ſes ſoldats apres la retraite faite d'vn coſté & d'autre, diſant ainſi : Ie ſuis en doute leſquelz de vous ou des ennemys ie doy tenir pour plus effeminez, † comme qui n'ont peu regarder voz talons, ne vous leurs faces.

Comme Laberin euſt tout ſon temps honorablement ſuyui la guerre, il fut finalement mené ſur le theatre à l'age de ſoixante ans, & de cheualier Romain, fait ſatiſte desdiētz & faiētz des hommes, par les amiables parolles & prieres de Iulle Ceſar, leſquelles equipées de forces partent de la bouche des Princes. Or ne teuſt il pas ceſt outrage, ſe compleignant fort & tenant entre autres propoz ſes parolles. Eſtant donques party de ma maiſon cheualier Romain trente ans a, & ſans reproche, i'y retourneray pour vn contrefaiſeur de la vie des hommes. Or ay ie certainement veu ce ſeul iour plus que ie ne deuoye. Il fut auſſi eſtant long temps au parauant excellent, & inuincible, vaincu finalement par Publius, car en ce temps lá, il ne ſe trouua homme qu'il ne vainquit : ce que Ceſar a dit en ſes parolles, tu as Laberin eſté vaincu auec ma faueur. Laberin auſſi le porta ſi bien en patience, que ſans altercation il ſe confeſſa vaincu par ces vers pleins de ſapience, & dignes de memoire.

,,   *Tous en tous temps premiers, ne peuuent pas bien eſtre.*

,,   *Lors que venu ſeras au ſupreme degré*

De renom, à grand peine y arresteras tu
Et pluſtoſt que deſcendre, en cherras, ie ſuis cheu:
Mon enſuyuant cherra, c'eſt la gloire commune.

Comme Athenodore philoſophe ſingulier de vie & doctrine euſt employé quelque temps ſon labeur pour endoctriner Auguſte, & qu'il priaſt
l'Empereur impetrant finalement ſon congé de retourner en ſon païs, ia
eſtãt preſſé de vieilleſſe, il diſt au deſloger pour delaiſſer comme quaſi pour
marque, & temoignage perpetuel de ſon partement, & pour le dernier deuoir de ſa departie, & remerciment, S'il t'auient Ceſar d'entrer en courroux
ne dis, ny ne fays rien, que premierement tu n'ayes conté en ton eſprit les
vingt & quatre lettres, ce que ie penſe auoir eſté inuenté par ce philoſophe,
à fin que ceſte emotion vehemente du cœur détourné autre part s'abbaiſ-
faſt en vn moment de peu de temps: C'eſt ſans point de doute vne ſage ſentence de precepteur. Le faict auſſi d'Octauian Ceſar n'eſt pas moins gratieux, lequel en prenant la dèxtre d'Athenodore, i'ay (dit il) encores beſoin
de ta preſence, & le tint depuis encores vn an, apres auoir dit que le guerdon de la taciturnité, ſeroit ſeur, & grand, d'autant qu'elle eſt ſans peril.

Fin du cinquieſme Liure.

LE SIXIESME LIVRE DE

ROBERT VALTVRIN DE
l'art militaire.

La façon des anciens pour ſignifier & mener la guerre, & pour
paſſer accord.   Chapitre I.

IL y a aſſez d'autres raiſons, &auis de la guerre, Sigiſmond
Pandulphe, qui ſeroyent trop difficiles & laborieux a faire
entendre, d'autant que chaſcun Capitaine, & chef d'armée
ſuyt ce qu'il tiẽt pour profitable. Et combien qu'il ſoit bien
difficile d'obuier aux nouuelles inuentions des eſpritz, veu
que bien ſouuent la fortune amene choſes non preueues:
nous trauaillerons touteſſois pour ouurir la voye à la poſterité par les choſes qui ont procuré la gloire aux anceſtres, à fin que de ſemblables cas ilz
puiſſent choiſir ſemblables amys. Nous liſons de l'ancienne & touſiours
obſeruée inſtitution, que nulle guerre ne ſe deuoit dreſſer, ny eſtre faitte
ſans defiance, ny n'eſtoit la coutume, que premieremẽt les Prelatz feciaux,
n'euſſent fait entendre quelques choſes aux ennemys, leſquelz auoyent
en regiſtre par deuers eux l'equité de la guerre, & paix d'vn droict inuiola-

ble du peuple Romain. Or eſtoit en ces termes la forme de la defiance, ou
de l'accord que faiſoit le Fecial, ny ne s'en trouue point de plus anciéne me
moire, comme le temoigne Tite Liue, diſant que le Fecial a requis ainſi le
Roy Tulle, Ne me commande tu pas de faire l'accord auec le traicteur de
paix du peuple Albanin? Et apres que le Roy l'auoit ordonné, Ie te demã-
de (dit il) des verueines, pren les (diſoit le Roy) nettes. Le Fecial apporta de
la forterreſſe, de la verueine nette, puis il demanda au Roy, ne m'ordonnes

† Ex Tito tu pas ton ambaſſadeur Royal, & du peuple Romain & nobles † auec ma có
Liuio lego pagnie & bagage? Ie le fay, reſpond le Roy, ſauf touteſfois mon droict,
vaſa pro & du peuple Romain. Alors il traicte l'accord auec vn long lágage, lequel
vos. recité en pluſieurs vers il n'eſt ia beſoin de dire. Et apres les conuenances
recitées, Ecoute (dit il) Iuppiter, ecoute auſſi traicteur de paix du peuple
Albanin, ecoute pareillemét toy peuple Albanin. Le peuple Romain n'en-
freindra point le premier les conuenances qui ſont publiquement recitées ſans dol en ſes tables, ou cire, depuis le commencement iuſqnes à la
fin: ainſi qu'auiourd'huy elles ſont treſ bien entenduës. Et ſi premier il les
enfreind par vn commun conſentement, & de dol, aſſomme au meſme
iour le peuple Romain de meſmes que i'aſſommeray ce iourd'huy ce porceau, & de tant plus grand ſoit ton coup, que tu es plus puiſſant & fort.
Cela dict il a frapé le porceau d'vn caillou. Les Albanins ont en ſemblable
faict par leur dictateur & prelatz leurs charmes & ſerment. Ancus Mar-
tius arriere filz de Numa Pompilius par ſa fille, eſtant d'vne meſme equité
& ſaincreté que ſon ayeul qui domta les Latins par guerre, traſſera des
Equicules le droict Fecial, d'ont les ambaſſades vſeroyent pour repeter les
choſes: lequel on eſtime auoir eſté inuenté par Heſus, ayant au meſme téps
eſté traicteur de paix, que le Fecial fut erigé a Rome: Il faillloit de vray que
le deuoir & authorité du traicteur de paix étreuſt es accors que les Feciaux
paſſoyent. Quand donques l'ambaſſadeur ou traicteur de paix arriué aux
limites de ceux d'ont on veut repeter les biés, il dit à teſte couuerte (la couuerture eſt de fil de laine) ecoute Iuppiter, ecoutez vous les limites de quelque nation que ce ſoit, auſſi facent les Dieux, le droict: Ie ſuis meſſager public du peuple Romain, ie vien iuſtement & ſainctement ambaſſadeur,
& qu'on croye à ma parolle. Puis il fait ſes querelles appellant ſubſequemment Iuppiter à temoing, ſi iniuſtement & ſans raiſon ie requier tes hommes, ou tes biens m'eſtre liurez qui ſuis meſſager du peuple Romain, ne me
ſeufre lors iamais iouir de mon païs: il tient ces termes quád il marche ſur
les limites: & au premier qu'il rencontre: & en entrant à la porte: & quand
il eſt à la place, en changeant quelques parolles du charme, & du ſerment
delibere. Et ſi on ne rend ce qu'on requiert, il ſignifie la guerre trente troys
iours apres (autant en y a il de ſolemnels) en ces termes. Ecoute Iuppiter,
& toy Iuno, Mars, & vous tous Dieux celeſtes, terre, aſtres & infernaux.
Ie vous appelle à temoings, que ce peuple (il le nomme quiconque il ſoit)
eſt iniuſte, ny ne fait la raiſon. Mais nous conſulterons de ces choſes auec

noz maieurs, par quel moyen nous en aurons la raison. Quant ce meſſager eſt de retour à Rome pour y auiſer, le Roy alors requeroit l'auis des peres preſque en ces termes: quant aux choſes, querelles, & cauſes que le traiĉteur de paix du peuple Romain des Quirites, a denoncé au traiĉteur de paix des Priſques Latins, & aux hommes Priſques Latins, qu'on deuoit liurer, faire, & payer, qu'ilz n'ont liuré payé ny faiĉt, di(parlant à celuy duquel premier il requeroit l'auis) ce qu'il t'en ſemble? Alors il diſoit, ie ſuis d'auis de les recouurer d'vne iuſte & ſainĉte guerre, & i'en ſuis d'opinion & y conſens: & ainſi ſubſequément on demandoit aux autres par ordre. Quelquefois la plus grant partie de l'aſſiſtáce eſtoit de meſme opinion, la guerre auoit de coutume d'eſtre faiĉte par conſentement, que le fecial porteroit en leur contrée vn pointon, ou perche brulée au bout, & droiĉt en la preſence de troys iouuenceaux & non moins, que les peuples des Priſques Latins, ou les hommes Priſques Latins ont offenſé & delinqué contre le peuple Romain des Quirites, que le peuple Romain des Quirites a ordonné la guerre entre les Priſques Latins, & le Senat du peuple Romain des Quirites a ordonné, conſenti, & deliberé de faire la guerre aux Priſques Latins: à ceſte cauſe ie & le peuple Romain ſignifie & fay la guerre aux peuples des Priſques Latins, & aux hómes Priſques Latins: ce qu'apres auoir ſignifié à claire voix (que les anciés ont appellé Clarigation quaſi claire aĉtion) il lançoit le pointon dedans leurs limites: lequel ainſi lancé eſtoit commencement de guerre: ce que me ſemble auoir oublié Virgile quand il dit.

   ,,   *Et pour commencement de guerre le pointon*

   ,,   *En l'air il darde,*

Il y auoit auſſi deuát le temple de Bellone vne colomne diĉte Bellique, ſur laquelle auſſi ilz iettoyent le pointon pour ſignifier la guerre. Ouide es Faſtes.

   ,,   *Vne petite place a ſon regard à dos*

   ,,   *Des ſupremes arrenes, ou ſert d'vn grant ſignal*

   ,,   *Vn bien petit pillier, la ou pour denoncer*

   ,,   *La guerre, le pointon on darde de la main,*

   ,,   *Quand les armes on prent contre Roys & Prouinces.*

De ceſte ſorte donques lors furent premierement les choſes repetées par les Romains, & la guerre ſignifiée, laquelle coutume la poſterité a prins: combien qu'il ne ſe faiĉt plus.

DE LA FORME D'EVOQVER, ET
vouer.   Chapitre II.

V ſurplus nous auons de notables autheurs, que les choſes qui ſe peuuent inuenter & machiner par force, ou d'art pour prendre ou forcer l'ennemy ont de coutume d'eſtre faiĉtes par le vouloir & diſpoſition des Dieux, à fin que ſoubs leur faueur & authori-

té l'art fuſt rendu de plus grande efficace. En ſemblable auſſi on auoit de coutume es ſieges des villes d'euoquer auant toutes choſes le Dieu par les ſacrificateurs Romains, ſoubs la tutelle duquel la ville eſtoit, & luy promettre vn meſme ou plus grand honneur, & reuerence à Rome, comme qui ne croyoient pas poſſible d'autrement prendre la ville, & s'il eſtoit, ilz eſtimoyent choſe execrable de retenir priſonniers les Dieux. A ceſte cauſe ceſte ſainⅽeteé a duré longuement & la diſcipline des Pontifes : & eſt certain que le nom Latin de la cité & du Dieu Tutellaire a eſté ſecret & incogneu lōg temps. Et touteſſois le nom du Dieu eſt inſeré es aucuns liures des anciens differens entre eux. Les vns de vray ont penſé que ce fut Iuppiter, les autres la Lune, les aucuns Ops conſcine deſquelz l'opinion ſemble à quelques vns la plus certaine : autres, Angerone : de laquelle déeſſe la chapelle eſt honnorée entre les plus anciennes religions : & luy ſacrifie l'on auant le vingt & vnieſme iour de Decembre, & qui déeſſe de ſilence à vn ſimulachre à bouche cloſe le doigt deſſus qui denonce le ſilence. Au regard du vray nom de la ville, & d'ou il eſt deriué, il n'eſt rien de certain entre les plus ſauans. Car comme il ſemble à Varro & Tite Liue la ville a eſté edifiée ſoubs l'Empire de Romule ou Reme, & nommée du nom de ſon edificateur. Il en eſt d'autres qui ſemblent vouloir dire que le vocable Rome a eſté premierement baillé par Euander, comme il eut rencontré la bourgade, laquelle au parauāt edifiée eſtoit appellée en Latin Valence : lequel vocable les Archades tournans en Grec, ſuyuant la ſignification du precedent l'ont appellé ῥώμη pour Valentia. Heraclide eſt d'auis qu'apres la prinſe de Troye quelques vns des Achiues vindrent en ces lieux là par le Tybre, & qu'à la remontrance de Rome, la plus noble des captiues qui leur faiſoit compagnie, ilz s'y arreſterent brulans leurs veſſeaux, & firent des murailles, appellans la ville de ſon nom. Agatocle eſcrit que Rome n'eſtoit point captiue, & dit que fille d'Aſcagne & arriere fille d'Enée elle donna la cauſe de ceſte maniere de denomination, & le vray nom de Rome, auec defenſe de le publier : àfin que les ſecres des cerimonies ne fuſſent cogneuz, & qu'ilz ne ſoufriſſent par vne euocation d'ennemys ce que ſouuent ilz ſauoyent bien auoir faiⅽt contre les villes ennemyes. Mais il faut voir que ce qu'aucuns ont penſé, ne nous confonde auſſi, eſtimans que d'vn charme on euoque d'vne ville les Dieux, & voue lon ſon malſacre. Or eſt de ceſte ſorte le charme d'ont on euoque les Dieux, lors qu'vne ville eſt tout autour aſſiegée. S'il eſt Dieu ou déeſſe qui ayt ce peuple & cité en garde, ie te prie & honnore ſur tous toy qui a prins la tutelle de ce peuple & cité, & vous requiers ce bien que vous delaiſſiez le peuple & la cité, lés lieux, les temples, ſacrifices, & la ville, & vous retiriez ſans eux, mettans en ce peuple & cité peur frayeur & oubliance, & que comme repouſſez vous veniez à moy, & aux miens à Rome, & que noz contrées téples, ſacrifices & ville vous ſoyent plus aggreables, & meilleures, & que vous ayez la ſuperintendence ſur moy, ſur le peuple Romain, & ſur mes
ſoldats

ſoldats, à fin que nous le ſachions & entendions . Si vous le faites áinſi
ie vous promets de vous faire des temples & ieux. Il faut ſuiuant les meſmes parolles faire des ſacrifices, & voir l'approbation des entrailles, de
ſorte qu'elles promettent telles choſes deuoir auenir . Au regard des villes & armées on les voue de ceſte ſorte apres auoir retiré leurs Dieux. Dis,
ou, toy pere de Iuppiter, & vous les Dieux infernaux, ou bien ſelon que
par autre nom il eſt loyſible les appeller, ie vous prie que vous tous em-
pliſſiés ceſte ville là, & l'armée de laquelle i'entends parler, de fuyte de
frayeur, & d'epouuantement, & tous ceux qui porteront armes, & baſtons contre nos legions , & armées : & que vous chaſſiés l'armée , les
ennemys, les hommes, les villes, & leurs poſſeſſions, & ceux qui habitent en ces lieux, regions, champs, & villes, en les priuant de la lumiere du ciel : & que vous ayés pour damnables & execrables l'armée des
ennemys , les villes, champs, Chefz, & ages de ceux deſquelz i'entend
parler , ſoubs les conditions , ſoubs leſquelles ſont quelque fois les ennemys principalement à mort liurés : les donnant & vouant , comme
vicaire ſuyuant par ma foy, & mon Magiſtrat, pour le peuple Romain,
pour les armées, & legions, à fin que vous laiſſiés ſains, & ſauues moy,
& ma foy, l'Empire, nos legions, & armées qui entendent à vuider ceſte guerre . Et ſi vous le faites ie vous prie que ie le ſache, cognoiſſe,
& entende. Et lors quiconque fera ce veu, qu'il die en le faiſant ie vous
prie vous la terre, & Iuppiter par ces troys brebis que ce veu vous ſoit
aggreable. Alors qu'il dit la terre, il la touche de la main, & quand il
nomme Inppiter, il dreſſe les mains au ciel , & quand il ſe dit accepter
le veu, il met les mains au pis. Voylá la forme d'attraire les Dieux, &
de vouer, extraicte du cinquieſme liure des choſes ſecrettes de Sammo-
nique Serrane, contenant ces deux charmes : Leſquelz il dit auoir trouué en vn fort ancien liure d'vn certain Furius . Il eſt vray que Tite Liue au huitieſme liure depuis la fondation de Rome a exprimé la haſtiueté de Decius vouant ſa vie par vne autre forme de veu vſant de ces
parolles : Prononce premierement ô Pontife public du peuple Romain
les mots par leſquelz i'offre ma vie pour les legions. Le Pontife luy ordonne de prendre ſon manteau long bordé de pourpre, & qu'à teſte couuerte ayant la main ſous le manteau ſortant contre le menton, il die tout
debout auec vn dard ſous ſes piés. O vous Ianus, Iuppiter, & le pere †Ex Ma-
Mars, vous auſſi Quirin, Bellona, vous les Lares, vous les Dieux faictz crobio, le-
des hommes, & finalement vous les Dieux qui auez puiſſance ſur nous, go Noné-
& ſur les ennemys, vous auſſi les Dieux infernaux, ie vous prie en re- ſiles, pro
uerèce vous demãdant, & deſirãt ce bien, que vous donniés vne bien heu- numen ſi-
reuſe force & victoire au peuple Romain, & que vous enuoyés la peur, miles.
frayeur, & la mort aux ennemys du peuple. Suyuãt dõques la teneur de ces
parolles, ie voue pour la republique des Romains, pour leur armée, legiõs,
& ſecours, les legiõs & ſecours des ennemys, & moy aux Dieux infernaux,

& à la terre. Apres ces prieres faictes, il cómáde aux officiers de iuftice d'aller à Titus Manlius, & d'auertir foudain fó collegal qu'il s'eftoit voué pour
l'armée,& fans eftre enueloppé du máteau, il fe iette tout armé à cheual, &
poulfe dedás les ennemys, eftát veu des deux armées vn peu plus venerable
qu'on ne voit les hómes, comme vn facrifice enuoyé du ciel pour appaifer
tout le courroux des Dieux,& pour porter la pefte aux ennemys détournée
des fiés. Par ce moyé tout epouuátemét, & peur portez auec luy ont troublé
les premiers bataillós : puis fubfequémét il dóna dedás toute la bataille. Or
fut vn bien euident figne ce, que quelque part que le cheual le portaft,ilz
eftoyét épouuátez tout ainfi que s'ilz euffent efté frappez de quelque con-
ftellation peftifere, & lá ou il fut abbatu de dars les troupes des Latins épa-
mées prindrent la fuite, & quitterent la place. Il faut auffi entendre, qu'il
eft licite au Conful, Dictateur, & Preteur, quand il a voué les ennemys au
malfacre, deliurer pour facrifier tel des citoyens du dedans de la region
Romaine, qu'il voudra & non foymefme.

DE LA RELIGION DES ANCIENS
Capitaines d'armée.   Chapitre III.

OR n'a le propos rien de beftife que les hiftoires recitét de Zaleuce
Minos,Lycurgus, & de Numa,& autres fémblables hómestouchát
la religió des Dieux,lefquelz ont mis en auát l'opinió desDieux,
à fin de gouuerner, dreffer, & arrefter les multitudes effrenées, &
difficiles, & qu'ilz amenaffent de grádes nouueautez aux republiques, lefquelles fuffent occafion de falut à ceux pour lefquelz on les inuentoit. En
quoy outre ceux que nous auós nommez,il n'y a pas faute d'exéples d'eftrá-
gers, ne de femblables hómes des noftres. De vray ce Thebain Epaminondas a efté d'auis de ne conforter la confiance des fiés contre les Lacedemoniés autremét que par religion, car foudain il embla la nuict les armes penduës au téple pour paremét, & a perfuadé aux gens de guerre que les Dieux
fuiuoyét leur chemin, & qu'ilz les fecoureroyent en leur combat. Comme
auffi Pericles Chef des Atheniés,& preft à donner la bataille, eut apperceu
vn lieu fort couuert,& touteffois bié fpatieux, & confacré au pere Dis, duquel on pouuoit decouurir les deux armées,il ordonne lá dedás vn car,vn
homme de ftature fort haute, & honorablemét paré de pátofles, d'vne bien
gráde hauteur, & d'vne robbe de pourpre, dedás lequel il feroit porté apres
le figne de bataille donné. Et en appellát Pericles par fon nom il l'enhorte-
roit,& luy diroit que les Dieux d'Athenes eftoyét lá: parquoy les ennemys
ont foudain tourné vifaige , d'vn cœur abbatu, & epouuanté. Thimoleon
auffi de Corinthe, grand homme, & grand Capitaine au iugement de tout
le monde , auoit fantafie, que rien ne fe pouuoit mener à fin , qui fuft
profpere, heureux, & bien fortuné fans la puiffance des Dieux: à cefte caufe
il auoit bafty vne chapelle en fa maifon laquelle il reueroit fainctement.
Or auint il auffi des cas merueilleux à l'excellente bonté & religion de ceft

homme

homme. Il a de vray vuydé toutes les plus grandes batailles au iour de sa
natiuité:d'ont il est auenu que toute la Sicile festoye ce iour là. Vn certain
Syrien nommé Eune feignant vne fureur diuine concita les serfs à la liberté, & aux armes quasi comme du commandemét des Dieux en louant glo-
rieusement les cerimonies de la déesse Syrie, & pour faire foy que cela se
faisoit diuinement, il iettoit flambe auec les parolles, ayant en sa bouche
vne noix cachée etofée d'etoupes, soufre & feu en la soufflant legerement.
Ce miracle a dressé vne armée premierement de deux mille hommes de récontre puis soudain par le droit de la guerre, de plus de soixáte mille, estás
les forceres deliurez des minieres & hateliers : & à fin que rien ne defaillist a la mechanceté, il ruïna estant paré d'habit Royal villes, chasteaux,
villages & bourgades d'vn degas miserable. Mais à fin que le propos reuié-
ne aux nostres, d'ont il est quelque peu departy, Scipion le'maieur se ven-
dique en cecy vn honneur notable par sus les autres: comme qui des son
adolescence estoit plus qu'il n'est croyable instruit d'vne merueilleuse industrie à vne ostentation de vertu & saincteté. Il couroit vn bruit,(incertain si tout de gré, ou d'auanture)qu'il estoit de race diuine & non humaine: auquel cóme en tel cas, il auint, à ce aussi faisoyent le circuit de parolles, qu'vn serpent d'vne incroyable grandeur fut veu au lict de sa mere, &
qu'vn dragon epandu tout autour de luy en son enfance ne l'auoit point
offensé, & plusieurs autres telz propos propres à vn peuple ignorant. Or
nourrit il ceste opinion des hommes de tel artifice, qu'il ne tenoit iamais
propos de sa generation tout de gré, & la ou l'on l'interroguoit si le bruyt
qui en couroit estoit vray, il ne l'affermoit, à fin de n'estre tenu pour menteur, ny ne nyoit ce qu'il auoit aggreable estre creu de tout le móde,faisant
plus par ce silence, que s'il se fust presché filz de Iuppiter. Il y aiousta encores vne autre maniere de religion: car tous les iours montant au Capitole
auant tous affaires tant publicz que priuez, il entroit seul en la chapelle de
Iuppiter, & la faisant quelque demeure comme tenant propos auec luy,
(ce qu'il auoit persuadé au peuple)il partoit de la plein de bon espoir pour
mener les affaires, & est certain que cela a bien seruy aux soldats pleins de
superstition & esperance pour la victoire, quasi que les bonnes auantures
fussét promises du ciel.Luce Sylla feignit que les Dieux luy predisoyét l'a-
uenir:afin que le soldat fust plus deliberé au cóbat. Finalemét aussi auát que
venir au combat il prioit l'image d'Apollo qu'il auoit prins à Delphos. Le
priát de haster lavictoire promise C.Marius a eu vne féme Syrienne nómée
Marte, qu'on disoit diuineresse laquelle assise en vne lictiere il menoit bien
parée, la feignát luy predire l'euenemét des batailles.Comme Q.Sertorius
s'aydast d'vne armée de gés barbares & sás cóseil,enclins touteffois à la religió, il menoit par le Portugal vne Biche bláche cóme vn dó de Diane à luy
transmis:affermát cognoistre par elle les choses qu'il deuoit faire ou euiter.
Car touteffois& quátes qu'il auoit féti secretemét que les énemyseftoyéten
trez es limites en armes,ou qu'ilz auoyét pris quelque ville,il feignoit que

la Biche le luy auoit dit en dormant, à fin de se conseruer son armée. De rechef aussi si on luy r'apportoit quelque victoire de quelqu'vn de ses Capitaines, il cachoit le courrier, & coronoit la Biche disant qu'elle luy auoit rapporté bonnes nouuelles, & qu'à ceste cause il failloit supplier aux Dieux, comme qui auoyent à ouyr quelque bóne fortune. Par ce moyen il les forçoit de tant plus à luy obeir comme qui n'estoyent pas menez par vn homme estranger, mais par le conseil de Dieu, & par vne grande religion. Finalement outre ceux cy on peut voir Marc Furin Camille, homme de grande saincteté, paix, & veritablement singulier en guerre, & les autres excellens tant des Romains que des estrangeres nations ia hors de nostre memoire, lesquelz tu trouueras auoir fait grandes victoires, & acquis vne gloire desirée, comme qui plus que les autres auoyent mené leurs guerres auec vne songneuse reuerence des Dieux, & de leur ayde.

QVE LA GVERRE ESTOIT VNE CHOSE
si cerimonieuse, que nul n'estoit receu au nombre sans serment. Chapitre IIII.

E mestier de la guerre, a esté aussi mené d'vne si gráde cerimonie, que nul n'y estoit receu sans faire serment, ny n'estoit licite à hóme d'y prendre charge s'il n'estoit homme de guerre, d'ont si tu veulx auoir temoignage Ciceron est vn temoing tref-sufisant en
,, son premier des offices. Pompille (dit il) tenoit la prouince en chef, en l'ar-
,, mée duquel le filz de Caton fit sa premiere guerre. Et comme il sembla bon
,, à Pompilius de renuoyer vne legion, il renuoya aussi le filz de Caton, qui
,, en estoit. Mais comme de desir de voir il fust demouré en l'armée, Caton
,, escriuit à Pompille, que s'il le vouloit souffrir au camp il print de rechef son
,, serment, car il ne pouuoit raisonnablement combattre l'ennemy, estant
,, quitte du premier. Il y a lettres du viel Caton à son filz Marc par lesquelles
il luy escrit auoir esté auerty que le Consul luy auoit donné son congé, lors que durant la guerre de Perse, il estoit soldat en Macedoyne. Parquoy il luy remontre de ne combatre point. Il nyoit de vray celuy auoir droit de cóbatre l'ennemy, qui n'estoit point soldat. Voylá comme cest homme ainsi sage ne tenoit point pour hóme de guerre, sinó celuy qui auoit fait sermét.

DE QVEL TEMPS PREMIEREMENT
le serment de la guerre a esté d'vn accord voluntaire prins entre les gens de guerre, transferé aux Tribuns, & à vne legale action de iurement, & que c'est qu'ilz iuroyent. Chapitre V.

† Ex Tito
Liuio Luc.
Aemilio
pro flaeco.

Es géns de guerre ont premieremét faict sermét soubz Luce Emille Paul, & C. Varro Cósulz au parauát ilz vouoyent, & iuroyent tant seulemét entre eux d'obeïr au commandemét de leur Capitaine, ou de leur Tribun, de n'abádonner l'enseigne, de bien cóbatre,

batre, & de bien defendre : ne fuïr point la mort, garder fon ranc en combatant, & le garder en cheminant, donner fecours aux laffez, couurir les
bleffez, de fe trouuer au iour de la montre, & de repondre au Chef, eftant
par luy appellé. Ce que Tite Liue n'a pas oublié au vingtdeuxiefme Liure
,, depuis l'edification de Rome. Les Côfuls (dit il) retarderẽt quelques iours
,, apres la leuée faitte, iufques à ce que les alliez de la nation Latine vinffent.
,, Et lors les foldats†(ce qu'au parauant n'auoit iamais efté fait) furent con-
,, traintz de bailler leurs fermens aux Tribuns des gens de guerre de venir
,, au commandement des Confuls, & ne s'en aller fans leur congé. De vray
,, il n'y auoit iufques à ce iour là qu'vn fainct veu, & là ou les gens de cheual
,, eftoyent affemblez en leurs dizenieres, & les gens de pied à leurs centenie-
,, res, ilz iuroyent enfemble voluntairement, les vns en leur dizeniere, & les
,, autres en leur centeniere de n'abandonner l'enfeigne de peur, ou pour fuïr,
,, ne de laiffer les rancz, finon que pour prendre, ou aller querir baftons, ou
,, pour frapper l'ennemy, ou pour fauuer le bourgeois. Lequel ferment eftât
,, entre eux d'vn accord voluntaire, a efté tranfmué par les Tribuns à vne le-
,, gale contrainte de ferment.

Adde.
†Ex Tito
Liuio Mi
lites tunc
quod nũ-
quam an-
tea.

LES PAROLLES DV TRIBVN DES
gens de guerre, quand il failloit faire leuée.　　Chapitre　VI.

Incius en fon cinquiefme liure de l'art militaire dit, que quand
on faifoit vne leuée anciennement, & qu'on enrolloit les gens
de guerre, le Tribun les faifoit iurer en cefte façon de langage au Magiftrat de C. Lelie, & C. F. Confulz, & L. Corneille,
P. F. Confulz, Tu ne feras point de larcin en l'armée, ne à dix mille au
pres par malice, feul, ne en compagnie qui paffe troys folz fix deniers
par iour, & fi outre ceft efpace tu trouues†vn pointon ou bafton ou vne
broche a cinq ordres, chieure à vin, fouffletz, torche, & tu l'enleues n'eftant
tien vaillant plus, tu les porteras à C. Lelie, C. F. Confulz, ou bien à L.
Corneille, P. F. Confulz, ou bien à quiconque foit d'eux que le Tribun
commandera : ou bien tu promettras que dans troys iours prochains tu
rendras, felon que par raifon tu voudras eftre fait au maiftre, auquel tu pen-
feras appertenir tout ce que tu auras trouué, ou enleué de malice. Apres le
rolle fait on leur affignoit iour de montre, pour repondre au Conful les
appellant. Subfequemment le ferment fe prenoit en cefte forme pour s'y
trouuer auec fes exceptions : Si aucune de ces caufes ne fe rencontre, comme les funebres de l'amy, iours de vendenges (qui n'auront point efté ordonnez tout à effient à ce iour là, à fin de ne s'y trouuer) maladie côtinuel-
le, ou bien iour d'aufpice, lequel il n'eftoit pas raifonnable de paffer fans
facrifice, ou bien le facrifice anniuerfaire, qu'on ne pourroit faire qu'au
mefme iour. Si donques aucune de ces caufes entreuient, à lors il le pourra
troys iours apres. Et côme l'homme de guerre eftoit abfent au iour ordôné,

† Lego
pempobo
lum pro
pompabu
lum.

ny n'eftoit excufé, il eftoit confequemment condamné pour abfent, &
au furplus les gens de guerre iuroyent par Iuppiter, & Mars, comme le
temoigue Pline.

QVE LE SERMENT DES CHEFS DE
guerre eftoit l'eleuation du fceptre.   Chapitre VII.

Eux qui auoyent la conduite de la guerre iugeoyent aucunement les controuerfies: ce qu'aucuns faifoyent par ferment, les
autres non. Or auoyent ilz le fermét par l'eleuement du fceptre,
ainfi que dit Ariftote. Voylá qui fuffira quant à la forme du ferment de la guerre & du Chef.

LE MOYEN DE DIVERSES NATIONS
a leuer gens de guerre.   Chapittre VIII.

Omme il foit deux chofes qni font l'homme de guerre, qui font
la leuée, & le ferment, & que ia il ait efté plus qu'affez parlé du
facrement, il nous refte à parler de l'autre. En cefte leuée dóques
de gens de guerre la nature du peuple, & de la region eft premierement à confiderer, veu que de la diuerfité de l'affiete des terres, & du
regard du ciel fe forment les faces, voix, & couleurs des hommes auec
les Lineamens & qualitez des cœurs, & qu'il n'y a point de doute qu'ilz
f'effeminent fort d'vne trop grande douceur du païs, & a la region quelque pouuoir pour donner vigueur aux cœurs, & pour auffi le corrom-
pre. Voylá d'ou vient que les Egiptiens font de leur nature legers, euan-
tez, inconftans, furibondes, venteurs, iniurieux, mutins, & variables à
tout vent. Et les Romains graues, les Grecz glorieux, auares, & legers,
d'ont les Atheniens font de meilleur entendement, les Carthaginoyz cautelleux, & trahiftres: les Galates incenfez, & fi nous croyons à Diodore,
molz, de grandes menaces, detracteurs & fiers en leur opinion, d'efprit
vif, & dociles: les Numides mobiles, & fans foy: les Perfes, & Allobro-
ges cruelz: les Hefpaignolz rudes: les Dannemarchoyz furieux: les Alemans courageux, & cruelz de grande ftature: les Gauloys de cœur plus
grand que ferme, defquelz felô le temoignage de Iulle Cefar au huitiefme
liure de la guerre de la Gaule, le cœur n'eft pas feulement allaigre, mais auffi
própt à entreprédre guerres, auffi eft il mol & de petite refiftéce à porter les
calamitez:& tout ainfi que cóme dit le pere des hiftoyres leurs corps portét
trefmal le trauail, & fe lachét à la chaleur. Leur premier combat eft plus que
d'hómes, & à la fin moindre que de femmes. Il eft tout certain que fi tu fou-
ftiens leur premiere fureur, qu'ilz iettét d'vn cœur bouillât, & de courroux
hebeté, leurs mébres fe lachét de fueur, & laffeté, les armes leurs tombét, le
foleil, la poulfiere, & la foif combat leurs corps, & leurs cœurs mols apres la
furië

furië paſſée, de ſorte qu'il n'eſt beſoin de grandes armes. Que diray-ie d'aucunes parties de l'Aſie, comme la Phrigie & Carie? N'eſt il pas vray, ſi nous
croyons à Ciceron, & à l'ancien prouerbe que les Phrigiens ſ'accouragent
aux coups. Que dirós nous de toute la Carie? N'eſt ce pas vn commun prouerbe, que ſi tu veux rien entreprendre de perilleux, il le faut faire auec vn
Carien? Que diray-ie au ſurplus des Candoys, leſquelz ſelon l'opinion du
poëte Epimenide (laquelle Callimache a depuis vſurpé) il eſt certain auoir
touſiours eſté menteurs, mauuaiſes beſtes, & ventres pareſſeurs? Finalemét
ceux qui ſont prochains au pole Meridional, aſſis ſous le Zodiac, ou bien
qui ont leur regard à la region Oriétale ſont de petitte ſtature, & beaucoup
plus que nulz autres, promptz, & ſoudains, d'vne incroyable viuacité aux
bons auiz de la guerre, pour la ſubtilité de l'air cauſée d'vne chaleur fort
apre. Et tout ainſi qu'ilz ont beaucoup d'eſprit, & ruſe, auſſi ont ilz bien peu
de cœur. Car il eſt bien raiſonnable qu'ilz fuyent le combat, attendu le peu
de ſang que l'ardeur du ſoleil leur a laiſſé, comme dit Lucain:

,, *Tout ce qu'à l'Orient, & aux chaudes contrées*
,, *Naiſt, eſt de lache cœur, la clemence du ciel*
,, *Les peuples amolliſt, & là les veſtemens*
,, *Des hommes tu verras à deliure & bien longs.*

Au regard des nations, & peuples viuans ſous le Septentrion, ilz ſont de
ſtature fort grande auec beaucoup de ſang, pour l'abondance de l'humeur,
& eſpeſſeur de l'air là epandu. Et tout ainſi qu'ilz ont l'entendement hebeté & peſant, auſſi ſont ilz d'vn cœur grand & fier, & pourtát beaucoup plus
enclins à la fureur des armes, & qui au demeurant vont hardiment au com
bat, & aux coups pour leur abondance de ſang. Et ſi par fortune quelqu'vn
en fait doute, la grande diligence de Lucain l'appreuue en deux paſſages,
diſant premierement ainſi:

,, *Les peuples ſont eureux en leur erreur, leſquelz*
,, *Sont ſous le pol Artique, & qui ne ſont preſſez*
,, *De la peur de la mort la plus grande de toutes.*
,, *Par là les hommes ſont enclins de ſe ietter*
,, *Au peril de la mort, l'epargne de la vie*
,, *Leur ſemble choſe lache.*

Et autrepart.

,, *Tout peuple ſous le North qui ſa naiſſance prent*
,, *Eſt de guerre indomtable: & de Mars amoureux.*

Les corps auſſi des Alpinoys nourriz d'vn air humide, ont quelque conuenance auec leurs neiges, & ſont de meſme nature que leur ciel, comme
dit le poëte. Car quand la bataille eſt eſchaufée, ilz ſuënt incontinét, deue-
nans laches d'vn leger mouuement, quaſi comme d'vne ſueur. Cóme donques vn air chaud rendre les entendemens des hommes plus ſubtilz, &
promptz au mouuement, & qu'au contraire le froid les face plus lourdz,
d'autant que le froid eſt peſant, & pareſſeux, comme on le voit es ſerpens,

defquelz eftant la refrigeration de l'humeur chaffée par l'ardeur du foleil s'emeuuent vifte, & combattent fieremét, mais auffi font ilz en hyuer prefque immobiles & tranfiz, pour autant qu'ilz font refroidiz par l'humidité de l'air. Il faudra donques élire ceux, qui aurót des leur naiffance aquis vne moyenne qualité des contrées, & regions, d'autant qu'ilz participent de deux natures, & qu'ilz font naiz pour contemner la mort, & pour mener leurs combatz d'entendement & de hardieffe : ioint que ce tant falutaire meflement des deux, rend les efpritz pleins de fens à tous actes, coutumes, & façons de viure, & capables de tout Empire, & de toute nature, comme font tous les Italiens: lefquelz par force ont aquis los inuincible, & immortel contre la vertu des Barbares, & de confeil contre les rufes des Meridionaux par vne iouiffance de tout le rond de la terre. Pour lequel acquerir facilement il faudra ordonner entre eux des hommes d'vn excellent entendement, & entéduz en l'art militaire : lefquelz auront à prendre la folicitude, & faire extreme diligence, que nul homme de guerre foit paffé à la mon tre contre l'ancienne mode qui foit moindre d'age pour la force, ou bien trop plus auácé que ne le peut porter la nature humaine. Or a Tubere efcrit au premier liure de fes hiftoyres, que Seruin Tulle Roy des Romains treffage a ordonné le commancement, & la fin de cefte façon d'age depuis le dixfeptiefme iufques au quarantiefme an, d'autant qu'il les eftimoit lors mettables. Nous auós auffi entédu que le Senat auoit de coutume de créer

deux †Tribuns pour cefte leuée de gens de guerre, d'ont les vns au dedás, & outre cinquante miles, regarderoyent es places, marchéz, affemblées tous les gentilz-hommes pour les faire gens de guerre, encores qui ne fuffent de l'age requis, là ou aucuns d'eux fembleroyét de force fuffifante pour porter armes, & que les Tribuns de la cómune feroyent leur r'apport au peuple fi bon leur fembloit, que ceux qui eftoyent moins agez que de dixfept ans, aufquelz ilz auoyent fait faire ferment auroyent la foude tout ainfi que filz les auoyét, ou plus. Ny n'ont point autremét Iunius Dictateur éleu de l'authórité des Senateurs, & le Conneftable Titus Sempronius fait enrôller en faifant leur leuée les moindres d'age de dixfept ans, d'ont ilz drefferét quatre legions, & mille cheuaux.   Philippe a premier entre les Roys de Macedoyne, & foudain apres luy Alexádre ordonné de prédre non feulemét les moidres de dixfept ans, & iouuéceaux, ne feulemét la ieuneffe de bóne force pour dreffer vne armée, mais auffi les vieilz foldatz: lefquelz iadis auoyét fouuét, & lóguemét fuiuy les bádes: & ceux auffi qu'à bóne raifon tu ne diroys tát foldatz q̃ choyfiz pour Capitaines & Tribuns pour la reueréce de la vertu, & gráde fageffe. Il en eft auffi qui font d'auis d'auoir égard en cefte leuée à la gráde ftature, car ilz difent q̃ la force & gráde vigueur cófifte en vn grád corps tout ainfi q̃ la beauté. Nó fás caufe dócques difoit Pyrrhus à fon cótrolleur, élis les plus grádz, ie les rédray affez hardis. Il n'y a touteffois pas grád égard, pourueu q̃ les autres marques de bóté s'accordét, filz font grádz ou cours. Il eft beaucoup meilleur d'auoir égard à la vigueur qu'à la ftature.

Auffi

Aussi n'y a-il pas faute d'autheurs renommez, qu'il a esté des cheualiers Romains de trois piedz de haut, tout ainsi que C. Marin ayãt pouuoir de dresser vne armée d'vn choys de deux autres qui auoyent esté sous Rutille, sous Metel, & depuis sous sa charge mesme, choisit sur tous autres soldatz le petit Rutilian: d'autant qu'il estimoit mieux apprins au mestier de la guerre. Ce mesme Marin estant declaré Cõsul, & faisant vne leuée de gẽs de guerre, enrôla les frãcs de pauureté, laquelle maniere d'hommes n'auoit iamais au parauãt esté receu par les autres Chefz d'armée. Car ces anciens n'auoyẽt point de coutume de departir les armes sinon aux nobles, & aux gens de bien & de bon seruice, iugeans le bien estre quelque gage pour bien faire son deuoir. Aucuns disent que Marin le fit d'vne arrogãce de Consul contre la loy & coutume des ancestres: les autres, par faute de finãces. Mais craignant depuis que ceste façon de leuée de soldatz luy pourroit donner mauuais bruyt, & que le Chef ne fust par vn diffame appellé Capitaine frãc par pauureté, trouua bon de casser ceste maniere de gẽs de guerre. Et combien que iusques à ce iour là la Republique Romaine portast mal enuye l'enrôlement d'vn homme pauure quoy qu'il fust noble, elle a touteffois esté contrainte de leuer des cabanes seruiles & burons des pasteurs, vne maniere de villennaille par maniere de dire, & la ioindre à ses legiõs comme pour vne bien grande force. Comme aussi en la secõde guerre Punique il y eust faute de gens à la leuée, les serfz promettans de combatre pour les maistres furẽt receuz bourgeoys, & appellez Volones, d'autant que franchement ilz le vouluret. Le Senat aussi au temps de la mesme guerre, apres quelques mesauãtures de batailles, & la diminution des legions Romaines fut d'auis qu'on acheteroit des serfz des deniers communs, d'ont certainement il en fut acheté quatre vingt dix mille, & les enuoya au camp apres auoir prins fermẽs deux de combatre en gens de bien, & de cœur tãt que les Carthaginoys fouleroyẽt l'Italie. Apres la perte des Romains aux Cannes, le defaut aussi d'hõmes libres auec la necessité fit faire vne semblable leuée, tellement qu'ilz armerent huict mille robustes iouuenceaux esclaues achettés des finãces publiques interrogans chacun d'eux silz vouloyent suyure la guerre: & combien qu'on eut peu r'achetter six mille Romains à moindre pris, qu'Annibal tenoit prisonniers, la Republique ayma touteffois mieux en vn si grand trouble se fier aux esclaues: auquel temps on dit que plusieurs iouuẽceaux, & plusieurs banniz ont porté armes, & que six mille hommes condamnez à mort furent enrôlez. Mais apres la perte aupres du lac de Perouze les Libertins aussi furent receuz au serment. Le deuoir aussi des bandes dressées de douze mille Libertins se mõtra d'vne vertu memorable contre les Gauloys durãt la guerre socialle. Comme aussi les Latins subiuguez par les Romains, ne voulussent point bailler gens, il fut fait vne leuée de la ieunesse seulement, & dressées dix legions qui reuenoyent à soixante mille hommes, ou plus sous la charge de L. furin, estant encores la force des Romains petitte. Nous trouuons que quãd Cesar remplissoit les bandes, qu'au lieu des mors il receut des ferfs de fes amys, du deuoir defquelz il f'eftoit bien aydé. Cefar Augufte leua plufieurs bādes de Libertins en l'Alemagne & en la Sclauonie, lefquelles il appella vouluntaires. Mais à fin que tu ne penfes cela eftre feulemēt auenu à noftre Republique, les Boriftenides eftās affiegez par Zopirion ont fouftenu le fiege en donnant la liberté aux ferfs, aux eftrāgers la bourgeoyfie, & aux obligez l'abolition de dettes. Cleomenes Lacedemonien n'ayant plus que quinze cents Lacedemoniens, qui peuffent porter armes leua neuf mille hommes de guerre des ferfs affranchiz. Les Atheniens ayant employé toutes les finances publiques affrāchirent les ferfs. Caton le Cenforin difoit que le foldat de quelque condition qu'il fuft ne luy eftoit bon, qui en combatant remuoit les piés tout ainfi que les mains en marchant, & duquel les ennemys decouuroyent de plus loing le coucher, que les cris. Il difoit d'auantage qu'vne ieuneffe qui rougiffoit luy plaifoit plus que celle qui palliffoit. Et cōme il f'attachaft à groffes parolles à vn certain homme replet, il luy demanda en quoy il penfoit que cefte forme de corps pourroit faire feruice à la Republique, duquel tout ce qu'eft entre la gorge & le nombril eftoit fous la puiffance du vētre. Auffi ne fe montroit point autrement ceft Epaminōde Thebain courroucé aux bien gras, comme qui en caffa vn de fon armée, difant qu'à peine pourroyent trois ou quatre boucliers couurir le ventre de celuy pour la grādeur duquel il ne pouuoit voir fon membre viril. Nous auons femblablement leu que les Cenfeurs auoyent anciennement de coutume d'ofter le cheual à vn homme replet, & corpulent l'eftimans moins idoene à faire le deuoir d'vn homme de cheual pour le poys d'vne fi grande maffe. Cefar trouue bon de choifir l'homme de guerre, non pas pour fa ciuilité, ne pour la belle taille, ne pour l'abondance de biens, mais tant feulemēt pour la force des membres, fuyuant en cela fes anceftres comme ie croy. Car tout ainfi que cefte vraye race de Romule exercitée aux champs & villages eft faiĉte de corps merueilleufement robuftes, auffi a-elle au befoin toufiours preferé la commune des champs pour le choys des fortz, & vaillās foldatz à celle des villes. Et tout ainfi que les anciés appelloyēt toute maifon des chāps (ortus) iardin ou naiffance, d'autant que ceux qui pouuoyent porter armes y naiffoyent, auffi ont ilz apres les guerres affoupiés ordonné les villes pour augmenter la Republique, lefquelles ilz affignoyent à leurs foldatz victorieux pour guerdon, & les ont appellez (Coloni) de (Incolo) habitans. Voyla comment auffi les citez faiĉtes des plus grandes, quafi comme reiettons de peuples font appellées Colonies. Iulle Cefar auffi a retenu l'hōme de guerre tiré du labeur des champs à la foude, & a enuoyé les vieilz foldatz aux Colonies. Le Diuin Augufte auffi mit es Colonies ceux qui auoyent hāté la guerre fous Antoyne, ou fous L. Lepide, & ceux auffi de fes legiōs: les vns en Italie, les autres en certaines prouinces. Et apres auoir rafé les villes des ennemys il en edifia de nouuelles, & en tira aucunes des anciennes bourgades, & les appella Colonies. Il repeupla auffi de plus grand

nombre

nombre de citoyés les villes deſtruictes par les Roys, ou Dictateurs, & celles que la guerre ciuile auoit ruïné, en leur baillant de rechef le nom de Cō
lonie. La Republique auſſi Romaine retint à la ville les gés de guerre comme duïſans à tous, veu qu'ilz luy eſtoyét neceſſaires pour par force repoulſer la force des ennemys, & qu'auſſi à peine pourroyét ilz touſiours mener
vn meſme meſtier de guerre, & a donné ordre que chacun à ſon tour, & ſelon ſa condition feroit le deuoir. Parquoy le laboureur alloit à la guerre à
ſon tour, ou bien quand la neceſſité de la Republique le requeròit, laiſſant
ſon labeur, & en oubliant le meſtier de l'agriculture il faiſoit celuy de la
guerre comme tout chágé, puis de rechef il retournoit à la charuë non pas
comme ſoldat ou Capitaine, mais comme laboureur. Ny ne leur eſtoit hó-
te en delaiſſant les armes de reprendre la vie champeſtre contrainčts pour
la diſette de biens. De vray les plus grandz de la cité viuoyent es champs en
ce temps là: & lors que la diette auoit de coutume d'eſtre faicte on les appelloit des villages au Senat. Ce que certainemét eſt tát veritable, que les honneurs dónez à Attille Serrane ayant à receuoir l'Empire des Romains, l'ont
trouué ſemant, d'ont depuis il eut le ſurnom. Vn huiſſier apporta la Dictature à Quintius Cincinatus labourát huit ſiens arpés Romains en la contrée Vaticane, qu'au parauant on appelloit les prés Quintiens. De laquelle
apres auoir deliuré d'vn ſiege le Cóſul auec ſon armée, il retourna de rechef
(laiſſant les verges & doloueres) à ſes bœufz eſtant de lá en auant bouuier.
Outre plus C. Fabrice, & Curin le denté, deſquelz le premier apres auoir
chaſſé Pyrrhus de l'Italie, & l'autre apres auoir ſubiugué les Sabins n'ont
pas exercé l'agriculture de moindre induſtrie qu'ilz ont cerché l'ennemy
de grand cœur, & hardieſſe. Ny ne faut pas en penſer moins de M. Furin
Camille, & d'aſſez d'autres memorables Capitaines de la nation Romaine, ſ'adonnans du tout à ces deux manieres d'exercice tant pour la defenſe
que pour l'agriculture de leurs païs, ou confins cóquiz ſelon que temoigne
Lucain diſant:

> On fuit la pouretté que tout le monde blame,
> D'ont toute nation hores quiert à ſes terres
> Ioindre longues limites, & ſous les laboureurs
> Incogneuz loing leurs champs etendre que iadis
> Le robuſte Camil de ſon ſoc ſillonna,
> Et qui des Curions ſoufrit l'ancienne houe.

Veu que la difference, & l'honneur de la cité ne venoit que de lá, ne les
ſurnoms des anceſtres. De vray auſſi quelques hommes de renom penſent
que les Fabins n'ont point eſté premierement dičtz Fodins ſinon du fouil-
lement de la terre, & que depuis en changeant deux lettres ilz ont eſté ſur-
nommez Fabins, parauanture pour le labeur ſingulier qu'ilz faiſoyent de
feues. Car à la verité ſelon que chacun faiſoit quelque bonne ſemence, ilz
receuoyent les ſurnoms de Fabins, Lentules, Cicerons. Et ainſi ont ilz appellé Bouuiere la famille des Iunins, comme qui vſoyét de bœufz. Ce que

non ſeulement ont fait les ſemences, mais auſſi eſt il certain qu'vne truye, & aneſſe ont donné des ſurnoms à grandz ſeigneurs, comme à Tremeille, & au Chef de la race des Cornelins, & à tous les Cornelins & Scipions. Finalement Syluin duquel ſont tous les Roys des Albanins appellez Syluins, ne ſeſt point procuré ce nom entre les Latins, ſinon d'autât qu'il auoit eſté nourry es foreſtz & aux champs, & en tant que les races ruſtiques habitans en la campagne eſtoyent tenuës pour les plus louables, & les villotieres blaſmées de pareſſe : auſquelles auſſi la retraitte pour habiter eſtoit ignominieuſe : ie penſe que c'a eſté à fin que la leuée ſe fiſt des gens champeſtres, d'autant que ſans péſer à mal ilz ſont plus idoënes de porter chaud & froid, poudres & neiges, de paſſer les riuieres à gué, & de monter plus legeremét les montagnes, veu que leurs membres ſont endurciz à porter tous maux : ioint auſſi que les nonchallans de toutes delices, & voluptez ſemblent à bonne raiſon n'en deuoir pas faire grand cas en la guerre, veu que mal traictez de tant de trauaux & peines ilz en ſont deliurez. Celuy certes qui vit plus groſſement, creint ie ne ſçay comment moins la mort. Ie ne ſuis pas touteſfois d'auis qu'on doyue nier qu'on n'ayt leué dedans les villes de bós & hardiz ſoldatz Grecz & Romains auec los & honneur : mais c'eſtoit d'autant que lors ceux là n'eſtoyent point corrompus de repos, langueur, & pareſſe, ne de plaiſirs, ne d'vmbrages, ne en delices, ne de ces autres voluptés, mais acoutumez à prendre le peril d'vne honte d'infamie, & d'vn deſir de gloyre, tous telz qu'eſtoit hector, & Diomedes, que Homere prend d'entre les citoyens, ont eſté le ſalut, & fondement de la Republique, & de ce ſi grand Empire Romain. Au regard des gens de guerre villotiers de noſtre temps qui ſont accouſtrés richement, perfumés, parés, & ainmentiz aux amiellemens de villes, attédu qu'vne ſeuere diſcipline à raiſon du lieu conferme l'eſprit, & le rend plus propre à grandz effortz, ilz ont le plus ſouuent de coutume s'il faut combatre de ne ſeruir pas tant à leur Capitaine pour la victoyre qu'à prouoquer l'ennemy au butin : attendu qu'ilz n'ont pas grande fiance aux armes legeres, & peu de vigueur eſtâs bien equippez. Et pourtant comme Hannibal ſe fuſt retiré pour ſa ſauue au Roy Antiochus, il luy donna vn plaiſant brocard d'ont voicy l'occaſion. Le Roy Antiochus luy montroit vne grande armée qu'il auoit dreſſé pour combatre les Romains parée de pourpre, & d'enſeignes d'or, & d'argent & appreſtz de richeſſes, faiſant auſſi marcher des cars à faux, & des Elephans auec leurs tours, & la cheualerie auec vne ſplédeur de freins, ioyaux & bardes. Et comme le Roy merueilleuſemét glorieux en contemplant ceſte armée ſi gráde, & ſi brauemét parée regarde Annibal : Penſes tu point (dit il) que toutes ces choſes ne ſoyent equiparables aux Romains, & ſuffiſantes pour eux ? Alors Annibal ſe moquant de la beſtiſe & ignorance de ſes ſoldatz tant richemét parés : Ie le croy, dit il, veritablement, quelque extreme auarice qu'ilz ayent. A la verité auſſi ne pouuoit on pas mieux rencontrer, ne mieux mordre. Le Roy de vray ſ'eſtoit enquis pour le nombre de ſon armée, & pour en faire la comparaiſon :

paraiſon, Annibal luy repondit de la proye, comme y eſtant ceſte maniere
d'hommes coutumierement expoſée. Il ſauoit treſ-bien que le ſoldat pau-
uremét veſtu ſe côfie à l'eſpée, & aux armes, ſans eſtre paré de pourpre, d'or,
& d'argent: & que ce tant riche apparat d'armes eſtoit plus veritablement
proye, qu'armes: leſquelles ſont tout ainſi difformes entre les playes &
ſang qu'elles ſont belles auant le combat: que la vertu eſt la gloyre du ſoldat: au regard de toutes ces autres choſes, elles ſuyuent la victoyre: & que
l'ennemy riche eſt le guerdon du victorieux, combien que pauure. Si Naſo
donques finalement ne repoulſe pas ſeulement ceſte façon de gés de guerre de ſon art militaire, mais auſſi leur deffend les approches, côme vne certaine peſte, & infection, qui les croyra deuoir eſtre receuz en vne forte armée? ſinon que parauâture ils ſe ſoyent voué auec Darius, ou plus toſt auec
Thraſo à la guerre de Venus, pour comme luy, forcer d'aſſaut Thaïs auec
vne armée de maquereaux, femmes, & ennuches, & autres miniſtres de voluptez, & d'vn villain meſtier, & art, en dedaignant Mars contre l'ordonnance non ſeulement d'Annibal, mais auſſi de Caton, & de l'ancienne mode de faire? Ce que Lucain a exprimé en peu de parolles.

    Duquel le long manteau a les membres pelluz,
    Enclos à la façon des Quirites Romains.

    Ceſt autheur ſi grand n'euſt pas tant loué celá, ſi l'vſage de la mante ru-
de ne fuſt venu par la coutume des Quirites. On doit donques élire entre
tous autres hommes ceux qui auant le combat ne font pas branler leurs
pointons à la façon des Samnites, pour par apres ne ſen ayder à la bataille.
Mais au contraire ceux qui apres ſen eſtre ecarmouché, auront le pouuoir
de ſen ayder au combat.

DV CHOYS DES CHEVAVX.
Chapitre IX.

Vis que nous auons ſuffiſamment parlé du choys des gens de
guerre, venons maintenant au moyen & ſigne du choys des cheuaux pour la guerre, par leſquelz les ſoldatz cognoiſſent les marques des excellens cheuaux pour n'eſtre trompez à l'achapt, &
qu'ilz ne perdent leur trauail, & depenſe en vn lache cheual. On l'epreuue
par nature, par ſes conditions, au poil, à la taille, & au lieu de ſa naiſſance.
L'epreuue par nature eſt, ſil eſt ioyeux, follaſtre, & deliberé, ſil eſt hardy
ſans ſeffrayer de quelque choſe nouuelle. Celle de ſes conditions eſt quand
d'vne gayeté, & furie on le rend doux, & traictable, & qui d'vn grand repos
eſt prompt à l'eperon ou bien aiſé à arreſter en ſa courſe: c'eſt à dire qu'il ſoit
glorieux auec attrempançe, & crainte, & prompt auec vn maniment par la
ſeule parolle & raiſon. Le cheual au contraire, eſt blaſmable, lequel eſt mal
façonné, etourdy, ſans cœur, & retif, dur au fouet, & à l'eperon, & qu'on ne
peut donter au frein, ne à coups, & qui en le cheuauchant ruë, ou bien en
prenant le frein aux dents, à fin de n'eſtre maiſtrié donne de violence de la

M

dent au cheuaucheur, ou carreton le tranſportant & rauiſſant par terre en lieu, auquel il n'euſt oſé deſcendre voluntairement. D'ont il auient que ſi quelquefois il faut aller faire teſte à l'ennemy, il eſt neceſſaire au cheuau-cheur de demourer en croupe de la troupe, ou bien eſtre inutile par la mau-uaiſtié du cheual. Mais entre toutes les diuerſités de poil, deux tant ſeule-mēt ſont à conſiderer. Le blanc bien poly, & le gris pomelé, ſubſequemmēt apres le moucheté, puis l'Alezan, c'eſt à dire, qui tient beaucoup du rouge ardant, comme ſont les fruiſts du Dattier, que le ſoleil n'a pas encores du tout meury, & pourtant vne branche du Dattier eſt appellée rouſſe. Quant au corſage, il le faudra choyſir d'vne teſte éueillée, petite, & ſeiche, la peau tenant preſque aux os: l'encolure haute & releuée: petite oreille & pointuë: l'œil grand, gros, & noir, ou rouſſâtre, quaſi comme eſtincellant: naſeaux fort ouuers, à fin que par les deux trous il puiſſe plus aiſémēt pouſſer & r'a-uoir ſon vent: le crein eſpes & pendant à dextre: les couilles petites, & ega-les: croupe ronde: longue queuë: la iambe ſouple, haute & droitte: le pié ſec, haut, bien vuydé, & rond: & que finalemēt toute la taille ſoit bien pro-portionnée, & bien ordonnée par tous les membres, & qui ſoit grād, haut, & bien releué: & qui (comme dit Xenophon) a eſté cleué en païs pierreux, & au demeurant comme dit la Satyre.

> " De meſmes louons nous le cheual qui eſt viſte,
> " Auquel facilement dedans le rauque parc
> " La palme eſt deſirée, & treſſaut la victoyre.
> " Celuy noble ſera de quelqu' haras qu'il ſoit
> " Qui les autres deuance appertement, & qui
> " En la pleine premier fait voler la poulſiere.

LE MOYEN DES NATIONS
à élire vn Chef. Chapitre X.

Pres le choys faiſt des ſoldatz, & des cheuaux propres à la guerre, nous cerchons quel Chef il leur faudra bailler en declarāt les vo-luntés & affeſtions des nations en cela. La loy defend aux Iuifz l'eſtranger, à fin que la puiſſance de ſon authorité ne corrompe le deuoir de leur religion. Au regard des autres nations, il ſeſt trouué de bien fort nobles Chefz, & Capitaines de païs, & contrées eſtrãges. Et pour-tant fut il dit par oracle aux Egiptiens, qu'ils ſe ſeruiſſent d'vn Hebrieu có-tre les Ethiopiens. Les Carthaginoys fort rompus, & affoiblis de beaucoup de guerres, & pertes, firent Chef d'armée Xantippus Roy des Lacedemo-niens auec ſon ſecours: leſquels deffirēt les Romains cóbatans vaillammēt, & de grāde hardieſſe. Les Tarétins vainquirēt les Atheniens ſous la charge de Gilippe Lacedemonien. Les Gauloys prindrent Rome ſous la códuitte de †Brennus Angloys, bruſlans d'auantage Rome. Au regard des Romains, leſquelz il eſt certain, ſauf la bonne grace des Grecz auoir excellé par ſus toutes nations en trauail, en induſtrie, armes, & diſcipline militaire, plu-

† Neſcio vnde hic excerpſit hunc Brē-num fuiſſe Britannū, quē Liuius teſtatur Gallorum regulum.

ſieurs

sieurs les ont loué iusques au ciel pour la conduitte & gouuernemét d'vne
armée . Et pourtant quand Cyneas principal ambassadeur de Pyrrhe entroit à Rome il temoigna auoir veu le païs des Roys:lequel auis ie trouue
bien quadrer à cest autre poëtique.

> *Autres comme ie croy battront de meilleur grace*
> *En images le cuyur & tailleront au vif*
> *Le marbre, & beaucoup mieux ils plaideront les causes.*
> *Ils descriront aussi beaucoup mieux au quadrant*
> *Les passages du ciel & la leuée des astres.*
> *Mais ayes souuenance ô Romain de regir*
> *Les peuples sous ta main, & bailler loix de paix.*
> *Ce sera ton estat aux subiects pardonner,*
> *Et vaincre les superbes.*

Au demeurát les Romains ne semblét point suyuát cest auis auoir fauo-
risé quelqu'vn,quád ils ont receu les estrágers aux plus hautès dignités: par
la vertu desquels il est certain que Rome a prins grande croissance. Il en est
qui disent que les richesses sont seules,qui accompagnent & honnorent la
gloyre des Chefs & Capitaines : par le defaut desquelles, ils veulent , & le
prechent qu'il ne se peut rien faire d'entreprise grande,rien de magnifique,
ne finalemét rien d'excelléce : & que les Perses ne les Grecs,ne les Romains
n'ont point cóquis le rond de la terre sans abódance de finances. Les autres
pésent que pour acquerir gloyre & triumphes , on doit tát seulemét bailler
charge aux bien-fortunés & heureux.Quelles richesses,disét ils, ou armées
de natiós eussent dressé les aureilles aux Romains cótre Annibal, sils n'eussent eu Corneille Scipion Chef bien-heureux,lequel le defit seul, delaissát
l'Italie,aupres de Carthage?Quel pfit eussét porté aux Carthaginoys leurs
si gráds thresors,& grádes armées pour assaillir & gaster si long téps l'Italie,
sils n'eussent baillé la charge de leurs gés à Annibal Chef d'armée fort rusé
& hardy?Les Thebains ont ainsi élu pour Chef le tres-preux Epaminóde,
aussi ont les Lacedemoniés Leonide,& les Atheniés Themistocle . Les autres qui sont auec toy de meilleur auis, Sigismód,pésent que les grádes char
ges & Magistrats supremes ne doyuét pas estre baillés aux opulés & riches,
ne aux bien heurés, ne aux Capitaines cauteleux,& hardis,mais aux doués
de bon entendemét, & de bon cœur. Ce n'est pas grád chose, dit Ciceron,
de la guerre hors le païs, sil n'y a bon conseil en la ville, ny ne sont les gráds
affaires vuydés seulement par la fortune,ou forces,legeretés,ou agilités du
corps,ou par course & embusches,ou bien de loing à dards,ne par combat
de main à main,mais beaucoup plus par cóseil,raison, bon auis, authorité,
& sauoir.Mais comme tout le móde sache,presche,& ait en amiration toutes ces choses estre en toy , soit par don de Dieu ou de nature , se deura lon
émerueiller si toute l'Italie t'a choisy pour Chef à tous ennemys de guerre,
& à vuyder tous affaires gráds? Au regard de la crainte que chacun a pour
toy, & d'ont ils t'osent bien reprédre publiquemét, c'est qu'ils disent que tu

fais le meftier d'vn foldat bien hardy, & des prouefles de ta propre main, &
que tu te hazardes trop à toutes heurtes, ce que touteffois nous auós leu a-
uoir efté propre à Epaminonde, au Sertorin, à Cefar, à Augufte, & à autres
plufieurs grands Capitaines : Ie te laiffe touteffois penfer qui es homme de
grand iugement, combien eft glorieux, combien auffi eft perilleux le maniment de tant, & fi grands affaires de guerre, veu que tu es homme de con
feil & de pouuoir, & excellét par fus-tous Chefz, & foldatz en leurs deuoirs.
C'eft fans point de doute vne gloyre bien rare, & qui (cóme dit Salufte)de
Iugurtha fe peut bien dire de toy du confentement de tous par fus tous les
„ Chefz de noftre téps. De vray, dit il, Iugurtha eftoit(qui eft vne chofe bien
difficile)homme preux au combat, & de bon confeil. Mais pour autát que
l'vn a fouuenteffois de coutume de caufer vne peur par vne preuoyance , &
l'autre vne outrecuidance par vne audace, fais que la fortune & opinion
ne te porte & offre pas tant aux perils, que la vertu & bon confeil. Donnes
toy donques garde ie te prie, & diftingue le deuoir d'vn Chef & d'vn foldat. Tu entens de vray beaucoup mieux quelles font les parties d'vn Chef,
& le deuoir que doit la prouefle & la profeffion du foldat : lequel ne fe
doit pas exiger, ny ne doit eftre faict à part par le Chef, finon par auanture qu'à vne grande neceffité. Nous lifons que comme quelqu'vn appelloit au combat d'homme à homme Marin tref-vaillant Chef, il repondit
que fil eut voulu mourir il auoit peu fouuenteffois le faire d'vne corde, &
que le fage ne cerche pas le combat, mais la victoyre. Voyla ceft hóme donques trefconuoiteux de gloyre, & Romain, difcernant, combien font diffe
rens le deuoir d'vn Chef & du foldat, & penfant que fouuenteffois vn Chef
feft plus fouuent fauué fans armée que n'eft vne armée fans Chef. Or voys
donques ô noble Chef, Marin auoit fuy le combat d'homme à homme, ce
que nous ne lifons point auoir efté refufé par aucun foldat, à fin qu'à fon
exemple tu aprenes de dedaigner le deuoir propre au foldat, & d'accóplir,
celuy qui quadre à la maiefté d'vn Chef : Mais fi Marin pour la baffe condi
tion de fa race ne t'emeut gueres, ecoute Scipion de la race Cornelie : non
pas tous mais celuy qui par fes prouefles a aquis le furnom d'Affricain. Car
cóme ceftuicy fut chargé par quelqu'vn de lacheté, pour n'eftre gueres bon
combattant, il f'en laua d'vn plaifant rencontre : il me fouuient, dit il , que
ma mere m'a enfanté Capitaine, non pas foldat. Comme auffi plufieurs
fecriaffent à Metel, qu'il combattift auec le Sertorin l'appellant au combat
d'homme à homme, comme Chef auec Chef, Romain auec Romain, ils
le defprifoyent comme homme lache d'autant qu'il le refufoit. Touteffois
Metel à bonne raifon ne faifoit point de cas de leurs parolles, car(comme
dit Theophrafte)vn Chef doit mourir en Chef, & non pas en foldat. Ne
t'efmeus pas auffi Sigifmond en ce que nous lifons Alexádre le grand auoir
fait le deuoir de Capitaine, & de foldat: & te fouuienne qu'il a efté loué par
le plus experimenté Prince, le plus approuué en l'art militaire, d'auoir feulement fait tefte, & vaincu des armées bien grandes auec peu de gens,

&

& d'eſtre allé en cóbatant iuſques aux extremités du monde contre l'eſperance, & la fantaſie humaine. Or n'a pas ce ſi grand iuge & temoing Annibal loué ce ſi grand Prince Scipion diuiſant auec luy pour auoir eſté hóme de main, & excellant combatant, qui eſt la gloyre d'vn ſoldat. Ie ne ſuis
pas auſſi d'auis que tu prennes exemple à ce mutin Catelin, duquel Saluſte
, a eſcrit en ces parolles : Catelin ce pendant marchoit à la pointe auec les
, plus allaigres donnant hores ſecours aux plus preſſez, autreſſois il met
gens frais pour les bleſſés, il prouoyoit à tout : & entre ces deuoirs d'vn Capitaine il met ſubſequemment le deuoir du ſoldat, comme qu'il combatoit, & defaiſoit ſouuent l'ennemy. Somme qu'il faiſoit enſemble le deuoir d'vn vaillant ſoldat, & d'vn bon Capitaine. Or eſt autre la raiſon de
ce que doit faire, & autre de ce que Catelin faiſoit. De vray il combatoit
en deſeſperé : Car comme dit Saluſte apres qu'il ſe voyoit enclos de montaignes, & d'ennemys, & que toutes choſes luy eſtoyent contraires à Rome, & qu'il n'y auoit plus d'eſperance de fuyte ne de ſecours, il delibera
d'eprouuer la fortune eſtimant cela pour le meilleur : il ſe promettoit toutes choſes ſ'il vainquoit, eſtant en tout deſeſperé ſi l'ennemy eſtoit le vainqueur. Ie n'enten pas que tu ne combates aucunement, mais à lors le trou-
ueroye ie bon que la grande extremité le requerra, & que tu auras proueu
à tout, comme le requiert le deuoir d'vn bon Chef, & que la neceſſité y ſera, & lors que tu verras eſtre neceſſaire d'obuier à quelque grand peril, com
me ſouuét tu as de coutume. Ecoutès les auertiſſemés de Cratere à Alexandre : Que telle force, dit il, qu'on voudra de toutes nations conſpire contre
nous, qu'elle rempliſſe le monde d'armes & d'hommes, qu'elle couure la
mer de vaiſſeaux, qu'elle ameine des beſtes inuſitées, tu nous garderas
d'eſtre vaincus. Puis il dit ſubſequemment : Mais qui eſt celuy entre les
Dieux qui nous puiſſe promettre eſtant appellé que le ſalut de Macedoyne ſera de durée, veu que de ſi grand ardeur tu t'offres aux perilz, oubliant pour lors que tu meines pour neant tant d'ames de citoyens ? Et
apres pluſieurs propoz : Nous irons là ou tu nous commenderas. Nous de-
mandons comme noſtres les perils comme de peu de renom, & les combats de peu de los : garde toy aux choſes dignes de ta maieſté. La gloyre
paſſe bien toſt en petits ennemys. Voys tu pas donques à quelle reigle le
combat eſt limité, & quelle part il faut que le Chef vienne au combat ?
Comment ? Penſes tu qu'en t'offrant ordinairement au peril, tu ne trou-
ues quelque fois ton malheur ? C'eſt vn dict de Tragedie, que la male
fortune ne perdonne guieres ſouuent aux grandes vertus. Nul ne ſe
peut à la longue aſſeurément offrir ſouuent aux perils. L'inconuenient
rencontre quelque fois celuy qui l'eſchappe ſouuent. Ne vueilles pas
donques experimenter la fortune en petites choſes. Tu t'es aſſés montré à pluſieurs, ô Sigiſmond, à ton peril, & au noſtre entant que touche la gloyre, auſſi es tu aux Picetins, aux Etruſques, aux Millanoys, aux
Latins, & Barbares : aſſés auſſi aux amys, & finalement aux ennemys,

M iij

comme tu ne creins la mort, ne le peril, & que tu es homme de bien de ta
perfonne, & auentureux à toutes chofes epouuentables, quelque danger
qu'il y ait. Dieu t'a efté fauorable, il faut d'orefenauāt temperer tout de prudence, & y tenir moyen, à fin que tu fembles auoir fait tes prouefles de bon
auis, & de grand cœur, & non pas de furië, & inconfideration. Au demeurant la ftature & perfection du corps auec la dignité de la forme qui n'eft
point trop parée, fentant au contraire fon homme, & fa guerre comme dit
Tite Liue, eft de quelque confequence aux Capitaines, & fi elle defaut, elle
n'eft pas pourtant tant à defirer, ne totalement à reietter, qu'ilz ne puiffent
bien aller à la guerre, & auoir la charge fur les autres, pouruue qu'ilz ayent
bon cœur, eftans paréz de la cognoiffance de ces chofes d'ont nous auons
n'agueres parlé.   Par l'auis auffi de Traian, ceux qui eftoyent debilités, &
mutilés de quelque membre alloyent à bonne raifon à la guerre. Ce qu'on
peut cognoiftre en plufieurs Chefs de la ville de Rome, & des natiōs eftran
ges. De vray outre Marin excellent Chef ayant les veines enflées, nous lifons que Camille eftoit vieil, & malade, lors qu'il vainquit en bataille les
Preneftins, & Tyrrheins : & que Iulle Cefar le Dictateur a eu deux foys le
haut mal, en menant la guerre : & que Q. Ciceron frere du grand Ciceron
eftoit de bien foible cōdition, lequel toutesfois a fous Cefar vuydé de gran
des guerres en la Gaule fagement, & de grāde hardieffe : & qu'entre les Lacedemoniens Lyfander a efté fouuenteffois dénué des forces de l'entendement, & du corps par la victoyre & grandeur de maladie : & qu'Agefilae
iadis leur Roy eftoit boëteux, & qu'à cefte caufe ilz furent longuement en
deliberation filz le deuoyent receuoir pour leur Chef ou non : finalement
ilz auiferent qu'il eftoit beaucoup meilleur qu'vn Roy clochaft d'vn pied,
que le Royaume en fon gouuernemēt. Il eft des hiftoyres dignes de foy qui
recitent que le Sertorin, Orace, Cocles, Philippe, Antigone, & Annibal
Chef des Carthaginoys, qui tous ont efté grandz hommes de guerre, n'ont
pas eu faute de genitoyres, mais tant feulement d'vn œuil, tout ainfi qu'on
dit que Sylla & Cotta Capitaines renommez ont efté de telle cōdition de
nature qu'on les tient eftre naiz auec vn feul genitoyre. Au regard de la dignité de la forme, combien que Scipion l'Affricain, & Iulle Cefar ayēt efté
de haute taille, toutefŧois Antigone, Alexandre de Macedoyne, & Augufte
ont efté de petit corfage. La petiteffe toutesfois n'a point nuy à la hauteffe
des vns, ne la hauteffe à la baffe taille des autres, ny ne les a diffamé. Et comme la Grece folennifoit des ieux au fepulcre d'Archemore il eft de grande
memoyre par vne louenge poëtique, que Tydée vainquit Capanée, par lequel de ftature baffe, & menu ont dit que tous les Thebeins furent vaincuz
es combatz. L'honneur donques en la fuperintendence de mener la guerre
fera à bōne raifon baillé à ceux qui auront beaucoup veu, & qui eftās hon-
norez de plufieurs tiltres de confeil, d'authorité, de fcience, & de diuerfitez
de chofes, n'inciteront pas feulemēt les prefens à la victoyre, mais auffi en-
flamberont la pōfterité a faire le femblable par la commemoration.

L'ORDRE

L'ORDRE DE MARCHER EN BAtaille selon la discipline Grecque & Romaine. Chapitre XI.

L reste donques maintenant l'ordre de l'armée lors qu'elle marche, auquel gît toute la plus grande consideration des Chefz & Capitaines: veu que c'est vne disposition des choses egales, & inegales ordonnant à chacune son lieu, laquelle delaissée le soldat, ne les Chefz ne sauroyent rien démesler: veu que les hommes de pied, & de cheual s'entr'empechent bien souuent, s'ilz sont entremeslez, & s'entr'affollent & pressent comme ceux qui partent en foule d'vn theatre: La ou au contraire: quand la bataille est bien ordonnée, & chacune chose en son lieu, le Chef promettra asseurément la victoire de tous desirée. Il nous faut donc premierement deuiser en peu de parolles de cecy selon la mode Grecque, poursuyuans subsequemment celle des Romains. Or comme la cité soit departie en troys, il faut premierement choisir de tous eux les Decurions suiuant l'auis de chacun Tribun de toute la fleur de la ieunesse, mesmes de ceux qui sont d'age & prudéce, † & qui brulent de desir d'entreprendre & faire quelque bonne chose, pour marcher les premiers. Subsequemment il en faut élire tout autant de ceux qui mesmemét sont les plus agés & sages, lesquelz estoyent ordonnez derniers es centenieres. Or est l'ordre des dizeniers estimé, mesmement pour les subsequétes causes, d'autant que ceux qui sont à la pointe sont tous Princes, & comme ilz soyent en plus grand dignité, qu'estans simples soldats, ilz pensent leur estre enchargé de cercher la gloire de quelque excelléte prouesse. Outreplus quád il suruient quelque affaire, le commandement des Magistraz est de plus grande efficace que des personnes priuées: la force aussi des premiers s'offre d'vne plus prompte & allegre hardiesse, si l'affaire s'addresse en front, comme qui n'ignore pas que ce lieu là est baillé en garde à leur vertu: Et si en queue il suruient quelque grand effort: veu qu'elle entend bien que c'est vne grande infamie d'abandonner son ranc: & que celuy qui mene la queue doit estre doué de toute louange. Si de vray il est homme de cœur, il renforcera les premiers, si lors que le temps le requerra il commande de charger l'ennemy: si de rechef il est de besoing de reculer en retirát les siés, il les sauuera tant mieux entiers. Voyla l'ordonnance à la façon des Grecz. Au regard de la Romaine elle estoit de ceste sorte: les gens de secours legers & archers alloyent auant courir, pour repousser les courses soudaines des ennemys, & pour decouurir les lieux suspectz d'ébuches: apres marchoyét les explanadeurs pour abbatre les mottes & boys, à fin que l'armée ne fust en peine d'vn chemin rabboteux: ausquelz estoyent subsequens ceux qui portoyent leur bagage & de leurs chefs, & à ceux cy faisoyent epaule plusieurs cheuaux: apres lesquelz marchoit le Chef des cheuaux, puis la fanterie, qui portoyent toutes façons de machines & instrumens de batterie pour ruïner les villes. Les Millenaires, & Capitaines suiuoyent apres: &

†Lego audendi pro audiendi,

M iiij

en leur fuite les autres enfeignes autour de l'Aigle: & les ferfz feruiteurs des
Chefz eftoyent fubfequemment auec les gens de pié. L'arrieregarde eftoit
d'vne multitude foudoiée, laquelle les armeures fuiuoyent, & vn bon nôbre de cheuaux & de gens de pié armez. Au demeurant felon le temps &
l'occafion Cefar ordonnoit huit legions en marchant de cefte façon & ordonnance: lors qu'il fentoit l'ennemy pres: mettant à l'auantgarde fix legions armées à la legiere, apres lefquelles eftoit le bagage de toute l'armée,
puis fubfequemment pour clorre l'armée, deux legions qui fembloyent
moins fermes au combat à la garde du bagage. Mais es moindres voyages
il iettoit à l'auantgarde troys legions legerement armées, puis fubfequemment le bagage, & à l'arrieregarde vne legion pour clorre l'armée. Par ce
moyen il marchoit prefque en ordonnance quarrée, la ou l'on attendoit
l'ennemy de toutes pars. Voylá quant à l'ordonnance d'vne bataille fuiuant ces deux difciplines.

DIVERSE MANIERE DE DRESSER les batailles. Chapitre XII.

AV demeurant fi d'vn cofté & d'autre les armées ennemyes s'af-
frontent pour le combat, le premier deuoir d'vn bon & fage Capitaine femble eftre, d'ordonner & difpofer ceux qui fagement,
loyallement, hardiment & en gens de bien affaillent l'ennemy.
Et s'il eft befoin de faire foudainement toute la cauallerie bourgeoyfe iufques au nombre de mille, il faut d'auantage ordonner deux cens cheuaux
eftrangers, & les mefler auec les citoyens: car ceux cy ioints aux autres me
femblent rendre toute la cauallerie plus ferme: & l'enflamber par vne enuie à vn defir de los & gloire pour s'efforcer à l'enuis de s'entreuaincre de
proueffe. Ie ne fuis pas ignorant que les Lacedemoniens fort ruzés au meftier de la guerre, & belliqueux, ont premierement lors commencé a triū-
pher en cheuallerie, qu'ilz ont appellé les cheuaux eftrangers. Il eft certain
auffi qu'es autres euenemens de la guerre & nations diuerfes, les forces
eftrangeres fe font acquis grande renommée, l'vfage de vray fert beaucoup à la promptitude. La fanterie femble eftre de grand effort à la guerre accompagnée de gens de cheual, mefmement fi elle eft dreffée d'hommes qui foyent fort courroucés aux ennemys. Il en eft qui pour l'ordonnance d'vne bataille penfent ce notable dict de Neftor eftre en Homere,
qui ordonnoit, que par les races, & par leurs contrées les bandes & bataillons des Grecz fuffent ordonnés enfemble, à fin que les races & contrées
s'entredonnaffent fecours. Les autres trouuent meilleur, & plus falutaire
d'ordonner l'amy au pres de l'amy: car l'ordonnance felon les races n'a pas
beaucoup de raifon es perils: veu que fi le bataillon eft dreffé d'hommes de
mutuelle amytié, il eft rendu indiffoluble, & infeparable pour porter &
donner coups: veu que ceux cy font liés d'vne chefne de fer & dyaman-

tine

tine d'vne merueilleuſe mutuelle amour: & faut comme l'on dit, vne bande conſacrée, comme fut Seſooſis qui(comme nous auons par cy auant
dit)fut enuoyé en Arabie auec vne armée de ceux qui nés au meſme iour
de ſa n'aiſſance auoyent eſté nourris auec luy. Il en eſt à ceſte cauſe qui re-
montrent aux leurs de ſouſtenir la premiere charge, & qu'ils ſeſtiment en
celá eſtre victorieux, qu'ils ne ſont point trouués moindres au premier rencontre. Duquel artifice ou moyen Pompée a vſé en la pleine Pharſalique:
car découurant de cheual les batailles, comme il vit les ennemys attendre
tout quoy en ordonnäce le temps du combat, & ſon armée n'eſtre pas ſans
peur: mais troublée & comme mal aguerrie ſ'etonner, il eut peur, qu'à la
premiere charge elle ne fuſt rompuë: Parquoy comme l'on deut ſonner à
la bataille d'vn coſté & d'autre, il ordóne aux premiers rancs de ne ſe mouuoir, & que demourans ioints & ſarrés ils ſouſtinſſent conſtamment la
premiere charge des ennemys iuſqu'à la portée d'vn dard. En quoy combien que(ſi on croit à Lucain)l'armée maleureuſe ſoit demourée en bataille, Ceſar touteſſois dit que Pompée ſ'oublia. Les coups des playes(dit il)
donnez d'impetuoſité & courſe ſ'eſtaignent d'vn arreſt, lá ou en frappant
& combattant d'entrée les forces ſ'augmentent de l'impetuoſité & courſe,
& ſ'enflambent les cœurs de toutes pars quaſi comme emeuz de ſouſlets.
A ceſte cauſe comme il eut veu l'aile ſeneſtre de Pompée ſi forte de gens de
cheual, creignant la nobleſſe des armes, il ordonna en queue de la dizie-
me legion cinq ou ſix bandes cotieres au deſſous des enſeignes, accópagné
deſquelles, il auoit combattu auec tout le rond de la terre, qu'il tira des legions, leur commandant de ne bouger, & de ne ſe découurir à l'ennemy.
Et lors qu'il chargea, il remontra aux gens de cheual, qu'ils ne lançaſſent
pas comme de coutume les pertuiſannes, ſe hâtans de mettre les mains aux
epées en vaillans hommes, leur commandant charger haut, & qu'ils donnaſſent à la viſiere & aux fronts des ennemis. Ces moqueurs(dit il)dorez
& gourriers ne tiendront pas bon, ny ne prendront garde aux armes tirées
à leur viſiere, c'eſt vne ieuneſſe mal vſitée à la guerre, & aux coups. De ceſte
violence donques & ordonnance de bataille, ſe dreſſerent les deux armées
d'ordre & de raiſon. Pompée ordonna cët & dix enſeignes en troys batail- †Ex Plu-
lons: d'ont il y auoit ſept mille cheuaux en l'aile ſeneſtre, & cinq cens à la tarcho &
deſtre: outreplus vn grand nombre de Roys: & pluſieurs Senateurs & Che- Eutropio
ualiers Romains, outre vn grant nombre de gens armés à la legere. Ceſar 40. M.
aûſſi ordonna quatre vingts enſeignes en troys bataillons, lequel auroit
moins de trente mille hommes de pié & mille cheuaux. Leſquels mys en †Ex Pau-
bataille & les priant Ceſar donna ſigne de combat. Or eſtoit par fortune vndebicui
en ſon armée Craſtin, lequel au precedant auoit eu ſous Ceſar vne charge detur hæc
honnorable, mais pour lors n'ayant fait ſerment comme de coutume, il excerpſiſ-
ſ'y trouuoit appellé par vn certain deuoir d'amytié, qui eſtoit homme fort 30. M. pro
eſtimé en proueſſe. Ayant donques ouy la harägue de Ceſar, & veu ſe trou- 40.
uer d'vn coſté & d'autre les ſignals de bataille, il part de la troupe de Ceſar

auec vn vifage riant, fuyués moy (dit il)mes iadis compagnons, & faites le deuoir que vous deués à noftre Chef: Voyci le dernier combat apres
lequel finy, il recouurira fa dignité, & nous, noftre liberté. Et depuis fe
retournant vers Cefar. Ie feray(dit il)auiourd'huy ô Capitaine que tu me
rendras graces vif, ou mort: fur ces termes il donna dedans les ennemys,
lequel ont fuiui de leur bon gré enuiron fix vings foldats. Il y auoit(comme aucuns ont dit ny n'eft hors de raifon)d'vn cofté & d'autre au commé-
cement du cóbat vn certain pitoyable refroidiffemét,qui arretoit les épées
ia degaínées veu que les vns voyoient leur freres auec l'ennemy, les peres,
leurs enfans,& les enfãs, leurs parés,iufques à ce que Craftin d'vne furië in-
confiderée fecriaft & dardaft la pertuifanne,qui fut le commécemét de la
bataille,& fi la fureur de ceft hóme n'eut fait la meflée des deux armées, parauáture qu'il fuft entreuenu quelque cópofitió d'vne mutuelle pytié,ainfi
le foufrás les Capitaines mefmes,touchât la ruïne de l'Empire Romain &
du gére humaí. Maisde malheur il feft trouuéhóme,qui,Cefar faifât le lóg
hataft les chofes & ruïnaft le fupreme Empire d'vne playe irreparable. Les
armées farrefterét en grád ordre, & cóme eftât la bataille cómécée on có-
battift quelque téps d'egalles forces,& que Pópée fe confiât en la multitude epandift fa cheuallerie pour enueloper Cefar, Cefar dóna foudain figne
à fes gés de cheual de deux ailes,aufquels il auoit ordóné auoir l'œil à celá:
lefquels pluftoft que dit donnans fur les epandus les ont rompu, & forcé
de tourner vifaige.La plus courageufe auffi des legions à fuiui la caualerie
fi ferrée, que tous ne fembloyent quafi qu'vne troupe. La fe trouua Cefar
prefent par tout comme vne gráde armée,faifant les deuoirs tát d'vn preux
foldat, que d'vn excellent Chef,frapant & remontrât. On a noté & reduit
en hiftoire deux entre toutes les parolles qu'il a tenu courät par tout, d'ont
l'vne eft cruelle,vtile touteffois pour la victoire. Au vifage foldat: & l'autre pitoyable, cóbié que Flore la dié auoir efté cópofée à la gloire de Cefar
ainfi.Pardonne au citoyen foldat. Eutrope touteffois l'attribue à Pópée en
donnant courage.Cefte premiere à fin que ie confente à Flore fut de Cefar
pourchaffant la victoire: & la feconde du ia vaincát ou bié du victorieux ia
pitoyable, cefte autre fut au fort de la fureur de la bataille: & a vfé de cefte
cy les ennemys ia tournans vifage. Ce fut auffi vn acte de pytié, quand il
permit à chacun des fiens donner la vie à tel, des ennemys, qu'il eliroit.
Ny moins ceft autre qu'il ne fut trouué homme mort en la bataille, qu'armé. Pompée voyant les rancs des fiés rópus & etónez, & ne pouuãt porter
le fes d'vne fi grande ruïne, n'y dóner remede, fe defit de la charge de l'Empire en façon d'homme eperdu & etonné, & fe retira en fon camp, luy
conuenant trefbien ce que d'vn autre à efté dict.

,,   *Le pere Iuppiter a d'Aiax enflambé*
,,   *Les hauts cars, qui de fens eperdu a ietté*
,,   *Sur fes larges epaules fon ecu à fept cuirs*
,,   *Trifte, & rouillant les yeux, fes armes abandonne.*

Comme

Comme donc il fut entré au camp, il demoura autant fans fonner mot, que plufieurs en combattant moururent auec les fuyans, & en rompant fi-lence il a finallement degorgé cefte feule parolle: c'eft donc iufques au càp: & fans tenir autres termes, il fe lieue, & prenant vne robbe propre à la pre-fente mifere, il part du camp, ne defirant pas tant viure, que creignant de mourir, à fin que les legions reftées ne fuffent defaittes auec luy : apres le-quel delogé, perfonne ne tint plus ordonnàce, par ce moyen toute l'armée de Pompée fut en routte, & fut faict vn grand meurdre au camp des Mi-niftres, & de ceux qui defendoyent les tentes: & combien qu'Afinius Pol-lio qui pour lors combattoit fous Cefar, temoigne que par le comte fait des morts, il n'en foit demouré que fix mille: il eft touteffois certain par autres autheurs notables, que des legions & cauallerie de Pompée il en eft demouré quinze mille : quant aux nations etranges, & du fecours qui y eftoyent accourus de la plus grand part du monde, le malfacre eft innom-brable, tant des epars que des nuz, en la defaicte defquelz les tueurs fe font affouuy. Au regard de ceux qui furent pris par Cefar, le nombre eftoit de plus vingtquatre mille hommes comme l'on trouue par efcrit, & cent qua-tre vings enfeignes, & quatre vings Aigles. Craftin fut trouué entre les morts combattàt cóme il a efté dict de grand cœur, lequel Cefar temoigna auoir en cefte bataille merueilleufement bien fait fon deuoir, & luy auoir fait grand feruice, & auquel mort (comme il auoit predit) il rendit graces. Comme de vray il eut tué plufieurs Pompeians, il mourut tranfperfé d'vn glaiue tyré à la bouche du cofté qu'il foffrit, lors qu'il dóna dedans la plus gràd preffe: & print on garde à la playe de la bouche, que la violence d'elle auoit efté punië d'vne vengeance tresiufte. Domice auffi y mourut, lequel auoit efté prins à Corfun, & depuis laché : & n'y demoura des Cefariens que deux cens hommes, trente Centeniers hommes excellens. C'eft vn cas merueilleux qu'eftant le combat entre Romains la perte foit fi inegalle: mais ie penfe que ce a efté le voûloir des Dieux, que cefte ancienne bonne fortune abàdonnaft Pompée. On dit que Pirrhus dreffant vne ordonnan-ce de bataille pres Afcule, fuyuit l'auis du vers-Homerique, par lequel les moins belliqueux font mis au mylieu, ordonnant au demourant que les Elephans & la cheualerie foyent pour le renfort. Comme Xantippe Roy des Lacedemóniés appellé par les Carthaginois quelquefois à leur fecours, que les Romains fouuéteffois auoyent deffaict, eut veu les forces des Car-thaginois à la compagnie, & qu'il eut apperceu apres feftre enquis, com-ment les Romains combattans auec eux auoyent toufiours vaincu, & leur eut montré leurs fautes, par lefquelles ils auoyent efté defaicts, quafi leur ouurant vne difcipline, il digera fi bien à dreffer la bataille l'ordre & difci-pline des gens de cheual, de pré, & des Elephans, que ceux qui lors n'o-foyent tant feulement foufrir l'œil de l'armée Romaine, requeroyét d'eux mefmes de charger l'ennemy. Xantippe donc cognoiffant l'ardeur des fol-dats Carthaginois l'eftimant à bon heur pour le combat dreffa de cefte

† Ex Plu-tar. caftra pro con-greffum.

forte la bataille contre les Romains. Il ordonna en front les Elephans, &
peu apres la multitude de la ville fur les deux ailes: puis en diftribuant les
gens de foude, & la force des vieux foldats, il commanda aux mieux en
pié de combattre entre les deux ailes de cheuaux. Et comme auffi il eut decouuert l'ordonnance des Romains ferrée, ayans mis en tefte contre les
Elephans les plus allegres & d'elite, les r'enforçans de toute maniere de
fecours, apres auoir departy fur les deux ailes la cauallerie, à fin que l'ordonnance ne fuft rompuë par les Elephans, Xantippe ordonna aux gens
de cheual d'enuironner, & ecarmoucher l'arrieregarde à dos, à fin de rompre l'ordonnance des Romains: ce que comme il fift en plufieurs lieux, &
†Lego cõ que les Romaines legions † tournans vifage neceffairement y refiftaffent
tra pro ex & les repoulfaffent, ce pendant leur ordonnance eftant eflargie & difioin-
tra. te fut ouuerte & defaitte par les Elephans: là ou moururent trente mille hommes. Leur Chef Regule fut prins auec cinq cens hommes, & deux
mille furent chaffés dedans Clypée. Annibal excellent Capitaine fe iettant
en bataille pres les Cannes ordonna fur les ailes les plus aguerris & vaillans tenant le mylieu auec les plus debiles, là ou eftoyent pour Chefs les
plus braues & vaillans hommes: & ordonna à fix cens cheuaux Numides
de fe retirer aux ennemys qui pour affeurer les Romains leur liurerent glaiues & efcuz. Lefquels receuz fur la queue de l'armée, foudain que la bataille commença, prenans leurs courtes dagues qu'ils auoyent caché, & fe fai-
fiffans des ecuz Romains ils donnerent fur leur armée. Quand auffi Scipio ordonna fa bataille contre Annibal en Aphrique pour prendre le peril
du combat, il ietta en front le long bois, puis la bande des Princes, la fer-
mant des Triares, ny ne les dreffa ferrés, mais au large, à fin que les Elephans receuz entre eux fans entremeflement, ny roupture d'ordonnance
peuffent paffer outre. Il y auoit auffi vn bon nombre d'hommes allegres
prefts, & ordonnés pour à la violence des Elephans à coups de trait faucer leurs dos & coftés. Il à fubfequemment departy auz ailes les gens de
cheual, ordónát Lelie auec les cheuaux Italiens fur la feneftre, & Maffiniffe
equippé de Numides à la deftre, laquelle ordonnance luy a caufé vn grand
los de victoire. Annibal au contraire fe voyant forcé de venir au combat, & à vne bataille fupreme de gloire, d'ót il n'en fut onques de plus perni
cieufe ny plus terrible mefmes au recit, veu qu'il voyoit qu'il en efcherroit
aux fiens vn Empire de toutes natiós, ou bié vn perpetuel iou de feruitude,
f'aquift pour lors mefmes à l'opinion de Scipion, & de tous les experimen-
tés au fait de la guerre en ce louange qu'il auoit ordóné ces bataillós d'vne
merueilleufe rufe & d'vne raifon plus diuine qu'humaine. Il fit de vray vne
haye à la veuë de l'armée Romaine de quatre vings Elephans ayans en dos
tours tremblantes & pleines de gens de guerre: à fin que de leur frayeur, &
violence ils repoulfaffent comme bouclers & muraille d'arain les approches des ennemys: leur eftans en fuite pour fecours les Gauloys, Geneuois,
Maures, Maiorquins & Minorquins auant le bataillon des Aphriqueins &
de

de ſes citoyens: à fin qu'il ne fuſt loyſible aux gens de ſoulde de diuerſes
nations de tourner viſage, leſquels la foy ne l'amour du païs ne rendroyent
point preux & vaillans : & qu'ordonnés incontinent apres les Elephans
ils ſouſtinſſent & rompiſſent l'effort du combat, & qu'ordonnant apres
eux la multitude des ſiens & des Macedoniens, à fin que combattans entiers auec les ennemys laſſez, ils euſſent la victoire : Au regard des Itali-
ques & Brutiens il les ordonna à l'arrieregarde comme hommes ſans foy,
d'autant que triſtes & forcez de parler de l'Italie ils obeiſſoyent au Chef, &
ſuiuoyent l'armée. Et comme les deux chefs ſe fuſſent retiré aux leurs, &
fiſſent diuerſes remontrances, propoſans aux ſoldats les notes de couhardie & les recompenſes, alors les Romains ſonnerent à la bataille auec vn
ſi grand cry de toute l'armée, que les Elephans qu'Annibal auoit ordonné
d'vn ſi grand ſoing en teſte pour rempart rebrouſſerent (r'enuerſans de fortune ſes amys) contre ſes bataillons les deplaçans par leur violence, de ſorte, que les gens de cheual tournans viſage, furét la premiere occaſion d'vne
ſi grande ruïne & defaicte : Eſtant donques l'armée Carthaginoiſe denuée
de gens de cheual, les gens de pié chargent l'ennemy, & auint qu'à la premiere charge, ils demarcherent : leſquels comme les Romains ſentiſſent
ebranlez, & ſe retirer en partie aux leurs, & tourner viſage, ils enfonçerent
le bataillon des Carthaginoiz. Et comme la fortune diſt bien, eſtans tant
de cheuaux miz en roupte, & tant d'Elephans defaicts, & l'auantgarde re-
poulſée ſur la bataille, Lelie & Maſſiniſſe reuenans tout à point de la chaſſe de la cauallerie, les ayans quelque temps au parauant pourſuiui donnerent ſur la queue du reſte de gens de cheual des ennemys : laquelle charge quaſi comme inopinée donna ſi grande frayeur à leur armée qu'elle fut
rompuë & defaicte comme enuelopés de toutes pars d'vn double combat,
ne pouuant la honte ne la reuerence d'vn ſi grand Chef les arreſter. Et com
bien que ces deux Capitaines & autres ayent ſouuenteſſois autre part faict
plus grande boucherie, ceſte bataille touteſſois a eſté grande, & qui merite bien eſtre miſe au nombre des bien renommées : tant pour le renom des Chefs, de la puiſſance des nations, de la proueſſe des gens de
guerre, que pour le diuers peril des tués, & pour l'iſſuë de la victoire:
veu qu'au temoignage de Flore, il ne fut onques iournée ſi belle ſous
l'Empire Romain que ceſte bataille la. Il y mourut plus de vingt mille
hommes tant des Carthaginoiz, que des alliez, & en fut preſque autant
pris : auec cent trentedeux enſeignes & vnze Elephans. Ny ne fut ceſte
victoire ſans perte aux Romains, qui en furent les maiſtres : il y en demoura de vray dix mille. Quant au Capitaine Annibal il ſe ſauua triſte, &
accompagné de quelque nombre de cheuaux à la ville d'Haſdrumet : ayant
touteſſois eprouué tant au combat, qu'au parauant tout le deuoir requis
à vn magnanime Prince auant que d'en partir. Et depuis venu ou r'appellé à Carthage & ſon païs, il ne nya point en la preſence des Chefs,
& Principaux de la Cité auoir eſté moindre non ſeulement en l'hon-

N

neur de la bataille, mais auffi en toute celle de la guerre: & d'auoir efté vaincu & furmonté par Scipion. Comme Corneille Scipion furnommé l'Affricain ayant la conduite de la guerre d'Efpaigne contre Afdrubal chef des
Affricains campeia quelques iours en autre ordonnance, que celle d'ont
il auoit à combattre l'ennemy, & que les ennemys campeiaffent gardans
toufiours vne mefme ordonnance, il a changé au mefme iour auquel il
auoit deliberé de donner la bataille, & en chargeant de fes meilleures forces les plus foibles des ennemys, il les defit aifément. Comme auffi Theo-
gene Athenien conduifoit vne armée à Megare, il repondit à ceux qui
luy demandoyent l'ordre de la bataille, que la, il le bailleroit: puis il enuoye fecrettement deuant des gens de cheual leur enchargeant de redoubler fur les fiens comme ennemys: celá fait il permit de dreffer l'ordonnã-
ce de forte que chacũ prét tel rãc qu'il voudroit, à fin que tous les couhards
fe iettaffent fur la queue, & que les gẽtils compagnons fiffent la pointe, tel
le mẽr qu'il les fit marcher au mefme ordre qu'il les trouua. I'aioufteray voluntiers les auis d'Artus, le renom duquel ie ne fçay commẽt tenu vray des
noftres, mais touteffois fort eftrange, & pourtant à moy fufpect: & combien que le meflement des fables auec les hiftoires ne foit autre chofe que
d'affoiblir la foy de la verité par menfonge, i'ayme touteffois mieux n'a-
uoir point teu que d'affermer fes faicts en cefte matiere, ou bien qui ont
peu eftte faicts, & qui font de grand proffit. Or pour dreffer vne bataille,
comme on dit il mettoit à part tous les gens de pié, auffi faifoit il la cheualerie, & lors que les pictons auoyent commencé la bataille, les gens
de cheual furuenoyent & rompoyent la bataille des ennemys. Outre lefquels il retenoit quelques bandes de gens de pié, lefquels en la grand'ardeur du combat furuenoyent, & chargeoyent les ennemys. Par ce moyen
eftans les faffez affaillis de gens fraiz en queue, il n'a iamais guéres par fon
inuention efté fans victoire en toutes batailles. Alexandre iettoit au mylieu tous fes gens de pié, ordonnant les gens de cheual fur les ailes feneftre, & dextre. Comme auffi il craignit la grande & groffe armée de Darius ayant touteffois fiance en la prouffe des fiens, il ietta fes gens en bataille, faifant front de toutes pars, à celle fin que tous encloz ils euffent
moyen de cómbattre de tous coftez. Comme auffi quelquefois eftans tous
preftz à la bataille les Preteurs de gens de guerre luy demandaffent fil auoit
rien à leur commander d'auantage: Non (dit il) finon que les barbes des
Macedoniens foyent rafées. Et comme Parmenio fen emerueillaft, igno-
res tu (dit il) qu'il n'eft point de meilleure anfe en vn combat que la barbe?
M. Antoyne commanda aux fiens (que les Parthes foudroioyent d'vne infinie multitude de fleches) de f'arrefter, & fe mettre foubs leurs rondelles,
fur lefquelles les fleches paffans outre, les ennemys en font demourés denués fãs offéfer les gés de guerre. Et fi le bataillõ de l'ennemy n'eft forçable
par le moyé d'vne voute dreffée de rondelles, ce que plufieurs ont de coutume de faire: il f'eft touteffois trouué quelquefois de ieunes compagnons
de

de guerre Romains, qui se iettoyent dessus & arrachans les rondelles, les blessoyent par dessus. Scipion Emilian n'a pas seulement entremeslé des archers & tireurs de funde deuant Numance auec les bandes, mais aussi auec les Centeniers. Le moyen de dresser gens en bataille a esté admirable des Romains contre les Latins, & des Latins contre eux, & presques en toutes choses egal, veu qu'ils estoyent en force egaux d'vne mesme ardeur de courage, de mesmes ordonnances de guerre, & conuenans en mesme façon d'armes, & qu'ils auoyent fait l'amas de leurs soldats semblables aux leurs, les Centeniers à leurs Centeniers, les Tribuns à leurs Tribuns : & comme aussi ils eussent mis en vn plusieurs enseignes, auec plusieurs poin-tons, rondeliers, Princes, auantdardeurs, Port'enseignes, Triares, enfans perdus, & les attendás : & que leur armée fust ainsi cóplette. La bataille có-méçoit premieremét par les pointós, lesquels estás repoulsés des ennemys cóme foibles estoyét à leur retraicte receuz des Princes, qui lors cóbattoyét ayát en suyte les pointós, & si en cóbattát la fortune disoit mal aux Princes, ils reculoyent peu à peu de la pointe aux Triares qui faisoyent la queue : les-quels cóme ordónés en bataille à la troysiesme béde, & derniers pour le ré-fort se dressoyét & chargeoyét les ennemys. Et cóbié que ceux cy ne laissas-sent plus d'esperáce aux leurs. Ils mettoyét toutessfois les ennemys en gráde crainte, veu qu'en les poursuyuás cóme rópuz & deffaicts, & qu'ayans la vi-ctoire en main, ils voioyét soudain vn batailló inopiné, fier & armé descuz & pointós, & r'enforcé de gés de guerre. Estás dóques les ordónáces telles, cóme il à esté dit, les Romains sót marchés cótre les Latins à la bataille : sur les ailes, desquels Manlius, & Decius auoyét la códuicte. Q. Neuius Céte-nier augméta quelque peu la discipline Romaine en l'armée du Proconsul. Q. Fuluius Flaccus contre celle des Cápanoyz pour dresser lá vne bataille autre, que celle qui se fait par le combat des gés de cheual & de pié. De vray on faisoit vne elite de ieunes gés, alaigres de corps, & armés à la legere auec vn leger cabasset, equipés d'espées, & de sept láçots de quatre piés de lóg mis en troupe de gés de cheual lesquels à l'approche de l'énemy se iettoyét à ter-re en le tuát au depourueu : on appelle ceste façó de cóbattás Velites. Les Sá-nites dónerét ordre entre les autres apprests de guerre, que leur armée fust parée de nouuelle beauté d'armes. Ils auoyét deux armées, de l'vne desquel-les les ródelles estoyét ouurées d'or, & celles de l'autre d'argét, leur cuirasse estoit d'esponge, & la greue senestre estoit armée, leurs habillemens de teste auec vne creste pour aiouster à la grádeur du corps. Les sayós des soldats do-rés, estoyét de plusieurs couleurs, & ceux des argétés de toyle, à fin que par cest apparat l'énemy eust gráde frayeur, & paour. Les Fidenates, & Falisques, les Vegétes, & Tarquiniés, n'estás pas de forces suffisátes etónerét l'ordóná ce des Romaïs d'vn batailló estráge au parauát incogneu, & iusques à presét inusité, estát dressé d'vn grád nóbre de leurs gés pour donner frayeur à leurs ennemys, en dónát dessus par le moyé d'vne ordónáce de prelats portás d'v-ne course furieuse des flábeaux, & serpés deuát eux en habit ecclesiastique.

Les **Amazones** de la nation Scythique, fe iettans en l'armée pour le combat armerent leurs corps de grãdes peaux de ferpens, d'ont il eft vne abondance incroyable en Lybie de merueilleufement grands:elles auoyent longues efpées, le pointon, & l'arc duquel elles ne bleffoyent pas feulement
l'ennemy qu'elles auoyent en tefte, mãis en fuyant ceux qui leurs donnoyent la chaffe. On dit auffi que les Arabes vferent contre Charle: es
Hefpaignes d'vn merueilleux artifice d'ordonnance : car cõme fa gendar-
merie fuft en bataille, les Arabes leurs mirent en tefte vne nouuelle face
de mafques fonnans enfemble les tabourins, & repoulferent toute la cheualerie d'vn epouuantement, & ne fut poffible d'y refifter iufques à ce
qu'en couurant la tefte, & eftoupant les oreilles aux cheuaux, les gens de
guerre tinfent bon contre ces deguifemens de perfonnes. Les Maiorquins,
& Minorquins ont au combat troys fundes, d'ont ils attourent leur tefte
de l'vne, & fe ceignent de l'autre, & tiennent la tierce aux mains. Ils
tirent en la bataille beaucoup plus groffes pierres que nulz autres, & de fi
grande force qu'elles femblent eftre tirées de quelque inftrument. Ils blef-
fent à vn affault de ville ceux qui defendent le rempart à iect de pierres, &
froiffent en vne bataille efcuz, fallades, & toute façon de harnoys. Ilz ont
finalement fi grãde force & experience de tirer, qu'à force du traict dru cõme greffe contre vne armée de mer approchant terre,ilz ne feuffrent aucun
defcendre au port: car ils atteingnent aifément d'vn traict de funde tout ce
qu'ils veulent. Ny ne faut point fefmerueiller du feur tirer de cefte nation
là, veu qu'ils n'ont autres armes, & qu'ils f'y adonnent de leur enfance : car
vn enfant n'a point autre pain de fa mere, que celuy qu'il frappera, qu'elle
luy aura montré. Les Troglodites nation d'Ethiopïe, qui font de fi grande
vifteffe, qu'ils prenent les beftes fauuages de courfe, portét à la guerre cefte
façon d'armes comme l'efcu de cru cuyr en rondelle,& vne maffe ferrée,les
aucuns arcs,& lances: ny ne cõbattent pas cõme les Grecz de courroux ou
d'ambition,mais tãt feulement entre eux pour les viures. Or en leurs guerres ils cõbattent premierement à pierres iufques à ce qu'aucuns foyent blef-
fés, faidans de l'arc,auquel ils font merueilleufement exercitez: ils s'entre-
tuént les vns les autres. Au furplus les plus anciennes femmes departét leur
cõbat,à l'arriuée defquelles au mylieu d'eux fans peril(car il eft defendu de
les toucher)ils laiffent foudain le combat. Les Maces qui habitent aupres
des Seccagnes de Barbarie ne f'aydét d'efpées ne de falades au cõbat: cõbie
qu'ils foyent entre les autres Lybiens agiles du corps, & en païs de plaine
pour la plus part. Ils ne portent feulement que poinctons, & des pierres en
vaiffeaux faicts de cuyr,cõbattant auec cela tãt en affaillãt qu'en fe retiran
auec vn effort d'en frapper l'ennemy par vn log vfage qu'ils ont apprins de
tirervne pierre en courãt:ny ne gardét foy ne loy aux eftrãgers. Les Alemã:
ont de coutume de fermer leurs batailllõs de charrettes,à fin qu'ame ne fe fi
à la fuite,fur lefquels ils mettent leur bagage. Ils ordonnoyét auffi leurs gé:
de cheual de forte qu'autãt qu'ils fõt de milliers d'elite, tout autãt de gés de
pi

pié alaigres & hardis les accőpagnĕt au combat , que chacun d'eux a pour
ſa conſeruation choyſi par toutes les bandes, auſquels ils ſe retirent:leſquels
auſſi accourent ſ'il y a quelque meſauáture.& ſe iettent autour de celuy qui
de coups ſera tumbé de cheual: & ſ'il faut faire quelque diligence , ils ont ſi
legere marche par exercitatiő qu'en ſe tenát aux creins des cheuaux ils vőt
auſſi fort qu'eux. Aucuns auſſi des Celtiberes combattent à legers eſcuz, les
autres à boucliers rőds, & enuelopĕt leurs greues de triquehouſes tiſſuës de
poil. Ils portent des ſalades de cuyure, auec creſte de plumes, outreplus des
poignars de la longueur d'vne paume de pur fer . Ceux qui preparent le fer
pour ſelon leur façon de faire forger armes pour combattre à la preſſe , ca-
chent en terre des lames de fer, les y laiſſans iuſques à ce que la meilleure
partie reſte , eſtant la plus debile conſommée de rouille, d'ont par apres
ils font de bien bonnes eſpées, & autres armes neceſſaires pour la guerre: leſquelles ainſi forgées ſont ſi acerées, qu'il n'y a eſcu, ſallade, ne autre
choſe qui leur reſiſte. Eſtans donques equipés de deux courtes dagues, ils
ſe iettent à pié ſ'ils ont la victoire à cheual, & donnent ſecours aux gens
de pié . La nation de Soaue qui eſt la plus Martiale de toute l'Alemagne
ſe iette ſouuent à pié es combats de cheual, & y combattent, accoutu-
mans leurs cheuaux ne bouger d'vne place, & ſ'y retirent ſoudain au beſoing. Quand les Gauloys dreſſent vn combat de gens de cheual, ils y
entreiettent quelques archers, & gens alaigres armez à la legere pour ſecourir les leurs & ſouſtenir la fureur des gens de cheual . Au regard des
gens de pié on les mettoit nuds pour le combat , ou bien ils combattoyent nuds au deſſus du nombril, equippés d'vn grand eſcu,& d'vne longue eſpée. Au ſurplus ceux qui commençoyent la bataille, faiſoyent criz,
vrlemens & battemens des piés auec entreheurtement d'eſcuz ſuiuans la
coutume du païs, & epouuentables frayemens des harnoys: toutes leſquelles choſes eſtoyĕt faictesd'induſtrie pour effrayer. Il eſt vray qu'elles eſtoyĕt
de grand auantage contre les Grecz, Phrigiens , & Cariens comme à eux
nouuelles, & inuſitées: au contraire auſſi de bien peu d'effect contre les
Romains: auquels les braueries des vacarmes Gauloys ſont cogneuz. Car
combien qu'ils ayent iadis vne ou deux foix deffaict noz anceſtres pres de
Cremere & d'Allie, leurs forces touteſſois ſont de iour en iour empirées:
veu que depuis ce temps là ils ont eſté l'eſpace de deux cens ans deffaicts,
tués,& chaſſés comme beſtes:& que les Romains ont fait plus de victoires
ſur eux qu'ilz n'ont fait ſur tout le monde, ainſi que les hiſtoires le temoignent. Les Galates ſ'aydent de iougs de bœufz au combat , qu'vn
carreton aſſis deſſus conduit, d'ont ils tirent premierement au combat
vn dard de leur car, & depuis l'habandonnans , ils combattent à pié de
l'eſpée. Les aucuns d'eux craignent tát peu la mort qu'ils cőbattĕt nuds. Ils
eliſent aucűs pauures entre les gĕs librespour la garde de leur corps,& pour
ſeruir en cőbattát de carrető,& de porter leſcu. Aucűs auſſi ont de coutume
de marcher auant l'armée eſtant en bataille, & d'appeller les plus gentils

compagnons des ennemys à vn combat d'homme à homme, en freyant
les armes pour etonner l'ennemy. Ils attachent auſſi au col de leur cheual,
les teſtes de leurs ennemys qui ont eſté tuez à la bataille, deſquels ils baillent à leurs valets la depouille trempée en leur ſang pour attacher à la porte de leurs maiſons auec chanſons & hymnes: tout ainſi qu'ils font les beſtes ſauuages qu'ils ont prins à la chaſſe. Ils mettẽt auſſi en terre les teſtes des
plus nobles de leurs ennemys oinctes de drogues aromatiques, les mõſtrãs
aux paſſans forains d'vne exquiſe curioſité, ny ne les rendẽt pour quelque
offre qu'en facent les parens ou autres. Les Angloys ou Flamens ont auſſi
inuenté ceſte autre maniere de faire. Ils dreſſent leur ordõnance de bataille
de charrettes, & chariotz premierement inuétés par eux: & eſt de ceſte mode. Eſtans donques les cheuaux attellés à ceſte maniere de chariotz auec
leurs combattans, ils cheuauchent tout autour de l'armée, lançans dards
au mylieu des troupes de cheuaux, tellement que l'ennemy aſſis aũ deſſus
a ſouuent de la furiẽ des cheuaux, & du bruit des roues auec ſon vacarme
eſtrange epouuãté & troublé les cheuaux des Romains, & les autres rancs.
Au demeurant depuis que ceux cy ſe ſont meſlés dedans les troupes, ils ſe
iettent à terre des chariotz, & combattent à pié. Ce pendant les carre-
tons ſe retirans quelque peu hors de la bataille ſe logent de ſorte que ſi les
leurs ſont preſſés de leurs ennemys ils ont là vne ſeure retraicte, & rendent leur cheualerie ſi mobile, & les gẽs de pié ſi ſtables es batailles comme qui ſont dreſſés d'vne routure & exercitation cõtinuelle, de ſorte qu'ils
ſont accoutumés d'arreſter, conduire, & tourner leurs cheuaux par le timon es deſcentes roydes, & d'y courir, & obeir au ioug, & de viſtement
ſe retirer aux cars. Qui eſt vne façon de combat tyrée comme ie penſe des
orientaux, leſquels ſaydent de cars equippez de faucilles, qui eſt vn combat preſque ſemblable. Les orientaux y ont iadis eu grande eſperance.
Les enfans de Ioſeph ont longuement eſté repoulſés de leur heritage pour
la crainte de ceſte maniere de cars enfaucillez. Siſará en auoit neuf cents
au voyage qu'il feit contre les Iſraëlites. Darius en preſenta de meſmes
à Alexandre: leſquels il commanda aux ſiens receuoir en ſouurant, & de
leur faire porter la penitence de leur courſe. Le Roy Mithrydates auſſi, &
le Roy Antiochus, & aſſés d'autres Chefs fort renommés en ont eu à la
guerre. Apres que les Theſſales ont eu enſeigné de dreſſer au cõbat troup-
pes de gens de cheual en armes, toutes nations preſques les ont apres ſuyui,
& ont vſé de cheuaux es batailles, & ſ'en aydẽt tous les iours de plus en plus.
Il eſt vray que les Scytes ayment mieux à la guerre les iumens que les cheuaux, parce qu'elles vrinent ſans entrerõpre leur courſe. Les Colophonins,
& Caſtabalenſes faiſoyent la pointe de leur bataille, de chiens, qui ſont
vn ſecours fort ſeur, & loyal aux hommes, & qui n'a beſoin de ſoulde, ny ne rompent la foy à leurs maiſtres. Il eſt certain que ſouuenteſ-
fois les maiſtres ont eſté defenduz par leurs chiens contre les brigans,
& qu'ils ont combattu pour eux contre les ennemys, comme il appert du

Roy

Roy des Garamantes: † lequel vn bataillon de deux cents chiens combat- †Abön-
tans ceux qui refiftoyent r'amenerét d'exil. Seian foldat deloyal paiſſoit de dát in exé-
fang humain des chiens fort apres à fin qu'il les ſe peuſt rédre priuez & gra- plari male
tieux, & aux ennemys cruelz & furieux au combat, ſuyuát comme ie croy excerpta
les Baɛtres: leſquels preſentent les vieilles gens aux chiens nourris de chair ex Pli. lib.
d'hommes: ce que cóme Siafanor gouuerneur pour Alexandre voulut cor- oɛt.ca.xl.
riger, perdit preſque la prouince. Les Eſpagnols ne mírent pas des chiens en hæc. pro-
teſte côtre Amilcar, mais bœufs attelez à chariottes pleines de poix raſine, pter bella.
ſouffre & greſſe, mettans le feu dedans, apres la trompette ſonnée, & apres
les auoir chaſſé & haſté de ceſte ſorte, ils laiſſerét l'armée des ennemys deffaitte & rompuë. Les anciens de vray n'vſoyent pas de ceſte ſorte d'inuétions follement, ne de fureur precipitée: mais d'vne grande conſideration
de cóſeil en cerchant les deſerts pour forcer à la guerre les Elephás & beſtes
epouuantables. Au regard de la nature des Elephans, il n'eſt ia beſoin d'en
fort parler, d'autant qu'ils ſe treuuét es plus loingtains país du monde: à celà touteſſoisſe faut il arreſter qui concerne la guerre. Apres que l'Elchant
eſt prins on l'appriuoiſe bien toſt auec le ſuc d'orge: ils ſont fort friands de
troncs d'arbres, & abattent du front les plus hautes palmes, deſquelles ainſi
couchées ils prennent le fruiɛt & le mágent, & ſil auient qu'vn rat touche
à leur prouuáde dedans le rattelier, ils le reiettent, d'autant que c'eſt la beſte
qu'ils haiſſent le plus. Ils ſentent auſſi grádes trancheſons de ventre ſils ont
auallé vne fanſuë en beuuát. Et quant à la docilité, ils s'agenouillét au commandement du moindre Ethiopien, ils cheminent ſur la corde, ils combattent, ils portent tours pleines de gens de guerre, vuydans pour la plus
grande partie les guerres des Perſes, & des Roys du leuant: & pour les eguil-
lonner au combat on leur montre vn drappeau teinɛt en ius de raiſin, ou
de meures. Et quoy qu'ils renuerſent les bataillós, & qu'ils foulent aux piés
les gés de guerre, vn peu de bruyt touteſſois d'vn pourceau (tant eſt la puiſſance de nature grande) ou d'vn rat qui eſt ſi petit, ou bien la ſeule veuë les
epouuante. Quand auſſi ils ſont etonnés & bleſſés ils reculent touſiours,
quelque fois auec vn grand dommage des leurs. Comme Semiramis euſt à
mener la guerre aux Indiens, ayant moindre apparat d'Elephás qu'eux elle
inuenta vn moyen pour les epouuanter penſans n'eſtre aucuns Elephans
hors l'Indie. Apres auoir tué trois mille bœufs, elle diſtribua les chers aux
maneuures, & fit coudre les cuyrs en figure d'Elephans: leſquels par apres
remplis de foin en auoyent la vraye reſſemblance: au dedans deſquels elle
enferma vn hóme aſſis ſur vn Cameau pour conduire l'effigie de l'Elephát:
qui furent choſes faiɛtes à l'ecart, & en ſecret, à fin qu'on n'en ſentiſt le vét,
& qu'etonnés d'vne choſe nouuelle ils les eſtimaſſent vrayes beſtes. Apres
ces choſes accomplies en deux ans, elle les aſſembla à Baɛtres. Il y eut auſſi
(outre vne autre infinie multitude d'hommes) cent mille cars, & autant
d'hómes ſur des cameaux auec glaiues d'vne toyſe de long: elle accoutuma
auſſi les cheuaux à n'auoir point de paour de ceſte maniere de fantaſmes,

N iiij

† Deerant hæc ex Diodo. eſt quòd cum co Romani Elephã tes Lybicos haben tes geſſere. ce que Perſée Roy des Macedoniens a long temps apres enſuiuy † én ceſte guerre que les Romains eurent contre luy ayans des Elephans Lybiens. Si eſt ce que l'vn ne l'autre ne tirerent point de profit à la guerre. Car le Roy des Indiens eſtant auerty tant de la grandeur de l'armée que du grãd appaⁱ rat de guerre, fit diligence de ſurpaſſer les forces de Semiramis en faiſant plus groſſe armée qu'elle, & apres auoir chaſſé aux Elephans ſauuages il en dreſſa pluſieurs à la guerre, à fin qu'ils dõnaſſent au vray l'eſpoir comme ils firent à ceux qui les voioyent. Les elephans furent premierement veuz en Italie à la guerre de Pyrrhus, cõme qui premier en mena vingt en Italie aux Romains, incogneus iuſques à ce temps lá. L. Metel grand Pontife en paſſa deſſus des flottes aſſiſes ſus tonneaux attachés par rancs enſemble, cét quarante deux : & comme aucuns dient huit vingts pris d'vne victoyre faitte ſur les Carthaginoys. Antipater temoigne que le Roy Antiochus en eut deux fort renommés au meſtier de la guerre, meſmes par leurs ſurnoms, ils en ont de vray cognoiſſance. Quand Caton enregiſtroit es annales les noms des Capitaines, il a dit que celuy qui combattoit ſi bien en la guerre Punique fut appellé Sutre, ayant l'vne de ſes dẽts ebrechée. † Cõme Antiochus voulut taſter le gué d'vne riuiere, Aiax qui touſiours auoit eſté le Chef du troupeau refuſa le faire : Et lors il fut ordõné que celuy qui paſſeroit auroit la principauté, à quoy l'Elephant Patrocle ſ'auantura : parquoy il luy donna bardes d'argẽt eſquelles les Elephans prenoyent grand plaiſir, auſſi fit il toute la principauté : celuy qui fut diffamé prefera la mort à l'ignominie, finiſſant ſa vie par faim. Ils craignent merueilleuſement la honte : les vaincuz auſſi fuyent le cry du vainqueur, & ſe rendent de honte. Comme le meſme Antiochus ne peuſt forcer les Elephans de paſſer vne riuiere fort profonde, & n'euſt moyen de nauires, il commanda qu'on bleſſaſt le plus fort ſur l'oreille, & que celuy qui l'auoit bleſſé paſſa ſoudain la riuiere : l'Elephant animé la paſſe pour pourſuyure l'autheur de ſa douleur, donnant au reſte exemple de faire le ſemblable. Antiochus qui fut dit Eupator en mit en bataille trente deux contre les Iuifs, ordonnant pour leur defenſe à chacun quinze cents cheuaux, & auoit chacune tour trente deux combatans d'elitte. Quãd Annibal menoit armée en Affrique cõtre Scipion, il mit en pointe quatre vingts Elephans, à fin qu'ils gardaſſent de fuyr le ſecours des Gauloys, Geneuoys, Maures, Maiorquins, & Minorquins, ayans les Carthaginoys en queue : & pour renuerſer l'ordonnance des ennemys. Du tẽps de Ceſar le Dictateur, & à ſon troiſieſme conſulat vingt Elephans cõbatti-

† Lego ex P. Oroſio introdu~ ctos pro introdu- cti, & Elephãtos pro Elephãti. rent contre cinq cents hommes de pié : & de rechef autant auec leurs tours garniës de ſoixante cõbattans, contre le meſme nombre que deſſus de gens de pié auec autant de ceux de cheual. Comme les Romains virent à la premiere bataille qui fut dõnée entre Pyrrhus & le Conſul Leuinus au Capouan pres Heraclée, & la riuiere de Lire, † les Elephãs entreiettés an récontre des deux armées auec vne contenance cruelle, ioint vne odeur puante, & d'vne maſſe terrible ils tournerẽt viſage eſtãs ſurprins, & epouuãtés de ceſte

† Ex plinio, De le eis aliquã- do.

nouuelle

nouuelle maniere de combat, attendu la frayeur des cheuaux. Mais apres
que Minuce Centenier de la quarte legion ayant deux cents hommes sous
sa charge au second bataillon eust couppé de son espée la trôpe tenduë con
tre luy (que non sans propos on appelle main) & qu'il eust forcé l'Elephant
de courir sus aux siens, les rencs commencerent à se rompre, & confondre
par son outrageuse course : & fut la bataille finie au moyen de la nuict. La
seconde bataille entre Pyrrhus, & les Romains fut durant le Consulat de P.
Sulpice, & Dece Murene, là ou les Elephans qui furent blessés à la premiere
charge, & qu'on apperceut pouuoir estre forcés de prendre la fuyte, foul-
droyerent les leurs, chassés par feu mis entre les cuisses, & les parties molles,
portans aussi leurs machines ardantes, & tremblans de furië. La troisiesme
fut durant le Consulat de Curin le Denté, là ou estans les Elephâs enuoyés
pour renfort, les Romains ia duits de côbatre telles bestes & ayans appresté
des croces eneloppées d'estoupes & oinctes de poix, auec eguillons pour
s'attacher, & qu'ils les eurent lancées ardâtes au dos des bestes, & aux tours,
ils les firent redoubler estans entrés aisémét en fureur, & ardans, en ruïnant
ceux pour la defense desquels ils estoyent ordonnés. Les Velites aussi ainsi
nommez quasi de voleter, ou du Grec βαλλειν, c'est à dire ietter, qui estoit
vne maniere de gens de guerre vn peu au parauât inuentée, les tiroyent en
arriere auec vn croc attaché entre les oreilles: & comme leurs maistres ne les
peussent gouuerner, on les tuoit. Hasdrubal frere de Annibal fut le premier
qui inuenta la maniere de les tuër quand il estoit besoin. Et auons entendu
en auoir esté tué vn d'vn dard receu par l'œil iusques aux parties vitales de
la teste. Au demeurant ils poulsent hors en beuuant huyle les dards qu'ils
ont attachés à leurs corps. Il y a eu diuers moyens pour leur resister: on atte-
loit deux cheuaux bardés à vn car: les cheuaucheurs desquels dressoyêt des
picques fort longues contre les Elephans. Or estoyent ils bien couuerts, ny
ne les blessoyent de leurs fleches ceux que les Elephans portoyent : au demeurant ils fuioyent leur rencontre par la course des cheuaux. Les autes y
enuoyoiêt des soldats armés de pié en cap, de sorte que leur harnoys estoit
de toutes pars couuert d'eguillôs, à fin qu'il ne fust au pouuoir de l'Elephât
de saisir sans se blesser, le soldat à ses approches. Les autres leur bailloyêt en
teste vn bataillon de Velites, auec charge, qu'incontinent qu'ils seroyent
poulsés par les ennemys, ils souurissent, & qu'ils r'abbatissent de leur cheua
lerië la furië des Elephans sur la queue ou sur les flancs. Plusieurs aussi (qui
estoit vne chose plus seure) tuoyent leurs maistres de loing à coups de fonde. Par ce moyen estans chassés à pierres, & sans gouuerneurs ils estoyent
forcés de ruër sur les leurs. Les aucuns retiroyent à leur venuë les bêdes en-
tieres comme eperduës de frayeur, & en separant les enseignes les vne des
autres, ils leurs faisoyent place, mais comme ils fussent arriués iusques au
mylieu du bataillon, ils estoyent assaillis de la multitude epâdue de toutes
pars: quelque fois aussi ils estoyent pris sains & sauues auec leurs maistres.
Les vitellians aussi au païs d'Affrique, & quelques excellens Capitaines ont

combattu auec Dromaderes, lefquels ordonnés d'auāt les legions, ou bien meflez entre les legionnaires ont fouuéteffois renuerfé les rancs des ennemys au combat de main à main. Crefus les mit en tefte à la cheualerie des ennemys fort grande & forte : pour le nouueau regard defquels, & odeur, les cheuaux tremblans de frayeur ne rompirent pas feulement l'ordonnance des gens de cheual, mais auffi des gens de pié, & mirent les ennemys au danger d'eftre vaincus. Les Cameaux auffi de Scipion vainquirent Antiochus : & fe treuue par memoyre que les Cameaux combattirēt auec Archelae à l'Orchomene, & Cheronie. Entre lefquels ceux qui font duits à la guerre ont deux boffes au dos, & portent deux archérs au combat à la guerre, affis dos à dos, combattant l'vn l'ennemy en tefte, & l'autre celuy qui pourfuyt. Les Carthaginoys auffi comme dit Lucrece ont effayé de combattre auec Taureaux.

     Et contre l'ennemy ont eprouué ietter
     Les furieux pourceaux,ils ont auffi faict pointe
     De Lions bien hardis,auec guides armées
     Et gouuerneurs cruels qui peuffent les donter
     Et de liens tenus:combien que pour neant
     Car fe ruans dedans le combat pefle mefle,
     Ils rompoyent de courroux les troupes fans egard,
     Mouuans de toutes pars l'epouuantable crefte
     Du Chef, ny ne pouuoyent les hommes efrayés
     De la peur des cheuaux les donter & tourner
     Vifage aux ennemys.

Fin du fixiefme liure.

LE SEPTIESME LIVRE DE

ROBERT VALTVRIN DE
l'art militaire.

Des perilleux,c'eft à dire malheureux ou infames iours d'aucuns moys
& du temps idoëne à la guerre.   *Chapitre I.*

L fuffit pour cefte heure Sigifmond Pandulphe des chofes que nous auons dict pour dreffer vne armée en bataille felon les diuerfes aftuces des Capitaines, & les diuerfes raifons touchant le combat, & la victoyre pour l'inftruction des prefens & futurs, là ou la neceffité le requerra. Il ne fera pas d'oref-enauant mal feant fuyuant noftre intétion de reciter quelques exemples foit bien ou mal, touchant les iours & moys du temps perilleux depédans de cefte matiere, que Nigidius appelle infames, tenebreux,

tenebreux, ou malheureux en l'vnziefme de fes commentaires grammati-
ques. Il eft dóques certain que les Romains perdirent leur premiere armée
fous la conduitte de Scipion le fixiefme iour d'Octobre contre les Dannemarchoys. Auquel depuis fous la conduitte de Luculle ils vainquirent les
Armenins, & Tygranes. Car comme Luculle fuft party accópagné de dix
mille hommes & que quelqu'vn euft dit que ce iour lá eftoit malheureux,
& à craindre aux Romains: Combattons, dit il, auiourd'huy en gés de bien
à fin que nous rendions ce doloreux, & trifte iour, ioyeux, & plaifant aux
Romains. Les ayant donques combattu & chaffé, il ne fit perte que de cinq
hommes tués: & en tua plus de cent mille. Le moys de Nouébre a euidemment fait de grandes deffaictes de Barbares : Car en ce moys lá Alexandre
vainquit les lieutenás generaux de Darius: les Carthaginoys ont efté vaincus par Thymoleon en la Sicile le vingt & feptiefme iour, auquel auffi
Troye femble auoir efté prinfe, comme temoignét Ephorus, Callifthenes,
Damafchus, & Philarchus. Il eft auffi auenu aux Beotiens d'auoir eu deux
victoyres de renom au cinqiefme iour de Ianuier, comme qui par elles refti
tueroit la liberté à la Grece. Feurier n'a pas efté gratieux aux Grecz: au feptiefme iour duquel ils furét fous la conduitte de Cranon defaicts en bataille
par Antipatre, ayant au par auant combattu malheureufement Philippe en
la Cheronie. Au mefme iour auffi ceux qui pafferent en Italie auec Archi-
dame furent cruellement deffaicts par les Barbares du païs.   Les Carthaginoys notent le vingtneufiefme iour, comme qui leur a amené plufieurs
miferes, & grádes calamitez.   Les Perfes ont efté vaincus des Grecs à Marathon le fixiefme iour de Mars, & au treziefme aux Platées, & auffi à Mica-
le: & les Atheniens ont eu la victoyre fur mer au pres de Maxon le vingt &
cinqiefme, & ont au vingtiefme prins la garnifon des Macedoniés, auquel
iour ils facrifient fecrettemét à Bacchus.   Les Romains auffi ont des iours
de guerre ouuerte qui ne font point feparez des mediocres. Les iours mediocres de vray en contiennét tréte continuelz, durans lefquels apres auoir
ordóné la leuée de l'armée, l'enfeigne de couleur rouge eftoit affife à la for-
terefte. Tous ceux eftoyét iours de guerre, aufquels il eftoit licite de repeter
les prinfes, ou bien courir fur l'ennemy. Il eft certain que l'election du iour
pour le combat eftoit à lors loyfible aux Romains, f'ils menoyét la guerre.
Mais apres eftre receué, il n'eftoit point de iour auquel il ne leur fuft loyfible de defendre leur vie, ou bien la dignité publique. Ils fuioyent auffi les
iours notez de quelque malheur, pour inuiter les gés. Au regard des fecóds
iours des moys, ou bien des fubfequés des Nones, & Ides, noz anceftres ont
efté d'auis de les euiter, combié que Varron les péfe n'attoucher de rien aux
affaires de la guerre, mais tant feulemét aux priuez, & les ont declaré tenebreux: cóme d'vn nom malheureux, eftant à cefte caufe ainfi dicts, & tenus
cóme dit Seruius Flaccus, qu'apres la reprinfe de Rome fur les Gauloys Se-
noys L. Actilius remonftra au Senat comme Q. Sulpitius ayát à combatre
les Gauloys, apres d'Aille facrifia vn iour tenebreux pour le combat, & fut

tué auec l'armée Romaine: & qu'aupres de Cremere, & en plusieurs temps,
& lieux il leur est mal prins d'auoir combattu apres auoir sacrifié vn iour
tenebreux: & que le troisiesme iour apres cest autre, la ville fut prinse hors
le Capitole. Vn bon nombre des Senateurs se dit auoir bonne souuenance
que touteffois & quantes que le sacrifice du peuple Romain a esté faict le
iour subsequent des Kalendes, Nones, Ides pour mener la guerre, que subsequemment les affaires se sont porté à la premiere bataille de ceste guerre
là. Et comme le Senat se remit sur ces choses aux Pontifes, à celle fin qu'ils
ordonnassent ce que bon leur sembleroit, ils furent d'auis, que ces iours là
ne fussent ne pour la guerre, ne purs, ne pour faire assemblée, & qu'on n'y
feroit aucun sacrifice. Ce que le sauant Ouide n'a pas ignoré disant au premier des fastes.

>>   *La feste de Iuno s'vsurpe les Calendes*
>>   *Ausoniës, & meurt aux Ides l'aigneau blanc*
>>   *Pour le dieu Iupiter:la tutelle des Nones*
>>   *N'a nul dieu: & à fin,que tu ne sois deceu*
>>   *Le proche à tous ceux cy sera tousiours lugubre:*
>>   *Pour les euenemens ils sont dits mal eureux,*
>>   *Car Rom' en ces iours là a souffert des dommages*
>>   *Tristes sous Mars contraire, & te seront ces choses*
>>   *Dittes pour vne fois pour tous les iours festés,*
>>   *Que forcé ie ne soy rompre l'ordre des gestes.*

Nos ancestres n'ont point voulu qu'on fist rien en la Republique auant
le cinquiesme d'Octobre, ne auant le huictiesme de Nouembre. Et pourtant
ils ne côbattoyent point ces iours là auec l'ennemy,ny ne faisoit on rien en
la Repub. ne leuée d'armée,ne assemblée de peuple. Ce seulement se faisoit
que la necessité extreme requeroit. Plusieurs aussi fuyët le quatriesme iour
auãt le premier du moys,celuy des Nones, ou des Ides, comme de mauuais
presage:ny ne treuue rien par escrit si de ceste obseruance il est aucune cere-
monie:sinon que Claudius dit au cinquiesme des Annales,que ceste tãt grãde perte de la bataille aupres des Cannes fut faitte le premier iour d'Aoust.
Les Romains aussi furent deffaicts le dixseptiesme de Iuillet pres de la riuiere d'Aille par les Gauloys qui est distãt de Rome de douze milles pres le
chemin de Sabarie: & fut l'armée Romaine incõtinent rõpuë, pres le bord
de la riuiere,auquel l'aisle senestre s'en estoit fuye: & fut faict si grãd meurtre par eux que soudain s'en est ensuyuie la ruïne de la ville, le meurtre des
peres,& le siege du Capitole. Leur fuyte fut de nuict lors qu'elle fut faicte:
& fut la bataille sur la fin de l'esté, & pres la pleine lune au iour auquel au
par auant il estoit auenu vne autre grãde defaitte sur les Fabins au pres de la
riuiere de la Cremere entre la ville & les Veies: car il fut tué en vn mesme
iour trois cents & six Patrices,gés de guerre d'vne mesme race, & famille,&
en vn mesme iour par les Veies. Pompée aussi desirant forcer Mitridate
fuyant la bataille,delibera la donner la nuict: & l'ayant poursuiuy,comme

la

la lune fust leuée à dos des Romains, Mitridate penſant les ennemys bien prochains à cauſe de la longueur des vmbres, tira tout ſon traiĉt à faute, les Romains les aſſaillans denués d'armes, eurent la viĉtoyre ſans grand trauail de combat, & prindrent leur fort. Annibal ſaydant de ceſte raiſon militaire de temps, & aſtuce aux Cannes, dreſſa ſes gens en bataille pour combattre les Romains, non pas la nuiĉt mais à ſoleil leuant : de ſorte qu'il les forçoit de combattre ayans le ſoleil au viſage, auec le vent d'amont, que les noſtres appellent vulturne. De vray il tiroit lors en maniere de fouldre ardante au matin, comme il a de coutume, & enleuoit de violence la poulſiere de la campagne bruſlée d'ardeur : & paſſant par ſus les troupes Carthaginoyſes elle eſtoit chaſſée au viſage des Romains. Ainſi donques Annibal feſt acquis ceſte tant memorable & immortelle gloyre de la bataille des Cannes à l'ayde du vent d'amont, ou de vulturne : en laquelle combien qu'il fuſt merueilleuſement cruel, & grand ennemy des Romains, on dit que reſſaſié d'vne ſi grande boucherie de ſes tant fiers ennemys, il feit ceſſer la tuerië. Les Romaius depuis ſe trouuerent bien du meſme moyen. Car les Conſuls Marin, & Catulle ayans à combattre les Gauloys ſayderent de ruſe auec la force. Premierement ayans rencontré vn iour troublé pour aſſaillir par ſurprinſe, & auſſi venteux de ſorte que la pouldre leur donnaſt au viſage, eſtant pour lors leur armée tournée vers l'Orient, à fin que comme ils entendirent ſoudain par les priſonniers que la poulſiere leur donnoit dedans les yeux, à cauſe de la ſplendeur, & reuerberation des ſalades par vn aueuglement de la lueur ils defirent auec bien peu de perte ceſte ſi terrible multitude de Gauloys.

Les Iuifs auſſi ont egard au iour de leur Sabbat : car le diuin Auguſte Veſpaſian les defit, d'autant qu'il leur eſt defendu de faire nulle œuure de conſequence. Antiochus les defit par vne autre raiſon, & diuerſe, car comme il euſt ſon ſiege deuant Hieruſalem, & que les Iuifs luy demandaſſent ſept iours de treues pour faire leurs ſolennités du Sabbat, il ne les leur accorda pas ſeulement, mais auſſi fit vne grande pompe iuſques aux portes auec taureaux à cornes dorées, & auec odeurs, & perfuns preparéz en grande abondance en liurant à leurs preſtres le ſacrifice, puis il retourna à ſon camp. Les Iuifs de ce emerueillés ſe rendirent incontinent apres la ſolennité perfaitte. Il y a autre raiſon gardée à autres nations. Quand Melciades fut auerty que les Perſes entendoyent à leurs ceremonies l'eſpace de trois iours, il les ſurprint & vainquit. Et comme les Atheniens fuſſent aſſaillis par les Lacedemoniens, ils pillerent les païs des ennemys auſquelz ils auoyent ſeruy de proye, qu'ils ne ſen doutoyent point en iettant ſoudain vne armée vers Lacedemon au party des feſtes ſolennelles faiĉtes hors la ville à Minerue : là ou ayans les armes couuertes ils ne retournerent pas à Athenes incontinent apres leur deuotion faiĉte. Les meſmes Atheniens auſſi auertis de l'armée de Darius, & prenans

O

par femblable moyen l'efperance par l'occafion de la religion, & que les Perfes entendoyent à leur cerimonië l'efpace de quatre iours drefferent vne armée de dix mille hommes feulement, & de mille Plateenfes pour le fecours, & chargerent fix mille hommes es champs Marathoniens fous la conduitte de Melcyades Chef de l'armée : lequel fe confiant plus de la diligence que de la force combattit auec gens affés deliberés plus toft main à main que le coup des flechesne le fceut repoulfer. On dit que la diuerfité fut fi grande du combat, qu'on penfoit que d'vn cofté fuffent les hommes preparés pour tuér, & de l'autre brebis preftes à la mort. Alors de vray moururent deux cents mille hommes Perfes es plaines Marathoniës. Et comme les diuinemens de femmes forcieres, troublaffent les cœurs des Allemans, comme qui predifoyent les chofes à venir par les cours, abifmes, & bruyt des riuieres, & qu'elles affeuraffent, foit que ce fut de l'ordonnance d'Ariouifte leur Roy, ou bien par la loy, qu'ils ne vaincroyent point fils combattoyent auant la pleine lune, Cefar trouua bon les affaillir enuiron le temps plus toft qu'en l'attendant idoëne leur caller la voyle. En affaillant donques leur fort & collines, il n'a ceffé de les ecarmoucher, iufques à ce qu'enflambés de courroux ils font venus à la bataille. Par ce moyen eftans finalement mis à val de roupte, Cefar les pourfuyant quatre cents ftades iufques au Rhin, couurit toute la terre de carnages, & dépouilles. Ariouifte gaignant le deuant auec peu de gens paffa le Rhin. Le nombre des morts fut, comme lon dit, de quatre vingt mille hommes.

DE L'ASSIETE D'VN CAMP.
Chapitre II

I L faut maintenant auifer du lieu propre à affoir camp : c'eft vne chofe bien à confiderer en l'art militaire : à fin que fi l'ennemy affaut l'ennemy, il ne puiffe eftre repoulfé d'vn lieu haut, ou bien eftre receu en bonne force, & halleine. Il faut donques tenir ce moyen pour le choys du lieu, foit qu'il faille fe r'afrefchir en cheminant, ou bien affeoir camp contre camp, que la place foit fortifiée de nature ou d'art, & fuffifant' aux neceffités : par art, comme par trenchées, pallis, ou rempart : par nature, comme font mottes mal aifées à monter, collines roydes, lieux hauts & rabboteux, que Cato appelle verruces, ou bien lieux enuironnés de riuieres, ou maraiz. Et entant que touche les neceffités, que le marrain, l'eau, le blé fe puiffe recouurer pres. Mais fil faut faire comparaifon de ces chofes, ie treuue que les hommes de renom ont plus cerché les lieux forts de nature, que les opulens : Ce que profita bien à Marin. Car comme à fon tiers Confulat durant la guerre de Dannemarch, il euft gaigné vne colline au deffus d'vne plaine & d'vne riuiere, là ou feftoyent campés les ennemys, & que l'eau pour boyre faillift à fon armée

de

de sorte que chacun se plaignoit de luy, il leur repondit que l'eau estoit à leur veuë, mais qu'il la failloit conquerir de force. Comme donques les gros valets commençassent à combatre, & que l'armée suyuist apres, soudain que les deux batailles furent en ordonnance le combat se donna, duquel les Romains eurent la victoyre. Cesar a en toutes choses loué les lieux hauts, & s'ils deffailloyent il preferoit les aquatiques. Il se treuue auoir fait camp es voyages de la Gaule aupres de la riuiere d'Axone, le fortifiant d'vn costé: au regard du derriere, il le rempara contre l'ennemy, & faisoit que les viures pouuoyent venir seurement des villes prochaines.

Cnée Pompée choisit vn lieu haut pour camper en la Capadoce, là ou il fit quelque perte, au moyen de laquelle augmentant la furië des gens de guerre, il vainquit aisement Mitridates de la seule course. Q. Metel estant en l'Espagne citerieure fit descendre la riuiere d'vn lieu haut dedans le camp des ennemys assis en lieu bas, lesquels epouuantés de la soudaine inundation, il defit par embusches dressées es lieux auantageux. Le lieu donques sera de tant plus auantageux, de quant plus il sera en lieu haut: car le traict se tire de plus grande vehemence à ceux qui sont en lieu bas, auec ce que l'armée qui a le dessus repousse de plus grande impetuosité ceux qui s'efforcent monter, veu que ceux qui sont logez en bas, ont deux combats, l'vn auec le lieu, & l'autre auec l'ennemy.

DE LA RECOGNOISSANCE DE LA
contrée ennemye, de la multitude, vouloir,
entreprinse, & conseil.
Chapitre III.

Ais pour autant que l'office d'vn excellent Chef, est d'auoir bon auertissemét & cognoissance de la contrée des ennemys tant en paix qu'aussi mesmement en guerre, à fin que l'armée ne vague, & ne se foruoye, il faut aussi considerer quelle est l'assiéte naturelle de leur region, si elle est point en rocs inaccessibles, ou enuironnée de riuieres, ou bien enclauée de marescages: quant grand outreplus est le peuple: quelle est leur volunté: leur fantasie, & auis. s'ils sont forts ou foibles en forteresses, & si elles sont fortes de nature, ou d'artifice: toutes lesquelles choses ruminées par le Chef ne pouuans estre vuydées par luy, deurót par necessité l'estre par autres ayans tres-bóne cognoissance des lieux. Ce que se pourra seurement & commodement faire, s'ils s'en treuuent d'entre les citez, & marcháds, amys des deux armées, recerchás les passages. Au regard des cités elles reçoyuent tousiours sans difficulté ceux qui leur amenent quelque chose. Il est des Chefs qui recerchent ces choses par les ennemys, ou par les leurs, les autres d'eux mesmes. Comme Cato ne peust autrement decouurir en Espagne l'intention des ennemys, il commanda à

trois cens cheuaux de donner tous enſemble dedãs leur guet, & d'en prendre & amener vn ſain & ſauue: lequel mis à la torture confeſſa tous les ſecrets des ſiens. Iulle Ceſar recerchoit les entreprinſes des ennemys, par
ceux qui eſtoyent trouuez à la campagne par gẽs de cheual qu'il enuoyoit
courir, & deliberoit au conſeil ſelon qu'il les trouuoit d'accord: ce qu'il faiſoit ſagement, & prudemment. Or ont tous Chefs de coutume d'enuoyer
des epiës, & decouureurs d'entre les leurs: & combien que l'vſage confonde ſouuent ces deux, la raiſon touteſfois & l'authorité des ſauans hommes
les ſepare: tellement que l'epië eſt celuy qui ſans ſonner mot contemple
les affaires des ennemys: veu que le decouureur ou explorateur cognoiſt
les embuſches à crys. De vray nous liſons que les anciens ont vſé d'explo-
rer pour crier l'alarme, mais apres il a commencé à ſignifier decouurir &
recognoiſtre au vray. Il eſt auſſi vne autre façon de decouurir ſans nulle ayde exterieure d'ont on dit que les Chefs ſe ſont aydé ſouuenteſſois, comme
le Conſul Emille en la guerre Etruſque: car voyant aupres de la ville de Co-
lonie, vne multitude d'oyſeaux, ſeſtre leué de la foreſt auec vn vol haſté,
entendit bien que là y auoit quelque embuſche: d'autant que le nombre
des oyſeaux eſtoit grand auec vn epouuantement. En enuoyant donques

† Ex Fron
tino lib. 1.
cap. 2. Bo-
iorum, pro
Colonio-
rũ. & agmi
ni immi-
nere, pro
agmen in
itinere.
† Ex eodẽ
Thiame-
nus pro
Thiani-
cus.

des decouureurs, il trouua qu'ils eſtoyẽt là dix mille † Boulonoys pour ſur-
prendre l'armée des Romains, leſquels il deffit en enuoyant des legions ſecrettement par vn autre chemin.   Comme auſſi †Thiamene fils d'Hora-
ſtes fuſt auerty que les ennemys ſeſtoyent emparé de la montagne il enuoya des auãt-coureurs pour decouurir que c'eſtoit: & comme ils r'appor-
taſſent qu'il n'eſtoit rien de ce qu'il penſoit, il marche: & voyant partir de là
vne grãde volée d'oyſeaux enſemble, il print fantaſie que l'armée des ennemys eſtoit la parquée: parquoy en tournoyant auec ſa force il les fruſtra de
leur embuſche. Au ſurplus Alexandre le Sertorin, Marc Voluſſe Edil de la
cõmune ont en perſonne decouuert l'intẽtion des ennemys, auſſi a Maximian, qui regna auec Diocletian: ce qu'ils firẽt en changeant d'habits. Il eſt
auſſi certain que Ceſar l'a fait par changement de robbe, par autruy, & en
perſonne. Car, cõme il euſt fãtaſie de prẽdre l'Angleterre, & de ſauoir l'eſtat
de l'iſle, & de la maniere de viure des habitãs, il la decouurit par C. Voluſe-
nus, ainſi qu'eſt la cõmune voix des hiſtoyres, cõbien qu'aucuns hiſtoriographes renommez aſſeurent que Ceſar a en perſonne recogneu le port, la
nauigation, & l'abbord de l'iſle: & cõbien que ceux là treuuẽt bon d'eprouuer la fortune: cela touteſfois ſelon mon auis ſent trop ſon audace, & outrecuydance de mettre en hazard toute la cõduitte, & force d'vne armée: veu
que tous ceux qui ſouffriront telles choſes, ou forceront les autres de le faire, cerchent leur mort, ou celle d'autruy. Veu que l'exemple eſt rare, que les
Conſuls Scipion, & Valere Lauin, & auſſi Xerxes ont d'vne grãde nobleſſe
laiſſé memorable à la poſterité. Scipion de vray fit mener par tout ſon cãp
trois epiës d'Annibal, qui furent prins, & leur montra toute l'armée ſans
ſenquerir des ennemys, & ordõna ſoudain de leur dõner à diſner, & apres
auoir

auoir prins le repas, il les renuoya fains & fauues pour r'apporter à Annibal
les chofes qu'ils auoyent veu entre les Romains. Au regard de Valere, com
me il euft prins vne epïe dedans fon camp ayant vne merueilleufe fiance en
fon armée il le fit conduire par tout, & ordonne que fon camp fuft ouuert
aux epïes des ennemys à leur bon vouloir, à fin de les etonner. Au demeurant, comme Xerxes fils de Darius eut furprins des epïes des Grecs dedans
fon camp, il ne leur fit point de mal, mais apres qu'il eut ordonné qu'ils fuffent menés par tout le camp, pour voir en feureté & liberté l'armée pour laquelle ils eftoyent venus, il les laiffa aller fains & fauues. Outre plus nous
fauons bien auffi par les dãgers de plufieurs, qu'il ne faut pas du tout hazarder fon falut à tous ceux qui fe rencontrét, ou qui fe rendent. Car la grande
Babylone que nulle armée ne pouuoit prendre fut prinfe par l'artifice de
Zopire. Il fe fit de vray fouetter, & coupper oreilles & nés, & fe retira dedãs
la cité, ainfi difformé comme fuytif, faignant auoir efté ainfi mutilé par le
commandement de Darius auec le confentement de tous les affiftans: puis
il remõtra au peuple d'auoir bõ cœur, & de defendre la muraille, & le fouffrit auec les fiens mener la guerre à Darius, comme eftãt prouoqué d'vn re-
cent courroux, & outragé. Les Babyloniens donques eftans trõpés de cefte
maniere de fraudes, & autres femblables donnerent finalemét la charge &
pouuoir fupreme de la guerre à la volunté du fuytif Zopire : lequel pour
donner plus grande foy a fouuéteffois defaicts les ennemys : & a finalemét
mis entre les mains des ennemys le peuple d'ont il auoit la charge : par ce
moyen la ville de Babylon qui par force ne pouuoit eftre prinfe la fut par
trahifon. Et cõme depuis Darius euft ouuert vne põme de grenade merueil
leufemét grande, & que quelqu'vn luy eut demãdé que c'eftoit qu'il voul-
droit auoir en auffi grãd nõbre qu'eftoyent les grains : Il repondit des Zo-
pires. Or ne luy eftoit Zopire pas feulement compagnon, mais auffi hõme
de bien, & amy, duquel lors qu'il fe mutila & coupa les narines, & oreilles,
& qu'ainfi faifant foy, il auoit trompé les Babyloniens, & qu'il euft liuré la
ville à Darius il difoit fouuét qu'il aimeroit mieux auoir Zopire entier que
prendre cét Babylones. Iulian auffi faifant vn voyage contre les Parthes eut
au commencement du defert vn des prifonniers pour guyde, & tomba par
apres entre les mains des ennemys eftans en embufche, par la conduitte
d'vn vieillard rendu, luy promettant fous vmbre de thraiftre luy montrer
bon chemin apres eftre venu en plus grands defers cheminans l'efpace de
trois iours : & pourtant ils tuerent incontinent ce vieillard de coups de
fouets, confeffant l'auoir fait ainfi pour la liberté du païs, voulant de bon
cœur endurer toutes cruautés pour luy. Le Chef fut tué en cefte guerre là, &
l'armée forcée de contracter au gré de l'ennemy. Valerian Augufte fort re-
nõmé pour fon fauoir, & eloquence, fut menãt vne groffe armée contre les
Perfes prins par leur Roy Saporin : pour auoir efté mal guidé des fiés, & des
eftrangers, & paffa fa vieilleffe auec vne ignominieufe feruitude, & iufques
à porter la peine d'eftre courbé cõtre terre pour du dos foubfleuer le Roy,

& non de la main en montant à cheual. Au demeurant, comme ainſi ſoit, qu'il ne ſoit point de butin plus beau, ne plus riche prinſe que des epies, & decouureurs, ſil auient qu'ils ſoyent prins, comme il auient ſouuent, veu qu'ils pourchaſſent tout ce qui ſ'offre à eux, il ne ſy faut tant fier qu'on ne face bon guet: & eſt beſoin que toutes choſes ſoyent touſiours preſtes, & en ordre tout ainſi que ſi on ſentoit l'ennemy approcher.

LA FORME D'VN CAMP, ET LES FAÇONS
de faire de ceux qui en ont la charge. Chapitre IIII.

Es choſes ainſi de toutes pars bien executées ſelon la condition du lieu: pourſuyuons ſubſequemment la forme du camp ſelon la diſcipline des anciens, & l'ordre, la mode, & les raiſons des choſes qui y ſont requiſes, duquel premierement le pourpris eſtoit quarré. Vn grand nombre auſſi de mareſchaux auec grande abondance de ferremés requis à le dreſſer ſuyt d'armée, d'ont le mylieu du camp eſt ordonné pour les loges, & ſon circuit montroit en dehors l'apparence d'vne muraille, auec vne ordonnance de tours en pareille diſtance, & eſt chacune courtine de l'vne à l'autre garnie de traiĉt, baliſtes, & autres engins de guerre à tirer pierres, & de toute façon d'inſtrumens de traiĉt: à fin que toutes manieres de baſtons de ieĉt ſoyent preſtes. Ils ſont outreplus quatre portes & quatre faces de la muraille autant aiſées pour l'entrée des ſommiers, que larges pour la retraiĉte de ſoldats ſils ſont forcez. Au regard du dedans du camp, il eſt departy en rües, & aſſeient les loges au mylieu entre leſquelles la tente du Chef, & Capitaine general tient le mylieu en forme d'vn temple, tellement que c'eſt quaſi vne cité dreſſée ſoudain, en laquelle ſont le marché, & les loges des artiſans, auſſi ſont les demeures des Primas & Capitaines des bandes pour vuyder les differés qui ſuruiennent entre les gens de guerre. Au regard du circuit & de toutes les choſes qui y ſont, il eſt fortifié ſoudain auec la multitude, ſauoir, & opinion d'ouuriers, & ſi l'affaire le requiert on fait au dehors vn foſſé de ſix piés de profond, & autant d'ouuerture. Eſtant le camp ainſi fortifié, ou bien l'ayant à eſtre, il ne doit pas auoir faute de gardes en armes. Le nombre qui n'eſt iamais moinde d'vne cohorte ſaugmente en chacune porte au plaiſir du Capitaine general, ſil y a peril eminent: leſquels autant iour que nuiĉt ſont par fois le guet quatre heures.   Au regard de la diſtribution des heures les anciens l'ont notée par eau & vmbres: & ont laiſſé ce moyen de les cognoiſtre à la poſterité. Ils auoyent de vray deux vaiſſeaux de cuyure, ou bien ſelon la premiere inſtitution de Cteſibe l'Alexandrin, eſtant le trou d'or, ou d'vne pierre precieuſe percée, cóme qui ne ſvſét point du battemét d'eau, ny ne ſe ordiſſent de ſorte que le trou ſeſtouppe. Celá touteſſois n'eſtoit pas par tout en vſage: car en aucũs lieux le fond de l'vn eſtoit perſé, cóme vn'horologe de ſablon, & ont ſoubmis celuy qui eſtoit entier, ayant l'autre fiole au deſſus pleine d'eau. Aux autres lieux le fond du vaiſſeau vui-

de qui

de qui eſtoit deſſus, eſtoit auſſi perſé, & celuy d'au deſſoubs plein d'eau, &
entier ſur lequel eſtoit le perſé & touchant à l'eau, eſtant touteſſois au parauant le paſſage de l'eau eſtoupé de cire dedans & dehors: & comme elle a
commécé à gangner deſſus ou deſſoubs, où bien couler ou entrer, en oſtát
la cire, ils luy ont permis de couler ou entrer, tellement qu'elle coula vne
nuict iuſques à la fin du iour enſuiuant, & ce iuſques au commencement
de la nuict ſubſequente: par ce moyen ils ont mis la meſure du temps en la
quantité de l'eau receuë par ce coulement, & ont eſtably douze parties
ſoubs vne iuſte meſure diuiſée en vn cercle, & les ont marqués, à fin que
les nombres d'heures fuſſent certains, eſquels ils faiſoyent à ſauoir leur entrée, demeure, & ſortie. Et lors ſuiuans les Egiptiés beaucoup plus anciens,
leſquels il eſt certain auoir premiers auant tous cerché & meſuré le ciel, &
les momens du temps, ſoit que Horus ait eſté celuy qu'ils appellét le Soleil,
duquel les heures ont prins leur nom, ou bien que Horus ſoit Apollo, qui
auant tous eſt eſtimé auoir trouué les heures, Scipion Naſique collegal de
Lenate les a premier des noſtres diuiſé par eau egale de la nuict, & du iour,
& a dedié l'horologe a couuert de ceſte ſorte l'an de l'edification de Rome
cinq cens quarantecinq.

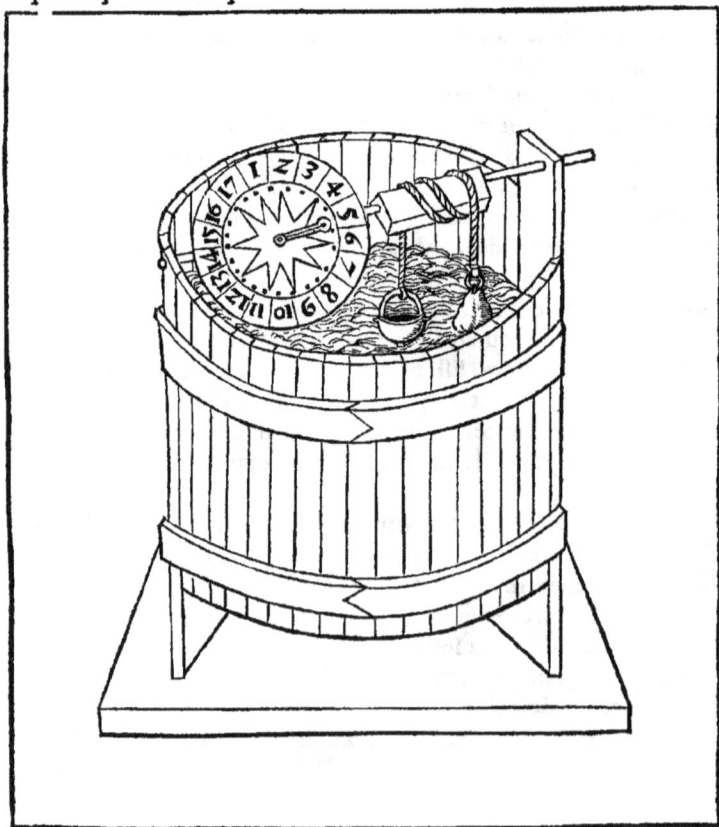

AV regard de la raiſon des vmbres Anaximenes de Miles diſciple de Thales l'a trouué entre les Grecz, & a premier monſtré l'horologe aux Lacedemoniés. La raiſon ſe pourra cognoiſtre de iour, meſmement par le ſoleil, ſi les nués ne donnent empeſchement à la raiſon du quadrant, ſi quelqu'vn eſtant en païs plat tourne le dos droictement contre le ſoleil, & qu'il meſure au pié l'vmbre de ſon corps depuis le vingt & quatrieſme de Decembre auec le commencement de Ianuier, auquel le nombre eſt de vingt & neuf piéds à ſoleil leuant & couchant. De vray Decembre & Ianuier ont vne conuenance d'heures enſemble par vne raiſon contraire, veu que par vne meſme ligne l'vn s'augmente, & l'autre decroiſt. Au regard de Nouembre & Feburier la raiſon des temps egale leurs heûres. Octobre auſſi a appellé Mars à meſmes vmbres, le faiſant ſon egal. Les iours de Septembre & d'Auril conuiennent en ſimilitude d'heures. Vn meſme cours de ſoleil egalera Aouſt à May. Au regard de Iuing & Iuillet, ils ſe ſont donné egaux eſpaces d'heures, comme il eſt contenu en ceſte figure ronde des nombres touchant tous les moys.

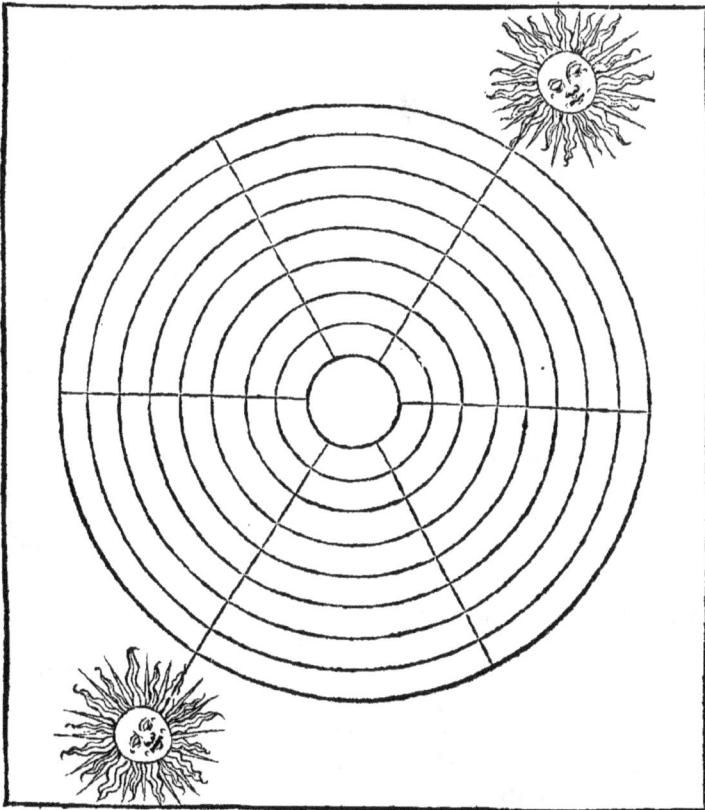

L faut donques que tous facent le guet egalement à leur tour suiuant ceste mutation d'heures, & y eschet vne cruelle peine contre eux, comme qui est de la mort à quiconque aura abandonné sa place pour quelque cause que ce soit. Quant aux portes on y ordonne de iour vne garde en armes, & est la coutume de faire le guet la nuict en des petits forts: mais encores ne sera pas mal fait d'ordonner quelques gardes dedans le camp outre les publiques, à fin qu'on ne face point de malefice occultement. Comme Brute eut cogneu le guet des Grecz par les captifs, & les eust fait venir à soy, il mit toute son armée dedans leur camp, & defit les ennemys. Et pourtant les plus sages auoyent de coutume d'ordonner des faiseurs de ronde, qu'anciennement ils appelloyent (circuitores) pour visiter le guet, & r'apporter si quelqu'vn y a fait faute, ou bien ils faisoyent quelquefois eux mesmes la ronde. Titus au siege de Hierusalem visitoit le premier guet de la nuict faisant la ronde tout autour du camp, & des espaces des fors, donnant à faire celle du second à Alexandre second Chef apres luy, & du tiers aux Columnels des bandes. Alcibiades d'Athenes estans ses citoyens assiegés par les Lacedemoniens, & craignant la nonchallance du guet, leur enchargea de prendre garde à la lumiere qu'il montreroit la nuict de sa forteresse à la veuë de laquelle ils fissent le semblable, & que celuy qui y failliroit, seroit puny. Comme donques chacun attend soingneusement le signe du Capitaine, ils ont tous fait bô guet, & a esté euité le peril du souspeçon de la nuict. Comme Iphycrates Chef des Atheniens faisoit la ronde à l'arriuée des ennemys, il en transpersa d'vn dard vn du guet, qu'il trouua dormât: & comme quelques vns le reprinsent, comme de chose trop cruelle, ie l'ay (dit il) laissé tel que ie l'ay trouué. La trompette donques signifiera à tous tant du guet que des ecoutes l'heure de dormir, & ne soit rien faict hors l'ordre sans l'ordonnance du Chef. Les soldats apres auoir fait leurs deuoirs au point du iour viendront au Centenier, & eux aux Milleniers: auec lesquels les Princes de toutes les bandes viendront au Capitaine en Chef de toute l'armée: auquels il donnera le mot du guet, & autres commandemens selon les affaires pour les faire entendre aux soldats: à fin qu'ils les entendent estans en ordonnance: & que quand il sera besoin de charger, ou de se retirer, ils soyét obeissans. Le Signal que le Chef doit donner pour bailler aux soldats, & que chacũ ordonné au guet doit sauoir & non autre est de ceste condition quand on encharge de l'auoir en memoire comme en la guerre de Marin, Bardeius: en celle de Silla, Apollo Delphicus: en celle de Cesar, la mere Venus, & le Kyrie eleeson des Grecz Chrestiens, & autres au plaisir d'vn chacun: car cela est bien necessaire pour se recognoistre entre les ennemys, soit qu'on combatte de iour ou de nuict. Car si l'ennemy se cuide couurir des armes des nostres, il se manifeste incontinent en luy demandant le mot du guet: les autres l'appellent Symbolùm, & les autheurs approuuez, comme Tite Liue & Virgille, Tessera.

QVELZ HOMMES ON DOIT EN-
uoyer pour parlementer auec les ennemys s'il le faut. Chapitre V.

'Il faut parlementer auec les ennemys, il faut auifer d'y enuoyer gens qui puiffent decouurir d'aftuce, & d'experience de beaucoup de chofes leurs fineffes, & conceptions. Apres que Scipion l'Affricain eut prins auec Lelius l'habit d'vn efclaue, ayant occafion d'enuoyer ambaffade à Syphax, il y feit aller vne élitte de Tribuns, & Céteniers auzquels eftoit donné en charge de côtempler l'armée du Roy: lefquels pour plus aifément voir l'affiete du camp, en tournoyerent la plus grande partie pourfuiuans vn cheual quafi comme echapé qu'ils lacherent tout de gré: & apres leur r'apport la guerre print fin par feu. Les Carthaginoyz enuoyerent en femblable gens qui foubs vmbre d'ambaffadeurs demoureroyent à Rome, & entendroyent les deliberations des Romains. Apres qu'on eut eleu à Rome troys ambaffadeurs pour aller en Bithynie, defquels l'vn eftoit goutteux, & podagre, l'autre bleffé à la tefte, & le troyfiefme fembloit auoir le cœur lache, Caton le Cenforin dit en riât, Le peuple Romain enuoye vn ambaffade, qui n'a ne pié, ne tefte, ne cœur. Mais fi quelquefois ce peuple lá auoit nouuelles de la venuë de quelque ambaffade eftrangere, il s'enqueroit premierement à fes efpiës, quelle eftoit leur demande, puis les moindres Magiftrats leurs alloyent au deuant: Et lors le Senat vuydoit leur demande hors la ville comme il leur fembloit bon.

DE QVELLE PRVDENCE ON DOIT
parlementer auec l'ennemy.   Chapitre   VI.

I donques il faut parlementer auec les ennemys, nous fommes auertiz par l'exemple de Cefar, & d'Ariouifte Roy des Alemans, comme quoy il fe faut donner garde en le faifant. Car comme le iour fuft venu auquel ils auoyent accordé enfemble de parlementer, ils auiferent de le faire, accompagnés tant feulement de gens de cheual en armes. Et comme Cefar ne fe vouluft pas fier à tout le monde, il prend les cheuaux du fecours des Gauloys, & en monte la dixiefme legion, en laquelle eftoit fa principale confiance, les affeans fur vne motte à cinq cens pas de la force d'Ariouifte, pour parlementer à cheual. Les gens de cheual auffi d'Ariouifte eftoyent élongnez de femblable efpace: mais comme en parlementât on auertift Cefar que les cheuaux d'Ariouifte, marchoyent tyrans dars & pierres à fes gens, il ceffa de parlementer, & fe retira aux fiens. Et combien qu'il vit les ennemys eftre vaincus fans aucun peril par la proueffe de la dixiefme legion, il ne fut pas touteffois d'auis que les fiens combattiffent, à fin qu'on ne peuft dire en repoulfant les ennemys qu'ils euffent efté par luy circonuenuz fous couleur de parlementer. Quâd auffi le camp eft fort d'affiéte, & de gens, ie penfe que le deuoir d'vn bon &

fage

fage Capitaine eft s'il faut parlementer de ne le faire à la legiere. Car comme fuiuant le commandement de Vefpafian, le Roy Agrippa parlementoit auec les Gamalenfes de fe rendre, il fut à peine r'apporté de la place, eftant frappé au coude dextre d'vn coup de pierre. Comme au fiege de Hierufalem Tite penfaft que les Iuifz fe pourroyent gaigner par vn de leur nation, il leur enuoya Iofephus pour leur remonftrer, lequel fut par eux fort bleffé par la tefte, & fuft mort s'il n'euft efté bien toft retiré par Cefar dedans le camp.

QV'ON DOIT AVOIR EGARD AVX armes des ennemys. Chapitre VII.

IL faut auffi auoir egard aux armes des ennemys: car la façon eft à plufieurs nations en quelque temps dangereufe. Le long boys des Numides qu'ils ont de coutume lancer fans l'aueau font en temps de pluyes inutiles, d'autant qu'ils font gliffans. Les efcuz auffi qu'ils portoyent d'vn cuyr d'Elephant etendu & dur, legiers & feurs ne les peurent defendre, d'autant qu'ils ne les pouuoyent porter, comme defquels la nature eft de s'abbreuuer d'eau, tout ainfi que l'eponge: & à cefte caufe non maniable pour leur pois. Les Orientaux vuydans leurs guerres principallement par fleches haiffent les vens & les pluyes, qui les contraignent venir à la paix. Parquoy comme P. Scipion vit l'armée du Roy Antioche fort trauaillée d'vne pluye continuelle iour & nuiɕt, & que non feulement les hommes, & les cheuaux en eftoyent rompuz, mais qu'auffi les arcz eftoyent renduz inhabiles, d'autant que les nerfz fe relachoyent, remontra aux fiens de donner la bataille au lendemain, combien que ce fuft vn iour de folennité, lequel auis la victoire a incontinent enfuyui.

QVE LA MVLTITVDE DES ARmées doit eftre confiderée d'autant que grandes armées ont efté rompuës & deffaictes d'vne bien petite. Chapitre VIII.

IL faut auffi qu'es grandes armées on ait égard à l'experience & raifon de la difcipline militaire, qu'elles ont autant d'vn cofté que d'autre, à fin que tu ne mettes au combat vn peuple neuf & fans experience auec les bien aguerriz, cuidant à l'exemple de Xerxes que la force d'vne guerre git en toute l'armée. De vray comme ce tant excellent Roy d'Afie euft eu (comme lon dit) fept centz mille Perfes armez, auec troys centz mille hommes de fecours, outre l'armée de mer merueilleufe, & prefques incroyable, & qu'à bonne raifon on penfaft qu'à peine fuffifoyent les riuieres pour les abreuuer, ne la terre pour les receuoir, ne la mer pour le nauigae, ne le ciel mefme eftre affez grand pour les fleches:

à cefte armée touteffois auiourd'huy fi incroyable, & de laquelle le nombre feroit maintenant plus difficile a affembler, que pour lors, il n'a efté à vaincre. Leonide Roy des Lacedemoniens a refifte auec quatre mille hómes es detroictz des Thermopyles combattant troys iours continuels. Et comme au quatriefme iour il vift que d'vne guerre continuelle l'ennemy fepandoit partout, il remonftre à fes Lacedemoniens en r'enuoyant les alliés du fecours pour fe garder à meilleur temps, qu'il ne falloit plus efperer de la vie, mais beaucoup plus de la gloire, & qu'il ne falloit attendre l'ennemy ne le iour, mais plus toft forcer le cáp au moyen de la nuict, & combattre enfemble, & rompre les bataillons: veu que les victorieux ne fauroyent plus honneftement mourir qu'au camp des ennemys. Il perfuada donques qu'il eftoit plus tenu au païs, qu'à fa propre vie, & qu'il aymoit mieux mourir en gloire que de viure fans elle. C'eft vn cas incroyable que fix centz hommes ont donné dedans fix centz mille: Finalement ils font mortz dedans la tuerië, & les monceaux des tués, laffés de faim, de veiller, & du trauail d'vne fi longue boucherie, chargez auec leur Chef de fang, non vaincus, viuans d'vne gloire eternelle. Xerxes dóques etonné de ce tumulte & trouble fur terre, & fpolié par Themiftocles de fes nauires, defquels il auoit couuert la mer, fen fuyt bleffé, & en habit diffimulé, ny point autrement, comme dit le Satire.

,,   Qu'auec vn feul vaiffeau en vagues de fang teintes
,,   Et d'vn eperon lent pour l'infini carnaie.

Comme ce mefme Xerxes fuft preffé par troys centz Lacedemoniens aux Thermopyles, lefquels à grande peine il deffit il fe difoit auoir efté en cela trompé, que veritablement il auoit grand nombre d'hommes, mais point ou bien peu de gens aguerriz. Outre-plus centz mille Barbares furent deffaicts par quatorze mille Grecz qui furent au fecours de Cyrus cótre Artaxarxes. Cyrus auffi au voyage contre les Perfes vuyda de merueilleux affaires auec quatorze mille hommes de guerre. Alexandre de Macedoyne accoutuma tant à la guerre quarante mille hommes qu'il eut de fon pere, qu'en affaillant tout le rond prefques de la terre, il a vaincu innumerables armées d'ennemys. A la premiere bataille qu'il eut donques auec Darius (delaiffons les autres) il fy trouua fix centz mille Perfes, lefquels ne furent pas moins vaincus par l'auis d'Alexandre qu'ils furent rompuz & chaffés par la proueffe des Macedoniens: en laquelle Alexandre ne perdit que fix vingtz cheuaux, & neuf hommes de pié. A la feconde bataille Darius combattit contre Alexandre auec troys centz mille hommes de pié, & cent mille cheuaux iufques à ce que Darius fuft vaincu, & que la boucherie des Perfes fen eft enfuyuië. Il y demeura de vray cent mille hommes de pié, & dix mille cheuaux, & prins quarante mille. Au regard des Macedoniens il y en demeura trentedeux hommes de pié, & cent cinquante cheuaux. La mere, la femme qui eftoit fa fœur, & les filles de Darius furent trouuées entre les prifonniers: & comme Darius offrant la moytié de fon

Royaume

Royaume pour leur rançon fuft econduit, il renouuela de rechef pour la troyfiefme fois la guerre auec toutes les forces des Perfes, & les fecours des alliés, n'ayant plus d'efperance de paix : Et met en tefte à Alexandre reuenant de l'Egipte deux cents mille hommes, & quarante mille cheuaux auprès de Tharfe. Mais comme aprés le long doute du combat, il voit les fiens vaincuz eftant preft de mourir en la bataille, il fut contrainct à la perfuafion des fiens de tourner vifaige. Pour laquelle bataille les forces, & Roys de l'Afie ont efté ruïnéz, & commença tout l'Orient eftre fous la puiffance de l'Empire des Macedoniens : & fut lors toute la fiance des Perfes tant abbatuë par cefte guerre là que depuis perfonne n'ofa rebeller : prenans les Perfes après l'Empire de tant d'ans, le ioug de feruitude en patience. Il eft bien difficile de croyre ce qu'on dit, qu'en vn fi grand nombre de maux, ils foyent mors en troys batailles, & en autant d'ans quinze cents mille hommes que de pié que de cheual : & tous de ce Royaume & peuples, defquels n'aguieres long temps auant on recite auoir efté tué plus de dix & neuf cents mille. Epaminonde Chef des Thebains vainquit auec quatre mille hommes en ce comprins quatre cents cheuaux, vingt & quatre mille hommes de pié Lacedemoniens, & dix & huit cents cheuaux. Milciades Chef des Atheniens allant contre toutes les forces des Perfes accompagné de peu de gens, fe ioingnit de main à main à l'ennemy auant qu'on le peuft repoulfer à coups de fleches. Par ce moyen ayant vnze mille hommes il mit à mort deux cents mille Perfes. Luculle fit mourir plus de cent mille hommes en Armenië, accompagné de dix mille de pié, & mille cheuaux contre Tygranes ayant cent cinquante mille hommes en fon armée, fans qu'aucuns d'eux attendift la charge des fiens, & tua à la chaffe plus de deux cents mille hommes, ne faifant perte que de cinq Romains. Le mefme Luculle ayant paffé l'Eufrate, & le Tygre, & combattant auec Mithridates, & Tygranes, tua auec bien peu de force vn grand nombre d'ennemys. On dit qu'en cefte bataille là il fut tué trente mille hommes. Tygranes fe fauua n'ayant prefques pas cent cinquante cheuaux, en iettant fa coronne pour n'eftre cogneu. Quatre peuples de l'Italie, preuz & floriffans qui font les Etrufques, Vmbres, Samnites, & Gauloys f'efforcerent d'abolir les Romains, faifans vne armée & alliance enfemble durant le Confulat de Fabius Maximus, & Decius Murena. Et comme le côbat fuft côtre les Samnites, & Gauloys, & fuffent les Romains foulez de la furie des Gauloys, Decius fut tué : mais Fabius auec vne grande deffaitte de la compagnie de Decius gaigna la bataille, en laquelle furent tuéz quarante mille que Samnites que Gauloys. On dit qu'il y demoura fept mille Romains tant feulement de ceux de Decius qui y fut tué. Tite Liue recite que hors les Etrufques, & Vmbres, que les Romains firent finement retirer, il y auoit tant des Samnites que des Gauloys cent quarante mille troys cents vingt hommes de pié, & quarante fix mille de cheual, & mille cars

P

en armes contre l'armée Romaine. Les Romains ont contre l'armée dé
Mithridates en la petite Armenie que prins que tué quarante mille hom_
mes. Il y fut bleffé mille Romains: à peine en fut il tué quarante. Les Ro_
mains auffi vainquirent Hafdrubal aupres de la riuiere de Plombe, duquel
la tefte fut iettée deuant le camp d'Annibal, & tuërent cinquante fix mille
hommes de fon armée. Il en fut prins quarantecinq mille, combien qu'il
n'y en demoura qu'enuiron huit mille de l'armée desRomains,& de leurs
alliés. Comme les Alemans & Dannemarchoiz euffent gaigné la plaine
de l'Italie, Marin & Catule enuoyés côtre eux combattirét de forte,qu'vne
fi grande, & fi terrible multitude fut totalement deffaitte, auec bien petite perte des Romains & d'eux. On dit qu'il fut tué cent cinquáte mille hómes,& quaráte mille prins.Le Senat fut merueilleufemét éperdu de frayeur
pour la reuolte de la Gaule Cifalpine. L. Emillius Catullus, & C.Acillius
Regulus eftans Confulz, veu qu'auffi les nouuelles couroyent qn'vne merueilleufe armée venoit de la Gaule Tranfalpine, mefmement des Geffates
qui n'eft pas nom de nation, mais feulement de Gauloys combattans pour
la foulde . Les Confulz de cela enuieux, affemblerent toutes les forces de
l'Italie pour la côferuation de l'Empire. Celá faiét on dit qu'en l'armée des
deux Confulz fe font trouués quatre vingt mille hommes , côme l'a laiffé
par efcript Fabin l'hiftorien qui fut en cefte guerre lá: lefquels n'ayans pas
fait perte fi grande qu'ils fe deuffent eftonnér fenfuyrent.De vray les hiftoriographes difent qu'il en fut tué troys mille . Parquoy de tant plus ignominieufe & infame a efté la fuyte d'vne fi grande armée pour vne fi petite
perte: Apres que Sylla eut prins Athenes, il combattit auec Archelae: lá ou
furent tués cét dix mille hommes: à grande peine(côme lon dit)en echap-
pa-il dix mille. Apres les nouuelles de cefte deffaiéte. Mithridates enuoya
d'Afie foixáte dix mille hommes d'elite pour le réfort à Archelae.Defquels
à la feconde bataille il fut tué foixante mille, & à la troyfiefme toute la force d'Archelae fut tuée. Vingt mille de vray repoulfés dedans les paluz &
requerans la vie à Sylla furent tués d'vn infatiable courroux du vainqueur,
& tout autant poulfés dedans la riuiere & tués : & le refte de ces miferab-
bles furent mis à l'efpée. Prafides Perfe & Chef de la guerre,affembla vne
armée iufques à deux cents mille hommes: & apres auoir affis fon camp es
limites des Cadufiens, il vainquit en bataille Achée Chef des Medes accompagné de huit cents mille hommes, d'ont il en tua iufques à cinq cents
mille chaffant le demourát hors les limites des Cadufiés. Eftant en grád renom pourcefte viétoire, il fut eleu Roy des Cadufiés,& paffa en Medie, &
apres auoir ruiné toute la prouince, il facquit vne grande gloire.Les Cro-
toniens iadis puiffant peuple en l'Italie furent deffaits par les Lorcrenfes,
combien qu'ils euffent fix vingts mille combattans , & les autres à peine
quinze mille:Heraclian lequel on dit auoir eu vne merueilleufe & affés incroyable armée de mer, comme qui pour lors auoit troys mille fept cents
vaiffeaux, lequel nombre on ne treuue point qu'Alexádre ne autre Roy ait

eII

eu hors Xerxes eſtant deſcendu à terre, & tirant à la ville auec ſon armée epouuanté du rencontre du Comte Marin, & prenât la fuite, auec vn vaiſſeau retourna ſeul à Carthage, là ou il fut tué d'vne hante de picque.

QV'ON DOIT DECOVVRIR LA FAN-
taſie des aſſiegez.   Chapitre   IX.

Vant aux aſſiegez il faut ſ'enquerir des fantaſies de la commu-ne, car ſil ſy treuue de la partialité, on preſte l'oreille à l'homme de cœur, & pendant que, (comme il dit) que la peur y eſt, & que les parties n'ont nul certain ſupport, ne fais le long, car le delayer es choſes preſtes a de iamais nuy. A ceſte cauſe comme Titus eut donné la chaſſe aux Tarichées en bataille, retournant à la cité, & auerty du diſcord d'entre les eſtrangers, & les citoyens, il entra ſoudain par force dans la ville & la print. Et ſi la reddition ſoffre d'vn commun conſentement. Il ſe faut dôner garde, que l'auis de pluſieurs ne ſoit auec dol, comme il auint à P. Licinius le Proconſul. Car comme il euſt prins des bourgades ſous couleur de reddition, ceux de l'arrieregarde des Romains furent tuéz. Au demoutant iamais Ceſar ne ſeſt fié aux rendus ſinon en liurant les armes, & oſtages choiſiz, entre les plus nobles, comme enfans & freres des Princes, iuſques au nombre de cinq cens ſelon la capacité du lieu, à fin qu'il oſtaſt eſperance aux ennemys, & qu'il ſe procuraſt ſeureté.

QV'IL EST DE FAIRE S'IL AVIENT
qu'on aſſiege vn camp.   Chapitre   X.

Il auient qu'il falle aſſaillir vn camp en diuerſe ſorte, nous ſommes auertiz comme quoy cela ſe fait par les exemples ſubſequés. Scipion l'Affricain aſſaillant le camp, auquel hyuernoyent les Carthaginoyz & leur fort, fit la nuyt mettre le feu dedans leurs loges. Les Carthaginoyz effrayez, & penſans le feu ſy eſtre mis par fortune y accoururent ſans armes pour l'eteindre, d'ont ils furent aiſément deffaicts par les ennemys, eſtans en armes. Il fut deffait es deux camps quarante deux mil hommes, que de feu que d'armes: cinq mille prins, les Chefs à peine ſe ſauuerent à demy bruſlez. Craſſe l'vn des Capitaines de Ceſar print le fort des ennemys de meſme artifice. Comme de vray, il menaſt la guerre en Aquitaine, & fut auerty que les ennemys à la coutume de leur Republique prenoyent les places, fortifioyent leur camp, & ſarroyent les viures, & munitions, il auiſa de ne faire le long à dóner la bataille. Cela mis en conſeil, & eſtant toute la compagnie de meſme auis il delibera de combattre au lendemain: & pourtant en iettant ſes forces aux châps au point du iour il ordonna ceux du ſecours à la bataille, & eſtant ſon armée en telle ordonnáce il attédoit la deliberation des ennemys. Et cóbien qu'ils pen-

faſſent combattre ſans peril pour leur grãd nombre, & le peu de Romains,
ils ont touteſſois eſtimé pour le plus ſeur d'auoir la victoire ſans coup ferir en tenãt les paſſages, & en leur couppãt les viures: & que ſi les Romains
commençoyent à faire leur retraitte, ils ſattendoyent donner ſur le bagage
de tant plus grãd cœur. Celá decouuert Craſſe ayant par le retardemẽt des
ennemys rendu les ſiens plus courageux, tire au cãp: là ou cõme les vns ré-
pliſſoyẽt les trãchées, & les autres repoulſaſſent les ennemys à force dardz:
ceux du ſecours auquels il n'auoit pas grãde fiãce furẽt par luy ordonnés à
fournir dardz, & pierres, & de porter des gazons pour rẽplir les trãchées. Et
cõme il entẽdoit à cela, & que les gẽs de cheual luy euſſent r'apporté que la
grande porte du cãp n'eſtoit pas ſi diligẽmẽt fortifiée, il leur encharge de
prẽdre les quatre cohortes demourées pour la garde de leur camp auec leſquelles ils vindrent à celuy des ennemys, & comme le cõbat fuſt doubteux
& qu'on chamailloit d'vn coſté & d'autre, & que les ennemys ſortãs le fort
prindrẽt la fuyte, la cheualerie les a pourſuiui en pleine campaigne, & n'en
a à peine laiſſé la quarte partie de cinquante mille hommes. Pour ceſte maniere de fortune ie treuue qne Ceſar ſeſt aſſez biẽ donné garde de n'enclor-
re iamais plus grand païs dedans les fortifications de ſon camp que ſon armée pourroit r'emplir. Il auoit auſſi vne coutume que iamais vn cãp ne deuoit eſtre abandonné, ſinon que le rempart eſtant forcé on ne peuſt plus
repoulſer l'ennemy. Au regard du temps des ſailliës d'vn camp, Galba Capitaine ſoubs le meſme Ceſar en a baillé enſeignement. Car comme il euſt
aſſis ſon camp aux piés des Alpes, & qu'vne grande partie des ſiens fuſt au
fourrage, les Gauloys gangnerent incontinent le coppeau des mõtaignes.
Ces choſes entẽduës Galba aſſembla les Capitaines, & tient conſeil, ce pẽ-
dant on auiſa d'attendre la fortune, & de defendre le camp, à lors les ennemys donnent ſigne de bataille, & l'aſſaillent de toutes pars. Et comme les
Romains encores entiers, & en leurs forces couruſſent au quartier du cãp
vuyde de gardes pour le ſecourir, ils ſe laſſerent finalement pour la grande
multitude des ennemys, & le peu de leurs gens. Les ennemys commencerent à coupper le palliſſemẽt, & remplir le foſſé, de ſorte que tout ſembloit
eſtre perdu. Les Princes de l'auantgarde venans à Galba luy remonſtrent
de hazarder tout, & par vne ſailliẽ venir au combat. Les Princes donnent
ordre que leurs Centeniers reprennent quelque peu aleine, en amaſſant
les dards qu'on leur lançoit, & depuis ſonnans à la bataille, & ſortans ſoudein par toutes les portes, les ennemys n'eurent pas loyſir de ſe ietter en
bataille, & furent tous enueloppez & deffaicts: au regard des Romains ils
ſe retirerent ſains & ſauues. Comme auſſi les Geneuoyz euſſent aſſailly par
ſurprinſe le camp de. P. Emille, il tint longuement les ſiens quoyz feignãt
d'auoir peur: & depuis eſtant l'ennemy laſſé, il les deffit, & print faiſant
ſailliẽ ſoudeine par les quatre portes. Triturin Sabin, auſſi dõna ſouſpeçon
d'auoir eu peur à vne groſſe armée de Gauloys, en tenant ſes gẽs ſerrez dedans le fort, & pour y donner plus grãde foy, il en enuoya qui cõme fuyans
aſſeu-

aſſeuroyent que l'armée Romaine eſtoit au deſeſpoir, ne penſant que de la
fuyte: les Barbares pour l'eſperance de la victoire qui ſoffroit , coururent
de fureur au câp des Romains chargez de fagotz pour combler les foſſez.
Parquoy Titurin ietta toutes ſes forces contre eux , & apres en auoir fait
grand meurtre il en print pluſieurs priſonniers.

QVE QVELQVE FIN DE GVERRE QVI
ſoffre, elle ne doit iamais eſtre delaiſſée.　　*Chapitre*　XI.

V ſurplus quelque fin qui ſoffre es affaires de laguerre il ne la faut
iamais delaiſſer. Si on n'eſt party egaux, on peut recommécer de
cœurs pareils: ſi l'ennemy a le meilleur, & q̃ tout ſe perde & tourne en fuyte, il y faut auiſer ſoudain. Car côme le Sertorin chaſſé
en bataille par Q̃. Metel Pie n'eſtima pas la fuyte luy eſtre ſeure, il commâ-
da aux gens de guerre ſe retirer eſpars leur diſant le lieu, auquel il vouloit
qu'ils ſe retiraſſet. Viriate Chef des Portugaloyz eſchappa de l'armée des
Romains, & de la mal aiſance des lieux par le meſme moyen de Sertorin,
epandant premierement ſon armée, que par apres il a r'aſſemblé. Triphon
auſſi Roy de Syrié eſtât vaincu epâdit par tout le chemin argét en fuyât, &
euita les cheuaux d'Antiochus qui le ſuyuoit, les arreſtât par lá. Ce ruſé Roy
auſſi Mithridates cognoiſſât l'auarice des Romains fit auſſi epandre hardes
& argét par les fuyâs à fin d'arreſter leur pourſuyte. Côme M. Marcel Côſul,
fuſt tôbé entre les maîs des Gauloys, & toutes choſes ennemyes, il dôna dedans, & eux eſtâs etonnez de ceſte audace incroyable, il leur tua leur Roy,
r'apportât vn merueilleux butin, au lieu qu'il n'auoit poît eſperâce de ſalut.

QV'IL EST DE FAIRE SI APRES LA
bataille perduë, on ſ'eſt ieité dedans vn fort.　　*Chapitre* XII.

Ais ſi les repoulſés de la bataille ſont retiréz es forter, eſſes lá ou il
eſt beſoin de conſeil, il ne faut iamais auoir le cœur abbatu . Car †Ex Pub.
côme les †Catinéſes ſentiſſent les Sarragoſins leur eſtre ennemys, Oro. Ca-
& facheuz, ils impetrerét ſecours des Atheniés, leſquels vindrét à tinenſes
ſi grâde force d'armée demer en Sycile ſous la côduitte de †Nicias & Lama pro Car-
chus, que les Catinenſes craignoyent leur ſecours, & apres deux batailles thaginen-
gaignées, ils enfermerent les ennemys dedans la ville, & les aſſiegeât auec ſes.
armée de mer, par mer & par terre. Les Sarragozins rompuz & laſſez de- †Ex eodé
mandent ſecours aux Lacedemoniens, leſquels leur enuoyerent Gilippus Nicias pro
ſeul, auquel touteſſois eſtoit vne préeminence de toute façon de force, Licias.
& qui à ſon arriuée, oyát que les affaires de la guerre ſe portoëyt mal, aſſembla gés, & s'empara des lieux auâtageux pour mener la guerre. Et côme depuis il euſt perdu deux batailles, à la troyſieſme il tua Lamachus, & dôna la
chaſſe aux ennemys, & leua le ſiege à ſes alliés. Les Atheniés apres ſe delibe-
rerét de combattre ſur mer, Gylippus fait venir l'armée de mer des Lacedemoniés ia preſte, & le ſecours des alliés . Les Atheniés à la premiere charge

furent vaincuz, & perdirent leur fort auec toutes les finances tant publiques que particulieres. Par ce moyen Gilippus Capitaine excellent remit
les choses en bon estat, combien que battu deux fois, sans perdre le cœur,
& sans setonner. Et si apres les forces deffaictes, il ne reste plus d'armée,
cela offre aux alliés occasion de prendre la querelle. Aristonique Roy de
l'Asie defit Licin Crasse auec vne grosse armée de gens de secours. Au lieu
duquel Crasse le Consul, Perpenna venant, surprint Aristonique glorieux
de la victoire recente, & le mit en fuyte, le denuant de toutes ses forces:&
comme il eust assiegé la ville de Stratonice à laquelle il sestoit retiré, il le
força de se rendre par famine.

QV'IL EST DE FAIRE LA OV LES EN-
nemys vaincuz en bataille n'ont point de retraitte.   Chapitre   XIII.

Ais si les ennemys chassez en bataille n'ont point de fors pour
leur retraitte, il faut totallement entendre à deffaire le demourant de la bataille encommencée, comme Marin lequel apres la
deffaitte des Alemans en bataille donna frayeur au demourant
accompagné de peu de gens, se logeant tout autour auec continuels criz
(d'autant que la nuict auoit rompu le combat) & les garda de prendre le repos: le faisant à fin qu'au lendemain il defit plus aisément leur armée n'ayāt
point reposé. De vray il est auenu infiniz dōmages à ceux qui ont esté nonchallans de telles choses. Comme Ethie Consul Romain, eust deffait neuf
vingt mille hómes Hunnoyz en peu d'heures, & qu'il luy fust aisé de deffaire le demourant, il fit d'vn mauuais auis cesser la poursuyte, laissant vne
ruïne de toute la Gaule par faute de punir l'ennemy. Le semblable auint à
Pompée d'ót il se procura la mort. Car cóme Cesar eut assailly son lieutenát
Torquat pour le deffaire auec vne legion, Pompée auerty du peril de ses alliez fit marcher là toutes ses forces, cótre lesquelles Cesar delaissant le siege
marcha, sur la queue duquel aussi Torquat fit soudaïne saillie. Par ce moyé
les Cesariés epouuátez d'vn peril double senfuyrēt nóobstāt la repugnáce
de Cesar: lequel touteffois se sauua: d'autát que suruenát la nuict Pōpée reti
ra son armée de la chasse: laquelle au temoignage mesmes de Cesar estoit
pour lors victorieuse, disant ces parolles. La victoire estoit auiourd'huy indubitable pour les ennemys, & qu'il auoit peu ce iour la seulemēt estre vain
cu d'eux, s'ils eussent eu vn Capitaine sachant vaincre. Finalemēt apres estre
eschappé, & qu'il eut ayant ses forces assemblées vaincu Pompée es plaines
Pharsaliques, il le poursuyuit en sa fuyte, & eut soudain la victoire. Il poursuyuoit tousiours en tous affaires de guerre d'y mettre quelque fin, ne pen-
sant auoir rien fait s'il restoit rien à faire: tellement que comme il eust deffait troys cents cinquante mille Suysses, les cent trente mille qui reste-
rent sans cesser d'aller pour la nuict vindrēt au quatriesme iour es limites de
Lāgres, cōbien que les Romains auoyēt tardé troys iours à cause des blessez

&

& de la fepulture des morts. Cefar enuoya lettres & gens à Langres qu'ils n'euffent à les fecourir de viures ne d'autres neceffités:& que fils le faifoyét il les tiendroit pour ennemys. Au demeurant il les pourfuyuit trois iours apres,auec toute fon armée. Les Suiffes preffés de faute de toutes chofes,offrirent de fe rendre, & en fe iettans aux piés de Cefar auec pleurs demanderent la paix: aufquels comme il commádaft de bailler oftages,& armes,fix mille d'eux pendant qu'on les cerchoit,fen fuyrent la nuiĉt, lefquels pourfuyuant il reputa comme ennemys, & print les autres à mercy les remettans dedans leur païs. Comme auffi le mefme Cefar euft dóné la chaffe aux Belges,ils delibererent de regaigner leur païs pour y combattre: lefquels preparans leur departie au fecond guet Cefar craignát embufche, comme qui ne fauoit la caufe,tint fon armée enfemble:mais apres que le cas fut confirmé par les coureurs au point du iour, il enuoya deuát la cheualerie pour amufer l'arriere garde, fuyuant apres en ordonnance auec les legions: & fit vne boucherie autant gráde qu'elle fe peuft faire par l'efpace d'vn iour. Puis foudain venu es contrées des ennemys auant qu'ils y fuffent de retour, il print fans refiftance leurs fortereffes. Cóme auffi apres la conquefte de toute la Gaule les nouuelles couruffent qu'aucunes cités vouloyét renouueler la guerre,il mena foudain en leurs cótrées fon armée, pour la fubite arriuée de laquelle il auint qu'ils furent plus toft deffaiĉts par la cheualerie, qu'ils n'eurent le loyfir de fe fauuer es villes. Cefar auffi de vray defendit par edit de ne faire ce figne de courfes, qu'on fait d'un feu mis es edifices, tant à fin qu'on ne peuft fe donner garde, & qu'auffi l'abondance des grains & fourrages ne defailliſt. Somme que Cefar obuyoit à toutes les entreprinfes des ennemys f'efforçant d'y accourir à grands traittes, ny ne laiffoit le loyfir à vne ville de péfer plus toft du falut d'vne autre cité que de foymefmes. Parquoy il conferuoit fes loyaux amys par cefte diligence, & forçoit de paour ceux qui branloyent à prendre les conditions de la paix.

QVE L'AVIS DE PLVSIEVRS CAPITAINES
n'eſt pas de pourfuyure les fuyans opiniatrement iufques à vne extreme ruine. Chapitre XIIII.

AV contraire auffi il eſt certain par l'auis de plufieurs Capitaines qu'on ne doit pas opiniatrement pourchaſſer la ruine totalle des ennemys. Car comme plufieurs remontraffent à M. Licinius de pourfuyure la deffaitte totalle des ennemys, apres qu'il eut vaincu Hafdrubal,il repondit : Il eſt de befoin qu'il en reſte quelques vns pour porter aux ennemys les nouuelles de noſtre viĉtoyre. Scipion l'Affricain auoit de coutume de dire qu'il ne falloit pas feulement faire le chemin aux ennemys,mais auffi le pauer. Pyrrhus Roy des Epirotes a entre autres enfeignemens d'vn Chef, laiffé par memoyre que les vainqueurs ne deuoyét pas opiniatremét pourfuyure la totalle ruine des ennemys eſtás en roupte:

P iiij

laquelle façon de ruſe de guerre ie treuue auoir eſté par luy obſeruée, & par aſſés d'autres excellés Capitaines en toutes façons de combats auec les ennemys: car comme il euſt prins vne certaine cité, & qu'eſtant les portes cloſes il auiſaſt que les enclos dedans combattoyent vaillamment à l'extremi-

†Lego Romani pro Germani, vt notiſſi-ma eſt hi-ſtoria, té il leur fit paſſage. Cóme les † Romains enclos combattiſſent vaillammét au pres du lac de Perouze Annibal retirát les ſiens leur donna moyen de ſe retirer,& les deffit en leur retraitte ſans faire perte des ſiens. Ainſi qu'Ageſi-laus Lacedemonien combatoit en bataille côtre les Thebains, & qu'il fuſt auerty que les ennemys eſtans clos pour la nature des lieux: combattoyent vaillammét, & au deſeſpoir,il leur donna paſſage en ouurant les ſiens, puis de rechef il les remet en bataille ſur leur retraitte, & les deffit ſans faire per-

†Ex Fró-tino lib.2. ca.6. The-miſtocles viſto Xer-xe volétes ſuos pon-tem rum-pere. te. † Themiſtocles apres auoir vaincu Xerxes,garda les ſiens voulás rompre le pont, comme il euſt remontré qu'il eſtoit meilleur de le chaſſer hors de l'Europe, que le forcer de combattre par contrainéte : & luy enuoya vn homme pour luy faire entédre le peril de ſes affaires ſil ne haſtoit ſa retraitte .Antigone Roy de Macedoyne donna paſſage aux Etelins, leſquels par luy preſſés d'vn ſiege enduroyent gráde famine, & auoyent deliberé de faire vne ſaillië, & mourir tous enſemble:par ce moyen en rópant leur fureur, il les a deffaiéts à la fuyte . Tite Cheualier Romain, & auquel apres la mort des deux Scipions, l'armée Romaine donna la charge de la códuitte, deffit les Carthaginoys ſans le peril des ſiens:& en ſouurant il leur donna moyen de fuyte , comme ils combattiſſent de grand cœur pour ne mourir ſans vengeance, eſtans enclos par luy. C. Ceſar fit auſſi voye aux Alemans qui pour eſtre enclos cóbattoyent de tant plus grád cœur, comme deſeſperés:& a donné ſur eux à la retraitte. Comme Gn. Manlius Conſul reuenant du combat,trouuaſt le camp Romain prins par les Etruſques, il a mis les ennemys enclos , eſtans les portes enuironnées de gardes en telle rage, qu'il eſt demouré en la bataille . Ce que voyans ſes Lieutenans donnerent paſſage aux Etruſques ſoubtrayans les gardes d'vn coſté : & les ont defaiéts les pourſuyuans eſpars,ioinét le rencontre de l'autre Conſul Fabius.

QV'IL FAVT AVOIR L'ENNEMY PAR
eſclats : ny n'eſt rien tant bien ſeant à vn Chef,que le retardement
& diſſimulation:ne rien moins que la haſtiueté & temerité.
Chapitre XV.

Cecy ſert auſſi l'auis de Domice Corbulon, qui diſoit qu'il fal-loit auoir l'ennemy par eſclats:ce que gardans pluſieurs excellens Capitaines,leur eſt venu à bien,& à gloyre , & meſmement à Fabius Maximus. Car comme eſtant enuoyé contre Annibal , il ne voulut combattre en bataille , mais tant ſeulement luy conſommer ſon armée en diſſimulant comme qui pour lors eſtoit preſſée de faute de fináces & de viures, il le ſuyuoit aſſiegeant ſon camp es ſommets des montagnes,

&

& es forefts : & fortans quelque fois à cofté il luy faifoit tefte. Et comme la
multitude fe mocquaft, & qu'on l'appellaft Pedagogue d'Annibal, il n'en
faifoit conte, fuyuant fa deliberation & auis: tellement qu'en fe retournant
bien fouuët à fes amys, il difoit celuy luy fembler plus timide, qui craignoit
les mocqueries, & attaches, que celuy qui craignoit l'ennemy. Or comme
d'auantage fon collegal Minuce fuft en grand renom, quafi comme eftant
homme tref-digne du nom Romain, d'autât qu'il auoit faict quelque deffaicte des ennemys, il fe difoit auoir beaucoup plus grâde crainte de la bonne fortune de Minuce que de la mauuaife. Et comme quelque peu de têps
apres Minuce fuft furprins d'vne embufche periffant auec fon armée, il deffit luy donnant fecours vn grand nombre d'ennemys, & le fauua. Parquoy
Annibal vaincu & repoulfé en fes efforts, dift (comme lon recite) à fes amys,
Ne vous ay-ie pas dit que quelque-fois cefte núe de montaigne nous fou-
droyeroit de quelque bien grâde violence de tempefte?Comme auffi eftât
le Sertorin par vn mefme moyen, en tefte contre Philippe au delà de l'He-
bro, vne grande multitude, & tourbe de Bárbares troublant tout de fa bru-
talité, & fierté luy arriuoit de toutes pars, & fans obeiffance: donnant auffi
fur l'ennemy d'vne outrecuydance, il f'efforça de premierement les dreffer
par raifons, & parolles: mais là ou fubfequemmët il les voit (ce non obftât)
fe hafter fans propos, il delibera de les offrir à l'ennemy, nô pas pour du tout
les ruïner, mais tant feulement leur faire fentir les coups, efperant par là en
pouuoir le temps auenir iouyr plus aifément. L'ayant donques executé felon fa fantafie, il f'y trouua au befoin, & les retira dedans le camp: puis quelques iours apres, pour leur eueiller l'entendement, & les confoler, il les fait
tous affembler: & commáda d'amener deux cheuaux au mylieu, l'vn prefque mort de vieilleffe, & pauureté, & l'autre fort & poly, ayant vne longue
queue. Or eftoit au pres du maigre vn grand & puiffant homme, & au pres
du cheual poly & fort vn petit homme, & foyble: Et apres leur auoir fait
figne, ce grand homme fuyuant ce qui leur eftoit commâdé, prend à deux
mains toute la queue du cheual maigre f'efforçant de l'arracher opiniatre-
mët & d'vn coup. Au regard du petit hôme il arrachoit poil à poil la queue
du puiffant cheual. Finalement ceft autre tirant pour neant toute la queue
enfemble, fe laffa fe trauaillant pour neant auec vne rifée de toute l'affiften-
ce, pendant que le petit homme arrachant peu à peu a denué en peu de têps
toute la queue du puiffant cheual. Alors le Sertorin fe leuant fur piés, Vous
voyés (dit il) compagnons qu'engin vaut mieux que force, & que maintes
chofes font vaincuës par le menu, qui ne le peuuent eftre tout à coup. Cóme le icune Scipion eut apperceu l'effrenée folie des ennemys, il difoit que
la feureté fachetoit auec le temps. De vray le deuoir d'vn bon Chef eft cóme celuy d'vn Medecin d'vfer de fetremés à l'extremité. Et comme vn iour
il euft affailly les Numantins à point leur donnant la chaffe, & que les plus
anciens fuffent fort courroucés contre les vaincus leur reprochans pour
quelle caufe ils fuioyent deuant ceux qu'ils auoyent fi fouuent chaffés: on

dit qu'vn certain Numantin repondit que feſtoyent les meſmes ouailles, mais le berger eſtoit autre. Finalement il n'eſt rien mieux ſeant à vn Chef d'armée que le temporiſer, & diſſimuler, ne rien moins conuenable, que la haſtiueté & celerité. Or eſt il, Sigiſmód Pandulphe, que tous ceux qui pour le iourd'huy ſont eſtimés entédus pour le long vſage de la guerre, te louent iuſques au ciel de ces deux choſes, meſmement ſi contraires, comme qui as deffait deux Royaux apparats de guerre merueilleuſement beaux & puiſ. ſans. Car comme Alphonſe excellét & bien renommé Roy des Terraconnoys eſtát en ſa gráde puiſſance pourſuyuoit l'armée de Franciſque Sphorce, ton beau pere, tu l'as faiſant le deuoir d'vn bon fils receu dedans la forte-reſſe du temple de Fortune, auec ſon armée, aſſeant camp au dedás des murailles: & as tant fait, que combien que les ennemys couruſſent ſouuét iuſques aux portes, & tu ſemblas eſtre aſſiegé, tu as touteſſois eſté la tutelle de ton beau pere, en rompant aiſément par ta prudence & magnanimité les forces, & tous les efforts de ce Roy lá : le chaſſant finalement par vne ſaillïe faitte ſur luy des limites du Picin, lequel deux ans apres, au voyage de Plô-bin tu as auec vne charge forte & hardïe, & ſoudeine des tiens, ayát ia gai-gné la muraille, & ia ſeſiouyſſant & butinant, de fait d'vne courſe par ma-niere de dire, & non pas de toute la force à la maniere d'vne foudre, l'aſſail-lant auec vne longue, & ſage preuoyance, non pas par armes, ne par gens, mais plus toſt de l'vmbre d'armes, auec vn ſigne de feuz faiét la nuiét, & vn bruit commun des rendus, & de tous les peuples de l'Hetrurïe qui accou-royent à toy, à fin que ceſte ville lá ne fuſt point renduë: d'autant qu'en vn moment tu l'as approché, tu l'as battu, & t'en es retiré, ny n'eſt menſonge qu'on dit de toy, que le Roy a eſté plus toſt vaincu par toy que veu. Par ce moyen tu as vſé (ce que nous n'auons point entédu eſtre auenu à beaucoup de gens) de temporiſement au ſiege des Fauceins, & Sphorceins, & pour la defenſe & ſecours de Plombin de hardieſſe, charge, & haſtiueté.

QV'IL FAVT AVISER QVE PAR VNE
gloyre on ne tombe en peril, & ruïne, au moyen d'vne boune
fortune.   Chapitre XVI.

T combien que la fortune dïe bien aux hardis (cóme dit Maro) & que l'experience en donne ſouuent bonne epreuue, il ſe faut touteſſois dóner garde ſur toutes choſes que la gloyre d'vne bó-ne auenture n'attire quelqu'vn au peril, & ruïne des ſiens. Pour la nonchallance duquel auis aucuns Chefs d'armées, donnans plus de furïe, que de ruſe ſur l'ennemy ont mis eux & les leurs en vne ruïne & defaitte preſques miſerable, & ſi cela ne nous eſtoit d'autre part certain, nous ſom-mes aſſéz endoétrinés par les exemples du treſ-puiſſant, & excellent Empe-reur Cyrus, & des Carthaginoys. Car comme Cyrus fuſt entré en Scytïe, la Royne Thomiris qui luy pouuoit defendre la riuiere d'Araxis, le ſouffrit
paſſer:

paſſer:ſe confiant premierement en ſes forces, & ſubſequemment à l'oppor
tunité de la riuiere, qui encloit l'ennemy. Elle enuoye donques le tiers de
ſon armée auec ſon fils à la pourſuyte des ennemys. Cyrus laiſſe le câp plein
de viures, comme s'il ſenfuyoit de peur. Les Barbares quaſi comme inui-
téz à repaiſtre furêt d'entrée enyurés, puis ſoudain tués par le retour de Cyrus. Thomyris ayât perdu ſon fils en l'armée, ſe prepara d'effacer la douleur,
ſoit de la mere, ou de la Royne plus toſt du ſâg des ennemys que de pleurs.
En feignât donques vne defiance pour le deſeſpoir de la perte faitte attrait
à ſes embuſches peu à peu l'ennemy glorieux en reculant le petit pas: & côme elle le vint combattre en des deſtroicts de montagnes, elle fit mourir
deux cents mille Perſes auec leur Roy: tellement que d'vne telle deffaitte, il
n'en reſta point pour porter telles nouuelles. † Comme Maarbal enuoyé †Ex Fron
par les Carthaginoys contre les Aphricains entendiſt bien que la nation tino lib. 2.
eſtoit fort friande de vin, il meſla dedans celuy qui eſtoit en ſon camp arbal pro
de la Mandragore, laquelle a vne vertu moyenne entre le venin & le Annibal.
ſommeil: & apres auoir fait quelque combat, leger il ſe retira tout de gré,
puis à la minuict en laiſſant quelques hardes dans le camp, & tout le vin
meſlé, il fait ſemblât de fuïr: Et comme les Barbares ayans gaigné le camp,
& paſmés de ioye, euſſent beu le vin ainſi mixtionné, & fuſſent etendus côme morts, †Maarbal retournant les a prins, & tués. Comme auſſi Annibal †Ex Fron
fut auerty que ſon câp, & celuy des Romains eſtoit aſſis en contrée denuée tino Lego
de boys, il a laiſſé pluſieurs troupeaux d'ouailles dedans le camp en aban- pro Idem.
donnât tout de gré le païs: deſquels les Romains faiſans proye ſe ſont r'em-
plis de viandes mal ſaines par la trop grande diſette de boys. Puis Annibal
r'amenant ſon armée la nuict leur a fait de grâdes facheries, comme eſtans
ſans crainte, & apeſantis des chairs à demy creuës. Comme les Hiſtrins
ſuyuiſſent les Etolins qui les auoyent n'a guéres ſecourus en vne guerre, le
commencement de la bataille fut bien fortuné à l'ennemy, & cauſe de ſa
mort. Car comme ils euſſent prins le camp de Cn. Manlius, & entendiſſent
fort au butin, Appin le beau les aſſaut beuuans & mengeans, & les vns ſeſ-
battans, & ne ſachans ou ils eſtoyent pour leur yurongnerië: par ce moyen
ils ont reuomy auec le ſang & l'eſprit la victoyre mal conquiſe. Et comme
leur Roy gourmand mis à cheual fuſt fort las d'vne grande gourmandiſe,
& tournoyement de teſte, il ne ſceut preſques qu'à grande peine apres eſtre
éueillé entendre qu'il fuſt prins.

QVE LES APPARATS DES BANQVETS
ſe doyuent euiter en vn camp.　　　Chapitre XVII.

Es friandiſes & grands apprests de banquets ont eſté defenduz
aux camps par Capitaines de grand renom. Nous auons entêdu
que Maſſiniſſa amy du peuple Romain âgé de cent ans auoit de
coutume de prendre ſon repas deuant ſa tente à midy, ou bien ſe
pourmenant. Annibal ne mâgeoit qu'à ſoleil couchant pour ne perdre au-

cune heure du iour. On dit que Scipion & Alexandre ont esté contens de pain sec en cheminant auec leurs amys. Curin l'vn des plus vaillans Capitaines Romains, & qui a vaincu la plus vaillante nation de l'Italie, & le plus riche Roy de Grece, comme il est escrit de luy, mettoit en vn petit feu des herbes qu'il cueilloit en vn petit iardin. Le moyen aussi des pois & féues a pleu à beaucoup de gens, desquels comme nous auons entendu l'Empereur Seuere auoit coutume d'vser entre tant de richesses. Nous auós aussi leu que Seuere Septimin fuyoit toutes delices au camp. Car comme il eust defendu qu'ame ne beust vin en l'armée, & que tous fussent contens de vin aigre, & que nul boulenger ne suyuist le camp, commandant que toute la tourbe des soldats vsast de biscuit, il en vsoit presens tous, & publiquemét deuant sa téte, ny n'a iamais cerché moyen de se couurir pour le soleil ne pour les pluyes. Et cóme Pompée fust malade, & que le medecin ordonnast qu'il vsast de Griues pour lesquelles recouurer les siens perdoyent leur peine comme estans hors de saison, & que quelqu'vn dist qu'on en trouueroit chés Luculle, d'autant qu'il en faisoit nourrir tout le long de l'an. Pompée donques, dit il, ne sauroit viure si Luculle n'estoit curieux de friandises. Parquoy delaissant cest apparat de medecine il a vsé de viandes communes, & grosses. Iulle Cesar estoit si aisé en viures, que comme il eust decouuert, qu'on luy eust seruy des asparges, & que pour huyle vierge, on luy eust mis de l'huyle sale, il ne les mangeoit pas seulement sans difficulté, mais aussi reprenoit ceux qui sen courrouçoyent. Ses gens de guerre mangeoyent la racine d'vne certaine herbe auec du laict, laquelle ils fouilloyent: & en passant de course par deuát le guet des ennemys ils leurs en iettoyent du pain, disans d'auantage, que tant que la terre porteroit ceste façon d'herbe ils tiendroyent Pompée assiegé. Pompée au contraire deffendit de n'apporter, ne publier par le camp ceste façon de pain & de langage craignant que les cœurs des siens ne s'abbatissent par la patience, & opiniatreté des ennemys. Nous lisons aussi que le pain bis, le menu poisson, le formage de laict de vache pressé à la main, & le fruict verd du second r'apport du figuier estoyent aggreables à Auguste: comme qui se cótentoit de peu, & de viandes communes. On dit aussi que Tibere a tenu ceste façon de vie au delá du Rhin, tellement que seant sur vn gazon il prenoit son repas: & a passé toute vne nuict sans tente. Le diuin Adrian a voluntiers vsé publiquement des viandes du camp, comme de formage & lard, à l'exemple de Scipion Emilian, de Metel & de Traian son autheur. La necessité des choses necessaires a fait viure Cambises premierement des bourgeons tendres des feuillars, puis du cuyr amolly au feu, pour n'auoir fait munitions de viures, ne recerché les chemins, tirant son armée par desers, & païs ardans, & d'autant que la region sterile, inhabitée & denuée de la frequentation d'hommes ne leur fournissoit rien: & comme depuis les racines & herbes leurs deffaillissent entre les sablons, & que le desert se mótrast vuyde d'animaux ils eurent pour leur nourriture le dixiesme d'eux

par

par fort. Et comme il euft perdu vne partië de fon armée, & mangé l'autre, & qu'il fut en crainte que le fort ne tombaft fur luy, à lors il fonne à
la retraitte: ce pendant on luy referuoit les plus friands oyfeaux, & eftoyent
fes vtenfilles de cuyfine portés fur chameaux : pendant que les foldatz iettoyent le fort fur ceux qui auoyent à mourir miferablemét, & viuans beaucoup plus pauurement. Finalement Sigifmond Pandulphe, ie ne veuil
pas paffer en filence, ce qu'entre tous ces fupremes honeftetés de vie des
Chefs, & Empereurs, il y a en toy vne fi grande fimilitude & conftance,
qu'on ne fauroit rien penfer plus femblable, ne rien dire plus grand, veu
que tu as en enfuyant egalé & furpaffé toute cefte maniere des Chefs &
Empereurs, portant le trauail, le veiller, la foif, la faim, & toutes pau-
uretés. Qui ne fait (veu que tu n'as iamais dedaigné aucune façon de viande, tant fuft elle vile comme faifant auec les tiens le voyage de Plombin)
que tu n'as pas vfé de pain bis à la coutume de ces autres ne feulement du
gros, mais noir, & dur comme vn caillou, auec vne verdeur fleurië, &
moyzië, & tel que les chiens prompts à la viande, ne les cheuaux n'euffent pas mangé? Ie me tay du gland de liege, lequel à toy, & aux tiens en
vne fi grande rage de faim fembloit viandes Royales, quafi comme vne
faueur & fauffe meflée. Ie me tay des eaux des fontaines chaudes, & ful-
phurées : & combien que le moyen de vin defailliff, & que cefte maniere d'eaux caufoit plus toft vn vomiffement, qu'vn eftanchement de foif,
rien toutesfois ne t'a femblé, ne au tiens plus plaifant à boyre auec vne
amiration des gens du païs. Le deuoir donques de la guerre requiert bien
qu'on fe garde des delices, & de ne fe ietter à la volée au pillage : encores
qu'il femble riche & certain. Car il auient bien fouuent que pendant que
le foldat entend aux delices, butins, & pillage des ennemys, il r'appelle
l'ennemy, & que plufieurs excellens Chefs ont efté fubinguéz & deffaictz
apres auoir gaigné grandes batailles, & deffait de bien groffes armées.

QVELLES CHOSES SONT NECESSAIRES
tant pour bailler fecours, que pour le tirer, s'il auient que noftre
armée foit enfermée d'vn camp, ou de places for-
tes, ou qu'elle afsiege quelqu'vn.
Chapitre XVIII.

OR apres ces raifons du meftier de la guerre, que nous auons dict,
ce ne fera pas chofe inutile de fauoir, & recercher par les exemples des anciens ce qui fera neceffaire pour donner fecours, ou
en auoir, ou bien pour decouurir la fantafië de l'ennemy par fecrets auis, & moyens, s'il auient que noftre armée foit affiegée d'vn camp,
ou de places fortes. Cicero Lieutenant de Cefar eftant affiegé dedans
fon camp, ou il yuernoit, & defirant l'auertir bien à plein des affaires luy
enuoye gens, & comme quelques vns prins, & cruellemét maffacrés, r'em-

pliſſent les autres d'vne euidente frayeur, il ſe trouua touteſſois vn Chef
Gauloys, lequel au moyen de la liberté grands dons, & promeſſes porta
à Ceſar des lettres attachées à l'aueau d'vn dard, pour autant qu'il eſtoit
Gauloys. Ceſar ayant l'affaire à cœur perſuade vn Cheualier Gauloys de
porter ſes lettres à Ciceron, pour les tirer attachées à vn dard, ſil ne peut
entrer dedans le camp. A quoy il ſaccorda, & comme il fuſt arriué pres
du camp il tire craignant y entrer les lettres comme il luy eſtoit enchargé, leſquelles par fortune tomberent en vne tour, ny ne furent apperceus
par aucun auant le troiſieſme iour. Puis deſcouuertes par quelque ſoldat elles furent oſtées & portées à Ciceron, & recitées en l'aſſemblée des
gens de guerre, d'ont ils entrerent en grande eſperance & ioye. Or eſtoit
l'epiſtre fort courte, & eſcrite en lettres Grecques de ceſte teneur, à fin
,, qu'elles ne fuſſent entenduës des Barbares. Ie ſuis ia en chemin auec
,, mes legions, & ſeray là bien toſt: ie te prie de garder tón ancienne ver-
,, tu. A dieu.   Ioſephe couurant ces meſſagérs de peaux de brebis a long
temps abuſé le guet des Romains, penſans que ce fuſſent chiens. Il ſen eſt
trouué qui enuoyoyent par gens des lettres couſuës dedans la peau d'vne
chieure enflée, leſquels ſaydans de leurs iambes à nauiger comme d'vn
gouuernal, trompoyent ceux qui du camp les regardoyent de loing ſous
vmbre de quelque beſte.   Arpagus cerchant l'occaſion de venger vn
outrage, enuoya à Cyrus arriere fils d'Aſtyages eſtant relegué en Perſe
par vn ſerf des lettres dedans le ventre d'vn lièure vuyde, luy ordonnant
auſſi de porter le filé, à fin que ſous vmbre de chaſſe les gardes des paſſages n'entraſſent en ſuſpicion: d'ont il eſt auenu que par les lettres enuoyées ſecrettement d'vn coſté & d'autre Cyrus priua Aſtyages des royaumes de Syrïe, & de Medïe. Aucuns auſſi ont eſcrit dedans les fourreaux
des epées, les autres enuoyent lettres ployées dedans des cannes, ou baſtons
creux, & ceinctures, ou bien dedans le fondement de leur eſpïe, ou de
leurs cheuaux. Les pigeons auſſi ont ſeruy de courriers en bien grands affaires, portans lettres attachées à leur col, ou bien à leurs piéz au ſiege de
Modene, auquel le Conſul Hircius & Decius Brutus les ſentr'enuoyoyent
apres leur auoir dreſſé à manger en quelques lieux hauts par leſquels les
apportant à la ville, au parauant tenus ſerréz & fort preſſés de faim, il
auertiſſoit ſes amys de la victoyre d'vn retour à leurs nids.   Fabin le pein-

† Qui ſint
Ligurtini
ignoro,
interim ta
men duxi
legédum à
Ligurti-
nis, colů-
bis ad ſe:
eſt tamen
adhuc tex-
tus māenus.
tre dit que comme la garniſon des Romains fuſt aſſiegée par les † Ligur-
tins, que par vn fillet attaché aux piés des pigeons qui luy furent appor-
tés, les neuz ſignifioyent à quel iour arriueroit le ſecours pour faire vne
ſaillie. Les Latins ſaydent des lettres Grecques, & les Grecs des Latines
& autres. Symmachus de vray eſcriuant en lettres Grecques au Roy Denys, luy fit entendre que les Carthaginoys faiſoyent vn appareil de guerre ſous la conduitte d'Hanno, qui fut cauſe que les Carthaginoys ayans
decouuert la tromperïe defendirent par vn edict public, que nul des leurs
ne parlaſt, ny eſcriuiſt en Grec. Les Egiptiens auſſi ont de coutume de faire
diuerſes

diuerfes figures d'animaux au lieu de lettres : auſſi font de meſme ceux qui
les enſuyuent . Leurs parolles de vray ne ſont pas notées par lettres ne par
aſſemblement de ſyllabes , mais par ceſte maniere d'images d'animaux,
eſtant leur ſignification cognüe aux hommes par vn vſage de memoyre.
Car comme dit Lucain:

,,   *Or n'auoit du papier l'Egipte encor l'vſagé*
,,   *Les beſtes & oyſeaux, dedans pierre grauées*
,, :   *Eſtoyent les ſeules gardes en Magique langage.*

Comme encor on le peut voir es obeliſques qui ſont encores ſur piés à
Rome. Ils ſignifiét de vray le vocable de nature par le vaultour : car les Phi-
ſiciens diſent qu'on ne ſauroit trouuer des maſles entre ceſte maniere d'oyſeaux, & par l'image & figure de la mouche faiſant le miel auec l'eguilon,
le Roy . Ils denotent auſſi par † l'eſperuier vne choſe ſoudainement faitte: **+ Aliás le**
d'autant que c'eſt vn oyſeau d'vne aile plus viſte que les autres : qui eſt **hobereau,**
vne marque qu'on approprië aux affaires domeſtiques, qui requierent di- **ou mouſ-**
ligence. Le crocodile ſignifië mal : mais en ce que le dragon mord ſa queue **chet,**
ſe r'amenant en rond, il leur ſignifië l'an tout ainſi que le clou a eſté la marque du nombre des ans à noz anceſtres, comme Cincius diligent en tels
nombres l'aſſeure . Le temps preſent leur eſt denoté par la teſte d'vn lion,
d'autant que ſa condition eſt entre le paſſé & le futur, forte & ardante,
d'vne action prompte. Le temps paſſé eſt marqué d'vne teſte de loup, d'autant que la memoyre des choſes paſſées ſe rauit, & paſſe . Outre plus la figure d'vn chien cherant denote l'auenement du temps à venir, duquel l'eſperance nous flatte, combien qu'incertaine . Outre plus quand les Egiptiens
veulent ſignifiér la terre, ils figurent le bœuf. Et quand ils diſent qu'Oſiris
eſt le Soleil, ils grauent vn ſceptre, auquel ils grauent vn œil. montrans par
ce ſigne, Oſyris ſignifiant que ce Dieu là eſt le Soleil, & qu'eleué d'vne puiſſance Royale, il regarde toutes choſes, par ce que l'antiquité a appellé le Soleil l'œil de Iuppiter. L'œil outre plus eſt pour la iuſtice, & eſt interpreté la
garde de tout le corps : entre le reſte des partiës du corps la main dextre à
doigts ouuerts denote la liberalité, & la ſeneſtre au poing clos la chicheté &
auarice. Par le meſme moyen les figures & inſtrumens des autres partiës du
corps ſignifient quelque choſe certaine, leſquelles gardées d'vne longue
memoyre & penſée d'hommes ils cognoiſſent ſoudain que c'eſtoit qu'elles ſignifioyent.   Il eſt auſſi des chifres de guerre : deſquels il nous ſemble
neceſſaire de parler. La lettre τ poſée en la teſte du verſet ſignifioit le viuant,
es rolles eſquels les noms des gens de guerre eſtoyent eſcritz anciennemét,
pour voir quants hommes reſtoyent, & quants auoyent eſté tués . Mais la
lettre thita θ, le ſignifioit mort, d'ont eſt venu ce vers.

,,   *O que ſur toutes lettres eſt Thita malheureuſe.*

On dit, que quád ils vouloyent noter l'ignorance d'vn ſoldat ils vſoyent
de la lettre, A: & s'il falloit faire quelque choſe en ſecret, de la lettre S.   Les
anciens Capitaines & Magiſtrats faiſoyent entre eux des chifres de lettres,

à fin de s'entr'escrire tout ce d'ont ils se vouloyent entr'auertir secrettement par lettres:estans à tous autres incogneu à quoy tédoit ceste façon de bastiment d'escriture : ce que les liures des epistres de C. Cesar à Oppins & Balbus Cornelius temoignent assés : par lesquelles il faisoit diligence de supplier sa preséce es guerres qu'il auoit es païs loingtains. Vous eussiés de vray trouué en ses lettres les aucunes sans aucun assemblement de syllabe , combien qu'au demourant il y eust quelque secret ordre de permutation de lettres:de sorte qu'en l'escriture l'vne occupoit l'assiette & le nom de l'autre: comme es vocables Barthus & Felipo,en aioustant du reste du nombre des lettres , celles qui defailloyent pour rendre vn chacun nom entier, & autres au plaisir des escriuains de nulle signification . Au surplus Iulle Cesar a escrit en chifre les choses qu'il n'a voulu estre manifestées à tous, & de telle assiette de lettres qu'on n'eust sceu composer quelque nom : Mais si quelqu'vn treuue ceste façon de chifre digne d'estre suyuië, il permutera & changera D pour A , & ainsi des autres . En cecy aussi se treuue vne epistre d'Auguste Cesar à son fils de ceste teneur. Comme il y ait, dit il, infinis affaires qu'il nous faut entr'escrire l'vn à l'autre & tenir secrets , ayons si tu veux entre nous vn chifre tel, que quand il nous faudra escrire quelque chose , nous escriuions pour chacune lettre sa suyuante, B pour A,C pour B, & ainsi subsequemment des autres tellement que pour 3 il faudra retourner à deux A A. Mais au surplus il faut auoir regard au papier , car s'il est escrit du ius d'oignon,il r'apportera les lettres s'il est montré au feu.Les lettres aussi apparoissent escrites sur vn corps du ius fort blanc de l'espurge,(que les nostres appellent laictiere , les autres laictuë de chieure) apres estre sechées , & qu'on iette sus de la cendre, par lesquelles les anciens ont plus tost desiré parler que par codicilles. Semblablement aussi les vns trompent les autres, escriuans sur papier auec du laict frais : & apres que les lettres s'abolissent, tu les trouueras en espädant dessus de la poulssiere de charbon,telles que les dict le poëte ingenieux en son art militaire.

» Quoy que l'espië puisse à sa greue attachées
» Ou bien dessous son pié porter lettres cachées
» Garde s'en donnera s'il fait de son dos charte
» Et portant sur son corps l'auertissement,parte.
» De laict frais est bien seure & hors l'œil l'escriture.
» Frote la de charbon tu en feras lecture
» Le ius de lin aussi au papier blanc fera,
» Qu'inuisibles à l'œil les lettres portera.

Autres escriuent premieremét d'vne grande astuce auec ancre en parolles de petit moment touchant affaires de consequence,& des familiers:notans touteffois d'vrine ceux qu'ils veulent estre secrets,lesquelles dessechées ne sont visibles,veu qu'à ceux qui y regardent de pres il n'apparoist aucune trace de lettres,& si elles sont chauffées il n'y a point de doute que les lettres se montrent de toutes pars pour pouuoir estre leuës. Nous lisons aussi que

Demarate

Demarate eſtant chaſſé du Royaume de Lacedemon, & viuant en Perſe, auoit manifeſté d'vne grande inuention aux Lacedemoniens que Xerxes Roy des Perſes auoit dreſſé vne armée contre la Grece. Il a eſcrit de vray des tables les couurant d'vne cire menuë: leſquelles il enuoya par vn ſerf ignorant du cas, & depuis portées aux Magiſtrats, les rendirent etonnés: Car en voyant ce qui eſtoit eſcrit ils penſoyent que ce n'eſtoit que moquerie. Les aucuns ſe ſont douté de l'eſprit de l'eſcriuain, penſans de tant la choſe eſtre plus grande qu'elle eſtoit plus ſecrette. Finalement la ſœur de Leonïdas a decouuert le double, car en raſât la couuerture de la cire elle a trouué l'eſcriture cachée, & que Xerxes auoit en armes ſept cêts mille hommes, & trois cêts mille de ſecours. Vn certain Affricain enuoyé des Carthaginoys pour decouurir les deliberations des ennemys faignant eſtre chaſſé du païs, & ſe preſentant de ſeruir à la ſoulde, n'eſcriuoit point autrement toutes nouuelles à ſes cytoyens, qu'en tablettes vuydes couuertes de cire neufue. Aucuns auſſi ſ'aydâs d'vne ruſe Barbarique, & d'vne aſtuce plus que Punique eſcriuent ſur les teſtes d'hommes raſées, & les gardêt à la maiſon iuſques à ce que le poil ſoit reuenu: leſquels finalement enuoyés à leur amy entendant le myſtere, & ſubſequemment tondus montrêt les lettres cachées ſous leurs cheueulx. Quand les Lacedemoniens & les Magiſtrats vouloyent auertir leurs Capitaines d'armée de mer, ou Lieutenans generaux par lettres patêtes des ſecrets de la Repub. ne les voulans à tous eſtre cogneus, ils les enuoyoyent de la ſorte qu'il ſ'enſuyt, à fin que ſi elles tomboyent entre les mains des ennemys les ſecrets ne fuſſent decouuerts. Ils auoyent deux hantes rondes d'vne meſme longueur, groſſeur, & parement, tellement que l'vne miſe au pres de l'autre elles ſe reſſembloyent. Or comme il ſoit ainſi qu'ils en reſeruent l'vne par deuers eux, liurans l'autre au Capitaine, allât mener la guerre ils couchent. & enrollent tout autour de leur hante vn papier faict en façon de courraie, long & eſtroict, lors qu'ils veulêt eſcrire quelque grand affaire eſtâs les bors ioincts & ſans faire iour, tellemêt qu'ils couurêt de toutes pars la hante: cela faict ils eſcriuêt au papier ainſi plié trauerſans le ioinct des deux bors, & pourſuyuâs les lignes depuis le haut iuſques au bas: & depuis en l'oſtant d'autour de la hante, ils enuoyêt ſans elle au gouuerneur, ou Capitaine qui entend ce chifre, lequel apres l'auoir receu, & non liſable eſtâs les lettres couppées & mutilées, & par ce moyen eparſes & diſſipées de ſorte que le ſens ne peut eſtre coniecturé, il rolle tout autour de la hante qu'il a par deuers ſoy, depuis le haut iuſqucs au bas comme il ſauoit deuoir eſtre fait: tellement que par ceſte maniere de rollement tout autour la continuation ordonnée des parolles ſe trouue de meſme ſuyte. Il y a auſſi vne attête neceſſaire touchant l'eſcripture entiere des parolles, ou d'vne abbreuiation de lettres, ce que ce fait, partie ainſi qu'il ſemble bon à chacun, partie pour l'vſage & obſeruance publique. Car comme anciennement les abbreuiations fuſſent en vſage pour plus facilement eſcrire meſmemêt au Senat, à fin que les greffiers peuſſent comprêdre plus ſoudain ce qu'on diſoit,

ils notoyent par lettres aucunes chofes, eftans duits à ce que fignifioit chacune d'elles. Et dit on que par ce moyen la feule harangue de Caton tou-
châst la punition des coniuréz a efté gardée, & reduitte par efcrit, au moyen
que le Conful Ciceron ordonna des efcriuains prompts, & leur enfeigna
de comprendre fes parolles par quelques marques, & abbreuiations, r'apportans la puiſſance de pluſieurs lettres : auquel temps ceux qu'on appelle
greffiers n'eſtoyent pas encores inuentéz : & dit on que lors fut la premiere entrée de cefte maniere de note, qui fut vne inuention comme le temoigne Seneque à Lucilius de pauures ferfs. Parquoy qui voudra plus amplement fauoir la publique & fecrette fignification des lettres qui font trouuées es fepulchres des anciennes curiës, races, aſſemblées, puiſſances, Magiftrats, gouuernemēt, ieuz facrés, affaires ciuils, affaires de la guerre, des colleges, decuriës, faftes, nombres, & es liures des hiftoriographes, & orateurs,
qu'il recerche les commentaires de Probe Valere Grammairien, de Tulle
Tyron, de Ciceron le Libertin, de Philarge de Samos, de L. Année Seneque, & de Pierre le Diacre, efcrits de grande curiofité.   Il eft encores d'autres notes par les doigts, yeulx, & autres partiës au moyen defquelles les aucuns combien qu'elongnés parlent entre eux fans fonner mot, qui eft vne
façon de faire des gens de guerre : mefmes quand vne armée confent quelque chofe, promettant de la main ce qu'elle ne peut de parolle : les autres
ne pouuans promettre de bouche, treffaillent auec vn mouuemēt d'armes.
Et pourtant dit Ennius parlant d'vne femme impudique : Elle fe donne
en iouant de la bille, la iettant, & receuant en vne compagniē de danfes,
& chanfons, & en fe rendant commune, elle en tient l'vn, donnant l'œuil-
lade à l'autre, la main eft autre part empefchée, elle marche le pié de l'vn,
baillant à vn autre l'anneau, elle appelle l'vn châtant auec vn autre, & touteffois elle baille aux autres lettres du doigt. Ouide en femblable remontre à la coutume des anciens, (lefquels ie treuue auoir eu cefte maniere de
parler fort commune) à vne impudique, eftât famië par ces notes & fignes
au defauantage de fon mary.

»   *Lors qu'aſſis il fera, d'vne face modefte*
»   *L'accompagnant au pres te foirras, & mon pié ·*
»   *Heurtes à fon defceu, regard' auſi mes fignes,*
»   *Et ma face parlant', & prens mes feings furtifs,*
»   *Me rendant la pareille : auſi te diray-ie*
»   *Des mes fourcils fans voix des parlantes parolles :*
»   *Tu les liras, des doigts notées, & de vin.*
»   *Lors que te fouuiendras de noz amours lafciues*
»   *Du poulce toucheras ta iouette vermeille.*
»   *S'il eft rien que de moy en ta penfée tu parles,*
»   *Ta molle main pendras au bout de ton oreille :*
»   *Lors que mes faicts ou dits (ma clarté) te plairont*
»   *Toufiours fera tourné en tes doigts ton anneau.*

» *Lors que desireras par raison plusieurs maux*
» *A ton mari, atteins la table de la main,*
» *Comme les supplians.*

Ce mesme poëte aussi fort lascif parle à sa putain & amië subornée par
vn autre.

» *Ie sobre maleureux ay veu lors que dormir*
» *Tu me pensois voz crimes, auec le vin notez,*
» *Ie vous ay veu causans maintes choses lancées*
» *Par le sourcil, estant en voz cilz la plusspart*
» *De la voix, ny ne l'ont teu tes yeux, ny de vin*
» *La table escrite, aussi ne fut trouuée muëtte*
» *La lettre es doigts, & ay le langage cogneu*
» *Deguisé, & les mots vallans certaines notes.*

Fin du septiesme liure.

LE HVICTIESME LIVRE DE

ROBERT VALTVRIN DE
l'art militaire.

Des vocables Latins anciens & excellens d'vne dignité publique
en l'art militaire. Chapitre I.

E quant plus grand esprit & soing Sigismond Pandulphe,
il est fait mention par plusieurs en diuers lieux de la dignité publique de l'art militaire, des principautéz, & Magistratz, de tant plus grãd labeur ay-ie de recercher leurs vocables, sourses, & offices, lesquels espars en diuers lieux, i'ay
redigé en ce present liure quasi comme en vn corps, à fin
que riẽ ne defaillist à tõ sauoir & profession qui fust digne d'estre cogneu.
Mais pour autant que la dignité Royale constituée premieremẽt d'vne famille consacrée est la supreme de toutes les dignités humaines, les anciens
poëtes appellent Iuppiter Roy, & non pas Empereur, attribuant à Dieu le
nom qui est le plus grand & ample entre les hommes. Les Republiques,
citéz & nations ont esté regiës par les Roys, comme estans les supremes
de tous, & certains Dieux entre les hommes, excellens en bonté, sapience, & vertu. Par ce moyé les Roys sont dicts de (Rego) régir & de (Rectum)
droict, d'autant qu'il est bien conuenant aux Roys, & non pas de (Regno)
regner, comme a vsurpé l'outrecuydance d'aucuns. Or en est il plusieurs
especes, ny n'est de tous Roys vn mesme moyen de puissance. Au regard

Q iiij

de la Republique des Lacedemoniens, il y femble bien eftre felon les loix: car il n'a pas pouuoir fur toutes chofes, mais lots a-il puiffance fur les affaires de la guerre, qui fort hors le païs. Auffi a-il d'auantage la charge des facrifices & ceremonies des Dieux. Cefte puiffance Royale donques confifte en vne perpetuelle authorité de la guerre: & quant à la vie, & à la mort elle n'y a point de regard, finon pendant la guerre, ce que femble auoir efté anciennement comme le montre Homere. Car Agamemnon eftoit tormenté des reproches & debatz es affemblées, mais il auoit à la guerre pouuoir de faire mourir. Il eft auffi vne autre efpece de regnes, comme font ceux qui entre aucuns Barbares ont vne puiffance approchant d'vne tyrannië: combien qu'ils foyent felon les loix & coutumes du païs: pour autant que telles nations font plus duytes à la feruitude, que ne font celles des Grecz. Celles auffi de l'Afie portent plus patiemment le ioug de la feruitude, que ceux qui habitent l'Europe. La tierce efpece eft comme anciennement ils ont efté en Grece, lefquels ils appelloyent†Aefymneteres. Cefte cy de vray (à fin que nous parlions rondement) eft vne eleĉtiue tyrannië, differant de la Barbarique, non pas en ce qu'elle eft legale, mais d'autant qu'elle n'eft pas de coutume: & pourtant cefte puiffance duroit le long de la vie, ou bien elle finiffoit à temps, ou bien apres les affaires vuydés: comme fut Pittaque que quelques fois ceux de la Meteline eleurét contre leurs banniz. La quatriefme efpece eft comme les regnes, lefquels du temps des Heroiques eftoyent voluntaires, & fuyant la coutume & les loix: car la coronne leur a efté liurée, & à leurs fucceffeurs du vouloir du peuple pour les biens faiĉts departiz par les premiers au peuples, ou bien par partialitéz, ou guerres, ou par vne congregation enfemble, ou par conquefte de païs. Le peuple auffi a de coutume en la contrée de la Taprobane (qu'autres foiz on a longuement eftimé eftre vn autre monde) d'elire vn Roy d'âge, & d'vne clemence notable, & qui n'ait point d'enfans. Et fi par apres il engendre on le depofe, à fin que le Royaume ne foit hereditaire: auquel auffi le peuple baille trente gouuerneurs: ny n'eft aucun códamné à la mort fans l'auis de la plus grand part: defquels encores l'appel va au peuple, pour lequel on ordonne feptante iuges, & fi†eft par eux abfouls, on ne porte point de reuerence à fes autres trente, qui eft vne fort griefue infamië. Il en eft auffi en vne certaine regió de l'Affrique, qui ont de coutume d'auoir vn chien pour Roy, & diuinent fes commandemens à fon mouuement. Or a efté premierement la puiffance Royale en Candië felô Ariftote: combien que Diodore ne fcet ou elle a premierement prins fourfe, veu que les hiftoriographes n'en font aucune mention, laquelle apres fut oftée par la translation de l'Empire aux Confulz durant la guerre: puis elle eft venuë à d'autres nations differentes entre elles d'habit & de façon de viure, comme aux Perfes, aux Roys defquels la coutume eftoit de porter la Tiare: au plus hault de laquelle eftoit vne pierre precieufe grande, & luyfante enchaffée en or. Mais la coutume des Roys Égiptiens eftoit de porter la face d'vn

Lyon,

†Legô Ae fymneteras proEfe getas.

†Loeuscor rupt. adde ex Pli.li.6. ca.22.fi li berent ii reum, amplius triginta his nullam ha beri digna tioné grauifsimo probro.

Lyon, ou Taureau: ou bien le deuant d'vn Dragon en leur teſte, cóme marques de principauté, quelquefois auſſi vn arbre, quelquefois le feu, ou bien des ſenteurs fort ſuáues. Les Roys Ethiopiens portent vn ſceptre en forme de charruë, & des chapeaux longz ſur la fin, ayans autour du nombril des ſerpens qu'on appelle Viperes pour enſeigne notable, que ceux qui ſoſeroyent eleuer contre le Roy ſeroyent ſubiects à morſures mortelles. Au regard des Romains ils auoyent pour marque le ſiege Curule d'yuoire en vn car, & la robbe de pourpre, ſuyuant ce que dit Maro.

»   *Noſtre regne eſt marqué par la Currule & pourpre.*

Au regard du dyademe, ils ne l'auoyent point comme les Roys des autres nations: au demourant ils auoyent des pointons que les Grecz appellent ſceptres, au lieu du dyademe, ny ne l'auoyent tous Roys, de Iuppiter, comme le temoigne l'excellent poëte Homere, mais tant ſeulement ceux qui faiſoyent vne extreme diligence de faire viure leurs ſubiects au plus grād aiſe qu'il leur eſtoit poſſible. Ces diuerſes enſeignes de Roys ſeruoyent pour l'honneur, & parement, & ſi donnoyent aux regardans quelque admiration & ſuperſtition. Finalement le Roy & Tyran ne ſont point differens de nom, mais de faict, d'autant que le Roy décheant de ſon deuoir, facilement deuient Tyran. Il auient que le nom de Roy quelque fois tombe en Tyran, & du Tyran en Roy, comme le temoigne Seneque.

»   *Ie ſuis monté au lieu ou mener vn bourgeois*
»   *A peu le peuple libre, & n'ay laiſſé que regnes.*
               Et ceſt autre
»   *Partie d'vne paix m'eſtoit d'auoir touché*
»   *La deſtre du Tyran.*

Et depuis, le temps auquel vacquoit la coronne, a eſté appellé(*interregnum*)vice regne. Car quand premieremét il a eſté apres la mort du Roy Romule, tout l'an fut deputé de quinze en quinze iours par cét Senateurs, en faiſant dix decuriës, & creant chacun de chacune dixaine pour auoir la ſuperintendence des affaires, à fin que nul fuſt priué du gouuernement de Rome ſous vne egale dignité. Ils eſtoyent donques dix gouuerneurs, & n'en y auoit qu'vn qui euſt les executeurs de iuſtice, & pouuoir de faire ordonnances, & portaſt l'apparat Royal, & de l'Empire, lequel Empire ne duroit que cinq iours & l'auoit chacun à ſon tour: & fut ceſt annuel interualle de coronne appellé pour l'effect, du nom de(*interregnum*)vice regne, que maintenant il tient. Ioint auſſi que ceux qui auoyent la puiſſance cóſulaire ſous les Conſuls, ont eſté Vice Roys, ſi quelquefois le vice regne auenoit, ny ne fut onques ceſte Republique ſi priuée de ce nom, qu'il ne ſe creaſt vn Vice Roy à tout le moins pour deux ou troys iours. I'entend bien qu'en ce paſſage on me pourra obiicer, que les Magiſtratz Curules, n'ont point duré anciennemét quatre ans en noſtre Republique, & que ſeſtoyét les Tribuns de la commune auec l'authorité Tribunicië, qui eſt vne des plus grandes partiës de la puiſſance Royale. Il n'eſt touteffois point de

mention que les Vice-Roys n'ayent esté de ce temps lá, mais encores d'a-
uantage les plus veritables histories ont manifesté que les Cósulz ont esté
crées des Vice-Roys pour faire les assemblées de l'electió des autres Magistratz. Or en ceste electió de Roy, ils ordonnét que quád le peuple vouloit
vn Roy, celá estoit receu de tant que les Senateurs l'approuuoyent. Alors le
Vice-Roy ayant fait assemblée disoit, Messieurs les Quirites crées vn Roy,
que Dieü vueille que ce soit à vostre grád bien, & bon heur: les Senateurs en
sont d'auis: lesquels subsequémentl'approuuerót si vous le crées tel qu'on le
tienne pour le second de Romule. Le Dictateur qu'on créoit à la façon des
Etrusques estoit vn Magistrat fort à craídre, seuere, & de grád pouuoir, qui
abolissoit tous les autres Magistratz, excepté la puissáce des Tribuns, cóme
dit Plutarche d'autát qu'il falloit obeïr à ce qu'il ordónoit. Ny n'estoit loysible d'appeller de luy au peuple cóme d'vn Cósul. Ses paremés estoyét tous
Cósulaires, & auoit apparéce d'vn pouuoir Royal: mais pédant que le Roy
regnoit, les Cósuls, Preteurs n'autres Magistrats, ne se pouuoyent cóseruer
en la Republique. Et lá ou la Dictature estoit ïtroduitte en la Republique,
les autres Magistratz pésoyent & estoyét estimés cóme abrogés par la créa-
tió du Dictateur, excepté les Tribús de la cómune : & estoit la Dictature en
ce differéte du Roy, que pédant le regne du Roy la puissance des Tribuns,
& toute l'auctorité du peuple estoyét sans aucũ pouuoir, mais durát la Dictature les Magistrats de la cómune gardoyent leur pouuoir, & auctorité.
Au demeurát le Dictateur n'a point de coutume d'estre crée n'ordonné à la
guerre sinó lors que quelque force bié gráde soudain dressée sembloit me-
nacer la ville d'vne gráde ruïne. Par ce moyé Tite Liue temoigne que iadis
en vn mesme téps il fut crée deux Dictateurs, d'autát qu'vne demesurée force, necessité & le téps le firét, vingt & troys ans apres l'edificatió de Rome.
Or ne luy estoit il pòint permis d'aller à cheual, cóme qui luy estoit defendu par la loy anciéne, soit qu'ils pésoyent que les forces fussent plus grádes
en cóbattant à pié, ou bien qu'à ceste cause le Chef seroit forcé de tenir bon
au bátaillon, & de n'ábandonner sa place : soit aussi que le pouuoir de la
principauté soit à tous autres affaires Royaux & grandz. Mais Fabius eleu
Dictateur requit premieremét pour Connestable M. Minuce au Senat, &
qu'il luy fust loysible d'aller à cheual durant sa Dictature. Outre-plus nous
lisons que celuy que nous auons dit estre nommé Dictateur es histoires
estoit anciennement appellé le Magistrat du peuple, d'ont Ciceron & Seneque temoignent clairement à Lucille, que depuis il a esté escrit es liures
auguraux, & es fins des biens: & est le temoignage tel que celuy qu'il nomme est Connestable, lequel il nommoit tel que bó luy sembloit. Or n'a esté
creée ceste dignité & puissance, ny n'a commencé du temps de noz ancestres auec le Connestable apres l'abolitió des Roys pour durer vn an, mais
tant seulement six moys: combien que pour son temps elle fust plus grande
que le Consulat, sinon que par-auanture ceux qui y sont peruenus l'ont tenu plus longuement par force, comme L. Sylla, & C. Cesar qui ont esté
Dictateurs

Dictateurs perpetuels, & ont ruiné la Republique, voulans euiter ce nom de Tyran odieux & infame. Quant au premier des Dictateurs il n'y a rien de certain, ainfi que dit Tite Liue : fi touteffois on a quelque foy à luy & à Eufebius Cefarienfis, ie treuue felon les plus anciens autheurs que Titus Largius a efté premierement crée Dictateur, & Spurius Caffius Conneftable. Or eft il certain comme M. Varron le temoigne que le Dictateur eft ainfi appellé, d'autant qu'il a de coutume de dicter, ou nommer les Magiftratz futurs, ou bien d'autant que le Conful le nommoit, au dict duquel tous obeïroyent : ou bien, comme dit Plutarque en la vie de M. Marcel, veu que le Dictateur ne peut eftre eleu par le peuple, & que l'vn des Confulz ou Chefz fe prefentant au peuple dit ou nomme celuy qu'il ordonne Dictateur. Ils appellent Dictateur, par ce qu'il a efté dict, ou nommé. Aucuns le dient auoir efté dict Dictateur pour-autant qu'il ordonne, & non par l'election ou confentement du peuple. Il recommande de vray les ordonnances des Magiftratz, que les Grecz appellent δόγματα, & les Romains (edicta) edictz. Et quoy que les douze faiffeaux de verges fuffent fort rigoreux, comme qui auoyent tout l'honneur fupreme de tout le Senat des Cheualiers, & de la commune, au vouloir defquels toute l'Italie, & fes forces eftoyent regiés : ils fe font touteffois comme caffez, & rompuz fouuent fousmis à cefte correction Dictatoyre. Et à fin que la gloyre des gens ne fuft trop offenfée, le Conful puniffeur de tous delicts a efté quelqueffois puny par le Dictateur. *Magifter equitum* (le Conneftable) a efté ainfi dict, à fin que tout ainfi que le Dictateur eftoit la fupreme puiffance du peuple, la fienne fuft fur les gens de cheual, & les attendans : & qu'auffi il auoit en la guerre la conduitte des troupes des gens de cheual : mais le Dictateur n'auoit que la conduicte des gens de pié, combien qu'il fuft Chef de tous en general, & ce à la coutume des anceftres. Au regard des autres eftats de maiftrife, ils font moindres que ceux cy, & font dicts Magiftratz, tout ainfi que blanchy eft deriué de blanc. Ceux font appellez maiftres qui ont la principale cure des affaires, & qui plus que les autres font fubiects. Ny ne font les Docteurs es ars feulement dicts Maiftres, mais auffi des villages, focietés, ruës, colleges, & des gens de cheual : d'autant que ceux là font plus fubiects, & ont plus de pouuoir que les autres : auec ce que les Magiftratz qui ont plus de pouuoir de commander, que les perfonnes priuées, tirent leur denomination de (*Magifter*) comme par vne deriuaifon. Le Magiftrat de vray, eft vne puiffance commife à vn homme ou plufieurs par le peuple, ou par le Prince. De là font les Preteurs, Proconfulz, Tribuns de commune, Ediles, Curules, Preuoftz de viures, & autres lefquels gouuernent les prouinces de l'auis de noz anceftres : ny ne les difons pas principautés mais Magiftratz. A ceux cy donques eft permis de deliberer, ordonner, & commander en aucunes chofes, & d'entendre qu'ils r'apportent la perfonne de la cité, & qu'ils doiuent fouftenir fa dignité, & honneur : garder les loix, & difpofer du droict, & fe fouuenir que telles chofes

leur font baillées en charge . A eux auſſi appertient la correction du palais,
par laquelle les mauuaiſes façons de vie des inſolens, & de pluſieurs ſont
par ſa conduitte & ſans confuſion remiz en ordre . Par eux ſont predicts
les fins des ambaſſades, quoy qu'ils ſe haſtent. A eux auſſi l'antiquité donna la puiſſance telle que nul iuge de prouinces ne prenoit les faiſſeaux de
verges ſans leur ordonnance . Or eſt leur office tant honorable, que celuy
qui a eu charge en la guerre, a l'honneur d'eſtre appellé Prince, & ſemble
par vne merueilleuſe façon auoir trouué vne prééminence entre les bandes
Pretoriennes, & celles du gouuerneur de la ville . La plus grande Principauté eſt vne certaine ſurprééminence à laquelle toutes les autres puiſſances obeïſſent : ſuyuant laquelle nous diſons Octauian, Claude, & Veſpaſian auoir eſté Princes . Au regard de Seneque qui fut Conſul du temps de
Neron, on ne l'euſt point appellé Prince, car Neron l'eſtoit, non pas Seneque . Ny n'eſtoit ſon Conſulat Principauté, mais tant ſeulement Magiſtrat: auſſi n'eſtoit l'Empire de Neron appellé Magiſtrat, mais Principauté . Or comme aucuns des Magiſtratz, & non pas tous, manient beaucoup
des affaires publicz, il eſt de beſoing qu'il en ſoit vn autre qui leur face rendre raiſon, & les corrige, ſans au demeurant les manier : leſquels les vns
appellent correcteurs, les autres rationaux, recercheurs ou contrerolleurs,
& quelques vns les appellent procureurs. Mais outre tous ſes Magiſtratz,
il en eſt vn ſupreme : c'eſt celuy qui a le plus ſouuét la fin & l'introduction,
& qui preſide ſur la multitude, là ou le peuple domine : Auſſi faut il bien
que celuy qui l'aſſemble ait grande auctorité en la Republique . Il eſt vray
qu'on les appelle en aucuns lieux, Preuoyeurs d'autant qu'ils deliberent au
par-auant, & quand le peuple eſt aſſemblé ils les appellent voluntiers Conſeillers. Voylà preſque tous les Magiſtratz des cités. Il ne faut pas auſſi
oublier l'opinion de Marc Varron au vingt & vnieſme liure des choſes hu-
,, maines . Entre les Magiſtratz (dit il) les vns peuuent faire venir par deuant
,, eux, comme les Conſuls, & les autres qui ont puiſſance de condamner: les
,, autres ont pouuoir de ſaiſir au corps, comme les Tribuns de la commune:
,, les autres ont des huiſſiers : les aucuns n'ont ne huiſſiers ne pouuoir de fai-
,, re venir par deuant eux, comme les trezeniers: & les autres qui n'ont point
,, d'executeur de iuſtice, ne huyſſiers. Ceux qui peuuent faire aiourner, peu-
,, uent prendre, amener & retenir. Toutes leſquelles choſes ils peuuent, ſoit
,, que ceux qu'ils aiournent ſoyent preſens, ou qu'ils ayent ordonné de les
,, aiourner. Au regard des Tribuns ils n'ont point de puiſſance de faire aiour-
,, ner, combien que pluſieurs ignorans n'ont pas laiſſé d'en vſer comme ſils
l'auoyent . Et pourtant ie penſe qu'à la confiance de ce droict que dit Varron, Labeo eſtant perſonne priuée, ne fut point appellé par le Tribun . Or
eſt il bien aiſé de repondre à ceux qui demanderont la cauſe pour-quoy les
Tribuns n'auoyent puiſſance de faire aiourner, veu qu'ils auoyent pouuoir
de corriger, & punir. D'autant que les Tribuns de la commune ont eſté
anciennement creés, non pas pour faire droict, ne pour cognoiſtre des
cauſes,

cauſes, & querelles des abſens, mais pour interceder: par leſquels celuy qui
ſeroit preſent fuſt contregardé d'outrage. Et pour-tant le pouuoir d'aiourner leur a eſté oſté, car pour garder qu'on ne fiſt outrage il eſtoit beſoin de
leur veuë continuelle & preſente. Au demeurant la coutume de ceux qui
demandoyent Magiſtrat, eſtoit d'eſtre prins par la main deſtre du Tribun,
en priant gracieuſement les citoyens, & de venir à la place ſans chemiſe,
couuers tant ſeulement de leur robbe, ſoit que ce fuſt pour y venir auec
ceſt habit ſupplier plus humblemét, ou bien que les cicatrices qu'ils aüoyét
monſtraſſent apertement les ſignes de leur proueſſe. Et comme ils les monſtraſſent en bon nombre, les ayant receu en frequentant la guerre en pluſieurs années, & combattans vaillamment, toute l'aſſiſtence portoit ta-
citement reuerence à leur vertu. Finalement il n'eſtoit loiſible d'exercer
le Magiſtrat outre cinq iours, ſinon qu'ils euſſent fait ſerment garder les
loix. (*Legati*) comme temoigne Varron, ſont perſonnes éleuées publiquement, de la diligence, & conſeil deſquels le Magiſtrat ſaidoit en païs
etrange, & qui eſtoyent ambaſſades du Senat, ou du peuple. Pluſieurs
eſtoyent tous les ans appellés par les gens de guerre, Empereurs, par honneur apres auoir eu victoire des ennemys. Parquoy comme entre les autres Capitaines, & Chefz de ſon temps Scipion fuſt appellé Roy par la
tourbe des Eſpaignols des au par-auant renduz, & des priſonniers le
iour au par-auant prins, & epanduz au-tour de luy, d'vne grande ioye
& bonne volunté, il dit à lors apres le ſilence fait à ſon de trompe, que
le nom d'Empereur, duquel ſes gens de guerre l'appelloyent, luy ſembloit merueilleuſement grand, & qu'au ſurplus celuy de Roy eſtoit à Rome odieuz, & intollerable, quoy qu'il fuſt en grand eſtime aux autres
contrées : & que ſils luy tournoyent à grand honneur d'auoir vn cœur
Royal, qu'ils le iugent en leur entendement ſans ſonner mot. Entre les
Princes de la cité le Proconſul M. T. Ciceron fut appellé Empereur par
l'armée apres auoir aſſailly les Parthes diuiſant ſon armée en troys, & que
depuis il fut fait vne grande boucherie d'eux, prins Amane leur Roy,
Sepire, & pluſieurs chaſteaux par force. Comme auſſi Iulle Ceſar fuſt
ſouuent appellé par ſon armée Empereur apres la victoire, il vſurpa le
nom de Dictateur, & non pas d'Empereur, ne de Roy, tant eſtoit odieux
le nom de Roy dedans Rome. Deſirant donques le nom de Roy, &
craignant l'indignation du peuple, il procura eſtre dict Roy apres auoir
entreprins le voyage contre les Parthes, diſant qu'es liures fatidiques
eſtoit contenu qu'ils ne pouuoyent eſtre vaincuz ſinon d'vn Roy : qui
donna occaſion à la coniuration de haſter ſa mort. Or n'y a-il eu aucun
des ſucceſſeurs de Ceſar qui ſe ſoit oſé dire Roy des Romains. Au regard du nom d'Empereur, il n'eſtoit pas perpetuel non plus que du Conſul, ne du Preteur, ne du Tribun de la commune, car nous trouuons
ces autres premiers Empereurs auoir eſté appellés en diuers nombres, les
vns ſept fois, les autres plus ou moins : & ainſi des Conſuls & Tribuns

R

de la commune, d'autant que cela eſtoit nom de dignité, & non pas d'ofi-
ce. Car apres auoir bien combatu l'ennemy, il eſtoit ordonné par noz anceſtres, & perpetuellement gardé durant la liberté de la Republique, que
le Conſul, ou Proconſul,Preteur, ou bien quelque Romain que ce fuſt qui
euſt defait grand nombre d'ennemys, ou qui euſt fait quelque bien grande victoire. fuſt appellé par l'armée Empereur, quaſi comme par vne pre-
cellence d'honneur au temoignage & gloire de la vertu. Or n'eſtoit pas
lors la coutume telle qu'auiourd'huy, de ſorte que celuy que maintenant
toutes nations appellent Empereur des Romains, fuſt ſeul Prince de tout
le monde, & qu'il ſemblaſt par vne ſupréme puiſſance ſeigneur de tout.
Car ce nom là n'a point eſté aux Capitaines ne d'honneur, ne de pouuoir pour le gain d'vne bataille pendant que le Senat & peuple Romain
gouuernoit la Republique. Ny ne puis bien entendre de qui premierement eſt venuë ceſte coutume, ou plus veritablement abus de coronnement, & parement d'Empereur, qui eſt auiourd'huy, veu que ie n'ay oy,
ne leu, qu'aucun des Ceſars ait eſté coronné en ce temps iadis. Iulle de
vray, Auguſte, Tibere, Caligula, ne Neron, veu que ces deux derniers qui
eſtoyent meſmement extrémes d'vne fierté, & pompe intollerable, n'ont
iamais prins coronne d'Empire, eu, ny vſé d'elle, ſinon d'vne de Lorier,
lors qu'ils triumphoyent; ou bien de quelque autre citoyenne, ou de camp:
leſquelles n'eſtoyent non plus peculieres aux Ceſars, qu'à quelconques autres triumphans, ou victorieux. Ie penſe que cela eſt venu des Barbares, cóme qui ignoroyent les anciennes hiſtoires, ny ne ſauoyent bien la vertu de
ces mots d'Empereur, & de Roy, leur eſtant celuy de Roy plus frequent,
comme viuans ſous Roys, & voyans celuy d'Empereur rare,ils ont eſtimé
plus excellent: mais comme que ce ſoit qu'il ait prins croiſſance,il eſt certain que ce nom ſuperbe d'Empereur, c'eſt à dire nom de Dieu,comme dit
Ciceron, a eſté depuis ſon coronnement plus que le Royal vſurpé par les
Barbares ſans propos, comme nous auons dit,ou bien des Doctes auec peu
de modeſtië, & depuis introduict par la poſterité, & permis aux Roys. Au
demeurāt Euſebius en la deſcriptió des têps temoigne que Luculle a eſté le
premier appellé Empereur du têps de noz anceſtres, cóme auquel l'authori
té des armées eſtoit commiſe pour defendre, & augmenter la Republique.

Aucuns diſent que les Pontifes ont eſté ainſi dicts ſelon le temoignage de Plutarche, d'autant qu'ils font les ſacrifices des Dieux, puiſſans &
Seigneurs de tout. Les autres diſent que le nom a eſté inuenté pour la
ruïne des puiſſans, comme ſi au commandement du Legiſlateur les ſacrificateurs doyuent faire les grans ſacrifices. Mais Q. Mutius Sceuola auoit de coutume de dire, comme dit Varro, que les Pontifes ſont
appellés (de poſſe & facere)pouuoir & faire. Laquelle diffinition n'eſt
pas fort approuuée par Varron, les eſtimant plus toſt eſtre dicts de(Pons
& Facio)pont & faire, d'autant que le pont Sublicin fut premierement
faict par eux, & ſouuenteſ-fois refaict. Les autres diſent que c'eſt à
cauſe

cauſe des ſacrifices treſ ſainɮs & treſ-anciens qui ſe faiſoyent au pont.
Or furent premierement créés quatre Pontifes de la race des Patrices
par les Romains, & autant du commun peuple: l'ordre deſquels auec
l'eſtabliſſement on attribuë à Numa, & a eſté appellé Maxime, d'autant qu'il en eſtoit de moindres. Et pourtant Tite Liue dit que Luce Can-
tile ſcribe de ces Pontifes qu'auiourd'huy on appelle les moindres ayant
commis ſtupre auec la Floronië, fut en vne aſſemblée tant battu de verges
par le Pontifice qu'il rendit l'eſprit entre les coups. Ce ſi grand Pontife entre les autres tient l'ordre & le lieu d'vn interprete, & prophete, ou plus toſt
d'vn démontreur des choſes ſainɮes : lequel n'a pas ſeulement la ſolicitude des choſes publiques, mais auſſi prend garde aux ſacrifices des perſonnes priuées, & empeſche qu'on n'outrepaſſe les choſes legitimes, enſeignât
de quelle choſe a beſoin chacun pour adorer les Dieux, ou bien pour impetrer remiſſion. Il eſtoit auſſi garde des vierges ſacrées, qu'ils appellent
Veſtales. Il iuge auſſi & punit les ſacrileges. Il auoit auſſi auec ſoy toutes
les choſes ſacrées, & ordonnoit de quelles hoſtiës, & à quels iours, & en
quels temples on deuoit faire les ſolennités, & quelle deuoit eſtre la depenſe des choſes diuines, & l'argent qu'il falloit donner. Il eſt auſſi permis
aux Pontifes de rediger par eſcrit la memoire des geſtes, & ce qu'ils appellent Annales, leſquelles ont eſté faiɮes grandes par eux. Au demeurant noz anceſtres qui ont prins plaiſir en la memoire des geſtes, ont eſté
diligens en ce que perſonne n'oſoit eſcrire hiſtoire ſil n'en auoit la charge de la ville : laquelle ne ſe bailloit à homme ſil n'eſtoit homme de foy,
& doué de quelque ſinguliére vertu, excellant ſur tous autres en dignité.
Et à fin que ie commence aux peuples qui d'antiquité, de grandeur, de
proueſſes, & en dignité des hiſtoires ſe preferent à tous autres, les Iuifz
ordonnerent (comme nous l'auons trouué) que nul ſil n'eſtoit prophete
n'eſcriuiſt leurs geſtes tant en paix qu'en guerre. Et lors que ce peuple là
n'eut plus de prophetes, à lors il donna la charge & l'office d'eſcrire au
plus grand preſtre excellent en authorité & dignité. Ioſephe eſcriuant contre Apion dit que ceſte coutume liurée par les plus anciens a eſté longuement & diligemment gardée iuſques à la deſtruɮion de Hieruſalem. Les
Caldées auſſi, & les Egiptiens auec les Pheniciens extraiɮs d'eux, qui ſont
peuples de la Syrië fort nobles, ont diligémment obſerué que leur grâd Pontife reduiroit par eſcrit leurs geſtes. Plato auſſi philoſophe, & precepteur
d'Ariſtote met en auant en ſon Timée vn prelat Egiptien, venerable entre
les ſiens, & excellât en la cognoiſſance de beaucoup de choſes pour repondre à Solon ſenquerât des faiɮs, & de l'antiquité des Egiptiens. Les Grecz
qui ont eſté merueilleuſemêt floriſſans au meſtier de la guerre, en Empire,
& en l'eſtude de ſapiéce ont eu longuemêt vne loy de choiſir publiquemêt
quelque hôme de bié & ſauât, lequel feroit mêtiô de tous les diɮs & faiɮs,
ſous côdition de n'y inſerer rien qu'il n'euſt veu de ſes propres yeux, ou qu'il
n'euſt pour veritable par vn certain & indubitable temoignage. Au regard

des Romains, & de noz anceftres qui fe font finalement acquis l'Empire de tout le monde, Ciceron, & Tite Liue recitent qu'ils ont eu des le
commencement de Rome vne inftitution qui a longuement duré, que
qui eftoit le grand Pontife, reduiroit par efcrit les ceremoniës publiques inftituées par Numa, & toutes les chofes de chacun an, & les en-
regiftreroit, tenant en fa maifon fes efcrits communs à tout le monde, à
fin qu'il fuft loyfible au peuple de cognoiftre que rien n'auoit efté efcrit
en faueur ny en hayne. Il ne faut pas auffi oublier que fi tu recerches les
ceremoniës des anciens, & leurs efcrits tu trouueras qu'ils n'auoyent pas
de coutume de bailler le fupreme facerdotal à gens de baffe condition, &
pauures, mais aux riches, & Princes de la cité. Or comme en premier lieu
les Pontifes des Perfes f'ingerent comme premiers, qui eftoyent, & qu'on
difoit fages, & fubfequemment ceux des Egiptiens, & Affyrìens, & des
autres nations, il eft affés certain à ceux qui ont quelque cognoiffance
des hiftoires quelles richeffes & biens ils auoyent. Et fi ces chofes là ne
t'émeuuent gueres, d'autant qu'elles font incogneuës, & eftrangeres, &
qui mefmement font contre noz loix, r'amenons les grands preftres des
Hebrieux, entre lefquels les plus anciens font Aaron, Eleafar, Phinées,
Hely, Abiathar, qui ont efté fi abundans en toutes chofes, qu'il femblera eftre à quelqu'vn incroyable. Finalement ie reuien aux Romains,
d'ont eft party noftre propos. Il eft manifefte que Marc Fabin a efté premierement éleu des Senateurs, & depuis Luce Metel homme excellent
pour grand Pontife, & lequel l'a efté pour vingt & deux ans. Nous lifons auffi qu'aucuns Cefars, & plufieurs autres Romains, lefquels au temps
iadis eftoyent eftimés excellens en proueffes, richeffes, & pouuoir, ont
efté grands Pontifes. Il eft vray que cefte dignité de Pontifes, & Augures n'eftoit point du regne de Romule. Et auons entendu que Numa Pompilius l'a tranfferé du Roy à autres, à fin que eftant le Roy empefché aux affaires de la guerre le feruice diuin ne fuft delaiffé. Finalement les anciens Pontifes, comme il temoigne Ciceron au troyfiefme
de l'Orateur, ont voulu qu'à caufe de la multitude des facrifices il y euft
troys repaiffeurs, veu qu'ils eftoyent inftitués par Numa pour faire ce facrifice de ieuz, & de repas. Les anciens cóme temoigne Feftus appelloyent
(*Epulones*)banqueteurs, qu'au-iourd'huy nous appellós de mefmes, & leur
fut baillé le nom à caufe qu'ils auoyent puiffance d'appeller Iuppiter, & les
autres Dieux au banquet, defquels auffi dit Lucain au premier liure.

,,   *Virque epulis feptem feftus Titiifque fodales.*

Au demeurant comme il y ait quelque façon de folicitude touchant le
feruice diuin, & que les Pontifes & Marguilliers foyent autour des temples pour conferuer ceux qui font en eftat, & r'eftablir les ruïnés, & toutes
autres chofes concernans le feruice diuin, il auient quelquefois qu'vn feul
en a la charge, comme es petites citéz: & en autres lieux, ceux qui ne font
point du facerdotal, comme petits facrificateurs, marguilliers, & gardes
du

du fainct threfor. Subfequemment aufli vient apres la folicitude qui touche les facrifices publics, lefquels la loy n'ordonne pas aux Pontifes mais
font faicts du bien public. Au demeurant on appelle ceux qui ont la fuperintendence fur ces chofes, les vns Roys des chofes facrées, les autres grands
Pontifes. Car lors la coutume des anceftres eftoit que le Roy fuft *Sacerdos*
(Prelat) ou bien grand Pontife. Et ont fubfequemment depuis les Roys &
Empereurs efté appellés Pontifes. Ce que Virgile entendu en toute maniere de cerimoniës montre par ces parolles.

Anin des hommes Roy, & de Phebus Pontife.

Les Feciaux, defquels le traicteur de paix eftoit le prince, eftoyent dicts
Prelats ordonnés pour faire les confederations, lefquels, comme il femble a Pomponius, font deriués de (*Fero*) porter, & à Varron de *fides* foy, &
(*Facere*) faire. Et felon autres font dicts Feciauz, quafi fediaux, (*à faciendo*
fœdere) pour les accords qu'ils font. Le droict defquels certainement a efté
tranflaté des Equicules aux Romains.

Les Caduceateurs font dicts ambaffades de paix, car par eux eftoit fignifiée la paix tout ainfi que par les Feciaux. Or eft le Caducée la verueine, &
le figne de paix, laquelle à bonne raifon nous pouuós eftimer eftre la verge
de Mercure. De vray Mercure eft eftimé le Dieu des harangues, & interprete des Dieux. Parquoy tout ainfi que la verge diuife les ferpens, c'eft à dire
le venin, les combatans aufli font appaifés moyennant le parlementer, &
en eft la guerre affopië & rompuë.

Quelques Ediles auoyent l'authorité es ieux, & maifons publiques, le
nom a efté baillé à ce Magiftrat de *Aedes* (maifon) felon l'auis de Feftus, de
Varro, & de Paul, d'autant qu'ils auoyent le regard non feulement fur les
temples, mais aufli fur les maifons priuées auec iurifdition, & aufquels la
commune fe repofoit de tous fes decrets. Il eft vray que d'entrée ils furent
deux extraicts de la commune, & pourtant appellés plebeiens. Mais comme dixfept ans apres l'abolition de la coronne le menu peuple fe fut feparé
du Senat, il fe crea des Tribuns au mont facré pour eftre leur Magiftrat: &
comme fubfequemment il voulut aufli créér de fon corps des Confuls, à ce
repugnans les Senateurs, il eft auenu que les Tribuns de gens de guerre furent créez au pouuoir confulaire, tãt de la commune, que des Senateurs. Et
cóme quelque peu apres on trouuaft bó de créér des Cófuls de la cómune,
ils cómécerét à l'eftre des deux corps. Et à fin que les Senateurs euffent quelque plus grãd auãtage, il fut ordóné, qu'ils en feroyent créés deux des Senateurs. Par ce moyen les Ediles furét faicts Curules, d'ont il eft auenu qu'entre les Ediles les vns eftoyent appellés plebeiens, & les autres Curules. Au
demeurant la felle a efté dicte quafi (*Seda*) a (*Sedendo*) fiege pour f'affeoir. La
chaire Royale eftoit dicte Curule, à caufe de la courbure de fes piés, ou
bien d'autant que les Roys qui y eftoyent affis f'en aydoyent pour eftre
plus en veuë, quand ils eftoyent portés en chariot. Mais comme depuis
Rome fuft deliurée des Roys, les plus grandz Magiftratz, comme les

Confuls, Dictateurs, & plufieurs autres eftoyent portés en chaire Currule,
à la coûtume des Roys, & pour-tant ces Magiftrats là font Currules, les autres plebeiens eftoyent appellés Pedanées, d'autant qu'ils alloyent à pié, ny
n'eftoyent portés en chaire Currule ny chariot. Pour donques môtrer qu'il
,, y ait efté deux Ediles Ciceron le montre par ces parolles contre Pifo. Au re-
,, gard (dit il) du Quefteur, eftant mefmement le premier Edil, le peuple le
,, faifoit premierement auec moy Preteur par vne election generale. Il appelle Edil premier, d'autant qu'ils eftoyent tant feulement deux, tout ainfi
que deux Confuls. Et fi quelqu'vn veult auoir de cecy temoignage, Terence nomme toufiours au commencement de l'argument de fes comediës
deux Ediles, lefquels auffi faifoyent, ou redreffoyent toufiours les ieux, autant les plebeiens que les Currules. Tite Liue au premier liure de la guerre Macedonique dit que les ieuz Romains en theatres furent cefte année
là dreffés magnifiquement, & à grãd apparat par les Currules. Lequel en-
,, cores dit au mefme liure foudain apres. Auffi furent les ieuz plebeiens
,, troys fois entierement refaicts par les Ediles plebeiens. Or n'eftoyent les
charges des Ediles petites pour le regard de dreffer les ieuz, les depenfes,
& quelles feroyent les farfes. Le deuoir d'auantage de l'Edilité eftoit, que
chacun Edil auifaft de faire les ieux à fes depens felon le pouuoir de fon
patrimoine, & de fa dignité. Duquel decret Marc Tulle Ciceron eft temoing en fes offices faifant mention de fon Edilité, & de Cn. Pompée.
Afconin auffi Pedian afferme que quand Pompée fut faict Edil, il edifia
vn theatre à grandes mifes pour des ieuz tref-magnifiques, auquels il feit
marcher des cars auec des Elephans. Valere le grand a auffi eferit es liures
des dicts & faicts memorables, qu'Attille Seranin, & Luce Scribonin
Ediles feparerent les places du Senat, & de la commune. Mais fi comme temoigne Vlpian quelqu'vn a vendu vn fugitif, ou vagabond, ou
vne befte cheualine malade, ou vitieufe pour faine, l'achetteur a fon recours par l'edict des Ediles, & eft la chofe redebitoyre pour obuier aux ma-
lices, & cautelles du vendeur. Il n'y a point de doute que c'eft le deuoir des
Ediles que les egouts, canauz, edifices publiques, & priués foyent gardés
nets, & entiers, comme noftre Ciceron lors eftant éleu Edil le temoigne
beaucoup mieux, & plus amplement que nul autre au feptiefme plaidoyer
,, contre Verres. Ie fuis maintenãt (dit il) ordonné Edil. Ie fay mon compte,
,, que i'ay felon le vouloir du peuple Romain a faire de mon bon gré des
,, treffaincts ieuz auec vne trefgrande cerimonië à Ceres, & Liber. Auffi
,, ay ie à appaifer au peuple, & à la commune Romaine la mere Flora auec
,, vne folennité de ieuz. I'ay auffi à faire les ieux fi anciens, & qui premiers
,, ont efté nommés Romains, à Iuppiter, Iuno, & Minerue auec vne bien
,, grande dignité & religion. I'ay fubfequemment la follicitude des faincts
,, edifices, & m'eft toute la ville en charge pour fa garde. Pour lequel labeur,
,, & follicitude fõt ces fruiz dónés, cóme le plus anciê lieu du Senat pour opi-
,, ner, vn manteau long bordé de pourpre, la chaire en car, iurifdiction, & des
images

,, images pour la memoyre de moy & de ma poſterité. Outre ces Ediles plebeiens, & Currules, il en eſt deux autres qui ont le regard ſur les blés. De la
creation deſquels Iulle Ceſar fut autheur, & ont (comme dit Pompée) eſté
diɛts Cereles de *Ceres.* Par le nom auſſi de (*Aeditui*) nous entendons les
Ediles, de vray *Aedituus* eſt tout ainſi garde de l'edifice ſainɛt ou du temple
que l'Edile, quaſi (*tuens*) gardât le temple, ou bien tuteur du temple. Celuy
de vray eſtoit ainſi appellé, auquel la garde du ſacraire eſtoit commiſe, au
dedans duquel les ſtatuës, & images des dieux des Gentils eſtoyent gardées
qu'il falloit prier, ſi quelqu'vn deſiroit obtenir & impetrer quelque choſe
enuers elles. Ce que pluſieurs faiſoyent penſans eſtre exaucéz en ſoufflant
leurs parolles aux oreilles des ſimulachres. Seneque dit au cinqieſme liure
,, des epiſtres: Il ne faut leuer les mains au ciel, ne prier l'Edil pour nous ſouf-
,, frir approcher de l'oreille de l'image, à fin que nous puiſſions eſtre mieux
,, exaucés. *Aeditimus* auſſi eſt ce meſme qu'eſt l'Edil, mais Marc Varron eſt
d'auis en ſon liure du lágage Latin à Marcel qu'on doit plus toſt dire (*Aeditimus*) que (*Aedituus*) d'autant que le dernier eſt nouuellement inuenté, &
l'autre entier d'ancienne ſourſe. *Lauinius* au Protheſilae a appellé Clauſtrin
celuy qui auoit la garde de la cloſture de la porte, ordonnant par meſme figure celuy deuoir eſtre appellé *Aedituus* qui auoit la garde des temples. l'ay
,, trouué es plus correts exemplaires de M. T. Ciceron ainſi eſcrit : *Aeditimi cu*
,, *ſtodéſque maturè ſentiunt.* Mais en l'exemplaire commun l'eſcriture porte
Editui. Il y a vne fable Atheliane de Pomponius qui a en tiltre *Aeditimus,*
en laquelle eſt ce vers:
,,   *Qui poſt quàm tibi appareo, atque Aeditimo in templo tuo.* Au regard
de Lucrece il vſe en ſa poëſie d'*Edituentes,* pour *Editui.*

   Ie trouue qu'il a eſté pluſieurs Flamines, & tout autant qu'ils adoroyent
de dieux. Et Marc Varron temoigne es liures qu'il a eſcrit de la ſourſe de la
langue Latine, que les Romains en ont vſé, de ſorte qu'ils créérét le Flamin
Iouial, Marcial, Quirinal, Volcanal, & le reſte en ſemblable. Il eſt vray que
Numa Pompile créa le Iouial, veu qu'au parauant les Roys portoyent les
offrèdes des Roys, & des Pontifes, comme nous trouuons auoir eſté obſerué en Priam, & Aeneas dedans Virgile, & finalement à moindres, comme à
C. Ceſar, au Diuin Auguſte, & à pluſieurs autres Princes, leſquels nous voyons honorés des tiltres du grád Pontificat en pluſieurs monumés, qui ſont
encores en nature. Au demourát Numa penſant qu'il ſeroit beaucoup plus
de Roys ſemblables à Romule qu'à ſoy, leſquels en delaiſſant la ſollicitude
de la religion ſenuelopperoyent es affaires de la guerre, inſtitua les Prelats
qu'on appelle Flamines à la plus part des dieux, pour eſtre continuellemét
abornéz au ſeruice Diuin: & en créa vn à Iupiter, paré d'vne riche robbe, &
d'vne chaire Royalle Currule, lequel on appella Diale, auquel il en aiouſta
deux, l'vn à Mars, & l'autre à Quirin. Et ont, comme il ſemble à Plutarche
eſté premierement diɛts Flamines à cauſe des chapeaux qu'ils auoyent ſur
la cime, d'ont on vſe pour couurir la teſte, quaſi qu'ils fuſſent quelques Pi-

leamines.Ce que dit Lucain au premier:

Et tollens apicem generofo vertice flamen.

Ou bien,comme il femble à Varron,d'autant qu'ils eftoyent au païs Latin à tefte decouuerte,& qu'ils auoyent le chef entouré d'vn lacet de layne, d'ont ils eftoyent appellés Flamines,quafi Filamines.Le Dial eftoit dict de *Dius*,duquel on péfoit que la vie fuft baillée aux hommes, ou bien de Iupiter,qui eft le Dieu aydant. Les autres auffi font parés du tiltre du Dieu,duquel ilz ont l'aminiftration . Ceftuicy feul a, comme dit Varron au fecond liure des chofes diuines vn bonnet blanc,d'autant qu'il eft le plus grãd, ou bien d'autant qu'il faut qu'vne hoftië blanche foit immolée à Iupiter . Il fe fait auffi beaucoup de diuerfes cerimoniës, lefquelles font contenuës es liures compofés des Prelats publiques. Nous les auons auffi leu au premier des liures du peintre Fabin, lefquelles font prefques telles que nous les recitons. Il eft defendu au Flamin Dial d'aller à cheual, ny ne luy eft iamais permis de iurer. Il n'eft point auffi permis d'emporter feu de la maifon du Flamin Dial finon le facré.Si vn prifonnier entre en fa maifon,il le faut deliurer, & faut tirer les liens par la cifterne à la couuerture , & de là par apres les defcendre hors en la rue . Il ne luy eftoit pas auffi licite de toucher, ne nommer lierre,d'autant qu'il lië tout ce qu'il attouche , ny ne luy eftoit licite de porter vn rameau maffif, ne d'auoir en foy aucun neud au fommet de la tefte, ne au bandeau, ne en quelque autre partië . Si on meine quelqu'vn au fouet, & qu'il fe iette à fes piés, il n'eft pas licite de le battre ce iour là.Autre qu'vn homme libre ne tonde la perruque du Dial.Ce n'eft pas auffi fa coutume de toucher vne chieure,ny vne chair cruë, ne feu, ny auffi les nommer.Il n'eft auffi licite au Flamin de regarder vne armée de mer prefte à combattre . Il ne deura auffi tailler les bourgeons des vignes,qui font fort haut éleués . Il eft auffi befoin que les piés du lict auquel il couche foyent frottés tout autour de bouë déliée : Les rongneures des ongles & de fon

† Ilex. poil ferõt couuertes de terre fous vne†Euze.Il a tous les iours la tefte attourée d'vn bandeau fans bouquet au deffus, & ne luy eft licite d'eftre à plein air . Et a efté depuis n'a gueres tref-bien ordonné par les Pontifes qu'il feroit à couuert . Menfurin Sabin a efcrit d'autres manieres de ceremoniës en cefte forte : Il ne luy eft licite de toucher à vne farine meflée de leuain, ne de depouiller fa chemife finon à couuert, ny ne foit nud fous le ciel,cõme fous l'œil de Iupiter . Nul ne faffiet en vn banquet au deffus du Flamin Dial hors le Roy:vn autre facrificateur n'y eft pas receu.S'il perd fa femme, il perd fon office, ny n'eft loifible au Flamin de rompre fon mariage, finon par mort , ny n'entre iamais en lieu de fepulchres, ny ne touche iamais à corps mort,combien qu'il ne luy eft pas defendu d'en faire les funerailles.

Les Saliens ou danfeurs font vne façon de Prelats, lefquels on dit auoir efté inftitués pour autant que Numa ayant ia regné huit ans, vne maladië peftifere courant l'Italië auoit affailly Rome.Et comme tous fuffent en trifteffe, on dit qu'il tomba du ciel vn bouclier es mains de Numa, & que le

Roy

Roy dift deffus des chofes amirables, qu'il difoit auoir ouy d'Egeria, & des Mufes, & que le bouclier eftoit venu pour le falut de la ville, & qu'il le falloit garder, & en faire vnze autres à fa figure, grandeur, & forme, à fin que pour la fimilitude, vn larron foit incertain d'auoir le celefte. Comme dóques les ouuriers f'efforçaffent à l'enuis d'en faire de femblables fuyuant fon autho-rité, & commandement, & comme tous les autres fuffent en defefpoir, Ve-éturin Mamurin l'vn des plus excellens ouuriers les fit, & dreffa tous de fi gráde femblance, que Numa mefmes ne les pouuoit difcerner. Pour là gar-de & feurté defquels on dit qu'il ordonna les Prelats Saliens. Or ont ils efté appellés (Salij) à caufe de la danfe à faux, & non pas, comme aucuns difent d'vn homme de Dardanië, ou bien de Mátiache nommé Sale, lequel a en-feigné la danfe qui fe chante en armes, veu que comme dit Pline au feptief-me liure de l'hiftoyre naturelle, Dardane l'ait inftitué, fuyuant ce que dit Ouide au troifiefme des Faftes.

"   *Iam dederat Salius à Saltu nomina dicta.*

D'autant que courans par la ville, ils ne danfoyent point de trop grande vehemence ne force, & qu'ils prenoyent au moys de Mars les faincts bou-cliers ayans chemifes violettes, ceints de ceintures de cuyure larges, portás auffi des falades de cuyure, & vn accouftrement de cuyure fur la chemife, en frayant cótre leurs armes de courtes efpées. Le refte de la dance eft faict des piés. De vray ils font vn gratieux mouuement auec tours & mutations en bon nombre & vifte de bonne force & legereté. On dit que la recompen-fe de Mamurin pour ceft artifice, fut vne certaine memoyre par vne chan-çon des Saliens faitte au fon de *Pyrrichius,* les autres difent que c'eftoit Ve-éturin Mamurin qu'on chantoit. On ne fait point de doute que la digni-té Senatoire n'ait efté inftituée par Romule. Car quád il voulut edifier vne ville, il affembla les pafteurs auec lefquels il auoit efté nourry. Et comme le nom luy femblaft peu idoëne à fonder vne ville il ordonna vne franchife, à laquelle fe retiraffent tous les mefchás des païs circonuoyfins fans égard de la condition: de l'amas defquels il fit vn peuple, & a éleu les plus agés du Se-nat, les appellant Peres, fuyuát le confeil defquels il meneroit tous les affai-res. Duquel Senat auffi parle Properce en ces termes.

"   *La court qui d'vn Senat hores bordé de pourpre*
"   *Se braue, eut fes Maieurs empeliffés d'agneaux.*
"   *Le cornet affembloit les Quirins au confeil*
"   *Au pré fouuent eftoit le Senat de cent hommes.*

+Ex Pro-per. Lego, quæ nunc nitet, pro nunc quæ inter.

Or tout ainfi que, comme Ciceron dit qu'en Lacedemon ceux font ap-pellés vieilz & anciens qui ont quelque fupreme Magiftrat, noz anceftres auffi n'euffent pas appellé le fupreme confeil Senat, fi le confeil, la raifon, & auis n'eftoit es vieilles gens. Ce qu'Ouide ne taift pas es Faftes difant:

"   *Du chef chenu iadis a efté l'honneur grand,*
"   *En fon eftime eftoit la ride de vieilleffe.*
"   *Les faicts de Mars vuydoit, & les hardiës guerres*

> La ieuneſſe, en ſon fort ſe tenant pour ſes dieux.
>
> Ceſt autre moindr' en force, & inutile aux armes,
>
> De conſeil bien ſouuent ſon pais ſecourit.
>
> Ouuerte lors n'eſtoit la court qu'aux derniers ans,
>
> De l'age eſtoit le nom de Senat gratieux.
>
> La vieilleſſe faiſoit droit & ſous loix certaines
>
> Eſtoit l'age finy, d'ont on cerchaſt l'honneur.

Ils ont dóques eſté appellés Peres à cauſe de l'honneur, & Senateurs pour l'age. Les autres les penſent eſtre dicts Senateurs à (Sinendo) permettre, d'autant qu'ils donnoyent faculté, ou bien qu'ils liuroyent aux plus pauures, & à leurs enfans portions de terres. Or trouue-ie qu'à ce nombre de cent, on en a aiouſté d'auantage. Brute de vray en amoindriſſant quelque peu le nóbre de l'ordre des Cheualiers par l'election des plus apparens a fourny vn Senat de trois cents à fin que la multitude de l'ordre euſt plus de force au Senat. De lá auſſi eſt venu, comme l'on dit, que ceux eſtoyét appelléz au Senat, qu'on appelloit Peres, & qui y eſtoyent attraicts, & éleuz, ou bien d'autant qu'ils eſtoyent pris de la race des Patrices, ou bien que pour la diſette ils ont eſté de l'ordre des Cheualiers tiréz au Senat, & appellés conſcripts, d'autant qu'ils ont eſté enrolléz au Senat qu'on auoit fait neuf. Mais apres la mort de Ceſar, Auguſte a reduit à l'ancienne mode, & honneur ce nombre trop accroiſſant, d'vne tourbe difforme ſans grace, & trop indigne, cóme qui paſſoit le nombre de mille, deſquels les aucuns eſtoyent éleuz par faueur, les autres par dons, que communement on appelloit auortons. Outre ces noms de Senateurs, il en eſt qui penſent aucuns auoir eſté appellés Senateurs pedaires, d'autát qu'ils n'exprimoyent pas leur auis au Senat par le menu, tant ſeulement ils conſentoyent à l'opinion des autres, cóme confermás leurs dicts, & priués de dire leur ſentence, quaſi cóme ſils venoyent à pié à l'auis d'autruy. Les autres diſent que c'eſtoit vne certaine difference, veu qu'il en eſtoit beaucoup: leſquels eſtans peruenuz aux Magiſtrats Curules eſtoyent portés par honneur au Senat en vne chaire Curule, & que ceux qui alloyent à pié ſ'appelloyent pedaires. Au ſurplus Marc Varron dit qu'aucuns Cheualiers ont eſté appellés pedaires, & ſemble vouloir ſignifier ceux qui n'eſtoyent pas encores éleuz au Senat par les Céſeurs: Mais ayans exercé les offices de la commune ils venoyent au Senat, & auoyét ſon auis. Il eſt vray que ceux qui auoyét exercé les Magiſtrats Curules, & n'eſtoyent encores éleuz au Senat par les Cenſeurs n'eſtoyent pas Senateurs, auec ce qu'on ne demádoit pas l'opinion à ceux qui eſtoyent enrôlés des derniers, & eſtoyent tant ſeulemét de l'opinion que tenoyent les Princes. Au regard de la maniere de tenir le cóſeil, Marc Varron en a fait vn liure à la priere de Pompée, lors que premierement on penſe qu'il fuſt éleu Conſul auec Marc Craſſe: d'autant qu'occupé es guerres foraines iuſques à ce temps lá, il eſtoit ignorant des coutumes ciuiles, ny ne vouloit pas eſtre trouué moins ſauát que les autres. Auquel liure Gellius temoigne que Varron en dit beaucoup

de

de chofes, & que la premiere eftoit par quelles perfonnes fe deuoit tenir le Senat, nommant le Dictateur, les Confuls, Preteurs, Tribuns de la commune, le Vice-roy, le Gouuerneur de la ville, & n'a efté loifible à autres qu'à eux de faire vn decret du Senat, & toutes les fois qu'il eftoit neceffaire que tous fes Magiftrats fuffent en vn mefme temps à Rome, àlors le plus ancien de ceux qui eftoyent éleus fuyuát l'ordre fufdict auoit la puiffance d'affembler le Senat. Il dit d'auantage que par vn droit extraordinaire, les Tribuns des gens de guerre qui auoyent tenu le lieu des Confulz, & les Decemuires qui pour lors auoyent le pouuoir Confulaire, & outreplus les Triumuires créés pour donner ordre à la Repub. ont eu puiffance d'affembler le Senat. Au regard d'affembler le Senat, ou de tenir le confeil il nyoit qu'il fuft loifible le faire finon es lieux ordonnés par les Augures qu'on appelle temples. C'eftoit auffi la coûtume que le Senat faffemblaft fans mander, & y tenir pié continuellement, lequel on appelloit Senatule. Duquel lieu eftant appellé ils aloyent incontinét à la court. Quant au temps d'affembler le Senat il en parle ainfi: Le decret du Senat fait auant Soleil leuant, ou apres le couchát eftoit nul, & que c'eftoit la charge des Cenfeurs de difcuter par quels, & en quel temps eftoit faict le decret. Au regard de l'âge d'vn Senateur, il fut ordonné que nul de moindre âge, que de vingt & cinq ans n'entre au Senat felon que temoigne Plutarche en la vie de Pompée. Il n'y a touteffois point de doute à ceux qui lifent les antiquités qu'aucuns font entréz au Senat à moindre âge, comme nous fauons eftre auenu à M. Vallere Coruin, auquel à l'âge de vingt & trois ans ils ont baillé le Confulat. Mais entant que les Senateurs n'entreroyent point au Senat auec leurs enfans pretextés comme au parauant on auoit de coutume, cela fut depuis ordonné, & en fut caufe le faict de Papirius pretexté. Varro auffi eftoit d'auis que celuy qui vouloit affembler le Senat, deuoit premierement prendre iugement d'aufpice, & immoler vn facrifice. Il enfeigna auffi que le Senat deuoit premier deliberer des affaires diuins que des humains, & que le decret du Senat fe deuoit faire en deux manieres. L'vne, fi en fe leuant on confentoit, ou bien fi la chofe eftoit douteufe par l'auis de chacun en particulier, auffi fait il de faifir le bien, & de condamner à l'améde celuy qui n'eft venu au Senat au téps requis. En quoy encores il faut noter touchát la coutume, que tout ainfi que la loy n'a point de pouuoir fur l'homme de guerre depuis l'âge de cinquante ans, qu'auffi ne force-elle pas le Senateur fexagenaire. Les neceffités publiques ont cefte coutume enuers les anciés, à fin que fi par fortune il y euft quelque apparent effort des ennemys qui forçaft de prendre l'auis d'hommes de baffe códition, ou bien d'ordonner quelque chofe qui euft à eftre plus toft executée que dicte, ou bien fils ne vouloyent quelque chofe eftre tráfportée à leurs amys, il fe fit quelque decret fecret, de forte que ne les Greffiers, ne les feruiteurs publiques, ne les fergens des Cenfeurs ne fuffent prefens à telz actes, & que les Senateurs fiffent l'office de toüs tánt Greffiers que fergés, & Cenfeurs. C'eftoit auffi à eux de faire rendre le courroucé be-

niuole, le fufpeçt paifible, l'auftere gratieux, & le contraire fecourable. Et
combien que, comme il a efté dit, les caffés de vieilleffe fuffent inutiles aux
armes, toutef-fois Tite Liue temoigne au troifiefme liure depuis la fondation de Rome, qu'à chacune cohorte il y auoit deux Senateurs pour Chefs.
Si nous recerchons l'ordre de l'antiquité par la fourfe des dignités, on co-
gnoiftra que la famille des Patrices a efté dediée à Iupiter, à fin que la reueréce du fupreme Dieu, cóme ils ont penfé poffedaft le premier lieu, & quelques veridiques l'ont voulu dire, que le nó de Patrice a efté diçt à *(patribus)*
peres. Les temoignages de l'antiquité declarent que la dignité confulaire, a
efté introduitte apres les Roys chaffés, fuyant la fierté Royale: veu que com
me eux prefques elle auoit vn plein pouuoir de gouuerner la Republique.
Or eftoyèt ils deux créés pour vn Roy, à celle fin que fi l'vn euft voulu eftre
mefchant, il fuft reprimé par l'autre ayant femblable puiffance que luy. Ilz
auoyent premieremét les droiçts de Royale puiffance, & tous les paremés,
& accouftremens de pópes pour l'ornemét de leur office. Ils auoyèt de vray
tous deux vingt & quatre feffeaux de verges auec leurs executeurs, & tout
autát de coignées, leur eftát enioint quoy que leur pouuoir fuft grád de les
auoir liées à neuds de chaines, à fin que cóme plus on tarderoit à les deliër
ils retardaffent la deliberation, mefmement fi la condemnation eftoit à la
mort. Auffi celuy doit eftre lent, qui iuge de la vië. Vne autre fentéce fe peut
corriger, & non pas celle de la vië, auec ce que cefte maniere d'armes font
de raifon, & non pas de fureur, & tellemét ordonnées contre les criminels
pour plus corriger de frayeur, que de confumer par peines: ioint que cefte
peur eft plus ciuile, que Martiale, & telle que les voleurs de troupeaux, & les
larrós doyuét craindre, & les brigans en auoir peur, & du regard de laquelle
la feule innocéce fefiouyffe. Il a auffi efté ordonné, que l'vn d'eux tát feulemét, & non les deux auroyent les faiffeaux, à fin que la frayeur ne femblaft
doubler, & que celuy qui les auroit feroit diçt le plus grád Conful, ou bien
celuy qui auroit efté premier Preteur, ou bien Maieur Vrbain. Les autres fót
les moindres, aufquels cóme il auient fouuét es grádes cités, le Senat ordóna qu'ilz euffent le regard que la ville ne feuffre quelque offenfe, & premierement à l'vn d'eux, ou bien aux deux de leuer armée fil en eftoit befoin, de
cótenir par tous moyés les fubieçtz, & les citoyens, & de pouuoir condáner
à la mort, tát à la ville qu'au cáp, non pas toutef-fois le Romain, lequel leur
eftoit feulemét loyfible refrener, & de cómander le mener en prifon publique. Ilz vfoyent du fiege Curule attédu leur grádeur, auquel ils mótoyent à
plufieurs marches, à fin que lá affiz ils ne péfaffent rien d'entreprife petitte,
& pauure, & qu'eftans en repoz, ils meritaffent, ce que les autres Empereurs
ont merité apres gráds trauaux. Au demourát fa main eftoit armée d'vn bafton victorieux, à fin que la dextre d'vn vaillant hóme deffendift les biés de
tous ceux de la Republique Romaine, & les enfans: & que pour l'augmétation de la gloyre publique, il deliuraft les feruiteurs du iou de feruitude. Ils
marchoyét en public auec fouliers dorés, cóme fils fembloyét nó feulemét

ne

ne faire conte de la matiere, que la fantaſië rauië à vanité eſtime tant , mais
auſſi la conſumer . Outre-plus entre autres dignités de la Republique, ils
ont merité d'auoir les epaules peintes , d'vne couleur diuerſe de robbe palmée, que la felicité donnoit pour guerdon aux vainqueurs. Or en eſtoyent
ilz appellés (*Candidati*) d'autant qu'ils marchoyent auec robbes blanches.
Ilz ont auſſi eſté appellés Conſuls de (*conſulendo*) conſeiller, à fin qu'ils ne ſe
meſcogneuſſent, ayans toutes choſes ſous leur vouloir: d'autant qu'ilz aui-
ſoyent au peuple, & au païs, ſinon que ce ſoit de là ou dit Actius parlant de
Brute . Celuy ſoit appellé Conſul, qui donne bon côſeil: ou bien que, côme
dit Quintilian, Conſul ſoit dict de conſeiller, ou iuger, car les anciens ont
appellé cela conſeiller. Le pouuoir de ce Magiſtrat eſtoit annuel, à fin qu'ils
ſe donnaſſent garde, que d'vne inſoléce d'vn pouuoir diuturne ils ne tum-
baſſent tât plus aiſémét en quelque faute. Et combien que leur Magiſtrat
fuſt court, on les depoſoit touteſ-fois dedans l'an ſils n'eſtoyent ſuffiſans.
La coûtume auſſi eſtoit, que ceux qui demâdoyent le Côſulat, fuſſent preſens en l'aſſemblée du peuple , & que nuls ne fuſſent receus moindres de
vingt & cinq ans, qui eſt vn âge Senatoyre.

Suffes en langue Punique eſt appellé Conſul comme le temoigne Cali-
» dië Et pourtât Tite Liue dit au quart liure de la guerre Macedonique. Cô-
» me le iour enſuyuât les Suffetes ſe fuſſent aſſemblés pour iuger, les tables fu
» rent veuës, oſtées, & leuës. Les autres pêſent qu'ils ſoyent dicts Suffets quaſi
ſous autres faicts, de (*ſufficere*) qui eſt à dire ſubminiſtrer, ou bien ſubſtituer
au lieu d'vn autre, ſuyuât ce que dit Tite Liue au vingt & troiſieſme, *Marc.*
» *Aurelius Cotta decemuir ſacrorū mortuus, in eius locum. M. Atilius Glabrio ſuffectus*
» (ſubſtitué.) Ciceron auſſi pour Murene: *Vnus erit Côſul, & is nõ in adminiſtrã-*
» *do bello, ſed in ſufficiendo collega occupatus.* Il faut au demourât entédre, que côme il ſoit deux choſes (ainſi que dit Ciceron) qui peuuét éleuer les hómes à
ce tant grand degré de dignité Conſulaire, & à la fin des hóneurs populaires, d'ont l'vne côcerne le droict, & l'autre la guerre : il n'y a point de dóute
que celle de la guerre ne ſoit plus auantageuſe pour l'acquerir, que n'eſt la
gloyre du droict ciuil, car l'vn veille la nuict pour repondre à ceux qui luy
demâdent conſeil, l'autre pour peruenir là ou il tend diligemmét auec ſon
armée. Le chant du coq éueille ceſt autre, & celuy des trompettes ceſtuicy:
ceſt autre dreſſe ſon aminiſtration, & ceſtuicy ſon armée : ceſt autre ſe dóne
garde que ceux ſur qui il a le regard ne ſoyent ſurprins, & ceſtuicy que les
villes & chaſteaux ne le ſoyent: ceſt autre entéd à ce que les eaux des pluyes
ne nuyſent, & ceſtuicy entéd & craint que l'armée des ennemys n'offenſe:
ceſt autre entéd au gouuernemét des contrées, & ceſtuicy à l'augmétation.

La grandeur de l'Empire Romain a amené la couſtume , & neceſſité de
créér la dignité Proconſulaire, d'autant que les Conſuls qui n'eſtoyent que
deux ne pouuoyent pas ſe trouuer à toutes les guerres, ny eſtre au gouuernemét de toutes les prouinces. Or leur ont eſté tous autres paremés Conſulaires accordés, hors qu'ils n'auoyent que ſix executeurs de iuſtice. Quât au
nombre des Procõſuls, il n'eſtoit pas certain, mais tout ainſi que le gouuer-

nement eſt terme general, d'autant que tous Proconſulz, & tous ayans le
gouuernement des prouinces,eſtoyent appellés gouuerneurs,cóbien qu'ils
fuſſent Senateurs.　Le nom auſſi de Proconſulat eſt ſpecial,tellement que
ceux qui vſoyent du pouuoir des Conſuls,eſtoyent appellés Proconſuls.

　Liƈtor, L'executeur de iuſtice eſt le miniſtre de la cruauté du Cóſul, Proconſul, & des Preteurs, portans vn trouſſeau de verges lié auec la coignée,
& en a le Conſul douze, & les autres ſix. Valgius Ruffus dit au ſecond des
liures qu'il a inſtitué des choſes recerchées par epiſtre, que(*Liƈtor*) le bou-
reau eſt dit de(*ligare*)liër,d'autāt que quād le Magiſtrat du peuple Romain
ordónoit que quelqu'vn fuſt battu de verges, le ſergēt a de coutume de luy
liër les piéz,& les mains. Et celuy qui de la compagnie des ſergés auoit l'office de liër ſ'appelloit(*Liƈtor*)tellemēt que pour temoignage il ſ'ayde de M.
Tulle Ciceron,recitāt les parolles qu'il a diƈt au plaidoyé pour C.Rabirin:
" *Liƈtor,inquit,colliga manus*. Et Tite Liue au huitieſme liure: *Liƈtor deliga ad pa-*
lum.Valgius Ruffus.M.T.Liue, Feſtus,& toute l'antiquité le penſe de meſmes,à quoy auſſi nous conſentons . Mais Tiro Libertin de M.T.Ciceron a
eſcrit que(*Liƈtor*)eſt deriué de(*Linum*)lin,ou bien de(*Licium*)fil.Ceux,dit il,
qui exerçoyent les Magiſträtz eſtoyēt ceinƈts de *Licium*,fil, que les anciens
appelloyent lin, pour liër les mains & les piés des criminels, comme nous
auons dit.Ceux donques ſont ignorās qui péſent que(*Liƈtor*)ſoit dit de *(li-*
tare)ſacrifiër,par vne interpoſition de,c,d'autāt qu'il ſacrifië & tuë.Et aiou-
ſtēt d'auātage ſans propos, qu'il eſt diƈt quaſi*(iƈtor)*frappeur de la loy,d'autant qu'il(*iciat*)frappe le criminel,ſuyuant le commandement de la loy: ce
que l'antiquité n'approuue pas,cóbien que la raiſon ſemble auoir couleur.

　Au regard du nombre de douze,les vns le péſent auoir eſté prins par Romule à cauſe du nombre des vautours, leſquels par augure luy ſignifierētla
couróne.Les autres,& mieux,des Hetruſques leurs voiſins,deſquelz ilz ont
emprunté le ſiege Curule,la robbe pretexte, la façon de leurs Roys, d'autāt
que de douze peuples chacun bailloit au Roy créé vn executeur de iuſtice.

　Queſtura (la ſuperintendence des finances) en laquelle doit eſtre vn ſupreme ſauoir du droiƈt,vne gloyre de lettres,langage prudēt, vne conſtāce
de cœur,domicile de continence,& le ſiege de toutes vertus, eſt le premier
degré d'hóneur, & la mere de toutes dignités ſelon que temoigne Ciceron
au ſecód plaidoyé contre Verres. Varro au ſixieſme liure,comme le temoigne Caſſius,dit que ſon office & ſource eſt fort ancienne, & preſques auant
tous Magiſtrats ſelon l'auis d'aucuns, & meſmes ſauās hommes. Gratianus
Iunius temoigne au ſeptieſme liure des puiſſāces, que du tēps de Romule,
& de Numa ilz eſtoyēt deux Queſteurs. Póponius afferme que lors ce Magiſtrat cómença que les fināces publiques cómencerent eſtre en plus grāde
referre,& abondāce,à fin qu'il y euſt hómes qui en euſſent la ſuperintēden-
ce.Ce qu'on ne doit péſer auoir eſté du temps de Romule,attendu qu'elles
eſtoyent lors pauures,& courtes. Au demourāt tout ainſi qu'on doute,ſi le
Queſteur a eſté du temps des regnes de Romule, & Numa, auſſi eſt il plus
vray ſemblable que les Queſteurs furent, & eurent leur commancemēt du

regne de Tulle hoſtile,lequel fit faire l'eſtimation des biés,& le departemēt
en Cēturiës & colleges en la cité,qui au parauāt n'eſtoyent pas. Auſſi eſt ce
d'ancienneté la plus cōmune opinion que Tulle Hoſtile a premieremēt ordōné les Queſteurs en la Repub. leſquelz au temoignage de Pōponius,Iu-
nius,Trebatius,Feneſtella,& Varro ont eſté au cōmencemēt ainſi diĉts de
(Quærere)enquerir. Mais pour autant qu'il n'eſtoit point permis par la loy
aux Cōſuls de iuger la vie d'vn citoyen Romain ſans le cōſentemēt du peuple,à ceſte cauſe les Queſteurs ont eſté par luy ordōnés pour iuger des cauſes criminelles, deſquelles depuis les Triūuires capitaus ont eu la cognoiſſance,& ſ'appelloyēt Queſteurs parrices,ſelon que dit Feſtus,ou bien ſelon
Pōponius,Queſteurs de parricides,deſquels la loy des douze tables fait mē-
tion:car ceux ſont diĉts parricides,qui non ſeulement ont tué leurs parens,
mais auſſi quelque hōme que ce ſoit. Ce que de meſmes ſignifiē auſſi la loy
de Numa diſant ainſi:Celuy eſt parricide,qui à ſon eſſiēn tuë vn homme li-
bre.La charge de leur office eſtoit de choiſir les prouinces ſuyuant le decret
du Senat,d'aller au deuant des Roys venans à la ville, & de ſoub-haſter les
captifs.Il eſtoit auſſi d'autres Queſteurs au-tour du prince,qui ſeruoyent
tant ſeulement de lire les liures au Senat,& les lettres du prince.

Les Preteurs,ſelon l'auis d'aucuns eſtoyent au commencemēt ce que depuis ont eſté les Conſuls,leſquels menoyent les guerres eſtās ainſi appellés
d'autant qu'ilz auoyent la ſuperintédence ſur toute l'armée. Et ont eſté lors
créés,comme temoigne Pomponius,que les Conſuls eſtoyēt r'appellés des
guerres faittes ſur les limites, & qu'il n'y auoit hōme qui peuſt faire iuſtice
dedans la cité.Au regard du nombre des Preteurs,Rome l'a eu diuers ſelon
le temps.Premieremēt celuy de ville,& depuis quelques ans apres n'y pouuant ſuffire,vn eſtranger, & furent ainſi appellés , d'autant que l'vn faiſoit
droit aux eſträgers,& l'autre aux citoyens. Et ſubſequemmēt apres ie trouue qu'il en a eſté créé pluſieurs en augmentant le nombre iuſques à huit.
» Et pourtant Ciceron dit pour Milon : ſept Preteurs , huit Tribuns de la cō-
» mune luy eſtans aduerſaires,& mes proteĉteurs ont eſté créés ſelon la prin-
» ſe des prouinces,ſelon le nombre deſquelles renduës furent tout autant de
» Preteurs, partië deſquelz eut le regard aux affaires de la ville, & l'autre aux
» prouinciales. Or auoyent ils pour enſeigne ſix coignées,comme le temoigne Plutarche en la vie de Paul Emille.A laquelle guerre,dit il,Paul Emille
fut enuoyé,non pas auec ſix coignées comme les autres Preteurs,mais auec
douze:de ſorte que la dignité Conſulaire eſtoit coniointe à ſon pouuoir.

Les Cēſeurs ont eſté ainſi appellés, à l'auis deſquels le peuple eſtoit taxé,
ou bien pour l'effeĉt meſme,d'autāt qu'ils auoyēt l'authorité de faire les taxes,ou bien d'autāt que chacun a de coutume d'eſtimer ſon bien ſelon leur
eſtime,ou bien que les anciens ont tenu (Cenſere)pour iuger par vne ſociale
& ſemblable conuenāce. Aucūs diſent que Cēſor vient de (Cēſeo)c'eſt à dire,
i'ordōne que tu faces cela,& que le Senat (Cenſuit) a ordōné quelque choſe,
D'ont Modeſtin temoigne que le nom de Cēſeur ſemble en auoir eſté tiré.

On trouue par escrit, que Seruin Tulle a premierement ordonné cest office:
& depuis apres l'abolition des Roys, tout le droict de faire les taxes, & toutes autres choses appartenantes à la maiesté Royale ont esté transferées aux
Cósuls. Mais l'occasion de créér ce nouueau Magistrat, fut d'autāt que pour
la contrainte des guerres le peuple ne pouuoit estre sans taxe, ny ne pouuoyent commodement les Consulz y entédre. Mais tout ainsi que la chose
estoit le téps passé d'vn bien petit momét, d'autāt que ce Magistrat n'auoit
pouuoir que de tailler le peuple, aussi a-il esté depuis noble, & de plus gran
de reuerence, puissance, & seuerité que nul autre. Car il est venu à ce, qu'il a
non seulement iugé des richesses, mais aussi de la discipline & façon de vië
des gés de guerre. Aussi la coutume de Rome estoit entre les Cheualiers, có
me dit Plutarche, qu'apres que quelqu'vn auoit seruy à la guerre le téps prefix, il menoit le cheual par le trauers de la place en la presence de deux pre-
sidés qu'on appelloit Censeurs, ausquelz estoyent là recités les Chefs, & Ca
pitaines sous lesquelz il auoit fait le mestier: & par apres les Censeurs en or-
dónoyent à chacun selon son merite, ou louenge, ou infamië. Or estoyent
pour lors ceux qui auoyent ceste charge, hómes notables tant en dignité,
qu'en vertu, ausquels seans au siege Curulle, comme les Cheualiers se sous-
mettans à leur iugemét vinsent suyuāt la coutume, le plus âgé des Censeurs
les interrogoit sils auoyent fait les deuoirs de la guerre suyuāt la discipline
militaire, & sils les auoyent accóply sous le Chef: Et sil ne se trouuoit autremét qu'ils auoyent affermé, ils les receuoyent en la maison auec vne gráde ioye & caresse de leurs amys. Sinó, ils estoyét notés d'vne marque Céso-
rië. Ce qui leur estoit loysible de faire pour bien petitte cause, à ceux qui viuoyent, & parloyent mal, & desordonnémét en leur ostant le cheual, & les
cassans de l'armée. C'estoit aussi à eux d'augmenter & diminuër les peages
du peuple Romain, & de permettre le Lustre apres la reuolution quinquá-
nale & de faire des sacrifices tauriles au Soleil, du porceau, de la brebis, &
du taureau, & de s'enquerir aussi des noces, de la procreation, des personnes libres, de la maniere de viure, & des báquetz, à fin que persóne n'outre-
passast la bóne maniere accoutumée de viure du païs. Outre ces charges,
comme ils fussent deux, l'vn Patrice, l'autre de la cómune, il leur estoit loisi-
ble de créér le Prince du Senat, & de deposer du Senat les indignes, comme
on dit auoir fait C. Fabrice, lequel deposa du Senat P. Cornelin Ruffin hóme Patrice, d'autant qu'il auoit depansé vingt marcs d'argent en vn banquet. Et cóme M. Caton le Céseur qui chassa aussi du Senat Luce Quintin
Flaminin, frere de T. Flaminin, d'autant que persuadé par vn garson qu'il
aymoit, comme dit Plutarche, & selon l'auis d'autres, par vne putain, estát
Cósul en la Gaule de tuer vn certain Gauloys prisónier entre les criminelz,
il y obtépera. Valere Antias dit, que cela fut executé par luy, non pour l'a-
mour qu'il portast à vn garçon, mais à l'appetit d'vne féme. Tite Liue recite
estre escrit en l'oraison de Caton, que le Gauloys s'en vint fuitif auec sa fem
me, & ses enfans, & que comme Luce prenāt son repas l'eust receu, il le tua
soudain

foudain de fa main pour complaire à vne putain, de l'amour de laquelle il bruloit. Ie penferoye bien cecy auoir efté dit par Caton pour donner plus grand horreur aux crimes de Luce, & que le tué n'eftoit pas vn fuitif, & que ce fut vn des prifonniers côdamné à mort, veu qu'il y en a affés d'autres qui le temoignent, & mefmement Valere le grand, & Ciceron en fon liure de la vieilleffe, là ou il attribuë tout le propos, & le recit de la matiere à Caton.

Au demourât les Cenfeurs auoyent la charge du pris des facrifices, & diftinguoyent les genres de la diuerfité, & les offices de la Republique. Lors auffi fembloyent ils faire correction qu'ils condemnoyent vn Cheualier à l'amende, laquelle f'appelloit, *Cenfio haftaria,* (priuation d'armes) lors que pour amende on ordonnoit au foldat de rendre les armes pour la faute cômife au deuoir de la guerre. Au refte le Magiftrat a plufieurs autres pouuoirs, lefquels Iulius Capitolinus recite en la vie de Valerian : Pré, dit il, la cenfure que la Republique t'a donné, & que feul tu merite pour iuger des façons de viure des hommes, & des noftres. Tu auiferas de ceux qui deurôt demourer, à la cour: tu reduiras l'ordre des Cheualiers à l'ancienne mode: tu feras le moyen des taxes: tu confermeras les peages: tu diuiferas l'eftat, & recercheras le nombre des peuples. A toy fera liurée l'authorité de reduire les loix par efcrit. Tu as auffi à iuger de l'ordre des gens de guerre : tu auras égard aux armes: tu iugeras de noftre palais, de noz iuges, & grâds gouuerneurs, fauf de celuy de Rome, & les Confulz ordinaires, & le Roy des folennitéz, auec la principale vierge des Veftales, fi elle demeure entiere : finalement tu iugeras de tous. Il ne faut pas auffi oublier, que comme il foit certain que les autres Magiftrats foyent annuels, que la cenfure a anciennement efté quinquennale. Mais pour autât qu'elle a efté trop griefue, longue, & hautaine par tant d'ans, il a efté ordonné du confentement du peuple, qu'elle ne feroit plus qu'annuelle, & femeftre, auec ce que comme dit Afconius, le peuple Romain auoit en fi grande hayne ce nom tant trifte, & feuere, qu'il a efté quelque fois delaiffé vn bon nôbre d'ans, & quelque fois auffi requis par la commune l'ayant au parauant reculé pour l'infamië des iuges corrompuz. On dit que Romule créa premierement les Tribuns des centenieres. Car comme en vn mefme temps toute la cité fuft diuifée en trois races, qui eftoyent les Lauinenfes, ainfi dicts de fon nom, & les Tatienfes de *Tatius*, au regard de la troyfiefme les hommes ont efté dicts Luceres de *Lucus*, qui eft à dire de la foreft d'vne franchife, à laquelle plufieurs fuitifs fe transportans ont efté receuz bourgeoys de la ville neuue, comme dit Plutarche, & côme le temoigne Pline : combien que le furnom foit incertain à l'auis de Tite Liue. Or que les (*Tribus*) races, ayent efté iufques au nombre de trois, le nom le manifefte: & appelloit-on Tribuns ceux qui auoyent authorité fur elles, d'autant qu'anciennemét on en enuoyoit trois à l'armée des trois races. Quelques vns auffi ont eftimé qu'on les a appellé (*Tribunos fcelerum*) d'autant qu'ils fecouroyét foudain, fi quelque fois la Republique auoit befoin de leur diligéce, veu qu'ils auoyent la fuperintéden-

ce fur les Cheualiers, & qu'ils tenoyent quafi le fecond lieu apres le Roy:ou
bien de Celer, qui tua Remus, attendu que les anciens ont appellé Celeres
ceux que nous appellons Cheualiers. Au demourant *Afconius Pedianus* dit:
qu'il eft deux géres de Tribuns de guerre:les vns premieremét font appellés
Ruffules, lefquelz ont de coutume d'eftre créés par le Conful en l'armée, &
non pas par le peuple, du pouuoir defquels, comme dit Feftus, Rutile Ruffe
ayant eftably vne loy, ils ont efté appellés Ruffules, & depuis Rutules. Les
autres font comitiaux, lefquels font eftablis par les affemblées au gouuernemét de la Republique, en l'abfence des Confuls, & quelque fois inftitués
fous les Confuls pour eftre en l'armée comme Chef. L'office defquels ou de
ceux qui ont la charge de l'armée, eft felon que temoigne Marcel, au liure
De l'art militaire, de retenir au camp les foldats, les ietter hors pour l'exercice, de prédre les clefs des portes, de faire quelque fois la ronde, de fe trouuer
au departemét de froment aux compagnons de guerre, d'en faire l'effay, de
corriger la faufe mefure, de chaftier les fautes par fon authorité felon qu'il
f'enfuyt:de fe trouuer fouuent au premier ranc, d'ouir les cóplaintes des có-
pagnós de guerre, vifiter les malades. Flamin Vofpique aioufte à cecy beaucoup de chofes en la vie d'Aurelian en l'epiftre qu'il efcrit à fon vicaire, &
,, qui concernent principalement la charge du Tribun. Si tu veux, dit il, eftre
,, Tribun, & fi d'auantage tu veux viure, retreins la violence des gés de guer-
,, re, que nul ne rauiffe la poule d'autruy, ny ne védange le raifin, ny ne batte
,, le blé d'autruy, fans exiger auffi l'huyle, le fel, ne le boys: qu'il foit content
,, de fa munition, & qu'il face butin fur l'ennemy, & non pas larrecins fur les
,, prouinciaux, que fes harnois foyent bien forbiz, auffi foyent fes baftons, les
,, foliers bós & forts, & que la robbe neuue caffe la vieille, & qu'il ait fa foude
,, en fa ceincture, non pas en braueries, qu'il n'ait chaine, braffelet, ne aneau,
,, qu'il etrille bien fon cheual bien refaict, qu'ils f'entre-feruent quafi comme
,, feruiteurs:que les Medecins les penfent fans falaire, & qu'ils ne donnét rien
,, aux Arufpices, qu'ils foyét pudiques en leurs logis, que les querelleus foyét
,, punis. L'occafion premiere de créér les Tribús fut la retraitte de la cómune,
des Senateurs faitte au mót facré, là ou à la pourfuyte de Menenië Agrippa
en faifant la paix, il fut dit qu'ils auroyét dedás la ville des Magiftrats pour
la cómune. Par ce moyen le peuple cómença auoir deux Tribuns des Confuls, Virginius, & T. Vetufius. Et depuis en furét aiouftés trois par vne autre feparation durát le Cófulat d'Apius Claudius, & T. Quintius. Puis foudain apres cinq autres, Q. Minuce, & M. Orace Puluin eftás Cófuls. Par ce
moyen la iurifdiction des Tribuns fut fur la cómune Romaine, & par là fu
rét faittes les códitiós de leur accord, de forte qu'elle auroit fes facrofaincts
Magiftrats, par l'ayde defquels on peuft faire loy contre les Confuls, & que
nul des Senateurs ne pourroit auoir ce Magiftrat. L'authorité des Tribuns
print finalemét fi grand accroiffement, que tout ce qu'ordonnoit le Senat,
eftoit de tát approuué que les Tribuns luy donnoyét authorité. Or eftoyét
ilz arreftéz au porche du lieu ou fe tenoit le Senat:car il ne leur eftoit loifible

ble d'entrer au téple, ny en la cour, & leur eſtoit r'apporté tout ce que le Senat auoit deliberé, à fin qu'ilz approuuaſſent tout ce qui leur ſembleroit à l'auantage de la Republique, en reboutât le demeurât à leur fantaſié, & lors les decrets du Senat, qu'ilz auoyét approuué, eſtoyét cottéz au dos d'vn T. autremét ils n'eſtoyent point emologuéz. Au regard de la puiſſance Tribunicië, nous en auons l'auis de Labeo Antiſtië grand Iuriſconſulte Les parolles duquel i'ay eſcrit toutes telles que ie les ay trouué en Aulus Gellius.

„ En l'epiſtre (dit il) d'Athée Capiton nous trouuós eſcrit comme Labeo An-
„ tiſtië a eſté fort ſauant es loix, coutumes, & droit ciuil. † Mais vne certaine   † Addo ex Gellio ni-
„ liberté trop grande & outrecuidée le troubloit ſi fort que du temps d'Au-   mia, atque
„ guſte ia Prince, & gouuernant la Republique, il ne tenoit, ny ne penſoit   poſt dictio-
„ rien bon, ſinon ce qu'es antiquités Romaines il liſoit eſtre iuſte & ſainct.   nem, liber-
Il recite auſſi ſubſequemment ce que le meſme Labeo repondit eſtât aiour-   tas.
né par vn huiſſier a comparoiſtre par deuant le Tribun de la commune.

„ Comme donques (dit il) les Tribuns euſſent enuoyé Gellianus vers luy à la
„ requeſte d'vne femme pour comparoiſtre, & luy repondre, il commanda
„ à l'huiſſier de retourner, & de dire aux Tribuns, qu'ils n'auoyent point de
„ pouuoir de decerner aiournement contre luy, ne contre autre: attendu que
„ par l'ancienne coutume les Tribuns auoyent droict de prinſe de corps, &
„ non pas d'aiournement. Et qu'à ceſte cauſe ils pouuoyent venir & le pren-
„ dre, mais qu'ils n'auoyent pas puiſſance d'aiourner vn abſent. Ce qu'Aulus
Gellius dit eſtre eſcrit par Varron es liures des choſes humaines: lequel   † Lego iuſ-
Varró afferme que comme il fuſt Triumuir, il fuſt aiourné par Portius Tri-   ſe pro eſſe.
bun de la commune, là ou il n'y comparut point, & qu'eſtant Tribun il ne
fit onques aiourner homme. Ils ont auſſi la puiſſance ſelon que temoigne
Plutarche telle que ſi le Dictateur eſt preſent, elle eſt la ſecóde, ſi abſent premiere, & preſque ſeule. Il n'eſtoit auſſi licite à ce Magiſtrat ſ'abſenter aucun
iour de Rome. Son pouuoir auſſi git plus à empeſcher qu'à contreindre, veu
que combien que tous les autres collegaux ſoyent d'vn accord, quoy qu'ils
ſoyent en plus grand nombre, vn ſeul touteſfois a plus de pouuoir ne le
voulant, & ſ'oppoſant. La puiſſance auſſi Tribunicië a eſté le temps paſſé à
Rome marquée d'vne dignité publique, & depuis elle obtint le moyen
d'ordre iudicial. Et de là vint ce decret du Senat qu'Auguſte Ceſar euſt le
gouuernemét des coutumes & loix, & de la puiſſance Tribunicië à iamais.
Et pourtant fut il dict par eux Tribun, d'autant qu'il auoit ſon authorité
ſur troys ordres, ſur le Patrice, ſur celuy de la Cheualerie, & ſur la commune, eſtans appellés Tribuns de la commune de (*Tribus*) race, d'autant qu'ils
eſtoyent créés par l'election des races, ou bien d'autant que le peuple eſtoit
diuiſé en troys, lors que la commune ſe ſepara des Senateurs, & que de
chacune en eſtoit créé vn. Au regard des Tribuns du threſor ils ont eſté
ainſi appellés à cauſe qu'ils liuroyent les finances. Lequel threſor le peuple Romain auoit au temple de Saturne.

Le Scribe a prins ſon nom de (*Scribere*) eſcrire, exprimant ſon office par

S iiij

„ la qualité du vocable. Tite Liue dit au fecond liure depuis la fondation
„ de Rome : Si comme par fortune on fift là le payement aux foldats, & que
„ le Scribe affis auec le Roy en mefme parement, prefque vuida beaucoup
„ d'affaires, auquel faddreffoyent communément les gens de guerre. Sce-
„ uola craignant de demander, fi c'eftoit Porfenna de creinte de fe decouurir
„ en ne cognoiffant le Roy, tua le Scribe pour le Roy, felon que la fortune
„ l'addreffa mal. Probus AEmilius au tiltre des Chefs excellens des nations
„ eftranges, en la vie d'Agefilae. Et pourtant il fut en main au lieu d'vn Scribe, qui eftoit vne chofe beaucoup plus honorable entre les Grecz qu'entre les Romains. De vray les Scribes, veu ce qu'ils font entre nous, font
tenuz pour mercenaires. Au contraire en Grece nul n'eft receu à ceft office
finon qu'il foit cogneu eftre de bon lieu, de preud'homié, & bonne indu-
ftrié, d'autant qu'il eft befoin, qu'il foit participant de tous les confeils, có-
„ me dit Ciceron en la cinquiefme accufation contre Verres : Noz Capitai-
„ nes apres auoir furmonté les ennemys, & apres auoir bien gouuerné la
„ Republique, ont fait prefent d'vn anneau à leurs Scribes prefent l'affemblée du peuple. Celuy auffi eft entendu eftre (à fecretis & epiftolis) fecretaire
lequel efcrit les fecrets & lettres, comme on voit en Suetone touchant la
„ vie de Claudius. Mais par deffus tous le fecretaire Narciffe, & Pallas mai-
„ ftre des comptes, lefquels il a de fon bon gré fouffert d'eftre non feulement
„ grandement remunerés par le decret du Senat, mais auffi d'eftre honorés
des dignités de Quefteurs, & Preteurs. Flauius auffi Vofpicus dit en la vie
„ de Carin: la vie defquels Claude Eufthene (ab epiftolis) fecretaire de Diocle-
„ tian a efcrit à chacun fon liure à part. On l'appelle auffi (Notarius fecretorum)
notaire des fecrets. Ce que temoigne le Vopifque en la vie d'Aurelian : Or
„ auint il, ainfi que les chofes fe menent de prouidence diuine, qu'en menaf-
„ fant vn certain Mneftée affranchy, comme aucuns dient, lequel il auoit
„ (pro notario fecretorum) pour notaire de fes fecrets, il le fe rendit plus animé.
„ Caffius auffi au premier de fon hiftoire: Le pere de vray du requerant l'offi-
„ ce a honorablement exercé fous Valentin celuy de Tribun, & de notaire,
„ laquelle dignité eftoit lors baillée à hommes excellens, veu qu'il eft cer-
„ tain tels eftre éleuz pour le fecret Imperial, auquels on ne peut trouuer vi-
„ ce digne de reprehenfion.

Cancellarius, Chancelier, eft ainfi dit (à cancello) du treillis, ou creneau
qui eft vne aile du palais, d'autant que là il exerce fon office au-pres du tre-
for de l'Empereur, duquel il auoit la charge, ou bié (à cancello) felon la fignification par laquelle il fignifie l'efpace tiré de la region Paleftine, là ou le
fefte des maifons n'eftoit pas en pointe mais en terrace. Ces efpaces donques affis entre les forterees auec murailles dreffées d'vn cofté & d'autre s'appellent propremét (cancelli) carneaux. Ceux donques qui vouloyent
reciter au peuple les lettres qu'on auoit enuoyé, montoyent en cefte region
là fur les maifons, & les recitoyent par les carneaux. D'ont il eft auenu en
coutume entre quelques fauans hommes que ceux foyent appellés (Can-
cellarii)

tellarii)Carneliers qui ont à expofer au peuple les lettres enuoyées du Prin-
„ ce. Cefar dit en l'vnziefme: Regarde Verre quel nom tu portes: ce que tu as
„ fait entre les carneaux ne peut eftre fecret, certes tu as des portes tranfpa-
„ rantes, les cloftures ouuertes. Et combien que tu fermes diligemment tes
„ feneftres, & portes, il eft touteffois neceffaire que tu te decouures à tout le
„ monde. Car fi tu t'arreftes hors, tu n'auras rien amendé en fes regards, &
„ fi tu te retires, tu ne peux fuir le regard de ceux qui t'efpiét. Regarde à quoy
„ ta voulu mener l'antiquité. Tu es decouuert de toutes pars, eftant en telle
„ clarté. Flauius Vopifcus parlant de la vie de Carin dit: Il a éleu, & tenu des
„ amys gés de bien. Il a fait l'vn de fes Carneliers gouuerneur de la ville: d'ont
„ on ne fauroit rien penfer, ne dire quelque fois plus infame.

  Populares, & Optimates, Les Amicleurs de peuples, & les bons bourgeois
font differens. Car les populaires, comme dit Prifcian, au cinquiefme liure
de l'art de grammaire, font ceux qui defendent le peuple, & les bons bour-
„ geois ceux qui defendent le Senat. Cicero dit pour P. Sextus: Il a toufiours
„ efté deux façons d'hommes en cefte ville de ceux qui fe font toufiours
„ eftudiés d'entendre au bien public, & fy portent en grande excellence.
„ Les vns ont voulu fembler, & eftre populaires, & les autres gardes du
„ Senat. Ceux eftoyent dicts Populaires, qui vouloyent que tous leurs dicts,
„ & faicts fuffent aggreables au peuple. Ceux qui fe comportoyent, de for-
„ te que leurs auiz femblaffent bons à tout homme de bien, eftoyent tenus
„ pour bons Republicains. Il dit d'auantage au mefme lieu: Ceux font bons
„ bourgeois, qui ne nuyfent, ny ne font de leur nature iniques, ne furiëux,
„ ne en mauuais mefnage. Et le mefme encores: Ceux qui defirent le repos
„ honorable, qui eft le plus excellent, & mefmement defirable à tous hom-
„ mes fains, bons, & heureux, font bons bourgeoiz: & ceux qui le font, font
„ eftimés grands hommes, & conferuateurs de la cité. Ariftote au cinquief-
„ me des Ethiques: Cela auffi apparoift par la dignité, car tout le monde cõ-
„ feffe que cefte iuftice qui confifte en diftribution doit eftre felon vne cer-
„ taine dignité, laquelle dignité tous ne dient pas eftre tout'vne, tellement
„ que les populaires difent que c'eft la liberté, les riches, l'opulence, ou no-
„ bleffe: & les gens de bien la vertu. Il dit auffi au troyfiefme liure des Politi-
„ ques: Nous auons de coutume d'appeller vne puiffance Royale, quand vn
„ homme feul gouuerne, ayãt regard à la commune vtilité. Mais là ou quel-
„ ques vns en plus grand nombre que d'vn, ont le gouuernement, c'eft le re-
„ gime des plus gens de bien, d'autant que les plus mettables gouuernent,
„ ou bien qu'ils aminiftrent pour le plus grand bien de la Republique. Il dit
„ d'auantage au quatriefme. Il femble que le deuoir des plus gens de bien eft
„ de bailler les honneurs felon la vertu, car la fin des prudens hommes eft
„ la vertu: & du gouuernement de peu d'hommes les richeffes, & la liberté,
„ de la populaire. Item au mefme liure: A fin que le gouuernement de la Re-
„ publique fuft par les plus gens de bien fimplement, moyennant la vertu,
„ & non pas à la ruïne des hommes bons, il eft raifonnable qu'elle feule foit

appellée la tref bonne citoyenne.

Proceres au temoignage de Varron, font les grands de la ville, d'autant qu'ils font apparans en elle, comme font quelques bouts de poftres es edifices, qui font appellés (*Proceres*) quafi (*Procedes*) Et de lá eft faicte la tranflation à aucuns, de forte que ceux font appellés (*Proceres*) qui font plus que tous autres honnorables. Il en eft qui les penfent eftre dicts (*Proceres*) quafi *procul à carie*) loing de pourriture & de corruption de vice. Et combien que celá conuienne bien aux Princes, mefmemét à caufe de l'excellence, & bóté notable d'ont ils doyuét eftre doués, ils font touteffois trompés par l'ignorance des lettres, ny ne penfent pas tant ce qui eft, que ce qui doit eftre. On ne treuue guieres le nombre fingulier de (*Proceres*) cóme en Iuuenal: *Agnofco Procerem, Salue Getulice*: quant au plurier, il eft fort frequent. Tite Liue au troyfiefme liure: *Et nos vt decet Proceres*. Lucain auffi au cinquiefme: *Fata vocent Procerum*.

Primores font comme les Proceres, ou Primats d'vne ville, ou bien ceux qui entre les autres font de plus grande, & de plus digne puiffance fur le peuple, comme dit Tite Liue: Romule fe tranfporte aux (*Primores*) Primats de la ville.

Summates font les puiffans: & ainfi en vfe Satyrus en fa Comedïe des pefcheurs: *Summates viti fimplices fatti funt ganei.* Les hommes de grand pouuoir font deuenus fimples hanteurs de tauernes. Macrobe au premier liure du fonge de Scipion: Mais ils font tant feulement contens (*Summatibus*) des plus puiffans, lefquels fauent le vray fecret par l'interpretation de la fapiéce.

Sous le nom de *Prafes*, tous les gouuerneurs des villes font appellés, quoy qu'ils foyent Senateurs. Celuy à bonne raifon eft dict (*Prafes*) gouuerneur lequel apres le Prince a le plus grand pouuoir en vne prouince. De lá eft dict le fecours principal des gouuerneurs, tout ainfi qu'vn refraichiffement d'hommes eft dict tout ce qui fuccede à vn fecours. Les gens de guerre auffi qui font ordonnés pour la defenfe d'autres foldats, de ville, ou chafteau, & telles autres chofes f'appellent (*Prafidium*) fecours ou renfort: Ou bien, comme dit Varron, on appelle (*Prafidium*) d'autát que hors le cáp ils eftoyent en garnifon en quelque lieu pour mieux affeurer le païs, ou bié d'autant qu'il eft ordonné pour quelque fecours à l'vtilité & falut, tout ainfi que le renfort qu'on met en arrieregarde pour fubuenir aux combatans.

Satrapes ou *Satrapa*) ou Satrape, eft vn qui eft ordonné gouuerneur de païs. Plutarche de la vie d'Eumenes: Alors apres la prinfe du Roy Ariarate, & auoir fubiugué la region, il fut ordonné Satrape, c'eft à dire gouuerneur du païs. Et au premier des Roys. Ie n'ay rien trouué de mal en toy depuis le iour que tu es venu à moy iufques a ce iour, mais tu n'es pas aggreable aux Satrapes. Retourne t'en donques en paix, & que les Satrapes ne fe fachent plus de te voir.

Princeps, Prince eft vn nom d'ordre, & ainfi appellé d'autant qu'il prend premier, tout ainfi que *Municeps* de ce que (*munera capiat*) qu'il prend

les

les honneurs . Il eſt auſſi nom de dignité, & auquel git la garde & defenſe
au dangier de ſa vie, de la religion, des Auſpices, des puiſſances, Magiſtrats, de l'authorité du Senat, des loix, des meurs anciens, des iugemens
de la iuriſdition, de la foy, des prouinces, des alliés de l'Empire, de la
louenge de l'art militaire, & du treſor: & luy faut eſtre le protecteur & de-
fenſeur de ces ſi grádes choſes. Sparzianus parlant de la vie d'Adrian: Alors
eſtoit la coutume que le Prince cogneuſt les cauſes, & d'appeller au conſeil
les Senateurs, & Cheualiers Romains, & de proferer la ſentence de toutes
les deliberations. Caſſian au deuxieſme des hiſtoires: Tu n'as en rien deſ-
honnoré le nom de Prince, en gardant ſa dignité par l'exercitation de la
vertu. Ouide parlant de Romule, & de Ceſar au ſecond des faſtes.

> *Les chaſtes tu rauis, & Ceſar les marië:*
> *A la ſaincte foreſt tu reçois le meſchant*
> *Que ceſt autre repoulſe, auſſi t'eſt aggreable*
> *La violence, ou les loix ſont ſous luy floriſſantes.*
> *Tu as le nom de maiſtre & ceſt autre de Prince:*
> *Remus auſſi t'accuſe, aux ennemys Ceſar*
> *Perdonne: au ciel t'a mis ton pere, & luy le ſien.*

Ie treuue des excellens Chefs & Princes en la Republique auoir fuy le
nom de (*Dominus*) Seigneur, Sire, ou Maiſtre. Scipion de vray ayant ia recouuré l'Italie, & l'Eſpaigne, encores qu'il euſt ſubiugué l'Aphrique, &
chaſſé Hannibal, n'a iamais ſouffert pour quelque bó heur qu'il euſt, qu'on
l'appellaſt Sire, ſinon par les Puniques, leſquels il caſſa à bonne raiſon, &
les nota d'infamië, quaſi comme ennemys de la Republique, à cauſe de
leur deſobeiſſance aux bonnes conditions, & pour auoir trop ſouuent ró-
pu l'accord, ſe mettans en liberté fraudulément. Auguſte auſſi eſtát l'honneur de l'Empire Romain, ne ſeſt iamais ſouffert appeller à perſonne d'vn
tel nom, comme le temoigne Tertullian en la defenſe contre les nations:
Auguſte (dit il) formateur de l'Empire ne vouloit point eſtre dict Seigneur,
car c'eſt vn ſurnom de Dieu. Ie cófeſſeray bien que l'Empereur eſt Seigneur,
mais par vne commune façon de parler. Mais là ou ie ne ſeray point forcé,
ie le diray Vif-ſeigneur de Dieu. Et cóme Auguſte fuiſt ce nom, il a indubitablement merité le ſurnom de pere du païs: lequel tous luy ont baillé
par vn ſoudain & grand conſentement: d'autant qu'il eſtoit nom de plus
grande affection que de puiſſance, à fin qu'il ſceuſt qu'à luy eſtoit liurée la
puiſſance du païs, laquelle comme auiſant aux enfans eſt la plus modeſte.
Au regard de la difference d'entre le pere & le Seigneur, ce Mitio de Terence montra bien quelle elle eſt quand il dit: C'eſt fait en pere d'accoutumer
le fils de plus toſt bien faire de ſoy-meſme, que d'vne creinte d'autruy . En
cela eſt different le pere du Seigneur.

   Dux, Chef, eſt dit à (*Ducendo*) d'autant qu'il guyde, car le Chef doit eſtre
plus ſage que les autres pour conduire l'armée, là ou il marchera quelque
part, & lors qu'il viendra à quelque mauuais páſſage, contempler à part

foy la nature du lieu de toutes pars, & fubfequenment demander les plus
anciens de fes compagniës, f'il en a, & f'enquerir quel confeil il faudroit
prendre fi les ennemys les chargeoyent en ce paffage, de front, ou de flancs,
ou bië fur la queue, & f'il feroit meilleur de paffer outre, ou bië de rebrouf-
fer fur fes erres: & lá ou il faudra affeoir camp, combien d'efpace il deura
prendre pour le fort, quelle oportunité il y aura d'eaus, de fourrages, & de
boys, quel expedient de viures, en quel temps il faudra combatre, & dreffer fes gens en bataille, leur bailler renfort, faire remontrances braues, les
r'affeurer eftans etonnés de peur, & de n'eftre pas feulement preuz & hardiz en parolles, mais auffi de faiô. Et deura lá ou il fera befoin maniër les
armes, marcher deuant les enfeignes, fauoir aller, & venir au fort de la bataille, & tenir fes entreprinfes couuertes, les taire, diffimuler, dreffer embuches, & f'en donner garde, preuenir la fantafië de l'ennemy, fauoir par
epiës & decouurir ou font fes forces, quant grandes, & de quelles armes
il f'ayde, car celá eft de bien grande confequence. Puis quel eft le nombre
des gens fans armes, quel celuy des arméz à la legere, quel bagage, quelle
force il a pour fa garde, & de finalement commander aux foldats de ne
fuiure pas tant les diôs que les faiôs, & non feulement la difcipline, mais
auffi les exemples. Laquelle façon de diligence fera par-auanture à bonne raifon trouuée bonne, toutes les fois qu'on f'en pourra ayder. Mais fi
la nature du lieu fe change, f'il fe r'encontre vne montaigne, ou qu'vne riuiere donne empefchement, f'il eft auffi arrefté pour les cotaus, forefts, ou
autre mal'aifance, la nature du peril eminent changera la façon de faire de
l'ennemy, & lors on combattra hores à bataille rengée, hores en pointe,
maintenant auec le fecours, autre-fois auec la legion. Outre-plus il faut
voir & fauoir de quel heur on doit commencer le combat, & ne defaillir
point à la fortune qui f'offre: & doit y auifer quand par cas elle f'offre. Il
faut finalement qu'vn Chef ait en fon entendement que rien ne doit eftre
deprifé en la guerre, ny n'eft dit fans caufe, que la mere d'vn couard n'a pas
coutume de plourer. I'appelle donques ceux Capitaines qui ont toutes ces
chofes en memoire, & que l'experience & vfage a fait fages: & les prefere
aux autres, pourueu qu'ils foyent créés du peuple, & non des gés de guerre.

Entend par celá qui fenfuit la differéce de (*Comes, Socius, Sodalis, & Col-*
lega) & leurs conuenances. Nous deuons appeller (*Comes*) comme dit VI-
pian, & Labeo, celuy qui accompagne & fuit, & qui eft deftiné pour hanter quelqu'vn, & le fuiure. Les moindres auffi ont compagnië & Chef, com-
,, me dit Ciceron: Il ne feft pas offert (*comitem*) pour compagnon, mais (*du-*
,, *cem*) pour guide, & autre part: Ny n'euffe peu lors eftre Prince pour le falut
,, fi les autres euffent voulu eftre (*comites*) compagnons. Au regard de (*Socius*)
il n'eft pas moindre, mais egal. Et pourtant toutes les fois que les Chefs
parlent aux gens de guerre pour auoir la bonne grace, ils les appellent
(*Commilitones*) compagnons foldats. Ils communiquent leur condition,
& fort auec eux, car le Chef n'eft pas compagnon foldat: ouy bien les gens
de

de guerre entre eux, comme fait Eneas en Virgile(*ô Socij*)ô Compagnons.
,, Et mefme l'autheur parlant en fa perfonne d'Achemenides: *Comes infælicis*
,, *Vlyßi,* Suyuant le malheureux Vlyffes. Et de rechef: *Vno graditur comitatus*
*Achate,*il marche fuyui du feul Achates. Ny n'eut pas fagemẽt dit d'AEneas
qu'il fuyuoit Achates, ne Vlyffes Achemenides. Il dit toutef-fois: *Arma*
,, *Deôfque parant comites,* La compagnië apprefte les armes, & les Dieux. Et
,, de rechef: *Sacra Deôfque tibi commendat Troia penates. Hos cape fatorum comi-*
,, *tes.* Troy te recommende le fanctuaire, & les Dieux Domeftiques. Pren
,, les pour la fuyte de tes deftinées. Eftoyent donques les Dieux de la fuite des Grecz, & d'AEneas, ou plus toft guydes ? De vray ils eftoyent
,, par la côfeffion tãt d'Aeneas que des Dieux mefmes, de la fuite. Car au pre-
,, mier liure AEneas dit: Ie fuis ce iufte AEneas, qui emmeine auec moy par
mer, les Dieux domeftiques vaincuz par l'ennemy. Et au troyfiefme: Les
Dieux diẽt, Nous auôs fuyui tes armes apres la ruïne de Troy, & auôs nauigué fous toy les vagues de la mer. Sous toy, eft à dire fous ta guide,
& t'auons fuyui, c'eft à dire auons efté de ta fequele. Il faut dire le femblable des Grecz, & de leurs Dieux. Auffi faut il dire de la Sybille &
d'AEneas, combien que hores l'vn, puis l'autre eftoyent la guyde, ou
bien la fuyte, par ce que la Sybille fuyuoit la volunté d'AEneas, & feft
monftré quafi comme fa feruante, & pourtant eftoit elle en fa fuyte. Mais
auffi eftoit elle dicte guyde, d'autant qu'elle luy montroit la voye, & qu'elle luy declaroit la chofe qu'il ne fauoit pas, combien que quelque fois
nous difons (*Comes*) pour compagnon, comme Ciceron es liures de
Rhetorique parlant d'vn paffant chemin, lequel quelque-fois fe leuant
auant-iour, appella (dit il) *Comitem,* fon compagnon. Et apres en auoir
,, fouuent parlé au par-auant du mefme, il dit: Donques il chemina pour
,, aller en vn certain marché, & portant quelques deniers. *Comitatus eft,* c'eft
à dire il a fuyui. Parquoy Prifcian en la preface de grammaire, amonnefté,
& amonneftant les autres, digne toutef-fois de l'eftre beaucoup, vfant de
,, ces parolles enuers Iulian: Ie te voue donques ceft œuure qui es Prince de
,, toute eloquéce, à fin qu'à l'ayde de Dieu la gloire d'elle croiffe de plus grãd
,, renommée(*te comite*)par ta compagnië, quafi comme de quelque foleil.
Mais que fauroit on dire de plus grande refuerië, & beftife que d'appeller celuy compagnon, que tu appellas Soleil. Il y a d'auantage vne autre
difference entre *Comes,* & *Socius,* d'autant que *Comes,* eft celuy quiconque foit qui fuit vn autre pour guyde, & *Socius* eft le plus fouuent compagnon es affaires de confequence, & es chofes ferieufes, & fubiectes au
vouloir de fortune. Cefar en fes commentaires: Et pourtãt Androfthenes
Preteur de Theffalië defirant eftre plus toft(*Comes*)de la fuite de Pôpée, que
d'eftre(*Socius*)compagnon de Cefar esauerfitéz, affembla dans la ville toute la multitude des ferfz, & libres. Mais cefte difference eft plus manifefte entre *Socius* & *Sodalis* : car *Sodalis* eft proprement compagnon
es chofes legéres & fouuentef-fois de plaifir. Quintilian : De quelle

,, patience fouffrirois tu finalement, fi i'euffe prins vne façon de vie, com-
,, me vn ieune homme fubiect à fon plaifir, mefmes à caufe des grandes ri-
,, cheffes felon l'âge ou la fortune, & qu'eftant en liberté & riche ie fiffe des
,, banquetz à la mi-nuit, & des ieux durans toute la nuit en appellant vn
,, grand nombre(*Sodalium*)de compagnons. M. Tulle : Ie repoferay fobre-
,, ment(*cum fodalibus*)auec mes compagnons. Les compagniés ont efté in-
,, ftituées ordonnées moy eftant Quefteur. Et de rechef en vn autre paffa-
,, ge: Ie dy que Plance de Latran eft vn homme gracieux, & qui a eu en fa de-
,, mande plufieurs gracieux luy portans affection. Lefquels fi tu appelles *So-*
,, *dales*, tu offenfe d'vn nó vicieux vne amytié profitable. Au regard de Caius
il dit que ceux qui font *Sodales*, font d'vn mefme college, lefquels les Grecz
appellentσυνόδους, duquel veritablement Marc Antoyne n'eft point difcor-
dant quand il appelle le Quefteur Norbane fon(*Sodalis*) collegal. Or eft-il
que fous le nom de *Collega*, font ceux contenus qui font d'vne mefme puiffance. Quant à *Comis*, c'eft vn homme bening & ciuil, qui complaift aux
autres de bon cœur.

    Les Chiliarches font ceux qui ont la charge de mille hommes. Quinte
,, Curfe au quatriefme des hiftoires: Apres ces chofes ainfi ordonnées, il vint
,, iufques à la region appellée Satrapone, fertile & abondante en toutes cho-
,, fes & victuailles, là ou il fit grand feiour, & à fin que par le repos il ne ren-
,, dift les cœurs laches, il ordonna des iuges & bailla des pris à ceux qui vain-
,, croyent en l'exercice militaire. Et comme il y en euft neuf iugés fort preuz
,, pour la conduite de mille hommes on les appelloit Chiliarches, eftans
,, lors premiérement les bandes diftribuées en ce nombre : car au par-auant
,, les cohortes n'eftoyent que de cinq centz hommes, ny n'auoyent fait les
,, proueffes de hardieffe.   *

    Celuy eftoit Centurion, comme dit Tite Liue au fetiefme liure qui
au-iour-d'huy eft appellé *Primipilus*, & comme dit Feftus, on l'appelloit
anciennement(*Centurionus*)dict à caufe de Cent, ainfi que dit Varro, d'autant que fon nombre eft iuftement de cent Quintilian au premier liure
,, des inftitutions:On a longuement obferué que les confonantes n'eftoyent
,, point afpirées, comme en *Graccus* & *Triumpus*, & puis en peu de temps
,, on en a par trop vfé, comme *choronæ*, *Chenturiones* qui font encores en au-
,, cunes intitulations.

    Les foldats fuccenturiés ne font pas ceux qui font de la premiére Cen-
turië mais de la feconde, à fin que fi la premiére defaut, ceux cy que nous
auons dit eftre fubfequens donnent fecours aux premiéts. Et pour-tant eft
il dit Succenturié pour embucher, quafi comme ayans armes de furprinfe,
comme dit Terence en fon Eunuche: Ie feray pour le fecours en embuche.

    Les Decurions ou dizeniérs font ceux qui ont la charge de dix cheua-
liers. Les aucuns les dient eftre ainfi dicts, d'autant qu'au commencement qu'on peuploit nouuelles villes, la dixiefme partië de ceux qui y
eftoyét menéz, auoyét de couuume d'eftre enrollés pour le cófeil. Les autres

les dient auoir esté ainsi appellés, d'autant qu'ils sont de l'ordre de la cour, pour le deuoir de laquelle ils seruoyent.

Les Decuriës ont esté distinctes de plusieurs noms de Tribuns & iuges. Et à ceste cause on appelloit Neuueniérs ceux qui entre tous autres estoyét éleuz à part pour la garde des decrets par les voix des assemblées. Or estoit cest ordre d'auantage diuisé d'vne braue appellation de noms, d'autant que l'vn se disoit Neuuenier, l'autre éleu, ou Tribun.

Quaterniones. Les Quaternions ou quarteniérs estoyent ainsi appelléz à cause du nombre de quatre soldats qu'ils auoyent sous leur charge, d'ont il est mention es actes des Apostres, le liurant à quatre Quarteniérs de soldats pour le garder.

Miles, l'homme de guerre a esté ainsi dit, à cause que premierement Romule fit vn choys de mille hommes du peuple; & les appella ainsi, comme dit Eutrope au premier liure des histoires. Varron les pense ainsi estre appellés d'autant que la legion au commencemét estoit de troys mille hommes, & que chacune race des Taciéses, Rauinenses, & Lucerins enuoyoyét mille hommes. Vulpian au Iustinian vingtsetiesme liure dit, que *Miles* a esté dit quasi miliesme, c'est à dire tout homme qui est du nombre de mille. Combien qu'il est des legistes de nostre temps ignorans la langue Latine qui le pensent estre dict comme le plus preux de mille. Les autres entre les suffisans escriuains comme Helius (*à mollicie*) de la mollesse par contraire sens, d'autant qu'il ne porte rien de mol, mais plus tost rude, tout ainsi que nous appellons ieu, ce, ou il n'y a point de ieu, ou bien d'vn mot Grec qui signifie dureté. D'ont Maro dit:

> *D'vne race endurcië aux fleuues noz enfans*
> *Laissons, qui s'endurcissent aux glaces & aux vagues.*

Les autres le dient estre dit, (*à multitudine*), ou bien (*à malo arcendo*) d'autant qu'il repoulse le mal, & que (*militia*) la guerre est dicte quasi † (*malitia*) malice, veu que c'est sa charge de repousser par sa multitude le mal, & la guerre des ennemys, & de defendre les partiës de la puissance ciuile & ses droicts, à fin qu'ils ne facent aucun mal à leurs citoyens. Par ce moyen celuy n'est pas seulemét homme de guerre qui demeure en bataille, & defend l'aile dextre, ou senestre, mais aussi celuy qui garde les portes, & qui est en garnison peu perilleuse & noysiue, & qui fait le guet ayant le regard sur les munitions. Et combien que ce soyent charges sans peril, elles sont toutesfois reputées comme de guerre. Il ne faut pas aussi oubliér que tous ceux qui estoyent en l'armée tant à pié qu'à cheual, ont esté par les anciens appellés sans differéce (*milites*) gens de guerre, quelque fois proferás le mot cómunémét. Cóbien que les gés de cheual n'estoyét pas seulemét plus que gés de guerre, mais encores auoyét d'auátage le degré & hóneur de cheualerië. D'ont la preuue est, que nous appellons *milites* gens de guerre. Celá n'est pas obserué entre les Françoys: car on n'employe pas guéres souuent les gens de guerre à tels actes, aussi ceux qui ne font pas exercice fort hon-

† Deleo malitiam.

T ij

nefte comme ceux qui gardent les prifonniers, & qui les conduifent à la
,, mort. Valere au neufiefme liure: Cneus Carbon eft bien infame felon les
,, annales Latines, lequel mené à la mort par le commandement de Pompée
,, en Sicile à fon troyfiefme Confulat pria humblement & auec larmes(*Mili-*
,, *tes*)les gardes qu'ils luy permiffent aller à la felle auant que mourir, à fin
,, qu'il prolongeaft fa vie. D'ont eft venu le prouerbe, qu'vne mefme chayne
,, lie(*militem*)le fergent, & le criminel. Parquoy nous voyons eftre commun
prefque par tout que(*miles*)fignifie l'homme de pié, & que le nom de cheualier eft honnorable.

Tumultuarij milites, gens de guerre leuéz à la hafte font ainfi diéts du tumulte, c'eft à dire à caufe de la guerre ou Italique, ou Gallique, lors que le
peril eft proche & foudain, & que la guerre eft par furprinfe, de forte que
le loyfir, ne le temps d'y auifer n'y eft pas, pour les faire tous iurer particulierement, comme il auint entre les Fabins lors que le Prince Patré, ou bien
le Conful entre au temple, & prend l'enfeigne difant : Celuy me fuiue qui
ayme le falut de la Republique. Ce ne font pas gens leués, mais tenus pour
gens de guerre, là ou la neceffité force les prendre pour foldats, & que les
propres forces n'y peuuent fournir: defquels parle Salufte. Que nul foldat, ny autre receu pour foldat, & outre ceux cy autre part tous les leués & Centurions.

Auxiliares, font les alliés des Romains de nations eftranges, & font
ainfi appellés du vocable Grec que nous appellons augmentation des
chofes naiffantes.

†Non ex-
primit vo
cabulum,
Græcum,
forte ἄυ-
ξησις.

Sacramento rogati, font ceux qui font en pleine ordonnance, & qui y fer-
uoyent l'efpace de vingt & cinq ans, iurans à la Republique de ne reuenir
finon par le mandement du Conful apres auoir accomply leur feruice, c'eft
à dire le temps de leur guerre.

Nous lifons dedans Cefar que les Gauloys ont eu vne autre façon d'hómes de guerre à la foude, lefquels ils appellent Soldats, & ne font auiour-
d'huy là ny autre part. Defquels la condition eftoit telle, qu'ils prendroyent
toute façon d'auanture auec ceux auec lefquels ils auoyent voué amytié,
& qu'à la fin ils voudroyent mourir, ny ne pourroyent plus fe fouffrir viure apres leur trefpas, & que fil ne leur auenoit mourir autrement, ils fe
tueroyent eux mefmes de leur propre main. C'eft vne eftrange façon de
guerre cótraire à noz temps, ny ne f'eft trouué homme de leur nombre par
longs fiecles qui refufaft le faire.

Mercenarij, les mercenaires, ou foldats font diéts à caufe de la foude, cóme furent ceux que l'an cinq cents quarante depuis l'edification de Rome,
les Scipions freres menans la guerre en Efpagne Semprogne Gracche, &
Fabius Maximus Confuls attirerent à eux d'entre les Celtiberes de l'alliance des ennemys, les folicitans à force d'argent. Auquel temps commencerent premierement les bandes des nations eftranges eftre en l'armée Romaine. De vray, comme dit Tite Liue, il n'y eut rien fait memorable en
Efpagne

Efpagne finon que les Chefs Romains attirerent à eux la ieuneffe des Celtiberes à mefme foude qu'ils auoyent fous les Carthaginoys, d'ont ils en
enuoyerent plus de troys cents des plus nobles Efpagnolz de là en Italiё
pour foulager lescôpagnôs de guerre qui eftoyёt au fecours d'Annıbal. Celá
tât feulemёt fut pour cefte année là digne de memoire en l'Efpagne que les
Romains n'ont eu que lors, hôme de foude en leur câp auât les Celtiberes.

Les Cheualiers ont efté ainfi dicts, d'autant que quand ils alloyent en
ambaffade on les menoit aux defpés de la commune, ou bien fil falloit aller à la guerre : à celle fin qu'ils fuyuiffent à cheual d'vne façô militaire plus
noble, & plus honorable le Roy, & le Capitaine general, allant non pas á
„ pié côme le refte du menu peuple. Tite Liue: Et apres qu'il eut tenu ce pro-
„ pos entre les enfeignes, il fe tranfporte foudain aux gens de cheual. Or fus
„ ieunes gés faites au-iour-d'huy plus grâd proueffe que les gens de pié, puis
„ que vous eftes en plus grand honneur & dignité. Ie trouue auffi que le nô
de ceus qui eftoyent enrollés pour gés de cheual a efté fouuent changé: car
anciёnemét fous Romule & fous les Roys ils ont efté appellés (Celeres) cheuaus legérs à caufe de leur viteffe, ou biё de Celer leur Capitaine qu'on dit
auoir tué Remus: pour la recompёfe dequoy il merita d'eftre fait Tribû des
gens de guerre par Romule, qui furent iufques au nombre de troys cents
que Romule auoit pour fon garde corps tant en paix, qu'en guerre, & lefquels depuis furent dicts Flexumienes, & depuis Troffules, comme ils euffent prins la ville de Troffule au deça des Valfins fans aucun'ayde de gens
de pié: duquel nom l'appellation a duré outre le temps de Gracchus. Iunius
lequel pour fon amytié a efté depuis dict Gracchiane a par-apres laiffé par
„ efcrit ces parolles. Entât que touche l'ordre des gёs de cheual, on les appel-
„ loit au par-auât Troffules, & au-iour-d'huy Cheualiers, & pourtât fache il
„ à plufieurs d'eftre appellés Troffules, d'autât qu'ils n'entёdét pas que vaut le
nô de Troffule. Mais en quel hôneur l'ordre ou degré de Cheualeriё ait efté
anciёnemét, M. T. Cicerô le môtre en l'oraifô aux iugespour Planciё: Ie voy
(dit il) que c'eft que ie diray, ceftuy cy eft de race Confulaire, & ceft autre de
„ Pretoriéne. Ie voy le demourât eftre de l'ordre des Cheualiers. Ils font tous
„ fans reproches, ils font tous egalemёt gens de bien & entiers. Si faut-il tou-
„ tef-fois garder l'ordre, & que la race Pretoriane cede à la Confulaire, ny ne
„ debate auec la Pretoriane l'ordre de Cheualeriё. Encores en autre paffage:
„ Et depuis eftât de l'ordre des Cheualiers, il a côfermé fon nô en fon Confu
„ lat durant la guerre de Catelin, fe renommant eftre defcendu de ceft ordre,
„ au temps que ce troyfiefme corps a efté eftably & créé en la Republique, &
„ a l'ordre de Cheualeriё cômécé eftre ioint au Senat, & au peuple Romain.

Deffultor, c'eft à dire qui d'vn cheual fe tranfporte à l'autre. Tite Liue au
„ deufiefme liure de la fecôde guerre Punique: A fin que non tous les Numi
„ des qui fôt ordônéz à l'aile dextre, mais à ceux aufquels menâs deus cheuaus
„ à la maniére de Defulteurs, la coutume eftoit de fauter armés d'vn cheual
„ las à vn frais biё fouuёt en vn rude côbat: tât grâde eftoit leur legereté, & la

docilité de leurs cheuaux tant grande, veu qu'ainfi dreffés ils f'arreftoyent.

Procurfatores, les auantcoureurs font dicts *à procurfando*. Tite Liue au neufiefme liure de la deuxiefme guerre Punique: Il enuoya les armés à la legére au fecours, par lefquels comme le combat commencé par(*Procurfatores*)les auātcoureurs euft efté delaiffé, il ordonne à Lelius de faire vne charge d'vne embuche auec les gens de cheual.

Pedites, pietons font ainfi dicts par ce qu'ils n'alloyent pas à cheual, defquels ie treuue le nom auoir tant feulement efté varié vne fois par Iphicrate l'Athenien : lequel a fait beaucoup d'inuentions en l'art militaire, & a amendé beaucoup de chofes. Il a de vray changé les armes des gens de pié, & comme au parauant luy & les Capitaines vfaffent de grans pauoys, de pointons cours, efpées petittes, il a au contraire fait(*Peltam*)le bouclier à croiffant de lune, pour boucliers ronds, duquel les gens de pié ont depuis efté appellés Peltaftes à fin qu'ils fuffent plus promptz à fe maniër, & aux combats.

Accenfus, comme Quinte Afconin le dit, eft vn nom d'ordre, & de dignité de guerre, comme auiourd'huy on dit Prince, & Corniculaire Caton les appelle aminiftrateurs. Varron : Ceux font dictz *Accenfi* qui fuiuent le camp, comme font les Confuls, & Preteurs, d'autant qu'ils font fouuent appelléz aux affaires neceffaires, quafi(*Accerfiti*)appellés, lefquels auiourd'huy nous appellons deputéz. Ou bien ceux eftoyent dictz(*Accenfi*)lefquels eftoyent fubrogéz aux places des morts, & eftoyent ainfi appellés d'autant qu'ils eftoyent enrollés.

Afcriptitij eftoyent dicts comme gens qu'on enrolloit pour remplir les legions, lefquels auffi ils appelloyent Accenfes, d'autant qu'ils eftoyent enrollés au nombre des legions: ou bien d'autant qu'anciennement eftans fans armes on les enrolloit pour hommes equippés, pour fucceder à la place, là ou quelqu'vn mouroit.

Leuis armaturæ fiue leues, les arméz à la legére eftoyent, côme le temoigne Tite Liue au huitiefme, ceux qui portoyent feulemēt vn pointō & l'efpée.

Expediti, & Impediti, les nuds, & les armés tirent leur denomination d'vne mefme chofe, c'eft à fauoir de gens de guerre eftans à deliure, ou bien chargés. Sifenna au troyfiefme liure des hiftoires, il arme les nuds, lefquels chargés d'armes, *Expediti* les nuds mirent à mort fans aucune offenfe des leurs. Ou bien les gens de guerre font dicts *Expediti, & Impediti*, d'autant qu'vn foldat, & combatant doit eftre hors de toute folicitude, & fantafië pour fon mefnage, & eftre empefché, & obligé.

Ferentarij font ceux qui font arméz à la legére pour combatre, comme de fonde, pierre, efpée, & dars, & de ces armes qu'on lance, & qu'on ne » retient point à la main. Salufte en fon Catilinaire : Mais apres que les » approches furent telles que les (Ferentaires)gens de iet peurent combat- » tre, à lors ils viennent les vns contre les autres à grands criz, & enfeignes » déployées, & abandonnans les dars ils viennent aux efpées. Varro les

penfe

penſe eſtre dicts de (ferre) porter : mais auſſi à ſon temoignage les gés de cheual ont eſté dicts Ferétaires qui auoyent les meſmes armes qu'on dit, comme le dard : & dit auoir veu ceſte maniere de gés de cheual peinctz en l'ancien temple d'Aeſculapius, leſquels auoyent le nom eſcrit de Ferentaires. Cato les a appellé Referentaires, d'autant qu'ils fourniſſoyent aux combattans baſtons, & breuuage.

Quelques autheurs de bóne eſtime ont temoigné, que les Pigmées habitás les mótagnes de l'Indië, & auſquels l'Occean eſt prochain ſont de ſi petitte ſtature, qu'ils n'excedent point vne coudée de hauteur, leſquels touteſfois ſont gés de guerre : car on dit qu'ilz ont la guerre continuelle contre les gruës, equippés d'armes auec montures de belliers, & de chieures. Iuuenal.

»   *Aux Thraciens oyſeaux ſubits, & nué bruyante*
»   *Le Belliqueus Pygmée accourt petitement*
»   *Armé, & puis ſoudain de force à l'ennemy*
»   *Inegal, & rauy en l'air. la fiere Gruë*
»   *L'emporte à ſerres courbes, & ſi c'en noz païs*
»   *Auenir tu voyois, de ris t'eclaterois.*
»   *Mais quoy que là ſouuent ſe dreſſent tels combats,*
»   *Nul touteſ-fois ſ'en rit, veu que toute l'armée*
»   *N'a plus d'vn pié de haut.*

Arimaſpes, c'eſt vne façon d'hómes en la mer Pontique, auec vn œil au mylieu du frót, menans cótinuelle guerre auec les griphons gardans l'or, & leſquelz on dit par cómun bruit auoir ſuiuy le party & enſeignes de Pópée cótre Ceſar es campagnes Philippiques deſquels Lucain dit au troiſieſme.

»   *Lá les Sidoniens, & d'or lié trouſſant*
»   *Ses cheueuz l'Arimaſpe.*

Les Amazones ſót femmes de Scythië fort belliqueuſes, leſquelles par la defaitte de leurs maris, & ayans par lá acquis la paix prennét la compagnië de leurs voyſins, à fin que la race ne faille, tuans les maſles qui en naiſſent, & exercitent les filles en leurs meſmes coutumes, non pas en oyſiueté ne à filler comme les autres femmes, mais aux armes, cheuaux, & chaſſes, & leur bruſlent d'enfance la mammelle dextre, à fin qu'elle n'empeſche le traict de l'arc. Et pourtant les Grecs les ont appellé Amazones, d'autát qu'elles n'ont
» point de mammelles. Curce au quatrieſme liure : Les Amazones n'ont pas
» tout le corps veſtu, car la partië gauche eſt nuë, & le demourát couuert. El-
» les ne trouſſent pas touteſ-fois leurs robbes, car elles pédent iuſques au deſ-
» ſous du genoil, & eſt l'vne de leurs mámelles gardée entiere pour en allai-
» cter les filles. La dextre leur eſt bruſlée à fin d'enfoncer plus aiſémét les arcz,
» & qu'elles lancent les dars : car comme dit le Poëte :
»   *Les Amazones poulſent & combattent en armes*
»   *Peintes.*

Argyraſpides ſont gens de guerre ainſi appelléz à cauſe des armes argentées, leſquelz ont hanté la guerre ſous Alexandre. Oroſius au troiſieſme des

,, hiftoyres:Parquoy par la derniere deliberation il demande pour fecours les
,, Argyrafpides,ainfi dicts à caufe de leurs armes argentées,c'eft à dire les fol-
,, dats qui auoyent efté fous la charge d'Alexãdre à la guerre . Iuftin en l'Epi-
,, tome de Trogus Pompeius au douziefme:Pour à laquelle gloyre faire qua-
,, drer les paremens de l'armée , il fit argenter harnoys des cheuaus , & les ar-
,, mes des gens de guerre, & appella fon armée Argyrafpides à caufe des bou-
,, cliers argentés . Tite Liue au trente-fetiefme : Ma mefme partië la bande
,, Royale eftant quelque peu rompuë, lefquelz on appelloit Argyrafpides à
,, caufe des armes argentées.

   Capite cenfi)eftoyent les gens de guerre appellés, lefquels n'eftoyent, ou
bien peu taxés.Ceux cy de vray n'eftoyét éleuz à la guerre,finon qu'en vne
leuée preffante,& es affaires dangereus de la Republique,à faute de icunes
gens,aufquelz on bailloit armes aus defpens de la Republique , & non pas
pour la valeur de leurs biés, & qui toutef-fois ont efté appellés du plus auã-
tageus nom de (*Proletarij*) engendreurs à caufe du deuoir & office de faire
generation. Et combien qu'ils ne feeuffent donner grand ayde à la Republique pour la pauureté de leurs biens, ils peuployent toutef-fois la cité par
generation.On treuue par efcrit que C.Marin a efté le premier qui les a leué à la guerre de Dannemarch comme aucuns dient,ou plus toft à la guerre Iugurthine,ainfi que dit Salufte , veu qu'il n'eft point de memoyre qu'il
ait efté au par-auant fait.

   Cataphratti equites, Les gens de cheual bardés, font ceux qui font armés
de toutes piéces auec cheuaus bardés . Tite Liue au trentecinqiefme : Ceft
,, ambaffadeur donques d'Antiochus menteur comme font ceux que les ri-
,, cheffes Royales entretiennét,a r'emply la terre & la mer de parolles vaines,
,, cóme qu'vne innumerable force de cheuaus paffoit en Europe par l'Hel-
,, lefponte.Vne partië defquelz eftoit equippée de cuyraffes, qu'ilz appellent
,, Cataphrattes. Item au vingt-fetiefme il a couuert l'aile dextre du batail-
,, lon Macedonien quinze cents Galathes , aufquelz il a aioufté trois mille
,, hommes de pié hallecretés qu'ils appellent Cataphrattes.

   Les Gelones,cóme dit Pompone Mela au deufiefme liure des Cófuls,fe
couuroyét du cuyr des teftes des ennemys,& les cheuaus du refte du corps.

   Cetrati)font dicts(*à Cetris*)c'eft à dire gés equippéz, & armés d'vne petit-
,, te maniére de boucliers.Tite Liue au vingt cinqiefme liure: Il affembla des
,, petits vaiffeaux en vn haure fecret de la cofte d'Argos , lefquelz on equip-
,, pa d'hommes arméz à la legére la plus part Cetréz auec fondes, & dars, &
,, autre façon d'armes legéres.& luy encores au mefme lieu . Que les Cetréz
,, farrefteroyent pres au combat de tant que la largeur de la vallée le pourroit
,, porter,à celle fin qu'ilz en tiraffent plus aifément les leurs à leur fuyte entre
,, les efpaces de leurs rancs.

   Pilani,comme dit Varro,ont efté ainfi dicts d'autãt qu'ils combatoyent
au commencement de iauelots : mais apres le changemét d'armes ils n'eurent plus de bruit.Ouide au troifiefme des Faftes.

Romule

»   *Romule par apres a party les cent péres*
»   *En dix ordres, & a créé dix Pointonniers*
»   *Autant auoit le prince, & autant le Pilane*
»   *De corps, lesquelz estoyent montés d'vn bon cheual.*

Les soldats Allegres, & arméz à la legére ont esté dicts Velites, de volter soudainemét comme le temoigne Orosius au quatriesme liure des histoyres, ou bien de βάΛΛειν, lancer. Et auoyent vne rondelle de troys piéz, & à la dextre des pointons d'ont ils combattent à iet, & sont ceincts d'vne epée Espagnole. Ilz estoyent en croupe des gens de cheual auec leurs armes, & donnoyent de grands empeschemens aux ennemys estans à pié continuellement à costé des hommes de cheual, qui les auoyent porté en croupe durant qu'ils combatoyent. Et sil leur falloit combatre main à main, ils combatoyent à l'epée prenans à gauche les pointons. On dit que le Centenier Q. Neuius inuenta premierement de mesler les gens de pié auec ceux de cheual en ceste guerre, d'ont le Capitaine general Fuluius Flaccus assiegea la tref-noble & puissante ville de Capoue.

On appelle les gens de guerre (*velatos*) qui sont vestuz & sans armes, lesquels suyuoyent l'armée pour estre substituéz aux places des morts.

Ceux ont esté dicts *Volones*, lesquelz apres la perte de la bataille des Cánes estans iusques au nombre de huit mille, & serfs s'offrirent voluntairement à la guerre. Et pour autant qu'ils le firent voluntairement ils furent appelléz (*Volones*) voluntaires.

Ceux ont esté appellés (*Tituli*) defendeurs d'autant qu'ils defendirent le païs, d'ont est venu le surnom Titus. Au demeurát Numa Pompilius escriuant des habits Pontificaus, dit que *Titulus* estoit vn manteau duquel les Prelats couuroyent leurs testes venans aux sacrifices, comme dit Virgile:

    Couurans d'habit Troyen nostre Chef à l'autel.

Ceux sont appellés (*Rorarij*) lesquelz armez à la legére commençoyent la bataille: ainsi dicts, d'autant qu'ils marchoyent auant les arméz à l'auantage, tout ainsi que la rosée auant la pluye.

Ceux estoyent appellés (*Beneficiarij*) lesquels n'estoyent point subiectz à quelquel charges: tout ainsi qu'au contraire ceux estoyent dicts Munifiques, qui n'estoyét pas exempts, & qui faisoyent les charges en la Republique. Ou bien les Beneficiaires sont vne maniere de gens de guerre ainsi appellés, d'autant qu'ils sont erigéz aux honneurs par les Tribuns, comme dit Vegece. Ce qu'aussi se conferme par Cesar en ses commentaires, duquel les » parolles sont telles: Ceux cy estoyent iusques au nombre de quarante cinq » mille, d'ont il y en auoit enuiron deux mille de ceux des ordonnances, lesquelz estans de (*Beneficiariis*) remunerés es armées precedentes, estoyent espars par toute l'armée.

Dupliciarij) doubles payes, ont esté ainsi appellés, comme dit Varro, ausquels par l'ordonnance on liuroit double portion de viures à cause de leur prouesse.

Latrones, Les gardes corps, font gens de guerre à la foude, lefquels felon la coutume le Capitaine general auoit autour de foy pour les enuoyer à toutes maniéres de perils . Et combien que ce foit vn terme Grec, Varron toutef-fois dit qu'il peut auoir Ethimologië Latine, tellemét que *Latrones*) ont efté dicts d'autât qu'ils eftoyent(*circa latera*)autour des coftés du Roy, quafi (*Laterones*)coftoyans, & auoyent l'efpée au cofté, lefquels depuis on a appel-lé *Stipatores à Stipatione*) garde corps, à caufe de la garde . Mais pour autant qu'ilz eftoyent à la foude, que les Grecz appellent μισθοφορία, à cefte caufe les anciens ont quelque fois appellé les gens de foude(*Latrones,*)ou bien *Latro-cinari*, combatre pour la foude, ou bien qu'ils fe guerrent pour dreffer embuches. On les appelle au-iour-d'huy *Satellites*)garde corps.

Sicarij,Brigans font vne maniére de larrons qui portent fous leurs robes, courtes dagues, & efpées. Iofephus au deufiefme liure de la guerre Iudaïque:
» Eftant ainfi la region purgée il fe dreffoit vne maniére de brigans en Ierufa-
» lem, lefquelz on appelloit(*Siccarij*)tuans en plein iour, & au mylieu de la ci-
» té tous ceus que bon leur fembloit, fe meflans mefmement es iours de feftes
» par-my le peuple auec courtes dagues fous leurs robes: defquelles ils tuoyent
» diuers hommes, & ainfi qu'ils tumboyent ils fenqueroyent entre les autres
» du meurtre, par laquelle rufe ilz eftoyent hors de fubfon . Le mefme enco-
» res:Plufieurs *Sicariorum* meurtriérs fentremeflás au peuple(ainfi appelle lon
» les brigans) & portans en leur fein des couteaux , mettoyent en execution
» de grande outrecuidance leur entreprinfe.

Defyderati milites,perte de foldats font comme ie penfe felon la coutume ou raifon ceus qui font perdus, ou morts, d'autât qu'ils font le defir des cho-
» fes abfentes, ou bien non encores trouuées. Ciceron pour Cluence: Afinius
» en ce peu de temps là fut mené à certaines fablóniéres, quafi comme fil al-
» loit à des iardins, & fut tué hors la porte Efquiline , & comme (*Defiderare-*
» *tur*)il fuft perdu deus iours, & qu'on ne le trouuaft es lieux, efquelz on auoit
» de coutume de le cercher. Cefar ou quelque autre en fon lieu en l'vnziefme
» liure:En ces deus combats(*Defiderati funt milites*) il feft trouué perte de huit
» cents, foixante compagnós de guerre. Luy encores au douziefme:Il peruint
† non » au mefme iour à Lariffe, † & n'a point fait perte en ce rencontre de plus de
defide- » trois céts hommes. Quinte Curfe au quatriefme : Il fut tué de nombre faiĉt
rauit. » par les vainqueurs quarante mille. Au regard des Macedoniens (*Defyderati*
» *funt*)la perte n'a pas efté de plus de trois cents hommes. Le mefme encore au
» paffage de Tigris:Il n'a efté fait perte de rien que de quelque peu de bagage.

Triarij)Triaires ont efté ainfi dicts felon que temoigne Varron , d'autât qu'ilz eftoyent en la bataille à l'arriére garde pour le renfort . Et d'autant qu'ilz eftoyent ordonnéz au deffous des autres le mot de(*Subfidium*) a efté
» inuenté. Plaute: Or fus(*fubfidete omnes quafi triarij*) tenéz vous prefts pour le
» fecours quafi comme Triaires . Tite Liue au trentefetiefme:L'auant-garde
» eft de pointós, les Princes eftoyent à la bataille, & les Triares faifoyent l'ar-
» riére garde. Et au huitiefme:Les Triares finclinoyent fous les enfeignes fur
le

„ le genoil dextre, ayans leurs efcus fur les epaules, leurs pointons fichéz en
„ terre, la pointe en haut, les tenans comme fi le bataillon eftoit heriffé d'vne
„ ceinture de palis. Et fi les Princes auoyent du pire, ils fe retiroyent peu à peu
aux Triares. De là eft venu le prouerbe, que quád on eft en peine, le recours
refte aux Triaires.

On dit que le nom de *Retiarius* eft venu de la face des armes. De vray le
Retiaire portoit couuertement vne reth au combat, qu'on appelloit iacu-
le, contre le Mirmillon pour couurir fon ennemy combatant de grand ardeur, & le vaincre de force, eftant ainfi enueloppé. Auquel Retiaire combatant le Mirmillon on châtoit: Ie ne te cerche pas. C'eft le poiffon, pourquoy me fuys tu Gauloys? De vray les Gauloys anciennemét f'appelloyent
Mirmillons, à l'habillement de tefte defquelz eftoit l'image d'vn poiffon.
Et fut cefte façon de combat inftitué par Pitrace l'vn fes fages, & Chef
de l'armée, lequel ayant à cóbatre Phrynon Chef des Atheniens, qui auoit
efté Pancratiafte, & Olympionique, à caufe des debats pour les limites des
Atheniés, & Mitilenains, affubla Phrynon d'vne rets cachée fous fon efcu,
& l'enueloppa ne fen donnant garde.

Gregarij, gens r'amaffés, font foldats leués du menu peuple, lefquels font
moindres, & extra-ordinaires, veu que les autres font plus grands, & ordinaires. Iuftin en l'Epitome de Trogus Pompeius treziefme. l'Egipte qui eft
vne partie de l'Aphrique, & Arabië efcheut premiérement à Ptolomée, lequel eftant du nombre des r'amaffés Alexandre auoit auancé à caufe de fa
vertu. Le mefme encores au vingt-huitiefme: Ces chofes ouyës Antiochus
ayant opinion de mener la guerre marche contre les Parthes auec l'armée
qu'il auoit endurcy par plufieurs guerres faittes auec fes voyfins. Mais l'apparat des defpenfes demefurées n'eftoit pas moindre, que de la guerre: veu
que la fuytte de quatre vingt mille foldats eftoit de trois cents mille, d'ont
la plus grande partië eftoit de cuyfiniers, boulengers, & putains. L'or auffi
& l'argent en fi grande abondance, que les foldats r'amaffés portoyent greues d'or, marchans fur la matiére pour laquellefdes peuples combatent.

Ceux font appellés *Optiones*, Choifis, que les Decurions ou Centeniérs
choififfent pour leurs priuéz affaires, à fin qu'ilz entendent plus aifément
aux publiques. Et font dicts (*Optiones*) d'autant qu'ils font éleuz, car (*Opta-
re*) eft autant qu'elire, comme eft ce dict: *Optauitque locum regno*, c'eft à dire,
il a éleu.

Optices, auffi font dicts de (*Opto*) d'autát qu'eftás les precedás malades, ilz
ont de couftume de faire toutes chofes, cóme eftás leurs adoptéz & vicaires.

On appelle *Excubitores*, ceux qui font le guet, & font du nombre des gés
de guerre.

Ceux auffi font appellés *Procubitores*, lefquels faifoyent le guet deuant le
camp la nuict pour fa garde quand celuy des ennemys eftoit pres.

Celuy eft dict (*Strenuus*) preux (*efficax*) hóme d'execution (*Gnauus*) própt,
vigilant, & hardy, d'autant qu'en combatant il dedaigne le peril. Tite Liue

„ au huitiefme : Comme durant le fecond Confulat de Cn. Corneille, &
„ P. Philon eftans enuoyéz à Palæpolis pour repeter des prinfes, on euft
„ r'apporté la reponfe des Grecs nation plus (*ftrennua*) hardië du bec, que
„ fiere de faict. Iuftin en l'Epitome de Trogus Pompeius douziefme: De
„ vray il eftoit eftimé (*manu ftrenuus*) homme de main, & es harangues per-
„ faict orateur.

On ne doit pas felon que temoigne Vlpian, feulement eftimer celuy
Transfuga, fuitif, renié, lequel feft retiré durant la guerre à l'ennemy, mais
auffi celuy qui durant les treues feft retiré à ceux auec lefquelz on n'a point
d'amitié eftant fa foy fufpecte.

Celuy eft dit (*fugitinus*) fuitif, comme dit Ofilin, lequel eft demouré
hors la maifon de fon maiftre pour f'en fuïr à fin de fe cacher de luy. Mais
Celius dit celuy fuitif, qui fuit en intention de ne retourner à fon maiftre,
combien qu'en changeant de fantafië il reuienne à luy. Nul, dit il, delaiffe
auoir failly en tel peché pour fa repentance. Caffin auffi dit que celuy eft
„ fuitif qui de propos deliberé abandonne la maifon. Et Iulian, il a efté aui-
„ fé qu'on doit eftimer vn fuitif fuyuant fa volunté, & non pas par la fuyte.
„ Car combien que veritablement celuy ait fuy, qui a fuy le feu, le brigand,
„ ou vne ruïne, il n'eft pas toutef-fois fuitif. Il y a vne queftion faitte à Labeo, & Celius : Si celuy eft fuitif qui feft retiré en franchife, ou bien au
lieu, auquel ont de coutume de venir ceux qui fe pleignent d'eftre vendus.
Ie penfe celuy n'eftre point fuitif qui a fait ce qu'il penfe luy eftre licite de
faire publiquement, ny ne penfe celuy eftre fuitif, qui feft retiré à la ftatuë
de Cefar, d'autant qu'il ne l'a pas fait d'intention de fuyr. Ie penfe de mefme
de celuy qui feft retiré en franchife, ou à quelque autre chofe femblable
par-ce qu'il ne l'a pas fait d'intention de fuyr. Si toutef-fois il a au par-auát
fuy, & depuis feft retiré là, il n'en delaiffe pas moins eftre fuitif. Celius encores efcrit que celuy luy femble eftre fuitif qui fe retire en lieu tel, que fon
maiftre ne le peut recouurer, & beaucoup plus celuy qui fe retire en lieu
duquel on ne le fauroit r'amener.

Tyrones, font ieunes gens forts qu'on élit pour la guerre, & qui font duits
au fait des armes, d'ont ilz ont efté dicts *Tyrones*. *Tyro* auffi fignifie l'homme rude, & ignare. A cefte caufe Cefar les dreffoit es maifons, par des Cheualiers Romains; & auffi par les Senateurs exercitéz es armes; & non pas
en icu par dreffeurs de gladiateurs. On les eprouuoit de vray premiérement
fuyuant la coutume des Romains d'exerciter la ieuneffe aux armes, & de
les tenir fous des gardes; & par-apres aller à la guerre. Defquels parle l'excellent des poëtes:

„   *Et la ieuneffe à fa premiére fleur.*

De là eft venu *Tyrunculus* par diminution, qui eft vn petit iuuenceau.

Les legionaires font dicts (*Veterani*) vieils foldats, & qui font exempts,
ayans acquis le repos apres plufieurs trauaux de la guerre. Le vieil foldat
eft auffi à l'auis de Modeftin eftimé non feulement Legionaire, mais auffi

                                                                    tout

tout homme qui a comme que ce foit fuiuy les armes, & en a efté honnorablement exempté.

Ceus auffi font dicts (*Emeriti*) qui font exempts de la guerre, par ce que
(*mercre*)fignifië mener le meftier de la guerre, à caufe de la foude qu'ils gaignent,tout ainfi que ceus font appellés (*Emeriti ftipendij*, *vel emeritæ militiæ*)
qui ont employé le temps deu à la guerre, & qui font exempts de prendre
la foude, & de hanter la guerre, comme eftoit anciennement le foldat, à
foixante, ou foixante & dix ans : lequel exempt du trauail n'eftoit point
contrainct de fuyure plus les armes, luy eftant donné quelque terre ou
meftarië. De vray aucunes Republiques ont de coutume que nul ne foit
contrainct de fuyure plus la guerre eftant fexagenaire, & qu'à la plus part
foit donné relachement apres foixante & dix ans. Iuftin en l'Epitome de
„ Trogus Pompeius, vnziefme liure : Comme Alexandre feift vn choys d'ar-
„ mée pour la tant perilleufe guerre des Perfes, il ne choifit pas la force de la
„ ieuneffe, ne cefte premiére fleur d'âge : Mais les vieils foldats, & la plus
„ part des exempts de la guerre, qui auoyent efté fous fon pere, & fes oncles.
„ Quintilian : *Emeritis huic bello ftipendiis*, ceus qui ia font exempts de la guerre. Virgile auffi par Metaphore appelle en fes Georgiques les bœufs (*Emeri-
tos*)exempts du trauail.

„ Armiger, Coftelier, eft celuy qui porte les armes feulemét de fon maiftre,
„ comme l'efcu, le dard, l'arc, & autres telles chofes comme aucuns dient,
„ reprenans ceus qui appellent vn hóme d'armes (*Armiger*) ce que toutef-fois
„ ie ne trouue auoir efté obferué par aucun des excellens hiftoriographes.
„ Tite Liue au vingt-deufiefme : Iufques à ce que d'auantage vn Cheualier
„ qui f'appelloit Ducarion cognoiffant le Conful à la face dit : Voicy celuy
„ lequel auec fon peuple a defaict nos legiós, & qui a ruiné le païs & la ville.
„ Or maintenant liure-ie aus ames de nos citoyens tués cefte victime. Et en
„ donnant de l'efperon il poulfe dedans la plus grande preffe des ennemys,
„ tuant premiérement *Armigerum* le coftellier, qui f'eftoit mis au deuant de
„ fon effort, & donne fubfequemment au Conful vn coup de lance au trauers
„ du corps. Quinte Curce Atarras eftoit au par-auant entré dedans la maifon
„ Royale auec trois cêts hommes equippés d'armes,auquel on baille dix Sa-
„ tellites, chacun defquelz auoit en fuyte dix(*Armigeros*) hommes arméz or-
„ donnés pour prédre les autres trahiftres. Seneque en la Tragedië d'Hippo-
„ lyte parlát des Amazones:Sans point de doute cefte nation(*Armigera*) bel-
„ liqueufe,eft infenfée de dedaigner les confederations de Venus, & d'aban-
„ donner aux peuples vn corps longuement gardé chafte. Sueton en la vië
„ d'Octauian: Au demourant il fit choys du nombre d'hommes tant pour la
„ garde de la ville,que pour la fienne, en r'enuoyant la troupe des Calliguri-
„ tains,laquelle ilz auoyent eu (*inter Armigeros*)entre les gens equippés pour
„ fa garde iufques à la defaitte d'Antoyne, de celle des Germains, & iufques
„ à celle de Varrus.

Ceux font dicts (*Lixæ*) qui fuyuent vn camp pour faire gain, ainfi ap-

V

pellés d'autant qu'ils font hors des ordonnances, & qu'il leur eſt licite faire
ce que bon leur ſemble. Les autres les dient eſtre ainſi appelés de (*Lixa*)
d'autant qu'il ſuyuit Hercules, ou bien d'autant qu'ilz ont de coutume de
porter de l'eau aus ſoldats dedans le camp, ou tentes, laquelle les anciens
ont appellé(*Lixa*) & que cuite nous appellons elixe. Aucuns les dient(*à Li-*
,, *guriendo quæſtum*)de cercher gain. Tite Liue au vingt-troiſieſme : *Lixæ Ca-*
,, *lonéſque*) le bagage & gros vallets, & autre troupe ordonnée pour la garde
,, du bagage.

    Calones, comme temoigne Nonius ſont les vallets des gens de guerre,
ainſi appellés d'autât qu'ils fourniſſent boys aus ſoldats, ou bien qu'ils portent des maſſuës de boys.

    Cacula auſſi eſt vn ſeruiteur de ſoldat. Plaute: Voy(*caculam*)vn vallet de
gens de guerre, lequel ſappelle ainſi de κάλῳ Grec, d'autant qu'ilz ont de
coutume d'eſtre armés pour la defenſe de leur maiſtres, de baſtons, & maſſuës: & que celuy qui a coutume de ſayder de ceſte façon de maſſuë eſt ap-
pellé(*Lictor*)porte maſſuë.

    Le ſoldat eſt dit(*Authoratus*)lequel a fait le ſerment, & eſt obligé. Suetone
au troiſieſme liure: Pour choiſir, &(*authorando*) obliger l'homme de guerre
auec les legions, & les gens de ſecours. D'ont eſt deriué(*Authoramentum*)qui
eſt quaſi comme vne obligation des choſes, ou bien vne ſoude, ou bien le
loyer de la guerre, ou du combat, ou bien de quelque œuure.

    Le ſoldat eſt dict (*Exauthoratus*) qui eſt caſſé des honneurs de la guerre.
Exauthorare de vray, eſt caſſer le ſoldat du ſeruice de la guerre, comme dit
Vlpian. Si nous ſommes de l'auis de Iuſtin : Quiconque a caſſé vn homme
de guerre, il a mis au ranc des infames, quoy qu'il n'ait point aiouſté l'auoir
fait par ignominië. Sous la reuerence touteſ-fois de Iulian (*Exauthorare*)
n'eſt pas ſeulement rendre le ſoldat infame, mais auſſi caſſer vn Capitaine
de ſa charge, ou bien donner congé au ſoldat, & quelque fois auec con-
,, dition honneſte. Tite Liue au vingt-neufieſme: Là ou vn d'entre eux a oſé
,, dire, que ſil luy permet le chois de deus, il ne vouloit point aller à la guer-
,, re. Alors Scipion : Et pourtant ieune homme que tu n'as point diſſimulé ta
,, fantaſië, ie te bailleray vn Lieutenant, à qui tu bailles les armes, le cheual,
,, & autres inſtrumens de guerre, & lequel ſoudain tu meneras d'icy en ta
,, maiſon, & l'exerciteras, & dóneras ordre de le dreſſer, apres luy auoir liuré
,, le cheual, & les armes. Auquel donques ioyeux, & prenant la condition,
il a liuré l'vn des trois de ceus qu'il auoit ſans armes. Et comme les autres virent ceſt homme de cheual(*Exauthoratum*)caſſé auec la bonne grace du Capitaine, chacun ſ'excuſa, & receut vn autre en ſa place. Iulius Frontinus dit
au quatrieſme des Stratagemes, que comme le diuin Auguſte Veſpaſian

†euſt eſté auerty, qu'vn ieune homme noble & inhabile aux armes auoit
eſté pour la pauureté enuoyé à l'ordre de ceus qui ont à ſeruir plus longuement, il (*Exauthorauit*) le caſſa auec vn honneſte congé, luy ordonnant le
                                                     taillon.

raillon . Ores faut il mettre fin à la pourſuite de ce liuré , & refrener ſa pro-
lixité : mais pour-autant que ie penſe quelques choſes encor y deuoir par
moy eſtre inſerées, le liure ſubſequent montrera plus commodément quelles elles ſont, à fin de ne charger la grandeur de ceſtui-cy.

Fin du huitieſme liure.

LE NEVFIESME LIVRE DE
ROBERT VALTVRIN DE
l'art militaire.

*Qu'eſt ce que la guerre, & en quantes maniéres, & d'ou ſont deriués
les autres vocables des armées, & quelles ſont les cauſes
des bataillons, & de leurs dominations.
Chapitre premier.*

Our-autant donques, Sigiſmond Pandulphe, que nous
auons montré les vocables anciens , & renommés de la dignité publique de la guerre ſelon leurs diuerſes ſourſes &
charges, d'oreſ-en-auant ce ſubſequent liure touchant les
armées declarera (à fin que rien du demourant ne ſoit oublié) & fera cognoiſtre, & expliquera à part les cauſes & denominations particuliéres. (*Bellum*) la guerre, laquelle eſt en beaucoup de
diuerſitéz, & diſtincte par ſes noms, veu que l'vne eſt ciuile, l'autre aux
eſtrangers, l'autre ſeruile, ou ſociale, ou piratique, comme nous auons au
par-auant dit, eſt denommée de (*Bellua*) beſte cruelle d'autant qu'entre elles eſt vn diſcord mortel, ou bien ſelon l'auis de Seruius, *Bellum*, eſt dict
de nulle choſe belle, tout ainſi que (*Lucus*) foreſt, eſt dicte (*à Lucendo*) luyre,
veu qu'au contraire la guerre ſoit epouuentable & meſchante. De là eſt
(*horrida bella* . Les autres de *Belus*, qui mit en auant le premier glayue.
» Caſſius au premier des hiſtoyres dit : Et depuis *Belus* mit en auant le pre-
» mier glayue, duquel on voulut bien appeller *Bellum*. Or eſt la guerre tout
le temps auquel on prepare quelque choſe neceſſaire aus gens de guerre pour combatre , ou bien la guerre eſt tout le temps que nous y em-
ployons, laquelle les indoctes de noſtre temps appellent *Guerra*, comme *Bellum Gallicum*, *Punicum*, *Macedonicum*, Guerre Gallique, Punique,
Macedonique.

Vne guerre eſt dicte (*Duellum*) quand deus partiës combatent pour la
» victoyre, comme dit Feſtus : La guerre, dit il, au par-auant eſtoit appellée
» Duël, comme les autres dient, veu que ce ſont deus partiës qui combatent,

V ij

ou bien que l'vne fait le vainqueur, & l'autre le vaincu, & depuis en changeant vne lettre auec la rature d'vne autre, on l'appelle (*Bellum.*)Horace au
premier des epiftres:

> Des fols peuples, *& Roys* l'ire contient la Grece,
> La froiffant la longueur d'vn Barbare Duël.

Ouide au premier des Faftes:

> On dit que de ce iour Bellone fut facrée
> Du Tufcanin Duël portant toufiours faueur
> Aux Itales.

Tite Liue au premier liure : *Di,* dit il, au premier auquel il demandoit
fon auis, ce qu'il te femble, Alors ceft autre dit : Ie fuis d'auis qu'elles doyuent eftre repetées d'vn pur & iufte duël . Et au trente-fifiefme : Si le duël
que le peuple a ordonné eftre prins auec le Roy Antiochus fe vuyde felon
le defir du Senat , & peuple Romain , il te fera, Iupiter de grands ieus dix
iours continuels.

Tumultus, c'eft vn trouble plus perilleux que n'eft la guerre. Car comme
dit Ciceron, la guerre peut eftre fans trouble ou tumulte , lá ou le tumulte
ne peut eftre fans guerre . Mais quelle autre chofe eft-ce vn tumulte, qu'vn
trouble fi grád que la peur en eft tant plus grande, d'ont le nom de tumulte a prins fa fource . Et pour-tant noz anceftres appelloyent le tumulte de
l'Italië, d'autant qu'il eftoit domeftique, & le tumulte Gallique par ce qu'il
eftoit limitrophe de l'Italië: outre lefquelz ils n'en nommoyent point d'autres. Or que le tumulte foit plus facheux que la guerre, on le peut entendre,
d'autant que durát la guerre Gallique les vacations ont lieu, & non pas durant le tumulte . Il auient donques que, comme i'ay dit, la guerre peut eftre
fans tumulte, & non pas le tumulte fans guerre.

Labeo dit celá eftre appellé (*Turba*) trouble, qui eft du genre de tumulte,
& eft vn mot tiré du Grec . Mais iufques à quel nombre eftimons nous le
trouble ? Si deus hommes font entréz en querelle , nous n'appellerons pas
celá trouble. Et f'ils ne font que deus ou trois, ce ne fera point auffi trouble.
Labeo donques dit tref-bien qu'il y a difference entre (*turba, & rixa*) trouble & querelle , difant que le trouble eft vn debat d'vne multitude , & vn
amas, mais *rixa* eft de deus.

Prælia font batailles de gens de guerre. Lucille au vingt-fetiefme : Le
" peuple Romain a fouuent efté vaincu en bataille , & non iamais outré par
" la guerre. Tite Liue au neufiefme: Quelque grádeur que ce foit qu'on ima-
" gine d'homme, fa felicité toutef-fois ne fera guéres plus grande que de dix
" ans . Laquelle ceus qui louent, d'autant que combien que le peuple Ro-
" main n'ait point efté outré par guerre, que toutef-fois il a fouuent perdu
" (*prælia*) des batailles. Or eft diĉt (*Prælium ab imprimendo hoftes*) de preffer l'ennemy, d'ont font (*Præla*) les preffouers, qui font vne matiére d'ont eft preffé
le raifin, ou bien à (*præludere*) ecarmoucher, d'autant qu'ils commençoyent
la guerre par ecarmouches.

Pugna

Pugna eſt autre choſe que la guerre, car c'eſt vne partië d'vne iournée, & d'vne guerre, comme la iournée des Cannes, de Cremere, laquelle contient pluſieurs combats, veu que l'vn eſt es ailes, l'vn à la bataille, & l'autre à l'arriere garde. Et eſt ainſi dicte de (*Pugnus*) poin, comme qui commençoyent ainſi leur guerre. Lucrece au troiſieſme liure des choſes naturelles: Les mains, ongles, & dents furent armes anciennes. Caſſiodore au premier liure des hiſtoyres: Vous ſaués comme entre les ennemys les combats n'eſtoyent pas d'armes, tellement que chacune furië ſe vuydoit à coups de poins, d'ont *pugna* a prins ſon nom (*Pugnare*) auſſi eſt combatre, (*expugnare*) vaincre en combatant. *Expugnare nauem*) comme dit Calliſtrate, piller vn nauire, ou mettre à fond, l'ouurir, ou bien la briſer, ou couper les cordes, abbatre les voyles, ou bien faire leuer l'ancre. D'ont ie m'eſmerüeille de ce verſet du Pſalmiſte (*Sæpe expugnauerunt me à iuuentute mea, dicat nunc Iſraël: etenim non potuerunt mihi*, pour (*oppugnauerunt*) ou bien (*impugnauerunt*) n'ont aſſiegé, par ce moyen (*non potuerunt mihi*) ils ne m'ont peu offenſer. (*Profectò non expugnauerunt*) ils ne m'ont donques pas vaincu: pour laquelle ſignification le tranſlateur l'a prins, ſinon que ce ſoit la faute des eſcriuains.

Gymnicum certamen, le combat de nud à nud, eſt vne gloyre de viſteſſe & force, duquel le lieu eſt appellé (*Gymnaſium*) auquel les luyteurs ſ'exercent, & là ou la legéreté des coureurs fait ſes épreuues. Aucuns des anciens l'ont appellé (*Penthalum*,) les autres (*Quinquertum*.) De vray toute ceſte maniére d'exercitation conſiſte en ces cinq ars, au iet du plat, à la courſe, au ſaut, à lancer le dard, & à la luyte. Ouide en ſes Faſtes:

> *A Ceſtes & à dars leurs bras ilz éprouuoyent,*
> *Et au iet de la pierre en ieu ils les liuroyent.*

La luyte eſt vn embraſſemét de corps à corps, d'ont en ſe ioingnant vſent les luyteurs.

Nous appellons (*Exercitus*) armée, vn amas de gens de guerre, & non pas vne bande ſeule, ny vne aile, mais ce qui contient pluſieurs nombres de gés de guerre ou legions auec leurs ſecours. Or ce mot (*Exercitus*) tire ſon nom de l'exercitation, ou bien cóme il ſemble à Varron (*Exercitus*) eſt ainſi dict, par ce qu'il amende d'exercitation.

Seruius aus commentaires du ſecond des Eneïdes dit que (*Copiæ*) au nombre plurier conuient à vne armée, & que (*Copia*) au ſingulier abondance ſe dit de toutes autres choſes, auquel nombre toutef-fois l'vſance des ſauans eſt contre Seruius. Saluſte au Catelin: *Poſtremò ex omni copia Catilina*) Finalement de toute l'armée de Catelin, il ne fut prins citoyen de renom à la bataille, ne à la chaſſe. Saluſte encore au meſme Catelin: Pendant que ces menées ſe font à Rome Catelin dreſſe (*ex omni copia*) de toute l'armée, qu'il auoit amené, & que Manlius auoit eu deus legions. Là meſme encores: Mais (*ex omni copia*) de toute l'armée la quarte partié eſtoit equipée en gés de guerre. Tite Liue au cinqieſme de la guerre Macedonique: Quel-

V iij

,, que peu de iours apres il amaſſe ſix mille des ſiens (*ex omni copia*) de toute
,, l'armée qu'on a peu amaſſer à Lamië. Stace au ſetieſme:*Premit indigeſta ruen-*
,, *tes copia*) l'armée en deſordre foule les abbats. Virgile (*& quæ ſit mecum co-*
pia luſtro) ie contemple quelle armée i'ay. Terence en ſon Eunuche, comme dit Donat aux commentaires:*ſex homines copias ducit*) il mene armée de
ſix hommes, qui ſont le ſoldat,le plaiſant, Dorax, Siriſque, & Sanga. Lors
qu'il dit:Quelles forces amene contre toy ce ſoldat.

Expeditio) voyage de guerre,eſt ainſi dict d'autant qu'il faut que les gens
de guerre,& de combat ſoyent(*expediti*)deſampeſtrés de ſolicitude, & affection de leur meſnage.

Comme tous preſques, & meſmement Seruius, & Varron touchant la
vië des anciens interpretent la proprieté de la legion à cauſe de (*Eligere*) élire, ou bien pour l'election des gens de guerre. De meſmes auſſi ſont ilz en
diuerſe opinion preſque touchant ſon nombre. Premiéremét Seruius meſmes excellent Grammairien declarant la fantaſië de Virgile en pluſieurs
lieux,dit qu'en la legió n'y auoit que trois céts cheuaus. Virgile au ſetieſme:

,,   *Des cheuaus a le Chef fait choys en tout le nombre.*
,,   *Qui trois cents & polis ſont en eſtables hautes.*

                 Et autre part.

,,   *Trois cents armés d'eſcus,tous aſſés bien cogneus.*

Le meſme encores: On dit plus proprement legion de gens de pié, &
(*turma*)de gens de cheual. Virgile au neufieſme:

,,   *La legion aux champs lors demoure en bataille.*

,,   Varron touchant la langue Latine dit : Ilz ont eſté dicts(*milites*) gens de
,, guerre,d'autant qu'anciennement la legion eſtoit de trois mille hommes,
,, & qu'vne chacune race des Tacienſes,Ramnéſes ,& Lucerins enuoyoyent
,, mille hómes. Cintius au ſixieſme liure de l'art militaire, comme le temoi-
,, gne Aulus Gellius au dixſetieſme des nuicts Attiques a ainſi eſcrit:La legió
,, a ſoixante Centuriës,trente manipules,& dix cohortes.Vegece au deuſieſ-
,, me liure de l'art militaire: Les Macedoniés Grecz, & Dardanins ont eu des
,, phalanges,en chacune deſquelles on enrôloit neuf mille hómes de guerre.
Les Gauloys, Celtiberes, & pluſieurs nations Barbares vſoyent de bataillós
de ſix mille hommes de guerre. Les Romains ont des legions leſquelles ilz
ordonnoyent de ſix mille hommes,& non plus:quelque fois moins. Plu-
,, tarche touchât la vië de Romule:Chacune legion eſtoit fournie de ſix mil-
,, le hommes de pié,& de ſix cents cheuaus. Tite Liue au trentehuitieſme:Et
,, comme ilz euſſent leué les legions là iuſques au nombre de quatorze,d'au-
,, tant que chacune legion eſtoit de plus de cinq mille hommes de pié, & de
,, trois cents cheuaus. Le meſme encores au meſme liure: A ceſte cauſe ils fu-
,, rent d'auis de leuér nouuelles armées, d'ont il y eut quatre legions côtre les
,, Geneuoys,chacune deſquelles auoit deus mille deus cents hommes de pié,
,, & troys cents cheuaux, accompagnées de quinze mille hommes de pié,
,, & huit cents cheuaux de l'aliance des Latins. Et au trente-ſiſieſme:L'ar-
                                    mée

„ mée Romaine eſtoit preſque d'vne forme tant d'hommes que d'armes. Il y
„ auoit deux legions Romaines, & deux des alliés du nom Latin, chacune
„ deſquelles auoit cinq mille quatre cents hommes. Le meſme au huitieſme
„ liure: On leuoit quatre legions preſque chacune de cinq mille hommes de
„ pié, & de troys cents cheuaux. Et au quarantieſme liure: Et outre-plus il y
„ auoit du ſupplément, à fin que deux legions euſſent plus de dix mille qua-
„ tre cents hommes de pié, & ſix cents cheuaux, & douze mille hommes de
„ pié, & ſix cents cheuaux des alliés Latins, de la proueſſe deſquels Q. Ful-
„ uius ſeſtoit aydé en deux batailles contre les Celtiberes: leſquels il emme-
„ neroit auec ſoy, ſe bon luy ſembloit. Au regard de la legion de ſix mille
deux cents hommes. C. Marin eſt le premier qui l'a ordonné, comme le
temoigne Pomponius Feſtus, veu qu'au par-auāt elle eſtoit de quatre mil-
„ le, d'ont elle ſappelloit Quarrée. Euſebius en l'hiſtoire Eccleſiaſtique: En-
„ tre les noſtres auſſi Tertulian recite ces choſes, & Appolinaire entre les
„ Grecz, lequel auſſi dit, que pour vn miracle d'vn grand fai_t, la legion
„ changeant ſon nom a eſté appellée foudroyante. Le grand Empereur auſſi
Tertulian dit, qu'il ſe treuue au-iour-d'huy des epiſtres par leſquelles il
montrera ces choſes plus appertement. Or Seruius ce contrariant es commentaires ſur l'vnzieſme des Eneïdes, d'ont eſt venuë ceſte tant grande varieté entre les excellens hiſtoriographes a eſcrit en ces parolles: La legion
auoit douze cohortes, ſoixante Centuriës, combien qu'en ces choſes par la
ſucceſſion de temps la diuerſité des Chefz a touſiours changé la diſcipline
militaire. Et pour-tant Tite Liue au deuſieſme liure de la guerre Punique
„ dit: Les legions furent augmentées de gens de pié, & de cheual chacune
„ de mille de pié, & cent de cheual.

La legion voylée des Samnites a eſté ainſi appellée, d'autant que chacun d'eux venant à l'autel encourtiné de toyle de lin, iuroit de combatre
„ le Romain iuſques à la mort.†Tite Liue au diſieſme liure: Eſtás les Primatz
„ des Samnites contrain_ts ſous ladi_te execration, deſquels dix furent nó-
„ més par le Chef, auſquels il enchargea que†chacun homme en choiſiſt vn
„ iuſques à ce qu'ils euſſent perfai_t le nombre de ſeize mille, d'ont ceſte le-
„ gion lá fut appellée voilée, à cauſe de la courtine de† l'enclos auquel†la
„ nobleſſe ſobligeoit ſur la vië.

Phalanx, en langue Macedonique ſignifië legion, comme dit Seruius es
commentaires du deuſieſme des Eneïdes. Tite Liue au trente deuſieſme:
„ Ils enuoyoyent des cohortes auec leurs enſeignes pour forcer ſils pou-
„ uoyent le bataillon des Macedoniens, qu'ils appellent Phalanx. Et au
„ vingtſetieſme: Ils furent ſeize mille hommes de pié arméz à la Macedonique qu'on appelle Phalangites.

Agmen ſappelle proprement vne multitude en bataille, comme eſt vne
armée qui marche en ordonnance, ainſi di_te (ab agendo) d'autant qu'elle
marche. Car vne armée qui ne bouge ne ſappelle pas (Agmen), & ſi on le
treuue il eſt vſurpé.

†Lego ex Ti.li.dete ſtatione p deſtinatio ne.
†Vir virū pro ius viſum.
†Cōſepti pro conſepta.
†Nobilitas erat, pro nouitas.

V iiij

Cohors, comme dit Varron, eſt ainſi dicte, d'autant qu'elle ſe dreſſe de pluſieurs chambrées, & ducentennieres, tout ainſi qu'vne ferme ſaſſemble de pluſieurs corps de maiſons, laquelle eſt ainſi dicte de (*Cohærere*) conioindre, d'autant que tout le dedans eſt conioint comme en vne ferme, veu qu'en ce lieu là on ſerroit le beſtail, ou bien d'autant qu'en ſe preſentant elle arreſte, & garde les eſtrangers d'en approcher. Ie treuue que *Cohors* a eſté de diuers nombre. Plutarche touchant la vie de Pelops: Gorgias fut le premier qui ordonna, comme lon dit, la ſacrée cohorte de quatre cents hommes d'elite, auſquels la cité donnoit moyen de ſexerciter, & viure dedans la fortereſſe de Thebes. A ceſte cauſe ils ont appellé la cohorte de la cité. Ephore au demourant dit que la cohorte eſtoit de cinq cents hómes. Caliſtenes de ſept cents, quelques autres eſtiment que le nombre de quatre vingt & dix †ſoldats eſtoit raiſonnable pour la cohorte. Ce que de meſmes a penſé Polybe, & autres autrement. Ioſephus au trezieſme liure de la guerre Iudaïque: Or auoit chacune deſdictes mille hommes de pié. Quant aux autres treze elles eſtoyent dreſſées de ſix cents hommes de pié, & de ſix cents cheuaux.

†Lego militum pro
milium.

Celle a eſté dicte Cohorte Pretorienne, laquelle accópagnoit touſiours le Preteur. Scipion l'Aphricain de vray éleut premiérement les plusgentilz compagnons pour l'accompagner durant la guerre, & leſquels ſeroyent exempts de toutes autres charges auec paye & demië.

Manipulus eſt vne bande de deux cents hómes, auſſi eſt bien vne moindre de ſix ou ſept hommes aſſemblés enſemble, qui ſont ſous vne meſme enſeigne. Et ſont ainſi appellés d'autant qu'ils commencent premiéremēt la guerre main à main, ou bien d'autant qu'auant que les enſeignes fuſſent ils auoyent des maniples, c'eſt à dire des poignées de quelque herbe pour enſeigne: d'ont ils ont eſté depuis appellés Manipulaires.

La bande, comme dit Vegece au troyſieſme de l'art militaire eſt dicte (*Globus*) laquelle †debandée de ſon bataillon court ſus à l'ennemy en façon d'eſcarmouche, contre laquelle on enuoye vn autre plus grande, ou plus forte. Tite Liue au ſecond liure: Contre lequel faiſant telles brauerïes Romule fait vn'effort auec vn (*globus*) vne bande des plus gentils compagnós. Et au vingt & vnieſme liure: Les fuyans repoulſes ſur la troupe des combatans eſtoyent en doute, la foule auſſi des fuyans detournoit ceux qui retournoyent au combat.

†Ex Vegetio ſepiratus, pro
ſuperatus.

Cuneus eſt vne multitude de gens de guerre aſſemblé en vn, tellement que d'autant que ceſte façon d'aſſemblée en vn (*coit in vnum*) ſaſſemble en vn, elle eſt dicte (*Cuneus*) quaſi *Coneus,* veu que tous ils ſamaſſent & aſſemblent iuſques au nombre de troys mille, qui eſt vne multitude de gens de pié, & non de cheual, laquelle iettée en bataille a le front eſtroict en ſélargiſſant ſur le reſte, & rompt les rancs des ennemys, d'autant que de pluſieurs eſt fait vn iet de dars en vn meſme lieu. Ny n'eſt du (*Cuneus*) bataillō au cū nóbre déterminé, mais vne façó d'ordónáce de bataille en figure de coin.

Nous appellós vn trou caché dedans la terre (*cuniculum*) mines, ou pour la femblance des coins fendans tout marrain noueux, qu'ils penetrent, ou bien à caufe de l'animal femblable à vn lieure qui a coutume de fe muf-
„ fer dedans la terre qu'il fouille. Marcial.

    En fon terrier fouillé le Conin prend fa ioye,
    Monftrant aux ennemys vne couuerte voye.

Il en eft qui font d'auis qu'on ne doit pas dire (*cuniculum*) mais tant feulement (*cuniculi*) au nombre pluriér. Ce que ie m'efmerueille auoir efté dict
„ par vn des plus fauans hommes de noftre temps es liures de fes hiftoires
„ contre l'vfance de plufieurs fauans hommes. Vegece : On a trouué vn re-
„ mede de fouiller fous le fondement des murailles la nuit par (*Cuniculum*)
„ vne mine. Et en vn autre paffage : Il eft vne autre façon de prendre villes
„ par fous terre, & fecretement qu'on appelle (*Cuniculum*) mine, à caufe des
„ conins, qui font des terriers dans terre, aufquels ils fe retirent. En fem-
„ blable Cefar qui a efcrit elegamment : Au troyfiefme guet, on a decouuert
„ que le rempart fumoit, auquel les ennemys auoyent mis le feu (*cuniculo*)
„ par vne mine. Auffi en a vfé Tité Liue au huitiefme liure de la guerre Ma-
„ cedonique : Et comme la voye fuft ouuerte du foffé par (*cuniculum*) la mine
au moyen des pionniers qu'on y auoit enuoyé. Et Q. Curce : La derniére
ruïne de la ville fut, que le mur fut demoly deffous (*cuniculo*) par vne mine,
par la cheute duquel l'ennemy entra. Mais à fin que celá n'auiéne l'Appol-
lonië iadis noble cité, nous doit feruir d'exemple. Car comme elle fuft affiegée d'vne bien grande armée, & que les gés de guerre ne fiffent point de
doute d'y entrer par les mines, les Appolloniates de ce auertiz par leur efpiës furent merueilleufement troublés de ces nouuelles, & furent tous ef-
baïz d'autant qu'ils ne fembloyent pas pouuoir fauoir le temps, ne le lieu
par lequel les ennemys entreroyent. Mais à lors Triphon l'Alexandrin lequel eftoit lá, homme de grand efprit, ordonna de côtreminer en plufieurs
lieux, par lefquelles contremines il fouilla iufques à vn'traict d'arc hors
la vile, & pendit à toutes vn vaiffeau d'arain. En l'vne defquelles contremines qui eftoit pres de la mine des ennemys les vaiffeaux commencerent
à fonner aux coups de picz : par le moyen donc de ce bruit on decouurit à
quel quartiér de la ville les ennemys entendoyent entrer par leur mine :
eftant ainfi leur allignement decouuert, il fit vn meflement dans des chau-
diéres d'eau & de poix boullantes auec fiante d'homme, & fablon ardant,
& fit la nuit plufieurs trouz, par lefquels il fit mourir tous les ennemys
qui eftoyent en la mine en faifant vn foudain répandement. Ceux de Marfeilles auffi eftans affiegés par mines, & auertiz par plus de tréte efpiës qu'ils
auoyent enuoyé pour découurir le lieu auquel on minoit firent vne foffe
d'vne merueilleufe largeur & longueur au dedans des murailles, comme
vn referuouer, lequel ils r'emplirent d'eaux des puyz, & du port. Parquoy
comme la mine vint à fe decouurir vne grande abondance d'eaux y defcé-
dant a abatu toutes leurs eftages, tellement que ceux qui eftoyent dedans

ont efté perduz tant par la defcente des eaux, que par le comblement de la mine. Les Ambrachienfes auffi creignans qu'en abatant la muraille par mines on entraft dedans la ville, decouurirent le fon des pionniers en faifant filence, & mettant l'oreille contre terre en plufieurs lieux. Aptes laquelle decouuerte, ils contreminérent droiĉt contre elle, & fut faiĉte vne nouuelle inuention aifée contre les ennemys. De vray ils firent vn tonneau de fer troué au fond de forte qu'vne canelle petite & de fer y pouuoit eftre fichée, & luy firent vn couuercle de fer, & trouérent le vaiffeau en plufieurs lieux. Et apres eftre emply de duuet ils luy tournérent la bouche vers la mine. Or y auoit il de longz pointons par les trouz du vaiffeau paffans outre pour garder l'ennemy d'approcher, & enflamberent à fouffler d'vn foufflet de marefchal au bout de la cannelle vne petite fcintille de feu mis à la plume. Parquoy perfonne ne fceuft durer ny arrefter dedans la mine, lors que non feulement la grande abondance de fumée, mais auffi fa vehemence l'eurét toute remplië d'vne fenteur puante de la bruflure de la plume.

Ils appellent vne ordonnance de gens de guerre (*Forfex*) forces, cifeaux, qui eft contraire au bataillon en coin. De vray ceft ordre d'hommes d'elite forme la lettre V qui reçoit celuy qui eft en coin, & le ferme d'vn cofté & d'autre, & eft appellée Front, d'autant qu'elle a fon regard aux ennemys. C'eft vn ordre de grand feruice en vne bataille fil eft fagement ordonné: & fi mal à propos, les foldats quoy que bons combatás font rompuz pour eftre mal ordonnés.

On dit qu'on combat en fië, quand fouuent on fauance & retire, fans f'arrefter aucun moment. A cefte caufe a-elle efté appellée fië, laquelle choifië des plus gentilz compagnons, eft mife en tefte à l'ennemy, à fin de r'affeurer vn bataillon etonné.

Ala, les ailes font bataillons lefquels on affeoit au tour des legions à dextre & à feneftre comme ailes es corps des oyfeaux ainfi qu'efcrit Cintius au fixiefme liure de l'art militaire, & Virgile au quatriefme des Eneïdes.

,,   *Lors que les ailes hachent & que les boys de rets*
,,   *On ceint.*
,, Et Tite Liue au vingthuitiefme: L'aile feneftre des Romains, & les bandes qui auoyent perdu leurs enfeignes combatoyent à la pointe. Or à l'aile
,, trente cheuaux en vne armée, cóbien qu'il en eft qui la dient eftre de plus.
,, Tite Liue au trentehuitiefme: Leur aile eftoit de mille cheuaux prefque
,, qu'ils appellent *Gemma.*

Turma, comme dit Feftus & Varro quafi (*terma*) eftant l'*e* tourné en (*u*) d'autant qu'on faifoit (*ter denos*) tréte cheualiers des troys races, des Tacienfes, Ramnenfes, & Lucerins. Il y auoit de vray en chacune race troys cents cheuaux, & de chacune Centeniére fen bailloit dix, d'ont fe faifoit (*turma*) la troupe. Somme, que fi nous croyons à Pomponius, les Chefs de chacune dizeniére eftoyent appellés Dizeniers. Quelques vns d'ót Fróto eft du nombre,

nombre, sont d'auis que chacune troupe qui estoit de trentedeux cheuaux, auoit son Dizenier. Au demeurant Cyaxares a esté le premier au dict d'Herodote, qui a departy les Asians par troupes, & a ordonné que les archers fussent separés des gens de cheual, & les vns des autres, veu qu'au par-auant ils estoyent mesléz ensemble.

Nodus est vne bande de gens de pié fort serrée, tout ainsi que (*turma*) troupe se dit de gens de cheual, ainsi qu'on le lit en la discipline militaire. Or est elle ainsi dicte, à cause qu'elle est mal aisée a rompre.

Acus, est dicte vne ordonnance d'armée d'autant que ceste bande là de gens de guerre est merueilleusement vehemente à offenser l'ennemy à pointe de dars.

Acies est dicte vne armée mise en bataille, d'autant qu'elle est garnië d'armes, & de dars fort affilléz.

Les gens de cheual estoyent appellés *Classes*, à cause du departement d'vne armée, lesquels ont esté depuis appellés *Manipuli*, ou bien à cause des troupes de gens de cheual pour quelques trompettes qu'ils ont. Et pour-tât non sans raison a-il esté dit par le noble poëte (*Classibus hîc locus*) icy estoyent les troupes de gens de cheual.

» *Classes* aussi estoyent les partiës du peuple. Tite Liue au premier liure:
» Alors il ordonna (*classes*) les departemens & Centuriës de cest ordre suiuant
» la suffisance de leur biens, autant bien seant en guerre qu'en paix, tellement
» qu'il a fait quatre vingts Centuriës de ceux qui auoyent vaillant mille
» escuz corone, ou plus, d'ont il y en auoit quarante des vielz, & autant de
» ieunes, lesquels tous estoyent appellés, la premiere classe, estans les vielz
» ordonnés pour la garde de la ville, & les ieunes pour aller à la guerre. *Aulus*
» *Gellius* dit au setiesme des nuitz Attiques. Tous ceux qui estoyent es classes
» n'estoyent pas appellés Classiques, mais tant seulement ceux de la premiére, lesquels estoyent estiméz auoir vaillant douze centz escuz corone. Au
demeurant ceux estoyent appellés au dessous de la classe, qui estoyent de la
» seconde, & des autres qui estoyent d'hommes de moindres richesses, que
» de la somme que i'ay dict. *Columella*: les Classes ne se doiuent point faire
de plus de dix hommes, que les anciens ont appellé Decuriës. Quintilian
au premier des institutions: Ie n'ignore point que mes precepteurs ont gardé vne bonne coutume, lesquels distribuans les enfans par classes, donnoyent l'oldre d'apprendre selon les forces de leur esprit. Apres sont venuës (*Classes nauium*) les armées de mer. Et a lon de plus longue anciennȇ-
té, comme dit Pomponius, appellé vne multitude d'hommes (*classe*) que
celle de nauires. Car comme dit Diodore, tous animaux furent dès le commencement du monde engendréz, aussi furent les hommes par mesme
manière, & en cerchant leur pasture ils ont vescu d'vne vie sauuage, & sans
ordre, se nourrissans d'herbes, & de fruicts d'arbres, leur estans les bestes
sauuages ennemyës, pour ausquelles resister, on dit que les assemblées, &
classes d'hommes ont esté dressées de crainte, pour la commune vtilité.

Et ont efté les fecours mutuels, & les lieux cerchés pour habiter. Les anciens ont appellé(*Claffes clypeatas*)ce qu'au-iout-d'huy nous appellons armées. *Claßis procinēta*, eft vne armée en bataille & prefte à combatre, mefmement quand elle eftoit ceinēte de l'accoutrement Sabin pour incontinent combatre.

    Caftra en plurier feulement, fignifient vn camp. Tite Liue au cinquiefme de la guerre Punique. Valere Antias dit que(*vna caftra*)le camp de Mago a efté prins. Lá mefmes encores(*Exuitur caftris*)il eft chaffé de fon camp. Par ce moyē(*bina caftra hoftium*)deux camps des ennemys ont efté defaiēts. Et de rechef au neufiefme liure: Mais comme ils euffent(*vna caftra*)vn cāp fur leurs limites,& vn autre en Hetruriē prefque à leur veuë. Au demeurant (*Caftra*)font diēts quafi(*Cafta*)d'autant que la concupifcence eftoit lá chaftiée. Mais f'il eft ainfi que de lá en foit la fourfe: qui doute que ce ne foit vn nom vain entre les noftres? Ou eft celuy d'entre cefte maniére d'hommes, qui ait en reuerence la vergongne, la pudicité, & chafteté?& qui n'ay-me mieux affaillir vne putain que de combatre l'ennemy? Ou eft celuy qui ne tienne plus toft propos de forcer la pudicité des ieunes gens, de violer les vierges, d'outrager les nobles de leurs puteriës, mefchancetéz & vices, que d'affaillir l'ennemy, de foffrir aux coups, de cercher la mort pour leur honneur, de fuyr l'ignominië, d'acquerir gloire, de la patience, & trauail? Et fi quelque fois il auient(Leēteur qui que tu fois)que tu te tranfportes au camp, ou plus toft cagnars de cefte maniére d'hommes, tu ne verras pas lá fur leurs paillaffes ces tant fobres Capitaines Fabrices, ne les Emilles, Scipions, Hannibal ny Alexandre, mais des foldats & ceux qui d'entre eux ont plus de dignités, couchéz aupres d'ordes putains, paillardes, & bredaches, deuifans entre eux de propoz effeminés & mefchans propoz, pour émouuoir la luxure, & non pour la refreindre. Et lá ou le deuis f'eft efchaufé, l'vn route, l'autre rend fa gorge, l'vn piffe, l'autre pette, on y ioue, on y boit, & bien fouuent,(comme de coutume il auient)les querelles fen dreffent. Finalement, à fin que ie comprenne tout le demeurant, il n'y a aucune fobrieté en leurs parolles, nulle attrempence en leurs affaires, nulle fainēteté ne modeftië, ny nul filence en leurs banquets, tel comme des anciens, mais vne villennië fupréme, blaffemes, criz, confufion, & trouble en toutes chofes, & en ce que la difcipline ancienne defendoit de ne tenir propos effeminé, ou impudique, non feulement on ne f'abftient pas lá de parolles villaines, mais d'auantage ils font toutes autres chofes qu'vn homme vergongneux ne pourroit dire.

    Metari caftra, eft departir, & affoir logis aux foldats dedans le camp, ou bien affoir le camp, ou le changer. Lucain au premier. Campeier hardiment viendray en Italië.

    Le nom de(*Taberna*)au temoignage de Vlpian donne à entendre tout edifice vtile à habiter, non pas pour autant qu'il'eft clos d'ais : de lá font venuz les tabernacles, &(*contubernales*)d'vne mefme chambrée. Les nations

etranges

etranges qui habitent encores es edifices batiz d'ais, donnent temoignage
que(taberna) a auſſi eſté aux Romains fort ancienne habitation. Et pourtãt
les loges es camps, & les tentes des gẽs de guerre, deſquelles ils ſe ſauuoyent
de l'ardeur du ſoleil, des tempeſtes, pluyes, & froidures, ont eſté appellées
tabernacles, combien qu'elles fuſſent couuertes de peaux. Tite Liue au
» troyſieſme de la guerre Macedonique: Le tabernacle Royal fut aſſis ſur vne
» motte pres le rempart en veuë, à fin d'épouuanter l'ennemy, & dõner bõne
» fiance aux ſiẽs. Cicerõ cõtre Verres en l'action ſetieſme: De vray ils aſſeyent
» leurs tabernacles tendus des voyles des nauires à l'entrée, & bouche du
» port, meſmes là, ou de la mer le goulfe, ſengoulfe du riuage à la ville.

    Tentoria, les tentes ont eſté ainſi appellées d'autant qu'elles ſont tenduẽs
à cordes, & à palliz, d'ont au-iour-d'huy on dit auant tendre. Ouide:
»   *Icy Eacides, là tendoit Achilles,*
Vergile au premiér des Eneïdes:
»   *A blanches voyles voit en plourant pres de la,*
»   *Les tentes de Reſus.*

X

Papiliones Pauillons font auſſi dicts tentes à la femblance d'vn oyſillon
,, qui vole. Helius Spartianus touchant la vie de Seuere le ſetieſme : Seuere
,, auſſi en tous voyages a prins ſa refection d'homme de guerre en preſence
,, de tous deuant ſon pauillon.

Hybernacula caſtrenſia, loges de camp pour l'hyuer, ſont baſtimens ſer-
uans plus en hyuer a tenir ſiéges, qu'à forcer villes. Tite Liue au cinquieſ-
,, me liure: Et comme l'eſperance des Chefs Romains fuſt plus grande à te-
,, nir le ſiége qu'a faire effort(*Hybernacula*)les loges d'hyuer ont commancé
,, eſtre dreſſées, choſe fort nouuelle au ſoldat Romain : & eſtoit leur delibe-
,, ration de continuer la guerre l'hyuer.

On a appellé le bagage d'vn camp(*impedimenta caſtrenſia*)car(*impedire*)eſt
quaſi enuelopper d'vne rets & garroter. Tite Liue au vingtneuſieſme : Les
,, Romains cependant voyans ia marcher l'ennemy,& qu'il n'y auoit point
,, de moyen de fortifier leur camp, ſe mirent en bataille apres auoir tranſpor-
,, té & aſſemblé en vn lieu(*impediméta*)leur bagage.Et au vingttroiſieſme:Les
valletz & ſuyte du camp ont eſté miz à la garde(*impedimétorum*)des hardes.

Nous vſons de(*commeatus*)pour les viures d'vne Republique ou armée,
ou de quelque multitude qui marche.Tite Liue au trenteſixieſme:Veu que
,, les Etolins doyuent pour le iour-d'huy donner ordre de faire venir de l'Aſie
,, toute maniére(*commeatus*)de viures aux armées, à fin que l'abondance de
,, blé, & la munition des autres choſes fuſt aux leurs en raiſonnable ſuffiſan-
ce. *Commeatus* auſſi ſe dit en particulier. Ciceron pour la loy Maniliё. Or
,, ſommes nous priués (*commeatu*) de munition de viures tant priuée que
,, publique . On dit auſſi que (*Commeatus*) eſt baillé par le Chef aux ſoldats, c'eſt à dire le temps auquel ils pourront aller & reuenir commodement, ou bien le congé à temps de ſen aller de la guerre, & ou bon
leur ſemblera pour reuenir à certain iour.

Munimenta, ſont fortifications, & munitions du camp, & d'autres choſes qu'on fortifie contre la venuë des ennemys, ſoit de palliz ou de foſſéz,
ou bien de quelque autre moyen, à fin que les ſoldats ſoyent en défenſe
contre(comme i'ay dit)l'arriuée, & courſes de l'ennemy.

Monumenta par mutation de l'I, en, V,ſont les ſepulcres, ſtatuës, tiltres,
liures,& autres choſes qui nous amonneſtent nous ſouuenir du temps paſſé. Au regard de ceux qui veulent dire que c'eſt pour l'auenir que les ſepulcres ſ'appellent monumens , d'autant qu'ils nous amonneſtent de noſtre
mort, ie penſe cela faux: car ils ſont tant ſeulement faictz à l'honneur du
mort, & non pas pour vne publique remonſtrance.

Athleta eſt vn homme fort, & veneur, lequel ayant les ioinctures du
corps oinctes luicte auec vne beſte ayant dens,à fin qu'il donne paſſetemps
de ſes mouuemens aux aſſiſtās, & que de ſon ſang il face reiouyr le peuple.
,, Tite Liue en l'vnzieſme liure de la guerre Punique:Le cōbat auſſi des Athle
,, tes fut à lors en ſpectacle aux Romains auec la veneriё des Lyons, Panthe-
,, res: & ſeſt fait vn ieu de preſque toute l'abondance & diuerſité de ce ſiecle.

Au

Au demeurant Sabin & Caffin, & tous en general ne font pas d'auis que le
meftier des Athletes foit ieu, le fpectacle defquels de fi excellente fabrique,
& d'vn exercice tant cruel fut trouué par les Atheniens à l'honneur de la
Diane de Scytië fefiouïffant d'effufion de fang, qui eftoit vn paffetemps
d'vne auffi grande offenfe publique que priuée, & qu'on peut facilement
entendre, fi nous voulons vn peu r'amener en memoire moyennant les hiftoires fon commencement & continuation, & de quelle depenfe publique, de quant grande auffi diligence, ou plus toft folië, & de quelle grande fantafië, ioye, & labeur du peuple il ait efté finalement executé, eftans
mefmement tant de milliers de gladiateurs, les vns contre les autres, vn fi
grand pris d'Elephans, tant de troupeaux de Tygres, Lyons, Pardes, Afnes,
& Cheuaux fauuages, & finalement des animaux de diuerfes efpeces de
tout le monde par la fourniture que les foreftz & les chaffes que toutes les
nations ont faict au theatre Romain. N'oublions pas auffi cefte par trop
fuperfluë dépenfe en edifices, comme font les columnes de marbre tame- †Lego ad
nées tant par mer que par terre, & poliës d'vne excellence d'entendement uectas pro
des ouuriers pour feruir aux ieux. De laquelle folië le Prince Scaurus n'eft cunctas.
pas à oublier, qui à fon edilité dreffa troys cents foixante tant admirables
columnes au ieu d'vn theatre de peu de iours, & qu'on pouuoit éleuer auec
peu de marrain & cordages pour contenter laueuë du peuple prenant plaifir en telles chofes: tellement que comme il eft efcrit, il a fait le plus grand
de tous les ouurages faicts de main d'homme. Nous auons auffi entendu
par les anciens efcritz, que Curion qui mourut en Aphrique pour le party de Cefar durant la guerre ciuile, inuenta pour furpaffer Scaure d'efprit,
auquel il ne fe pouuoit egaler en richeffes vn theatre, non pas de marbre
comme Scaure, mais de charpenterië, lequel toutefois eftoit double &
fufpendu. Et tint par ce moyen en fufpenduë par fon merueilleux artifice
le peuple victorieux fur toutes nations veincu de ieux, & fefiouïffant en
fes propres perilz, à fin que les armées mefmes riantes, & hebetées eftans
dedans feruiffent de moquerië, & miracle aux affiftans. Or a Romule efté
le premier de noz Roys, qui des le commencement furprint cefte tant ru- †Lego
de, & feuere chafteté des Sabins. Et depuis la puiffance de Tite† confu- profufo
mant vne abifme de richeffes Imperiales, auifa de faire vn edifice, d'ont on properfu-
pourroit voir la capitale des villes. Comme donques le theatre en Grec foit fo.
dit (Hemifpherium) Hemifphere, il eft certain que l'amphitheatre a prins fon
nom, comme quafi deux theatres enfemble, comprenans leurs pourpris †Lego fpa
en vne place, à celle fin que les coureurs euffent fuffifant efpace, & que les ciiutriufq;
affiftans viffent plus facilement toutes chofes: attendu qu'vne grande ron- areæ pro
deur comprenoit le tout. Au regard des combatz que les Latins appellent eius.
(certamina) les autres les appellent (agones) de (a) qui fonne fans, & γωνια angle,
veu que comme il femble à Feftus, le lieu auquel cefte façon de ieux fe fait
eft fans angle. Autres ont autre auis. Ouide au premier des Faftes:

"   · *Le miniftre trouffé caufe du nom peut eftre,*

> *Qui malſacre l'hoſtie aux Dieux pour les repaiſtre.*
> *Ses couteaux ſont tirés pour au ſang chauld les teindre,*
> *Sans iamais requerir, ne requis point ſe feindre.*
> *Les vns penſent le iour agonal ſon nom prendre,*
> *Veu qu'on chaſſe la beſte, & ne ſe vient point rendre.*
> *Aucuns cuydent ce iour iadis ainſi noté,*
> *Et que de ſon lieu ſoit vn charactere oſté.*
> *Eſſe qu'en l'eau l'hoſtie a le glayue marqué,*
> *Ou bien que pour ſa peur, le iour ſoit remarqué.*
> *Peut eſtre auſſi qu'es ieuz iadis accoutumés*
> *Des noms Grecz ſont ces iours hores ainſi nomméz*
> *Agonia diſoit iadis l'ancienneté*
> *Qui me ſemble vne cauſe eſtre auec verité.*

Bellona eſt la ſeur de Mars, & Déeſſe des guerres, à laquelle ſes prelatz ſacrifioyét de leur propre ſang, d'ót Lactáce & Lucain ſont temoings. Lors ou la cruelle Bellone tire apres la ſeignée des braz. Or a-elle eſté ainſi appellée (à bello) dela guerre, & au-iour-d'huy Varró (Duellona à duello) dela guerre.

Minerue qui eſt la maiſtreſſe des vertuz, & qu'on dit eſtre la Princeſſe & inuentereſſe de la guerre, eſt ainſi dicte, d'autant qu'elle amonneſte. Les Gentilz de vray la tenóyent pour ſapience. Cornificius toutef-fois la penſe eſtre ainſi dicte, d'autant qu'on la figure & peint auec menaſſes d'armes. Car elle tient vn pointon, & vn bouclier auec la ſallade en teſte. Les autres l'eſtiment auoir eſté dicte Minerue d'autant qu'elle (minueret vel minueretur) diminuoit, ou qu'elle eſtoit diminuée. Et pour-tant eſt-il incertain ſi elle-a †Lego Ca- point eſté dicte (Capta) ou (†Capitalis) Car il eſt de diuerſes cauſes de ce pitalis pro nom. Ouide au troyſieſme des Faſtes:
capita.

> *Quoy que de Capte on peut le temple petit voir,*
> *Minerue à ſa n'aiſſance a commencé l'auoir.*
> *Le nom eſt bien douteux, car vn eſprit ſoigneux*
> *Nous diſons Capital, elle l'a vigoreux.*
> *Seroit ce que du Chef (comme on dit) de ſon pere,*
> *Elle ſaillit ayant ſon eſcu, & ſans mere?*
> *Ou que captiue vint le faliſque domté*
> *La premiere ſyllabe à ce ſeing la noté*
> *Ou que loy Capitale elle a, faiſant punir*
> *Les larrecins trouuéz, & du païs bannir.*
> *Mais de quelque raiſon que ces noms on pourchaſſe,*
> *Pour noz chefz touſiours a de Gorgon la cuyraſſe.*

Elle a auſſi eſté dicte Tritonië, d'autát qu'on la dit auoir apparu en habit virginal au téps d'Ogyges pres du lac ou du riuage de la riuiére de Tritó. Au demeurát elle a eſté dicte Pallas à cauſe de Pallene Iſle de Thrace, ou bié du geát qu'elle a tué. Il eſt vray que ces deux denominatifz ſont quelques foiz proferés par les poëtes ſans propre nom. Virgile au deuxieſme des Éneïdes:
Tritonia

-Tritonia reſpice Pallas.

„ *Inſedit nymbo effulgens & Gorgone ſana.*

Mars eſt ainſi dict d'autant qu'il a le gouuernement ſur(*mares*)les maſles
en la guerre, comme il ſemble à Varron, Combien qu'ils ſoyent troys maniéres de coutumes, comme aux Iaxamathes prochains de la bouche de
la riuiére de la Tane, là ou les femmes font meſmes meſtiers que les hommes, de ſorte qu'elles menent la guerre. Les hommes de vray combatent
à pié de l'arc, elles à cheual, & non pas à armes. Mais elles tuent ceux en tirant qu'elles ont attrapé de leurs licols : ou bien aux Amazones, là ou les
ſeules femmes combatent : ou bien aux Romains & pluſieurs autres nations, là ou les ſeuls maſles combatent . Ou bien il a eſté dict Mars d'autant qu'il fut rauy par les Sabins, là ou Mamers ſignifié en langue Oſque
comme Mars : lequel faiſant ſes furiës eſt dict Gradiue, & Quirin lors qu'il
eſt tranquille. Or auoit il dedans Rome deux temples l'vn de Quirin comme garde, c'eſt à dire tranquille dedans la ville : l'autre ſur le chemin Appian
hors la ville au-pres la porte, quaſi comme du combatant, c'eſt à dire *Gra-
dini*, car ceux qui combatent auancent leur pas, ou bien ils marchent diligemment. Et tout ainſi qu'Epaminondas diſoit que le païs de Beocië eſtoit
le theatre de Mars, & que Xenophon appelle l'Epheſe la boutique de guerre : les Romains auſſi lors appelloyent le temple de Mars le guerroyant, lequel tous dient vn Dieu fort cruel & armé : & qu'à ceſte cauſe il a la ſuperintendence ſur les guerres & armes. Finalement quelques vns l'eſtiment eſtre
Liber meſmes. Les Romains portent reuerence à tous deux d'vn nom de
pere, donnans le ſurnom de pere à Liber, & à l'autre de Maſpiter, qui eſt a
dire Mars pere. A ceſte cauſe le pere Liber eſt éprouué auoir grand pouuoir
ſur les guerres, d'autant qu'ils ont premiérement affermé eſtre autheur de
triumphe. De vray auſſi ſa ſtatuë au païs des Lacedemoniens porte à vne
hante vne enſeigne, & non pas vn pointon, car quand il le tient, que por-
te-il autre choſe qu'vn dard caché, la pointe duquel eſt couuerte de l'yerre
ſattachant contre? lequel monſtre que les fureurs de la guerre ſe doiuét liër
du lien de patience. L'yerre auſſi a vne nature de liër la chaleur du vin, duquel Liber eſtant l'inuenteur pouſſe auſſi les hommes à vne furië de la guerre. Parquoy ils ont voulu que Liber & Mars fuſſent vn meſme Dieu pour
l'affinité de leur chaleur.

Mauors eſt tout ainſi dict par figure comme(*Induperator*)ſelon l'auis de
Seruius au commentaire du premier des Eneïdes, les autres le penſent eſtre
ainſi dit d'autant qu'il(*magna vertat*)braſſe grandes choſes.

Mars ou bien *Mauors* a eſté dit Gradiue de(*Gradiendo*)cheminer, par ce
que ceux qui cóbatét à la guerre auancét le pas, ou bié marchét diligément :
ou bié d'autát qu'en la guerre les armées viénét l'vne cótre l'autre, ou bié du
dardemét du pointon que les Grecz dient χϱαδαίνω, ou bien cóme diſent les
autres, qu'il eſt nay de(*gramen*)dent de chien : ce qu'ils interpretét ainſi par
ce que la coronne d'elle eſt la plus honnorable au meſtier de la guerre.

Iuppiter a esté dit Feretrië de (*Ferre*) porter, d'autāt qu'on l'estimoit porter la paix du temple, duquel on prenoit le sceptre, par lequel on iuroit, &
le caillou pour faire l'accord.

Les autres dient, que comme le Roy Acron, Roy des Cecinenses eut
esté veincu & transpercé d'vn dard par Romule, & que ses depouilles euf-
sent esté par luy reueuu à Rome dediéz à Iuppiter par vn veu, ce trophée à
luy ordonné luy aiousta le surnom de Feretrie pour auoir feru l'ennemy. Il
est aussi dict de (*Fero*) comme nous auons dit. Properce.

†Ex Pro-
per lege
tria, pro
tua & quia
pro quis.

> *Trois depouilles posées au temple furent causé*
> *De Feretrin, d'autant que le Chef mit à mort*
> *Le Chef d'vn certain heur, ou qu'à leur dos les armes*
> *Veincuës ils portoyent, ainsi de Iuppiter*
> *Le noble autel a prins surnom de Feretrin.*

Ianus a la prééminence de faire les accords. Car aprés que Romule, &
Tite Tace eurent fait accord, on fit vne statuë à Ianus à deux frons, quasi
à l'image de deux peuples. Ganius Bassus a dit au liure qu'il a composé des
Dieux, qu'on peindoit Ianus à deux frons, comme portier superieur, &
inferieur. Ouide aux Fastes.

> *Tu ce que voys du ciel, de mer, & nuës, & terre*
> *Ie les puys faire voyr, & les tenir en serre.*
> *De la garde du monde en moy git le deuoir,*
> *De tourner le piuot, i'en ay tout le pouuoir.*
> *Or a chacune porte, & çá & lá front double,*
> *L'vne regarde au peuple, & l'autre au Dieu redouble.*
> *Et comme voz portiers se seyans à la porte*
> *Voyent du prime hostel, soit qu'on entre ou qu'on sorte,*
> *De la porte du ciel aussi estant la garde,*
> *Le leuant & couchant ensemble te regarde.*

Nous le lisons aussi auoir esté à quatre frons, comme ayans sous sa maiesté tous les climaz. Ny ne se faut émerueiller s'il est aux vns Bifront &
aux autres Quadrifront, car autres le veulent outre celá estre dict Dieu,
auquel est l'Orient, & l'Occident. Horace.

> *O pere matutin, ou si plus te plait lane.*

Les autres qu'il est Dieu de tout l'an, lequel il est certain estre diuisé en
quatre temps. Or est il euident qu'il est Dieu de l'an en ce que le commencement de l'an en est appellé. Anciennement on l'a appelle Chaos Patula-
que, Clausie. Ouide es Fastes.

> *Iadis on m'appelloit Chaos, qui suis antique*
> *Tu riras de mes noms, hores qui Patuluque*
> *Puis Clausie suys dit du sacrificateur.*

La raison de ces deux noms est, par ce que durant la guerre les portes
sont ouuertes, & en paix closes. La cause de celá se recite telle, que comme durant la guerre Sabine, qui fut dressée à cause des filles rauiës, les

Romains

Romains se hastassent de fermer la porte, laquelle estoit au pié du mót Vi-
minal, & qui depuis pour le cas auenu fut appellée Ianuale, d'autant que les
ennemys s'y adressoyent, elle s'ouurit de soy-mesmes apres estre close. Et côme cela auint deux & trois fois il y demeura pour la garde beaucoup de gés
en armes, pour-autant qu'on ne la pouuoit fermer. Mais côme d'autre costé
le combat fust fort rude, le bruit incontinét vint que Tace auoit chassé les
Romains. Par-quoy ceux qui en auoyent la garde prindrent la fuyte. Et
comme les Sabins eussent à entrer par la porte estant ouuerte, on dit qu'il
descendit du temple de Ianus vne gráde violence de torrens auec vne sour-
se d'eau par ceste porte là, & que plusieurs bandes durát le combat ont esté
ròpuës par les bouillons, ou bien engloutiës d'vne profunde rauine. A ceste
cause on a trouué bon que durant la guerre estant Ianus party pour le secours de la ville, les portes fussent ouuertes. La porte Ianuale, comme dient
les autres, a esté dicte de Ianus. Et pourtant est là, mise vne enseigne, & vne
ordonnáce faitte par Pompilius, comme Piso l'escrit es annales, qu'elle fust
tousiours ouuerte durant la guerre. Toutef-fois Varro dit qu'il ne se trouue
point par memoyre qu'elle ait iamais esté ouuerte du regne de Pompilius,
mais depuis, comme le temoigne Tite Liue, lors que T. Manlius estoit Cô-
sul apres la premiére guerre des Carthaginoys vuydée, & apres la guerre
Actiatique finië par l'Empereur Cesar Auguste, estant la paix acquise tant
par mer que par terre. Or montre le nom de ce Ianus qu'il a la prééminence
sur toutes les portes, ce qui est vray semblable. De vray on le figure auec vne
clef, & verge quasi côme gouuerneur des chemins, & garde des portes, côbien que celles de la guerre soyét doubles. Virgile au premier des Eneïdes.

»   *Or a, comme lon dit, la guerre double porte:*
»   *A qui en craignant Mars la reuerence on porte.*
»   *De cents verrous d'arein close est, & bien ferré:*
»   *Desquelles à iamais Ianus garde l'entrée.*
»   *Si au combat les grands, se sont deliberé,*
»   *Lors le Consul les ouure en richesses paré*
»   *D'vn vestement Quirin, en echarpe portant*
»   *Le Gabin & la guerre appelle, & puis partant*
»   *La ieunesse le suyt, lors les trompettes sonnent*
»   *Et d'vn cry enroué leur consentement donnent.*
»   *Cecy lors se faisoit, qu'aux Latins guerres fortes*
»   *On annonçoit, ouurans les pluf-que tristes portes.*

    Pactum) est dict de (*pactio*) comme dit Vlpian, d'ont le nom de paix est
appellé. Mais (*pactum*) est vn accord & consentemét de deux, & paction de
» deux ou de plusieurs. Tite Liue au sisiesme: Et comme la fortune des assié-
» gés ne peust porter le retardement de ceste esperance, & que le peu des ci-
» toyens estoit pressé du trauail de veiller & de blessures, en liurant par vne
» paction la ville aux ennemys, ils delaisserent leurs dieux domestiques, estás
» enuoyéz en miserable troupe sans armes, & auec vn seul vetement.

                                    X iiij

Pax) paix eſt de ſignification notoyre. Virgile au ſetieſme:

,,   *La main du Roy touchée fut vne part de paix.*

Pax, ſignifië auſſi perdon. Virgile au troiſieſme des Eneïdes:

,,   *Par veuz & par priéres ordonnent requerir*

,,   *(Pacem) paix.*

Pax, auſſi ſignifië ayde. Virgile au meſme: Ils requierēt *(pacē)* layde des dieux

Pax, auſſi ſignifië bienueillance. Le meſme au quatrieſme: *-pacēq; per aras*

,,   *Exquirunt.-*

,,   *Par ſacrifice auſſi la bienueillance quiérent.*

    Pax, auſſi au temoignage de Priſcian au cinqieſme liure peut ſignifier de meſme tant au ſingulier qu'au plurier. Il eſt vray que nous n'en vſons pas au plurier, par-ce qu'il n'en eſt point d'vſage. Ie m'eſmerueille bien toutef-fois que cela ait eſté dit par le prince des Grāmairiens, veu que ie le treuue pro-feré en plurier par aucuns hómes approuuéz & excellés en la lãgue Latine.
,, Lucrece au cinqieſme des choſes naturelles: *Ventorū pauidis paces, animáſq; ſe-*
,, *cundas.* Varro en la vie des peres troiſieſme liure: Il faut prēdre premiéremēt
,, garde pour quelles cauſes, & commēt ilz ont eſtably *(paces)* les paix, ſecon-
,, dement de quelle foy & iuſtice ils les ont gardé. Horace au premier des
,, Epiſtres: *Bella queis & paces.* & au deuſieſme: *Hoc paces habuere.* C'eſt aſſés dit du vocable de paix, & de ſon vſage pour ceſte heure. Au demourant ſes effeēts conſiſtent en ce que les peuples profitent en elle, que l'vtilité des na-tions ſoit gardée, à fin qu'elle ſoit la mere des bons ars, & qu'en multipliant le genre humain par vne ſucceſſion reparable elle prológue les facultéz, & qu'elle rende les façons de viure bonnes, & que finalement elle ait en ſoy tant de bien, qu'es affaires humains on n'ayt de coutume de rien ſouhait-ter plus agreable ne plus deſirable, & que finalement rien ne ſe puiſſe trou-uer meilleur. Au ſurplus le diuin Veſpaſian ne delibera pas ſans propos d'e-difier vn temple de tranquillité, pais & cócorde apres les triumphes, & l'aſ-ſeurance de l'eſtat de l'Empire Romain, auquel il vſa de telle largeſſe que toutes les choſes furent là aſſemblées, pour le deſir deſquelles voir ſes prede-ceſſeurs roddoyent tout le monde.

    Fædus) eſt vne loy, & quelque fois vne paix qui ſe fait entre les ennemys. Et a eſté ainſi dit d'autāt que la foy y entreuient. Parquoy Varro dit: *Per hos etiam nunc fit fædus, quaſi fidus.* Ennius dit, qu'il eſt dit au meſtier de la guerre à cauſe des feciaux, c'eſt à dire des Prelats par leſquels ſont faiēts *(fædera)* les confederations, ou bien *(ab hirco vel hædo)* d'vn bouc, ou d'vn cheureau, en aiouſtant a *(hædus)* vne f, ce que les anciens auoyent pour vn ſigne perni-cieux, comme: *Sanguine fædantem quos ipſe ſacrauerat ignes.*) corrumpant de ſang les feuz à Dieu vouéz, ou bien à cauſe d'vne truyë *(fædè)* vilainement & cruellement tuée de coups de pierres, la mort de laquelle eſtoit deſirée à qui fauſeroit la foy. Parquoy l'excellent des poëtes.

,,   *Depuis les Roys entre eux les combats delaiſſés,*

,,   *Deuant l'autel armés ſe tenoyent tous dreſſés,*

" *Du grand dieu Iupiter,en main taſſes ayans:*
" *Et faiſoyent leur accord,le porc ſacrifians.*

Les Arabes auoyent de coutume en faiſant vn accord d'inciſer le dedãs
de la main pres le pouce,& non pas de tuér vne truyë,& de prédre du fil des
robes des deux partiës,& d'oindre des deux ſangs ſept pierres poſées au mylieu d'eux en inuocant Denys & Diane,& apres ces choſes faittes les appeller amys. Les Scytes & Lydiens tirẽt auſſi en cecy comme le temoigne Herodote, de leur ſang , & en le beuuant les vns des autres ils confermẽt leurs
accords.Et ce non ſeulemẽt de leur coutume,mais auſſi par vne vſurpation
de la diſcipline des Medes. Les accords de vray furent ainſi conferméz à la
guerre qui fut faitte entre†Haliathe le Lydien, & Aſtiages Roy de Medië,	† Ex He-
l'an ſix cents & quatre apres la prinſe de Troye.Au regard de celuy des Ro-	rodoto Ha
mains auec les Etolins il fut fait ſous ces conditions: Les Etolins conſerue-	liatem,pro
" ront l'Empire,& maieſté du peuple Romain loyalemẽt,†ny ne ſouffriront	Illiricem,
" paſſer par leur païs aucune armée contre ſes amys & alliéz, ny ne leur don-	†Ex Ti.Li
" neront confort ny ayde , & ſeront ennemys des ennemys du peuple Ro-	uio duce-
" main, portans les armes contre eux , & leur menant la guerre. Ils rendront	tur, pro
" auſſi aux Romains, & à leurs alliés les trahiſtres & fugitifz , & les captifz ſi-	ducet.
" non ceux,qui captifz & retournéz à leurs maiſons ont eſté de-rechef prins,
" ou bien ſi aucun d'eux ont eſté prins au temps qu'ilz eſtoyent ennemys des
" Romains lors que les Etolins eſtoyent au ſecours d'eux . Au regard des au-
" tres qui ſe trouueront dedans cent iours,ils ſeront rẽdus ſans fraude au Ma-
" giſtrats de Corfun. Et quant à ceux qui ne ſe trouueront,ſoudain,qu'il ſen
" r'encõtrera quelqu'vn,il ſera rendu . Ils liureront auſſi des oſtages au choys
" du Conſul,qui ne ſeront point moindres de douze ans,ne de plus grãd âge
" de quarante. L'oſtage ne ſera point Preteur,Conneſtable,ne Scribe public,
" ne nul de ceux qui au par-auant auront eſté oſtages aux Romains.Quant à
" la Cephalenië,elle n'y eſt point compriſe.Au regard de la ſomme d'argẽ,
" & des péſions qu'ils payeroyent,il ne fut rien mué de ce qui auoit eſté con-
" uenu auec le Conſul, & fut accordé que ſils vouloyent bailler argent pour
" l'or,ils le pourroyent,pourueu que le denier d'or en valeuſt dix d'argẽt. Au
" regard des villes,contrées,& hõmes qui ont eſté autreſ-fois en la ſubiection
" des Etolins ils ne pretendront aucun recouurement de ceux qui ont eſté
" conquis par armes durant le Conſulat de T. Quince, & Cnée Domice, ou	† Hunc lo
" depuis,ou qui voluntairemẽt ſe ſont rẽduz au peuple Romain. †Quãt aux	cum emẽ-
" Eniades leur ville & païs,ils ſeront aux Acarnanes.Il y a auſſi vne autre for-	daui cum
me d'accord notable comme le temoigne Tite Liue eſcrite en ſes parolles,	mendis ſu
" ſuyuant l'auis de dix deleguéz auec Antiochus: L'amitié du Roy auec le	perioribus
" peuple Romain ſera ſous ſes loix & conditions. Que le Roy ne ſouffrira	ex Ti.Li
" point paſſer armée par ſes païs pour mener la guerre au peuple Romain , ne	uio deca.
" à ſes alliés, ne ſur la contrée de ſes ſubiects, ny ne les ſecourira de viures, ne	4.lib.6.
" d'autres munitions . Ce que de meſme les Romains & leurs alliés feront au
" Roy & à ſes ſubiects. Le Roy auſſi ne pourra mener la guerre aux habitans

,, des ifles, ne pafler en l'Europe. Il fe departira aufli des villes, côtrées villages
,, & chafteaux qui font au deça du mont de Taurus iufques à la riuiére de la
,, Tane, & depuis la vallée de Taurus iufques aux montaignes qui tirent à la
,, Lycaonië, fans emporter les armes des villes, païs, & chafteaux qu'il quitte-
,, ra. Et f'il en a trâfporté, il en fera entiére reftitution lá ou il fera befoin. Il ne
,, receura aufli aucun foldat, ny autre du Royaume d'Eumenes, Si aucuns
,, bourgeoys des villes que laifle Antiochus font auec luy ou en fôn Royau-
,, me, ils retourneront à Apamée auant le iour affigné. Au regard de ceux qui
,, du Royaume d'Antiochus feront auec les Romains, ou leurs alliéz, ilz au-
,, ront liberté de fe retirer, ou de demourer. Quant aux ferfz & fuitifz, ou pri-
,, fonniérs de guerre, ou fi c'eft vn libre prifonniér, ou fuitif, il fera rendu aux
,, Romains ou alliés. Il liurera tous les Elephans, ny n'en fera prouifion d'au-
,, tres. Il liurera aufli toutes les galleres, & leur equipage. Ny n'aura point plus
,, de dix barches à trente rames, & pas vn brigatin pour la guerre qu'il voudra
,, mener, ny ne nauigera au deça des promontoyres, de Calycandre & Sarpe-
,, done, finon que ce foit veffeau portât argêt, foude, Ambaffadeurs, ou ofta-
,, ges: ny ne fera loifible au roy Antiochus de leuer gens de foude des nations
,, fubiettes aux Romains, ne mefmes receuoir les voluntaires : & quant aux
,, maifons & edifices appartenâs aux Rhodiens & alliéz au dedans des limi-
,, tes du royaume d'Antiochus, ilz y auront tel droict qu'au par-auât la guer-
,, re ilz auoyent: & f'il eft deu quelque argent, ils le pourront exiger : & fi l y a
,, rien de rauy, ils le pourront quereller, en cognoiftre, & le repeter. Si ceux
,, à qui Antiochus a donné les villes, les tiennent, il en retirera les garni-
,, fons, & donnera ordre de les rendre en bon eftat. Au demourant il paye-
,, ra fept millions deux cens mille efcuz dedans douze ans par payes egalles
,, en douze mille talens Atiques de fin argêt, ny ne fera le talent de moindre
,, pois de quatre vingt mille liures Romaines: & outre trois mille fept cens
,, cinquante muids de fromêt: & qu'il liurera dedans cinq ans au roy Eume-
,, ne neuf vingt mille efcuz : & pour l'eftimation du blé feptante-fix mille
,, deux cés efcuz. Il baillera aufli aux Romains vingt oftages, lefquelz il chan-
,, gera au bout de trois ans, qui ne feront moindres de dix-huit ans ne plus
,, âgés de quarante. Si aucun des alliés des Romains menent la guerre à An-
,, tiochus de leur bon gré, il luy fera loifible de repoufler la force, par la force,
,, pourueu qu'il ne retienne aucune ville de droit de guerre, ou la reçoyue en
,, amitié: & quant à leurs querelles qu'ils les vuydent par droit & iuftice, ou
,, par armes à leur bon plaifir. Il fut aufli articulé de liurer entre leurs mains
,, Annibal le Punique, Thoas l'Etolin, Mnafimache l'Acarnane, auec Bolide
,, & Philon de Calcide. Il eftoit aufli articulé en ceft accord, que fi on y vou-
,, loit par apres aioufter, ou changer quelque chofe, que cela fe feroit fans le
,, rompre. Ie treuue aufli par les autheurs approuués qu'il eft trois efpeces
d'accords, fuyuant lefquels les citéz, & Roys feroyent leurs alliances. L'vn
eftoit lors que les loix eftoyent baillées aux veincus par guerre. De vray il
eftoit au vouloir, & arbitre du veinqueur, lá ou toutes chofes eftoyent ren-
dués

duës au plus fort d'en prendre ce que bon luy fembloit, & les condamner à
fa volunté. L'autre quand deux d'egales forces faifoyent paix, & amitié par
vn egal accord, car à lors les chofes fe repetent & rendent par la conuétion.
Et fi la poffeffion d'aucunes a eu trouble, on compofe fuyuant le droiét ancien, ou bien à la cómodité des deux partíes. La troifiefme efpece eft quand
ceux qui ne furent onques ennemys, font vne amitié par vn accord fecial.
Ceux là ne prennét, ny ne baillent loix, car cela appartient au vinqueur, &
vincus. Et cóbien qu'au temoignage de Tite Liue, ne foit point memoyre
plus ancienne d'accord, que de celuy qui fut faiét entre les Albanes, & Romains, Pline toutef-fois temoigne au fetiefme de l'hiftoyre naturelle, que
Thefeus trouua premiérement les accords.

Nous difons proprement les chofes fainétes felon Vlpian, qui ne font
confacrées ne prophanes, mais confermées par vn decret inuiolable. Et ce
qui eft confermé par vne fainéte ordonnance, eft fainét, combien qu'il ne
foit confacré à Dieu.

La chofe eft fainéte, au temoignage de Martianus, qui eft defenduë &
muníe contre l'outrage des hommes. Tite Liue au neufiefme de la guerre
„Macedonique : Ia ne fabftenoyent ils pas de violer les ambaffadeurs, qui
„font fainéts par le decret commun des nations. *Saétum*) eft dit (*à fagminibus.*)

Or appelloit on (*Sagmina*) la veruaine qu'on cueilloit en lieu fainét, quád
les ambaffadeurs alloyét faire accord, ou bien fignifiër la guerre. Tite Liue
„au premier liure, fuyuant le commandement du Roy il difoit : Ie vous re-
„quier Sire des fagmines. Le Roy luy dit : Pren là nette. Le Fecial apporta de
„la fortereffe de cefte façon d'herbe nette. Le mefme au difiefme liure de la
„guerre Punique : Comme il fuft ordonné aux Feciaus d'aller en Aphrique
„pour faire accord, il fut faiét à leur requefte vn decret du Senat en ces ter-
„mes : qu'ils portaffent quád & eux vn caillou, & vne verueine, & que fuyuát
„le commandement du Preteur Romain, ils fiffent l'accord, & qu'ils luy de-
„mandaffent des fagmines. Cefte maniére d'herbe prinfe en la fortereffe a de
coutume d'eftre liurée aux Feciaus. Les ambaffadeurs Romains auoyét auffi de coutume de porter cefte herbe à fin d'en eftre preferués, & que homme
ne leur fift outrage, tout ainfi que les ambaffadeurs des Grecz portoyent ce
qu'ilz appellent le Caducée.

Obfides) oftages font diéts de (*Obfidium*) fiége, d'autant qu'ils font liurés
par les affiégéz, ou bien (*obfides*) pour (*obfides*) veu qu'ils font baillés pour l'af-
feurance de la foy du païs, comme le temoigne Feftus.

Vas) fignifië de mefme que (*Obfes*) defcendu de (*Vadere*) aller, par ce qu'en
le baillant, on fen peut aller, & retirer. Et de là eft venu, que (*vadatus*) fignifië obligé, ou bien cheminant fous fidemanumiffion, comme le dit Fene-
„ftella : Enuers lequel (*vadatus*) obligé il eftoit lié du neu d'amitié.

Hoftis) anciennement fappelloit voyageur, hofte, & celuy qu'au-iour-
„d'huy on appelle (*hoftis*) ennemy eftoit appellé (*Perduellio.*) Varro : On difoit
„anciennement (*hoftis*) l'eftrangér qui viuoit de fes loix : au-iour-d'huy on

„ appelle (*hoſtis*) ennemy celuy que lors on appelloit (*perduellis*.) Ciceron au
„ premiér des offices : De vray ie pren auſſi garde en ce que celuy qui de ſon
„ propre nom eſtoit perduël, fut appellé (*hoſtis*) par vne douceur de vocable,
„ allegeant l'horreur de la choſe. Car celuy qu'au-iour-d'huy nous appellons
„ eſträger eſtoit par noz anceſtres appellé (*hoſtis*.) Ce que temoignēt les dou-
„ ze tables. Ou le iour eſtably auec (*hoſtis*.) Item l'authorité eternelle auec (*ho-*
„ *ſtis*.) Que ſauroit on faire d'auantage plus gratieuſement, que d'appeller
„ d'vn nom ſi doux celuy auec lequel tu as guerre ? combien que le temps l'a
„ ia rendu plus rude, car il ne ſignifië plus l'eſtranger, & eſt demouré propre
„ à celuy qui porte les armes ennemiës. Caïus de la ſignification des mots:
„ Ceux, dit il, que nous appellons (*hoſtes*) ennemys, noz anciens les appel-
„ loyent (*perduelliônes*) ſignifians par ceſte adionction ceux auec leſquelz ilz
„ auoyent guerre. Vlpian parlant de la loy de la maieſté Iulië : Quiconque,
„ dit il, eſt coulpable de la loy Iulië de la maieſté, il eſt animé contre la Repu-
„ blique, ou bien contre le Prince (*animo hoſtili*) d'vn cœur d'inimitié. Ceux
auſſi ſont dicts (*hoſtes*) & le ſont qui nous ſignifiēnt la guerre, ou bien auſquels nous la declarons ouuerte : quant aux autres on les appelle brigans, &
larrons. *Hoſtire*) ſignifië egaler, (*hoſtimentum*) égaleté, d'ont (*hoſtes*) ſont dicts,
par ce qu'ilz viennent au combat pour cauſe egale.

 Hecatombe) ſelon le temoignage de Iule Capitolin, eſtoit vn ſacrifice de
ceſte ſorte. On dreſſe en vn lieu cent autels de gâzons, auſ-quelz eſtoyent
ſacrifiés cent porceaux, & autant d'ouailles. Le ſacrifice auſſi des Empereurs, ſoit de cent beufz, & cent aigles, auſſi ſont ſacrifiés par cêteines ceſte
maniére d'autres animaux, ce qu'on dit auoir anciennement eſté fait par
les Greez, eſtans preſſés de peſte.

 Hoſtiæ) ſont dictes ſacrifices, qu'on fait deuant qu'aller contre les ennemys, ainſi dicts, d'autant que *hoſtire*, eſt tuér pour ſacrifiér. A l'occaſion deſquelles Trebace au premiér des religions dit eſtre deux choſes, l'vne par laquelle on quiert la volunté de Dieu par entrailles, & l'autre par lequel la
ſeule ame eſt vouée à Dieu, d'ont il auient que les Aruſpices appellent les
hoſtiës, animées. Virgile en ſa poëſië diuine, montre ces deux maniéres de
ſacrifice, & premiérement celuy, auquel la volunté des dieux ſe montre par
entrailles, diſant :
„ *Les choyſiës brebis comme on ſouloit il tuë.*
Puis ſoudain apres :
„ *Les ouailles ouurant, d'ardeur il ruminoit*
„ *Les bouillantes entrailles.*
 Au regard de l'autre c'eſt à dire, auquel on dit le ſacrifice animé, & par
lequel la ſeule ame eſt vouée, il le montre quand il fait, qu'Entelle vinqueur
à Erix ſacrifioit vn toreau. Car pour trouuer les cauſes du ſacrifice animé,
il a vſé du nom :
„ *Hanc tibi Erix meliorem animam pro morte Daretis.*
„ *Pour la mort de Dares ceſte ame pour le mieux.*

Et

Et pour montrer la deſtination de ſes veuz, il dit : *Perſoluo*) pour tòy ie paye, qui ſe dit propremẽt du veu. Et pour mõtrer auoir ſatiſfait aux dieux, il a ſignifié diſant:

»   *On aſſomme le bœuf, ẽ tremblant il chet mort.*
Le meſme encores touchant le ſacrifice animé.

»   *Par le ſang d'vne vierge, ô Grecz les vents rompiſtes*
»   *Quand au paìs Troyan premiérement vous vinſtes.*
»   *Or faut il le retour par ſang, ẽ ſacrifice*
»   *D'ame Grecque cercher.*

Or quãd il a dit (*anima*) il a ſignifié le nom du ſacrifice, & (*litare*) il ſigni-ſié auoir pacifié les dieux apres le ſacrifice accomply.

Victimes ſont ſacrifices, qui ſe font apres vne victoyre, & ont eſté ainſi dictes, d'autant que (*vincta*) liées on les menoit aux autelz, ou bien d'autant qu'elles eſtoyent frapées, & qu'elles mouroyent par la dextre victorieuſe. Il eſt vray que l'authorité confond bien ſouuent par licence ces deux mots. Ouide au premier des Faſtes:

»   *Victima quæ dextra cecidit victrice vocatur*
»   *Hoſtibus à domitis hoſtia nomen habet.*

» Quãt à la victime Tite Liue au vingt-deuſieſme, iuſques à ce qu'vn cheua-
» lier appellé Ducarion cognoiſſant le Cõſul de face, dit : Voicy celuy lequel
» auec ſa cõmune a tué noz legiõs, & a ruiné noſtre ville, & cãpagne. Or maī-
» tenãt liureray-ie ceſte victime aux eſprits de noz citoyẽs cruellement tués.

Scæuola fils de Publius penſe que (*Poſtliminium*) eſt vn mot compoſé, tel-lement qu'il y a (*poſt*) apres, & (*limen*) porte : de ſorte que toutes choſes qui ſont alienées de nous, & ſont tombées entre les mains des ennemys, & qua-ſi comme ſortiẽs de leur porte, ſembloyent à leur retour eſtre par apres re-uenuës à leur porte, par (*poſtliminium*) vn recours.

Præda) butin, eſt ſelon Varron vne choſe prinſe par les ennemys, quaſi (*parida*) prinſe à la main.

Manubiæ, comme il ſemble à Q. Aſconius Pedianus, ſont les droicts du Chef, d'vn butin faict ſur les ennemys, tellement que comme il eſt eſcrit es liures des choſes, & vocables anciens: les manubiës ſont differentes de (*præ-da*) en ce que (*præda*) eſt le butin, qu'on a fait ſur l'ennemy, & les manubiës ne ſont pas le butin, mais tant ſeulement les deniers faicts par le Queſteur de la vente du butin. Il faut entendre, cõme il a eſté dit, que par le Queſteur on entend le treſorier de l'epargne, car la charge de l'epargne a eſté tranſ-
» ferée des Queſteurs aux gouuerneurs. Tite Liue au vingt-ſiſieſme : P. Cor-
» neille auquel eſtoit écheu la prouince de la Gaule, requit au Senat auant
» que partir pour mener la guerre aux Boulonois luy eſtre liuré argent pour
» les ieux, qu'eſtant Preteur en Eſpagne il auoit voué au fort de la bataille.
Mais il ſembla auoir fait vne etrange, & iniuſte demande. Parquoy ilz or-donnerent qu'il feiſt les ieux, qu'il auoit voué ſans l'auis du Senat de ſa ſeule fantaſiẽ, des deniérs faicts de la vente du butin, ſi aucuns il auoit reſerué, ou

bien à ſes propres depés . Il ſe trouuera bien touteſ-fois qu'aucuns eſcriuins
de renom,ont en eſcriuant mis(*præda*)pour(*manubiæ*)& l'vn pour l'autre te-
merairement, ou bien de nonchallance,ou bien ils l'ont fait par vne figure
tropique d'vn changement de vocables,ce qui eſt permis à ceux qui le font
ſagement, & de prudence. Mais ceux qui ont parlé proprement, & au naïf,
comme ont fait pluſieurs,meſmes M.Tulle Ciceron autheur treſ-diligent
en la loy Agrarië,ont appellé-les manubiës argent . On a auſſi leu es liures
des Etruſques,que les coups de foudre ſont dicts manubiës.Finalement les
manubiës ſont les paremens des Roys , & pour-tant dit Petronië Arbitre:
,, Tant de manubiës de Roys trouuées en vn fuïtif.

On dit (*reſignare æs militi*) quand pour quelque faute le Tribun des gens
de guerre ordonne par ſentence redigée par eſcrit, que la ſoude ne ſoit baillée au ſoldat,car on diſoit anciennement(*ſignare*)pour eſcrire.

Aerarij milites) gens de ſoude ſont ainſi appellés, comme dit Varro, par
ce qu'ils prenoyent ſoude. *Hinc ſtipendium*) la ſoude eſt venu de(*ſtips*) monnoye menuë d'autant qu'ilz appelloyent la monnoye de cuyure(*ſtips*.) Les
gens de guerre ont eſté dicts(*ſtipendiarij*)d'autãt qu'ils payoyent ceſte façon
de monnoye. Et pourtant dit Ennius: Les Carthaginoys payent(*ſtipendia*)
tribut . Or que(*ſtips*)ſoit monnoye batuë, il eſt aparent d'autant qu'elle ſe
baille à l'homme de guerre pour la ſoude , & qu'on promet pecune, qu'on
appelle(*ſtipulari*)promettre.

Pecunia) pecune , laquelle certainement eſt le nerf de la guerre, eſt ainſi
dicte comme dit Ciceron au temoignage de Varron , d'autant qu'alors les
paſteurs auoyent leur pecune(*in pecore*)en beſtail. Pline au vingt-troiſieſme
,, de l'hiſtoyre naturelle:Seruius a eſté le premier qui a battu mõnoye de cuy-
,, ure,laquelle fut figürée(*nota pecudum*)de marques d'ouailles d'ont elle a eſté
,, appellée pecune.Caſſius au ſetieſme:*Pecunia à pecudis tergo nominata*)la pecune a eſté ainſi appellée à cauſe du dos de brebis, laquelle a depuis eſté tranſferée aux metaux ſans aucune effigïe par l'inuention des Gauloys.

Le ſoldat eſt dict(*habere æs alienum*) deuoir,qui doit or,ou monnoye publique de cuir,comme a eſté celle des Lacedemoniëns qui ſeruoit d'argent
monnoyé,ainſi que dit Seneque au cinquieſme(*de beneficiis*.)

Denarij)deniers quaſi(*deni*)cõme dit Varro,d'autant qu'ilz en valloyent
dix de cuyure,tout ainſi que(*Quinarij*)en valloyẽt cinq. Vitruue au troiſieſ-
,, me de l'architecture: Les noſtres ont premiérement forgé l'ancien denier,
,, auquel ilz ont ordonné dix piéces de cuyure : à ceſte cauſe la compoſition
du nom retient iuſques au-iourd'huy le nom de denier. Dydime eſt d'auis,
qu'il eſt de dix petites liures.Pline au trẽte-troiſieſme liure de l'hiſtoyre naturelle:† Le denier fut receu pour dix liures de cuyure , & le quinaire pour ,,
cinq,le ſeſterce pour deux liures & demië. Au regard du pois de la liure de ,,
cuyure, il fut diminué à la premiére guerre Punique , lors que la Republi- ,,
,, que ne pouuoit plus fournir aux fraiz : & fut ordonné que la monnoye
,, d'vne liure ſeroit batuë du pois de deux onces : par ce moyen il y eut gain

† Vertihçe
ex Plinio:
nam corru
ptiſsimus
erat hie lo
çus.

de

„ de cinq partiës, d'ont il fut fatiffaiét aux debtes. La marque de la monnoye
„ eftoit d'vn cofté de Ianus à deux faces, & de l'autre de l'efperon d'vn naui-
„ re, & aux triens & quatreins, de nauires. Le quatrein anciennement eftoit
„ appellé trionce à raifon de trois onces. Et depuis durant la guerre d'An-
„ nibal Q. Fabius Maximus eftant Diétateur, les affes furent faittes d'vne
„ once, & fut on d'auis que le denier fuft de feize onces, le quinaire de huit,
„ & le fefterce de quatre. Par ce moyen la Republique a toufiours gaigné
„ la moitié, combien qu'au payement des gens de guerre le denier a touf-
„ iours efté baillé pour dix affes. Au regard de la marque d'argent, elle a touf-
„ iours efté de carz à deux, & à quatre cheuaux. A cefte caufe ilz ont efté diéts
„ (bigati & quadrigati) de deux & quatre cheuaux. Puis par la loy Papyriane,
„ l'as a efté batu d'vne demiye once. Luce Drufe eftát Tribun de la commune
„ a alloyé l'argent d'vne oétaue de cuyure. Celuy qu'on appelle au-iour-
„ d'huy viétoriat a efté batu par la loy Clodie : car au par-auant cefte mon-
„ noye eftant apportée de la Sclauonie eftoit tenuë pour marchandife. Or
„ en eft la marque de viétoyre, d'ont eft venu le nom. Le dernier d'or a efté
„ batu foixante & deux ans apres celuy d'argent, d'ont l'autheur eft incer-
„ tain, lequel fut marqué l'an cinq cens quatre-vingts & cinq de la cité de
„ Rome. Q. Fabius eftant Conful, & cinq ans auant la guerre Punique,
„ duquel il n'eft point de memoyre que le peuple Romain ait vfé auant la
„ defaitte de Pyrrhus. Lucain a auffi exprimé que la fourfe & vfage du de-
„ nier d'or, d'argent, & de cuyure, a efté aux autres nations par ces parolles.

„   De Theffale le Prince Iones en maniére
„   De chaude maffe fit des metaux la premiére
„   Baterië, & d'argent la fonte, & l'or batit.
„   En monnoy & le cuyure, en grands fourneaux fondit.

   Nummus) n'eft pss deriué de (numerus) nombre, ne de Numa Pompilius,
mais de (nomen) nom, d'autant qu'il eft effigié du nom des Princes à l'ancienne coutume, ou plus toft au temoignage d'Ariftote au cinqiefme des
Ethiques : Il eft ainfi appellé, non pas introduiét de nature, mais de la loy
qui f'appelle νόμος.

   Sefterce, felon Prifcian, aux figures des nombres, & poys, eft vne monnoye de deux liures & demyë, & pour-tant eft il appellé fefterce, quafi fe-
„ mifterce, duquel Arunce : Le fefterce eftoit anciennement de deux liures &
„ demië quafi femifterce, auquel temps le denier valoit dix liures. Varro au
„ cinqiefme liure de la langue Latine : Le fefterce quafi femifterce : deux liures
„ de vray & demië eftoyent l'ancien fefterce. Vitruue au quatriefme liure : Ilz
„ ont appellé fefterce ce qui fe formoit de deux affes, & d'vne moytié pour
„ tiers. Pline au trente-troifiefme : Le denier fut receu pour dix liures de cuy-
„ ure, le quinaire pour cinq, le fefterce pour deux & demië. Plutarche de la
„ vie de M. Antoyne : † Les Romains appellent vingt cinq Miriades vn mi- † Verti et
„ lion de fefterces. Helin Lacedemonien de la vie de Heliogabale : Iamais il ^{Plutarcho.}
„ ne foupa à moins de cent fefterces, c'eft à dire de trente liures d'argent.

Quant à l'eſtimation du talent, i'ay aui ſé qu'il eſt neceſſaire d'amener l'opinion de diuers autheurs, par ce que les eſcriuins ſont en diuers auis.

✝Verti ex Tito Li-uio.

Tite Liue au trente-quatrieſme: ✝ Le nombre des priſonniers durất la guer-
,, re Punique eſtoit grand, leſquels Annibal auoit vendu, d'autant qu'ils
,, n'eſtoyent point r'achetés par les leurs. L'argument de leur multitude eſt,
,, que Polybe eſcrit qu'il couſta cent talens aux Achins, veu qu'ilz ordonné-
,, rent cinq cents deniérs pour teſte pour les rếdre à leurs maiſtres. A ceſte rai-
,, ſon donques l'Achaïë en a eu douze cents. Aioutés maintenất par porcion
,, quel nombre il eſt vray ſemblable auoir eu toute la Grece. Par laquelle raiſon on voit que le talent valoit ſix mille deniers, car cinq cens deniers baillés pour teſte iuſques à douze cens priſonniers font le nombre de ſix cens
mille deniers, & montrent les cent talens: or eſt il que la centieſme partiế
de ſix cents mille ſe treuue eſtre de ſix mille. Au regard des deniers de ce
temps là, il ſe treuue qu'ilz eſtoyent d'argent. Ce que Tite Liue montre au
,, meſme lieu. Il y auoit quatre vingts quatre mille talens Attiques en mon-
,, noye d'argết, qu'ilz appellết Tetradragme, en chaſcun deſquelz eſt le pois
,, preſque de trois deniers d'argent. Le meſme encores au trére-ſetieſme: Il eſt
,, tout manifeſte que le grand talent Attique à quatre vingt liures, & vn peu
,, plus: veu que la computation des choſes ſuſ-diĉtes manifeſte qu'il a quatre
,, vingts trois liures, & quatre onces, qui ſont ſix mille deniers. Tite Liue: Le
,, talent ne peſoit point moins de quatre vingts liures Romaines. De meſme
eſtoit l'Egiptien comme dit Varro, & Pline au trente-troiſieſme liure. Tite
,, Liue auſſi dit: Le Senat ordonna que chacun talent ne ſeroit diminué de
,, plus de trois liures & quatre onces. Et faut entendre, que cent mines Attiques (chacune deſquelles ont quatre vingts cinq drachmes) font ſelon la
cốputation de Tite Liue le grand talent: car il a ſoixante mines ſelon Dardane. Au demourant Terence montre au Phormion qu'il eſt vn talent grấd
& petit, quand il dit: Si quelqu'vn bailloit vn grand talent. Seneque au
,, diſieſme des epiſtres: vingt-quatre ſeſterces, c'eſt à dire le petit talent Atti-
,, que. Priſcian touchant les pois. Le petit talent Athenien vaut ſoixante mi-
,, nes, & le grand quatre vingt trois, & quatre onces. Aulus Gellius au tiers
,, liure des nuits Attiques: On dit auſſi qu'Ariſtote acheta trois petis talens
,, quelque peu de liures du philoſophe Speuſippe apres ſa mort. Ceſte ſom-
,, me là fait de noſtre monnoye ſoixante douze mille ſeſterces. Le meſme
,, encores au cinqieſme liure: Le cheual d'Alexấdre le grand qui fut de teſte,
,, & de nom de Bucephale, fut, comme l'eſcrit Cares, acheté treze talens,
,, & donné au Roy Philippe, laquelle ſomme monte en noſtre monnoye
,, trois cens douze ſeſterces. Seruius aux commentaires du cinqieſme des
,, Eneïdes: le talent reçoit diuers pois ſelon la diuerſité des nations. Car
,, aux Romains il eſt de ſoixante & dix liures, comme Plaute le montre en
,, ſa Muſtelaire, diſant que deux talens valent cent quarante liures. Nous liſons auſſi que le talent eſtoit quelque choſe petite. Car Homere dit aux
ieux Funebres de Patrocle que les deniers prins eſtoyent de deux talens,

qui

qui nous force de comprendre quelque chose moindre : veu que tout ainsi
que le premiér vinqueur a eu vn beuf, il n'est pas raisonnable que nous di-
sions que le dernier ait eu quelque grande chose.

Pondo, liure n'a point de singulier, comme dit Focas . Nous disons toutes-fois, *duo pondo, tria pondo*, & non *bina pondo, aut terna pondo*.) Quintilian au
premier : Que diréz vous qu'aucûs vocables seuls sont vitieux, lesquels con-
ioincts se proferent sans reprehension ? De vray (*dua, tre, & pondo*) sont diuers
genres de barbarisme, & toutes-fois tous iusques à ce temps icy ont dit (*dua
pondo, tre pondo*) ce qu'estre bien dit Messala conferme, comme aucuns veulent, & est tout vn, deux, trois, & quatre liures, que deux, trois, & quatre
(*pondo*) comme aucuns veulent . Ce que se preuuent par beaucoup de raisons, combien que quelques autheurs ne l'approuuent pas beaucoup. Tite
„ Liue au vingt-deusiesme : Qu'il liureroit à chacun soldat (*bina pondo, & sex
„ libras argēti*.) Le mesme au troisiesme liure : Le dictateur donne à Iupiter de-
„ dans le Capitole vne coronne d'or du poys d'vne liure des finances publi-
„ ques suyuant l'ordonnance du peuple.

Combien que (*Spolia*) depouilles soyent proprement les choses d'ont on
peut depouiller l'ennemy, comme la salade, ou la robe, on en abuse toutes-
„ fois pour toute chose qu'on luy oste . Tite Liue : Comme Marcel apres la
„ prinse de Sarragouze eust ordonné toutes autres choses en la Sicile, d'vne
„ telle foy, & integrité telle qu'il augmentast non seulement sa gloyre, mais
„ aussi la maiesté du peuple Romain . Il emporta à Rome tous les paremens,
„ enseignes de la ville, & les tableaux d'ont Sarragouse abonde, qui estoyent
„ depouilles d'ennemys, & conquestes de droict de guerre. Au demourāt ce
fut là vn cómencemēt d'auoir les ouurages de l'artifice des Grecz en admiration, & d'vne licence de butiner communément toutes choses sacrées.

Opima spolia) sunt depouilles de Chef à Chef, ainsi dictes de (*Ops*) Ri-
chesse, comme dit Varro, ou bien de (*opus*) ouurage, comme autres disent,
mesmement bien doctes, veu que ce soit vne œuure notable & noble qu'vn
Chef de guerre vinque son semblable.

Virgile temoigne qu'on peut appeller (*exuvias*) les depouilles, les couuertures, & robes d'hómes, disant : (*Exuvias indutus Achilli*) vestu de la depouille
d'Achilles. Et quant aux Georgiques, il parle de la depouille du serpent.

„   *Cùm positis nouus exuviis, nitidáque iuuenta*
„   *Inuoluit.*   Lucrece :
„   *Nam sæpe illorum spoliis volitantibus auctus.*

Excubiæ) est vn guet de iour, (*vigiliæ*) celuy de la nuit, lesquels, comme dit
Pline au setiesme, Palamedes inuenta à la premiére guerre de Troye.

Marc Varron expose en deux sortes au liure de la paix & guerre que c'est
que (*Inducia*) treues, lesquelles, comme il dit, sont vne paix d'armées de peu
de iours. Et en vn autre lieu, qu'elles sont vne abstinēce de guerre. Ces deux
diffinitions semblent plus estre faittes d'vne brieueté de bóne grace & plaisante que manifeste & suffisante : car la paix n'est point treues, veu que la

guerre dure touſiours, & le combat ceſſe, ny ne ſont les treues ſeulement entre les camps, ne de peu de iours. Que dirons nous, ſi par les treues eſtans les forts faicts on donne quelque grand temps? Dirons nous que ce ne ſont pas treues? Que dirons nous auſſi eſtre ce qu'eſt eſcrit au premier des Annales de Quadrigarius, que Cnée Ponce Samnite requiſt treues de ſix heures au Dictateur Romain? De ce auſſi qu'eſcrit Tite Liue au diſieſme:

†Ex eodé authore Lego capita. pro captæ. Trois fort puiſſantes villes & † capitales de l'Etrurië, Volſimes, Peroſe, & „ Areſo demanderent la paix, leſquelles impetrerent treues pour quarante „ ans, ayans accordé auec le Conſul de pouuoir enuoyér à Rome ambaſſa- „ de moyennant quelques vetemens de gens de guerre & du blé? Que ſera-ce „
„ de ce qu'il dit encores au premier liure: Si les treues ne ſont dictes que pour
„ peu de iours? Duquel degaſt les Vegentes non moins affollés que d'vne ba-
„ taille perduë enuoyent ambaſſadeurs à Rome pour demander la paix, &
„ obtindrent treues pour cent ans, moyennant vne portion de leur païs. Les Grecz ont appellé ceſte abſtinence de guerre plus apertement, & propre-men t, car ils l'ont dict ἐκεχειρίαν, d'autant que durât ce temps là on ne com-bat point, & que les coups ſont defendus. A la verité auſſi Varron auoit au-tre choſe à faire que de diffinir ſuperſtitieuſement les treues, & d'entendre à toutes les loix, & raiſons des diffinitions. Quant au regard du vocable (Induciæ,) & pour quelle raiſon il a eſté fait, ce que i'en diray ſemble plus probable par beaucoup de moyens que nous auôns leu. Ie penſe quelles ſont dictes comme quaſi (indicta otia) repos ſignifié, pour iuſques à certain iour, ou certain temps, ne combatre point ne faire aucun outrage, & que

†Die quas p quibus. le iour auenu des lors la guerre ſoit ouuerte. Et pour-tant le nom de (in-duciæ) eſt aſſemblé de ces vocables †que i'ay dit, quaſi comme par vne con-
„ ionction & cople. Aurelius Opilius au premier des Muſes: Les treues ſont
„ (dit il) lors que les ennemys frequentent les vns auec les autres, ſans dan-
„ ger & ſans combat, & de là ſemble le nom de (induciæ) auoir eſté fait, quaſi
„ (iniæ) frequentations.

Suppetiæ) ſont les ſecours qu'on requiert d'autruy, leſquels ſont baillés principalemét à ceux qui ſont ſous la puiſſance d'autruy. Nous diſons auſſi (Suppetia) pour à l'ayde, comme dit Fabius Placiades. Meuius en la diſieſme
„ Tragedië de Hercules: Ferte ſuppetias optimi milites) à l'ayde ô bons ſoldats.
„ Suetone de Veſpaſian: Ils chaſſerent d'auantage le Lieutenant de Syrië hô-
„ me Conſulaire venant à l'ayde, en luy rauiſſant l'aigle. Plaute en l'Epidique:
„ Souuienne toy que ſi les vieillards ſont les mauuais de me venir (ſuppetias) à
„ l'ayde, nó pas à la ſeur. Luce Appullée au fiſieſme liure de ſa Metamorpho-
„ ſe: Et lors ſoudain il commence à cris doloreux requerir (ſuppetias) le ſecours
„ d'vne plus grande force. Mais il perdoit ſon temps d'émouuoir l'emotion
„ par pleurs, veu qu'il n'y auoit perſonne qui luy peuſt venir à l'ayde que ceſte
„ ſeule fille eſclaue. Sainct Auguſtin au huitieſme de la cité de Dieu: Ceux qui
„ luy portét noz requeſtes r'aportét des dieux (ſuppetias) de l'ayde pour noſtre
„ ſecours. Ceſar au douzieſme: Les nouuelles couroyét d'vn grand ſecours de
gens

„ gens de cheual(*ferre fuppetias*)venir à l'ayde aux citoyens. Et là mefme en-
„ cores:creignant que fes affaires fe portaffent mal,& laiffant trente Elephãs,
„ il eft allé(*fuppetias*)à l'ayde de fes limites, & villes. Et là mefme encores: Et
„ fefforce d'aller(*fuppetias*)à l'ayde des fiens tournans vifage.

Stringa)eft vn terme de guerre, fignifiant l'efpace des troupes, auquel
font ferrés les cheuaux, ou bien(*ftringæ*)font les rancz des chofes, qui ont
vne affiete continuée, ainfi dictes de(*ftringere*)ferrer. De là vient qu'on ap-
pelle(*ftrigofos*)ceux lefquels, comme l'on dit, ont le corps maigre. Ou bien
(*morbus Strigofus*)eft dict par les anciens vne maladïe de cheuaux d'ont ils
ont le corps couzu de faim, ou de quelque autre vice, quafi(*ftringofus*)en-
„ treprins. Mafurin Sabin au vingtfetiefme liure: Les Cenfeurs, dit il, P.Sci-
„ pion Nafica, & M.Pompilius faifans la montre des gens de cheual en vi-
„ rent vn trop(*ftringofum*)couzu, & en mauuais eftat, & fon cheuaucheur en
„ bon poinct, & bien habillé. Tite Liue au vingtfetiefme: La bataille fut re-
„ tardée d'autant que Hafdrubal cheuauchant deuant les enfeignes en petit-
„ te compagnïe de gens de cheual, print garde aux anciens efcuz des enne-
„ mys, lefquels il n'auoit point au par-auant veu, & les cheuaux plus mai-
„ gres, & luy a la multitude femblé plus grande que de coutume. *Stringere* en
terme de guerre, eft autant que degainner, & pourtant difons nous(*enfem
„ftrictum*)vne efpée degainnée. Tite Liue au fetiefme: Et mettant bas le dard
il charge l'ennemy(*ftricto gladio*)l'efpée au poing. Le mefme encores au
„ neufiefme: Les pointons & Princes affaillent l'efpée au poing, le bataillon
„ branlant, & etonné du†redoublement des criz. Suetone de Cefar:Soudain
„ qu'il fapperceut affailly de toutes pars de poignars nudz, il enueloppe fa
„ tefte de fon manteau.

†**Ex Ti.li.**
redinte-
grato pro
reddente
grato.

Defendere & offendere)ne fe doiuent pas prēdre felon la communé, mais
d'vne proprieté Latine,defquels l'vn fignifïe r'encontrer, & heurter à quelque chofe, l'autre detourner,& repouffer, comme il eft dit en ce paffage par
„ C.Claudius lors qu'ils repouffoyent les ennemys des Puniques.

Les anciens difoyent(*cernere*)combatre, lors que quelques vns com-
batoyent entre eux pour quelque chofe, que chacun difoit fienne. Virgile:
„   *Ingentes genitos diuerfis partibus orbis*
„   *Inter fe coiffe viros, & cernere* combatre *ferro.*
Ce que maintenant nous difons(*decernere*)eftant l'vfage de ceft autre verbe
fimple perdu, felon le temoignage de Seneque à Lucille.

Recipere)eft autant que recouurer, ou bien deliurer de peril. Ciceron en
„ fon Caton: De vray, fi tu ne l'euffe perdu, iamais ie ne(*recepiffem*)l'euffe
„ recouuré: Virgile:
„   *Frugéfque receptas, & torrere parant flammis.*

Receptus)retraitte, eft vn lieu, auquel l'armée fe retire, d'ont eft venu
„ (*figna receptui canere*)qu'on fonne à la retraitte. Tite Liue au trentefetiefme:
„ Le Preteur donques contrainct pour le peril des gens de guerre(*receptui ca-
„ nere iuffit*) fonner à la retraitte, à fin que d'impudence il ne les offrift à la fu-

Y iiij

rië des ennèmys defefperéz, & euragéz.

Combien que(*Prandium*)foit déduiet du Grec, veu qu'ils appellent(*cœ-na*)le repas du mydi. Ie ne puis toutef-fois niër que plufieurs ne le dient eftre deriué d'autre part, comme de(*paro*)apprefter, quafi(*parandium*)d'autant qu'il prepare les foldats & combatans à la bataille. A quoy fert d'argument ceft ancien temoignage de Leonide outre fa bonne eftime. Eftant de vray Chef des Lacedemoniens de grand renom à la guerre contre Xer-xes, qui luy fut fa fin, & aux ennemys, donna aux fix cents hommes qu'il auoit ces tant renomméz eguillons : Compagnons difnéz, comme efpe-
,, rans fouper aux enfers. Cato au cinquiefme des Origines:Il ietta aux châps
,, fon armée , & la nuit en bataille bien difnée , & prefte après luy auoit
,, fait remontrance.

Celius Sabinus à laiffé par efcrit que les ferfz auoyét de coutume d'eftre venduz(*fub pileis*)tefte couuerte, quand le vendeur ne demâdoit point de garantië. D'ont il dit la caufe d'autant que les ferfz de cefte maniére de cô-ditions miz en vente deuoyent eftre marquéz , à fin que les acheteurs ne peuffent point eftre trompés, ne deceuz, & qu'il ne fe falluft point atten-
,, dre à la loy, & qu'on decouurift à l'œil la condition des ferfz:Tout ainfi,dit
,, il, qu'anciennement les prifonniers de guerre eftoyent venduz auec co-
,, ronnes en tefte, & pour-tant on les difoit eftre vendus fous coronnes.Car tout ainfi que cefte coronne eftoit le fignal des captifz miz en vête le bon-net auffi eftoit le fignal de la vente des ferfz, à la garantië defquels le ven-deur n'eftoit tenu à l'acheteur. Il y a auffi vne opinion d'vne autre raifon, pourquoy on a de coutume de dire que les captifz font vendus fous la co-ronne, d'autant que les gens de guerre eftoyent épandus tout au-tour des troupeaux des prifonniers en vente, & que ceft entourement à efté appel-lé coróne, ce que toutef-fois i'ay dit eft plus veritable. Ainfi auffi l'enfeigne
,, Caton au liure qu'il a côpofé de l'art militaire . Voyci ce qu'il dit: A fin que
,, le peuple voife plus toft fupplié en coronne pour auoir efté victorieux,
,, qu'eftre vêdu coronné pour auoir efté vincu. Iuftin en la trentequatriefme
,, epitome de Trogus Pompeius: La ville de Corinthe eft rafee, tout le peu-
,, ple eft vendu fous la coronne, à fin que de ceft exemple les autres citéz euf-
,, fent creinte de fe reuoltér. Et depuis, comme le temoigne Florus de l'eftat des hommes, Les ferfz ont prins leur nom, d'autant que les Capitaines or-donnoyent de vendre les prifonniérs: & par ce moyen(*feruare*)leur fauuer
,, la vie, & ne les tuér point. Sainct Auguftin de la cité de Dieu: La fourfe du
,, Vocable de(*feruus*)ferf en la langue Latine femble eftre déduicte , d'autant
,, que ceux eftoyent conferués, lefquels pouuoyent du droict de guerre eftre
,, tués par les vinqueurs, & eftoyent faicts ferfz, ainfi appellés pour eftre con-ferués.Les prifonniers eftoyent vendus fous la pique fous laquelle eftoyent toutes chofes qu'on vendoit a l'inquant . Tite Liue au quatriefme: Les en-
,, nemys hors les Senateurs furent tous venduz. Au regard du Butin chacun
,, des Latins, & Herniques fut reftitué en fon bien qu'il recognoiffoit:Le

Dictateur

Dictateur fit vendre le reste. Les ennemys font dicts estre mis sous le iou, lors que deux piques estans fichées en terre, & vne tierce liée en trauerse, ils font contraincts de passer dessous à rez de terre sans armes, & sans cein-,, cture. Tite Liue au neufiesme : De vray comme Pontius Herennius Chef ,, des Samnites fust comme ie treuue en aucunes Annales enuoyé sous le ,, iou auec les autres pour purger l'ignominie du Consul. Les gens de guer-re font dicts combatre (*sub vitem*) quand ils combatent (*sub vinea militari*) ,, sous vn tabernacle de guerre. Lucilius : de ne monter haut, mais de com-batre de loing (*sub vitem*). Le soldat est dit lancer les dardz (*sub vitem*) quand à la presence des Centeniers ils font forcés de tirer dardz.

   Deditio) est lors que les vincuz se rendent aux ennemys, Vne reddition ,, voluntaire estoit lors que le Roy (si nous croyons Tite Liue) demandoit : ,, Estes vous ambassadeurs, & orateurs des Collatins, pour vous rendre auec ,, le peuple Collatin ? Ce que ces autres accordans, le Roy lors : N'est pas le ,, peuple Collatin en sa liberté ? Et comme ceux là respondissent qu'ouy, le ,, Roy poursuyuoit : Vous donnés vous & le peuple Collatin, la ville, les ,, champs, les bornes, les temples, vtensilles, & toutes choses diuines & hu-,, maines † à ma puissance, & du peuple Romain ? Et comme ces autres luy †Ditioñ donnassent tout, finalement il disoit : Or ie vous reçoy. Voylá la forme pro dedi-tionem. ancienne de reddition en l'art militaire.

   Victoire est dicte d'autant qu'elle s'acquiert (*Vi*) c'est à dire par vertu, car vne victoire acquise par dol, est infame, laquelle anciennement estoit en ,, grand estime. Iustin en l'epitome quinziesme de Trogus : Mais, comme il ,, est manifeste, estans enflambés de gloire d'honneur, & non de haynne ils ,, combatoyent de dons & presens mesmes durant la guerre, la menans pour ,, lors beaucoup plus honnorablement qu'on ne fait au-iour-d'huy les amy-tiés. L'antiquité a feinct ceste victoire estre vne vierge & Déesse com-pagne de Bellone, & Mars, d'autant que ceux cy pouuoyent fauoriser cha-cune des partiés. Claudianus :

,,   *A fin que la victoire épandit ses sacrées*
,,   *Pennes dessus le Chef, amië de trophées,*
,,   *A qui donne plaisir la palme en sa verdure.*
,,   *Des Empires & regnes, ô vierge garde seure,*
,,   *Et qui seule procure aux playes garison,*
,,   *Et pour fuïr trauaux enseignes la raison.*
        Tibulle :
,,   *La victoire sur Naux lassez son vol addresse*
,,   *Sur les Troyens s'en vient la superbe Déesse.*
  Ouide au huitiesme des Metamorphoses.
,,   *En suspend longuement estoit l'heur de la guerre*
,,   *Incertaine eut son vol la victoire tient l'erre.*

   Armilustrum, comme temoigne Varron, est dict (*ab ambitu lustri*) c'est à di-re vne grande place ronde, ainsi dicte, d'autant qu'estant tout autour édifiée d'écharfaux les ieux fy faifoyent: & que là la pompe eſtoit portée tout au-tour du but faict en pyramide. Auſſi y eſtoit faicte la courſe de cheuaux & d'hommes armés de boucliers.

Luſtrum) auſſi comme dit le meſme Varron, eſt vn temps de cinq ans, ainſi appellé de (luere) qu'eſt a dire payer, attendu qu'à chacune cinquieſme année les ſubfides, entrées, reuenuz, & d'auantage les taxes eſtoyent payéz par les Cenſeurs.

Armamentarium, Arſenac, eſt vn lieu auquel ſont miz en reſerue l'artille-
» rië, armes, & toutes façons de batons. Tite Liue au trête & vnieſme: Eſtât
» la mutinerië plus échaufée d'autât que le feu auoit eſté mis es edifices, d'au-
» tour le marché, la maiſon Royale, & (armamentarium) celle des munitions
» auec vn merueilleux apparat d'inſtrumens de guerre ont eſté brulées. Le
» meſme au vingtneufieſme: Il auoit amené auec foy des inſtrumens de la
» baterië de villes, leſquels auoyent eſté enuoyéz auec les viures de la Sicile.
» Il ſen faiſoyent de neufz auſſi dedãs (Armamentaria) l'Arſenac, eſtans pour
» ceſte cauſe pluſieurs ouuriers de tels ouurages encloz au dedans.

Fin du neufieſme Liure.

LE DIXIESME LIVRE DE

ROBERT VALTVRIN DE
l'art militaire.

Pres auoir, Sigiſmond Pandulphe, recité les choſes de la guerre dignes d'vn honneur public, & donné à entendre de tout noſtre pouuoir leurs deuoirs & de toute vne armée, nous ferons entendre l'ordre d'vn chacun accoutrement: & premiérement les choſes qui ont eſté faictes par noz an-ciens touchant celá, auec les eſpeces des paremens des ar-mes, des inſtrumens, & des raiſons des machines: auſſi ferons nous les ma-tiéres, genres, eſpeces, & formes: outre-plus les enſeignes de recognoiſſan-ce en la guerre qui ont eſté le temps paſſé en vſage, & ont apparence d'auoir quelque intelligence, & ſignification. L'habit donques met la difference des degrés, des honneurs, ordres, & Magiſtratz, lequel ſe treuue de diuerſe inuention ſelon les coutumes des natiós, & hómes. Les Romains auoyent (toga) le manteau long pour robbe, duquel premiéremét tous ſexes vſoyent en tous temps, iour & nuict: ou bien d'autant qu'ils auoyent de coutume d'en eſtre affublés. Et eſt dicte (à tegendo) d'autât que longue, elle couuroit les autres accoutremés. Sa forme eſtoit ronde auec vn ample giron, laquel-le r'abbeſſée ſous le bras droict ſe trouſſoit ſur l'epaule ſeneſtre, comme on le peut voir à Rome es accoutremens des ſtatuës, & comme auſſi l'a laiſſé

par

par eſcrit. Valere le grãd de Scipion Naſica contre Muce Sceuola. Et pour-
,, tant (dit il) que pendant que le Conſul ſuyt l'ordre du droiĉt, il tend à la ruï-
,, ne de tout l'Empire Romain, auec toutes ſes loix, ie homme priué m'offre
,, pour guyde à voſtre vouloir, & ſubſequemment il trouſſe ſur ſa gauche ſon
,, manteau long appertement, & leuant la main dextre, il ſecrië: Celuy me
,, ſuiue quiconque ayme le ſalut de la Republique.

   Toga candida, eadémque cretata) le manteau long blanc, & crayé, eſtoit celuy auec lequel (*candidati*) c'eſt à dire les demãdeurs de Magiſtrats brigoyët
les voix en y aiouſtant de la craye à celle fin qu'il ſemblaſt plus blãc, & plus
honnorable, & à celle fin auſſi que ceſte façon de demandeurs de Magiſtrats ſemblaſſent innocens à leur habit, & ne vouloir pas requerir les Magiſtrats par ambition.

   L'enueloppement Gabin eſt vn manteau trouſſé de ſorte que l'vn des
pans r'aſſemblé ceint l'homme. Or eſt-il que le Conſul voulant ſignifiér la
guerre vſoit de ceſte maniére d'accoutrement pour-autãt que comme Ga-
bië cité de la terre du Labeur entendoit aux ſacrifices, la guerre vint par ſurprinſe, & à lors les citoyens trouſſans leurs manteaux partirent des autelz à la guerre d'ont ils r'apporterent la victoire: & de là eſt venu la coutume. Virgile:

,,   *D'vn trabeau Quirinal, & d'vn Gabin trouſſé*
,,   *Le Conſul bien paré, portes ouure bruyantes.*

   Toga palmata le mãteau figuré de palmes, eſtoit celuy d'ont vſoyët ceux
qui triumphoyent, & auoyent merité la palme. Lequel auſſi ſappelle le
manteau figuré, d'autant qu'il eſtoit figuré de victoires & palmes. Le vieil
Gordian, comme dit Iulius Capitolinus, fut la premiére perſonne priuée
entre les Romains qui eut à ſoy la chemiſe palmée, & le manteau figuré,
veu qu'anciennement les Chefs meſmes les prenoyent au Capitole, ou
bien au palais. Tulle Hoſtille troyſieſme Roy des Romains, fut le premier
qui ordonna apres auoir defait les Etruſques, que le mãteau bordé de pourpre, & celuy de pourpre (leſquelz anciennemét eſtoyent les liurées des Magiſtrats Etruſques) ſeroyent portés dedans Rome. Il eſt vray que l'âge pue-
rile pour lors n'vſurpoit pas le manteau bordé de pourpre, car il eſtoit comme les autres que nous auons recité, acoutrement de dignité. Mais depuis Tarquinius Priſcus fils du banny Corinthien Demarathe (lequel aucuns ont appellé Lucinon tiers Roy apres Hoſtille, & cinquieſme depuis
Romule) triumpha des Sabins, En laquelle guerre il fit vne harangue à la
louenge dé ſon fils de l'âge de quatorze ans, d'autant qu'il auoit tué de ſa
main l'vn des ennemys, & luy donna vn cœur d'or, & vn manteau bordé
de pourpre honnorant la hardiëſſe de l'enfant préuenant l'âge, des guerdõs
de virilité & d'honneur. Les autres penſent que ce meſme Priſque ordonnant d'vne vigilance de Prince ſage l'eſtat des citoyens auiſa principalement à l'acoutrement des enfans nobles, & ordonna que les Patrices ſac-
coutreroyent d'vn cœur d'or, & d'vn manteau bordé de pourpre, & ceux

seulement desquels les peres auoyent esté Senateurs. Aux autres estoit tant
seulement permis le manteau à bord de pourpre. A ceux touteffoisdesquels
les peres auoyent hanté la guerre au temps requis en homme de cheual.
Au regard des Libertins il ne leur estoit anciennement permis de s'en ac-
coutrer, & encores moins aux estrangers, auec lesquels les Romains n'a-
uoyent aucune amytié. Mais depuis il fut permis aux enfans des Libertins pour la cause qui s'ensuyt, que M. Lelius Augure recite disant, qu'à la
seconde guerre Punique les Duumuirs allerent aux liures Sibyllins par vn
decret du Senat à cause de plusieurs prodiges. Apres lesquels veuz, ils ont
rapporté qu'il falloit suppliër au Capitole, & faire banquetz aux Dieux
d'vne leuée de deniers, à laquelle contribueroyent les Libertins qui portent manteaux longs. Le sacrifice donques sest fait auec les enfans nobles
Libertins, ioinct aussi les vierges ayans pere & mere qui chantoyent les
Hymnes. Et lors il fut permis que les enfans des Libertins qui estoyent
nés de mere de moyenne condition porteroyent le māteau à bord de pourpre, & vn cordon au col au lieu du parement du cœur d'or. Valerius Flaccus recite que lors que le peuple Romain estoit persecuté de peste, & qu'on
eut reponse que cela estoit auenu d'autant que les Dieux voioyent la ville
triste par faute d'auoir entendu l'oracle. Et comme il auint qu'au iour des
ieux Circenses vn enfant vit d'vne chambre la pompe au dessus, & qu'il re-
citast à sō pere en quel ordre il auoit veu les secrets des choses diuines dispo-
sées dedans le coffre en car, le Senat à son rapport ordonna que les lieux seroyent voiléz, auquel passeroit la pompe estant par ce moyen la peste ap-
paisée. L'enfant qui auoit découuert la difficulté de l'oracle impetra l'vsage
du manteau long. Ceux qui sauoyent mieux les antiquités recitent qu'au
rapt des Sabines vne femme nommée Hersille n'abandonnant point sa
fille, fut aussi rauië. Laquelle, comme Romule eust baillé à femme, à vn
certain Osque du païs Latin, & homme de vertu qui s'estoit retiré à sa fran-
chise, il donna à l'enfant qu'elle eut premier que nulle des Sabines enfan-
tast, & d'autant qu'il auoit esté enfanté durant la guerre, & appellé par la
mere, Osque Hostille, vn cœur d'or, & l'hôneur du manteau long. De vray
aussi cóme Romule eust appellé au conseil les rauiës, il promit comme l'on
dit à l'enfant de celle qui premiére enfanteroit vn citoyen Romain vn noble present. Aucuns pensent qu'il fut ordonné aux enfans de porter vn
cœur d'or deuant leur pis, lequel en regardant ils s'estimassent de tant estre
hommes qu'ils auroyent bon cœur, & leur fut liuré d'auantage le manteau
long à bord de pourpre, à fin que par la rougeur du pourpre ils fussent couuers de la rougeur de noblesse.

Paludamentum) cote d'armes laquelle au-iour-d'huy s'appelle (*Chlamis*)
qui est la robbe notable des Chefs & Capitaines, laquelle estoit de pourpre mouchetée de couleur blanche, ou de rouge, & d'or. La coutume estoit
que les Chefs en fussent accoutrés durant la guerre. Au demeurant (*Paludamentum*) est ainsi dict, comme dit Varron, d'autant que (*faceret palàm bellum*

lam futurum bellum) il donnoit à cognoiftre la guerre future.

Paludati)font gens en armes, & bien en ordre, de vray auffi ils appel-loyent(*Paludamenta*)tous accoutremens de guerre.

Trabeæ eftoyent robes Royales, defquelles, comme dit Suetone au li-ure des diuerfitez des robes, il eft troys maniéres. L'vne eft d'vn pourpre fort pur dedié tant feulement aux Dieux. L'autre Royalle, qui eft de pour-pre, mais elle a quelque chofe de blanc. La tierce eft Augurale de iaune & pourpre.

Læna)la mante eft vn accoutrement de guerre qui fe iette fur tous les au-tres accoutremens. Et eft ainfi appellé, comme dit Varron, d'autant qu'il eft de laine. Les vns dient que c'eft Tufcan, les autres que c'eft ce qu'en Grec ils appellent *Clæna*: Obbas les dit eftre nommées *Chlenes* & non pas *Lænes*. Or quant à la façon de la robe & de fa couleur Virgile le montre en fes parolles :

,,   - *Tyrióque ardebat murice læna.*

Il eft manifefte que(*Sagum Saga* & *Sagulum*)eft vn accoutrement court
,, propre à la guerre. Tite Liue au huitiefme: Il a tout tournoyé, accouftré de
,, (*fagulum*)menant auffi les Centurions habillés en foldats, à fin que les en-
,, nemys ne prinfent garde que le Chef les tournoyoit. Et en l'vnziefme tou-
,, chant Annibal: Plufieurs, dit il, l'ont fouuent veu couché fur la dure entre
,, les gardes, couuett *militari fagulo*)d'vn faye de foldat, fon habit, fes armes,
,, & cheuaux, ne fe voioyent en rien plus excellents qu'en fes égaux. Il y en
a qui l'appellent(*militare pallium quadratum*)accoutrement quarré de foldat,
& auoir efté dict(*Sagum*)par ce qu'il a efté inuenté par la fagacité des Gauloys contre la mauuaife difpofition de l'air.

Penula)eft vn habillemét de guerre auec frâges pédâtes, lequel aucûs diét
auoir efté ainfi appellé, d'autât qu'il a eu fô cômecemét des Penoyz vfans de
,, cefte façô d'accoutremét. Seneque au cinqiefme liure à Liberal: Il te fouuiét
,, bié que quâd tu voulus repofer fous vn certain arbre, ayât bié peu d'vmbre,
,, eftât pour lors le foleil fort ardant, & le lieu fort rude aux feftes des roches,
,, duquel ce feul arbre eftoit produict, que l'vn de tes côpagnôs de guerre efté
,, dit fa penule. Spartianus de la vie d'Adrian: Les Tribûs de la cômune fou-
,, loyent vfer de Penules en téps de pluyès, & nô les Capitaines generaux, d'ôt   †Ac togâ-
,, il auient qu'on les voit en †lôg mâteau, & nô auec penules. Helius Lampri-   ti proà to-
,, dius en la vie d'Alexandre Seuere: Il permit aux vieilles gés de porter les pe-   gatis.
nules dedans la ville, à caufe du froid, combien que cefte façon d'accoutrement fuft robe des champs, & pour la pluyë. Iuuenal en fa premiére fatyre:

,,   *Ce fut pourquoy fouuent ma femme delaiffay*
,,   *Par les Efquilles froides, & par monts ne ceffay*
,,   *De courir quand Dius le Vernal fort bruycit*
,,   *De grefle, & ma penule en pluyë diftilloit.*

Lacerna)eft vn habillement à franges du-quel anciennemét vfoyent feulement les gens de guerre. Et pourtât pour la differéce du peuple de la ville,

Z

& de celuy du camp on appelloit ceux cy (*Lacernatos*) frangéz, & ces autres (*togatos*) emmâtelez. Et ont esté dictes Lacernes pour les extremités des frâges quasi lacerées.

Mastruca) comme dit Confence, est vn accoutrement Sardanoys, qui est faict de peaux de bestes sauuages, ainsi appellé selon l'auis d'aucuns, quasi monstruëux, par ce que quiconque en est vestu a apparence de beste sauuage. Ciceron pour Scaure: Lequel le pourpre Royal ne pouuant émouuoir la mastruce des Sardes a changé par industrië. D'autāt que Ciceron se mocquant du Sarde l'a appellé (*mastruca*) comme le temoigne Quintilian.

Combien qu'aucuns ayent (*Stragulas*) robes de pannes, comme ont les Sarmates, lesquels se couurent de pannes, & qu'il n'y ait point de doute, comme dit Labeo que (*stragula*) ne soit toute maniére de robe, L'auctorité toutef-fois de Pomponius, & Cassius, & de plusieurs autres me meuuent de penser que (*stragula*) n'est point vn accoustrement vil, mais precieux, cóme Tite Liue le temoigne au tresieme liure de la guerre Macedonique: Veu (dit il) qu'il t'est licite t'ayder de pourpre (*in veste stragula*) en ta couuerture. Et là mesme au neufiesme liure: L'origine de la superfluité des estrangérs fut apportée à Rome par l'armée Asiatique, comme liz doréz (*Vestem stragulam pretiosam*) & les riches couuertures. Ciceron contre Verres en la quatriesme action: Il disoit que plusieurs couples de tasses, eguiéres d'argent, & vne riche (*stragula*) couuerture. Valere le grād au quatriesme liure: Voyós si auiourd'huy aucun homme de renom vse de pannes pour couuerture. Horace au second des sermons:

Vnum de octoginta annis cui stragula vestis.

Ie pense toutef-fois plus raisonnablement & proprement suyuant le temoignage de Varro fort suffisant, & parlant de mattelas ou coicte, en la langue Latine, tout ce qu'ils entendoyent, s'appelloit (*stragulum*) de (*sterno*) étendre. Seneque au quinziesme liure des epistres: La paillasse ou mattelas est sur terre, & ie sur elle: quant aux deux penules, l'vne sert de mattelas, & l'autre de couuerture. Vall. Martial es Apophoretes:

Stragula purpureis lucent villosa tapetis.

Ie pése aussi que les couuertures d'ót on a de coutume de couurir les cheuaux, sont contenuës sous le nom de (*vestis*) vestement. Les Lacedemoniens aussi ont vne chemise propre, qu'aucuns appellent Punique, les autres Coccinée, cramoisië, laquelle il est certain auoir esté par eux inuétée pour oster la cognoissance du sang par vne conuenance de couleur: à fin que lors que quelqu'vn seroit blessé à la bataille, le cœur de l'ennemy ne se r'éforçast en le voyāt. Les Romains en ont vsé sous les Cósuls. Et pourtāt on auoit de coutume de la mettre le iour auāt la bataille deuant les soldats Princes, pour vn auertissemēt & idice du cóbat futur. Ce que temoigne Plutarche en la vie de Fabius Maximus. Cóme (dit il) Hānibal eut só cāp le lóg de la riuiére du Fāte pres les Cānes, le Cósul fit incótinent au poinct du iour leuer vn signe de bataille. Il y auoit de vray vn certain accoutremēt rouge étēdu au dessus de

la

„ la tente du Conſul. Parquoy les Carthaginoyz ayans contēplé la hardieſſe
„ du Chef des Romains, & le grand nóbre de ſon armée, veu qu'ils n'eſtoyēt
„ pas approchás à moytié pres, furēt de prime face effrayéz. Plutarche enco-
„ res touchant la vie de Pompée. Alors Ceſar diſant le iour tāt deſiré eſtre ve-
„ nu, auquel le combat ſecret auec les hómes, & non auec la famine, & pau-
„ ureté, commanda ſoudin de mettre vne chemiſe rouge deuant ſa tente, car
„ c'eſtoit aux Romains le ſignal de bataille.

DES ARMES ET DE LA SOVRSE DV
vocable.   Chapitre   II.

OR maintenant ſommes nous amonneſtés de montrer auec vn
grand trauail aux ignorans toutes les eſpeces d'armes, d'inſtrumens, & d'artilleriēs pour bateriēs de villes, en quoy nous les
pourſuiurons chacun particuliérement, attendu qu'à chacune
nation plaiſt ſon inuention, & que les nouueaux eſpritz des artillérs prennent touſiours plaiſir à nouuelles inuēctions. Au demeurant nous les pourſuiurons tous par le menu, ſans toutef-fois preſcrire nulle part aux entendemens des hommes, la liberté de reciter ce que chacun aura veu, & de
feſiouyr en ſes inuentions.

Arma) les armes, comme dit Ciceron au premier des Tuſculanes, ſont
dictes entre les membres de l'homme de guerre, leſquelles ſont portées
d'vne telle adreſſe, qu'au beſoin il puiſſe en metant bas ſa charge combatre de ſes armes auſſi aiſément que de ſes membres. Lucrece au cinquieſme de la nature :

„   Les mains, ongles, & dens antiques armes furent.

„   A cailloux & tronçons de foreſt combatirent

„   Mais ſoudin que le feu vint à la cognoiſſance

„   Le cuiure auec le fer prindrent apres naiſſance

„   Le cuiure auant le fer fut premiér en vſage.

Arma) comme temoigne Vlpian, ſont tous les bâtons, c'eſt à dire comme bâton aguiſé, pierres, & non ſeulement epées, pointrons, & iauelines
„ qu'on appelle romphées. Caius de la ſignification des vocables : Le nom
„ des armes ne ſignifiē pas ſeulement les eſcuz, & glayues, mais auſſi les piques, & pierres. Parquoy les armes peuuent eſtre dictes (ab arcère) repouſſer, chaſſer, par ce que par elles on peut repouſſer l'ennemy. Ou bien elles ſont dictes proprement pendentes (ab armis) des epaules, comme l'eſcu, l'eſpée, le poignard, & la courte dague : veu que celles que nous lan-
çons au combat ſont dictes (tela) bâtons de get. Ciceron pour Aule Ce-
„ cinne : Quels hommes pourrons nous veritablement appeller armés, ſi
„ nous voulons parler Latin? Ie penſe que ce ſeront ceux qui ſont equippés &
„ armés d'eſcuz, & bâtós de iet. Que ſera ce dóques, ſi tu as chaſſé ſoudin quel
„ qu'vn de ſa terre à coups de mottes, ou pierres, ou de bâton : & qu'il te ſoit

„ ordonné de remettre en poſſeſſion celuy que tu as chaſſé à hommes armés,
„ diras tu l'auoir fait? Si les parolles ont lieu, ſi les cauſes ſont conſiderées ſe-
„ lon les vocables, & non ſelon raiſon, ie te conſeille de le dire, car tu ob-
„ tiendras que ceux qui tiroyent les pierres qu'ils amaſſoyent à terre, & que
„ les gazons & mottes ne ſont point armes. Ceux auſſi n'eſtoyent pas ar-
„ més, leſquels en paſſant ont cueilly vne branche d'arbre, ioint que les ar-
„ mes ſont en leurs noms: les vnes pour nuyre, les autres pour la defenſe,
„ leſquelles fils n'ont eu, tu obtiendras qu'ils eſtoyent ſans armes.

DES ARMES DESQVELLES NOVS
ſommes couuers.   Chapitre III.

IL faut donques premiérement parler de celles deſquelles nous
ſommes couuers. En quoy tu ne dois pas enſuyure vne certaine
temeraire coutume du païs des Gauloys, leſquels ſe confians en
leurs forces, comme pour combatre d'vne plus grande gloire, ne
ſe dépouilloyent iamais qu'à la guerre, & combatoyent nuds, d'ont les plus
gentils compagnons ſont tumbés en grands inconueniens. Les armes
donques d'ont nous ſommes couuers, ſont les ſalades & corſeletz de diuerſes façons, eſcuz, & infiniës autres telles choſes. Quant à l'inuention
des armes forgées de fer, & d'en couurir le corps les vns l'attribuënt à Minerue, les autres à Iuppiter Roy de Theſſalië.

(Sila) eſt vn habillement de teſte, ainſi dict pour la ſemblance de Silus.
Car Silus, comme dit Feſtus, eſt vn nés tirant contre-mont & camus. Or
eſt (galea) que Curetes (comme on dit) à trouué ſelon que Diodore le temoigne, vne creſte de cuir, veu que Caſſis ſoit faicte de laine. Et eſt dicte (galea) comme dit Varro, de Galerus, rond bonnet du-quel ont vſé
pluſieurs des anciens. Nous appellons (Conus) la curuature qui apparoiſt le plus ſur elle & ſur laquelle eſt la creſte. Virgile au troyſieſme
des Eneïdes:

„   Et conum inſignis Galeæ criſtáſque comantes.

Buccula) la baniére, eſt vne partië de la ſalade. Iuuenal en la troyſieſme
ſatyre:

„   Et fracta de Caſſide buccula pendens.

Nous liſons auſſi (Galeam comantem aut criſtatam) d'autant qu'elle a la creſte
parée de queues de beſtes, comme: (Criſtáque hirſutus equina, aut comas haben-
tem) eſtant heriſſé d'vne creſte de poil de cheual, ou bien auec des creins.
Stace: (Non ergo in terga comantes Abantiadas.) Et là meſme ſubſequemment:
(Comantem Androgei galeam.) Semblablement auſſi ceux qui ſe vantoyent
de viteſſe, mettoyent en leur ſalade vne penne en ſigne de viteſſe, laquelle, oſtans aux ennemys vincuz, ils portoyent penduës à leur col en ſigne
de victoire, môtrans en les rauiſſant auoir eſté plus vites qu'eux. Ils ont eſté
appellés (Pinnirapi) rauiſſeurs de pennes. Iuuenal en la premiere ſatyre:

Inter

" *Inter pinnirapi iuuenes iuuenésque laniſtas.*

Nous trouuons des autheurs entre les plus metables & plus renomméz auoir prononcé tant en genre maſculin que feminin(*Torques*)qui eſt
vn acoutrement & parement de col. Ouide au premier des Faſtes:

" *Ex vno quidem celebres aut torquis adēmpti.*

" Cicero au troyſieſme des offices: C'eſt ce Manlius qui appellé au com-
" bat par vn Gauloys, le defit au-pres de la riuiére d'Anion, au-quel oſtant
" (*torquem*)vne chayne il en fut ſurnommé. Tite Liue au ſetieſme: Puis il le
" dépouilla(*torque*)d'vne chayne, le corps eſtant etendu ſur terre ſans aucun
" autre mal, laquelle enſanglantée il mit à ſon col. Aulus Gellius es nuitz
" Attiques neuſieſme liure: Apres l'auoir abbatu, il luy trancha la teſte, &
" luy arracha(*torquem*)vne chayne, laquelle ſanglante il mit à ſon col. Sainct
" Hieroſme en l'expoſitió deDaniël deuxieſme.Certes ie fay vne choſe digne
" de moquerië diſputant en l'interpretation des Prophetes, quaſi comme
" Grammarien des genres des verbes. Mais pour-autant que i'ay eſté re-
" prins par vn certain ignorant, promettant mons & merueilles, en ce que
" i'ay traduit *torquis* en genre feminin, ie cotteray en paſſant que Cice-
" ro parlant de Marius a dit *Torquis* en feminin genre, & Tite Liue en
Maſculin.

On dit que(*Armillæ*)braſſeletz ou écuſſons que les gés de guerre ayás receu en dó des Capitaines, portét, ſót dictes(*ab armo*)de l'epaule, d'autãt que
les anciés appelloyent(*armos*)les epaules auec les braz. D'ont les armes qui
y pendent, ſont ainſi appellées, & ſont(*armillæ*)paremens d'epaules ou de
braz en façon de cercles dicts en Grec βραχιονιϛηρεϛ. Aulus Gellius au neufieſ-
" me des nuitées Attiques:Entre leſquels vn certain Gauloys nud hors l'eſcu,
" & deux glaiues marcha paré d'vne chayne & (*armillis*)d'écuſſons ou bla-
" zons. Tite Liue:On y aiouſte vne menſonge que communément les Sa-
" bins auoyent au bras ſeneſtre (*armillas*)des écuſſons de grand poys auec des
" ãneaux de pierreriës. Ouide au ſecond des Faſtes:

" *Fregerat armillas non illa ad brachia fractas.*

" *Cæſtus* ſignifiant les armes des poings, eſt de la quatrieſme forme, le-
" quel eſt vn cuir garny de plomb, & barré de fer, duquel les combatans à
" pugnades arment & garrottent leurs braz, & entre pluſieurs nations,meſ-
" mementre les Sauromates,ils ſentretuënt en combatant.D'ont le nom
" de(*Cæſtus*)a eſté donné à cauſe de (*cædere*) tuër. Ciceron au deuſieſme des
" Tuſculanes:Les combatans à pugnades gemiſſent quand en chargeant à
" coup de ceſtes, ils donnent à leur ennemy, non pas que ce ſoit de dueil,
" ne de lâcheté de cœur, mais pour-autant qu'en pouſſant ce ſoupir, tout
" le corps ſemflambe, & en eſt le coup plus grand. Virgile au cinquieſ-
" me des Eneïdes:

" *Sur ſon propos finy, il iette en leur preſence*

" *Des ceſtes vne couple, ayans vn pois immenſe:*

" *Deſquels combatre Erix accoutumé eſtoit,*

,,   *Et fur les fermes doz fes bras il eftendoit.*

,,   *Chacun fen etonna, veu la grande roideur,*

,,   *De fept grands doz de bœufz auec plomb et fer dur.*

    Le mefme au mefme liure:

,,   *Or Dares etonné par fus la compagnië*

,,   *Les refufe, et le preux Eneas lors manië*

,,   *Le pois, et çà et là des liëns la grand fuyte.*

    Encores au mefme liure:

,,   *Lors f'affeure en fes doigtz chacun foudin dreffé*

,,   *Et eftendans leurs braz en l'air les ont dreffé*

,,   *Des coups ont leur chefz hauts en derriér retiré,*

,,   *Et meflans mains aux mains ont au combat tiré.*

    Le mefme encores:

,,   *Sa dextre retirant les ceftes a pouffé*

,,   *Au milieu de fes cornes, et a les oz caffé*

,,   *Luy ouurant le cerueau.*

    Stace:

,,   *I'ay apprins de quel tour les Affricains remuënt*

,,   *Les armes, et comment les Maffagetes ruënt*

,,   *Au combat, et comment les Sauromates dreffent*

,,   *Leurs ceftes de furië.*

†Lege vbi   Ils ont auffi appellé† (*fculponeas*) les ceftes liés de plomb, cóme en vfe Neque Scul- uius en la comedië du Philempore: Il faut batre de fculponées les coftes à
poneas p ceftui-cy. Plaute au Caffine en a vfé de mefmes: Beaucoup mieux de fcul- ,,
fculp. & ponées d'ont on te foufflette mefchant viellard.
batueuda
pro ba-   *Pectorale*) cuyraffe, ou corfelet eft vne couuerture de poictrine. Pline au
ctuëda, & trentequatriefme de l'hiftoire naturelle: Spurius Camillus fit auffi apres la ,,
pro batctu. defaitte des Samnites combatans fur peine de leur vië vouée à quelque ,,

  ,, Dieu, Le Iuppiter qui eft au Capitole, de leurs cuiraffes, corfelletz, fa-
  ,, lades, & greues.

    Thorax) eft proprement le pis de l'homme, ou bien la partië plus éleuée.
,, Pline au vingtfixiefme: Cinq brins d'ifope & deux de ruë, auec troys figues
,, cuites purgent (*Thoracem*) l'eftomach. Toutef-fois on le prend pour ce
  qui eft de fer, & d'ont l'eftomach & le corps eft couuert. Plutarche en
,, la vie de Luculle: Il eftoit veftu (*thoracem*) d'vne cuyraffe pollië, & faite à
  efcailles, fur lefquelles il portoit vn manteau Punicien.

    Au regard des chemifes, defquelles la chair nuë eft couuerte, plufieurs
les ont diuerfes, felon leurs coutumes & fantafiës: les vns de foye ou de
lin. Lefquelles ainfi que i'entend ne font point fauffables à caufe du nombre de leurs pliz. Les autres difent qu'elles repouffent tout ferrement, eftás
leurs pliz rempliz de l'ecume de fer mife en poudre. Les aucuns trouuent
bonne celle d'encens fait de la mefme forte. Ie treuue auffi qu'aucuns approuuent le cuir de cerf trempé en fuc. Pline auffi temoigne au fetiefme,

                                         que

que les laines cuites en vin aigre ne se faussent point. Au demourant les gés
de guerre n'ayás plus d'esperáce es armes offensiues, ont leur recours à ceste
maniére de couuerture se confians aux lames de fer, & à l'habillement de
teste, d'ont tout le corps est couuert.

Phaleræ)bardes, & caparassons, &(*Ephippia*)selles, sont paremens de cheuaux, & d'hommes, & de guerre. Virgile:

,,   *Au premier qui vincra soit le cheual bardé.*

Saluste au Iugurthe : Mais s'il demáde pointons, enseignes(*phaleras*)bar-
des, & autres dons militaires. Virgile au disiesme.

,,   *Eurialus phaleras Rhamnetis & aurea bullis*   Emendaui
,,   *Cingula.*   ex Virgil.

Iuuenal en la cinqiesme:

,,   *Vt læti phaleris omnes, & torquibus omnes.*

Horace es epistres:

,,   *Optat ephippia bos, piget optat arare caballus.*

Lorica) qu'on dit auoir esté trouuée par Midas Messene, sont armes faittes de cuir desquelles s'aidoyent les anciens. Varro de la lágue Latine:*Lo-* †Lege sue
rica)est ainsi dicte, d'autát qu'on faisoit des cuirasses de cuir cru. †Les Gau- euderunt
loys depuis la forgérent de fer ayant mesme nom, & firent aussi la chemise Galli é fer-
de maille, laquelle anciennement ne couuroit que l'estomach, & depuis ro.pro suc-
tout le corps, d'ont il est dit: cedit Cha-
                                                            lybs.

,,   *Le pis de trois cuyrasses est bien contregardé*
,,   *Ne pour peur lors cerchoit le dos estre gardé.*

Et Lucain au setiesme:

,,   *Quærit iter quo torta graues lorica catenas*
,,   *Opposuit, totóque latet sub tegmine pectus.*

Or se faisoyent elles d'vne matiére & ouurage riche selon le pouuoir, cóme celles de Maximian & des Roys Ptolomées lesquelles estoyent d'or, les
aucunes de cuyure, les communes de fer. Les aucuns les ont simples, ou à
deux, & trois doubles, les autres aymét mieux celles qui sont à écailles auec
les ioincts couuerts, ou bien faittes à plumes, & s'en arment. Crispe Saluste:
,, Les cheuaux auoyent mesmes bardes, lesquelles estoyent faittes de linge,
,, & de lames de fer en façon de plumes. Virgile:

,,   *Il picquoit son cheual fort braue en son escume*
,,   *Couuert de peau de cuyure en écailles de plume*
,,   *Ioinctes auec fin or.*

Iustin en l'epitome de Troge Pompée au quarante & vniesme liure:Eux
& leurs cheuaux sont armés de cuyrasse & bardes, & de plumes tout le long
de leurs corps.

Baltheus, n'est pas seulement la ceincture d'vn homme de guerre, & de
laquelle ils sont ceincts, mais aussi la courraye à laquelle pédent les armes,
& ce non seulement par humilité, mais aussi pour vne brauerië & iactance,
comme il est certain que Turne l'a eu. Virgile au douziesme des Eneïdes.

                                                         Z iiij

> Lors que le malheureux Baliée se montra
> A ses hautes epaules, & les clouz demontra
> La ceincture à Turnus qu'à son malheur porta,
> Qu'au beau ieune Pallas, le tuant il osta.

Clypei) les boucliers sont armes à gens de pié, & les escuz à gens de cheual. Virgile:

> ― & clypeum super intonat ingens,
> aut. Ipse ingens clypeum supra ipsum.

On lit aussi (hoc clypeum) ce qu'appreuue Caper, & le deuons plus tost receuoir. Il a de vray ensuiuy Homere. Aussi le trouuõs nous vsurpé par les sa-
uans escriuins des arts tant au genre neutre qu'au masculin. Trebellius Pol-
> lio: Illi clypeus aureus) ou bien cõme disent les Grãmairiens (clypeum aureum)
> Senatus totius iudicio in Romana curia collocatus est. Tite Liue aussi en a vsé au gé-
> re neutre au trente-cinquiesme, l'Aedilité cest' année là de M. Aemille Lepi-
> de, & Luce Aemille Paul, fut notable en laquelle ils condamnerét plusieurs
> marchans de bestail, duquel argent ilz ont mis au feste du têple de Iupiter
> (Clypea inaurata.) Le mesme au trente-huitiesme: Et duodecim clypea aurata ab
> ædilibus currulibus. P. Claudio, & P. Sulpitio Galbæ sunt posita ex pecunia quæ fru-
> mentarios ad annonam cõprehensam damnauerãt. Pacuuius: Clypea currum reliquit
> Chlamide cõtorta. Les anciés l'ont appellé (clypeum) à cause de sa rõdeur, & du
cuir de bœuf auquel fut escrit l'accord des Gabins auec les Romains. Les
escus de vray anciennemét des hómes preux estoyent peincts: au contraire
ceux des lâches de cœur & nouueaux soldats estoyent purs. De là est venu
qu'on dit, il a l'escu blanc sans hõneur, c'est à dire qui n'estoit point peinct.
Les escuz aussi tels que ceux d'ont on cõbatoit à la guerre de Troye estoyét
imagéz, ainsi que le temoigne Pline au trête-cinquiesme liure: d'ont est venu
le nom de Clypeus non pas de (cluere) d'ont vsoit l'antiquité pour combatre,
ainsi qu'vne subtilité peruertië des Grammairiens a voulu. Car, comme dit
Seruius les plus grandz escuz ont esté dicts (Clypei) d'autãt qu'ils couurent
le corps, du vocable Grec (κλέπω) cacher. Au demourãt on le trouue souuét
prononcé au gére masculin. Il est vray qu'à l'auis d'aucuns (Clypea) au genre neutre sont plus referéz à l'image, & peinture ou parement, mais au
masculin, aux escuz. Prote & Athere combatans entre eux, ont (comme
lon dit) inuenté les boucliers, ou bien Calthus fils d'Athamas. Herodote aussi dit que les Carins ont esté les premiérs qui ont peint les escuz, &
ont fait les poignées, aus-quelles ils pendent: veu qu'au par-auant ils sen
aydoyent sans elles, les pendans à leur col auec vne courraye du costé de
l'épaule gauche. Au regard de leur matiére, elle est en estime selon leur
forme. Les Affricains en ont fait d'or. M. Aufidius a fait entendre que
ses predecesseurs en ont eu d'argent. Alexandre Roy des Iuifz en mit huit
mille en teste à Ptolomée qu'il appelloit (hecatommachos) c'est à dire combatans contre cent, d'autãt qu'ils s'aydoyent de boucliers de cuyure. On dit
que les Numides ont fait des boucliers de cuir d'Elephans que les dars ne

pouuoyent

pouuoyent faucer: & que par cas de fortune ilz eſtoyent réduz inutiles,car la nature de ce cuir eſt telle qu'il boit l'eau comme vne éponge.A ceſte cau- ſe eſtans apeſantis,on ne les peut porter. Les boys froids & nourriz en l'eau ſont plus propres pour en faire. Ceux qu'on fait de boys auſſi ſont legers, deſquels le coup ſe reſerre,& cloſt incontinét. A ceſte cauſe le fer ſen retire tant plus à peine. Or ſont de ceſte ſorte les figuiers.le ſaux,le tillau, le ſus,le peuple,entre leſquels le ſaux eſt le plus leger,& pourtát plus profitable. Au regard de la forme chacun en a fait à ſon plaiſir. Les gens de pié les portent longs, les aucuns auſſi courbes , & les appellent tortuës , les aucuns ronds, comme la Cetre,Pelte,& Parme.

Cætra) eſt vn petit eſcu de cuir duquel ſaydent les Affricains & Eſpa- » gnols.Virgile: -*Lauas cætra tegit.*

Pelta)eſt vne manière d'eſcu fort petit en façon de demië lune , ſembla- ble à la Cetre. Virgile:

»   *Ducit Amazonidum lunatis agmina peltis.*

Parma) eſt vn petit eſcu ainſi appellé , comme le temoigne Varro , d'au- tant que toutes les partiés ſont égales autour de ſon centre.

Ancile)eſt vn petit eſcu tombé du ciel du regne de Nume Pópille, ainſi dićt à cauſe de ſa figure . Il n'eſt point de vray en cercle, ny ne rend vne cir- conference ronde comme la pelte, & a vne echancreure en ligne qui ſe re- courbe,les ſummités duquel recourbées, & r'enforcées de leur redoublemét ſont la figure de l'Ancile.Feſtus dit que Ancile eſt vn petit boucler ainſi ap- pellé par ce qu'il eſtoit r'acourcy des deux coſtés, de ſorte que le haut & le bas ſe montroyent à demy . Ou bien il eſt dićt Ancile (*ab ambeciſu*) comme dit Varro,d'autát que ceſte façon de harnoys ſont échácrés des deux coſtés tout ainſi qu'vne cuyraſſe . Ou bien cóme il ſemble à Seruius au huitieſme des Eneïdes:Ancile eſt vn eſcu court & rond ainſi dićt d'autant qu'il eſt ró- gné de toutes pars,ou bien à cauſe de(ἀμφιχειλθ)c'eſt à dire eſtant de toutes pars bordé.Ouide au troiſieſme des Faſtes:

» *Le bouclier bien rongné d'ancil le nom auoit,*
» *A l'entour duquel l'œil nul angle ne voyoit.*

Les autres dient qu'il eſt dićt de an qui eſt à dire autour,& (κύλαρ) tour- ner ou bien à cauſe de(ἀγκῶνα)coude auquel on le porte.Iobbas dit ainſi de- » ſirant le tirer du Grec.Ce ſurnom premiérement pourroit bien eſtre deſcen » du de ce mouuement,ou veheméce qui ſ'eſt fait(ἀναϑερ)c'eſt à dire lá ſus, ou bien de la cure des malades qui ſe dit(ἄκωσις:) ou bien de ἀγχιωλύσιως,c'eſt à dire ingenieuſe deliurance. Outre-plus à cauſe d'vne deliuráce de triſteſſes qu'ils appellent ἀνάχωσιρ,d'ont les Atheniens appellent Caſtor & Pollux ἄνα- χας.Et ſil le faut attribuer à la langue Grecque,ils diſent qu'il peut eſtre ap- pellé de ἀγκῶιθ de la coudée,à laquelle ilz ont de coutume le porter.

» *Sariſſa*)eſt vn bouclier de cuyure. Q. Curce au neufieſme:Lá eſtoit vne » grande multitude de gens de guerre, entre leſquelz eſtoyent les Grecz qui » tenoyent le party de Dyoſippe. Le Macedonien auoit prins armes ayant à

,, gauche le bouclier de cuyure qu'ilz appellent Sariſſe, à dextre la lance, &
,, l'eſpée ceincte comme quaſi pour en combatre pluſieurs.

Tholos) eſt vn nom Grec, & eſt proprement comme vn petit eſcu, qui eſt
au milieu d'vne voute, & auquel les arcs ſaſſemblent, & auquel on auoit de
coutume de pendre les dons. Stace au deuſieſme des Thebaïdes:

,, *Icy i'attacheray les combatz des anceſtres,*
,, *Et des Roys de grand cœur les faces redoutables*
,, *Aux tholes éleués les armes ie pendray*
,, *Que conquiſtes par ſang, i'ay ores i'aporté:*
,, *Et que me liureras Pallas prenant les tholes.*

Vmbo) eſt vne partië de l'eſcu, quaſi comme le nombril, lequel encores
ſouuentes-fois ſignifië l'eſcu, car quelque fois nous prenons la partië pour
le tout. Virgile au diſieſme:

,, *Inde aliud, ſupérque aliud fugitque, volátque*
,, *Ingenti giro ſe ſuſtinet aureus vmbo.*

Ocrea) ſont les greues comme qui eſtoyent miſes pour (crus) la greue. Tite
,, Liue au neufieſme: La iambe ſeneſtre eſtoit couuerte de ſa greue, la ſalade
,, auſſi eſtoit creſtée pour donner apparéce de plus grande hauteur. Leſquelles greues auec les creſtes de ſalades les Careins inuéterent, comme lon dit,
mais les Lacedemoniens ont trouué la ſalade.

Pero) vne gueſtre, eſt vne chauſſeure de gens de village venuë de la façon
des Grecs, deſquels ceſte maniére de harnois fut tirée & attribuée aux Hernices par le Prince des poëtes, d'ont ils deſcendirent. Et pourtant en ſont
faicts ces vers de Virgile au ſetieſme, par leſquels les peuples des Hernices,
& les plus nobles d'entre eux ſont recitez, eſtát pour lors Anagnië leur cité.

,, *Ceux que paiſt l'Anagnië, & le bon pere auſſi*
,, *Amaſene, n'ont pas armes, ny par ainſi*
,, *Sous des boucliers & cars. de vray la plus grand part*
,, *Tire boullets de plomb, l'autre porte le dard.*
,, *A couples dans ſa main, & ont tous roux chapeau,*
,, *Que le loup pour leur chef a fourny de ſa peau.*
,, *Or ont ilz ordonné, que nud le pié ſeneſtre*
,, *Seroit, & que le dextre armé ſeroit de gueſtre.*

Or n'ay ie encores que ie ſache, nulle part trouué que ceſte façon d'aller
à la guerre vn pié chauſſé & l'autre nud, ait eſté en Italië. Il eſt vray q̃ ie feray
bien pour ample authorité apparoiſtre, q̃ ceſte coutume a eſté entre aucuns
Grecs. En quoy il faut ſuyure vne diligence oculte du noble poëte, lequel
comme il eut leu les Herniques (auſquels eſt l'Anagnië eſtre) deſcendus des
Pelaſges, & auoir eſté appelléz ainſi par vn certain Pelaſge leur Chef, nómé
Hernice: a attribué la façon qu'il auoit leu de l'Etolië aux Hernices, qui ſót
vne anciéne colonië des Pelaſges. Iulle auſſi Higine au deuſieſme liure des
villes, montre par vn propos qu'vn certain hóme Pelaſge fut Chef des Hernices. Au regard de la coutume des Etolins, Euripides excellét Tragique l'a
montré

montré auoir esté d'aller à la guerre n'ayant qu'vn pié chaussé. En la Tragedië duquel intitulée Meleager, vn messager est introduict deduïsät en quel
habit estoit chacun des Capitaines qui s'estoyent assemblé pour prendre le
sangliér. En laquelle vous voyés bien comme les parolles d'Euripides sont
songueusement gardées par Virgile: car cest autre dit: Il auoit le pié mesme
nud. Virgile dit aussi au semblable:

„   *On ordonna que nud seroit le pié senestre.*

En quoy à fin qu'on appreuue mieux nostre diligence, nous ne tairons
pas vne chose à peu de gens, comme en ce qu'Aristote a reprins Euripide au
deusiesme liure des poëtes le disant en celá auoir esté ignorät: car les Etolins
ont le pié dextre nud, & nó le gauche. Mais à fin que ie ne semble plus tost
l'affermer que prouuer, les parolles d'Aristote sont en ce second liure qu'il a
laissé escrit touchät les poëtes, auquel tu le trouueras auoir tenu ces termes
d'Euripide. Et combien que ces choses soyent telles, il est toutes-fois manifeste q̃ Virgile a mieux aymé ensuyure Euripide qu'Aristote. Aussi ne croy-
ray-ie pas qu'vn homme si sauant n'ait sceu ces choses. A bóne raison il prefere Euripide, car il a gräde familiarité auec les escriuins des Grecques Tra-
gediës, ce qu'on peut penser par plusieurs de ses dicts.

Ie ne treuue point que les anciens tant Grecs que Latins ayent vsé d'e-
triérs. Virgile au douziesme:

„   *L'vn attele les cars, ou bien d'vn saut se iette*
„   *A cheual, & au poing tient son espée traicte.*

Et au mesme:

„   *Quand du combat Turnus vid qu'Aeneas se part*
„   *Et ses chefz estonnéz, d'espoir soudin il ard.*
„   *Cheuaux il quiert & armes, & d'vn saut il bondit*
„   *Brauement dans son car, & les resnes conduit.*

Vegece au premier liure: On n'a pas seulemét contreinct à bien se ietter à
cheual les ieunes soldats, mais aussi les vieils. Laquelle façon cóme il est manifeste est venuë iusques à nostre temps, cóbien que non apparemmét. Les
cheuaux de boys estoyent assiz en hyuer a couuert, & en esté en plain cháp,
sur lesquels les ieunes gens de guerre estoyent premiéremét contreincts de
saillir sans armes, iusques à ce qu'ilz y fussent accoutuméz : & par apres armés. Et y estoit la solicitude si gräde qu'ilz apprenoyent à descendre tant à
dextre qu'à senestre tenäs l'espée nuë, ou bien la picque. Ce qu'ils faisoyent
par vn continuel exercice, à fin qu'en vne alarme chaude ils ne tardassent
point à monter, estans si affectueusemét exercités durant la paix. Tite Liue
au troisiesme dè la secóde guerre Punique: Ny n'estoyent tous les Numides
ordónés sur l'aile dextre, mais seulemét ceux qui à la coutume des sailleurs
de cheual à autre, ayans deux cheuaux auoyét de coutume sauter armés du
lassé sur le frais souuétes-fois en vne rude bataille, tant ilz estoyent vistes, &
les cheuaux dociles. Xenophon le Socratique au liure qui s'intitule le maistre d'ecuirië. Or puis qu'il a esté vuydé, quels doyuét estre les cheualiérs, ie

,, m'efforcéray d'expofer manifeftement par quel moyen on recouure les bós
,, cheualiérs. Entre lefquels nous deuons remôtrer & pouffer la ieuneffe d'ap-
,, prendre de fe lancér à cheual. D'ont celuy fera à bon droiét loué qui y cô-
,, mettra vn bon maiftre & bô dreffeur. Il faut auffi accoutumér les ia âgés de
,, f'entr'aydér à montér à cheual à la façon des Perfes. Plutarche de la vie des
,, Gracches : Apres auoir épacé les chemins, on a affis à chacun mille (lequel
,, eft de huit ftades) des columnes de pierres pour figne de l'efpace. Il a auffi
,, affis de chacun cofté du chemin d'autres pierres vn peu élongnées les vnes
des autres pour plus aifément & fans faillir montér à cheual. Outre ces temoignages, les arcs triûphaux qui font à Rome feruét d'indices, & le cheual
de bronze, qui eft au Latran fâs cefte façon d'etriérs auec fon cheuaucheur.

Calcar) l'éperon eft vn éguillon pour haftér le cheual, tirant fon nom de
(*calx*) talon. Ouide:

,,   *Non nocet admiſſo ſubdere calcar equo.*

Mais quant à ce qui eft efcrit au fifiefme des Eneïdes:

,,   *Soit qu'à pié il marchaſt droit à ſon ennemy,*
,,   *Ou que de l'eſperon il donna aux épaules*
,,   *Du cheual écumant.*

Il a mis l'efpece pour le genre, c'eft à dire les épaules pour le cheual, veu
que les épaules ne peuuent pas eftre piquées des éperons. Or tout ainfi que
ceftuy cy fert pour haftér le cheual, la verge auffi a efté ordónée entre beaucoup de nations pour maniér le cheual. Valere le grand au troifiefme liure
,, de P. Craffe : Eftât enclos entre Elée & Smyrne, il fûit vne infamië de n'eftre
,, fon prifonniér fe procurant vn moyen de mort. Il donna de vray dans l'euil
,, d'vn barbare d'vne verge d'ont il manioit fon cheual, lequel enflambé de
,, courroux pour la violence de la douleur donna d'vne courte dague dans le
,, flanc de Craffe. Lucain au quatriefme:

,,   *Le Marſeilloys monté ſur vne eſchine nuë*
,,   *Le cheual ſans frein volte auec verge menuë.*

QVELLES ARMES SONT PROPRES AV COM-
bat, & quelz noms ont les inftrumens de guerre.   *Chapitre IIII.*

L femble que nous auons dit les noms des armes pour la defenfe
& couuerture, pourfuyuons maintenant celles qui reftent pour
offenfer.

Acinacis, eft vne épée de guerre en langue Partique, ou Medi-
que, comme dit Acron, combien qu'il fe puiffe mettre indifferemment. Q.
,, Curce au fifiefme liure : Mais il ne trouuera rien outre vn bouclier pourry,
,, deux arcs Scytiques, & vn acinace. Sainét Hierofme au troifiefme liure con
,, tre Iouinian : Straton Roy de Sidon fe voulant deffaire de fa propre main à
,, fin de ne feruir de moquerië aux Perfes qui le tenoyent de pres, attendoit
,, en effroy la venuë des ennemys contemplant vne épée qu'il auoit prins : de

la

„ a main duquel fa femme le voyant bien pres d'eftre prins arracha l'acina-
„ ce, & luy en donna dedans les flancz.

Enfis, & gladius, epée & glaiue font de telle nature, que (comme dit
Quintilian au neufieme liure des inftitutions) eftás diuers vocables ilz fignifient vne mefme chofe, tellemēt qu'il n'y a point d'inconuenient pour
„ la fignification d'vfer de l'vn pour l'autre. Macrobe au premier du fonge
„ de Scipion: Voyós maintenāt qui font ces deux noms, d'ont il a fait men-
„ tion, quand il dit que fydera & ftellas vocatis. Vne mefme chofe de vray n'eft
„ pas icy demontrée foubz vne mefme appellation, cóme (Enfis, & gladius)

Gladius, glaiue, lequel felon le temoignage de Pline au fetiefme eft inuenté par les Lacedemoniens, en changeant le, c, en g, comme dit Varron.
Et a prins fa fource de (clades) defaitte, & ce pour la défaitte des ennemyz.
Et tout ainfi que le nom de (dupondius) fe dit en deux fortes par plufieurs, cóme (hic dupondius & hoc dupondium) auſſi dit on (hoc gladium, & hic gladius.
» Quintilian au premier des inftitutions : Ceux aufſi qui ont dit (gladia) ont
» failly au genre, mais il me fuffit d'auoir donné ceft auertiſſement à fin que
ie ne femble auoir r'amené en doubte l'art par la faute d'aucūs opiniaftres.

Spata, enfis, & gladius) font noms à tous prefque cogneuz. Tite Liue au
trenteneufiefme: Et lá ou il a veu tout en fuyte Cato recourt à la feconde le-
» gion qui eftoit ordonnée pour renfort. Et commande que les enfeignes
» marchent deuant luy, & fait qu'elles fuyuent à grand pas pour forcer le fort
•• des ennemyz. Et fi quelqu'vn rompoit l'ordre de hafte, il le frappoit (fpata)
» de l'efpée eftant entre les gens de cheual, ordonnant aux Tribuns & Centurions de les chaftier. Tu trouueras auſſi ce vocable efcrit es liures anciens, & en Aulus Gellius au dixiefme liure des nuiĉtées Attiques.

Harpe) eft vne epée en faux, de laquelle feft aydé Perfée en la defaitte de
Gorgon. Lucain au neufiefme:

„   Harpen alterius monstri iam cæde rubentem.

Et encores lá mefmes:

„   Perfeos aduerfi Cyllenida dirigit Harpen
„   Lata colubriferi rumpens confinia colla.

Maro au fetiefme.:

„   Læua fceptra tenet falcati cominus enfes.

Les anciens ont appellé linguam vne epée longue en façon de langue
De laquelle Mœnius a fait mention en la Tragedie d'Ixion.

Machæra, eft vne epée longue à vn tranchant ainfi diĉte du Grec, car les
Grecz appellent μακρὸς long. Cefar au deuxiefme liure de fes commentai-
» res: On a auſſi combatu la plus part de la nuiĉt au bagage, d'autant qu'ilz
» feftoient r'emparez de chariotz, & defcendans du haut, ilz lançoient fur les
» noftres des dars, les aucuns auſſi mettoient entre les cars, & roues des ma-
» cheres & pointons, d'ont ilz bleffoient les noftres. Seneque au cinqiefme
» liure de la beneficence & liberalité: Ny ne cognoiftras cefte falade lá, com-
:: me qui eft fendue en deux d'vne machére Efpagnolle.

† Lego tra
gulas pro
ftragulas.

A a

Dolones font epées.Plutarche touchant la vie de Grache. Ny ne pour-
 » chaſſoient pas moins la mort à Tybere,luy dreſſant des embuſches. Au re-
 » gard de luy il marchoit ceint d'vne epée qu'on appelle(*dolon*) *Dolones*)ſelon
 » l'auis d'aucuns ſont gaules, au dedãs deſquelles eſtoient poignars cachez,
ou bien ſelon Varro vne longue hante auec vn petit fer, ainſi appellez de
dol,pour autant qu'ilz trompent: attendu qu'ilz abuſent du fer ſoubz vmbre du bois. Il en eſt qui veulent dire que les epées rondes & longues ſont
appellées(*dolones*)Auſſi Virgile dit.
 »   *Pila manu ſæuóſque gerunt in bella dolones.*

Sica) eſt diɛte de (*ſecare*) couper. De vray c'eſt vne courte dague,de laquelle ſaydent les brigans de l'Italie,& pourtant ſont ilz diɛtz(*ſiccarij*)com
bien qu'au temoignage de Quintilian au ncuſieſme liure des inſtitutions,
 » Nous appellons abuſiuemēt (*ſiccarios*) tous ceux qui tuent de quelque ma-
 » niere d'armes que ce ſoit.

Pugio eſt vn poignart trenchant des deux coſtez,ainſi appellé ſelon Feſtus,d'autant qu'on en combat de la pointe.

Clunadium auſſi eſt vn couſteau meurtriér,d'autant qu'il pend (*ad clunes*)
ſur les feſſes,ou bien qu'on en depart le trein derriére des beſtes.

Ilz appellent(*Sceceſpita*)vn couteau de fer long ayant vn manche d'yuire
rond,& ſolide,auec or & argent cloué de cloux de cuyure de Chypre,du-
quel les Pontifes & Flamines vſoient à leurs ſacrifices,ainſi appellez de (*ſe-*
care)couper. Les vns penſent que ce ſoit vne hache, les autres vne coignée
de cuyure.

Mucro,enſis,& gladius,epée,ſignifient de meſme.Priſcian au ſecond liure
 » de l'art de grãmaire:il ſe treuue des ſinonimes autãt propres,que appellatifz
 » comme(*enſis,gladius, mucro*) ſignifient vne meſme choſe , tout ainſi que
 » P. Cornelius Scipio Affricanus ſignifiét vne meſme choſe.Boece de la tri-
 » nité: Il ne faut pas qu'vne repetition d'vnitez au nóbre des choſes face plu-
 » ralité,comme ſi d'vne meſme choſe ie dy,*gladius vnus,enſis vnus, mucro vnus*)
 » car vne epée peut eſtre cogneue en ce nombre de vocables.Auſſi eſt ce plus
 » toſt vne reiteration d'vnitez qu'vn denombrement,comme ſi nous diſions
 » (*enſis,mucro,gladius*)ce ſera vne certaine repetition , & non pas vn denom-
 » brement de choſes diuerſes: tout ainſi que ſi ie diſoye ſoleil, ſoleil, ſoleil, ie
 » n'auray pas forgé trois ſoleilz,mais tant ſeulemēt nommé vn par pluſieurs
 » foiz. Le meſme Boece au meſme liure: C'eſt plus veritablement vne repe-
 » tition d'vne meſme choſe que denombrement de diuerſes,quand nous di-
 » ſons Dieu le pere,Dieu le filz,& Dieu le ſainɛt eſprit. Et eſt ceſte trinité vn
 » Dieu.Ou bien (*enſis,ɶ mucro,vnus gladius*)tout ainſi que ſoleil, ſoleil, ſoleil,
 » eſt vn ſoleil.Subſequemmēt vn peu apres au meſme liure: Or ne dit on pas,
 » vn fils eſt ſainɛt Eſprit quaſi cóme noms de pluſieurs choſes: car (*mucro*) eſt
 » ce meſme qu'*enſis*,au regard du pere,du fils,& ſainɛt eſprit,ilz ſont vne meſ
 » me choſe . Tite Liue au ſetieſme: Le Gauloys éleué au deſſus comme vn
 » mont,& auançant ſon eſcu de la gauche déchargea auec vn merueilleux
                                                  ſon

„ fon vn coup de taille en vain fur les armes de l'ennemy à fon approche : le
„ Romain (*mucrone furreƐto*) dreſſant l'epée apres auoir de fon eſcu gagné au
„ deſſoubz de l'autre. *Mucro* auſſi eſt la pointe de l'epée ou du glaiue, & de
„ toute autre choſe. Tite Liue au trête deuxieſme : Les Gauloys & Eſpagnolz
„ auoiêt des eſcuz de meſme forme preſque, & les epées inegales & diuerſes.
„ Les Gauloys les ont lôgues & mouſſes, & l'Eſpagnol courtes auec pointes,
„ & pourtant plus aiſées, comme qui eſt acouſtumé d'aſſaillir l'ennemy plus
„ toſt (*mucrone*) d'eſtoc, que de taille. Seneque à Lucil en l'vnzeieſme liure. Il
„ ne faut pas appeller vne epée bonne à cauſe de la ceinture dorée, ne pour le
„ fourreau enrichy de pierrerie, mais bien celle qui a le trenchât bien affillé,
„ & (*mucro*) vne pointe pour faucer toute façon de harnois. Macrobe au pre-
„ mier liure du ſonge de Scipion : Denys treſcruel poſſeſſeur de la Sicile, vou-
„ lant monſtrer à vn ſien amy eſtimant la ſeule vië d'vn Roy bien heureuſe,
„ comme elle eſtoit continuellement miſerable, & de quantz euidens perilz
„ pleine, fit pendre vne epée nuë attachée à vn fil menu par le manche (*mu-*
„ *crone*) la pointe contre bas, & ſur la téſte de ceſt amy durât le repas. L'excellant des poëtes auſſi dit au douzieſme

„   *Elle tyre mourant le dard, mais dans les coſtes*
„   (*Mucro*) *la pointe entre les oz demeure auant fichée.*

Finalement toutes ces manieres d'epées ont fourreaux.

    Aclides, comme témoigne Seruius ſont certains bâtons ſi anciens qu'on
n'en fait plus de memoire à la guerre. On lit toutesfois que ce ſont maſſuës †Lego ſint
faiƐtes d'vne coudée & demië armées de toutes pars de pointes, & qui ſe claue cu-
lancent de ſorte à l'ennemy, qu'attachées à vne courraye ou corde, elles ſe bito ſemis
peuuent retirer apres le coup dóné : on les eſtime toutesfois eſtre vne façon faƐƈ.
de bâton de get, lequel on peut tirer auec vne verge, comme dit Maro :

„   *Teretes ſunt aclides illi*
„   *Tela, ſed hac lento mos eſt aptare flagello.*

    Telum, eſt tout ce qui ſe peut getter de l'arc & de la main, comme pierre,
bois, paux, pointons, lances, iauelotz, & tout ce qu'on tire au loing eſt ſignifié par le vocable Grec βλοϑν, combien que nous le liſons auſſi pour
„ epée. Tite Liue : Il leur fut ordonné pour armes la ſalade, le boucler, les gre-
„ ues, la cuyraſſe le tout de cuyure pour la defenſe du corps, & pour donner
„ à l'ennemy les (*tela*) bâtons, le pointon, & l'epée. Seneque au quinzeieſme
„ liure des epiſtres parlant des richeſſes : Elles (dit il) ne nuyſent à perſonne,
„ ny ne porte dommage à aucun leur folie, ou la méchanceté d'autruy, tout
„ ainſi que l'epée ne tue ame, & qu'elle eſt le (*telum*) bâton de meurtrier.
  Virgile :

„   *At non hoc telum mea quod dextera verſat.*
„   *Effugies.*

    Verutum, eſt vn bâton court, & menu, commé dit Nonius. Tite Liue au
„ dixieſme : *Quibus pleriſque in ſcuta verutis in corpora ipſa fixis ſternitur cuneus.* Et
„ au premier : *Arma mutata nihil præter haſtam & verutum datum.* Vege : au

„ deuxiefme liure, cóme il parlaſt des bâtons de get, & qu'il euſt deuiſé d'vn
„ eſtant le plus grand: Il en eſt vn autre(dit il) moindre auec vn fer de cinq
„ pouſſes & demy, & la hante de cinq piedz & demy, que lors on appelloit
„ verutulum, & au iour d'huy verutum.

Fuſtes, ſont ce que les villageois appellent paux, & qui ont eſté entre les
premieres armes des hommes.

Baculus,bâton eſt dict de Bacchus ſelon Rabane & aſſez d'autres trouué
& appellé de Bacchus:le maſculin eſt cómunemét en vſage, & a ſignifica-
tió notoyre.Tite Liue au premier liure:l'Augueur a prins place à ſa ſeneſtre
„ ayant la teſte affeublée, tenát à ſa dextre (*Baculũ*) vn bâton ſans neu & cro-
„ chu qu'ilz ont appellé(*Lituus*)Il y a toutesfois(*Bacillũ*)diminutif. Ciceron
„ au deuxiefme de finib.bon.*Bacillũ aliud inflexum,aliud ita natum*.Nous trouuerons auſſi ſon primitif auoir eſté proferé au neutre genre.Apulée au pre-
„ mier de la Magie:*Verumtamen hoc Diogeni , & Antiſtheni pera & baculum,*
„ *quod diadema regibus,quod Imperatoribus paludamẽtum,qnod pontificibus galerum,*
„ *quod lituus auguribus.*Ouide au quinziefme de la Metamorphoſe:
„   *Eſſe ſolet,baculum tenens agreſte ſiniſtra.*

Vindicta, eſt la verge du Preteur de laquelle les ſerfz touchez ſont deliurez, & acquierent libérté dite de(*vindicare*)deliurer, d'autant que par elle il
ſe deliuroit de ſeruitude.Perſe:
     Ne cognois tu ſeigneur,que cil dont la vindicte deliure.
Tite Liue au deuxiefme liure:*Ille primum dicitur vindicta liberatus*. Aucuns
auſſi cuydent que ce nom lá ſoit tiré d'vn qui fut nommé vinditius': d'autant que depuys luy on a touſiours gardé que ceux qui ſeroiét ainſi affranchiz,ſeroient receuz entre les bourgeois.

Et cóbien que(*verbera*)les verges ſoient quelque-fois prinz pour bature,
ilz ſignifient toutesfois propremét la matiere,tout ainſi que(*flagella*)ſions,
leſquelz proprement ſont les ſummitez des ſarmens. Quintilian : *Ignes ex*
„ *proximo raptos, & verbera quæ caſus obtulerat*. Troge Pompée au deuxiefme
„ liure:Les Scytes furent auertiz de changer la façon du combat, ayans ſou-
„ uenance,qu'ilz auoient à combatre auec leurs ſerfz, & non pas auec leurs
„ ennemyz, & qu'ilz les failloit vaincre par droict de maiſtriſe,& non par ar-
„ mes:& qu'au ſurplus il eſtoit beſoin d'vſer(*verberibus*)des verges au combat,
„ & non des armes, & qu'en delaiſſant le fer,il failloit faire appreſt de verges,
„ de fouetz,& de ces autres manieres d'inſtrumens qui donnent creinte aux
ſerfz. On dit que les Lacedemoniens inuenterent les pointons . Le freſne
eſt bien maniable,le coudre eſt plus mol, & le cormiér plus gras, pour lequel le pointon d'Achiles a eſté en eſtime par le los d'Homere.

Haſtilia,ſont les lancettes à fer long, & qu'on peut lancer à la main.
Conti, ſont perches longues, & roides ſans fer auec vne pointe agué.
Iuuenal:
     Nocte iter ingreſſus gladium contúmque timebis.
Lancea,que ſelon le témoignage de Pline au ſeptiefme: les Etolins ont
                                                          inuenté

inuenté,a tout ainfi que(*hafta*)notoyre fignification, combien que ce ne foit vn vocable latin , & qu'il foit efcript au vingt-quatreiefmè liure des chofes Diuines de Varron,au-quel paffage apres auoir parlé de(*pectoricum*) le difant eftre mot Gauloys,il a auffi dit que(*lancea*)n'eft pas latin,mais Efpagnol.Les autres penfent qu'elle foit dicte du Grec , d'autant qu'ilz appellent λόγχ ω.

Pilum, la pertuifane eft de l'inuention de Tyrrhenus, tout ainfi que le pointon eft Romain, & que *Gefa* eft Gauloys,& Sariffa Macedoniene. Les autheurs le dient eftre de grande commodité à la guerre : d'autant que fi cefte maniére de dard penduë & pefée egalement eft lancée par le moyen de fon aneau,à peine fe treuue-il harnois qui puiffe porter le coup, eftant pouffée viuement d'vn fecouëment de bras.Et fil eftlancé de loing, il feff force de faufer le harnoys par fon ébranlement & mouuement continuel, foudain qu'il fy eft attaché,ny ne peut fubitement eftre euité, ou repouffé, ny mefmes farracher,quelque inftance que face l'ennemy. Les Angloys & les Ifles circuniacentes,en ont fort vfé.

†ExPlinio Tyrreni pro Pëthefileæ.

Gefa,font bâtons Gauloys, & forts pointons. Les Gauloys de vray appellent les vaillans hommes Gefes.Tite Liue au neufiefme:*Ière paftorali habitu,aggreftibus telis, falcibus, gefifque binis armati.*) Il en eft qui penfent qu'on les appelle plus raifonnablement (*Cefa*) de (*Cedere*) tuer.

Rumex, eft vn dard femblable au fpare maffuë des Gauloys.

†Dele ruma pilum fumata pilata.

Iaculum,qu'on dit auoir efté inuenté auec fon anneau par Etole filz de Mars, eft auffi vn dard qu'on fait pour eftre ietté, & pourtant ainfi dict au témoignage de Varron.

Spara,comme témoigne Pompée font les plus petitz dars des villageoys & ruftaux,ainfi dictz de(*fpargere*)epandre.Emille parlant des excellens Ca pitaines des nations eftranges:Ilz virent Epaminondas combatant mou-
" rir,atteint de loing d'vn fpare.Lucain:
"   *Tum fpara,tum murices portantur ftragula porro,*
" Nous lifons,*fparos*,au genre mafculin. Salufte au Cartilinaire: *Sed ex omni*
copia quarta pars erat militaribus armis inftructa, cæteri vt quofque cafus armauerat,
" *fparos & lanceas.*
"   *Sariffa*,comme il femble à Pomponius, & ainfi le témoigne Setuius, eft
" vn pointon Macedonique.Tite Liue au neufiefme: *Arma,clypeus,fariffæque*
" *illis*)c'eft à dire pointons. Et au vingt-feptiefme:*Ibi fimul perturbari ordines,*
" *& impeditus incurfu fuorum vfus prælongarum haftarum fariffas Macedones vo-*
" *cant,intulere figna Romanæ legiones.* Et au vingt-huitiefme: *Per oculi foramina*
" *prælongæ haftæ quas fariffas vocant.* Q .Curfe au feptiefme:*Prior barbarus emi-*
" *fit haftam,quam exiguus modica capitis declinatione vitauit, atque ipfe infeftam far-*
" *riffam equo calcaribus concito.*
"   Les Illiriques appellent Gibine vn bâton femblable à vn épieu. Ennius:
      Illirici reftant Sicis Gibinifque fodentes.
Securis,hache(*quafi femicuris*)ou *femiquiris*,qui eft demy pointon,ou bien

A a iij

du Grec κοίρανℴς, qui ſignifiē Roy. Il eſt certain que les Romains ont eſté Grecz,&'eſtoient(ſecures)des ſignes qu'on portoit deuant les conſuls.

Tragula, eſt vn pointon auec vn fer bien agu, dicte ainſi, cóme dit Varro de(traiicere)tranſperſer, ou bien comme il ſemble à Pomponius, c'eſt vne maniere de dard, ainſi dict d'autant qu'on le tire eſtant attaché à l'eſcu. Ce-
» ſar au cinqieſme liure:Il mande qu'il tire au dedans le camp(tragulam) vn
» dard auec lettres attachées à l'anneau. Tite Liue au vingt-cinqieſme: la fut
» combattu l'eſpace de quatre heures preſque,& comme les Romains vein-
» quiſſent brauement, on ſonna à la retraicte, d'autant que Cn. Scipio auoit
» la cuiſſe tranſperſée (Tragula) d'vn dard.

Claua, eſt vne façon de bâton, duquel ſ'accouſtroit Hercules, ainſi dicte d'autant qu'elle eſt ferrée de toutes pars de cloux. La maſſuë de vray & la peau de Lyon conuiennent à l'ancien Hercules, auquel temps les armes n'eſtoient pas encores inuentées, & auquel les hommes ſe gardoient d'outrages auec longues perches, couurans leurs corps de peaux de beſtes ſauuages. Quelques vns la penſent eſtre dicte(Catheia) laquelle auſſi Horace appelle (Caia) & eſt (Catheia) vne façon de bâton de guerre des Gauloys, lequel eſtant tiré, reuient à celuy qui le tire. Virgile auſſi en a fait mention:

    Theutonico ritu ſolitos torquêre Catheias.

Il a dit (*Theutonico ritu*) d'autant que les Theutoniques ſont peuple de la Gaule Ciſalpine.

» Bipennis, eſt ainſi dicte, d'autant qu'elle a d'vn coſté & d'autre deux tran-
» chans, quaſi deux pennes. On diſoit anciennement (penum) vn trenchant,
» dont ſont dictes les pennes des oyſeaux quaſi aguës. Quintilian au pre-
» mier liure:Parquoy il faut que l'enfant apprenne, que c'eſt qui eſt propre es
» lettres, quoy commun, quelle, & auec qui eſt l'affinité, ny ne ſ'eſmerueille
» que(ſcamnum)ſoit faict(ſcabellū)ou bien de(pinna)qui ſignifiē egu, la Hache
» (Bipennis) à deux tranchans ſoit faicte, & qu'il ne ſuyue l'erreur de ceux, leſ-
» quelz d'autant qu'ilz penſent que ce nom ſoit venu de deux pennes, veulēt
que les(pinnæ)ſoient attribuées aux oiſeaux.

Dolabra, doloére, quaſi ayant deux leures pour charpenter, ruiner, & démolir:Tite Liue au deuxieſme liure de la guerre Punique:A lors Hanni-
» bal penſant auoir l'occaſion, enuoye cinq centz Aphricains auec doloéres
» pour abbatre la muraille de fond en comble. Et au quatrieſme de la meſme
» guerre:On depart aux groz valletz des(dolabra) doloéres pour abbatre le
» palliſſement, & combler les foſſez. Et au huitieſme de la meſme guerre:Les
» enſeignes des ennemyz ſont entrées par la meſme porte, d'autre coſté on
» rompoit les portes auec haches &(dolabris)coignées. Iuuenal au troiſieſme
liure:
»   *Nodoſam poſthac frangebat vertice vitem*
»   *Si lentus nigra muniret caſtra dolabra.*

Falatica, eſt vne maniere de dard, dont on vſe(ex falis) c'eſt à dire ceux qui combatent de lieux dreſſez, cóme il ſemble à Seruius, qui eſt vn bâton grand

grand, faict au tour auec vn fer d'vne coudée de long, & vne rondeur de plomb faict en sphére en sa summité. On dit aussi qu'il porte feu. Or combat on de luy des tours, lesquelles indubitablement on appelle (*Falæ*) estant (*falarica*) dicte à (*fals*) comme murailles (*à muro*) Lucain a de vray dit que la falarique se tire d'vne machine auec nerfz tors:

» *Ou bien la fallarique a nerfz fors débandée*

» *L'assommé, &c.*

Au demourant Virgile dit au neufiesme, que Turnus la peut lancer de la main, ce que parauanture a esté dit de luy ou en poëte, ou à la louenge & vertu de Turnus, qui a lancé tel pointon. Tite Liue en l'vnziesme liure: Les Sagontins auoient la fallarique, qui est vn bâton de traict auec vne hante oblongue, & au demourant ronde, sinon au bout, auquel estoit le fer, lequel quarré comme au pilum, ilz lioient d'estoupes, & oignoient de poix. Au reste le fer estoit de trois piedz de long, à fin qu'il peust transpercer le corps auec les armes. Mais que mesmement s'il s'attachoit à l'escu, & qu'il ne peust entrer au corps, il donnoit vne frayeur. Car comme il fust tiré à demy enflambé, & que du mouuement il portast tant plus grand feu, il cótreignoit d'abandonner les armes, & rendoit le soldat nud aux coups subsequens.

† Lego oblongo pro ab ligneo.

Malleoli, font bâtons de guerre en la forme d'vne quenoille de femme. Ammianus marcellinus au vingt-quatreiefme des geftes: Le Malleole eft ainfi figuré. C'eft vne fleche de canne affemblée entre le fer, & la hante de plufieurs lames de fer, & eft côcauée tout ainfi que la quenoille d'vne femme, à laquelle on fille le lin, ayant le ventre ouuert en plufieurs lieux fubtilement, & a au dedans du feu auec quelque entretenement eftant tyrée lentemêt d'vn arc foible, car la flambe des inftrumens à feu, feftaint d'vne defferre d'arc trop violente. Au demourant le feu ne feftaint point par aucun remede autre que de ietter poudre deffus, ou bien marc d'huyle. Tite
„ Liue au vingt-huitiefme: Les vns vindrent auec torches atdentes, les autres
„ auec eftoupes & poix portans des malleoles, tellement que toute l'armée
„ eftoit efclarée de flambes. Or au dedans de ce malleole, il y a vne pâte & vn nourriffement de feu inextinguible faict de collophone, fouphre & falpeftre, qu'ilz appellent Nitre: tous liquefiez en huyle de laurier, felon les autres en huyle petrelée, greffe d'ouaye, mouelle de canne ferule, & fouphre. Et felon aucuns huyle d'oliue, d'oint de la colophone, camphre, poix rafine, & eftoupes. Les anciens gens de guerre ont appellé cefte compofition (*incendiarium*) boute feu.

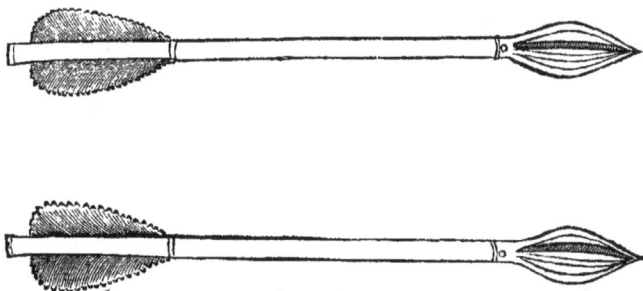

Miſſilia haſtilia, font bâtons de guerre, ainfi appellez à (*mittendo*) d'autant qu'ilz font lancez. Tite Liue au trente-deuxiefme: Il y auoit vn grand nombre d'inftrumens de traict, à celle fin de repouffer de loing les ennemys (*miſſilibus*) à bâtons de get.
Catapulta, laquelle Pline au feptiefme dit auoir efté inuentée par Crétes, eft vn traict ou fleche legiere comme dit Nonius. Cefar, ou autre pour luy
„ au dixiefme de fes commentaires: Ilz getterêt au deffus des voiles, à fin que
„ les traictz tiréz par les inftrumens de get ne démoliffent la muraille, ou
„ que les pierres & catapultes ne debrifaffent la brique. Tite Liue au premier
„ liure de la guerre Punique: Et portans là les catapultes, fleches, baliftes, à fin
„ d'auoir en la ville le chafteau comme vne fortereffe la menaffant ilz le fer-
„ m erent de murailles. Plaute au Gurgulion: Ie te lanceray du fouet, comme
„ font couftumierérement les catapultes. Et encores aux captif: de vray mon
poing

„ poing eſt vne baliſte, mon coude vne catapulte, & mon epaule vne teſte
„ de bellier à batterië. Il eſt auſſi tout notoyre, ainſi qu'en vſent les plus ſauás,
que la Catapulte eſt vn inſtrument & artifice de guerre, duquel on tire des
„ traiⱡz de trois coudées de long. Pomp. *Trifax*, eſt vn traiⱡt de trois cou-
„ dees de long qu'on tyre de la Catapulte. Vitreuue au dixieſme: On prend
„ les proportions ſelon la raiſon du pois toute telle qu'es Catapultes, ſuyuⱥt
„ la longueur des fleches. Tite Liue au premier de la guerre Punique: Han-
„ nibal meſme ſe trouuoit en perſonne là ou on pouſſoit la tour mobile, ſur-
„ paſſant de hauteur toutes les fortereſſes de la ville, laquelle eſtant appro-
„ chée, & ayant fait deplacér de la muraille les gardes, au moyen des cata-
„ pultes & baliſtes ordonnees par tous les planchérs. &c.

La partie de la Catapulte qui ſe tire d'vne corde doit eſtre d'acier.

Rhomphea, comme le témoigne *Aulu Gelle*, au neufieſme liure, eſt vne
maniere de bâton de get des Thraces, quoy qu'aucuns la tiennent pour
Framée, épée, & glaiue. C'eſt vn vocable que tu trouueras dedans les annales, d'Ennius au trezieſme liure. Tite Liue au trente & vnieſme: Les rhó-
„ phées auſſi d'vne bien grande longueur empeſchoient fort les Thraces en-
„ tre les rameaux aſſiz tout au tour.

†Lege ra-
mos pro
Romanos.

Arcus, eſtant de la quatrieſme forme ſont inſtrumens de guerre pour tirer fleches, & quaſi comme (*arces*) fortereſſes qui ſont les parties de la ville
hautes, & r'emparées, ainſi diⱡtz à cauſe qu'ilz (*arcent*) repouſſent les ennemys, combien qu'en tant que touche des arces, il en eſt entre leſquelz eſt
Seruius, qui d'autant que (*arcâna*) ſont ſecretz, penſent qu'aucunes ſont
diⱡtes, comme choſes ſeⱡrettes, & qu'il en ſoit d'autres ſelon le témoigna-

ge de Solin au premier liure des choses memorables, qui veulent que d'autant que les Arcades auoient habité au sommet des montagnes, il s'en est
ensuyui que par apres les forteresses des villes ont esté appellées (arces). Au
demourant on dit qu'Appollo a inuenté l'art & le moyen d'en tirer, qui a
esté la cause que les Candoyz ont singulierement prins plaisir à l'arc qu'on
appelle Scythique.

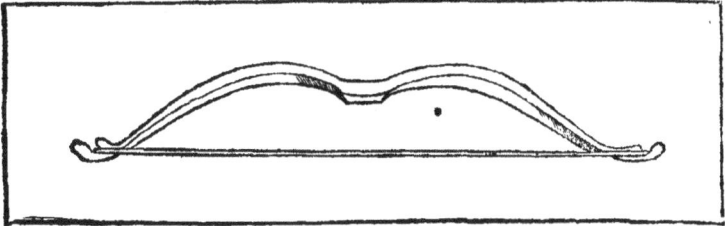

Coriti, sont proprement les fourreaux des arcz, combien qu'on les dit e-
stre les trousses que nous appellons (Pharetra) Virgile au douziesme:
"   Quid tela, sagittæ,
"   Coritíque leues humeris, & latifer arcus.
        Ouide aux Methamorphoses:
"   Exuit hic humeros pharetram, lentósque tetendit
"   Arcus
        Scorpiones, comme dit Vegece au quatriesme liure, sont ce qu'au iour-
dh'uy nous appellons arcbalestes ainsi appellées qu'elles tirent de petitz &
menuz fers, comme au premier liure des Machabées: Et ordonna là des ba
listes, machines, potz & lances à feu, & des instrumens de guerre à tirer
pierres & pointons, & des (scorpiones) arcbalestes pour tirer fleches, & des
fleches, & des fondes. Cesar au septiesme des commentaires: vn certain
Gauloys estant deuant la porte de la ville gettoit dedans le feu, vis à vis de
la tour des morceaux de gresse & de poix qu'on luy liuroit à la main, lequel tumba mort estant percé de part en part par le costé (scorpióne) d'vn
coup de traict d'arcbaleste. Il en est qui disent qu'on n'en tire pas seulement
des fleches, mais aussi des pierres. Ammianus Marcellinus au vingtcinquies-
me des gestes: Quelque part aussi qu'on dressast à la main des arcbalestes,
elles tiroient pierres rondes. Et au vingt-quatriesme: La nouuelle façon a
donné le nom d'onager au scorpion, à cause que quant on chasse les asnes
sauuages, ilz tirent de loing ruans en derriere si bien les pierres qu'ilz fau-
sent les estomachz de ceux qui les suyuent, ou en leur cassans les oz ilz leur
écartelent la teste. Vegece René au quatriesme liuré: Les cheuaux ne sont
pas seulemét dissipez par le traict des scorpions, ne par les pierres tirées des
onagres, mais aussi sont les engins des ennemys. Nonius Marcellus dit, que
(scorpio) est vne maniére de dard, les autres accordans à luy disent que c'est
vne fleche enuenimée, qui épand son poison là ou elle s'attache, dont elle
a prins le nom de scorpion. Ie pense que ceste façon de scorpions a prins sa
                                                                    source

† Lege
Macha-
beorum
pro re-
gum.

† Proii-
ciebat
pro pro-
hibebat.

source des Scythes, lesquelz ayans teinct leurs fleches en venin de vipere, & en sang humain tuent soudain d'vne playe irremediable, combien que la blessure soit legére. Desquelz parlant Lucain dit:

> Les fleches ilz n'épandent auec fer seulement
> Comme qui de poison sont soules amplement,
> La moindre playe nuyt, & au sang gist la mort.

Finalement quiconque a esté le premier qui a inuenté l'arcbaleste pour tirer traict, soit Scythe ou Cãdoys, ou nay en quelque autre region, à esté veritablement trahistre, ou bien plein de desir d'offenser, ou bien il creignoit l'ennemy. Il a de vray pensé ce que le mesme Lucain dit:

> Longè tendere netuos
> Et quò ferre velit committere vulnera ventis.

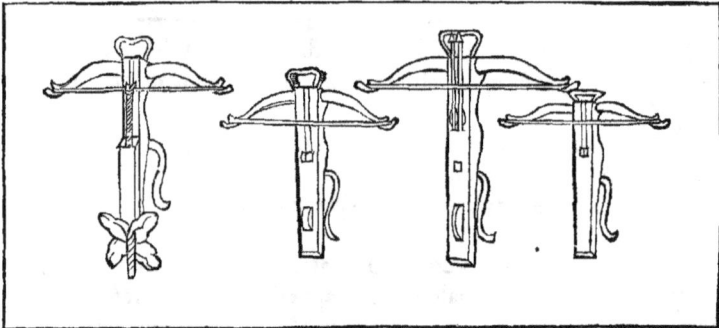

Sagitta, la fleche, est ainsi dicte (à *sagaci ictu*) à cause du coup tiré de vistesse comme il semble à aucuns. Nous l'auons de vray fait voler pour plus tost faire mourir l'homme, & auons donné ailes au fer. Laquelle ie pense auoir esté inuentée par la meschanceté & fraude de l'esprit de l'homme. On dit qu'elles ont esté premierement inuentées par les Candoys, cõme dit Solin, & à l'auis d'autres ainsi que le recite Pline par Scythe filz de Iuppiter, ou bien Perses filz de Persée. Les Orientaux en vsent souuent, lesquelz ferrent les cannes d'vn fer à barbillons qu'on ne peut retirer hastant diuersement la mort par l'empennement de la canne, tellement que c'est vn autre dard au dedans des playes. On l'appelle la fleche barbare, desquelles aussi ilz obscurét le soleil: à ceste cause ilz desirét le iour serain, haïssans fort les vens & pluyes, lesquelz les forcent de viure en paix entre eux. L'usage d'elles à ruiné les gens cõbatans de la Candie. En quoy tout ainsi qu'es autres choses l'Italie emporte l'honneur, veu qu'il n'est point de canne plus propre à fleches que celle qui croist au Rhein riuiere du Bolonoys, laquelle est fort moeleuse, & le pois viste & forçant le vent.

†Scythé
pro Saterem.

Verti ex Plinio.

Spiculum, est le fer d'vne fleche bien aiguë. Q. Curce au setiesme liure: Comme le Roy les tint assiegez combatãt auec les plus hardiz, il fut blessé d'vne fleche, laquelle s'estant attachée au mylieu de la greue, y auoit laissé,

,, *(Spiculum)*le fer. Item au neufiefme:Les medecins couppent la hante de la
,, fleche, de forte que*(ſpiculum)*le fer attaché au corps ne fut point remué. Et
,, apres auoir dépouillé le corps ilz prindrent garde que le fer eſtoit barbil-
,, lonné, & qu'on ne pouuoit le retirer du corps ſans l'outrager, & agran-
,, dir la playe.

*Murices)*ſont chauſſetrappes de fer,leſquelles iettées comme que ce ſoit
ſ'arreſtent ſur trois pointes, offenſans de la quatrieſme qui eſt dreſſée.
,, Q . Curce au quatrieſme liure : Quand ſoudain vn certain fugitif vint
,, au Roy en toute diligence,l'auertiſſant que Darius auoit épandu par terrre,
,, *(murices)*des chauſſetrappes là ou il eſperoit qu'il feroit marcher ſes gens,&
,, fut le lieu remarqué,à fin que les ſiens ſc euſſent fuïr la tromperie.

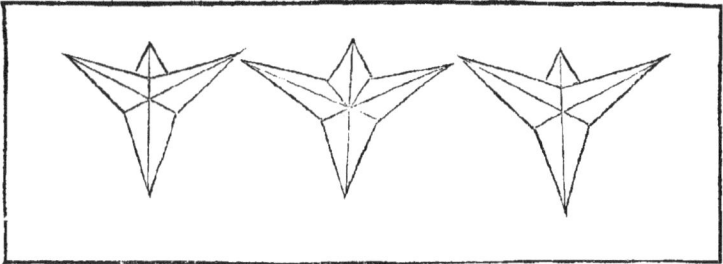

*Sculprum)*eſt vn ferrement fort tranchant. Tite Liue au ſetieſme de la
guerre Punique:Il fit plus tuer d'Elephans par les maiſtres que par l'enne-
my.Il auoit*(fabrile ſcalprum)*vn ciſeau auec vn maillet,lequel là ou ilz com-
mençoient à entrer en furië, & ſe ietter ſur les leurs,le maiſtre l'aſſeyant entre les deux oreilles en la ioincture par laquelle le col ſe ioint à la teſte, il
chaſſoit de plus grand coup qu'il pouuoit.Ceſte voye eſtoit inuentée pour
la plus ſoudaine mort d'vne beſte de ſi grande maſſe.

*Scalpellum)*eſt vn diminutif de*(Scalprum)*.Ciceron au deuxieſme de Di-
,, uinatione:*Aut quorum linguæ,ſic inhærent,vt loqui non poſſent,hæ ſcalpello 'reſecta*
,, *liberarentur.* Hieremie au trenteſixieſme: *Cùmque legiſſet ludi pagellas tres aut*
,, *quatuor ſcidit illud ſcalpello ſcribæ & proiecit in ignem.*

*Veruina)*eſt vne maniere de dard long, còme dit Fabius Placias Plaute:
,, *Si tibi machera eſt foris,at mihi veruina eſt inius,qua te & illos confodiam.*

Soliferreum) eſt vne façon de dard,c'eſt à dire tout de fer:car,*ſolum*,ſigni-
fie ce que nous appellons tout. Tite Liue au quatrieſme liure de la guerre
,, Macedonique:Ilz regardoyent en frayeur les bandes qui leur eſtoiét à dos,
,, còme ilz euſſent mis la main aux épées apres auoir lancé,*vt emiſſis ſoliferreis.*

Funda) fonde d'autant que par elle les pierres *(fundantur)* c'eſt adire ſont
iettées. C'eſt vn traict qui ſe tournoye auec vne laſſiére, & lors que la plombée ſera arreſtée, & bien balancée,.on tire comme ſi elle eſtoit lancée du
,, bras. Tite Liue au vingt-huitieſme. On vſoit pour lors ſeulement de la
,, fonde,de laquelle on vſe beaucoup au iourd'huy. Ny n'eſt aucun d'autre

nation

nation qui foit excellent en ceft art comme font les Baleares par fus toutes.
Au pais defquelz, comme dit Flauius, les meres comme lon dit, dreffent
leurs petitz enfans des leur enfance, de forte qu'elles ne leur fouffrent toucher à aucun morceau, que premieremét ilz ne l'euffent attainct d'vn coup
de fonde. Au furplus il en eft qui difent que les habitás de Maiorque & Minorque en ont efté les premiers inuenteurs, combien que Pline la die auoir
efté inuentée par les Syrophenices.

Glans) ou (*Glandis*) eft vne plombée en façon de gland, laquelle fe tire à
la fonde ou balifte. Claudian au feptiefme liure:

--Nunc fpicula cornu
Tendere, nunc glandes baleati fpargere funda.

Salufte en la guerre de Iugurtha: vne partie cóbatoit de loing (*glande*) à pló-
bées & pierres. Virgile au fixiefme:

La plus part épandoit plombées de couleur Inde.

Ouide au quatorfiefme des Metamorphofes:

Ainfi que d'vne fonde vne plombe enuoyée
Eft toufiours du hault ciel bien foible r'enuoyée.

Lucrece auffi en a vfé, auffi a Tite Liue au vingtfetiefme. Et quant à ce
que (*glandis*) fe treuue en Virgile au quatriefme des Georgiques, la doute git
fi c'eft nominatif, ou bien genitif prononcé par figure:

Nec de concuffa tantùm pluit ilice glandis.

Car il fe peut entendre (*tantum glandis*) tout ainfi que (*hoc regni & tantù lucri.*

Les autheurs appellent (*Chelidonium falcaftrum*) faucille trenchát tant feulement d'vn cofté fort tenure, & de tant plus large, de la longueur d'vne
braffe auec vne queue fourchée cóme vne aródelle, d'ont il a prins le nom.
Il n'a point de forreau, & f'attache d'vn crochet à la ceincture.

Danica, font des coignées longues à tranchant plus affillé, & defquelles
non feulemét les Dannemarchoys ont commancé à f'ayder, mais auffi autres nations. Or quant aux chofes qui generalement viennent à confiderer
touchant l'art militaire, toute maniere de ferrement a le trenchant plus af- ~~trenpen~~
filé qu'on trépe en huyle, mais en eau il prend vne durté eclatáte. Le fang de
bouch a fi gráde force qu'il n'eft rien en quoy le tréchant f'endurciffe plus.
L'huyle finalement auec ceruffe & poix liquide conferue le fer de la rouille ~~rouille~~

Falx, faucille eft vn ferrement en façon de croiffant monté fur vne hante, iadis bâton de guerre, & au iourd'huy de village. Valere au cinqiefme liure: *Vnumquémque ex his falce percuffum, in cædem fuam compulit.* Tite Liue au
neufiefme. Ilz allerét en habit de bergiers auec bâtons de villageoyz armez
(*falcibus*) de faucilles & de pointons.   Marcial:

Qui iadis pour des chefz courbe par dol fu faicte
Aux foldas iadis fu, ores aux champs retraicte.

La faux a efté anciennemét inftrumét de guerre, nó feulemét fur terre, mais
auffi fur mer. Les Romains de vray auoiét des faux d'vne grádeur incroyable, lefquelles iettás par artifice fur le cordage des ennemis, ilz les coupoiét

ROBERT VALTVRIN

me d'vn rafouer prenãs à force de rames leur routte au cõtraire , tellemẽt
que les antennes, & les plusgrãdz cordages tomboient donnansempefche-
mens à leurs nauires , auxquels elles auoient feruy de force & confort.

De(*falx*) ont efté diɛtz les cars(*falcati*)d'autant qu'ilz eftoient r'emparez
de faux, & ainfi armez ilz alloient à la guerre. Or auoient ilz au pres du timon des pointes depuys le ioug de quinze piedz de long en façon de cornes,pour tranfperfer tout ce qu'ilz r'encontreroient.Et aux extremitez des
iouz y auoiẽt deux faux, l'vne de mefme hauteur que le ioug, & l'autre titãt
contre terre, à fin que cefte autre trenchaft tout ce qui fe r'encontreroit à
cofté, & que cefte cy donnaft à ceux qui feroient abbatuz, ou qui fe ietteﾭ
roient foubz. Il y en auoit auffi de mefme es effeaux deux es extremitez preﾭ
fentans le tréchant,cóme il eft cótenu en cefte prefente defcription de cars.

Mais tout ainfi que les Capitaines f'attendoient toufiours de rompre les
rancz des ennemys auec ces cars,ilz ont auffi bien fouuent epouuanté les
leurs mefmes,cóme il aduint à Antiochus:car quand Eumenes les vid en-
tendantbien leur façon de combat, & combien perilleufe eftoit cefte maniere de fecours,fi on les épouuantoit plus toft que les affaillir en vray comﾭ
bat,

bat, il fait courir des archiers, tireurs de fondes, & dardeurs à cheual non
pas ferrez, mais écartez le poſſible, & leur encharge de leur tirer de toutes
pars. Ceſte façon de tempeſtes auec criz eſtranges a tellement effrayé les
cheuaux, que ſoudain comme echappez ilz ſe mirent à courir çà & là à trauers chãps. Les Romains épãdoient des chauſſetrappes, là ou ilz eſperoiẽt
que les ennemyz feroient marcher leurs cars, auxquelles, donnans, & bien
toſt apres bleſſez ilz deuenoient peſans & inutiles. Il eſt vne autre merueilleuſe forme de car de guerre ſans faux, chaſſé de ceſte ſorte à vens.

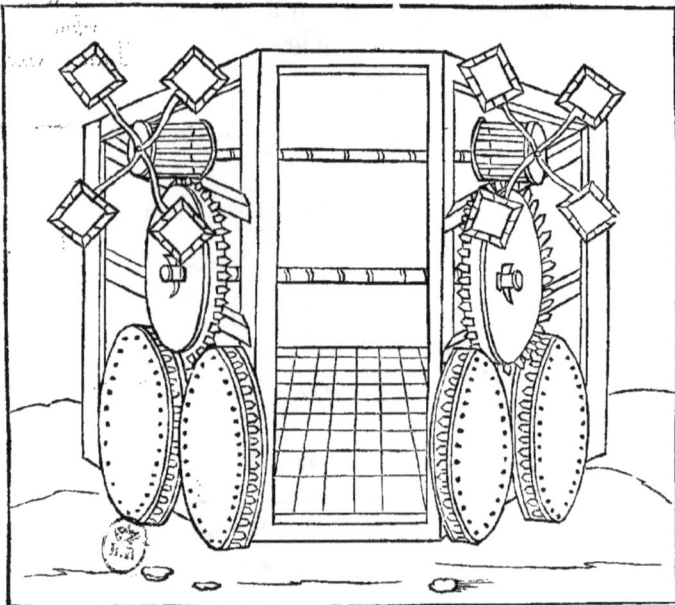

Il eſt certain que (valli & ſudes) paux ſont vne meſme choſe, comme dit
Seruius, combien que les deux ayent eſté dictz par Virgile au deuxieſme
des Georgiques:
» Quadrifidáſque ſudes, & acuto robore Vallos.
Valli) de vray ſont les palliz des tranchées, deſquelz le palliſſement eſt r'emparé. Auſſi le r'emparement eſt dict proprement (Vallum) en genre neutre,
combien que Albin Tibule l'ait mis au maſculin:
» Non arces, non vallus erat, ſummúmque patebat.
La denomination de Vallus, comme le temoigne Varro eſt venuë, d'autant que perſonne ne les pouuoit (varicare) outre paſſer: ou bien d'autãt que
chacune extremité de la tige ſoit d'vne figure fourchée comme. V. Quant à
la terre qui ſe iette au plus pres du palliſſement, on l'appelle proprement
(agger) rempar, & tout amas de terre, & de marrein pour ruiner villes d'au-

Bb. ij.

tant que(*aguntur & ducantur*)on les pousse & traine. Tite Liue au troisiesme liure de la guerre Macedonique:Il forçoit lors d'vn grád effort les Thaumaces(*aggeribus & vineis*) & ia estoit la teste de belier au pied de la muraille.Lá mesmes encores:Toute l'esperance depuys des combatans estoit en la force,armes,& batteries:aussi approchoit on de toutes pars(*aggeres*)aux murailles mal aisément. Le mesme au sixiesme de la guerre Macedonique : de tant plus estoient les Macedoniens en peine, que les Romains combatoiét (*aggeribus & vineis*) auec instrumens de batteries,& de toutes machines sur terre,& les Macedoniens à mines. Au mesme encores : Mais aussi quelques vns armez,& frequens portoient feuz pour lancer (*aggeribus*) aux engins.La mesme aussi au setiesme.Il approcha d'vn costé & d'autre (*vineas & aggerem*)des engins de batterie auec les tortuës.

Legò Thaumacos pro Thomatos.

Dele aut in præliis essent.

Cataracta,est vne porte coulisse &en treillis laquelle pend à anneaux & cloux de fer auec cordes,à fin que si les ennemys entrent en l'aualant ilz soient encloz & tuez.Tite Liue aut vingt septiesme:Hânibal arriua à la ville presque au quatriesme guet,ceux de l'auantgarde estoiét fuitifz des Romains, armez à la Romanesque. A l'arriuée donques de la porte, ceux cy parlans tous latin éueillent le guet,leur enchargeant de leur ouurir la porte,& que le Consul estoit lá. Le guet comme éueillé à leurs voix , s'efforce cóme troublé de frayeur,la porte coulisse (*cataracta*) estoit auallée, laquelle ilz surleuent partie à leuiers, & la dressent en partie à cordes à telle hauteur,qu'il pouuoient entrer droictz. A peine estoit la voye suffisante quand les fuitifz entrent à la foule. Et comme ilz fussent entrez iusques à cinq cérs, presque la(*cataracta*)porte coulisse est cheute auec vn grád bruit,à cause que la corde à laquelle elle estoit suspenduë se lácha.

Inſtrument pour mettre le feu aux portes.

Inſtrument pour rompre vne couliſſe, ou vn treillis de feneſtre.

Tour qu'on peut éleuer à écrouë.

Tour mobile, & à rouës outrepaſſant de ſa hauteur tous engins de bate-rie de ville, laquelle approchée de la muraille, les denuë de toutes defen-ſes, ayant par tous ſes eſtages catapultes & baliſtes.

Machine pour prendre villes, d'ont parle Plutarche en la vie de Deme-trie.

Halla, ſont tours de boys, leſquelles anciennement eſtoient dreſſées de marrein pour découurir, & ſi elles ſont faiĉtes de charpenterië de larix & à rouës, elles ſont ſeures d'autant que le feu qu'on y iette, ne les bateries ne l'offenſent point tant à cauſe de la matiere de bois, que pour le tournoye-ment. De vray auſſi les tours ſont diĉtes de (*Tornus*) tour ſelon l'auis de Varron, ou bien ſelon les autres, d'autant qu'elles ſont rondes, & droiĉtes. Car combien qu'elles ſoient quelques fois quarrées, elles ſemblent toutes-fois de loing rondes à l'œil, par ce que l'image de tous angles ſeuanouit & conſume en vn long eſpace d'air, & ſemble ronde. Au demourant on les

Bb. iiij.

doit faire rondes , ou bien à plusieurs pans, car les engins brisent tost les quarrées, ny ne peuuent offenser la rondeur, d'autant qu'ilz poussent au centre.

Engin pour prendre villes.

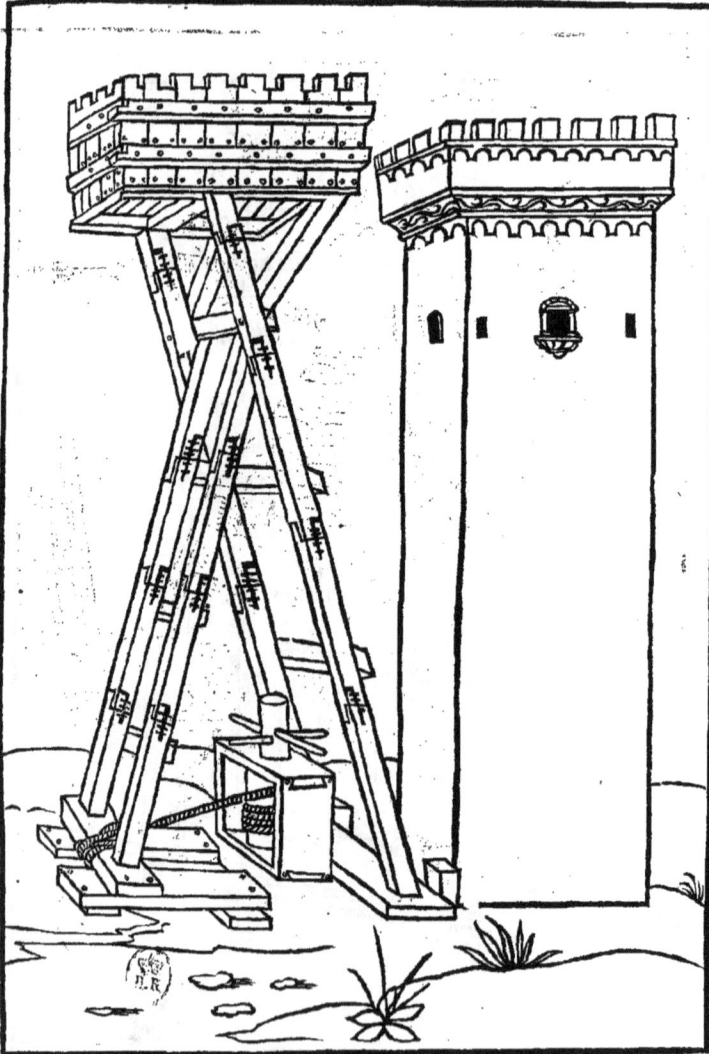

Engin Arabic pour prendre villes, grand & haut, garni d'hommes, de pons, eschelles, & de diuers inftrumens de guerre.

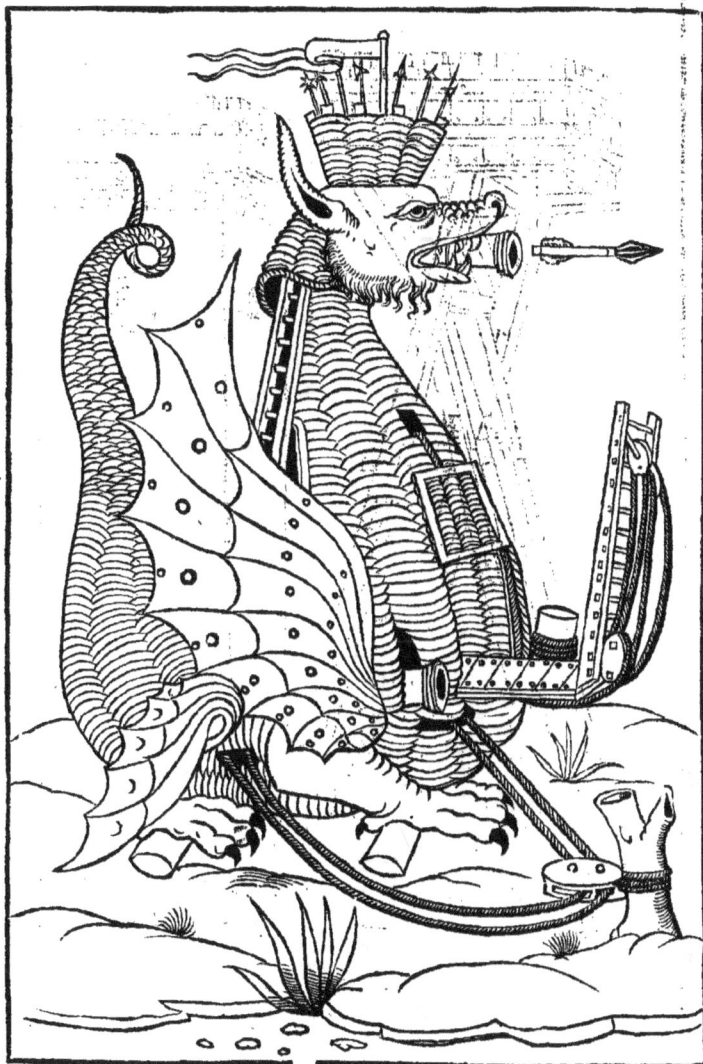

Tuyau pour tirer l'eau d'vn fossé, ou d'vn Chasteau.

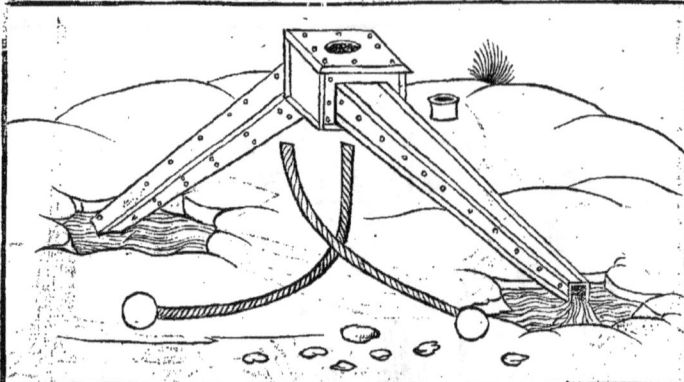

Vn autre engin pour tirer eau.

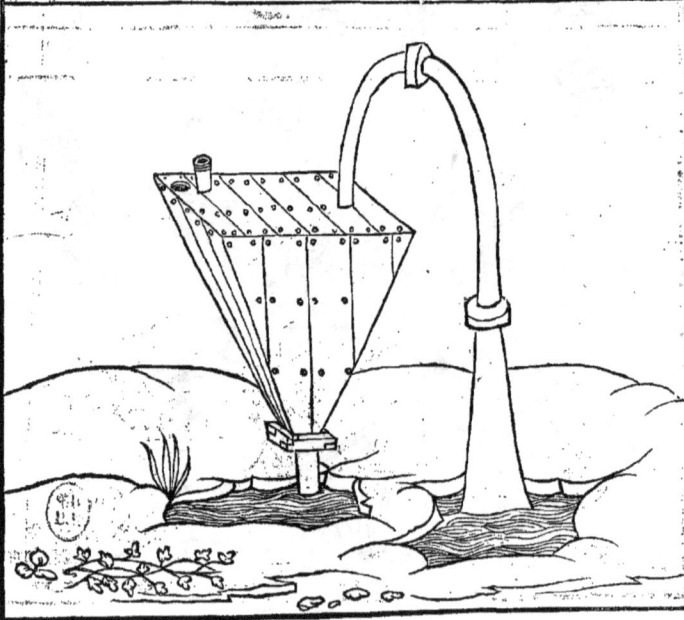

Autres deux engins pour tirer eau.

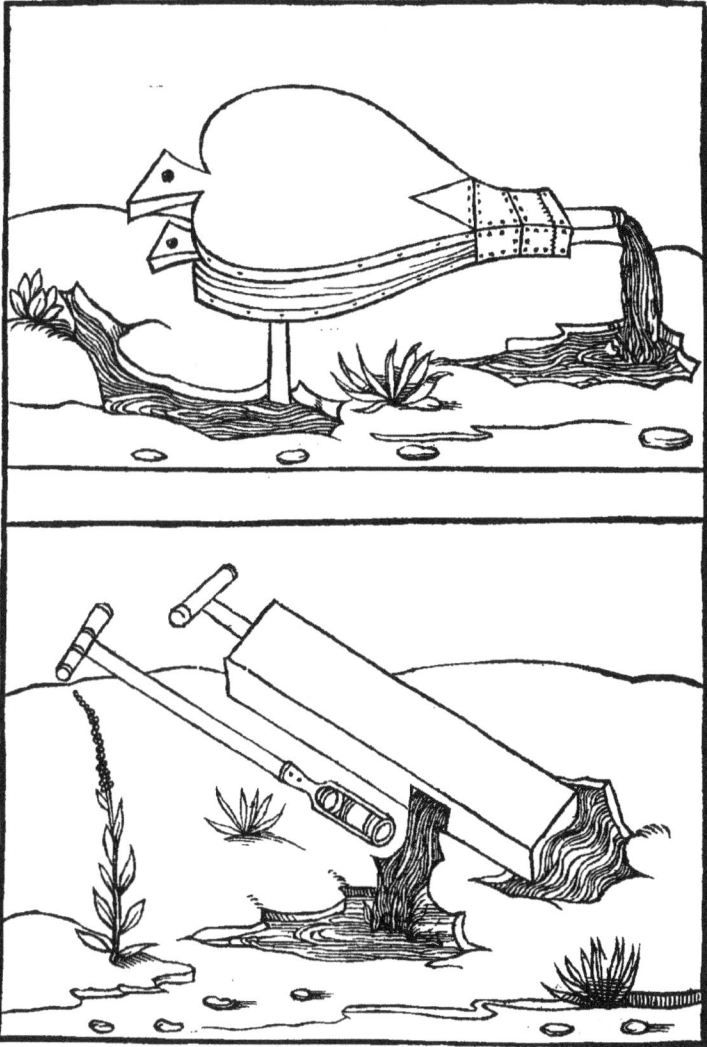

Autres deux engins pour tirer eau.

Pont pour defenſe.

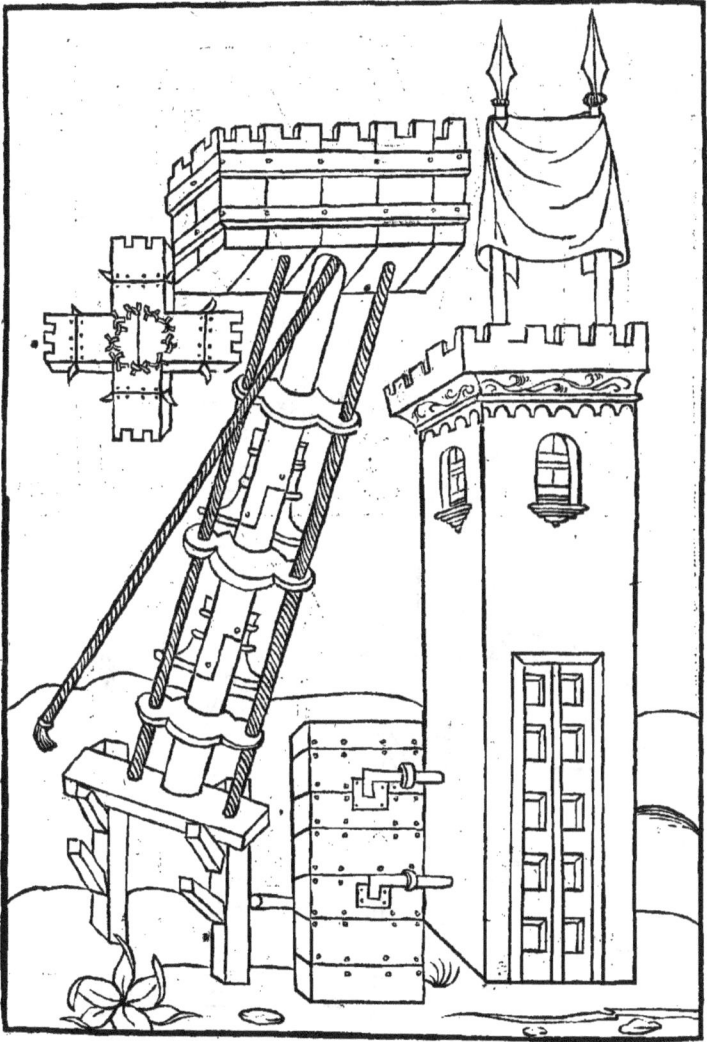

Plutei) sont clayes faictes d'oziers qu'on auoit de coutume de mettre en
teste aux gens de guerre dreſſans quelques ouurages, & ſappelloient militaires. Les aiz d'ont auiourd'huy on r'empare quelque choſe ſont ainſi appellez. Or ſont les plutées faictz d'oziers couuertz de bureau, ou de cuir
crud, & ont trois roues deſquelles l'vne eſt au milieu, & les deux en teſte, à
fin qu'on les puiſſe tourner quelque part qu'on vueille comme vne char-
rette: leſquelles les aſſiegeans approchent des murailles, y eſtans à couuert,
& hors du danger du traict, & de la fonde, ilz rompent toutes les defenſes,
à fin qu'on puiſſe plus aiſément écheller.

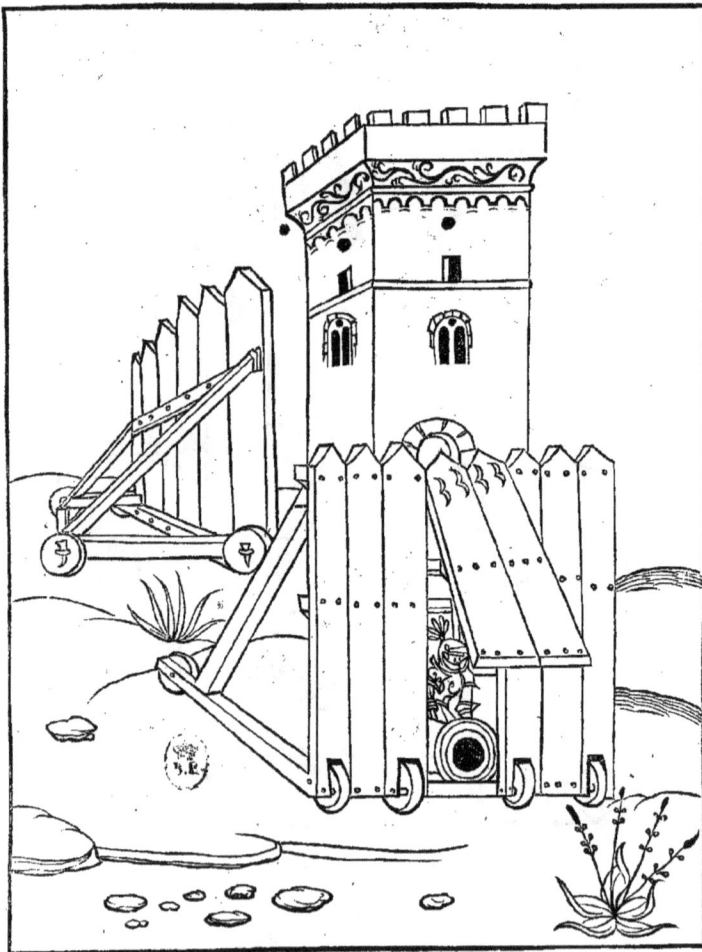

Engin de peu d'efpace pour aller contre les ennemyz maugré eux, au
derrier duquel foit vne bande de tireurs de fondes & archers tirans bâtons
de traict.

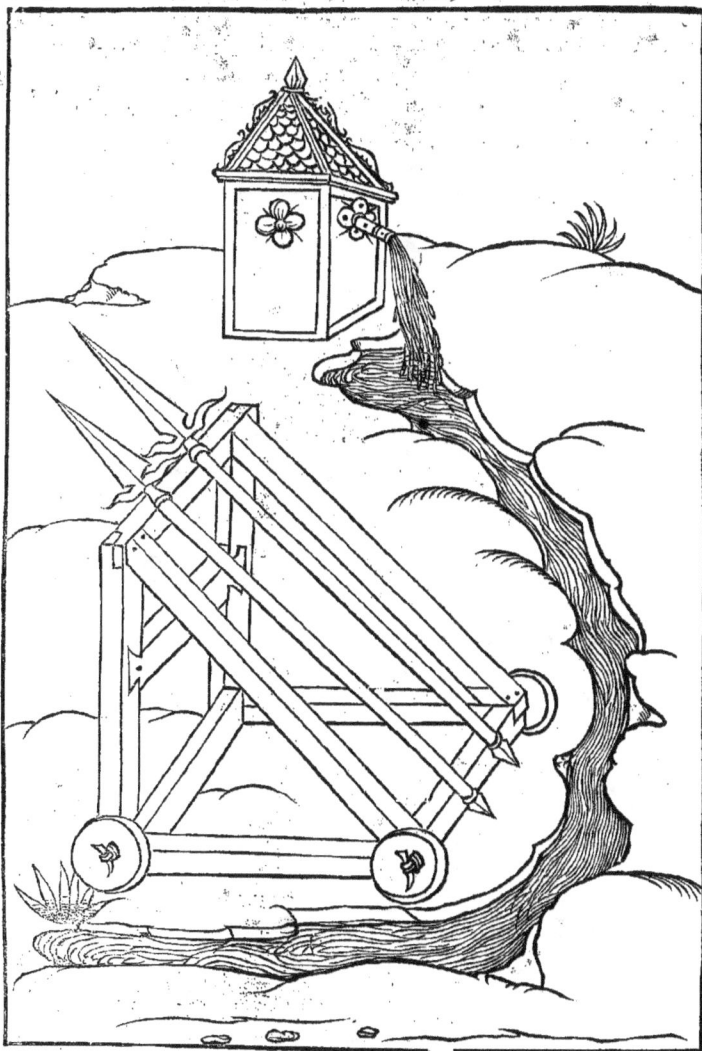

Ilz appellent (*Telonem*) ou(*tollonem*)vne branliere toutes les fois qu'on
fiche en terre vn haut posteau, au sommet duquel on assiet en trauerse vn
cheuron plus long sur son milieu de tel côpas que si l'vn des bouts s'abaisse
l'autre se dresse. On attache donques à l'vne des extremitez vn engin de
clayes, ou d'ais, dedans lequel on met quelques gens de guerre, & lors en
abbaissant à cordes l'autre bout, on les eleue & assiet on sur la muraille, là
ou s'arrestans ilz peuuent offenser les ennemyz, & decouurir: puis finalement r'apporter quelles choses s'efforcent faire les ennemyz. Au reste la
forme du Tollon est telle.

Sambuca)eſt vn engin faiĉt à la ſemblance d'vne Harpe, ou d'autre inſtrument muſical pour aſſaillir villes, car tout ainſi qu'il y a des cordes en vne Harpe, auſſi y a-il à la poutre, qu'on meĉt au pres de la tour: leſquelles quelque fois abbaiſſent le pont du haut de la tourelle à pouliës, à fin qu'ilz deſcendent à la muraille, & ſoudein les gens de guerre deſcendent de la tour, & paſſans ſur ce pont ilz gangnent la muraille.

Lego, tur-
rem, pro
trabem.

Exoſtra)eſt vn pont qu'on iette ſoudein d'vne tour ſur la muraille : il eſt
faiƈt de deux membreures, & eſtoffé d'oſier , lequel éleué ilz aſſeiét ſoudein
entre la tour & la muraille , tellement que les combatans ſortans par ceſt
engin ſe iettent dans la ville, & gangnent la muraille.

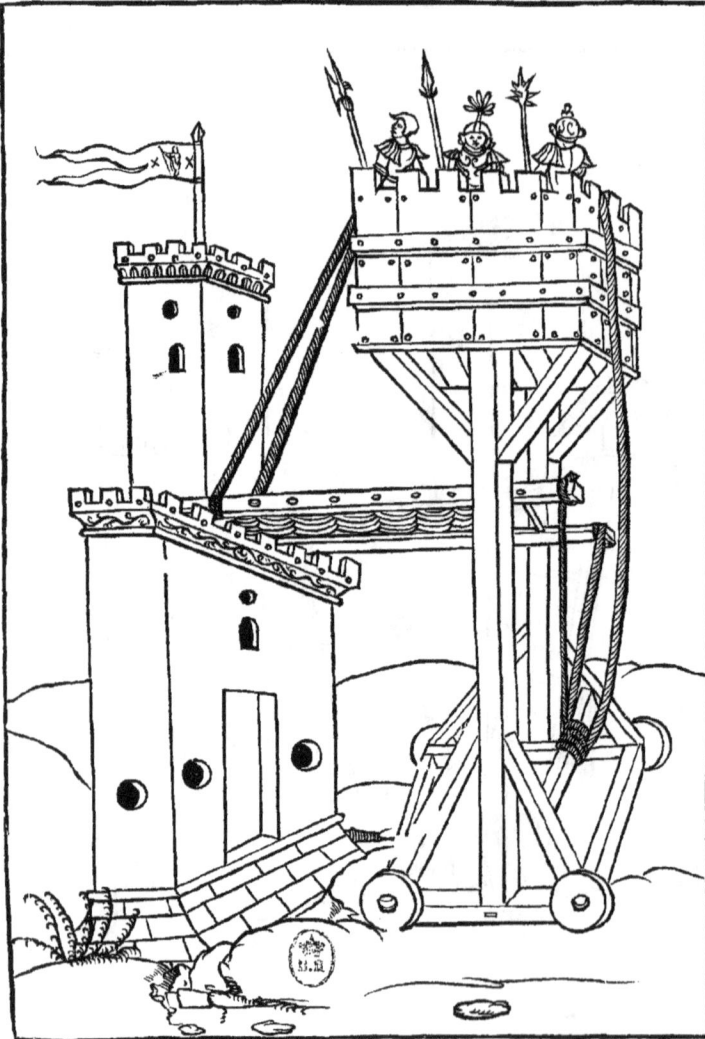

Cc. iiij

Vne roue dentée auec certaines marches au dedans tant pour le mou
uement que pour la montée des hommes par elle.

Vn cry pour arrester vn pont leuis, & pour le garder de releuer à son ab-
batement, de sorte que l'ennemy n'y puisse entrer.

Engin pour faire couler vn pont.

Muſculus, engin d'explanade eſt tout autre que la mine qui ſe faict premierement à la muraille, & pourtant eſt il appellé quaſi *(muruſculus)* ou bien
(muſculi) côme dit Vegece ont prins leur nom des beſtes marines. Car tout
ainſi qu'elles moindres que les baleines, leur donnent continuellement ſecours & ayde, ces engins auſſi moindres que les grandes tours font les ex-
planades à leur auenue. Or a l'antiquité appellé muſcule les moindres engins, duquel les ſoldas eſtans couuertz demoliſſoient les paux d'ont les foſſez de la ville eſtoient fortifiez, à fin que la tour mobile peuſt approcher le
mur ſans empeſchement.

Lego, diſſ-
imilis, pro
ſimilis.

Combien que *(scala)*échelle soit par aucuns vsurpée au nombre singulier,& qu'il soit escrit es escritures sainctes en Genese *(vidit Iacob scalam)* on
dit toutesfois proprement *(scala)* selon Varon . Quintilian, & Foca, & en
meilleur latin, soit que ce soit vne ou plusieurs,d'autant que cest vn nom
tant seulement plurier, tout ainsi que *(litera)*lettres quand elles signifient
vne épistre.Saluste au Iugurtha: *(Deinde vbi vna atque alteræ scala comminutæ
sunt)*il n'a pas dit*(vna atque altera scala)*.Or entendra facilement chacun leur
forme quoy que diuerse , s'il prend garde es protraictz subsequés exposez à
l'art.

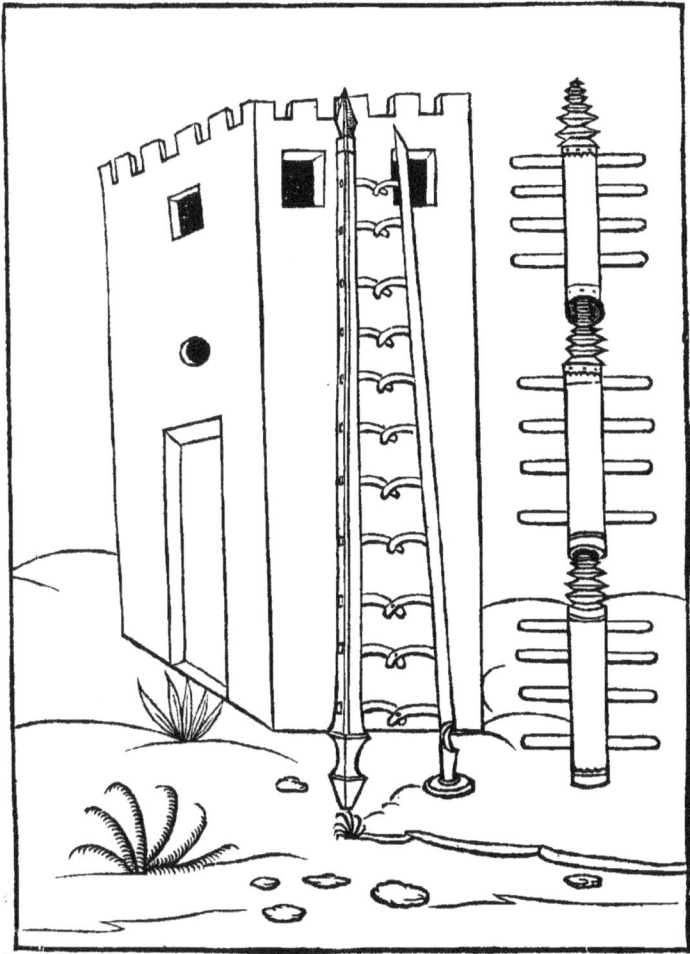

Autre maniere d'echelle. Le foulier auec l'estrier.

Autres échelles faictes de pieces.

Autre genre d'eschelles.

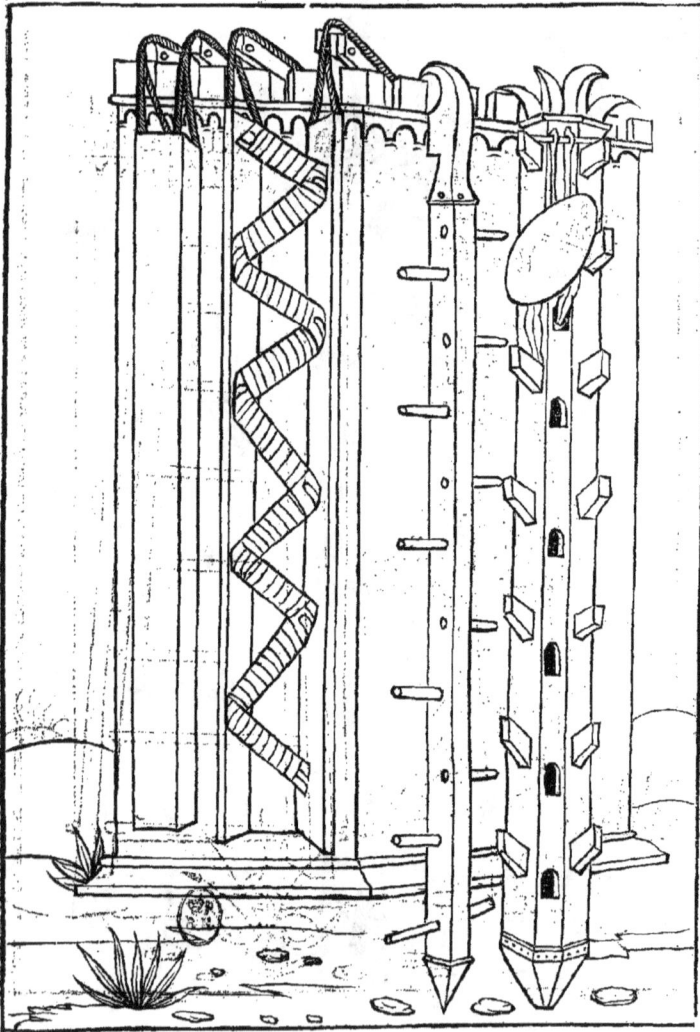

Dd iij.

Autre genre d'eſchelles portées à rouës ferrées.

D d. iiij.

Bombarda) Bombarde, comme on dit communément, eſt vn engin de metal, lequel par vn enflámbemēt de feu, au moyen d'vne poudre ſulphu- rée, ou plus toſt infernale, pouſſe en tourbillon merucilleuſement loing, les bouletz de cuiure & artificielz, & grādes pierres de mortiers, auec vn hor- rible éclat & tonnerre: abbatant murailles, & demoliſſant toutes choſes de reſiſtence. L'inuention de laquelle on penſe auoir eſté d'Archimedes au temps que Marcel aſſiegeoit Sarragouſe pour defendre la liberté de ſes ci- toyens, & pour détourner ou delayer la ruine du pais. Duquel auſſi les Prin- ces & Chefz de noſtre temps vſent pour ſ'aſſubiectir ou ruiner les peuples libres. Au regard de ce nom *Bombarda*, ie ne le treuue nulle part entre les re- nommez eſcriuains Latins, combien que l'impoſition tirée du ſon ne me ſemble pas hors de raiſon. Quelle autre choſe de vray eſt ce vne bombarde, qu'vn ſon, ou vn certain tournement enflambé? Ie ne voudroye pas toutef- fois opiniaſtremēt aſſeurer la ſourſe de ce vacable, que les ſauans eſcriuains n'ont point touché, à fin que ie ne ſemble à quelqu'vn trop grand recer- cheur, i'oſe biē toutesfois dire qu'elle eſt côtenuée ſoubz le nom de Baliſte, ou Torment. Car baliſte eſt deriué du verbe Grec βαλλειν qui ſignifie en La- tin (*iacere*) ietter. Tout ce donques qui iette pierres, & flechez peut raiſon-
" nablement eſtre appellé Baliſte. *Nonius Marcellus*: Les baliſtes ſont ce d'ont
" on iette les grandes & lourdes pierres. Victruue au neufieſme: On ne fait
" point toutesfois aucune baliſte perfaictement ſinon à la proportion de la
" grandeur du pois de la pierre, que ceſte maniere d'engin doit tirer. Oroſe au
" troiſieſme des hiſtoires: Regule ayant la charge de la guerre Carthaginoi-
" ſe, & marchant auec ſon armée ſe campa pres de la riuiere de Bragada, là ou
" comme vn ſerpent d'vne merueilleuſe grandeur deuoraſt pluſieurs de ſes
" ſoldas deſcendans à la riuiere pour la neceſſité de l'eau, Regule y alla auec
" ſon armée pour le defaire: mais comme les dardz n'entraſſent point dedans
" ſon dos, & que les coups de traictz fuſſent perduz, comme qui tomboient
" par le treilliſſement de ſes écailles, tout ainſi que ſur la curuature des eſcuz,
" tellement qu'ilz eſtoient repouſſez du corps à fin qu'il ne fuſt offenſé: & cô-
" me au ſurplus il en vit vne grande multitude briſer aux dens, & écacher de
" ſon effort, il ordóna d'amener des Baliſtes par leſquelles vn boulet de pierre
" pouſſé à ſon eſchine luy a denoué tout le corps. Valere parlant du meſme
" ſerpent au premier liure: Comme on ne le ſceuſt percer à coups de traict, il
" mourut finalement chargé de toutes pars à boulletz de Baliſtes, & à coupz
" druz de pierres lourdes. Ouide au premier liure de triſt.
"   *Ne plus ſoudain les vagues aux coſtez des naufz batent.*
"   *Que baliſtes aux murs le pois de pierres haſtent.*
  Et au neufieſme des Metamorphoſes:
"   *Ny plus legerement elle ſone battue*
"   *Que iadis Aries ou la baliſte battent*
"   *La muraille ebrechée.*
"   Seneque au deuxieſme liure des queſtions naturelles: Les baliſtes & ſcor-
                                                                pions

pions tirent des traictz auec bruit. Par ce moyen comme dit Maro, La furie
des hommes, au remoignage d'vn certain grãd autheur a enfuiuy la foudre
non imitable. Or que la balifte tire des traictz Ammian Marcellin le temoigne au vingt quatriefme des geftes: Là fe treuue (dit il) l'artiller qui met
fubtilement la fleche de bois ferrée d'vn bien long fer dedans le trou de l'ar-
brier, & lors que l'extremité de la pointe fera venuë iufques au bout de la
corde, elle part inuifible chaffée d'vn mouuement fecret de balifte, iettant
quelque fois des fcintilles d'vne trop grande violence, & auient fouuent,
qu'auant que le traict foit apperceu, la douleur fente vne playe mortelle. Le
mefme Ammian au vingtcinqiefme: Alors les baliftes dreffées à fleches de
bois, trauailloient beaucoup d'eftre bendées, & delachées, tirant fouuent
du traict. Sainct Hierofme au premier liure contre Iouinian: Comme plus
on donne de montée à vne balifte, tant plus viue eft fa defferre. Lucain au
deuxiefme:

> Tortáque per tenebras validífque balifta lacertis
> Multifidas iaculata faces.

Les Grecz entrepofans à la fin vne.r. l'appellent. Βαλιςραρ Laquelle Pline dit au vij.auoir efté inuentée par les Syrophenices. Ancon fort ancien
hiftoriographe dit, que Saturne fut chaffé en Grece par Iuppiter, là ou il affembla vne armée d'hómes monftrueux: contre lequel Iuppiter occupant le
pais d'Alpeftre enfeigna l'vfage des baliftes. Au furplus ayant la victoire, les
poëtes le feignét auoir chaffé Saturne du ciel, & l'auoir priué de la Candië.

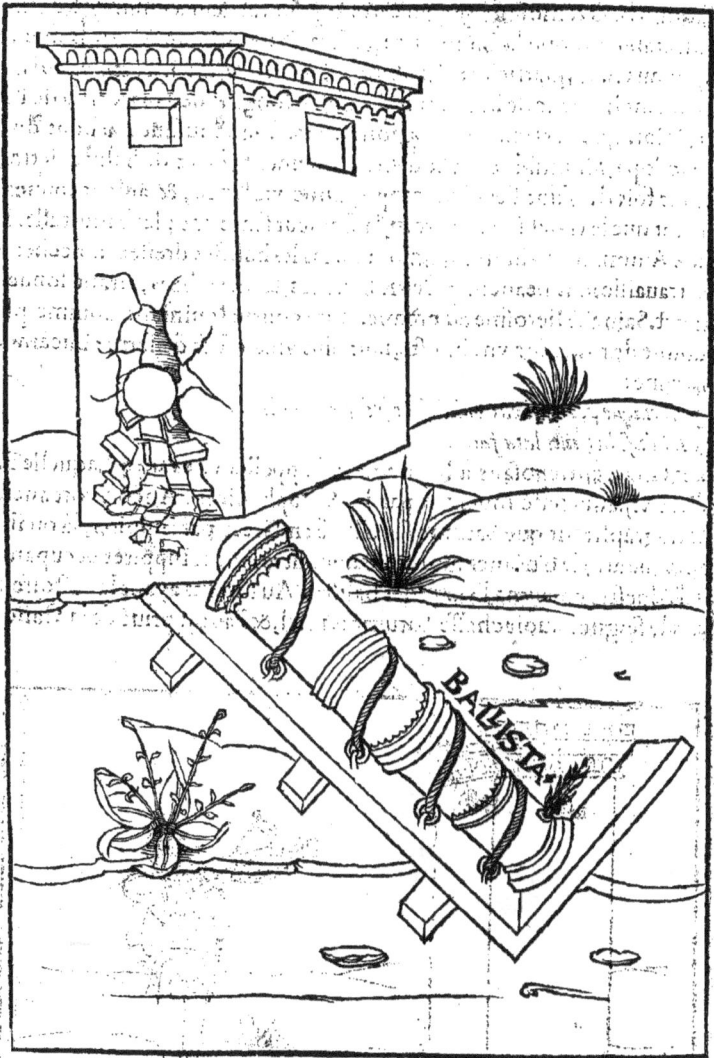

BALLISTA

Tormenta)sont engins de guerre pour ruiner bourgades & villes ainsi
dictz,d'autant qu'ilz tirent,iettent,& enuoyent des bouletz,les tournoyãs
„d'vn tour fort hasté. Tite Liue au trẽte quatreiesme:Archimedes assit sur les
„murailles des Tormens de diuerse grandeur cõtre cest apparat de guerre, &
„tiroient des pierres d'vn grand pois contre les nauires éloingnées.Iosephus
„au sixiesme liure de la guerre Iudaique:Ilz auoient aussi trois centz balistes,
„& cinquãte tormés à pierres,d'ont ilz dõnoiét empeschemét aux Romains
„de dresser leurs plattes formes.Cicero en la huictiesme Antoniane: Quoy?
„seroit il treues?Il a batu Modene à Tormens,presens les Consuls, & à la
„veuë des ambassadeurs.Virgile en l'vnziesme :

„　　*Lors soudain le Thyrrein & le fort Acontée*

„　　*S'entrechargent de lances en s'efforçant de course*

„　　*Et premiers d'vn grand bruyt,ilz tomberent par terre.*

„　　*Et furent leurs cheuaux froissez à leur rencontre*

„　　*Acontée blessé cheut en façon de foudre*

„　　*Ou bien comme vn boullet chassé par vn torment:*

„　　*Là épandant sa vie.*

　Et au douziesme:

„　　*Les bouletz du Torment bruyent de telle sorte*

„　　*N'y ne partent si grandz les tonnerres des foudres.*

„　Seneque au treziesme liure des questiõs naturelles:Les detroictz des nuës
„serrées au dedans d'elles,iettent vn esprit de leur milieu, & pourtãt ilz l'en-
„flambent & le chassent en façon de Tormét.Les Tormés aussi d'ont on tire
„le traict,sont dictz de (*torquère*)tirer.Virgile au deuziesme des Georgiques:

„　　*Ithyreos taxi torquentur in arcus.*

„　Firmian au deuziesme liure contre les Gentilz:Estant Rome prinse par
„les Gauloyz,les Romains assiegez au Capitole,ayãs faict des Tormens des
„tresses des femmes consacrerent vn temple à Venus la chauue.Seneque au
„premier liure de l'Ire:Quand il est besoing on luy donne vehemece,ou on
„la r'abbaisse,laquelle n'est point autrement en la puissance que les bouletz
　qu'on tire à Tormés,sont en celle du tireur,cõbien ilz seront chassez loing

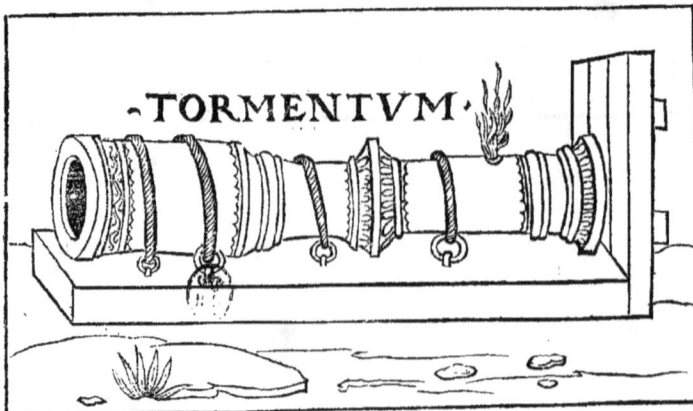

·TORMENTVM·

Machina,eſt vn engin de baterië , ruinant les villes,& les murailles des
" bourgades. Seneque au Thieſt1.Il n'eſt ia neceſſaire de ruiner les villes à ma
" chines chaſſantes les bouletz de pierre bien loing.Valere le grãd au cinqieſ.
" me liure:Comme Q.Metel menant la guerre Celtiberique en Eſpagne aſ.
" ſiegeaſt la ville de Segobrica,& qu'il ſemblaſt porter par terre auec machi.
" nes le coſté de la muraille,lequel ſeul pouuoit eſtre abbatu, il prefera l'hu.
" manité à la victoire prochaine. Car comme les Segobricenſes euſſent mis
" au deuant de la baterië les enfans de Rethogenes qui ſeſtoit retire à luy,il
" leua le ſiege àcelle fiu que les enfans ne fuſſent defaictz en la preſence du
" pere d'vne mort cruelle,combien que Rethogenes meſme dit qu'il ne don.
" noit point d'empeſchement de pourſuyure la prinſe de la ville par la mort
" de ſon ſang.Par laquelle tant grande clemence de ce faict, combien qu'il
" n'ait prins ceſte ville lá,il a toutesfois gaigné l'affection de toutes les autres
" de la Celtiberië , & a fait qu'il n'a pas eu grande neceſſité de beaucoup de
" ſieges pour les reduire à l'obeiſſance du peuple Romain. Seneque au dix-
" ſeptieſme liure des epiſtres:Il ſ'en treuue aſſez qui mettent le feu à la ville,
" & qui ruinent les choſes inexpugnables de tout iamais, & ſeures par long
" temps , & qui dreſſent des plattes formes à l'egal des forsereſſes , & qui
" d'vne grande multitude d'engins de beliers , & machines ruinent les mu-
" railles . Item au quatorzieſme : La philoſophie doit eſtre encourtinée
" d'vne muraille hors de toute baterië,& que la fortune l'ayant batu de plu-
" ſieurs machines ne forſe point . Plutarche de la vie de Marcellus : Et lors
" que Archimedes eut dreſſé ſes machines , il tiroit diuerſes eſpeces de traict,
" & pierres d'vne eſtrange grandeur contre l'armée ſur terre d'vn ſon &
" viſteſſe incroyables . Ioſephe au troiſieſme de la guerre Iudaique: Les pier-
" res auſsi chaſſées des machines eſtoient les defenſes de la muraille , en
" froiſſant auſsi les encogneures des tours. Au ſurplus il n'eſtoit point d'aſ-
" ſemblée d'hommes ſi ioinctes qui ne fuſſent r'enuerſez iuſques au dernier
" ranc par la grandeur & violence de la pierre.Or pourra l'on entendre com-
" bien grande eſt la force de la machine par ce qui eſt auenu ceſte nuict lá.
" La teſte de vray fut emportée à vn certain Iozippe , du guet de la muraille,
" duquel le ſommet fut chaſſé comme d'vne fonde iuſques à trois ſtades.En
" plein iour auſſi le fruict d'vne femme groſſe,fut par vn coup receu au vétre
" tranſporté iuſques à demy ſtade,tant eſt grande la force de ce tonnerre. Et
" pourtant la violence des machines eſtoit fort terrible , auſſi eſtoit le bruyt
" des bouletz. La meſme encores au ſixieſme liure : Or auoient toutes les
" bandes des merueilleuſes machines contre les ſaillies,& meſmement la di-
" xieſme Legion des baliſtes fort violentes , & des Tormens à mortiers, deſ-
" quelz ilz ne foudroioyent pas ſeulemét ceux qui leur couroiét ſus,mais auſſi
" les gardes des murailles.De vray chacun mortier peſoit cent liures,lequel
" eſtoit chaſſé plus d'vn ſtade.Au demourant le coûp eſtoit intollerable,non
" ſeulemét aux premiers qu'ilz r'encôtroiét, mais quelques fois aux derniers.
" Au cômencemét les Iuifz ſe gardoient d'eux,d'autant qu'ilz eſtoient blácz

„ny n'eſtoient ſeulement découuers à leur ſon & bruit; mais auſſi à leur lu-
„ſtre: Finalement le guet des tours auertiſſoient quand la machine desban-
„doit, & que le mortier voloit crians en leur langue: Le filz vient. Et pourtât
„ilz auertiſſoient ceux aux quels il ſ'adreſſoit leſquels le fuyoient, & par ce
„moyen il auenoit qu'en ſe detournât le coup eſtoit en vain. Parquoy les Ro
„mains auiſoiét de noircir les mortiers d'ancre, & lors ainſi tirez leurs coups
„n'eſtoiét pas incertains, affollans pluſieurs enſemble d'vn coup. Le meſme
„au meſme liure: Ilz eſtoiét auſſi faſchez au droict de l'Antoniane des com-
„pagnós de Iehan auec vne multitude de Zelotes: non ſeulemét par ce qu'ilz
„combatoient de plus haut lieu, mais auſſi pour autant qu'ilz auoiét apprins
„à ſ'ayder des machines. Car l'experiéce peu à peu auance le ſçauoir. Ariſto-
„te au ſeptieſme des Politiques. Meſme en ce temps cy, auquel les machines
„& tourmés ſont inuentez en toute ſubtilité pour le ſiege des villes. Dioge-
„nes Laertius au liure de la vie des philoſophes: Le philoſophe Strato, dit il,
„a eſcrit des machines metalliques. Claudian au deuxieſme liure.

„   Ce cy eſtant cogneu, nous viurions ſimplement
„   Ny ne bruyront l'alarme, en l'air ne voleroit
„   Le freſne reſonant, & les poupes des naufz
„   Le vent ne briſeroit, ne les murs la machine.

„   Et à fin (Pandulphe) qu'en ces engins de guerre, ie recite finalemét les in-
„uentions propres, & à ceux aux quelz ie ne ſay point de doute qu'elle ne
„ſoient profitables, voyci le pourtraict d'vne piece d'artillerie, qui n'a iamais
„au parauant eſté veuë ne ouïe, comme qui contre la façon de toutes autres
„(qui eſt vn cas incroyable) n'eſtât point montée demeure en eſtat ſouſtenât
„ſur ſon derriere ſon pois, eſtant ſuſpenduë en l'air ſur la terre. C'eſt ſans point
„de doute vne tienne excellente inuention, & bien conuenante aux Chefz
„preſens & à venir.

Voyci encores vne autre tienne inuention d'artillerie par laquelle or
tire vn boulet artificiel plein de poudre auec vn nourriffement de feu.

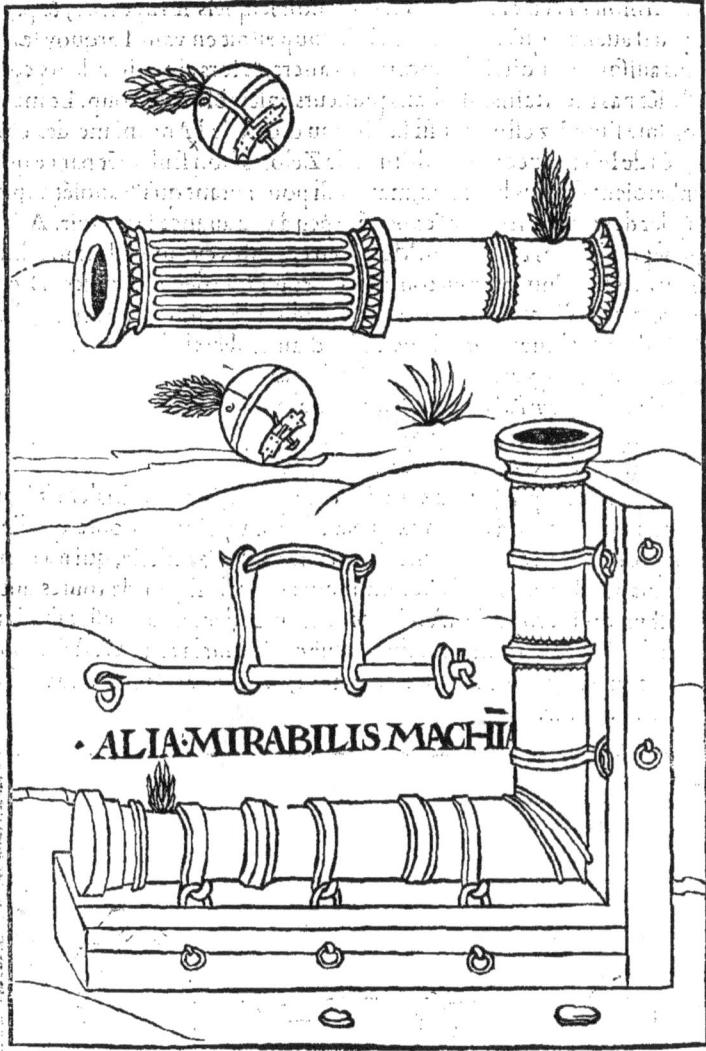

· ALIA·MIRABILIS MACHIᾹ

Les manteaux a artillerie.

E e. ij

Deux manieres pour trainer artillerie.

Engin pour guinder l'artillerie.

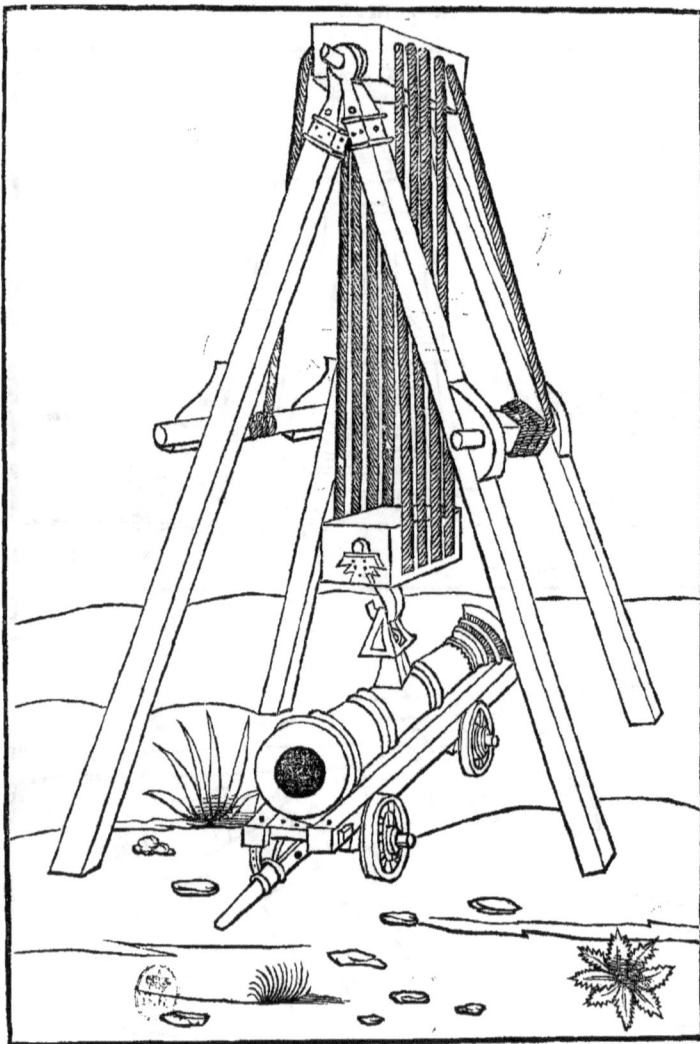

E e. iij.

Engin pour hauſſer & baiſſer l'artillerie par le derriere.

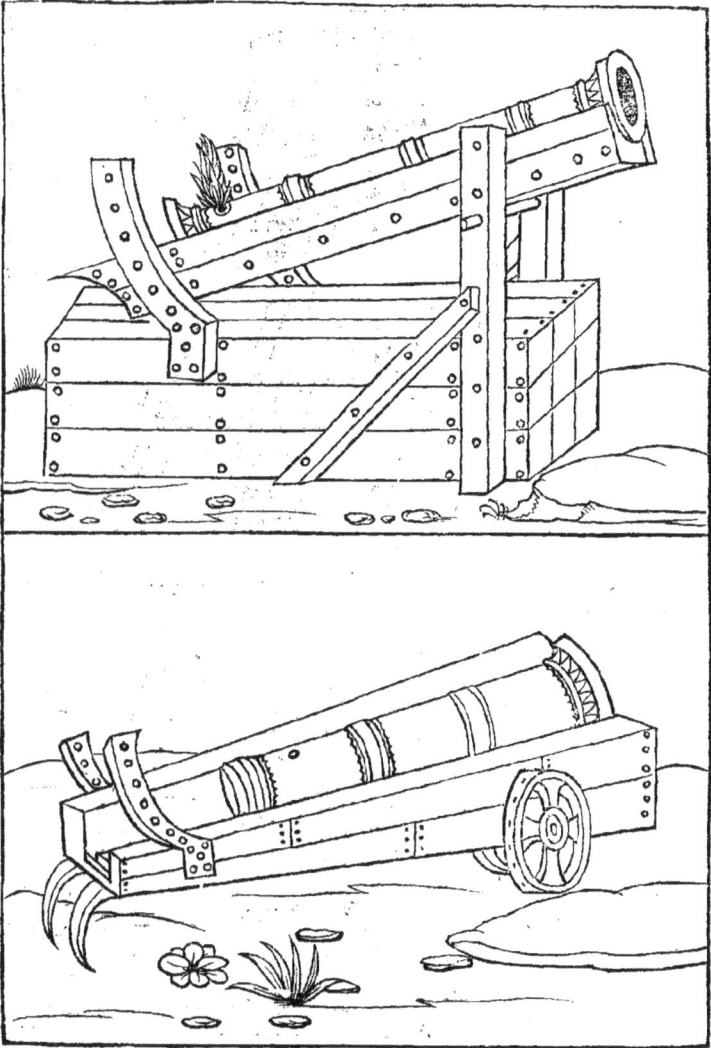

Engin à hauſſer & baiſſer artillerie

Engin artillé

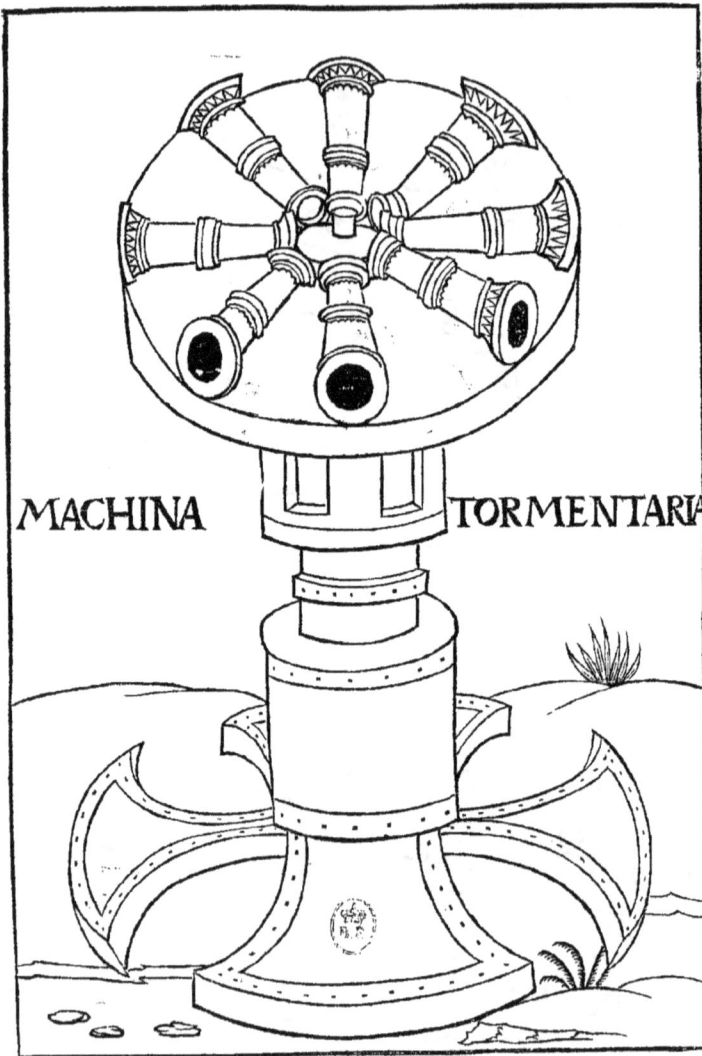

MACHINA TORMENTARIA

E e. iiij.

TVRRIS · TORMENTARI

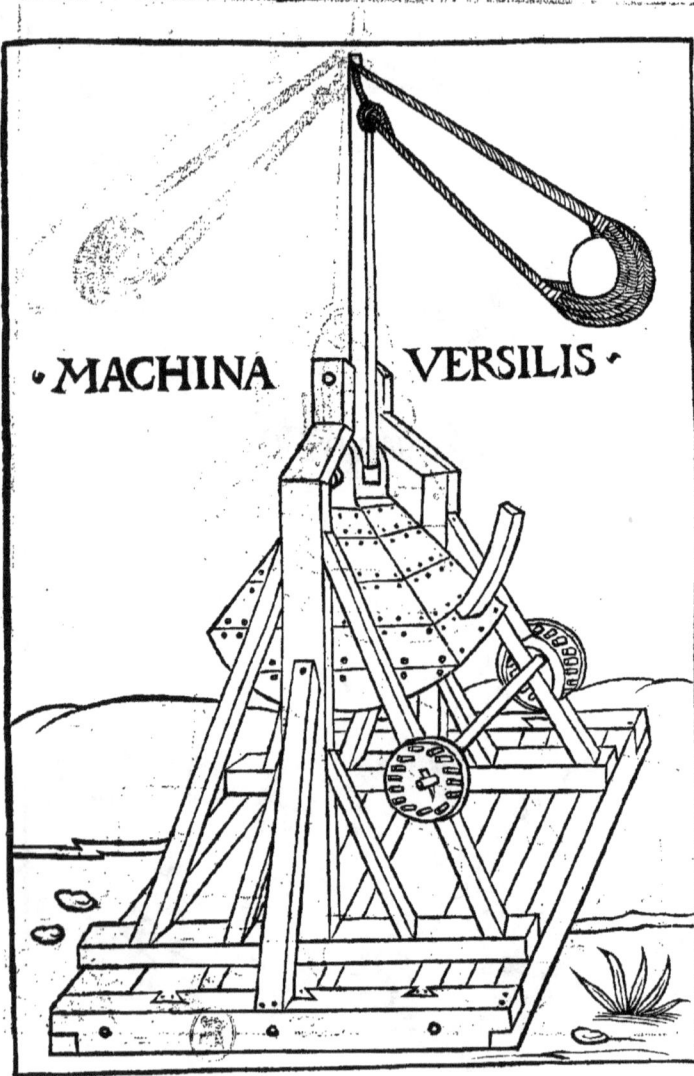

MACHINA VERSILIS

Engin couuenable.

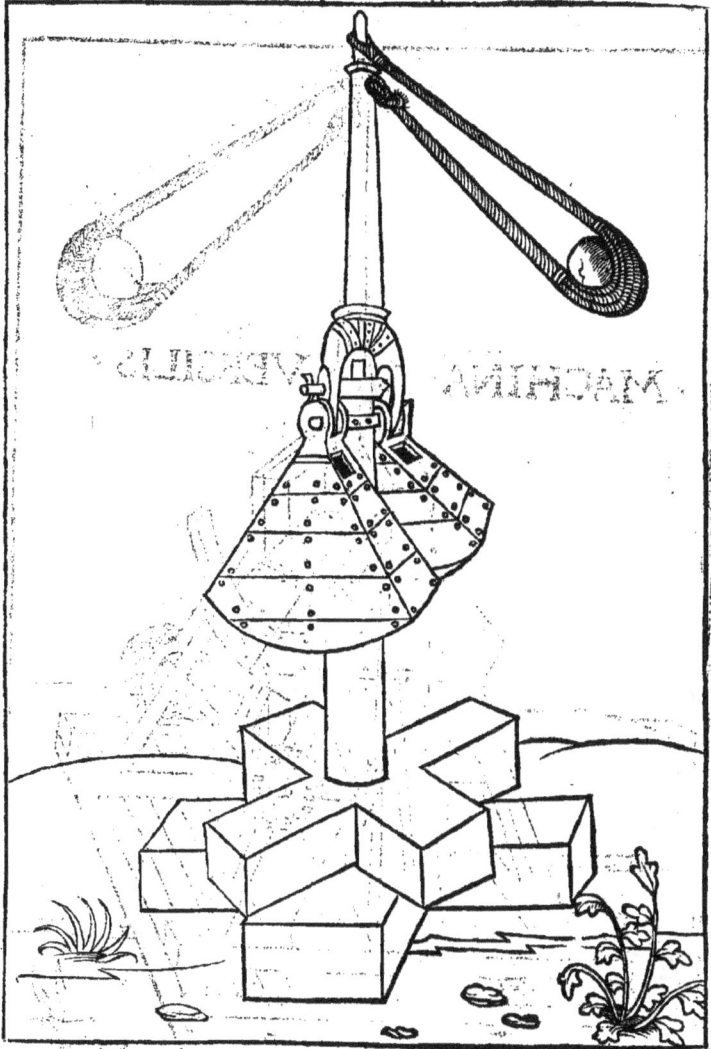

MACHINA VERSATILIS.

Vn autre engin.

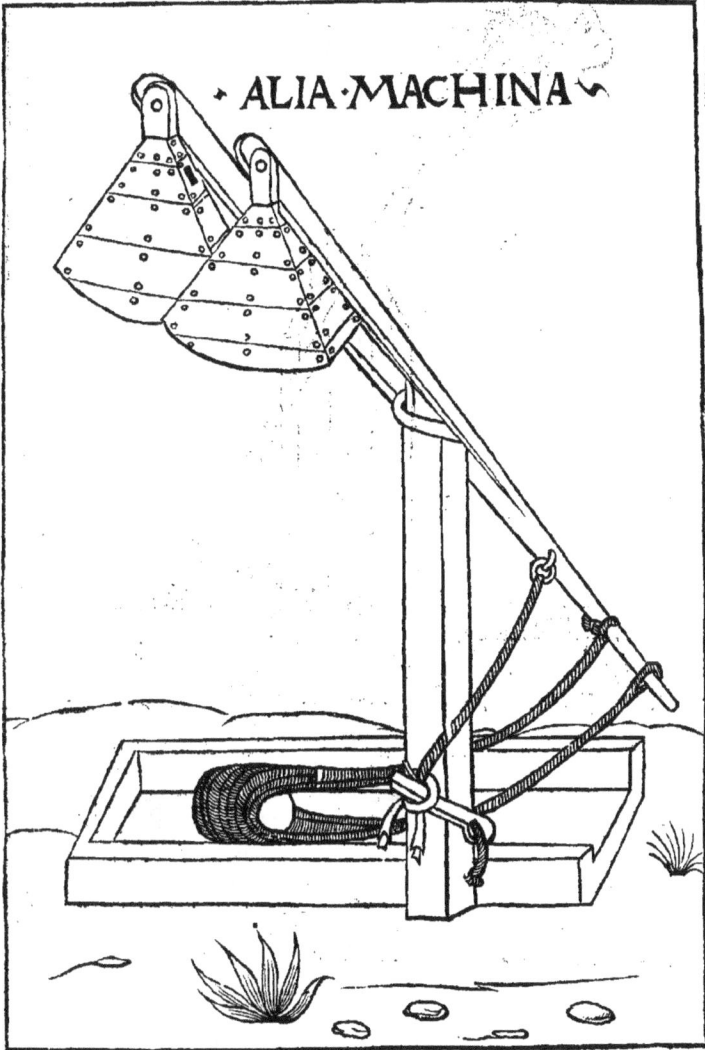

ALIA·MACHINA

Vinea)eſt vn autre engin aſſemblé de boys legier, de huiƈt piedz de large, ſept d'exaucement, & ſeize de long : la couuerture duquel eſt double-
ment r'enforçée d'aiz, & de clayes, & les coſtez d'oſiers, d'ont on penſe que
le nom eſt venu, à fin qu'il ne ſoit forcé de pierres, ne de traiƈt. Mais au dehors il eſt armé de cuirs cruz, & fraiz, ou bien de feutre côtre le feu. Et quâd
il y en a vn bon nombre, on les renge enſemble, & les traine l'on à roues.
Finalement ceux du ſiege y eſtans couuers batent les fondemens de la muraille. Lucain au troiſieſme.

»   *Alors marche l'engin legerement couuert*
»   *De terre, & ceux qui ſont cachez deſſoubz ſon teƈt*
»   *Et ſoubz l'ozier couuert, s'appreſtent de forcer*
»   *Le pied de la muraille, hores d'vn grand effort*
»   *Auec teſte de fer, le belier balancé*
»   *S'eſſaye d'vn ebranle, ouurir la lieſon*
»   *De l'eſpeſſeur du mur.*

»   Tite Liue au vingt & vnieſme: Il delibera de mener côtre luy des(*Vineas*)
» par leſquelles on peut approcher le mouton, ou belier, de la muraille. Là
» meſme encores: Et pourtant la guerre a recommencé de plus fort, & en plu-
» ſieurs lieux: tellement qu'à peine y auoit il place ſuffiſante pour les engins
» es aucuns des lieux. On commença à pouſſer(*Vineas*) les cabanes d'oſiers,
» & approcher le belier.

    La tourtuë eſt vn aſſemblement d'eſcuz en façon de tortuë, car les gens
de guerre prennent les noms des animaux ſelon les genres des armes, comme le belier, la tortuë, laquelle auſſi ſe baſtit de marrein, & aiz, eſtant reue-
ſtuë contre le feu de cuir cru, bureau, ou feutre. Elle a pareillement prins
ſon nom de la ſemblance d'vne vraye tortuë. Car tout ainſi que retirée dedans ſa coquille, nous la voyons hors du danger des coups. Et au contraire,
mettant la teſte hors, puis la retirant, puis auançant ſe mettre en peril, ceux
auſſi qui ſont encloz en ceſte façon d'engins ſont quelques fois à ſeureté en
r'amenant la poutre, quelque fois auſſi ilz ſortent pour donner plus grand
coup eſtans ſouuentesfois defaiƈts. Au demourant la tortuë d'ont on peut
approcher la muraille ſe deura ainſi faire. On aſſemble vn plâcher en quarré, ſoubz lequel ſont aſſis des aiſſeaux à roues fermez de lames de fer, ſur
leſquelz il roule: de ſorte toutesfois qu'ilz ayent des areſtes & mortaiſes par
leſquelles les leuiers trauerſans puiſſent haſter le roulement, à fin que tournez à droiƈt, ou à gauche, ou obliquement aux angles on la puiſſe auancer
ſil en eſt beſoing. Or peuuent ilz, ſil eſt neceſſaire eſtre de huiƈt roues pour
pouſſer la tortuë, mais il ſ'y faudra gouuerner ſelon l'exigêce du lieu. Au demourant il la faut couurir de toute matiere qui ſoit meſmement forte & de
reſiſtence, fors que de pin ou d'aulne, ou d'autre telle matiere: car ilz ſont
tendres, & prenans aiſément feu. Ou bien pour garder que le feu ne nuiſe à
ceſt engin, il la faut reueſtir d'argile courroyée auec poil d'vne eſpeſſeur
raiſonnable & que tout autour de la charpenterie on aſſie des clayes faiƈtes

druës d'ofier frāc & verd reuestuës de double cuir cru., r'enforcé d'algue,ou bien qu'on couure de toutes pars l'engin de paille trempée en vin aigre, à fin qu'elle foit hors des dangers des coups & de la violence des feuz.

Il ne me femble pas aufsi chofe impertinente d'expofer par quelz moyés a efté dreffée la tortuë que Hector de Conftantinoble a fait. Le front eftoit comme angles de figures triangulaires , à fin que les traictz qu'on leur ietteroit des murailles, ne tiraffent leurs coups à plomb, comme il appert icy.

Il eſt auſsi vn autre engin qui n'eſt pas de moindre artifice, & d'auantage epouuantable faiċt de ceſte ſorte.

Aries eſt vne façon d'engin duquel la forme eſt telle: On arme de fer le bout d'vn arbre fort & noueux, lequel ſuſpendu ou pouſſé contre la muraille, puis r'amené en derriere, on r'adreſſe d'vn plus grãd coup, par ce moyen le coſté du mur batu à pluſieurs coups, obeit. Vitruue au dixieſme » de l'architecture: On recite qu'Aries eſt de telle ſorte: Les Carthaginois me-» nant la guerre à Gadis aſsirent leur camp, & comme au parauant ilz euſſent » prins vn chaſteau, ilz ſefforcerent de le raſer, & comme ilz n'euſſent ferre-» mens pour le faire ils prindrent vne tronche, laquelle ſouſtenans à leurs » mains, & batans de ſa teſte la ſuperficie du mur ſans ceſſe, ilz deplaçoient » la premiere rangée des pierres, demoliſſans peu à peu & par ranc toute la » liaiſon du mur.

Ff. ij.

Et depuis vn certain charpentier de Tyrus appellé Phefarſemenos émeü
de ceſte raiſon & inuention, en fichant vne tronche y en pendit vne autre
en trauerſe comme vne balance, laquelle r'amenant & pouſſant il porta
par terre la muraille des Gaditanois en la debriſant.

Tetras de Calcedoyne a premierement fait vne plate forme de charpenterië fur des roues, faifant au deffus vn affemblement, auquel il a pendu vn belier, couurant le tout de cuir de bœuf, à fin que ceux qui eftoient logez en ceft engin pour batre le mur fuffent plus feurement, tellement que d'autant qu'il eftoit couuert de cuirs, il commença à prendre le nom de tortuë arietaire.

Il eft vn autre engin de belier felon que dit Iofephe au troifiefme liure de la guerre Iudaique, d'vne grande tronche de bois, femblable à vn mas de nauire, la fommité de laquelle eft r'enforcée d'vne groffe maffe de fer forgée en façon de tefte de belier, duquel elle a prins le nom. Or eft il en pente par fon milieu lié de cordes à vne autre tronche, côme d'vne Baláce, & bien r'enforcé d'vn cofté & d'autre de paliz bien fondez. Au demourant eftant r'amené en derriere auec vn grand nombre de gens, & de rechef r'enuoyé par leur effort il bat la muraille de ceft auancement de fer, ny n'eft aucune tour fi forte, ne l'efpeffeur du mur fi grande, qui fouftenans les premiers
„ coups puiffe durer à la longue. Cefar ou autre pour luy au treziefme liure: Il
„ enuoyoit lettres & courriers en Sicile pour luy amaffer clayes & marreins
„ pour baftir beliers, d'autant qu'il y en auoit difette en Aphrique. Ammian
„ Marcellin au xxiij. Nous viendrons au belier. On choifit vn fapin, ou bien vn orne, au bout duquel eft vne boëte de fer bien afferé & long, faifant vne façon de front d'vn belier, d'ont ceft engin a prins le nom. Et ainfi fufpen-

Lege 23.l.
pro iiii.li.
Lege Pro-
minulam
pro proná

Ff. iiij.

,, duë à aiz en trauerſe d'vn coſté & d'autre, elle eſt arreſtée par les liens ferrez
,, d'vne autre tronche quaſi comme d'vne balance. Ceſte hauteur donques
,, repouſſant en derriere de tant que la raiſon de la meſure le peut ſouffrir, re-
,, double de rechef d'vne véhemence de coups pour démolir tout ce qu'elle

Lege
obuia
pro ro-
bora.

,, r'encontre, tout ainſi qu'vn homme armé ſe dreſſant & frappant. Par lequel
,, redoublement continué, la maçonnerië des murailles en ſe lachant ſe dé-
,, molit, eſtans les edifices briſez comme d'vne violence de foudre druë. Au
regard de la forme de ceſte tronche arietaire tu la trouueras à Rome taillée
en marbre en l'arc triũphal de Lu. Septimin. Les autres dient que l'Aries ne
démolit pas les murailles, & qu'il roule tant ſeulemẽt des pierres. Claudian,

,,   *Alors ſoit balancé par vn ébranle au mur*
,,   *Ta machine, & ſoudain roulera le belier,*
,,   *Les bouletz, & batra la couuerte tortuë*
,,   *Les portes, lors ſ'épand en dehors la ieuneſſe.*

Il ne faut pas auſſi oublier que celuy qu'anciennemẽt on appelloit le cheualet eſt auiourd'huy appellé teſte de bellier entre les engins de baterie de
villes. On dit auſſi que Bellerophon a inuenté de cheuaucher le cheual, qui

Adde in-
ueniſſe, ſta
rim poſt
Bellero-
phontem.

eſt vn inſtrument de guerre, & Pelletroene le frein, la lictiere, & le harnoys
du cheual. Or pour obuier à ces violẽces de coups de cheualet, ou de belier, qu'ilz n'offenſaſſent la muraille de leur baterie, noz anciens deualloiẽt
vn collet, duquel eſtreignans la teſte, & la mouuans ſuſpenduë ça & là ilz
détournoient les coups de la muraille, ny ne la ſouffroiẽt offenſér. Par ſemblable moien auſſi ilz faiſoient deualer le long du mur des ſacz pleins de
paille trempée en vin aigre à l'endroit de la baterie à fin de rompre la ſuyte
des coups, ou bien que la molleſſe les rendiſt vains.

Nous appellons auſſi (*Helepolis*) vn engin à batre villes. Ammian Marcellin au vingt troiſieſme: Eſtant ia l'inuention du belier en dedain comme
trop commune, on en baſtit vn autre cogneu aux Hiſtoriographes, que les
Grecz ſurnomment (*Helepolis*) pour l'effect de laquelle continuel Demetrie
fils du Roy Antigone apres la prinſe de Rhodes & autres villes, a eſté appellé (*Poliorcetes*) raſeur de villes. On le baſtit en ceſte ſorte. On dreſſe vne grãde
tortuë baſtie à lõgs aiz qu'on aſſemble à cloux de fer, laquelle on couure de
cuirs de bœufz, & d'oſiers recens, & couure l'on de limon le feſte à fin
qu'il reſiſte au feu, & autres inconueniens de coups de iect. Or eſt ſon
front enboîté de trois pointes fort aguiſées poiſantes à force de fer, toutes telles que les peintres ou imagiers nous peignent les foudres, à fin
que de ſes éguillons auancez elle briſe tout ce qu'elle aura attaint. La
multitude de gens de guerre donques gouuernant au dedans auec infinies cordes & roues ceſte grande maſſe, l'addreſſe à la plus foible partie de
la muraille de toutes ſes forces: & ſi ceux qui ſont au deſſus pour la defenſe de la ville ne la forcent, elle fait grande breche abbatant la muraille.
Et combien que les forces de ceux qui la combatent ſoient grandes, leurs
engins ne ſont pas moindres, comme on recite eſtre auenu aux Rhodiens.

Il fut vn Diogenes Rhodien, au quel on bailloit gages de la ville tous les
ans à l'hôneur de fon art. Et comme en ce temps là vn certain Callias, hômme de grand efprit, fut venu à Rhodes, il fit vne modelle de muraille, fur la
quelle il affeit vn engin, fur vn vas à anfes tournoyable, lequel a rauy & tráf-
porté au dedans des murailles vne helepole approchant. Ce qu'ayans veu
les Rhodiens ilz femerueillerent, & ofterét à Diogenes fa penfion annuelle, & en firent l'honneur à Callias. Ce pendant le Roy Demetric dreffant la
guerre aux Rhodiens amena en fa compagnie Epimache l'Athenien excel
lent ouurier de telz engîs: lequel fit vne helepole à grádes mifes, & gráde induftrie, & labeur. L'exaucemét de laquelle eftoit de vingt toyfes cinq piedz,
& la largeur de dix toyfes, fi bien r'éparée de bureaux & cuïrs, qu'elle eftoit
en defenfe contre les baliftes. Et comme Callias fut prié des Rhodiens de
dreffer engin contre cefte helepole, & qu'il la tranfportaft dedás la ville fuyuant ces promeffes, il nia qu'il fuft poffible. Car il eft d'aucunes chofes ayás
en petitz volumes apparence de verité, lefquelles toutesfois en plus grand
font inutiles, & ceffent de ce qu'elles promettent, côme nous pouuons voir
en cecy. On fore bien vn trou de demy doigt, ou d'vn tout entier auec vne
tariere, laquelle toutesfois ne peut forer, fi par vn mefme moyen & raifon
nous en voulons faire vn trou d'vne paume d'ouuerture. Par ce moyen dôques & raifon les Rhodiens deceuz firent iniure & outrage à Diogenes. Finalement voyans l'ennemy obftiné en fes effors, le peril de feruitude, la machine dreffée pour prendre la ville, & l'attente de fa ruine, ilz fe ietterent
aux piedz de Diogenes, le prians de fecourir fon pais: lequel ayant fouffert
outrage denia d'entrée le faire. Mais apres que les nobles filles auec toute la
ieuneffe & prelatz le vindrét prier, à lors il leur promit foubz côdition toutes fois que fil prenoit la machine elle feroit fienne. A quoy côfentans tous
d'vne voix, il perce le mur du cofté d'ou deuoit venir la machine, & ordôna
à tous tant en public qu'en priué que tout ce qu'vn chacun aura d'eau, fien,
& bouë, on le repandift deuant le mur, par ce trou là auec vn canal fortant
hors. Et comme vne grande force d'eau, fien, & bouë, y euft efté épanduë
la nuiĉt, deux iours apres l'helepole venant à la muraille, fembourba dedás
l'humidité, d'autant qu'il fe fit vn abifme, tellement qu'elle n'a peu par apres
f'auancer, ne reculer. Et pourtant Demetrie fe voyant deceu, moqué & fru-
ftré par la fapience de Diogenes fen alla auec fon armée de mer. Alors les
Rhodiens fe voyans deliurez de la guerre par la diligence de Diogenes luy
rendirent graces en public, & luy firent tous honneurs & reuerences. Au
furplus Diogenes mena l'helepole dedans la ville, & l'affit en lieu public,
efcriuát deffus: Diogenes a fait prefent de ce butin au peuple. Par ce moyen
les machines ne font pas feulement neceffaires es moyens de defenfes, mais
auffi font bien à louer les confeilz.

Il eſt outre ces inſtrumens & engins autres choſes innumerables & preſ
ques infinies neceſſaires au camp pour baſtimēs & demolitions. Mais à fin
qu'en les recitant ie ne ſoye trop long,toutes choſes qu'on penſe eſtre neceſ
ſaires à vn Chef dedans vne ville doiuent eſtre preſtes,à fin que quelque
part qu'il veuille mettre ſiege,il puiſſe dreſſer vne cité garnie de toutes choſes. Au regard de ceux de defenſes, il n'eſt ia beſoing d'en eſcrire : car les ennemys ne font pas appreſt de baterie ſuyuāt noz eſcritz, deſquels le plus ſou
uent les engins faictz ſur le chāp & d'vne cōmune obſeruance de guerre a-
uec vne experience maiſtreſſe des choſes , & vne diligence ingenieuſe d'a-
uis ſont ruinez ſans engins.

Or ſuyuant ces genres d'engins diuerſes eſpeces d'enſeignes, leſquelles
ſont ordonnées pour eſtre recogneuës es combatz par ceux qui l'accompagnent,& aux quelles ilz ſe retirent ſouuent du combat , eſtant à la coutume
des Romains vn étendard fort éleué, d'autant que Mars ſeſiouit de ſang.
Les couleurs des enſeignes, & étendars ont eſté à la volunté des Capitaines
par fortune,ou bien de bon heur des choſes qui ſe r'encontrent, Les hōmes
de vray au cōmēcemēt du mōde ſaſſembloiēt laiſſans vne vie ſauuage,& a-
uoiēt la guerre les vns aux autres viuās de chair humaine, eſtant le plus fort
victorieux . Et lors les plus foibles appriz par les outrages des plus puiſſans
à ce les contreignāt la neceſſité dreſſoiēt vn bataillon mettans en teſte vne
enſeigne

enſeigne de quelque beſte d'entre celles qui par apres ont eſté cõſacrées:par
ce moyen ilz ſe gardoient d'eſtre outragez d'autruy:d'ont il eſt auenu qu'ilz
ont fait honneurs à la beſte qui auoit eſté cauſe de leur ſalut. Et dit on que
les anciens Egiptiens qui n'auoient point de diſcipline militaire inuenterent vne certaine enſeigne que les gens de guerre ſuyuroient , eſtans ſouuent tormentez de guerre par leurs voiſins:& que leurs Capitaines ont por
té à la guerre les figures des beſtes,aux quelles ilz portent reuerence, pein-
ctes en tableaux, & qu'ilz ont r'aporté victoire par leur moyens , en reco-
gnoiſſant & gardant l'ordre ſoubz lequel vn chacun ſuyuoit la guerre. Ceſar auſſi recite en l'Arate,qu'Agloaſte diſoit que lors que Iuppiter marcha
de l'iſle de Naxe contre les Titanes, & qu'il ſacrifioit au riuage ,vn' aigle y
arriua en bon heur,laquelle receuë pour bon preſage,il a prins en tutelle e-
ſtant victorieux. L'hiſtoire ſaincte temoigne qu'au parauant vne aigle ſ'aſ-
ſit ſur ſa teſte,& qu'lle luy ſignifia vn Royaume. Les Thebains auſſi,cõme
le temoigne Diodore auoiët l'aigle tant pour ce qu'elle ſemble oyſeau Royal,& qu'auſſi elle eſt digne de Iuppiter. Les autres entre leſquelz eſt Ioſephe
diёt, qu'elle a la preeminëce es armées Romaines,à cauſe qu'elle eſtle Roy de
tous les oyſeaux & qu'elle eſt la plus forte: & pourtant l'eſtiment ilz enſeigne de principauté,& preſage de victoire à quiconque ilz menent la guerre.

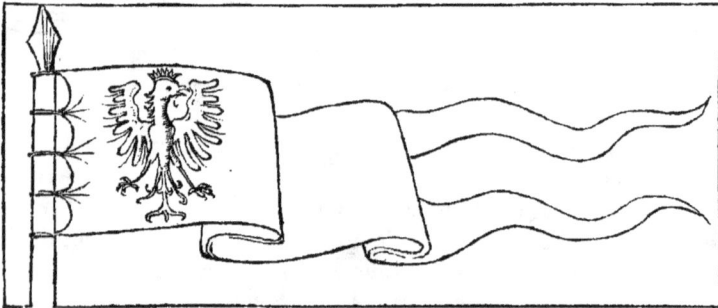

Le dragon auſſi a eſté quelque fois enſeigne depuys qu'Apollo
eut tué le ſerpét à fleches. Car combien que noz anceſtres ayent dit
qu'Apollo fut diuinateur & medecin , ilz l'ont toutesfois auſſi appellé Soleil,& Titan,quaſi cõme l'vn de ceux qui menerent la guer
re contre Iupiter.On dit auſſi qu'il a eſté appellé Pythius à cauſe de
Python ſerpent d'vne merueilleuſe grandeur, laquelle n'eſtoit pas
moins effrayante que ſon venin.Lequel Apollo tuant à coups de
fleches, r'apporta auſſi le nom pour la depouille, de ſorte qu'il fut
appelléPythius . Et pourtant en ſigne de victoire Apollo veſt vne
couronne delaurier,& ordonne de faire ſacrifices comme le recitent Pindare , & Callimache. Les autres dient que ceſte enſeigne
ne commença pas par la mort de Python,mais pluſtoſt de Hercules, ou de l'Auentin nay de luy & de Rhea. Car comme Hercules

euſt ſouuentesfois domté des horribles monſtres, & qu'il ſe montraſt aux peuples victorieux & triumphans eſtans les depouilles des beſtes qu'il a-uoit tué attachées à ſes boucliers, & qu'entre autres monſtres il euſt aiouſté à ſes trophées l'Hydre apres l'auoir tué, accroiſſant touſiours en teſtes, ſon fils Auentin ſuyuant le camp de Turne contre Enée ayant la charge des gens de pied portoit l'Hydre à cent teſtes. Voilá ce qu'on dit communé-ment de la mort du ſerpent tué par Apollo, à fleches, & du ſurnom de Py-thius, & de Hercules, combien que (comme eſcrit Antipater le Stoïque & Cornificius es Etimes, & Plato, & Euſebe, des temps) il ſen puiſſe trou-uer diuerſe raiſon naturelle.

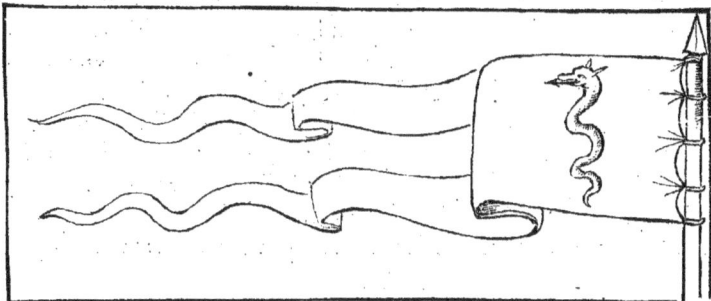

Au demourant l'armée Romaine eſtant encores pauure ſoubz Romule, lioit à vn pointon vn boteau de foin, lequel ilz portoient pour enſeignes. Ouide aux Faſtes.

,, Elles eſtoient de foin, mais au foin on portoit
,, L'honneur tout auſſi grand, qu'aux aigles tu le vois.
,, Les maniples penduz portoit la perche longue,
,, Deſquelz de Maniplaire a le ſoldat le nom.

Mais depuis on commença auoi rau camp quatre prin cipales enſeignes, du loup, du Minotaure, du che-ual, & du ſanglier. Il eſt vray que nous auons ſeule-ment entendu la raiſon de deux qui ſont le ſanglier & le Minotaure. Celle du ſanglier eſtoit d'autant qu'a-pres la guerre finie, ceux qui faiſoient paix entre eux auoient de coutume de confermer leur accord par la mort d'vne truye, à la charge que celuy qui le romproit ſeroit cruellement lapidé tout ainſi que la truye.

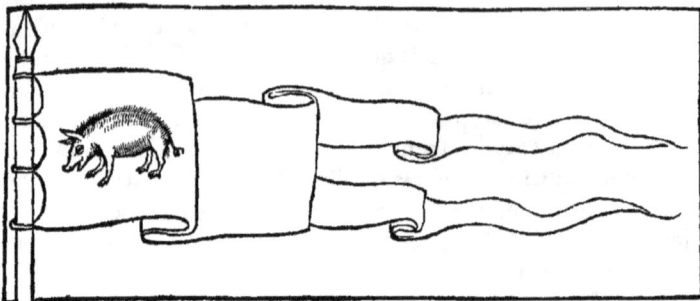

Le Minotaure participe deux natures comme qui est Taureau iusques aux espaules, & au demourant homme. Et qu'au surplus les Conseilz des Capitaines ne doiuent pas moins estre diuers & secretz, que iadis a esté le laberinthe son domicile.

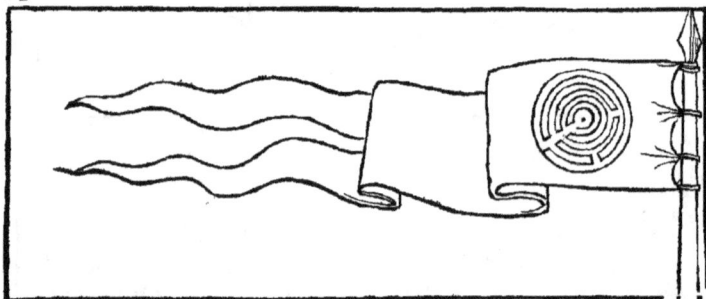

Or a l'effigie du loup esté entre les enseignes de guerre, d'autant que les enfans Martiaux ont esté nourriz du laict de louue, ou bien d'autant que ceste maniere d'animal est soubz la tutelle de Mars, & à luy dedié: ce qu'on croit par argumens manifestes. Le loup de vray est vne beste de proye & rauissante, & qui de sa nature deuore sa prinse, gardant mesmement l'oportunité du temps pour faire proye sur le bestail, que les gens de guerre gardent coutumierement pour prendre villes, qui est le poinct du iour, & la sourne. Les Egiptiens en rendent vne autre raison, combien que plus fabuleuse. C'est que comme Isis accompagnée de son filz Orus contre Typhon, eut à mener la guerre, on dit que Osiris vint des enfers en forme de loup au secours de sa femme & son fils, & que victorieux estant Typhon tué ilz firent honneur au loup, par l'entreuenuë & secours du quel ilz eurent la victoyre. Aucuns dient

que les Ethiopiens courans le païs des Egiptiens furent repouſſez iuſques
à la cité d'Elephantie par vn bataillon dreſſé par les loups, & qu'à ceſte
cauſe ce lieu a eſté dict Lycopolis, cité de loups, & par la poſterité honneur faict à euz.

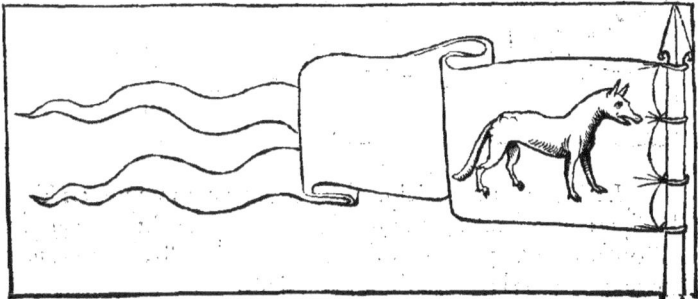

Au regard de l'enſeigne du cheual, ie n'en ay rien entendu qui
fuſt de renom ne manifeſte, ſinon que parauanture ilz ont voulu deſigner la commodité de Mars par la figure de ceſte beſte, veu
qu'elle ſe treuue es guerres auec vn grãd ſeruice, ioint que le cheual donne preſage du combat, comme qui ardant à la victoyre &
gloyre, porte les gens armez, & quelque fois il eſt viſte comme
il eſt neceſſaire à Mars, & plein de violence & grand furië.

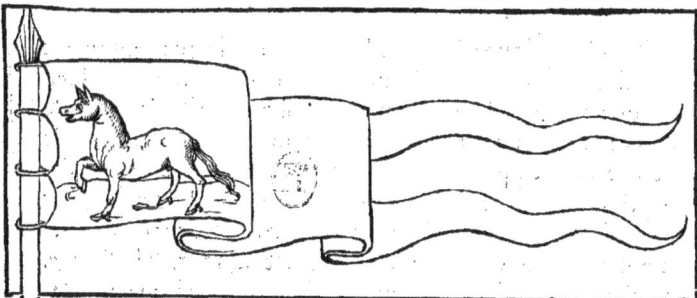

Finalement l'Aigle commença quelque peu d'ans auant Marin eftre seule portée à la bataille. Les autres enseignes qui marchoient au camp deuant les bandes estoient delaissées, lesquelles encores Marin osta entierement à son second Consulat, & ordonna aux legions Romaines l'Aigle. Au demourant l'ordre de marcher & arrester, & la disposition de l'armée auec la guide des enseignes se gouuerne par chans, veu que pour le combat on sonne pour la marche & retraicte, par ce moyen le chant enflambe & appaise les cœurs des gens de guerre. Lesquelles emotions & rabaissemens de cœurs est aux aucuns par trompetes. Et combien que Philippe & ses ancestres s'aydassent d'elles quand ilz faisoient cacher les enseignes, ilz les changerent touteffois d'autant que le son estoit empesché du bruit & son des armes de pouuoir peruenir à tous. Et fut ordonné que quand il faudroit remuer le camp qu'vne perche seruiroit de signe. Les Parthes auoient de coustume d'auertir la nuict par feu ou fumée, & de sonner l'alarme à cymbales. L'armée des femmes Amazones marchoit en bataille, & s'arrestoit au son du siftre. Or est le siftre vne espece de trompette auec laquelle on peint Isis, & en vsoient les Egiptiens en ses sacrifices prenant sa denomination de (*Sisto*) ou bien de son inuentrice, ou si tu veux de la langue du païs. Iuuenal.

,,   *Qu'Isis donne à mes yeulx du siftre courroucé*
      Virgile.
,,   *Au siftre du pais ses bataillons la Royne*
,,   *Appelle.*
      Lucain.
,,   *Nous n'auons pas receu au temple ton Isis*
,,   *Ny les chiens femidieux, ne les lugubres siftres.*

De mesme aussi Properce en ses Elegies:
,,   *Du Canope pollu ceste royne paillarde*
,,   *Pour le sang Philippin fleustrie d'vne note.*
,,   *De l'Anube abboyant a ozé faire teste.*
,,   *A nostre Iupiter, & le Tibre forcer*
,,   *Les menasses du Nil endurer, & pousser*
,,   *Du siftre resonant la trompette Romaine.*

Lituus) est vne façon de trompette rude ainsi appellée à cause du son, comme l'enseigne ce vers d'Homere: Infonuit neruus. Ennius: le (*Lituus*) épand en la guerre des sons vehemens. Or puis que le propos c'est dressé du (*Lituus*) il ne faut pas oublier ce que nous auons decouuert pouuoir estre mis en doubte. Si le (*Lituus*) augural est dict à cause de la trompette, ou bien si la trompette est dicte (*Lituus*) de celuy des augures, car l'vn & l'autre sont en leur forme & teste egalement courbes. Si aussi (comme aucuns pensent) la trompete s'appelle (*Lituus*) à cause du son selon ce vers d'Homere, il est necessaire que le baton Augural soit apellé (*Lituus*) suiuant la semblance du cornet. Or vse Virgile de ce vocable pour le cornet au fixiefme des Eneïdes, Lá ou il dit:

„ *Et Lituo pugnas infignis obibat & hafta.*

Quafi que (*Lituus*) prenne fon nom d'autát qu'il eft témoing de (*Litis*) noyfe, *Claßica* (comme dit Seruius, font trompettes courbables, ou bien cornes moindres faictes pour affembler, lefquelles font ainfi dictes felon Petrône de (*calare*) appeller. La trompette eft d'arein, & dit on que les Tyrrheins en ont premieremét vfé, & que Pifée fut le premier d'entre eux, d'ont elle à efté par eux appellée Tyrrhene. Car cóme les larrons & gens de pied Tyrrheins épanduz le long des contrées maritimes ne fuffent pas aifément affemblez à toute occafion de proye par criz, & cornetz, eftant quelque fois le vent contraire, & empefchant, ilz inuenterent la trompette, comme qui eftoit plus grande que le cor. De lá en apres on fen eft aydé à la guerre pour fonner (Boute felle) à fin que lá ou la crië ne pouuoit eftre ouië pour le tumulte, le fon de la trompette y peruint. Or mettoient difference les anciens entre (*Tuba* &) *Buccina*) car combien que (*Buccina*) fuft femblable à (*Tuba*) elle eft toutesfois plus longue, & fignifiant la diligence à la guerre. Properce:

„ *La Buccine affembloit les Quirins pour la guerre.*   Virgile.

„ *Lá ou le feing donna la cruelle buccine.*

Au regard de (*Tuba*), elle fignifioit la guerre, cóme dit Virgile fuyuant comme ie croy, Ennius:

„ *La tube fonna loing d'vn cuyure refonant*

„ *Terrible fon, & fuyt apres vn grand vacarme*

„ *D'ont retentit le ciel.*

Il eft vray que le fon eft diuers. Car quelque fois la trompette fonne pour mener la guerre, quelque fois pour pourfuyure la fuyte de l'ennemy, quelque fois aufsi pour la retraitte. Or fapelle le lieu retraitte, auquel l'armée fe retire, & pourtát les enfeignes font aufsi appellées retraictes. Au regard des tintemens des Cymbales, & battemens de Tabourins, on les a creu eftre cótenuz es facrifices faictz à Iuppiter le Candoys, & à ce myftere de fa mere qu'Ouide a expofé es faftes quand il a dit :

„ *La roidde Ide pieça de tintemens tant fonne,*

„ *Qu'en feureté l'enfant crie de fa bouchette:*

„ *De bouclers, & de perches on bat les pailles creufes*

„ *De cecy ont la charge Corybans & Curetes*

„ *Le cas fut incogneu, & l'imitation*

„ *Refte du faict ancien, l'arein doncq les compagnes*

„ *De la Déeffe batent, & les rauques rondelles,*

„ *Cymbales pour falades, & pour efcuz tabours:*

„ *La fleufte tons Phrygins fonne comme iadis.*

Cóbien qu'aucús reiettét cefte opinion cóme feincte par les poëtes, & la veulét interpreter fubtilemét, ces chofes toutesfois ayás diuers offices entre diuers peuples, aurót à eftre determinées tant par mer que par terre felon les
oportuns

·oportuns auiz des Chefz. Au regard du nombre qui doit eſtre aux ſacrifices, quand & comment, & en quel lieu elles doiuent faire leur deuoir les
Chefz le feront entendre aux ſubiectz, à fin qu'en baillant la ſignification
des choſes, ilz y obeiſſent les oyans.

Fin du dixieſme liure.

L'VNZIESME LIVRE DE
ROBERT VALTVRIN DE
l'art militaire.

De la guerre marine, & du temps que premierement les Romains l'exercerent,
& du premier qui a eſté digne du triumphe marin. Chapitre. I.

Eſte tant noble richeſſe de l'art militaire de l'Empire Romain (Sigiſmond Pandulphe) a eſté augmentée non ſeulement des triumphes terreſtres, mais auſſi des maritimes
par l'adiunction de l'Empire de la mer: la gloire du quel
noz anciens ont témoigné en portant faueur ſinguliere
aux merites des vainqueurs. Il eſt de vray memoyre des depouilles faictes ſur Ancie l'an de l'edification de Rome quatre centz ſeize,
leſquelles C. Meuius qui auoit ſubiugué les Priſques Latins attacha au
poulpitre de la place apres les Anciates vaincuz, & leur armée de mer prinſe: ſi toutesfois le nombre de ſix galeres ſe doit appeller armée: cóbien que
ce nombre fuſt à ce commencement là vn merite de grande gloire: de ſorte que les prouës furent attachées à la place Tribunale, comme ſi vn peuple ſembloit eſtre couronné, & pourtant le lieu a prins le nom de la place aux prouës. Et comme depuys le renom de la ville euſt commencé
eſtre en eſtime à cauſe des merueilleux tiltres de leurs euures, ny n'euſſent
lors les Romains mené la guerre hors l'Italie, & que le peuple Romain fuſt
totalement ignorant à remuër la rame, & du faict de la marine, il a toutesfoiz montré que la vertu ne viſe point, ſil fault combatre à cheual, ou
en nauire, ſur terre, ou ſur mer, tellement que ſoubz le Conſul Appius
Claudius il combatit premierement contre les Carthaginoyz, l'an de l'e-
dification de Rome quatre centz ſoixante dixhuit, & fit voile qui eſt choſe incroyable, le ſoixatieſme iour apres le marrein abbatu pour ſon armée:
& ſi a menant la guerre à Hieron de Sarragouze fait vnze vingtz vaiſſeaux
en quarante cinq iours comme le recite. L. Piſo, auec leſquelz il entra dans
le goulphe mal renommé pour les fabuleux monſtres, & ſa furieuſe tormente. Ny ne ſ'eſpouuanta de ſorte qu'il n'eſtima à bon preſage la violence
meſme de la tormete. Et a ſoudain ſans tetardement vaincu le Roy Hieron

Ex Floro
illam ruē-
tis pro il-
lam ipſam
métis ſuæ.

d'vne diligence si grande,qu'il a souuentesfois confessé auoir esté vaincu
auant qu'auoir veu l'ennemy.Comme Annibal le plus viel , ou bien Amilcar Chef des Carthaginoiz pillast toute la coste maritime de l'Italie auec
vne armée de mer de soixante deux vaisseaux durant le Cósulat des Cneius
Duellius, & Cneius Cornellius Asina,le peuple Romain a bien osé le combatre sur mer, auquel aussi l'apprest soudain d'vne armée de mer fut bon
presage de victoire:attendu qu'au bout de soixante iours apres le marrein
abbatu,l'armée de cent soixante,ou bien de cent trente vaisseaux, comme
il semble à d'autres fut à l'anchre . Car comme duellius vit leur puissance
grande sur mer,il fabrica vne armée beaucoup plus forte que belle , & fut
le premier qui ordonna les mains de fer,d'ont les ennemyz se moquoient,
pour en combatant inuestir leurs nauires.Et comme il fust auerty que l'autre Consul Cornelius Asina auoit conquis la Lypare auec seize vaisseaux,
& que ia appellé par le chef des ennemys pour parlementer de la paix, il
auoit esté prins par vne fraude, & malice Punique, & depuis mis à mort
estant prisonnier,il a incontinent fait voyle contre luy auec trente nauires,
& a eu la victoire de la bataille.Il y a eu de vray trente & vn vaisseaux priz,
treize miz à fond,trois mille hommes tuez,& sept mille hómes priz comme lon dit. Finalement Annibal, ou bien Amilcar, comme nous auons
dit,Chef de l'armée Punique ,apres la perte du vaisseau, auquel il estoit
porté,s'en fuyt à Carthage se derobant dans vn squif, & demáda au Senat,
comme qui estoit fort cauteleux.(d'autant qu'vn Chef fuyant leur coutume estoit punyapres vne defaicte)que c'est qu'ıl ordonnoient de faire.
Et comme tous luy dissent qu'il combatist de force,ie l'ay fait , dit-il, & ay
esté veincu,par ce moyen il fuyt la peine d'estre mis en croix . Au regard de
Cneius Duellius,lequel par vn surnóm ilz appellerent Bellius: veu que ses
ancestres auoient tousiours esté appellez Duellies, par ce que seul il auoit
r'apporté ce premier triumphe de mer sur les Carthaginoyz:il ordóna non
content du triumphe d'vn iour,que durant sa vie, à chascun retour de son
repas, il marchast vn nombre de cierges déuant luy auec flustes,quasi
que veu la grande victoire, il triumphast tous les iours.Et combien que
celá fust contre la coutume de la ville, & les exemples particuliers des
ancestres, les Romains toutesfois l'endurerent voluntairement . De
vray onques victoire ne leur fut tant aggreable, attendu que comme inuincibles, ilz estoient fort puissantz par mer, & par terre, & comme de
toutes ces choses la gloire soit la plus amiellant, comme qui le moins du
monde eguilonné remeue,& trauaille les excellens cœurs des hommes, les
plus nobles de la ville ayans acquis le nom d'vne gloire desirée mirent toute leur fantasie à faire nauires.

Q VEL BOYS EST LE PLVS CONVENANT
à nauires.   Chap. 2.

Eux donques qui veulent mettre leur fantafie à faire nauires, ont d'entrée à confiderer le chois du boys. Nous vuyderons donques premierement quel marrein ont les anciens eu en eftime, & par apres le temps de l'abbatre. Le Robre eft materiel & ferme, auec vne durté fi grande qu'on ne le peut percer aifément à la tariere finon mouillé, ne pareillemét en retirer vn clou qu'on y aura fiché. Les aucũs des noftres tiennent pour le robre, à quoy auffi confentent les Gauloyz, il dure planté en l'eau combien que l'eau marine le corrompt. Le marrein oinɖ d'huile de Cedre n'eft fubieɖ aux artifons ne pourriture, le geneure eft de mefme cõdition, lequel vient en Efpagne grand & gros, & bon à mettre en oeuure. Le fou n'eft pas mauluais en l'eau, ne l'aune es marecages. Elle eft de vray incorruptible & refiftant au fais. La Larice ne nage point fur l'eau à caufe de fon pois, cõbien qu'elle eft en eftime pour autres chofes dedãs l'eau ny ne fait point de flambe, ny n'eft fubieɖe à pourriture, ne vermine, à caufe de la vehemente amertume de fa feue, combien qu'es vaiffeaux de mer elle eft fubieɖe a vers, auffi font tous marreins hors l'oleaftre & l'oliue. Les aucuns de vray font fubieɖz à corruptions fur terre, les autres en mer. On dit que le Sapin bourjonant écorcé à la mefme lune qu'il eft abbatu, ne fe corrompt point en l'eau. Oultre plus quant aux arbres, il eft tout notoyre qu'il fault auoir égard à l'affiete, & à la region du ciel, car les cõtrées feptentrionales font plus fortes, mais generallemét les arbres es contrées marecageufes & vmbrageufes font les pires, & ceux qui viennent en plaine font plus materielz & de durée. Il y a auffi diuerfité felon les pays. Ceux des alpes mefmes de l'Apennin font les plus eftimez, ceux de la Gaule, Corfe, Bithynie, Negrepont, & de Macedoyne font moindres, & ceux de Pernafe, les pires: par ce qu'ilz font brancheuz, tortuz, & que facilement ilz pourriffent. La fuyte d'Alexandre le grand a témoigné qu'on a trouué des arbres en Tyle ifle de la mer rouge, d'ont on faifoit des nauires de la durée de deux centz ans, & qui font incorruptibles mifes à fond. Le fapin prend bien colle, & eft par fus tous autres en eftime pour les malz, & verges, à caufe de fa legereté, ioint qu'il eft le plus hault, & le plus droiɖ entre tous les arbres. On dit qu'à faute de fapins, les Roys d'Egypte & de Syrie fe font ayde de cedres pour faire nauires. Sefofis Roy d'Egypte fit vn nauire de cedre de deux centz quatre vingt coudées de long, duquel le dehors eftoit tout doré, & le dedans argenté, lequel il offrit en don au Dieu qu'on reuéroit à Thebes. On fait aufsi eftime en Egypte & Syrie tant feulement d'vne efpine noyre d'autant qu'elle dure en l'eau à iamais, & à cefte caufe bien vtile à faire les flanz d'vn nauire. La poix liquide eft bien vtile à greffer les nauires.

G g. iij.

Q_V'IL FAVLT AVOIR EGARD AV TEMPS
de la coupe & de la Lune. Cha. 3.

E temps de la coupe eſt de conſequence pour la durée d'vn marrein . On penſe communément qu'il ſuffit ſe donner garde de
n'abbatre boys pour charpenterie auant auoir porté ſon fruict.
Le robre coupé en la vere eſt ſubiect à vermine , mais en hyuer il
ne ſe iarſe ne cambre , autrement il ſera ſubiect à ſe ietter & creuaſſer . Ce
qu'auient au cedre quoy qu'il ſoit coupé de ſaiſon . Il n'eſt pas croiable de
quant grande conſequence eſt l'egard à la Lune , & aux eſtoilles. Il en eſt
qui eſtiment que toutes choſes qu'on coupe , qu'on cueille , & qu'on tond
ſe font plus ſeurement au decroiſſement de la Lune, qu'en ſa croiſſance.Il
en eſt qui dient, que la coupe des arbres ſe doit faire depuis le dixieſme de
la Lune iuſques au vingtdeuxieſme pour les garder de pourriture, & que le
marrein ſoit de longue durée,prenans leur argument à vne ſainctcté, d'autant qu'on a voulu celebrer l'eternité en ces iours là ſeulement. Les autres
ſont d'auis que la coupe ne ſe doit faire que depuys le vingtieſme iuſques
au trentieſme de la lune, car les boys qui ſont abbatuz la Lune croiſſant
encores,ſont comme ilz diſent quaſi amolliz par vne humeur receue & inutiles à mettre en euure : & pourtant quelques vns ne les laiſſent pas ſans
raiſon couper tout au tour,iuſques à la moelle,à fin qu'eſtans ſur piedz toute l'humeur ſe coule.Or eſt il receu entre tous les architecteurs que la meilleure coupe des boys eſt à la coniunction de la Lune,que les aucuns appellent le iour du default d'elle , les autres de ſon repos. Tibere Ceſar de vray
fit ainſi couper les larices,pour refaire le pont Naumachiere qui auoit eſté
bruſlé. Cato homme excellant en toute experience a aiouſté ce propos
*Idē pro
id.* ,, parlant du marrein.Tu ne fouilleras iamais aucun marrein au declin de la
,, lune,arrache le apres mydi,& hors le vent auſtrain. Alors ſera-il de ſaiſon
,, quand ſon fruict ſera meur.Garde toy de le charpenter durāt la roſée . Puys
,, ſoudain apres il dit:Ne touche point au marrein depuis la lune nouuelle
† ēx Pli ,, iuſques au premier quartier, & lors qu'elle ſera demie , & lors tu ne l'arra-
*nio li.
xvi.de le*
Integrā. ,, cheras de terre, ny ne l'abbateras. On le peut tresbien couper à poinct es
,, quatre iours prochains de la pleine Lune . Garde toy ſur tout de
,, tailler le marrein noir, ne de le couper ne toucher ſinon ſec, ne
,, auſſi gelé,ne chargé de roſée . Et combien que ces ordonnances de Cato ne ſemblent pas auoir eſté gardées par ces Capitaines d'ont nous auons fait
mention:ilz ont toutesfoiz fait la coupe
en temps neceſſaire ou bien en ſaiſon.

DES CLOVZ D'ONT IL FAVLT ASSEMBLER
le baſtiment d'vn nauire,& quelz ilz doiuent eſtre. Capitre. IIII.

Ly a auſſi bien à aduiſer ſi les clouz d'ont il fault aſſembler le baſtiment d'vn nauire deuront eſtre de fer, ou de cuyure à la couſtume de noz anceſtres. Or ie penſe que mon auis en ceux de cuyure n'eſt pas hors de raiſon. La vertu du cuyure de vray eſt plus forte, laquelle les medecins appellent reſtreinctiue. Parquoy ilz aiouſtent ſes ecailles aux remedes qu'on prend contre le mal de putrefaction. La lame auſſi de cuyure boit, & deſſeiche vne fluxion de mauuaiſe humeur. Le cuyure a oultreplus vne vertu remediable, & deſſechante qu'il laiſſe en vne playe, Et pourtant Ariſtote dit que les playes qui ſe font d'vne pointe de cuyure ſont moins offenſiues que les faictes de fer, & qu'elles ſont de plus aiſée guariſon. Par ſemblable raiſon auſſi le cuyure fiché au boys garde ſa propre ſubſtance repugnant à l'humeur lunaire & aquatique veu que le fer ſoudain mangé & conſumé de rouille eſt ſubiect à ceſt humeur, & au temps.

texteenmarge: †duxi po-|tius legé-|dū Lami-|na quàm|Aura.

DV PREMIER VSAGE DES NAVIRES, ET
de leur forme receuë entre les anciens, leurs noms, & du premier qui
à part a trouué les moyens de les conduyre. Chapitre. V.

Anaus fut le premier qui nauiga à nef de l'Egipte à la Grece, au parauant on nauiguoit à flottes, qui furent inuentées à la mer rouge entre les iſles par le Roy Erithre, car à lors

,, *Le pin n'auoit encor dédaigné l'vnde perſe,*
,, *Ne les voilles tenduës aux violents vens liuré.*
,, *Le Pilote n'auoit pour vn loyer forein*
,, *Vagant haſte ſa nef, es païs incogneuz*
,, *En cerchant ſon profit.*

Combien qu'il en ſoit qui ſont d'auis que les Miſiens & Troyens ont premierement inuenté les flottes en l'Helleſponte, quãd ilz trauerſoient la mer contre les Thraces. Les flottes ſ'appellent tronches liées enſemble qu'on mene par eau, par lequel vocable de (*Rates*) ſont quelquesfois (comme dit Varro) ſignifiez les longs nauires.

Nous appellons les nauires codiqueres d'autant qu'anciennement vn aſſemblement de pluſieurs aiz ſ'appelloit codex, & que Claudius Codex fut le premier qui perſuada aux Romains de ſe ietter ſur mer duquel eſt venu le nom, & vint en couſtume d'autant qu'ilz eſtoient ſur les riuieres de grand commodité.

Schedia, auſſi eſt vne eſpece de bateau ſans façon faicte de tronches liées tant ſeulement enſemble, d'ont il eſt auenu que les mauluaiſes poëſies ont eſté appelléez Schedies. La nef trabique a eſté ainſi appellée d'autant qu'elle eſt faicte de tronches conioinctes enſemble.

Sumia,eſt vne maniere de bateau comme dit Cecilius. (*Sclata*) eſt vne maniere de bateau beaucoup plus large que profond,& a eſté ainſi appellé par la meſme couſtume qu'on diſoit(*sclocus*)pour (*locus*) &(*ſtlis*)pour (*lis*)

Muſcule,eſt vne petite & courbe façon de bateau.

Squifs, comme teſmoigne l'Aphricain ſont petites naſſelles qui ſuyuët ,, les grands nauires. Cicero. au premier Liure à Herennius. Ilz abandon- ,, nerent tous la nauire pour la grandeur de la tormente, & ſe ietterent de- ,, dans le ſquif.

Naues Actuaria, ſont vaiſſeaux legiers qui nagent à rames & voyles, & ſont ainſi appellés d'autant qu'on les peut haſter.

Celox,eſt vſi petit vaiſſeau ainſi dict (*à celeritate*) pour ſa viſteſſe, lequel a . eſté inuenté par les Rhodiens. Tite Liue au deuxieſme liure de la ſeconde ,, guerre Punique : Il emmene deux centz nauires vingt quinqueremes, & ,, autant de celoces.

Myoparo,eſt vn petit vaiſſeau de Pyrates,faict de cuir, & d'oſiers, quaſi ,, le moindre paro. M. T. Cicero: Car, commę on l'interrogaſt de quelle ,, meſchanceté émeu il ecumoit la mer auec vn myoparon : de la meſme (dit ,, il) quę toy, le rond de la terre.

,, *Faſcellus* , eſt vn vaiſſeau Capouan. Saluſte: Auint que par fortune vne ,, cohorte portée dedans vn grand fazel ſegara des autres,& fut inueſtie eſtát ,, la mer calme par deux myoparons de pyrates.

Lsgõ cer- curus pro cercirius. *Cercurus*,eſt vne grande nef d'Aſie & que les Cypriens ont(comme lon dit inuenté.

Trieres,les galeres que les Grecz appellent (*dromones*) ſont grandz vaiſ-

Dele Innu meri vigin tiquatuor Veniët in trieribus de Italia. ſeaux longz. Eſaie au trentetroiſieſme chapitre. Ny n'eſt aucune gran- de triere qui l'ecume . Et en l'vnzieſme de Daniel: *Et venient super eum trieres & Romani*. Iaſon a eſté le premier qui a nauigué auec la galere , comme dit Philoſtephanus. Comme de vray il euſt à aller enColchos,elle fut faicte par Argos, & fut Argos denómée de l'ouurier au goulphe Pegaſée.Lucain.

,, *Le Pin la mer fendant du Pegaſé riuage*

,, *A premier expoſé l'homme terrein aux vagues.*

Il en eſt qui dient que Seſoſis Roy d'Egipte a premierement vſé de ga- lere,comme dit Diodore le Sicilien,ainſi dicte (comme i'ay ia dit, & cóme quelques autheurs, l'afferment) d'Argos qui la fabrica,& qui en nauigant auoit prins la charge de la r'habiller, ou bien (comme autres dient) à cauſe de ſa viſteſſe,que les anciens appelloient Argon.

Piſtris trireme,eſt vne façon de nauire à la forme de piſtrins poiſſons ma rins qui ſont d'vn corps long & eſtroit: La façon de vray a eſté prinſe de l'areſte de ce poiſſon eſtant pourry au riuage, de faire des vaiſſeaux longz à la ſemblance , & fut ainſi baſtie ceſte façon de nauire. Il en eſt auſſi qui veulent que l'ordre de marcher en bataille ſoit tiré des poiſſons, & d'eux auſſi le moyen que les hommes auec les cheuaux doiuent tenir pour l'ar- mer & couurir de fer,ſuyuant la conſyderation de leur écalles. Les Libur- niques

niques lefquelles auffi on appelle éperonnées font ainfi dictes à caufe de
la contrée de Liburnie, & ont efté vfurpées auec le nom & leur femblance par les Romains: d'autât que quand Augufte combatit contre Antoine
qui perdit la bataille par le moyen du fecours des Liburnins, en vn fi gand
dangier & peril de combat, les nauires des Liburnins fe trouuerent les plus
adroict. Horace en l'Epode.

,,   *Ibis Liburnis inter alta nauium*

,,   *Amice propugnacula.*

Legia, eft vn vaiffeau legier ainfi dict, d'autant que de la vehemence de
fon cours il chaffe & affemble les eaux deuant foy.

Corbite, eft vne façon de vaiffeau pefant & grand, ainfi dict, d'autant
qu'au plus hault du mas, on auoit de coutume de pédre des corbeilles pour
enfeignes, ny n'eft de rien differente d'vn nauire marchand, lequel eft le
plus pefant de tous vaiffeaux, & fort propre à porter fais, inuenté par
Hipe de Tyrus.

Orie (comme dit Fabius Placias Fulgence) eft vn fort petit bateau, &
fort propre aux pefcheurs.

Cimba, & fcalme font inuentées par les Pheniciens, qui font auffi vaif-
,, feaux de pefcheurs. Cicero au troifiefme des offices: Alors Canin que veult
,, dire cecy? Pythin as tu fi belle pefche? as tu tant de Cimbes? Et la mefme:
,, Le iour enfuyuant Canin inuite fes amis, & arriue d'heure. Il ne voit pas
,, vn feul (fcalme) coquet.

Nous appellons Lintres ou Monoxiles des vaiffeaux vn peu plus grâs
que les fquifz qui font bateaux d'eau doulce, faictz d'vne tronche de bois
,, cauée. Tite Liue au premier de la feconde guerre punique : Par ce moyen
,, vn grâd nombre de bateaux fut affemblé, auffi fut de lintres par inauerté-
,, ce appreftez pour la traffique de marchâdife. D'ont les Gauloys commen-
,, çans les premiers en cauoiêt des noueaux chacun d'vn feul arbre. Virgile.
au premier des Georgiques.

,,   *Il caue les bateaux en arbres.*

Les ecumeurs d'Alemagne nauigent auec le Lintre, d'vne feule piece
d'arbre cauée qui porte trente hommes, ny n'eft cela chofe incroyable, veu
que leurs arbres font beaucoup plus grans que les noftres, & qu'au païs
des Indes les cannes y font d'vne fi merueilleufe hauteur que chacun en-
treneud porte quelque fois trois hommes fur l'eau nauigable, ayans plus
de cinq coudées de long.

Lembus, eft vne façon de vaiffeau court & leger: lequel on dit auoir efté
inuenté par les Cyrenenfes. Virgile.

,,   *Quam qui aduerfo vix flumine Lembum.*

,, Tite Liue au quatriefme de la guerre Macedonique: Ny n'auroient aucun
,, nauire, finon deux lembes tant feulement à feize rames.

Le Bucentaure eft vne maniere de nauire faict tant feulement pour porter les grandz & puiffans feigneurs. Varro dit aux liures de l'agriculture

que par coutume il ſeſt fait en Italie qu'à caufe de la grandeur des beufs
qui y eſtoient, en proferant ceſte voix (bu) elle ſignifioit quelque grande
chofe, & que de là ce dit (*bulimia*) c'eſt adire vne grande famine, & (*bupeda*)
grands enfans, & (*ira humania*) courroux extreme, & autres ſemblables qui
touchent la raifon de grádeur, ce qu'auiourd'huy gardent les femmes trãſ-
padanes, leſquelles proferent ceſte maniere de voix pour ſignifier quelque
grande chofe, & admirable. Bucentaure donques eſt ainſi diĉt, par ce que
les Princes, & grands feigneurs ont de coutume d'y eſtre portez, quaſi vn
grand Centaure, diĉt par la ſignification de ceſte ancienne voix. Le Centaure de vray eſtoit vn vaiſſeau ou enfeigne aſſife au nauire. Ce que Virgile a donné entendre fort egalement en ce verfet,

,,   *Centauro inuehitur magna.* Il eſt porté dedans vn grand Centaure. Mais
depriſant ceſte voix debile, en vne ſi grande œuure, il a ſagement plus toſt
voulu vſer d'vne parolle plus digne, & mieux conuenant à la maieſté de la
poëſie. Au regard de ceux qui penfent qu'il falle dire (*Bucentaurium*) & non
pas (*Bucentaurus*) à caufe de cent bouches, en corrúpant & oſtant quelques
lettres, pour la grande ſuyte qui eſt touſiours neceſſaire au feruice des grãds
ilz font trompez d'vne vaine & fotte interpretation de vocable.

    Triremis, eſt vne galere à trois rancz de rames. Horace.

,,   *Naufeat vt locuples quem ducit prima triremis.*

Nous lifons que les Argonautes les ont premierement ordonné d'autant
quelles font propres à la guerre, & à la marchádife, de forte que la ou nous
les deſyrons voir comme eſtranges, nous les enuoyons au iourd'huy pour
vn épouuantement & beauté aux autres prouinces.

    Les quadriremes auſſi font ainſi diĉtes à caufe du nombre des rancz. Le-
quel nom fe treuue bien fouuent augmenté par la magnificence de ceux
qui ſ'en aydoient.

Lego ex
Plinio Ne
fichtõ pro
Veſicõ xe
nagoras
pro Zena
zetas.
Mneſige-
tõ pro Ne
figoton.
    On dit que Neſichton Salaminin à trouué la Quinquereme, & Xena-
goras le vaiſſeau à fix rancz, depuis lequel iufque à la decireme. Mneſige-
ton a eſté l'inuenteur. Alexandre le grand iufque à douze rancz. Ptolemée
Soter à quinze. Perſée, & Paul Emile à feize, & Demetrie fils d'Antigone
iufques à trente : Ptolomée Philadelphe iufques à quarante : & Ptolemée
Philopater, qui fut furnómé Triphon iufques à cinquante : Luce Heraclée
a (comme on a dit) vfé de nauires à chaſteaux venant de l'Aphrique. Ce
vaiſſeau auſſi eſt bien admirable, lequel par le mãdement du Prince Caius
apporta de l'Egypte vn obelifque afsis dedans les arenes vaticanes auec les
quatre quartiers de la mefme pierre pour le porter, ny n'en fut onques certainement veu de plus admirable en la mer. Son lettage de vray eſtoit de
huiĉt centz vingt trois muis quatre fextiers de lentilles. Sa longueur contenoit l'efpace du port d'hoſtie, à coſté gauche, là ou depuis elle fut mife au
fond par le Prince Claude auec troys plattes forme de la terre de la Pouille edifiées deſſus & amenées à la haſte : la groſſeur de fon mas contenoit
les braſſées de quatre hommes. Caius Cefar auſſi donna vne autre for-
                                           me

me à ſes lieutenans au voyage de la Gaule & beaucoup plus aiſée à freter
& plus baſſe, qu'on a de couſtume es autres mers; d'autant que pour
les frequens changemens des fluz & refluz il auiſa que les vagues y eſtoiét
trop grandes pour porter faiz & multitude de cheuaux. Outre plus les
nefz des Gauloyz eſtoient faictes & equippées de ceſte ſorte, les Carenes
eſtoient vn peu plus plattes que celles de noz nauires, à celle fin qu'elles peuſſent mieux ſe conſeruer ſur la greue, & mieux receuoir le flot de la
mer, leurs prores & poppes fort haut éleuées, & accommodées à la grandeur des vagues, & de la tormente. Leurs nauires auſſi eſtoient faictz de
Robre, pour reſiſter à tout effort & outrage. Les bancz, de membreures
eſpeſſes d'vn pied, clouez à clouz de fer de la groſſeur d'vn pouce. Les
autres eſtoient attachées à chaines de fer pour chables, les voyles de
peaux fort tenures, tant pour la faute de lin, que pour l'ignorance de
l'vſage, ou bien comme il eſt plus vray ſemblable, d'autant qu'ilz eſtimoient qu'vne ſi grande tormente de la mer Occeane, ne vne ſi grande
violence de vens ne ſe pouuoient ſouſtenir, ne vn ſi grand fais de
nauire gouuerner par voyles. Contre leſquelles la legereté
& le remuement des rames des vaiſſeaux Lyburni-
ques ſont plus auantageux: leſquels toutesfois
ilz ne peuuent offenſer auec leur eſperon
à cauſe de leur fermeté, ny ne
peut à elle ſattacher le
traict à cauſe de
leur hau-
teſſe.

La forme de deux Quinqueremes ioinctes enfemble, en oftant les rames d'au dedans, à fin que les coftez faffemblent auec lefquelles elles nagent comme nauires par le moyen des rancz des rames gettez en dehors:
on y porte des tours à eftages, & autres engins de baterie de ville. Voyci
comme ilz font ceft affemblement pour la guerre.

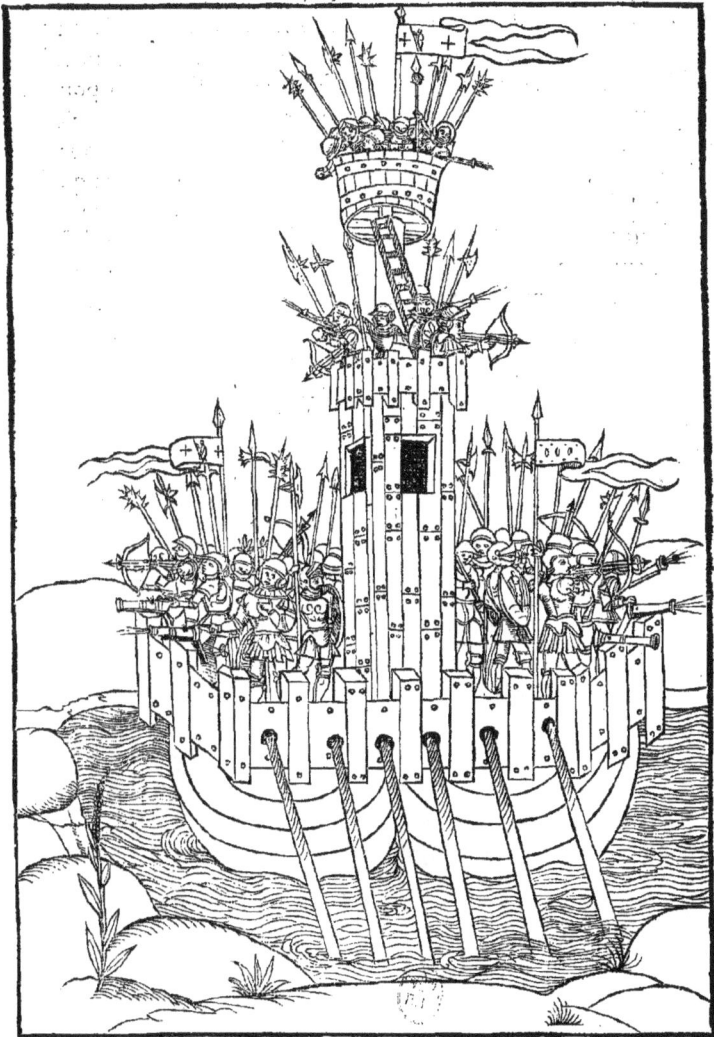

Or est (*classis*) vne multitude de nauires auec laquelle Tiphis a premierement côbatu, quoy qu'ilz en soient qui pensent que les Phenices (gens de
grãd esprit, & excellés à nauiguer sur mer tant en paix qu'en guerre) ayent
inueté de côbatre sur mer auec armée. Il est vray qu'ilz ont premiers eu la
côsideratiõ des estoilles pour nauiguer, & Eole filz de Helenis trouué la rai
son des vens, Cope la rame, & Platée sa pele, Icare les voiles, Dedale le mas,
& les verges, Pisée l'esperon, les Tyrrheins l'ancre, laquelle Eupalame a fait
à deux Harpons, Anacharsis des membrures auec des crocz fichez qu'il
appellent Harpagons, Pericles d'Athenes la main de fer, Typhis l'equipage
du gouuernal pour tourner çá & lá le cours du nauire, & si nous croyons
à Année Seneque, l'exemple a esté tiré des poissons, qui se côduisent auec la
queue tournans leurs vitesse d'vn costé & d'autre par vn leger mouuement
d'elle: & si a Pline, c'a esté des oyseaux, & mesmement de la Buze qui semble auoir montré & enseigné c'est art de gouuerner par le contournement
de sa queue, la nature monstrant au ciel, ce qui seroit necessaire faire dedans la mer.

Lego leui eius pro eorum.

LE NOMBRE DES VENS, LEVRS
noms, raisons, & effectz.   Chapitre. VI.

Omme il soit certain que la cognoissance non seulement de la
mer & de la terre soit de grãd secours aux gés de guerre & à leurs
Capitaines, & d'auãtage aussi celle des vens qui pourroiét épouuanter les ignorans: d'autant que sans leur cognoissance & experience la nauigation n'est point commode sur mer. Combien aussi que
pour ceste heure il me fâche d'en escrire, comme qui treuue les plus excellens escriueins des choses naturelles es deux langues, auoir escrit, les vns
suffisamment, les autres moins, de la varieté & diuersité de leurs noms, ie
poursuyuray, & côprendray toutesfoiz à part selon mon pouuoir leur nom
bre, noms, lieux, natures, & effectz en vne si grande varieté & dissonance
de docteurs. Les aucuns donques des sages estimans le vent estre vn air
émeu & coulant (car le vent se forme, côme dit Lucrece, lá ou l'air est émeu
par vne agitation) dient tous les vens n'estre qu'vn sans estre different pour
les lieux de quelque part qu'il soit courant tousiours d'vne mesme sorte.
Mais pour autant qu'entre tous, deux souflent du Septentrion, & du midy,
comme de deux coingz, il en est qui ne confessent que deux vens seulemét,
desquelz l'vn est la bise, l'autre l'Austral, & que les autres partét de ceux cy,
disans les aucuns, que Zephire tient de la Bize, & Eurus de l'Austral. Oriba-
ze met le mesme nombre en Orient, & Occident. Les autres ont fait estat
de quatre vés selon les quatre parties du monde. De vray l'Orient enuoye
l'Eure & Apeliotes, le Septentrion la Bise, l'Occident Zephire, & le mydi
pousse celuy de l'Austre, ny n'en nomme Homere d'auantage. Mais ceux
qui les ont recerché de plus pres, les ont mis iusques au nombre de huyt,

Hh.i.

mefmement Andronique Cirefte,lequel bâftit à Athenes vne tour de marbre à huiĉt pans,en chacun defquelz il affit l'image de chacun vent grauée
contre fon contraire.Sur laquelle tour il affit vne éguille de marbre, & au
deffus vn Triton de cuyure auançant la main dextre auec vne verge, laquelle il auoit formée de forte,qu'elle tournoit à tous vens,f'arreftât toufiours contre le vent,& tenant au deffus la verge pour l'indice du vent qui
tiroit,Somme qu'entre le folerre & le mydy Eurus a efté affis à l'Orient hyuernal,lequel les noftres ont appellé vulturne, & ainfi l'appelle Tite Liue
en cefte bataille malheureufe des Romains en laquelle Annibal mit noftre
armée contre le Soleil, & le vent d'Orient, lors qu'il vainquit à l'ayde du
vent & des raidz du foleil donnans à la veuë des ennemyz. Varro auffi vfe
de ce nom.   Aphricus eft entre celuy de midy , & d'Occident hyuernal
qu'ilz appellent Zephire, &(Caurus) la Gallerne eft entre l'Occident & le
Septentrion,ainfi lappellent la plus part d'eux,mais entre le vent d'Orient,
& le Septentrion eft Aquilo.Par ce moyen il femble eftre manifefte que le
nombre comprend les noms & les parties d'ont partent les vens.Or peut le
pourtraiĉt de la tour cy deffoubz peinĉte auec le Triton foufflât vne trompe,mettre toutes les chofes à l'euil,fuyuant ce que dit   Ouide.

> Le reĉteur de la mer,delaiffant fon trident
> Les vndes & les eaux regit, & puys appelle
> Son Triton azuré,& éleué fur mer,
> Es epaules couuert de pourpre naturelle
> Luy mandant de fonner à trompe refonante,
> Et par feing reuoquer les vndes & riuieres.
> Lors la trompette il prend concaué & cambrée,
> Qui d'vn fien bout eftroit , au large prend croiffance:
> De vent donques remplie,en la my mer Pontique.
> Au leuant & ponant elle fait retentir,
> Les riuages affiz.

Or

Or gardent ceste description, comme vraye, & plus que les autres excellente, tous les mariniers de la mer mediterranée, & mesmement les Geneuois, en y entreiettant tout autant. Il est vray que selon Aristote on en aiouste aucuns aux huict premiers, mesmement quatre selon Varro, par ce moyen il sen fait douze. Aristote donques & Varro hommes diligens, & entre tous ceux qui ont escrit les mieux appriz, les mettent par ordre, & non sans raison. Car le soleil ne se leue ny couche pas tousiours en vn mes-

me lieu, & eſt l'Oriét & l'Occident equinoxial autre. Or eſt il deux equino-
xiaux. Autre eſt auſſi celuy du Solſtice d'Eſté, & autre celuy de l'Hyuer, ou
que ce ſoit que l'air a douze differences, ou bien ſuyuant douze poinctz
de noſtre region habitable, d'ont il tirent leur ſource, ou ſelon les douze ſignes, leſquelz auſſi la triplicité des ſignes émeut. De vray les ſignes
chauldz ſont les Orientaux, les terreſtres, les meridionaux, & les ſignes
aereux les Occidentaux. Au ſurplus les aquatiques dreſſent les Septentrionaux. Voila donques les principaux vens.

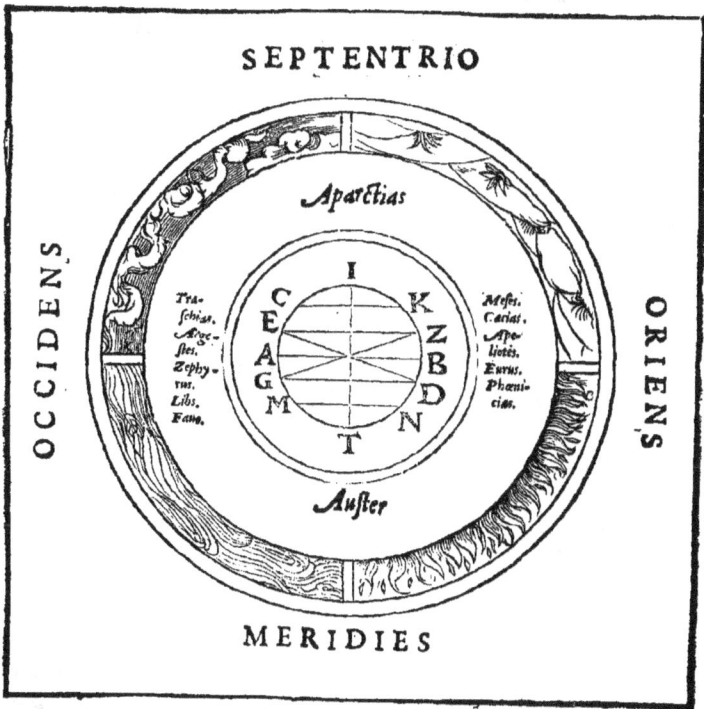

Il eſt auſsi comme Tranquille l'appreuue pluſieurs noms & ſouffles de
vents partans de certains lieux, ou de vallées, ou de riuieres, ou de tormente ſur les montagnes, ou de quelque braz de mer par quelque cauſe qui eſt
auenuë pour forger le vocable, leſquelz ne courent pas par tout, mais au
plus pres. Et pourtant Virgile dit que Cleopatra fuyant en Egipte d'vne
bataille nauale eſt portée par le vent de Iapige à cauſe du cap de (Iapyge)
ſaincte Marie, c'eſt à dire venant du mont ſainct Ange. Il a auſſi appellé
du vocable de Iapyge le Cheual de la pouille tout ainſi que le vét. Il eſt certain que c'eſt le vent de Caure, car il vient d'Occident, & ainſi la dict Virgile

gile. Semblablement le vent de Iapix tormente la Calabre, & l'Athabate, la Pouille, Chiron les Athenes, Tagreis la Pháphile, Circius la Gaule, que Cato es liures des sourses nomme Cecius, auquel abbatant les edifices les habitans lors rendent graces, comme luy estans tenuz pour la santé de l'air. Auguste aussi le diuin luy voua, & edifia vn temple pendant qu'il fai-soit sa demeure en la Gaule. Ie n'auroie iamais fait si ie vouloye poursuyure chacun vent & son nom, veu qu'il n'est point de region qui n'ait quelque vent peculier, y nayssant, & se perdant pres d'elle. Et comme ilz soient plu-sieurs vens auant iour, & pas vn d'eux de durée estant abbatu, ainsi que le soleil prend force, ny ne souffle outre vne certaine contrée, & face de païs & qui commençant en la Vere, ne passe point l'esté : il est toutesfois outre ceux cy par tout deux plustost souffles que vens, qui sont (*Aura & Altanus*) *Aura*) est vne frecheur sur terre, & (*Altanus*) celle de sur mer. Mais à celle fin que ie reuienne de plus pres à ce d'ont il est propos. La Vere ouure la mer aux nauigueurs le soleil estant en la vingt cinqiesme de l'A quaire au com-mencement de laquelle les Fauonins qui sont les vens genitaux du monde ainsi dictz de (*fauère*) fauoriser, vel (*fouère*) nourrir, amolissent, le ciel. Les aucũs l'appellét Arondelier au vingt deusiesme de Feuburier pour les aron-delles qu'on voit : les autres l'apellent cailletier, à cause de la venuë des cail-les, soufflant l'espace de neuf iours, des le soixante & vniesme iour apres l'hyuer encommencé. Celuy qu'on appelle subsolaire luy est contraire, le-quel se leue auec les pleyades en la vingt & cinqiesme partie de Taurus, le neufiesme iour du moys de May, lequel temps est humide, luy estant con-traire le vent de Septentrion. Au regard de la Canicule, elle se leue à la plus grãd ardeur de l'Esté, à l'entrée du soleil au premier degré du Lion au dix-huictiesme iour de Iuillet, la leuée duquel les Aquilons precedent quasi de huict iours & deux iours apres sa leuée ilz poussent d'vne plus grande force l'espace de quarãte iours & les appelle Ion Annuelz. On estime que la cha-leur du soleil redoublée de celle de la Canicule est abbessée par eux. Apres lesquelz de rechef les vens meridionaux soufflent souuent iusques à la le-uée de l'Estoille d'Arcturus, laquelle se fait vnze iours auant l'equino-xe d'Autumne, ny ne se leue presque sans gresle & tempeste. Or com-mence Corus à se leuer auec ceste estoille tirant en Autumne, au quel Vulturne est contraire. Quarante quatre iours apres ceste equinoxe les Virgilies donnent entrée à l'Hyuer : lequel temps coutumierement a-uient à l'vnziesme de Nouébre, & qui est celuy de l'Aquilon hyuernal, fort different de ceste autre estiual, auquel 'Aphrique est côtraire. Au demourãt sept ious auant & autant apres lentrée de l'Hyuer la mer s'appaise afin que les Halcyones puissent nicher : lesquelz iours les nauigueurs de mer co-gnoissent bié. Il est vray qu'on ne voit gueres ceste maniere d'oyseaux ny ne nichét sinon en hyuer à la retraicte des Vergilies, qui sont iours appelez hal-cyonides, estãt par eux la mer calme, & nauigable mesmemét la Siciliéne. Es

Hunc locũ
emendaui
ex 2 lib.
Plinii ca.
47.

Hh iiij.

autres contrées de vray la mer eſt plus calme:mais lors la Sicilienne eſt tra-
ctable.Elles font leurs nidz ſept iours auant l'entrée de l'yuer,eclouãs leurs
œufz en autant ſubſequens:durant leſquelz la mer eſt gratieuſe, & la nauigation fort ſeure aux matelotz.Le reſte du temps tient de l'yuer:la tormente toutesfoiz de la mer n'empeſche point la nauigation. Les écumeurs ont
pour le peril de la mort forcé des nauigueurs à ſauenturer à la mort, &
eprouuer la mer en yuer:l'auarice auiourd'huy fait le ſemblable. Ces cours
naturelz des vés font toutesfois à certain temps,& telz leurs effectz. Tous
de vray ſoufflent pour la plus part a leur tour,de ſorte que le vent ceſſé , ſon
contraire ſe leue,& ſe dreſſe ainſi que ſon oppoſite ſ'abbat.   Ouide.

" 　　Or comme ait chacun d'eux en diuerſe contrée.
" 　　Ses fouffles, mal enuis hores on y reſiſte:
" 　　Qu'ilz ne diſſipent tout,tant eſt des freres grand
" 　　Se diſcord:à l'aurore & regnes Nabathées
" 　　L'Eure ſ'eſt retiré & en Perſe , & aux montz
" 　　Soubz les raidz matutins aſſiz; mais le ponent
" 　　Et du ſoleil couchant les riuages humides
" 　　Prochains ſont du Zephire, & auſſi ſes effors
" 　　La friſſonante biſe a fait en la Scytie,
" 　　Et au Septentrion la contrée oppoſite
" 　　La nué frequente humecte,& l'Auſter pluuieux.

Ou bien pour le faire court ſilz font aſſemblez à faire vne meſme tormente
ce que ne ſe peut faire.

" 　　Là ruent tous enſemble Eure & le Note auſſi,
" 　　Et l'Africain frequent en tormente de mer:　Auſſi a fait Aquilon qui n'a-
uoit point de lieu en ce combat.

Ceux qui ſouflent de l'Orient font les plus chaudz , de plus longue durée,
& plus ſeurs que ceux qui tirent de l'Occident.　　Ouide aux faſtes.

" 　　Pren port ſeur ô Pilot,à ce iour ſubſequent,
" 　　Car le vent d'Occident ſera meſlé de greſle.

Si vulturne commence à tirer de la partie du ciel, il ne tient pas iuſques à
la nuict.Toute façon de vent qu'on ſent chaud,durera longuement.Le ſoleil leuant augmente les vens,& le couchant les abbat:au demourant tous
font le plus ſouuent aſſoupiz à myiour ou my nuict:par ce qu'ilz font rompuz par vne trop grande froidure , ou par chaleur . Borreas ou l'Aquilon
entre les Septentrionaux ſ'aſſoupit de pluyes , lequel rompt les autres vens,
& ſi chaſſe les nües.　　Ouide parlant de luy.

" 　　Pour chaſſer triſtes nües vne force i'ay prompte,
" 　　Ie tormente la mer, & les cheſnes nouéz
" 　　I'arrache , i'enducy les neiges, & degreſle
" 　　Ie bas la terre, & là ou i'ay mes freres ioinctz
" 　　En l'Air ſerain (de vray c'eſt mon champ) la ie luyte
" 　　D'vn tel effort que lors,la moyenne contrée

Comme

,,   *Comme de noz rencontres, & que des nues concaues*
,,   *Saillent les feuz ialliz, & si i'entre aux creuaces*
,,   *De la terre, abbaissant es cauernes profundes*
,,   *De furië mes reins, de tremblement alors*
,,   *Les espritz ie remuë, & le rond de la terre.*

Les vagues se dressent plus grandes du vent de midy que du North, par
ce que cestuy cy tire du haut, & que cest autre est bas partant du profond
de la mer. L'Aquilon est plus vehement de iour, & celuy de midy la nuict,
lequel s'appelle (*Notus*) du verbe Grec νοτίζω d'autant qu'il est nubileux &
humide, comme le dit aussi Ouide:

,,   *D'ailes trempées en eau le Note fait son vol*
,,   *Auec terrible vis, d'obscurité couuert*
,,   *De nuës la barbe poise, & des cheueux chanuz*
,,   *Coule l'eau, & au front est assis le brouillard,*
,,   *La bruine luy pend de l'estomach, & pennes.*

Il se fait aussi des vens soudains, qui sont de plusieurs & diuerses formes.
De vray en vagant, çá & lá, & ruans comme dardz ilz font des éclairs, que
les aucuns appellent Vulcan, les autres Vesta, autres qui les dient menasses
de tonnerres & éclairs. Et pourtant Papinian dit:

,,   *Tant de fois est party l'éclair du flot des vagues.*

Il est vray que les éclairs & corruscations sont plus tost veuës que ne
sont les tonnerres ouyz: d'autant qu'on pense que le ciel éclaire, plus tost
qu'il ne tonne: ou bien s'ilz sont faicts ensemble comme les autres dient,
alors ces feuz lá se presentent soudain de leur vistesse à nostre veuë. Le son
de vray ne vient point à l'ouië qu'apres vn batement d'air, & en est le senti-
ment plus tardif. Herodote estime l'éclair tout tel qu'à nous vn effort d'vn
feu cōmençant, & estre la premiere flambe certaine, s'esteignát ores, & ores
s'allumát. C'est ce que noz anciés ont appelle (*Fulgetrü*). Il est vray que nous
disons en plurier (*tonitrua*) tónoires, & les anciés (*tonitruum*) ou bien (*tonus*) Ie
trouue que Cecinna en a vsé homme de bonne grace, s'il eust esté renómé
pour eloquent, & que Ciceron ne l'eust point blasmé. Les anciens de vray
pronóçoiét ce verbe lá brief duquel nous vsons prolōgás la syllabe, car nous
disons (*Fulgêre*) ainsi que (*splendere*). Or estoit leur coutume de dire (*fulgere*)
estant la seconde syllabe briefue, pour signifier ce subit departement d'e-
clair de la nuë. Au regard de la flambe que la roupture de la nuë á ialy, elle
est portée impetueusemét à terre, & a le nom de fouldre, auec la vehemence, si elle est d'vne forte inflammation, & quelque part qu'elle tombe, elle
épand vne odeur de souffre comme dit Virgile:

,,   *Lors amplement autour les lieux fument de souffre.*   Lucain.
,,   *Le fer nuysant fumoit du celestiel soufre.*

Mais si ceste violence sort sans feu rouée plus à l'estroict, c'est à dire sans
foudre, & qu'elle soit reuerberée de quelque promontoyre, ou bien si
amassée en quelque vallée close de montaignes, elle s'entourbillonne

fouuent,qu'entourillonnant les eaux il fe faffe vn tourbillon:lors il f'appelle Typhon,c'eſt à dire dardée.De vray la terre feiche eſt foudain tourbi-
lonnée, & éleuée de bas en haut, ny ne rompt pas feulement les verges,
mais auſſi les vaiſſeaux en les tourdant.A la venuë duquel vn peu de vin aigre épandu fert de remede, au demourant il r'emporte du rebond de fon
coup au ciel auec foy les choſes qu'il à rauy,& les y engloutit.On dit que le
Coral eſt vn des remedes contre luy, lequel Metrodore appelle Gorgonie,
dautant qu'il refiſte aux Typhons & foudres.Mais lors que circontourné,
& tournoyant vn meſme lieu il fort d'vn foudain fouffle , & qu'il ebranle,
& entourillonne tout,on l'appelle tourbillon.   Lucrece.

+Ex Pli.
lib.2.cap.
48.lege il
liſu pro il
liſo.

,,   *Le tourbillon deſcend tournoiant,& detoutne.*
,,   *Enſemble ceſte nuë à corps lent,& apres*
,,   *L'auoir pouſſé au vagues du Ponte comme groſſe,*
,,   *Il ſe iette foudain dans l'eau,& de fon bruit.*
,,   *Toute la mer il meut,la forçant à tormente.*

Et fil eſt de plus grand effort, & qu'il fenflambe par vn toupillonne-
ment, il deuient ce que les Grecz appellent Preſter: lequeleſt vn tourbillon ardant . Les Grecz appellent ἀιαφυσήματα, les vens leſquelz chaſſez
du profond,ou des creuaces de la terre,ont de coutume de gaigner le haut.
Mais l'orage fe dit ματαιγίς que nous pouuons appeller vent forcé, d'autant qu'abbatu du haut du ciel,il bat çà bás d'vne violence fubite. On appelle auſſi colonne vne humeur laquelle eſpeſsie & congelée fe fouſtient. Il
eſt auſsi vne nuë de meſme gere en façon d'vn long tuyau qui attrait l'eau,
auſsi fait elle toutes choſes qu'elle rencontre.   Lucrece:

†Ex Pli.
2.lib.cap.
49. lego
cùm ſpiſ-
ſatus pro
conſpica-
tus.

,,   *Il auient quelqueffois qu'vne columne plonge*
,,   *Du ciel en mer,bouillans autour d'elle les eaux,*
,,   *Auec fureur de vens foufflans de toutes pars.*
,,   *Tous vaiſſeaux qui lors font compriz dans ce vacarme,*
,,   *Tombent pour la tormente en vn treſgrand peril.*

Somme que les vens partans des nuës produifent preſque tous ces perilz
par leſquelz les equipages & ſouuentesfois les nauires entiers font rauiz en
haut. Et combien qu'il ne foit rien en la mer plus offenfant que les vens,
tourbillons,& tempeſtes, & que la nauigation ne foit en rien plus fecouruë de plus grande inuention d'hommes que par les rames & voyles, vn
petit poiſſon toutesfois hantant les rochiers qu'on appelle Echine, arreſte toutes ces choſes également pouſſant d'vn meſme accord', fe refer-
uant feul la force des elemens & hommes , & ce fans acte ny effort , mais
tant feulement de fa nature, quoy que les vens pouſſent, & que la tempeſte face fes furiës . Il eſt maiſtre de leur fureur & abbat ces ſi grandz
effortz de forte que les nauires ne bougent, defquelz quoy que les cordages ne la forte tenuë des anchres iettées ne font point de fecours , il
refreind toutesfoiz les violences, & domte fans peine la furië du monde,

Adde ex
Pli.li.32.
ca.1. do-
mat mûdi
rabiem.

ne

ne faifant aucune retenuë, ne autre chofe que d'adherer à la quille. Et
combien que ie le treuue es liures de renom, il fembleroit toutesfois chofe incroyable fil eftoit tant feulement efcrit de la mer Occeane, Indien-
ne, & Scytique, & que ce monftre ne fuft plus toft auenu à noz Chefz
Romains dedans noftre mer. Ce poiffon de vray adherent au nauire portant nouuelles à Peliander de chaftrer tous les ieunes nobles, l'arrefta,
quoy qu'il euft le vent en poppe. On dit qu'il arrefta le Capitaine d'Antoine en la guerre Actiatique fe haftant de circuir les fiens, & leur donner
courage iufques à ce qu'il fe iettaft en vn autre: parquoy l'armée de mer de
Cefar vint foudain de plus grande violence Il arrefta aufsi le prince Caius
reuenant des Eftures à Antium. Ce tardement toutesfois ne fut pas de gra- Ex Pl.l.
xxxii. c. 1.
Lego ab
Aftura.pro
Aftaira.
de admiration. Car foudain qu'on eut entendu la caufe (d'autant que toute
l'armée finglant vne feule quinquereme ne bougeoit, & qu'elle eftoit comme à l'anchre, fans fe mouuoir d'vn lieu) incontinant ceux qui faillirent du
nauire pour le recercher, le trouuerent adherant au gouuernal, & le mon-
ftrerent à Caius indigné & f'émerueillant que celá fuft ce qui l'arreftoit, &
qu'ayant l'ayde de quatre centz rames, il luy fut contraire. Ceux qui pour
lors virent ce poiffon mis au nauire, le difent eftre femblable à vn grand li-
mas. Les conches de l'Indie fe font attaché aux quilles des uauires d'vne
mefme puiffance: defquelles l'attouchement fans bruyt, petit & leger fait Lego im-
pellere pro
cõpellere.
cóme lon dit plus de retenuë, que ne font de pouffement les elemens troublez: car de vray le nauire demeure tardif, quoy que les voyles foient ten-
dues, ny n'a cours celuy qui a le vent à gré. Il eft arrefté fans anchre, & lié
fans chable. Finalement ces tant petitz animaux font plus de refiftance,
que ne font de chaffe tant de fecours à fouef: par ce moyen combien que
les vagues haftent le cours, le nauire toutesfois eft contreinct de demourer
fur le dos de la mer immobile, & par vne merueilleufe maniere les vaiffeaux font arreftez fans ébranlement, pendant que les vagues font rauies
d'innumerables mouuemens. Et à celle fin que nous parlions d'vne autre
nature de poiffon, parauanture que les matelotz des nauires fufdictz tou-
chans à la Torpille merueilleufement pefante font deuenuz pefans, par laquelle les dextres de ceux qui la frappoient font tellement endormies,
qu'elle empoifonne la main de celuy qui la frappe par le baton d'ont elle a
efté feruë, tellement que la partie de la fubftãce viue demeure épamée fans
mouuement, & fans fentiment. Les autres dient (qui femble chofe incroyable) que les nauires qui portent le pied droict d'vne tortuë retardent leur
cours. On parle d'vne autre maniere de monftre qui n'eft pas moins incroyable, qu'au tour de la mer de l'Indie, eft vn oyfeau d'vne grandeur demefurée (les noftres l'appellent Roque) les pennes duquel ont dix pas de
longueur, à laquelle grandeur ne deffaillent pas les forces. De vray quand il
a faim, & qu'il a empieté vn elephant, & qu'il l'aura quelque temps porté
en volant en l'air, il le iette en terre, de laquelle cheute prenant mort, il f'en
paift, ny ne rauit feulement l'elephãt, mais aufsi les nauires entiers trouffez

au bec iufques aux nuës , faifant mourir & confumer les miferables nauigueurs pendans en l'air de fon terrible vol,

LA MARINALE ASTROLOGIE SELON
l'obferuation du Soleil, & de la Lune, & des autres eftoilles, & des
paffions des elemens.　　　　　　　　　　　Chep.8.

Pres auoir vuydé la raifon des vens il conuient paffer aux autres
prognoftiques des tempeftes . Or comme il foit notoyre qu'vne
armée de mer foit fouuentesfois batuë & brifée des combatz de
vens, & de la beftife des pilotes, nous baillerons pour le prefent
des prefages diligemment recerchez pour les futures violences des vens,
& des pluyes & tépeftes, en efcriuant les temps oportuns tant pour la guerre que pour la nauigation, commençant premierement au foleil, à la lune,
& aux autres eftoiles : car de là veritablement, cóme dit le trefdoête poëte.

>>　　*Du ciel douteux pouuons predire les tempeftes,*
>>　　*Et le temps qu'il conuient à rames tranfporter*
>>　　*Le marbre perilleux, & nauiguer en armes:*
>>　　*Ou abbatre aux foreftz, le pin en fa faifon.*

Le foleil donques que l'antiquité a appellé l'œil de Iupiter, eftant pur, &
non ardant à fa leuée fignifie le iour ferein, auffi fait il le vent quand auât fa
leuée les nuës rougiffent: & la pluye, fi aux nuës rouges, les noires fe cóioin-
gnent: & fi auant foleil leuant les nuës f'affemblent, elles fignifiêt vn hyuer
afpre: & temps ferein, fi elles font chaffées du cofté d'Orient, & qu'elles fe
retirent à l'occident: fi les raidz fe monftrent auant foleil leuant, ilz fignifient eaux & vens: & quand les nuës feront iettées tout autour du foleil, la
tempefte fera de tant plus rude, comme plus la lumiere fera moindre. Et
combien qu'à fa leuée l'air foit autour de luy, fi toutesfois les nuës font
épanduës partie au midy, & partie au Septentrion, elles fignifieront pluyes
& vens. Lors auffi qu'au Soleil leuant les raidz ne feront point clairs, ilz fignifieront pluye, quoy qu'ilz ne foient point attourez de nuës. Si le Soleil
leuant fera enuironné d'vn cercle, & qu'il fe perde du tout égallement, il
donnera beau temps: & fi le cercle f'ouure qu'on attende vent du cofté de
fon ouuerture: & fi le cercle eft double, qu'on f'attende à vne cruelle tempefte. Au demourant, fi à foleil couchant les nuës rougiffent, elles fignifiêt
beau temps au lendemain, fi auffi elles reçoiuent vne couleur blue, elles
denoncent la pluye, fi couleur de feu, les vens meridionaux: & f'il fe
treuue des taches noyres, il n'y aura pas faute de vens ne de pluyes: & fi
autour du mefme foleil couchant, il fe rencontre vn cercle blanc, il fignifie
vne legiere tempefte la nuiât: & fi c'eft vne petite nuë, plus vehemente: &
fi c'eft vn cercle, vn merueilleux vent du cofté du quel il partira.

Les prefages de la Lune font approchans de ceux du foleil, car fi en fe
leuant elle refplédit claire, & pure, on péfe qu'elle fignifie ferenité: fi rouge,

vens:

vens: fi noyre, pluyes. Si auant le quatriefme iour, elle ne fe montre point,
& que le vent d'aual tire, elle fera tout le moys froide: & fi au feziefme elle
apparoift fort flamboyante, elle fignifiera rudes tempeftes. Mais fi au quatriefme iour, que l'Egipte, & plufieurs ont en recommendation, d'autant
qu'il eft certain autheur du temps futeur:

> Au ciel face fon cours, pur & fans cornes mouffes,
> Tout ce iour & le moys prouenant d'vne fuyte
> N'auront pluye ne vent, & du peril fauuez
> Les Pilotz aux riuages accompliront leurs veuz.

C'eft ce que dit Virgile. Si pleine elle eft à moitié pure, elle fignifie iours fe-
reins: fi rouge, vés: fi noirciffant, pluyes: fi l'obfcurité d'vne nuë couure fon
rond, vens du cofté duquel elle fe rompra: fi deux cercles l'enuironnét, plus
gráde répefte, & beaucoup plus gráde fil font trois, ou noirs, ou entrerom-
puz, & feparez. Si pleine elle a autour de foy vn cercle, elle fignifiera vét du
cofté duquel le cercle aura plus de fplédeur. Au demourát le téps du defaut
de la lune, ne fait pas feulemét foy d'vne rude tépefte aux nauigueurs par la
rayfon, mais aufsi par l'experience maiftrefle de toutes chofes. Il faut tierfe-
mét auoir égard aux eftoilles, lefquelles veuë quelques foiz eftre courátes,
les vens enfuyuent. Quand en téps ferein elles fcintillent, il fera des pluyes
rudes, quád leur clarté foudain fe diminuë fans nuës ne brouillard, c'eft pre
fage de pluye ou de grandes tempeftes. Si on voit plufieurs eftoilles cou- Ex lib. 13
rantes, elles fignifieront les vens deuoir partir de lá ou elles feront portées ca, 3 5. plu
blanchiffantes. Et fi cela fe faiɕt en plufieurs contrées, elles épandront vés uia aut gra
ues. &c.
variables. Le refte en femblable des eftoilles a à par foy fa vertu, & fertile felon fa nature, & non feulement les mobiles & difcourantes, mais aufsi plufieurs entre celles qui font adherentes au ciel, toutes les foiz qu'elles font
emeues par l'approche des erratiques, ou bien éguillonnées par leurs raidz
comme nous voyós auenir à la pofsiniere, lefquelles à cefte caufe les Grecz
appellent ὑάϛαϛ d'vn nom pluuieux. Mais puis que nous auons dit l'obferuation du foleil, de la lune, & des autres eftoilles, pourfuyuons maintenant
les chofes qui fe font des pafsions des Elemens, ou bien qui prennent leur
fourfe d'eux. Car veritablement il y a en eux des prefages certains du mouuement futur, veu qu'on voit defia en eux les principes defquelz il prenent
les cómencemens des caufes. Quand les nuës farreftent au fommet des
montaignes, il fera froid: fi les fommetz font purs, elles eclarciront les to-
nerres. Et comme entre elles les matutinales fignifient le vent, aufsi font
les meridionales la pluye. Le brouillard defcendant des mótagnes, ou tú-
bant du ciel, ou farreftant aux vallées promet ferenité. Quand les arcz en
ciel font doubles, ilz fignifiét la pluye, mais le fimple ne fait pas toufiours
les mefmes menaces de quelque part qu'il apparoiffe: car quand il fourdira
du midy il amenera grande quantité d'eaux: lefquelles la vehemence du
foleil ne pourra vaincre tant elles auront de force, & fil apparoift autour de
l'Occidét, il tonnera auec vne legiere pluye, & fil fe dreffe du cofté d'Oriét,

il promet ferenité.Quand en efté le tonoirre fera plus vehemēt que l'éclair, il fignifie vent de ce cofté la,au contraire fi tonne moins, la pluye. Quand il éclairera de toutes les parties du ciel,il ventera & pleuûra de toutes pars. Si tant feulement du cofté d'Aquilon,il fignifie eau pour le iour fubfequēt: fi du North,le vent mefmes.Et lors qu'il éclairera du midy de Corus,ou de Fauonin eftant la nuiĉt fereine,c'eft indice de vent & pluyes de ces regions

Ex Pli.li. 18. lego ab his pro his.

là.Outre ceux cy les feuz terreftres font de femblable fignification, car les pafles & murmurans denoncent les tempeftes & pluyes: les fonges aufsi au tour des chandelles fignifient vent: & fi la flâbe vollete en tournoyant, ou bien quand la cendre f'amoncelle au foyer, & que le charbon eft mer-ueilleufement ardant.L'eau aufsi a fes indices: la mer calme, ou bien l'écu-me difperfée,ou les eaux faifans bouteilles fignifient le froid par plufieurs iours.

       " *Les vens futurs fouuent au parauant enfeignent*
       " *Le courroux de la mer,foudain que calme elle enfle,*
       " *Et que les caues rochʒ blancs de falée écume,*
       " *S'efforcent de liurer voix triftes à Neptune:*
       " *Ou qu'aux fommetʒ des mons vn muglement forcé*
       " *S'engendre,f'augmantant entre loingtains rochers.*

    Il refte encores plufieurs autres prognoftiques & prefages de tempeftes, par animaux terreftres,marins,& par diuers oyfeaux,lefquelz qui les vou-dra fçauoir,il trouuera auoir efté vuydez par Tranquille, Varron, Nigidie, Arate,Lucain, & par l'excellent des poëtes Maro es Georgiques.

LES REMEDES DE CEVX QVI SONT en peril.
Chap. 9.

R adiouftons les remedes pour ceux qui font en danger. La mer en tormente fe rend calme par rependement d'huyle:à cefte cau-fe on dit que les plongeons l'épandent de leur bouche, d'autant qu'il appaife fa rudeffe & la rend calme . Si le voyage eft long l'Abfince beu garde de vomir.Mais d'autant que les nauigueurs ont fouué-tesfois faute d'eau douce,nous leur enfeignerōs ces moiës.Les laines épan-dues autour du nauire preignent humeur de la vapeur de la mer, dont on épraint vne douce liqueur. D'auantage les boules de cire concaues auallez à fillets,ou vaiffeaux vuydes cloz,amaffent dedans eux vn humeur douce: L'eau de mer aufsi f'adoucift coulée en Argille.

CE QVON DOIT FAIRE AVANT
que de tirer à l'ennemy. Chap. IX.

APres auoir vuydé les choses necessaires à la nauigation, il faut au demourant auant qu'aller contre l'ennemy, que ceux qui ont à combatre sur mer s'exercitent au port, & qu'ilz s'accoutument à maniër les gouuernalz, tirer la rame, apprester les mains de fer, crocz & aiz, coignées & faux bien affilez : & que les soldats ordonnez sur le tillac demeurēt de bout vn pied en l'air, à fin qu'ilz ne s'étonnent de faire en vray combat, ce qu'ilz ont apprins en vn feinct. Le moyen aussi du combat, est de tirer fleches aux éloignez, & de faire porter peine, & mettre à fond ceux qui oseront approcher, auant qu'ilz le facent: & en se iettant dedans les vaisseaux les tuer, ou bien à l'abordemeut les prendre auec leurs nauires. Au demourant le nombre des combatās requis à chascun vaisseau se peut augmenter & diminuer selon le nombre des nauires, & celuy des soldats. Lors aussi qu'on nauiguera en quelque region incogneuë, il ne faudra pas nauiguer à l'auenture, mais s'enquerir de l'oportunité des lieux, & des portz, à celle fin d'euiter les passages non nauigables & secz à cause des dormans.

CE QVI EST NECESSAIRE AV
rencontre des deux armées. Chapitre. X.

SI les ennemyz ont armée de mer, il y a vne inuction d'vne prompte defaicte des nauires par les Grecz. On appelle feu Gregeois vne certaine confection & bouillement de charbon de saux, de salpetre, d'eau de vie, de soulphre, poix, encens, auec du fil faict de laine molle de l'Etiopie, & câphre, laquelle (qui est vn cas merueilleux) ard toute seule en l'eau bruslant toute matiere. Callimache architecteur fuytif de l'Helepole, l'apprint premier aux Romains: duquel aussi veritablement les Chefz se sont aydé contre les ennemyz. Commne de vray du tēps de l'Empereur Leon, les peuples Orientaux eussent fait vn voyage de mer contre Cõstantinoble auec mille huict centz fustes, il les defit tous de ceste maniere de feuz dressant contre eux nauires à feu. Et depuys peu de temps apres, il defit auec le mesme feu quatre centz vaisseaux ennemyz, & derechef trois centz. Il en est qui vsent d'vn autre feu qui se lance, semblable à cest autre, mais de plus violente ardeur, en y aioustant du vernix liquefié, huyle de libraires, petrolée, tormentine, delayez en fort vin aigre, & pressez, puis desseichez au soleil, & apres enueloppez d'etoupes auec pointes de fer aiguës en saillie, & en façon d'vn ploton faict de fil. Toutes lesquelles choses soient oinctes (excepté le trou) de colophoene & souphre, comme il s'ensuyt. Les aucuns iettent ceste façon de feu es vaisseaux des ennemyz adherant à vne torche. Lucain.

» *O que diuerses pestes a la mer, veu qu'on darde*

Ii. i.

> *Lances à feu ardant par vn ſouphre couuert:*
> *Auquel ſiürent les naufz facile nourriture,*
> *Hores ardans par poix, ou par cire fonduë.*
> *L'onde ne vainc la flambe, & ia par mer vaiſſeaux*
> *Eſtans épars, le bris, le cruel feu rauit.*
> *Luy meſme encores de la meſme matiere:*
> *Il ordonne qu'on lance en poix flambeaux trempez*
> *Es vaiſſeaux oinctz pour guerre, & ne tardoit le feu*
> *De courir par cordages, & par tout le marrein.*
> *Rendant la cire, & lors furent des matelotz*
> *Les bancz tournez en cendre, auec les hautes verges.*
> *Ia preſque alloient á fond les naufz à my bruſlées,*
> *Ia nagent ennemyz armes, & n'a le feu*
> *Les ſeulz vaiſſeaux rauy car les maiſons prochaines,*
> *De la mer l'ont attrait par les longues vapeurs.*

Mais à fin que le feu ne puiſſe faillir qu'on le tire d'vn caillou, lequel attainct d'vn fuzil ou de quelque pierre fera feu qui receu en ſoulphre, fueilles, ou drapeau bruſlé, la matiere ſulphurée fera incontinant flambe. Chacune nation a en ces choſes ſes inuentiós. De vray quelque fois il ſe fait des feuz du meurier, laurier, yerre que l'vſage des epiez & bergers a inueté. Tellement que d'autant que quelque fois le caillou ne ſe rencontre pas touſiours, à ceſte cauſe on frotte boys contre boys, qui fait feu par le frayement que la matiere d'vne ſonge ſeiche reçoit. Mais il n'eſt rien plus excellent que l'yerre qui eſt frotté du laurier, frottant auſſi le laurier pour tirer feu par ſcintilles. Prometheus à inuenté de garder vn an le feu en vne ferule, de laquelle parle Martial:

> *Aux enfans ennuyeuſes, & au maiſtre aggreables.*
> *Boys ſommes renommez du bien de Promethée.*

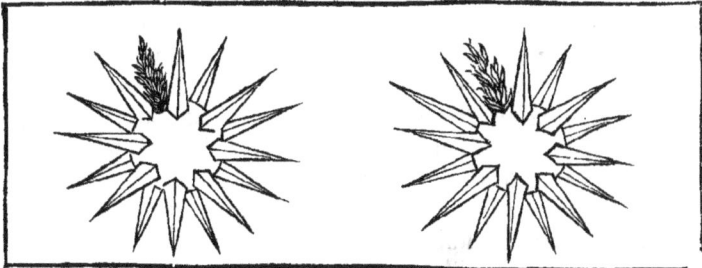

L'inuention auſſi de Annibal eſt bien trouuée bonne pour le combat de mer. Car comme Pruſie euſt transferé la guerre ſur mer eſtant vaincu par terre, Annibal fut par vne inuention nouuelle cauſe de la victoire. Comme qui ordonna de mettre en bouteilles de terre toutes façons de ſerpens

pens,& les ietter au fort du combat dedans les nauires des ennemys.Ce que
de prime face fembla aux Pontiques digne de moquerie,que ceux combatiffent à potz de terre,qui ne le pouuoient à armes.Mais lors que les nauires
commencerent à femplir de ferpens, ilz quitterent la victoire à l'ennemy
furpriz d'vn peril double.Les autres aufsi iettét du fauon noir meflé d'huyle
ou d'amurque,auec potz de terre,à fin que le tillac des ennemys foit fi glif-
fant,que les gens de guerre ne fe puiffent en combatant tenir fur piedz. Et
fi au demourant quelqu'vn veult faire cefte autre experience, nous trouuons par efcrit qu'aucuns ieunes hommes de chois faifans le plongeon à
l'approche des nauires des ennemyz ont percé la quille auec vne tariere.

INVENTIONS DIGNES DE MEMOYRE
pour paffer riuieres. Chap. XI.

IL me femble qu'il eft bon d'y aioufter, comme quoy nous pourrons aifément paffer vne riuiere, fi l'ennemy nous le veult em-
pefcher de l'autre cofté, ce que nous monftrerons par les hy-
ftoyres en r'amenant les exemples des anciens . Comme Pore
vint au deuant faire tefte à Alexandre ruïnant l'Indie , les camps furent
afsiz fur les deux riues de la riuiere d'Idafpe, laquelle auoit quatre ftades
de large, fi profonde q'elle n'eftoit nulle part gayable . Or commenda
Alexandre à vn certain Attale, luy eftant fort femblable de garder le camp
auec accouftremens Royaux, & comme auec vne partie de la cheualerie , il fuft quelque peu marché auant, & qu'vn brouillard efpes euft ob-
fcuré le iour , il gaigna l'autre riue de la riuiere , lá ou il fut longuement
faché pour le doute du combat,iufques à ce que les bataillons furent rompuz , & les piedz des elephans trenchez à coups de coignée. Cefar vfa
d'vne mefme maniere. Car comme les ennemyz luy empechaffent le paffage de la riuiere, affeans leur camp fur l'autre riue, il f'arrefta en vn lieu
egaré,ayant trouué vn pont de ceux qu'ilz auoient coupe . Et au lendemain il enuoye toute fon armée deuant, d'vne ordonnance iettée en longueur,farreftant quelque peu derriere auec deux legions, & apres auoir re-
faiét le pont, il paffe auec elles choififfant lieu à l'auátage pour fon camp &
depuys il feit retourner le demeurant de l'armée. Labiene l'vn de fes capitaines cercha la nuiét fon oportunité: car comme les ennemys fe campaf-
fent audelá de la riuiere de Seine luy empechás le paffage il recouura quelque nombre de batteaux liurant à chacun nautonnier le fien . Il cercha
aufsi des naffelles,lefquelles il enuoya au mefme quartier auec vn merueilleux bruit de rames.Les ennemys eftimás les romains paffer en trois lieux
departirent aufsi leur armée en trois. Labiene tirant aux nefz paffa trois legions,& comme fe iettant en bataille il euft defait vne partie de larmée
des ennemyz,le refte print la fuyte . Quelque fois aufsi on fait pont lá ou
l'ennemy ne donne point empefchement auec plufieurs bateaux couuers

d'vn planché d'aiz. Quelques foiz auſſi on met multitude de cheuaux cōtre le cours de l'eau pour rompre ſa violence, à fin que le demourant de
l'armée paſſe à bon & ſeur gué & d'vn pas ferme:comme fit Ceſar au paſſage de noſtre Rubicon. On iette quelque foiz deux troupes de cheuaux en
choiſiſſant les plus grādz cōtre le cours de l'eau ſeparées d'vn ordre, & certain interualle, entre leſquelz les' gēs de pied tant armez que nudz paſſent.
Car par le moyen de celle d'au deſſus, l'impetuoſité & violence du courāt
eſt rōpuë, & celle d'au deſſoubz, rauit & tranſporte ceux qui par fortune
ſont tombez. Comme auſſi Ceſar euſt à paſſer le Loere, & que les gens de
cheual euſſent trouué paſſage gayable de ſorte que les braz & epaules pou
uoient eſtre à ſec pour porter les armes, il paſſa ſon armée ſeine & ſauue, en
ordónant ſa cheualerië de ſorte qu'elle rompit le cours de la riuiere. Celius
recite que Mago paſſa ſoudain la riuiere auec la cheualerië, & les gens de
pied Eſpagnolz, & que Annibal paſſa ſon armée par le Pau pres ſa ſourſe
en ordonnant par odre les elephans pour rompre la violence de ſon cours:
ce que ceux qui le hantoiēt ne ſceurēt preſques faire. Mais ſi la profundeur
de l'eau repouſſe d'vn coſté & d'autre le ſoldat, il la faut amoindrir par pluſieurs détours, cōme fit Ceſar paſſant le Sicore, ainſi que le dit Lucain.

,,   *A fin que redoublant ſes ondes, rien il n'oſe*

,,   *En foſſes on l'épand, & en fendant le cours*

,,   *De ſes par trop grands eaux, le ruiſſeau porte peine.*

    Comme Cyrus Roy de la Perſe treſpuiſſant voulut prendre Babylone, il
fit pour vne bien legere cauſe la riuiere de Ganges gayable, cōbien quelle
ſoit ſi grāde que le moins de païs qu'elle occupe, a huict miles de large, &
en ſa plus grand largeur pour le plus, cent ſtades : quant à la profondeur,
elle n'eſt point moindre de dix toiſes. Car comme il vit vn des cheuaux de
ſon eſcurie, de blancheur & taille excellente s'engoulfer & perdre auec le
cheuaucheur dedans vn abiſme de vagues, il iura, comme l'on dit, de courroux, qu'il l'abbeſſeroit de ſorte qu'il ſeroit gayable aux femmes:ny ne fail
lit à ſa promeſſe. Il employa de vray en celà toute ſon armée, & y entendit, perſeuerant iuſques à ce qu'il euſt departy par tranchées ſon cours en
trois centz ſoixante ruiſſeaux, & qu'il l'eut rendu ſec donnant diuers détours aux eaux. Il a auſſi par vn meſme moyen auec foſſoyeurs bien entenduz détourné Euphrates, riuiere entre toutes autres fort memorable, renō-
mée, & grande, tant par les anciennes hiſtoyres, que par ſes debordemens,
prenant ſon cours au trauers de Babylone, capitale de la Chaldée. Par ce
moyen il a paſſé eſtant gayable, & ſon fond à ſec, prenant vne ville que les
hommes eſtimoient impoſſible de pouuoir eſtre édifiée d'entédemēt humain, ny eſtre deſtruicte par force humaine. L'entendement des Perſes a
lá vſe de ſon engin. Car cōme il aſſiegeaſt la Nicomedie iadis appellée Ni-
ſibis, & qu'il ne la peuſt prendre, obſtāt la riuiere quelques effortz qu'il fit,
il arreſta finalement de loing le cours de la riuiere Migdonie trauerſant la
ville en exauçant ſes deux riuages, à fin que l'eau amaſſée deuint groſſe. Et
comme

comme les riuages exaucez commençaſſent eſtre rempliz , ilz enuoyerent la violence de la riuiere contre la muraille, en láchant ſoudein les ecluſes, laquelle ne pouuant porter la grande force d'eaue, tomba . Ceſte violence auſſi a fauſé l'autre partie du mur ou eſtoit ſa ſortie la rauiſſant d'vne grande ruine.Il en eſt qui ſoudain font des flottes ſur leſquelles on paſſe les cheuaux , hommes , & autres charges: d'ont Ceſar & Xerxes ont vſé,comme dit Lucain.

>>   *Lors que ſur l'eau ſon pois n'a peu tenir la maſſe*
>>   *Les foreſtz abbatuës on aſſembla de liens:*
>>   *Et à fort grandes chaines,les Cheſnes on lia:*
>>   *Telles voyes on dit que le hautain Xerxes*
>>   *Dreſſa ſur mer,l'oſant à force pons, & a*
>>   *Ioint l'Europe à l'Aſie, & Seſton à l'Abide.*
>>   *Sur la mer a marché au roide cours du Ponte:*
>>   *De l'Eure, & du Zephir n'ayant aucune crainte:*
>>   *Lors que voyles, & flottes par le trauers d'Athos*
>>   *Il iettoit:ainſi donq les bouches de la mer*
>>   *On eſtreſſit par boys, & foreſtz abbatuës.*
>>   *A force terre lors ce dreſſe l'edifice*
>>   *Et ſur la mer auſſi tremblent les hautes tours.*

Il en eſt qui dreſſent de ceſte ſorte vn pont de pieces deſaſſemblées &
portable à ſomiers, & qui ſe peut r'aſſembler par ſes mortaiſes, cordes, &
aneaux de fer, eſtant chaſcun ais double & vuyde collé de ſorte que l'eau
n'y entre point.

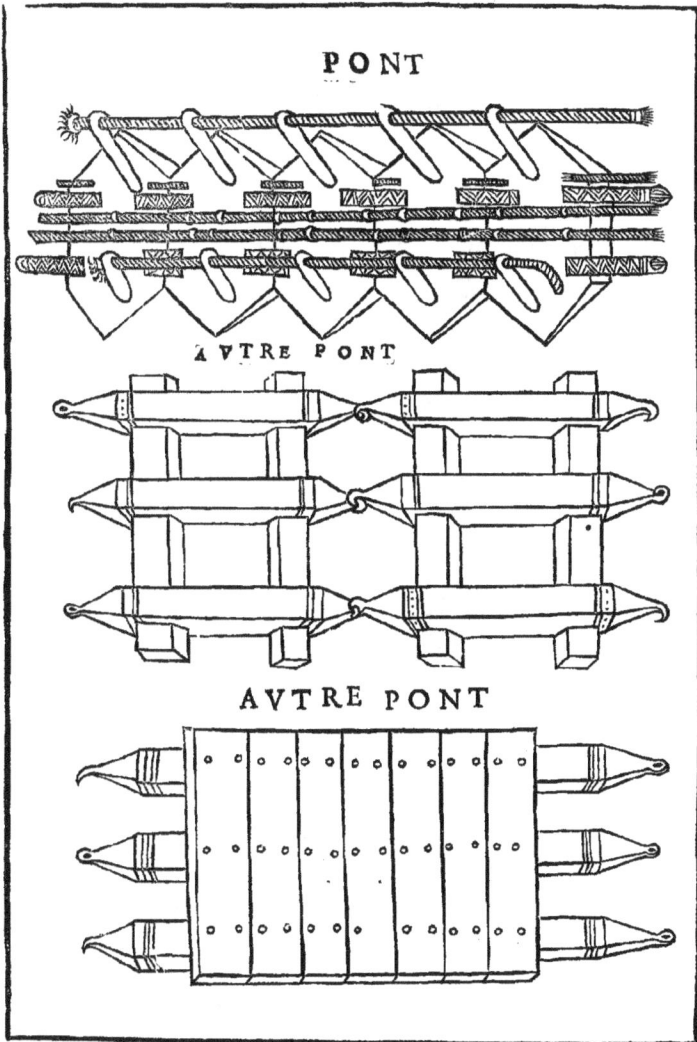

PONT

AVTRE PONT

AVTRE PONT

AVTRE PONT

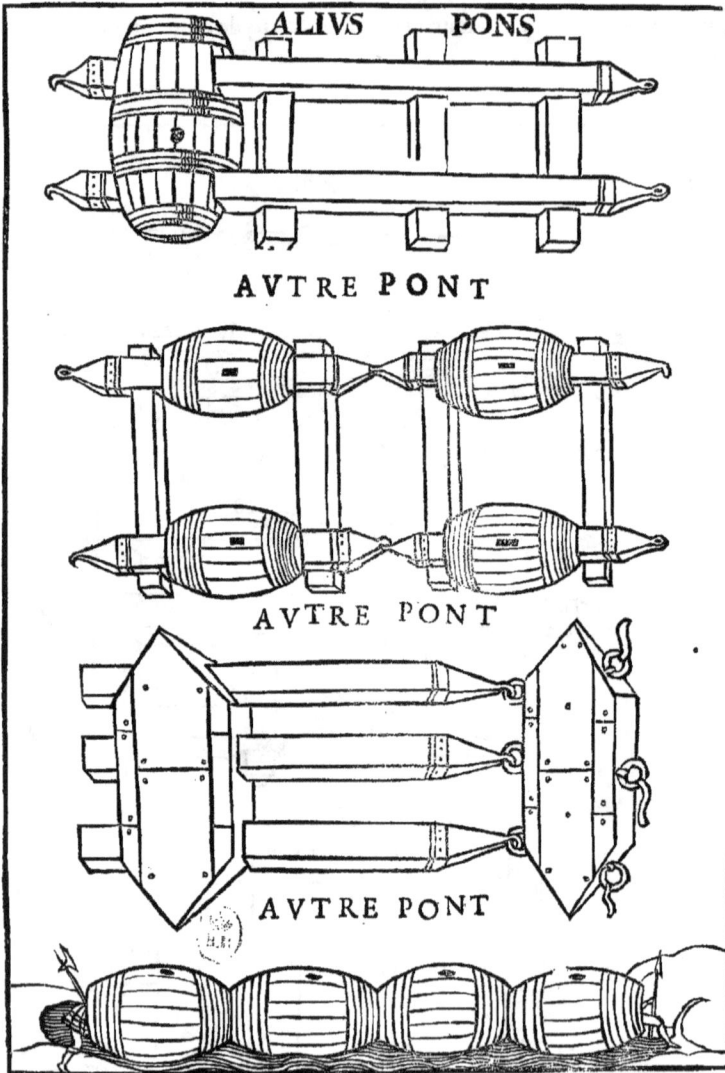

ALIVS PONS

AVTRE PONT

AVTRE PONT

AVTRE PONT

I i, iiij.

Autres aufsi en ont inuenté de cefte forte : vne armée porte à charroy des naffelles faictes d'vne piece de boys fort legeres & tenures felon l'efpece du boys, ayans aiz & cloux appreftez, à fin que foudain en dreffant ce pont ilz puiffent au befoing faire courfes, & embufches aux ennemys furue-nans.

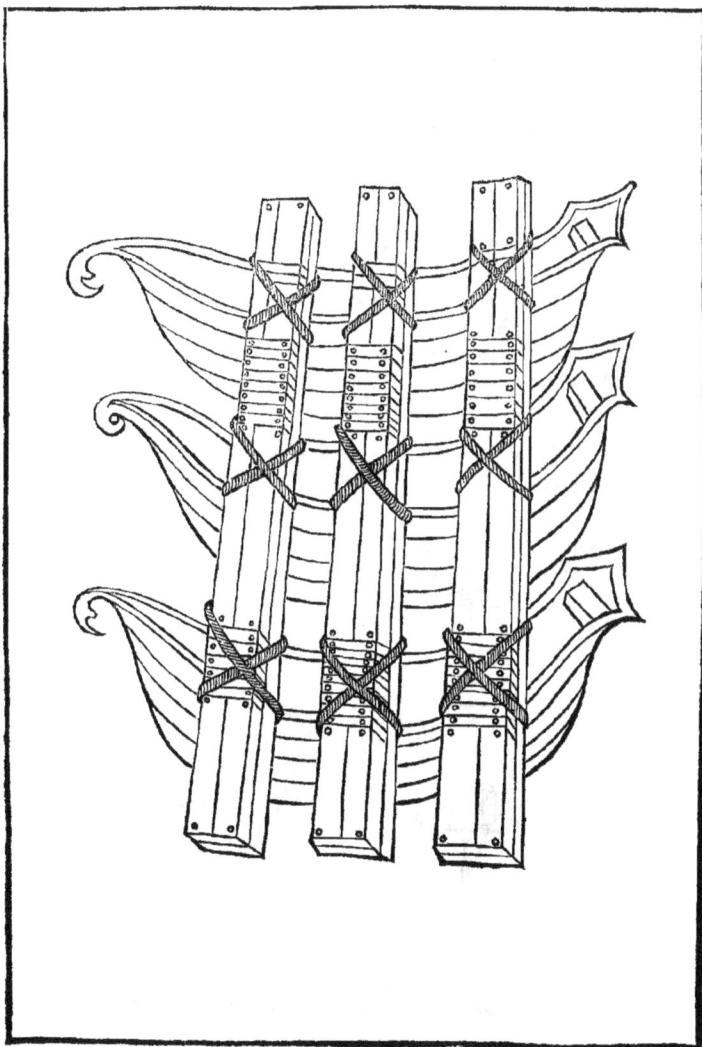

Il en eſt qui auec de grandz bateaux ſeparez en façon de trois coquetz,
& par apres conioinctz enſemble & couuertz de toile cirée paſſent les riuieres ſans rames, nauigans de plus grãde viteſſe, que ſi elles eſtoient chaſſées à douze rames.

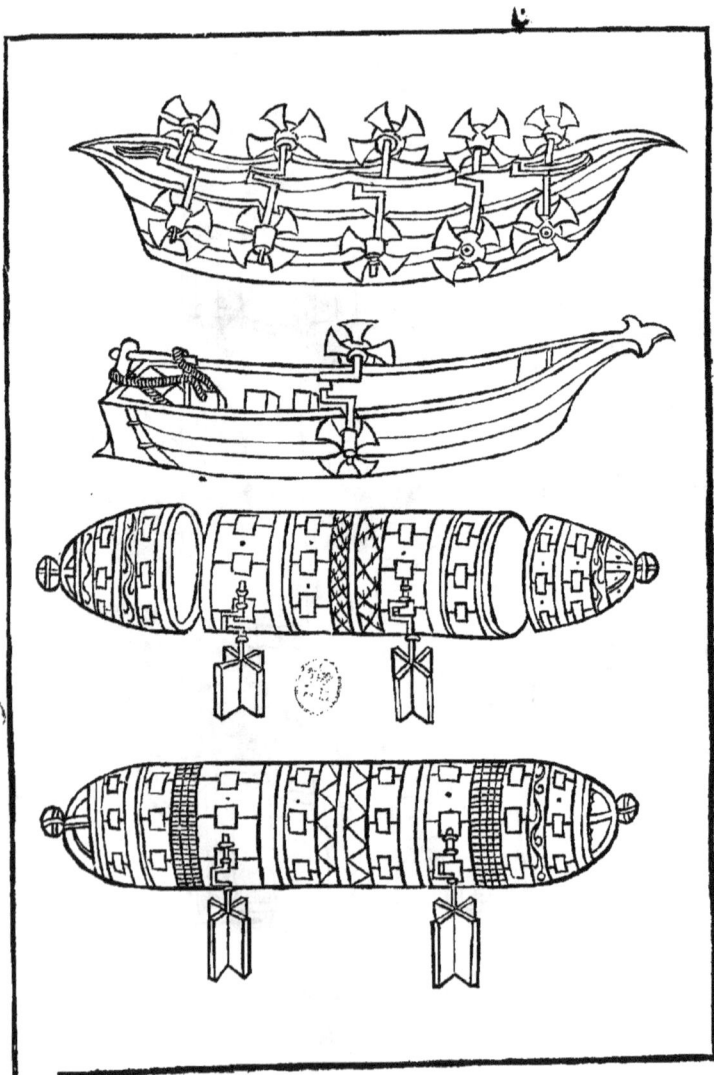

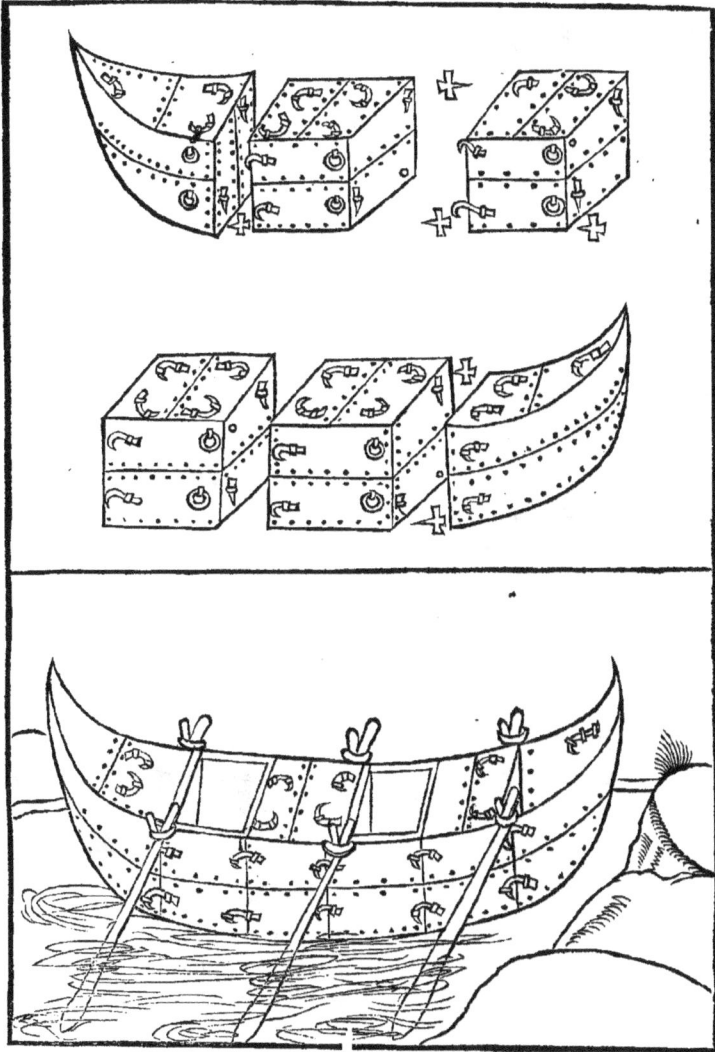

Les autres font des naſſelles d'oziers, & les couurent de cuir de bœuf comme fit Ceſar pour paſſer Sicoris. Lucain :

» Lors donc que Sicoris eut riues delaiſſant
» Les champs, ſoudain le ſaul chanu fut en bateau
» Dreſſé auec l'ozier trempé, puis reueſtu
» Du bouuillon tué ſouffrant le paſſager
» A nage ſ'éleuant ſur la riuiere enflée.
» Le Venitien donq ſur les vndes du Pau
» Nauigue ainſi, auſſi fait ſur la mer eparſe
» L'Angloys de l'Occean, lors auſſi que le Nil
» Eſt par tout épandu, du papier biberon
» Les ſlettes on baſtit au Caire. A ces flottes
» L'armée fut paſſée.

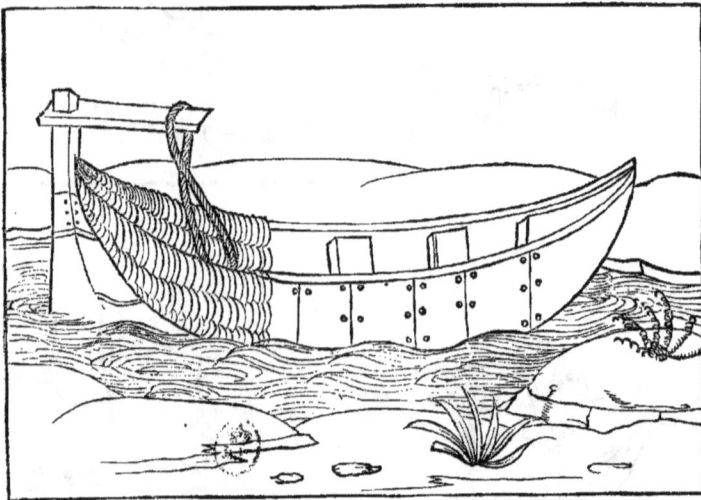

La fortune auſsi a fait à pluſieurs paſſage, comme à l'Empereur Henry, lequel eſtans les riuieres glacées entra au païs des Lucianins, deſquelz il fit grand meurtre, & pilla leur païs. Mais auſsi ont eſté pluſieurs deceuz en ſemblable cas, comme Perſée filz de Philippe, lequel aſſembla toutes ſes forces en vn, ſollicitées ſoubz l'eſperance de gain. Et comme par fortune le Danube qu'on appelle (Hiſter) ayant fait croute de glace ſe ſouffrit paſſer à pied, & qu'vne multitude ineſtimable d'hommes & cheuaux accouruſt au paſſage auec toute l'armée enſemble, ceſte croute de glace ſe creuant de la charge du pois, & de la concuſſion des paſſans ſe defit, & delaiſſa finalement toute l'armée qu'elle auoit longuement ſouſtenu au milieu de l'eau eſtant vaincuë & débriſée, les ſubmergeant pour les empeſchemens de ſes glaçons. La prudence d'vne petite beſte en ces choſes eſt à noter. On a de

vray trouué que le renard en temps de gelée approche de la glace ſon oreille
d'vne prudente ouïe, coniecturant l'épeſſeur de la glace, parquoy pluſieurs
ne paſſent point les riuieres, ne les lacz gelez, ſinon à leur alée & retour. Les
aucuns attachent à leur poictrine des pieces de liege larges, les autres des
tonneaux vuides, leſquelz ſe confians à la legiereté de l'inſtrument entrent
es riuieres, & ainſi aiſément & plaiſamment portez, ilz gaignent ſeurement l'autre riue.

Les Efpagnolz, Afchytes, & les Arabes iettent fur des vaiffeaux de cuir de bœuf des planches trelliffées, & ainfi portez ilz font la guerre aux paffans auec fleches enuenimées mettans leurs veftemens legers au dedans de ces vaiffeaux & iettans au deffus le demourant, ilz ont paffé couchez la riuiere.

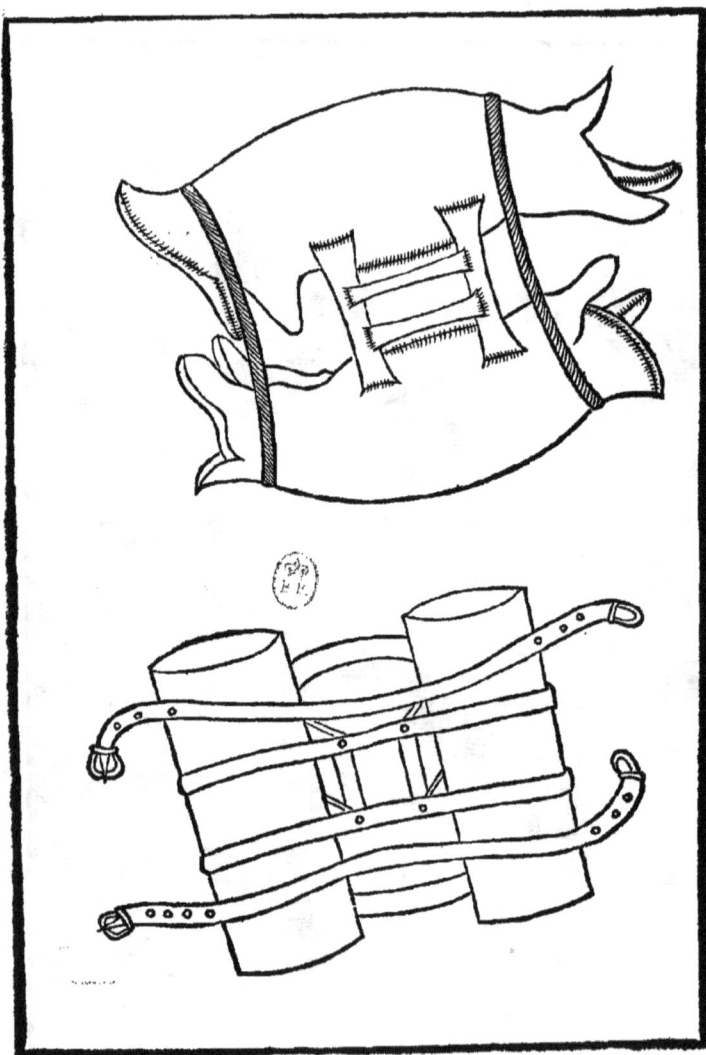

Ny n'a autrement fi nous croyons à Florus vn certain meffagier affeuré les habitans de la ville de tenir bon : les auertiffans que Lucule venoit, lequel(qui eſt vne chofe bien eſtrange)efchapa par le milieu des nauires des ennemys à leur veuë de loing quaſi comme vne Baleine marine fouſtenu d'vn vaiſſeau de cuyr, & dreſſant ſa route auec ſes piedz.Ceſar auſſi a par vn femblable moyen en cecy comme en toutes autres chofes eſté le parragon felon l'opinion de pluſieurs.Il a de vray eu vn accoutrement de cuir couſu & enflé comme vn foufflet pour paſſer les riuieres, + ſefforçant des iam-bes, & dreſſant dans l'eau par elles ſa courſe comme d'vn gouuernal. Si quelqu'vn toutesfois eſtime parauanture ce propos de Ceſar eſtre feinct ou controuué,Suetone Tranquille eſt vn autheur & témoing opulent. Si les riuieres,dit il, le retardoient en les paſſant à nage,ou bien porté à vaiſſeaux de cuir pleins de vent,il a fait grandz chemins,de forte que le plus fouuent il preuenoit les courriers.Au demourant pour mieux affeurer ce que nous difons,& ce que nous auons veu, nous releuerons de peine les lecteurs en mettant cy deffoubz le pourtraict.

† Lego in-ſidés & di-rigés, pro inſidentis dirigentis.

QVELLES ARMEES PAR MER, OV PAR
terre ont esté merueilleusement grandes. Chapitre. XII.

E ne sera pas chose inutile, ny mal seante à la matiere presente, de
comparer les armées entre elles d'aucuns qui ont este excellens en
l'art militaire, tant pour le nombre que pour la multitude des secours. En quoy si nous voulós commécer aux lettres saínctes, qui
ne sauoient ny ne peuuent mentir, es quèlles nous lisons qu'a tout coup
ce Dieu Roy des Roys, prince & seigneur des armées a combatu, & quelque fois aussi (s'il est licite de dire, ny n'est estrange à nostre religion) entré
en couroux, & cruauté, nous trouuerons que le nóbre de la nation Hebraique a prins telle croissance qu'à son departemét de l'Egipte on trouue par
escrit, qu'il y auoit six cétz mille ieunes hómes de guerre: nous lairrons les
Idumées qui n'atouchoiét en rié au peuple d'Israël: On dit qu'il y a eu soubz
la charge de Iosué le nóbre de six centz trois mille, cinq céts, cinquante. Et
soubz Moyse au voyage de l'Asie, le nóbre de l'armée des enfans d'Israël di-
uisez par les races & compaignies s'est trouué de six cens trois mille cinq
cens cinquante: Or estoit tout le nombre d'Israël que fit faire Dauid douze centz mille hómes pouuans porter armes. Et de Iuda, trois centz soixáte dix mille combatans. Quant à Leui & Beniamin, ie ne les tien point du
nóbre, attédu qu'ilz faisoient le cómandemét du Roy par force. Asa aussi
a eu en son armée trois cétz mille hommes de la ráce de Iuda portans escuz
& pointons, & deux centz quatre vingt mille de la race de Beniamin portans escuz auec l'arc lesquelz tous estoient hommes de grande prouesse.
Contre lesquelz a marché Zara l'Etiopien auec vne armée de douze centz
mille hommes, & trois cens cars. Finalement on trouue que du temps tant
des iuges que des Roys, tant de mille ont esté defaicz en diuerses guerres,
diuerses regions, & en diuers temps, qu'à peine en eust mis nature autant
sur terre qu'eux & les chefz de iustice semblent en auoir defait, & esteint.
Cóbien qu'outre ceste multitude des Hebrieux presque infinië Sesolis
Roy des Egiptiens, a eu six cens mille hommes de pied, & vingt cars de
guerre, auec vne bien bonne armée de mer. Ny ne se doit on émerueiller
des armées de ceste nation, veu qu'anciénement l'Egipte a surpassé toutes
les autres du móde en nombre d'hómes. Car la saincte escriture témoigne
qu'au téps passé, il y a eu en Egipte plus de dix & huict mille que bourgades que villes, & trois mille d'auantage du téps de Ptolemée L'age. Quant †
au nombre de tout le peuple, Diodore le Sicilien témoigne qu'il a esté de
sept millions. Il y a en Gáges vne isle fort gráde, n'ayant qu'vne nation appellée + Modogalique, au de lá de laquelle sont assiz les Modubes, & Mo-
lindes auec la ville de mesme nom, riche & magnifique, aussi sont les Gal-
modrocres, Pretes, Calisses. Sasures, Passales, Colubes, Orzules, Abales, Ta-
luctes, le Roy desquelz a en armes cinquante mille hommes de pied, trois
mille cheuaux, & quatre centz elephans. Aupres desquelz est la nation des
Andares, auec plusieurs villages, trente bourgades fermées de murailles

† Ex Plinio
li. 6. c. 19.
Modogali
cã pro Mo
drogalin -
gam.
Addidi ex
codé loco
Plinii & re
liqua emé
daui quæ
sequútur.

K lz. ij.

& tours,fourniſſans au Roy cent mille hommes de pied,deux mille cheuaux,& mille Elephans.Mais de tous ceux preſque de l'Indie,& non ſeulement en ceſte contrée lá les Praſins paſſent en puiſſance,& gloire auec leur
cité Palibotre grande & riche à merueilles,leſquelz à ceſte cauſe aucuns
appellent Palibotres,auſsi font ilz preſque toute la contrée depuys Gan-
ges.Or eſt ceſte nation lá en ſi grande renommée de force,qu'on dit leur
Roy auoir eu ſix centz mille hómes de pied,trente mille cheuaux,& neuf
mille Elephans en ſoude ordinaire.Les gens d'Alexandre le grand dient en
ſemblable choſes incroyables,& ont eſcrit que la contrée de l'Indie qu'ilz
ont conquis,contient cinq mille villes,& que l'Indie eſt la tierce partie
de toutes les terres du monde,& que la multitude des peuples eſt innume-
rable.La tourbe des Gotz qui ont eſté defaiĉtz par Claude Quintilie Auguſte leur faiſant teſte & repouſſant leurs efforts témoigne quant grande
eſtoit leur armée contre les Romains,veu le nombre des Roys prins,tant
de nobles femmes de diuerſes natiós,& tant de prouinces Romaiñes pleines de ſerfz barbares,& viellards,qu'il n'eſtoit aucune region qui n'euſt vn
ſerf Gotique,cóme vn certain ſeruice triumphal.Les lettres auſſi de Claude
Quintilie à Iuing Brocce proteĉteur de la Sclauonie eſcrites en ces termes
en poĉtent témoignage.Nous auons defait trois cents,vingt mille Goths,
mis à fond deux mille nauires,les riuieres ſont couuertes d'eſcus,& les riuages d'eſpées,& ienetaires,les champs ſe voyent couuerts d'oſſemens,les
chemins en puënt,la grand Carthage eſt raſée,Nous auons prins tant de
femmes que le ſoldat vainqueur en peut prendre deux & trois.Que dirons
nous de Cyrus?Na-il pas aſſemblé,comme dit Xenophon,toute la force
de Babylone,en laquelle eſtoient ſix vingts mille cheuaux,deux mille cars
à faux,& ſix cents mille hommes de pied.Quand Nine fit ſon voyage cótre les Baĉtrians,il y marcha ayant fait ſa leuée merueilleuſe de chacune na-
tion:tellement que Eteſias recite que ſon armée eſtoit de ſept milliós d'hómes de pied,deux cents mille cheuaux,& vn peu moins de dix mille ſix
cents cars à faux,ayant Zoroaſtre Roy des Baĉtrians dreſſé vne armée forte
de quatre cents mille hommes,pour faire teſte à Nine ſur les limites.Se-
myramis femme de ce Nine Roy des Aſſyriens bruſlant de gloire de renom,cóme le recite Diodore le Sicilien autheur non reprouuable paſſa en
Indie auec treize cents mille hommes de pied,cinq cents mille cheuaux,&
cent mille cars faiſant vn pont de deux mille nauires ſur l'Inde noble riuiere de l'Indie.Lequel nóbre de gens de guerre ſera parauanture auiourd'huy
incroyable aux auditeurs,combien qu'il ne ſemble point impoſſible à celuy qui prendra garde à la grandeur de l'Aſie,& à la multitude des nations.
Car ſi on conſidere le voyage de Darius contre les Scytes,& la nauigation
de Xerxes en la Grece,& les guerres vn peu au parauát faiĉtes en l'Europe,
il ne trouuera point noz diĉts incroyables.Denys de vray a tire vne armée
de ſix vingt mille hommes de pied,& de douze mille cheuaux en la ſeule
Satragouze ville de la Sicile,outre les grands nauz,partie triremes,partie
quinque-

quinqueremes iufques au nombre de quatre cents.

On dit que Mirine Royne des Amazones a fait armée de trente mille hómes de pied, & de deux mille cheuaulx. Comme Xerxes vouluſt mener la guerre par mer & par terre à toute l'Europe, il vint à la Grece auec ſi grande cópagnie, qu'il n'eſt point de memoire qu'onques hóme au parauant ne par apres en ait eu de telle. Et à celle fin que ie me taiſe de ſon armée de mer de laquelle il me fauldra peu apres parler, il eſt certain ſi nous croyons à Probe Emille que ſon armée par terre eſtoit de douze centz mille hómes de pied, & quatre centz mille cheuaux : & ſi à Iuſtin & Oroſe de ſept centz mille Perſes, & de trois centz mille auxiliaires : & ſi à Herodote de dixſept centz mille hommes de pied, & huiɕt centz mille cheuaux. Au regard de ceux qui auoient la conduicte des cameaux & cars le nombre eſtoit de vingt mille, ſans le bagage & la multitude innumerable des ſerfz, & boulangers, & autres, deſquelz on fait le nombre ſi grand, qu'il n'eſt homme ayant ſens qui le puiſſe croyre. Artaxerxes auſſi, comme Etheſias le témoigne, a donné battaille de quatre cents mille hommes. Dion, & Xenophon temoignent que ceux qui combatirent eſtoient en beaucoup plus grand nombre, ny ne doit cela ſembler choſe incroyable, veu que comme le recite la ſaincte eſcriture, il eſtoit ſi grand Roy que depuis l'Indie iuſques à l'Etiopie il auoit ſoubz ſon obeiſſance ſix vingt & ſept Chefz & Princes de prouinces, aux quelz il cómádoit. Antophrodates enuoyé par Artaxerxes contre Dathanes en Capadoce auoit vingt mille hommes barbares de cheual, & cent mille hommes de pied, & trois mille tireurs de fonde de la meſme nation : outre plus huiɕt mille Capadoques dix mille Armeniens, cinq mille Paphlagones, dix mille Phrigiens, cinq mille Lydiens, & enuiron trois mille Aſpendins, & Piſidares, deux mille Ciliciens, & vn nombre infiny d'hommes armez a legere. Philippe pere d'Alexandre ayant fait leuée de gens de guerre par toute la Grece pour la conſeruation de l'eſtat Royal. aſſembla deux cents mille hommes de pied, quinze mile cheuaux pour enuoyer en Aſie, non comprinſe l'armée Macedonique, & vn nombre infiny de nations barbares. Ceux qui afferment le moindre nombre de l'armée d'Alexandre, dient quelle eſtoit de trente mille hommes de pied, & cinq mille cheuaux. Darius auoit es champs Arbelins ſix cents mille hommes Perſes en la premiere bataille qu'il eut contre Alexandre leſquelz tournerent viſaige, non moins vaincuz de la ruſe d'Alexandre, que par la proueſſe des Macedoniens : & en la ſeconde troys cents mille hommes de pied, & cent mille cheuaux, & en la tierce que la guerre fut redreſſée il ſe preſenta à Alexandre auec quatre cents mille hómes de pied, & cent mille cheuaux. Si de rechef quelqu'vn veut conſiderer le voyage de Darius contre les Scythes, il faudra qu'il le confeſſe auoir eſté auec huiɕt cents mille hommes de guerre. Quant au nombre de l'armée de Annibal apres eſtre paſſé les mons Pyrenées pour tirer en Italie, les autheurs ſont differens. Ie penſe touteffois la foy debuoir plus toſt eſtre

Lego Arbelis pro alpeſtris niſi mauis legere ex Plutarcho, Ganſameliis.

aiouftée à ceux qui la difent auoir efté diminuée de trête fix mille hommes
de pied, & d'vn grand nombre de cheuaux, d'elephans, & fomiers. Comme le païs de la Gaule ne fuft fuffifant pour nourir le peuple pour fon trop
grand nombre, ilz enuoyerent trois cents mil hommes cercher nouuelles
habitatiós. Et comme vne partie d'eux fe fuft arreftée en Hongrie, ilz prindrent & bruflerent la ville d'Ionie, l'autre fe ietta en l'Italie. Les armées
des Romains qui en cela furent au comencement de feruice, font celles
qui fenfuyuent. Car cómme l'an de l'edification de Rome trois cents foixáte dix & huict, le debordemét des Gauloys fe fuft parqué à trois mille de
Rome, il fut faitvne leuée de dix legiós de la ieuneffe Romaine, au refus des
Latins leurs alliez de fournir gés de guerre: que les Romains feftoiét affub-
iecti. Lan aufsi quatre centz foixáte dixieme, eftant ia grand le renom des
Romains, d'autant que leur guerre n'auoit point encores efté hors l'Italie,
on fit la montre des citoyens: le nombre defquelz fe trouua de deux cents
quatre vingts dix & fept mille & trois cents trente quatre, combien que la
guerre n'euft point ceffé depuis le commancement de Rome. Mais comme
en l'an cinq cents dixfept le bruyt courut de la defcente d'vn merueilleux
nombre de gens tant de la Gaule cifalpine que de la tranfalpine, les confulz penfans de la conferuation de l'Empire firent amas de gens, au moyen
du quel fe trouuua en l'armée des deux Confulz huyt cents mille hómes,
comme lon dit, & comme l'efcrit Fabius qui fut en cefte guerre là. Dont les
Romains faifoiét le nombre de troys cents quaráte mille hommes de pied,
& vingt fept mille fix cents cheuaux, le refte de l'armée eftoit des alliez.
Pline aufsi temoigne en l'hiftoire des chofes naturelles, qu'apres les nouuelles de la defcente des Gauloys, P. Emile, & C. Attile eftans Confulz, l'I-
talie feule mit en armes trente mille cheuaux, & fix cents mille hommes de
pied fans les tranfpadeins, & fecours eftranges. On peut par cefte grandeur
d'apparat incroyable cóiecturer la puiffance des Gauloys. Les Romains auf
fi preuoyans vn peu au parauant le temps de Annibal, la grandeur de la
guerre future firent montre en Italie d'vn milion d'hommes pouuans porter armes, cóme le temoigne Diodore, tant de leurs citoyens, que de leurs
alliez. A peine touteffois peut on rien affeurer de la grandeur des armées
Romaines, veu que les plus anciens autheurs varient du nombre, & du gére des gens de guerre. Aucuns ont efcrit que quand la bataille fe donna aux
Cannes, les Romains auoient en leur camp quatre vingt fept mille deux
cents hommes de guerre. Ny n'eft chofe eftrange en cela, fi lors la guerre a
efté menée de plus grand effort & violence qu'au temps paffé, d'autant
que le dictateur les auoit mis en efperance de pouuoir vaincre l'ennemy.
Au regard du nóbre de toute l'armée de Annibal qui pour lors fe trouua à
la bataille, il eftoit cóme lon dit, de quaráte mille hómes de pied, & dix mil
le cheuaux. Et quant au nombre des Romains qui depuis fe trouuerét aux
cháps Philipiques à la derniere bataille, Plutarche, & AnnéeFlore, font fort
differés entre ceux qu'il me fouuiét auoir leu, & qui mettét le nóbre, recitás
l'hiftoire

l'hiftoire d'vn ftile elegāt & graue. Ceux donques, qui font de l'auis de Plutarche afferment que Cefar en auoit vingtdeux mille, & Pōpée vn peu plus que le double. Mais ceux qui font de l'opinion de Florus, dient qu'il y a eu d'vn cofté & d'autre plus de trois cents mille hómes de guerre, outre les fecours des Roys, à fin que le Lecteur puiffe conceuoir quelque grande chofe. De vray fi tu regardes, dient ils, les Chefz de la guerre, tout le Senat y eftoit, fi les armées Cefar auoit vnze legions, & l'autre dixhuict qui eftoient toute la fleur & force de la nation Italienne, fi les fecours, du cofté de Cefar eftoient les bandes Gauloyfes, & Germaniques. De l'autre eftoient Deiotare, Ariobarzane, Tarcondimoce, toute la Corinthe, & la force de la Turchie, Capadoce, Cilicie, Macedoyne, Grece, & Etholie, & finalement de tout l'Orient. Ny ne fut onques tant de diuerfes nations, ne tant de diuers langages de peuples pour ruïner vne fi grande compagnie (comme dit Lucain) ny ne vit onques la fortune en lieu du monde, comme dit le mefme Florus, fi grande force du peuple Romain, ny tant de dignité. Depuys eux on a trouué foubz l'Empire d'Augufte Cefar quarante quatre legions, lefquelles il a diftribué auec vne grand eftime par tous les quartiers du monde pour la conferuation & defenfe de l'Empire. Ie veux fubfequemment toucher deux chofes des Romains, qui ne feront pas de petite admiration aux lecteurs. Il fut de vray trouué en vne montre faite à Rome, l'an fixiefme de l'Empire de Claude Tybere fix milions neuf cents quarante quatre mille citoyens Romains. Mais pour autant que la chofe femble incroyable, i'ay le témoignage d'Eufebe Cefarien au liure des temps, veu qu'au parauant l'an cinquante quatriefme de l'Empire d'Augufte il en fut trouué neuf milions trois cents foixante dix mille des citoyens Romains. Par la force defquelz & la grauité des cōfeilz la vertu Romaine a efté tenuë par tout le rōd de la terre pour inuincible. Au demourant Corneille & Suetone recitét qu'à la guerre qu'eurent les Iuifz auec les Romains il y fut tué fix cents mille Iuifz. Egefippe prefque de ce temps là dit au cinqiefme liure que depuis le cōmencemēt du fiege iufques à la fin il y fut tué vn milion de perfonnes, & quatre vingts dixfept mille menez en captiuité. Au furplus Iofephe Iuif, qui eut charge en cefte guerre là, efcrit qu'il y mourut onze cents mille perfonnes que de coup, que de faim, & que le refte des Iuifz ayans diuers traictemens furent difperfez par tout le monde: le nombre duquel on dit auoir efté de vingt mille hommes. Cecy fuffira pour le prefent en tant que touche les armées fur terre. Or eft-il certain que durāt le Confulat de M. Emille, & de Seruius Fuluius, le plus noble, lors que la gloire de Rome fembloit ia grande, que les Romains eurent vne armée de mer, de trois cents nauires foubz la charge de Luctatius Catulus à la premiere guerre Punique contre les Aphricains: contre lefquelz celle des Aphricains fut de fix cents foubz la conduite d'Amilcar à l'ifle d'Egufe entre l'Aphrique & la Sicile. Ie treuue par le témoignage de Homere au deuxiefme des Iliades, que l'armée du Roy des Grecz contre les Troyens a efté de mille quatre cents nauires, &

K lz. iiij.

d'auantage auec plusieurs nobles Capitaines. Il est tout notoire aussi que Xerxes Roy des Perses n'a pas seulemét passé cest autre nombre, mais aussi de tous autres, quoy que les escriuains soient en debat sur celá. Herodote de vray temoigne que son armée estoit de trois mille nefs, & qu'elles estoient armées, de deux cents quarante mille hommes, laquelle, comme il dit, a esté r'enforcée de six vingtz nauz Turches equipées de vingt quatre mille hommes. Emille Probe lá dit auoir esté de douze centz galeres, lesquelles deux mille marchandes suyuoient. Orose de douze centz à esperon & trois mille marchádes. Finalemét Iustin en afferme autát, car le nóbre est d'vn million, tellement qu'à bóne cause on ne peut dire autre chose, mesmes encores de l'armée par terre que ce que le Satyrique dit en ces parolles:

»   *On croit iadis Athos auoir esté à voiles*
»   *Nauigué, mesme aussi tout ce qu'ose la Grece*
»   *Menteuse en ses histoyres, & que de mesmes naux*
»   *Pauée fut la mer, & aux rouës soubmise.*
»   *Nous croyons les ruisseaux profondz estre tariz*
»   *Et les riuieres beuës, à vn disné des Medes.*
»   *Et ce que dit Sostrate à aisles d'eau trempées*

Au demourant comme Daire fut de retour de l'Europe, en l'Asie, il dressa vne armée de cinq cents nauires d'ont il fit Darin Capitaine general auec Arthaphernes, aux quelz il dóna deux centz mille hommes de pied, & dix mille cheuaux. Alexandre fit le voyage de l'Asie auec vne armée de cent quatre vingts deux nauires, qu'aucuns dient auoir esté de troys mille. Cesar passa en Angleterre auec vne de huiét cents. Heraclian Côte en Aphrique a en cela egalé ou bien passé les plus renommez, excepte Xerxes: car on le dit auoir eu trois mille sept centz nauires qu'à peine on a veu en bien peu de plus nobles & puissantz. Cóme dóques il eust prins terre auec son armée tirant à Rome, il s'espouuanta du rencontre du Comte Marin, tellement que prenant la fuyte, il gaigne vn nauire, & s'en fuyt seul á Carthage, lá ou soudain il fut tué des gens de guerre. Or est il que le temps passé on craignoit le grand nombre de nauires. Et pourtant du temps que Scipion manioit les affaires de l'Aphrique, apres la prinse de Carthage, il leur defendit de n'auoir point plus de dix nauires de guerre à eux accordées. Tout le reste de celles qui nauiguoient à rames qu'on dit auoir esté iusques au nóbre de cinq cents furent menées quelque peu auant en mer, & par son cómáde mét brusflées vis à vis de Carthage: & leur fut ce feu autant doloreux que si Carthage mesme eust esté veüe en flambe. Q. T. Flaminius apres auoir cóbatu Philippe Roy des Macedoniens, fit paix auec luy soubz condition qu'en luy laissant tát seulement cinquante vaisseaux, il liureroit le demourát aux Romains. Finalement comme Q. Fabius Labeo eut par accord à prendre la moitié des nauires du Roy Antiochus qu'il auoit vaincu, & luy delaisser la moitie, il les coupa toutes en deux moitiez à fin que pour le plus seur, il le priuast d'armée de mer.

DES

DES GRANDES PROVESSES DES GENS
de guerre tant par mer que par terre qu'on recite. Chap. XIII.

IL faut aufsi reciter les proueſſes des ſoldas dignes de renom tant par terre que par mer, car iuſques à ce iour la fortune n'a point fauoriſe les Chefz en les faiſans grandz, de ſorte que n'eſtans oyſifz & nonchallans ilz ayent domté la fierté du cœur des ennemyz, leſquels quelque fois n'ayans pas moins de brauerië & opiniaſtreté ont cóbatu & vaincu. Comme donques vn Chef barbare, cruel, ſauuage, braue & épouuentable ſeſcriaſt aux Romains eſtans en bataille: qui eſtes vous? on luy reſpódit d'vne voix: Les Romains ſeigneurs des nations. Alors les ſerez vous (dit il) ſi vous vainquez. M. Craſſus tournant cela à bon heur, aſſaut les Barbares, & leur abbatit fort leur brauerië, les combatant rudement, là ou Chonidie Centenier n'étonna pas peu les Barbares aſſez en Barbare, d'vne folie toutesfois ayant efficace enuers les hommes de meſmes: lequel portant vn peu de feu au deſſus de ſa ſallade abbatoit les ennemys épandât comme d'vne teſte ardante la flambe allumée du mouuement du corps.

Comme Pyrrhus euſt vaincu les Romains en bataille, & euſt veu toutes leurs playes eſtre à la poiētrine, & à tous l'épée au poing, & leurs faces encores fieres, & par maniere de dire le courroux en leur mort, comme ſilz eſtoient vifz, il dreſſa (comme lon dit) les mains au ciel diſant ainſi: O comme il m'eſtoit aiſé de conquerir l'Empire de tout le monde, ayant ſoldas Romains, ou bien moy eſtant Roy des Romains. Parquoy comme il euſt attaché vn tiltre au temple de Iupiter le Tarentin il eſcriuit ces parolles: I'ay tresbon pere de l'Olympe vaincu en bataille ceux qui au parauant ne le furent onques auſſi l'ay ie eſté par eux. Et comme ſes compagnons & amys l'interrogaſſent pourquoy il ſe diſoit vaincu, ayant vaincu, on dit qu'il reſpondit: Si ie fai encores vne telle victoire, ie retourneray ſeul à la Valonne, & ſans ſoldat. Ceſt autre cas auſſi contre Annibal eſt émerueillable à la bataille des Cannes: car comme vn ſoldat Romain fuſt tellement bleſſé, qu'il ne ſe pouuoit ayder des mains, & qu'vn certain Numide le vouluſt dépouiler eſtant par terre, il l'embraſſa par le chinon du col, & le tint iuſques à ce qu'il luy tronçonna des dents le nez & les oreilles. Eleazar a vn grand té- moignage de gloyre: car comme il vit le plus grand des elephans armé à la Royale, penſant que le Roy y fuſt, il marche droit à luy, le faiſant pour la conſeruation de ſon peuple, & pour ſacquerir vne gloire eternelle, & paſſe d'vn grand courage au trauers du bataillon tuant à dextre, & à ſeneſtre. Et comme les ennemys ſe retiraſſent ça & la: il approche l'Elephant & ſe iettant ſoubz luy, il le tuë, la cheute duquel le fit mourir enſepulturé ſoubz ſon triumphe. Les ennemyz émerueillez d'vn ſi grand ſpectacle de vertu, & ne ſoſans ietter ſur luy nud & occupé furent ſi épouantez de la cheute de la beſte, qu'ils ſeſtimerent inegauz à la vertu d'vn ſeul. † finalement Antiochus fils de Lyſias eſtant effrayé de ceſte vertu demanda paix, accom-

Ex Mach. li.1.cap.6.

†La ſaiēte eſcriture & Ioſephe ſont d'autre auis.

pagné de fix vingts mille hommes de guerre & trente deux Elephans. Par
ce moien Eleazar laiſſa la paix heritiere de ſa vertu, & aquit vne eternelle
renommée. Comme Annibal euſt force les priſonniers Romains de combatre entre eux, & que par fortune il en euſt liure vn à vn Elephant auec vn
accord d'eſtre deliuré ſ'il le tuoit : ce ſeul Romain l'aſſaillant d'vne grande
induſtrië, le tua au grand regret des Carthaginois. Parquoy Annibal entendant que le bruit de ce combat pourroit cauſer vn dépris, enuoya gens
de cheual pour le tuër ſur ſa retraitte. Et combien qu'au témoignage de
Tite Liue i'entende & ſoye certain que les Gaulois emportent la gloire de
la guerre ſur tous les ſoldats des nations Aſiatiques, & que ie ſache ſuyuant
les parolles de Saluſte, que la guerre a eſté menée à peu de gens contre des
puiſſans Roys, & qu'ils ayent ſouuentesfois ſouffert la violence de fortune,
& que les Grecz ſont plus eloquens que les Romains, & les Gauloys plus
auantages du renom de la gloire, nous auons toutesfois preſques plus eu de
triumphes des Gaulois que du rond de la terre, faiſans non ſeulement l'experience de legions à legions, mais auſſi de la hardieſſe & proueſſe d'homme à homme. Car M. Manlius ſeul repouſſa les Gaulois échellans le Capitole à la foule : il ſuyuit les armes à l'âge de ſeize ans. Il a eu trente ſept preſens de ſes Chefz ayant vingt quatre cicatrices. Au demourant M. Valere
& T. Manlius ſeruent d'enſeignement, de combien plus auantageuſe eſtoit
la vertu Romaine que la furié Gauloyſe : veu que Valere tua de côbat d'hôme à homme le Chef des Gaulois d'vne ſtature grande & haute, tournoyât
de ſa main vn dard brauement, & qui par dédain & fierte iettant ſon regard
par tout preſentoit le combat ſ'aucun de l'armée Romaine l'oſoit entreprédre auec luy. Comme auſſi vne autre Gaulois nud hors l'écu, & deux épées
paré d'vne chaine & braſſellets ou écuſſon, & qui au demourant eſtoit
auantagé par ſus tous les autres de force, grandeur, ieuneſſe, & hardieſſe,
ſe ſcriaſt à haute voix, que ſ'il y auoit aucun qui vouluſt entrer au combat
auec luy, qu'il ſe iettaſt aux champs. Et comme perſonne n'oſaſt à cauſe de
la grandeur & fierté de l'homme, & qu'il commençaſt à ſe mocquer de l'aſſiſtence, & en ouurant la bouche tirer la langue aux Romains. T. Manlius
noble, d'ancienne race ſe ietta à la campagne, fâché qu'vne ſi grande mechanceté auint à la cité, que d'vne ſi grande armée perſonne ne ſ'auançaſt :
ny n'a ſouffert que la gloire de la proueſſe Romaine fuſt tranſferée par ce
Gaulois au ſiens. A ceſte cauſe donques ſe confiant plus à ſa hardieſſe qu'à ſa
ruſe, il entre en combat rude & cruel, à la veuë des deux armées combatant
iuſques à ce qu'il defit & trécha la teſte au Gauloys, puis luy oſta la chaine.
Son fils auſſi tua pendant la guerre contre les Latins ſon ennemy l'appellant au côbat. Il ne faut pas auſſi laiſſer en derriére la force double du corps
& du cœur de Q. Coccius ſoldat Romain, lequel ſe gaigna le ſurnom
d'Achilles pour le renom de ſa vertu. Car comme il fuſt appellé au combat
de deux Biſcains qui ſont vne nation bien combatant, il en aſſaillit, tua, &
deſarma l'vn eſtant homme de cheual armé & equippé pour le combat,

voltant

voltant & tournoyât tout le camp, auec parolles braues & outrageufes, côme certain de la victoire future. Au regard de l'autre, qui en noblefle, & har-
diefle furpaffoit tous les autres Bifcains, il ne le força pas feulement de reculer, mais auffi d'auantage de luy rendre les armes & fa dépouille, à la veuë
des deux armées. La prouefle auffi de Volcace fe montra digne de renom es
combatz de Cefar, lequel auec trois cohortes rompit & repouffa la legion
Pompeiane. Vne cohorte auffi de Cefar ayant la garde d'vn chafteau apres
auoir longuement fouftenu l'effort de quatre legions de Pôpée fouffrit vne
fi grâde pluye de fleches que pas vn deux n'efchappa fans playe, auec ce que
quatre Centeniers perdirêt les yeux. Et comme ilz vouluffent monftrer témoignage de leur trauail & peril, ils r'aporterent à Cefar que trête mille fleches auoient efté tirées dedans leur fort. Il fe trouua auffi en la legion de Ciceron lieutenant de Cefar deux Centeniers en perpetuelle querelle, lequel
d'eux deuoit eftre preferé à l'autre: defquels l'vn f'appelloit Pulfie, & l'autre
Varrene. Auint que le câmp fut affailly, alors Pulfie f'efcrie: Qu'as tu à douter Varrene? ce iour iugera de noz querelles. Sur fes parolles il fe iette hors
le rempart, là ou eftoit la plus grande foule des ennemys. Varrene le fuyt de
bien pres. Pulfie tuant l'vn des ennemys d'vn iauelot eft affailly de toutes
pars, fon écu, & fa ceinêture font faucez de forte qu'il ne peut déguaigner.
Son ennemy Varrene y arriue, & le defend des ennemys. Et comme ils f'a-
dreffaffent à luy, il fe trouua bien empefché apres en auoir tué vn, auquel
ainfi enueloppé Pulfie vient au fecours, tellement qu'apres auoir fait grand
meurtre ilz fe retirent au camp fains & fauues.

Ex iii. de-
bello ciui-
li.

Cefar auffi a eu Sceua foldat de grande prouefle, lequel bleffé à la tefte,
épaule, & cuiffe auec vn œil creué, & fon écu faulcé de fix vingtz coups de
dars, à la bataille donnée aupres de Durazo, appelloit les ennemys comme
fe voulant rendre. Auquel venans iufques au nombre de deux, il abbat à
l'vn l'épaule, & fit fuïr l'autre l'ayant frappé à la bouche. Au regard de ceftui cy il y a diuerfe opinion: Aucuns dient que Cefar luy donna de grands
prefens de deniers, & de grands honneurs émeu de la vertu de luy, ayant fi
bien feruy luy, & la Republique, par laquelle feule prefque la garde de la
porte du fort, d'ont il auoit la charge auoit efté conferuée. Selon les autres
ce mefme Sceua à l'abfence du Chef, fes compagnons auffi tournans vifaige fit tefte à toute l'armée de Pompée: & apres auoir fon écu perce de
fix vingts coups de dars, il fut emporté par les fiens & mourut delaiffant la garde qu'il auoit du fort, apres auoir fait des prouefles merueilleufes
& incroyables. Lequel eftendu mort fembloit terrible & redoutable ayant
fait des combats excellens en la Gaule, & Angleterre toufiours victorieux,
& finalement defait par les fiens. L. Siccius Dentatus Tribun de la commune f'eftant trouué en fix vingts côbats, d'ont il a efté vainqueur de huiê
d'homme à homme, à la veuë des deux armées a receu par deuant quarante cinq playes, & pas vne en derriere, & auec trente quatre dépouilles des ennemys: ayant auffi fauué & retire, comme lon dit, de la mort qua-

torze bourgeoiz: & apres auoir efté foubz la charge de cétz dix Chefz d'ar
mées, qui par fon moyé auoiét efté victorieux, il eut la gloire d'auoir eu en
don des hátes de pointons, bardes, chaînes, bourgeoifes couróes d'or, &
muralles, vne pour la garde d'vne ville, auec plufieurs écuffons, & carquoyz
Depuis ceftui cy M. Sergius a en fa premiere & feconde guerre receu fur le
deuant du corps vingt & trois playes, perdant en la fecóde la main dextre,
parquoy depuis il fen fit vne de fer. Et cóme l'vne & l'autre fuffent prefque
inutiles pour le combat, il a cóbatu & vaincu quatre fois pour vn iour de la

† Ex Pli.
li. 7 ea. 28
Adde dex
teram fibi
fecit fer-
ream eaq;
&c.

feneftre, perdát deux cheuaux foubz luy.* Il fe fit vne deftre de fer, laquelle ayant liée, il a combatu & leué le fiege de deuant Cremone, & a defendu
Plaifance. Il a prins douze fors en la Gaule. Il à efté prins deux fois par Annibal fuyant deux fois fes prifons: combien que durant fa captiuité, il n'ait
iamais efté vn momét fans fer & chaines. Or a-il eu dons militaires en toutes les plus rudes guerres que pour lors les Romains ont eu. Il à r'apporté des
coronnes bourgeoyfes du lac de Perouze, de la Trebe, & du Tefin, & a feul
receu coronne de la bataille aux Cannes, de laquelle feftre fauué a efté vne
euure d'excellente vertu.   Cóme au temps du Confulat de Flaminius Annibal l'éguillonnaft à la bataille par le degaft des païs circóuoifins, l'ardeur
de combatre fut fi grand d'vn cofté & d'autre, que les combatás ne f'apper-
ceurent point d'vn merueilleux tremblemét de terre, qui pour lors fut affez
vehement pour abbatre villes, tranfporter montaignes, & rebroucer riuie-

Emendaui
ex Pli. lib.
11.ca.37.

res.   On dit qu'Ariftomenes Meffenien a tué quatre céts Lacedemoniés, &
que prins il feft fauué par les carrieres fuyuant les coulées des renars: lequel
de rechef prins, & eftans les gardes endormies feft roulé iufques au feu, &
a bruflé les liens auec fon corps. Finalement les Lacedemoniens l'ayans
prins pour la tierce fois l'ouurirent, & luy trouuerent le cœur pellu.
· Comme les gens de Cefar fe fuffent trouuez en vn certain lieu mareca-
geux, auquel aufsi arriuerent les ennemys en vn merueilleux nóbre, & que
là fe fift le combat à la veüe de Cefar, vn certain foldat des fiens appellé Seuola, fe ietta au milieu d'eux faifant beaucoup de prouefses, & feul f'arreftát
court, il receut vne infinië multitude de dars tirant aux ennemyz vn nóbre
de dars fuffifant pour cinq foldas à combatre tout vn iour , & en mettant
la main à l'épée il repouffe d'vn combat incroyable les plus hardis des ennemys y arriuans à la foule: finalement eftant frappé d'vn iauelor, & d'vn
coup de pierre, il a r'amené les fiés fains & fauues apres auoir dóné la chaffe
aux ennemys. Au regard de luy eftant échappé d'eux tous, il fe ietta mal enuis dedás le mares limoneux, lequel partië en nageant. partie cheminát il a
à peine trauerfé chargé de deux cuiraffes, & ayant fait perte de fon écu.
Et comme Cefar fémerueillaft le receuant à grand ioye, & cry a fon armée,
il fe ietta trifte au pied de Cefar luy requerant pardon de la perte de fon
écu . Et lors luy fut donnée la charge de Centenier.   La gloire du foldat
Cynegyre d'Athenes a efté en grand renom par les hiftoires, car outre les
grandes tueries faictes es batailles, comme il euft donné la chaffe aux ennemys

myz iufques à leurs nauz, il en arreſta l'vne chargée de la main dextre, ny
ne l'abandonna iuſquesà ce que la main luy fut coupée Apres laquelle abbatuë il accroche le nauire à la feneſtre, apres laquelle auſsi perduë il a finalement prins au dens le nauire, & fut ſa vertu, comme lon dit, que ſans
ſe faſcher de tant de playes, ne vaincu pour la perte de ſes deux mains, que
comme vne beſte ſauuage, & enragée,il n'ait finalement côbatu des dents.
On dit que M.Attille a eſté d'vne meſme côſtance à la pourſuite des ennemys, non pas qu'il fuſt ſoldat des Marſelliens comme le dit Lucain,trop
bien de Ceſar,ainſi que les autres le dient, meſmes autheurs bien renom-
mez.Car comme en vne bataille ſur mer pres de Marſelles , il euſt ietté la
main dextre ſur la poppe du nauire ennemy , & qu'elle fuſt coupée par les
Marſelliens, il ſe iette dans le nauire l'arreſtant ſi longuement de la main
ſeneſtre iuſquesà ce qu'eſtonnant les ennemyz de chare fiere, & les tuant il
le conquit, & mit à fond apres eſtre conquis. En quoy il a autant fait que
Cynegyre que la Grece tant pleine de langage a éleué iuſques au ciel.

COMPARAISON DE LA GLOIRE
auec le parragon & excellence des Chefz. Chapitre.XIIII.

D'Oreſenauät nous aiouſterons aux choſes ſuſdiĉtes quelz hómes
ont eſté les plus nobles & ont de leur pouuoir vuydé de grandz
affaires,à celle fin que l'honneur ſoit rendu aux deſirans la gloire
& aſpirans à grandes choſes. Mais pourautant qu'en c'eſte maniere de grandes choſes on a de couſtume de prendre egard à l'experience
de la guerre,à la vertu,à l'entendement,& à la façon de viure,aux forces, &
à la fortune:quelques Chefz & Roys du temps paſſé tant de nations eſtranges que des noſtres ſemblent fort de prime face eſtre en ces choſes d'vne
comparaiſon mutuelle entre eux ſemblables.Par ce moyen eſtans aſſeurez
de l'auis des anciens, nous ne ſommes pas ignorãs que Theſée a coutumierement eſté comparé à Romule:Camille,à Brute:& à Brute, Dion: Lycurge,à Nume:à Marcel,Pelopis:Pericles,à Fabin:à Q.auſsi Fabius Maximus
Iaſon le Pherée:Themizó,à Temiſtocle:à Aſtride,Eumene:Luculle au Sertorin & à Symon : combien que de ce Luculle ie treuue ces choſes eſcrites
par Eſchilus:Quel homme luy comparerons nous au meſtier de la guerre?
Quel luy baillerons nous en teſte?qui a iamais eſté ſon ſemblable? veu qu'il
ſoit certain qu'Anthiochus le philoſophe graue a eſcrit que Luculle a eu
la plus grande viĉtoyre de ſes ennemys,quele ſoleil ait iamais decouuert.Il
eſt tout manifeſte que Phocion a eſté Chef d'armée par quarante cinq foiz
ſans iamais ſeſtre trouué aux eleĉtions,eſtant toũſiours éleu & appellé en
ſon abſence.Par là donques peut on facilement conieĉturer quant grand
Chef il a eſté.Il ſemble que nature a experimenté,ce qu'elle auoit de forces
en Alcibiades hóme d'vn vif entédemĉt,de grand conſeil,d'vne eloquence ſinguliere,d'vne belle taille,de grand pouuoir,d'vne excellence de vertu

L l. i.

& nobleffe, & d'vne fupreme puiffance & gloire en l'art militaire. Il eft de
vray manifefte à tous ceux qui ont efcrit de luy, qu'il ne fut onques chofe
fi excellente que ce capitaine, veu qu'en luy toutes les commoditez de l'a-
me & du corps, & de fortune femblent entre elles debatre de la preexcellence. Si on veult pefer la vertu du Thrafibule à par foy, fans l'heur de la
fortune, ie fuis en doute fi ie le doi point preferer à tous. Celá tien ie bien
pour certain que nul en foy, conftáce, grandeur de cœur, & en affeétion au
païs deura eftre preferé à luy. Car en ce que plufieurs ont voulu, & qui eft
auenu à peu d'hommes de deliurer le pais d'vn Tyran, il eft auenu à c'eftui
cy de le remettre de feruitude à liberté eftant foulé de trente Tyrans. Iphi-
crates n'a pas tant efté renommé ne mis au nombre des excellens Capitaines pour les grandz faiétz & proueffes de guerre, que pour l'intelligence de
l'art militaire. Il a efté de vray tel Capitaine qu'il n'a pas feulement efté digne d'eftre accomparé aux Chefz de fon temps, mais au quel d'auátage nul
des anciens doit eftre preferé: car il a efté fouuent éleu Chef & Capitaine
fans iamais perdre bataille par fa faute, eftát d'vn confeil inuincible, auquel
il a efté fi excellent, que comme il ait inuenté beaucoup de chofes en l'art
militaire, il a aufsi rendu meilleures beaucoup de chofes ia inuentées. Ly-
fandre Lacedemonien a laiffé aux prefens & futurs vn grand renom de Ca
pitaine & Chef, acquis touteffois beaucoup plus par fortune que par vertu. Thymoleó de Corinthe doit fans doute icy au iugemét de tous eftre receu pour grand, car à luy feul eft auenu (ie ne fay fi a autre) de deliurer fon
païs foulé par vn Tyran & d'ofter à Sarrragoufe vne inueterée feruitude, &
de remettre à fon arriuée la Sicile en fon premier eftat eftant tormétée lóg
téps de guerre par les Barbares. Et cóme il fuft túbé en vne groffe aduerfité,
il a (ce qu'on eftime bien difficille) porté plus fagement la bonne fortune
que la mauuaife. Le roy Argelin, & Mezence dedaignans les Dieux cóme qui ne demandoit pas feulement les honneurs deuz aux hommes, mais
aufsi aux dieux, f'offre par vn temoignage d'vn excellent autheur en ce par-
ragonnage des Capitaines de renom, & non fans propos, car fi nous con-
fentons à Ouide:

”   *Or notable & hardy fut en armes Mezence,*

”   *A cheual, ou á pied fur tous euft l'excellence.*

Nous lifons que Cyrus a efté fort renommé par les louéges des Grecz d'autant qu'eftant allé cercher la guerre, il a reduit l'Egipte à fon obeiffáce,
& conquis tous les peuples & nations qui font depuis les limites de la Syrie iufques à la mer rouge. Les proueffes aufsi d'Epaminódas font par plufieurs preferées aux vertus de tous autres. Car il eft certain que les Thebes
auant la naiffance de ce Chef, & apres fon trefpas ont toufiours efté foubz
l'obeiffance d'autruy, & qu'au contraire il ne fe trouuera homme qui niê
que les Thebains n'ayent efté le Chef de toute la Grece, tant qu'il a eu le
gouuernement de la Republique. Parquoy on peut bien entendre que ce
feul Chef valloit mieux que toute fa cité tant noble, veu mefmement que

les

les Thebeins outre leur feruitude ont aprés ſa mort fait vñe ſi grande perte
qu'ilz ne ſembloient pas ſeulement auoir perdu leur Chef & conſeruation,
mais auſſi eſtre lors tous entierement perduz auec luy. Et combié que par
la poëſie de Homere, ce côbat mutuel d'Achilles & de Hector pour le ſang
& la vie ſoit manifeſte & notoire, qu'ilz appellent (monomachie) combat
dh'omme à homme, & que Hector ait eu par ſur tous autres ceſte vertu qui
nous ſurpaſſe, heroique & diuine, d'ont il ne ſemble pas eſtre filz d'hômme
mais de dieu:toutesfois Achilles qui a vaincu Hector doit par raiſon ſembler plus grand, tant en forces qu'en cœur, qu'en diuinité, & qu'en louenge
de proueſſes:veu que c'eſt vn los paternel, & nó pas heroique, lequel tu trou
ueras ainſi eſcrit en vn tableau d'or:Si d'Achilles tu quiers le cœur, guerres,
& force. Plus que de Hector eſtoit grande ſon excellence. Tu verras auſſi
au temoignage de Dares de Troye, hiſtoriographe Troyen qu'Achilles a
eſté de plus grãde force & vertu que Hector. Homere d'auantage le dit de-
ſcêdu de Iuppiter, & filz de Thetys, auſſi font tous les autres poëtes ſans có-
tredict:leſquelz dient les hómes d'vne excellente façon de vie, & vertu, non
ſeulement eſtre de la race des dieux, mais d'auantage eſtre faictz dieux. Et ſi
par le meſme Homere Neſtor eſt loué iuſques au ciel en ſens & bóne grace,
que le nom rende louables entre les leurs, les Atrides, & les Aiaces emeuz
de furië, & Vlixes cauteleux, & ruſé, & que la Maratone donne los à Milciades, les Termopyles à Themiſtocles, & que Homere & Maro facent le
ſemblable, non ſeulement aux Chefz Barbares, mais auſſi au Grecz & Latins en leur eſtabliſſant vn Roy, d'ont il n'en fut onques vn autre plus iuſte,
ne meilleur aux parens, ne plus grand à la guerre. Si finalemét tout ce qu'on
trouue louable des autres nations eſtoit mis en vn, tout ceſſera au pris des
Romains & de la nation à longz manteaux. Et pourtant ilz ſ'en treuuent
qui ſont d'auis que Brennus doit à bon droict eſtre loué en grandeur de
cœur, & gloire de proueſſes, d'autant qu'eſtant accompagné de Gauloys Se
nonoyz, il a prins Rome capitale du monde par force, & qu'il a aſſailly les
Romains comme gés ſans reſiſtance, & les a de ſorte defait, qu'on faudroit
bien a reciter vne ſemblale defaicte de la force Romaine, encores que Rome d'auãtage n'euſt point eſté bruſlée:mais auſſi ont ilz eſté tout ainſi vaincuz qu'ilz ont vaincu & du tout exterminez par le Chef Dolobella, de ſorte qu'il neſt reſté aucun de ceſte natió là qui ſe glorifiaſt auoir mis le feu dãs
Rome. Les geſtes de Hannibal ne ſont pas petitz, ne des derniers, car il fut
fait Capitaine general ayant moins de vingt & cinq ans, & a es troys premiers ans mis à ſon obeiſſance l'Eſpagne Martiale, & noble en gés de guerre, & vraye pepiniere d'armées. Il a auſſi prins par force Sagonthe ville treſ-
forte amië & confederée des Romains, & la raſée. Il a dreſſé troys groſſes
armées, d'ont l'vne demoura en Eſpagne auec ſon frere Haſdrubal, l'autre
fut enuoyée en Aphrique, menant la troiſieſme en Italie, auec laquelle il
a paſſé les mons & bocages Pyrenez, renuerſant comme foudre toutes re-
ſiſtãces, & ſeſt haſté d'aller bruſler & ruiner l'Italie, ſans dreſſer ſon chemin

(marginalia:)
Lego ma-
ior pro mi
nor.

Duxi le-
gêdũ char
ta, pro ca-
pra.

qu'à feu & à fang.Et comme il fuſt arriué aux Alpes qui ſeparent la Gaule
de l'Italie,& qu'onques autre auant luy n'auoit paſſé,excepté Hercules le
Grec,& que les Gaulois montagnars s'efforçaſſent le garder de paſſer:les
ayant finalement repouſſé à force d'armes,il a ſi bien dreſſé le chemin ſur
ces montaignes rudes,inacceſſibles,& mal aiſées pour les froidures,en caſ-
ſant les roches à feu,& à pic,que les Elephans y pouuoient cheminer auec
leurs charges:combien qu'au parauant à peine y pouuoit grimper vn homme ſans armes:qui eſt vn cas d'ont il ne ſeſt pas procuré petite admiration
de vertu,ne peu de foy d'immortalité.Par là donques paſſant ſon armée il
entra en Italie,& a combatu au pres du Theſin auec P. Corneille Scipion,
auquel bleſſé il donna la chaſſe & le ſauua vn ſien ieune fils. Il a auſſi defait aupres de la Trebie Tybere le long (comme dit Probus) collegal de
ceſt autre Scipion, ou bien Sempronius ſelon Tite liue,auec vne grande
defaicte de Romains.Il a de rechef combatu auec luy au pres de Plaiſance,
là ou le combat fut egal,& la retraicte auec égale perte,combien que celle
des Romains fuſt plus grande non pas en nombre de gens,ainſi que recite
Tite Liue, d'autant qu'aucuns de l'ordre des cheualiers auec auſſi des Tribuns militaires,& Capitaines y furent tuez.Hannibal glorieux de tant d'a-
uantures bonnes & plaiſantes prend grande confiance,& eſpere bien de
ſon entreprinſe,& depuis paſſant l'Appennin par le pays des Geneuois,il
tire à la Tuſcane:auquel voyage il fut ſi malade des yeux,que depuis il ne
ſayda iamais ſi bien de l'œil dextre. Il fut toutesfois porté en litiere pendant qu'il eſtoit ainſi fort malade, & a par vne embuche tué le Gonſul C.
Flaminius, homme d'vn eſprit beaucoup plus bouillant, qu'il n'eſtoit de
beſoing: le ſurprenant auec ſon armée pres le lac de Perouze: Et bien toſt
apres C. Centenius le Preteur tenant les boucages auec vne armée de gens
d'elicte, là ou il mourut en bataille quinze mille Romains tous d'elicte,
comme dit Tite Liue.Les autres ſont d'autre auis,car ie treuue es aucuns le
nombre de vingt mille,& que des ennemys il n'y en demoura que quinze
cents.Voyci vne autre peſte de la Republique Romaine. Car comme partant de là il fuſt arriué aux Cannes,& que les deux Conſuls Claude Terence,& Varron auec Paule Emille ſe fuſſent preſenté deuant luy,Varro autheur temeraire de la bataille fit premierement vne fuyte infame,à laquelle
ne luy firent compagnie point plus de cinquante cheuaux.L'autre Conſul
homme de bon ſens mourut au lict d'hóneur,& auec luy deux Queſteurs,
dixneuf Tribuns de gens de guerre,quelques Conſulaires Preteurs,& Ediles,& au ſurplus quatre vingt Senateurs.Au regard du nombre du reſte des
tuez,on en a parlé diuerſemēt,d'autāt qu'il eſt certain qu'il y demoura qua-
rāte mille hómes de pied,& deux mille ſept cents cheuaux.Aucūs affermēt
que ceux là n'eſtoient que legionaires de pied & de cheual,& que le nombre des autres bourgeois & alliez eſtoit auſſi grãd. Et cóme quelques iours
apres il retournaſt à Capouë, qui luy fut, comme il eſt commun, † de plus
grand dommage que ne furent les Cannes aux Romains, Q. Fabius Maximus

† Ex Ti-
to Liuio ,
lege,quàm
maioris cla
dis quàm
Romanis
Cannas.

mus luy fit teste en la contrée de Falerne, là ou Hannibal estant enclos en
des detroictz se sauua la nuict sans aucune perte de son armée. Il amusa de
vray Fabius, quoy qu'il fust vn Capitaine bien rusé : car comme la nuict
fust obscure, il mit le feu au sarment lié aux cornes des aumailles, & en
ietta vn grand nombre aux champs. Pour la soudaine veuë desquels, la
peur fut si grande dans l'armée des Romains, qu'homme n'osoit sortir du
fort. Quelque peu de temps apres il donna la chasse à M. Minuce Russe
Connestable, & Dictateur, l'ayant de ruse attrait à la bataille. T. Sempronius Gracchus Consul pour la seconde fois, a esté tué es pays Lucanins par
surprinse à l'absence de Hannibal. Il a aussi de mesme sorte tué M. Claude
Marcel Consul pour la cinqiesme fois au pres de Venusie. Et comme finalement il fust approché les portes de Rome pour assez tard leuer le siege des Romains qui pressoient Copouë asseant son camp à trois mille de
Rome, au pres de la riuiere d'Aniene, il ietta seul dedans les murs vn pointon. Et comme les Consuls indignez que cela luy fust loysible fussent
sortis, & que d'vn costé & d'autre on se preparoit à la bataille, vne gresle
soudaine auec vn tonnerre venant du plus haut de la montaigne du Capitole auec vn orage de vent contre la face des ennemyz, donna empeschement. Ce que comme fust auenu à deux essays, on dit que Hannibal éperdu du miracle dit, que l'entendement et la fortune luy defail-
loient pour prendre Rome : combien qu'au parauant ayant longuement
couru l'Italie, personne ne luy auoit resisté en bataille, ny apres la defaicte
des Cannes tenu la campagne. Apres ces prouesses faictes au degast de l'I-
talie, Scipion qui premier fut dict l'Aphricain vengeant les miseres de son
pays par celles de l'Aphrique a eu le pouuoir de le retirer de l'Italie, & d'attraire à la guerre, & vaincre si hardy ennemy, mesmes celuy qui auoit
chassé son pere pres le Tesin. A laquelle guerre pour par apres mieux côbatre estans prestz a la bataille, il parlamenta pour la paix. Et comme ils ne
peussent accorder des côditions, les trôpettes sonnerent, la bataille se donne qui fut la derniere : en laquelle on n'eust sceu dresser meilleur ordonnance, ne combatre de plus grand effort, comme le vaincu le confesse du
vainqueur, & le vainqueur du vaincu, estant l'vn & l'autre de grand iugement en telles choses : à laquelle Hannibal fut vaincu & si abbatu qu'onques puys il ne se remit sus : tellement que l'Aphrique fut à Scipion le pris
de sa victoire. Quel donques de ces deux Capitaines deura estre preferé?
lesquelz, comme dit Tite Liue, ont esté les plus grands non seulement de
leur temps, mais aussi de tout iamais egaux à tous Roys & Capitaines de
toutes nations, ou bien comme dit Florus, de tous Chefz qui au par- Lego ge-
auant & depuis ont esté les plus renommez, hors les malsacres qu'a fait neris pro
Scipion esteignant & perdant la plus grande partie du genre humain, sceleris.
comme il le témoigne de soy dedans Ennius.

Ll. iiij.

» *Si la deffaicte d'hommes au ciel les hommes porte,*
» *A moy seul est du ciel ouuerte la grand porte.*

Ce seul dict suffira pour l'intelligence de la grandeur de ce Capitaine. Or s'il est vray ce en quoy personne ne doute que le peuple Romain prend comme sienne l'excellence au faict de la guerre par sus les autres, & qu'il soit notoire que Hannibal la peut vaincre, il semble consequemment que de tant plus Scipion a non seulement surpassé cestuy cy, mais aussi tous Capitaines de tant que le peuple Romain, & Hannibal de Carthage sont plus excellens en gloire de prouesses: ce que mesmes Hannibal si grand ennemy ne nië pas. Car comme en Ephese lá ou ils s'estoient trouué, l'vn pour son refuge estant vaincu, & l'autre tenu à Antiochus ambassade des Romains, Hannibal eut le premier prins le plus honorable lieu en se proumenant, & que l'Aphricain le souffrit si patiemment, que leur proumenement fust sans debat, & que le propos se fust subsequémment dressé entre eux touchant l'excellence des Capitaines, & que Scipion luy eust demandé quel Capitaine luy sembloit le plus gräd de tous ceux qui ont esté, & qui iusques à ce iour estoiët encores en vie: lors Hannibal afferma Alexädre fils de Philippe, & Roy des Macedoniens auoir esté le premier. Et comme Scipion le requist de dire le secód, il mit en suyte Pyrrhus Roy des Epirotes, rendât raison autant de l'vn que de l'autre. Et comme finalement il s'enquist du tiers, se suis ie sans point de doute. Lors l'Aphriquain luy dit en riant: Combien t'estimerois tu Hannibal, & de quel lieu digne, si cóme moy tu eusses vaincu. A lors il dit: Ie me fusse preferé aux Capitaines non seulement du temps present, mais aussi de tout le temps passé de tous peuples & nations. Par laquelle reponse il est certain que Hannibal cófessoit Scipion inestimable, & qu'on doit preferer à tous Chefz & Capitaines. Comme aussi le propos se dressast du plus excellët des Empereurs, Seuerus septimus Empereur de renom prefera par vn mesme moyen, Auguste, Vespasian, Tite, Traian, Pie, & Maximus, disant les autres effeminez, & veneneuz, & a merueilleusemét aymé entre les Histoires celle de Hannibal, de Marius, Camillus, & Q. Marius Coriolanus, & les a estimé dignes de gräde louëge & lieu. Mais cóme on luy requist son auis touchât les deux Aphricains, on dit qu'il répondit, qu'ils furent plus heureux que vaillans, ce que témoigne leur vie priuée, & leur ieunesse qui ne fut ne de l'vn ne de l'autre gueres de bonne grace en leur priué. Il est tout notoire que Scipion Nasique n'a pas acquis moins de los & gloire en son repos & paix, par les ancestres qu'ont fait les deux Scipions par leurs guerres & armes. On dit que comme à vne demande qu'on fit à Antigone quel Chef luy sembloit plus excellent de tous, il répondit: Pyrrhus, comme le plus mettable Capitaine de son temps s'il auiellissoit. Mais combien qu'il le prefere seulement à ceux de son temps, le renom toutesfois est assez certain entre tous les autheurs au témoignage de Iustin que nul Roy de son temps ne du passé à deu estre comparé à Pyrrhus, ny n'a esté gueres veu non seulement entre les Roys, mais aus-

ſi entre les hommes de grand renóm homme d'vne vie plus ſaincte , ne
de meilleure iuſtice. Au demourant le ſauoir de l'art militaire a eſté ſi grand
en luy, combien qu'il ait mené la guerre auec Lyſimache, Demetrie, & Antigone Roys ſi puiſſans, il a eſté touſiours inuincible, ny n'a iamais eſté le
plus foible es guerres de la Sclauonie, Sicile, Romaine, ne Carthaginoiſe,
eſtant le plus ſouuent victorieux, & qui par le renom de ſes faictz, & gloyre de ſon nom a rendu ſon pais renommé, eſtant au parauant petit, & inco
gneu . De vray, il eſt ſi certain, qu'il a eſté le plus Martial de tous les Roys,
que cóme les autres hommes ayent de coutume de cóbatre pour la gloyre,
pour l'empire, pour leur cóſeruation, & pour les outrages, il cóbatoit pour
ſon plaiſir, ny ne luy eſtoit point ſi grád de l'Empire que de la guerre. Ioint
qu'il eſtoit bien aprins au meſtier d'elle pour la conduicte d'vne armée, la
mettre en bataille, de bien aſſoir vn camp, gaigner les cœurs des hommes,
qui eſt vne choſe de grand effect, autant en paix qu'en guerre . Au demourant il eſtoit beaucoup meilleur à la guerre , & à victoires qu'il n'eſtoit à
garder les guerdons d'elle. Au regard de ceux qui donnent ceſte gloyre à
Alexandre Roy des Macedoniens, ilz ne le ſemblent pas faire ſans propos,
ne auſſi auec peu de raiſon. Car ce Roy, & Empereur a couru tout le monde auec beaucoup moindre armée qu'il n'eſt croyable , & a defait & aſſub-
iecti infinies nations . Or eſtant declaré Roy des Macedoniens à l'âge de
vingt ans, & ia duict à la guerre apres auoir donné ordre à la Grece; & à la
Sclauonie , & apres eſtre paſſé en Aſie , il defait premierement Darius
grand Roy de Perſe, puys ſoudain apres auoir mis en ſon obeiſſance la Phri
gie, & Paphlagonie , il eſt entré en la Cilicie par les detroictz , & chemins
perilleux, laquelle ſoudain epouuantée fit obeiſſance à ſa victoire. Ce pendant Darius apres auoir fait armée de ſix cents mille hommes de pied , ou
bien de trois cents (comme il ſemble à d'autres) & cent mille cheuaux , &
les auoir mis en ordonnance, fut vaincu en la bataille donnée entre les detroictz de Cilicie, là ou eſtant chaſſé il ſe retira de viteſſe ayát perdu quatre
vingt mille hommes de pied, & dix mille de cheual, & quarante mille priz,
ſon camp pillé auec la prinſe de ſa mere, ſa femme, & de toute ſa famille &
race: qui fut vne victoire glorieuſe à Alexádre, auquel de lá faiſant ſon voya
ge à Damas, les ambaſſades des nations voiſines vindrent ſe rendans eux &
leurs villes, tellement que la Syrie, Phenice, & Sidon auec les iſles maritimes luy obeirent. Au regard de Tyrus prinſe par force, la vertu & la fortune
la luy liurerét. Tenedos aſſiegée quelque temps luy fit obeiſſance, vaincuë
par le moyen d'vne armeé de cent ſoixante vaiſſeaux . La ville de Gaze fut
forcée, & y fut tué dix mille hommes. L'Egipte a fait iou aux armes victo-
rieuſes, auſſi fit Cyrene . Ce domteur de nations tourna ſon chemin au téple de Iupiter Hammon , qui faignoit eſtre ſon pere par païs deſers, & bru-
lez du ſoleil, duquel reuenant il voulut qu'on le creuſt eſtre nay de race diuine, ne ſe contentát pas de ſa condition mortelle: Et depuis ſon retour il e-
difia vne ville, laquelle il appella de ſon nom Alexandrie. Et de la il tourna

ſes forces contre Darius, lequel eſtoit venu auec vne groſſe armée à Arbel-
le bourgade ſans renom, & depuys fort renommé pour la defaicte des Perſes: là ou eſtás les forces & la fortune egales, Alexãdre demoura vainqueur,
d'ont il ſeſt ouuert le chemin d'Orient, tellement que les nations prochaines de la Perſide, & Babyloniens firent ſon vouloir. Et depuis prenant ſon
chemin au Septentrion par voyes inacceſſibles, & mons haults à meruveil-
les, il a defait les Parthes & Hircanins. Il a ſubiugué le mont Caucaſus paſſant au de lá, au trauail de luy & des ſiens, auſſi a il la mer Caſpie, ruïnant
tout. Il a roddé auec ſon armée au tour de la riuiere du Tane, & des Scythes,
ioint qu'il a tenu vne partie de l'Europe ſur les limites de l'Aſie auec la riuiere d'Idaſpe. Il a auſſi vaincu d'vne bataille terrible Pore, le plus grand
Roy de l'Indie, pour luy auoir oſé donner empeſchemẽt: lequel routesfoiz
impatient de ſa defaicte, de ſorte qu'il ne vouloit prendre repas ny remede
á ſes playes comme deſirant mourir, Alexandre ſeſiouïſſant de ceſte grandeur de cœur a receu en amitié & la forcé de regner auec grandz honneurs.
Il y a outreplus pluſieurs autres batailles données auec aucuns Roys & nations eſtranges, le long des contrées ſpacieuſes des Indes toutes renómées
pour leurs victoyres, tant par le temoignage des Grecz, fauoriſans à la gloire des Parthes au dépris de celle des Romains, ou bien par celuy de quelques Gauloyz volages, que l'enuie & hayne contre les Romains a touſiours
pouſſé, & non pas vne affection, ne la foy de la verité, ne finalement quelque amour enuers Alexandre: tellement qu'on a ſemé qu'il auoit tournoyé
& ſeigneurié tout le monde. Laquelle opinion il faut retrancher pour autant qu'aucuns en ont la fantaſie, & de tant plus que quelques hiſtoriographes mettables ſemblent eſtre de ceſt auis. Premierement donques ie tou-
cheray entre autre ce dict d'Anneus Seneca, touchant Alexandre ayant cóme ie penſe oublié, quoy qu'il fuſt d'vne excellente memoyre vn autre paſ-
,, ſage & dict de ſes geſtes: Vne furié, dict il, pouſſoit ce malheureux de ruiner
,, l'autruy, & l'enuoyoit es côtrées incogneuës. Eſtimes tu celuy eſtre de bon
,, ſens qui d'entrée commence a ruiner la Grece, en laquelle il a eſté premie-
,, rement inſtruict? qui rauit ce qu'vn autre a de meilleur? Il a reduit Lacede-
,, mon en ſeruitude, mis en dépris les Athenes, & non content de la ruïne de
,, tant de citez que Philippe auoit vaincu ou defait, il les épart çá & lá, & me-
,, ne la guerre par tout le monde. Ny ne ſarreſte nulle part ceſte cruauté pour
,, ſa laſſeté à la façon des cruelles beſtes ſauuages, qui tuẽt plus que ne requiert
,, leur faim. Or a-il ia mis en vn pluſieurs Royaumes. Ia le craignẽt les Grecz
,, & les Perſes. Ia auſi ſont ſoubz ſon iou, les nations miſes hors la puiſſance
,, de Darius, & eſt toutefois en indignation que la victoire ſincline du trac
,, de Hercules & de Liber au delá de l'Occean & du ſoleil. Il veult forcer la
,, nature. Il ne veult point marcher, auſſi ne peut il ſarreſter, tout ainſi que
,, les choſes peſantes iettées contre bas, aux quelles la fin de leur mouuemẽt
,, eſt d'eſtre à repos. Ie m'eſmerueille touteſſois comme vn ſi grãd perſonna-
ge ait tenu ce propos: auſſi ne fay ie pas moins de ceſt autre de Iuſtin diſant

„ Il n'eſt pas certain ſi c'eſt choſe plus admirable d'auoir vaincu tout le rond
„ de la terre, que de l'auoir oſé entreprendre. Et combien que ces choſes ſoiét
manifeſtes, ce propos toutesfois contenu en la cité de Dieu, ne le doit pas
eſtre moins. Quoy que ceſtui cy (dit Sainct) Auguſtin ou Trogus ait eſcrit
auec auſsi gráde foy des geſtes qu'on voudra (i'ay aiouſte Seneca que nous
auons dit) les hiſtoires toutesfois plus dignes de foy les montrent auoir
menty. Veu qu'il n'eſt iamais allé en perſonne, ne lieutenant pour luy, &
encores moins vaincu Rome, qui ia commençoit a florir, ou bien aucune
liſiere de l'Italie, ne auſſi la Germanie, ne l'Angleterre, ne l'Eſpagne, ne la
Gaule, ne l'Aphrique. Qu'a-il dóques fait? Il a tiré à l'Orient, & l'a ſubiugué
vaincant comme le témoigne ſon oncle Alexádre Roy de l'Epire vne partie du monde la plus aiſée à vaincre: ce que ſouuét autre part le meſme autheur repete: & a fin que i'vſe des meſmes parolles de Q. Curce rendant ce
Roy là glorieux de ſon ſtile. Il a couru par ſa victoire toutes les nations depuys le Heleſponte iuſques à l'Occeane, & comme dit Seuere, il a etendu
ſon Empire depuys la poincte de Turchie iuſques aux limites de l'Orient.
Combien qu'il eſt certain que courroucé à Carthage par ſur toutes autres
villes, il les menaçoit d'aller en Aphrique apres auoir conquis l'Aſie, penſant par auanture paſſer de là à Calis & en Eſpagne, & ſubſequemmét faire
ſon retour en Macedoyne, & l'Epire par les Gaules, Alpes, & Italie. Finalement n'ayant encores aſſailly l'vne au l'autre portion, il eſt allé de vie à treſpas, ny point autrement, comme dit Seuere, redoutable qu'en ſa Babylone
& Parthie:

„   *Car ſi à ſon vouloir le monde luy ſeruoit*
„   *De ris comme il penſoit, il a eſté créé*
„   *Pour inutile exemple.*

Toutes les fois que la diſceptation a eſté grande entre les plus ſauans touchant l'excellence entre ceſt Alexandre, d'ont, nous parlons, & Philippe
ſon pere Roy des Macedoniens, combien auſſi que chacun deux à leur iugement ſe puiſſe defendre de ſes proueſſes, il n'y a toutesfois point de doute
que Philippe n'ait eſte vaincu par Alexandre en vertu, magnanimité, magnificence, foy, en modeſtie, en proueſſe, & gloire: & luy par Philippe en
gratieuſeté, humanité de conſeilz, prudéce, ſobrieté, viuacité d'entédemét,
& finalement en eloquence. Et combien qu'Alexandre au dict de Iuſtin
ſoit le plus renommé des Roys, Tite Liue toutesfois dit qu'il eſt encores ré-
du plus glorieux de ce qu'il a eſté ſeul, & ieune, & qu'il eſt mort n'ayant encores experimenté la male fortune. Au regard de Philippe pere d'Alexandre, Theophraſte le dit auoir eſté plus grand, & plus moderé que les autres
Roys, non ſeulement de race & dignité Royale, mais auſſi en fortune. Il en
eſt qui ſont d'auis qu'en ceſte gloyre d'Empire Cneius Pompeius doit eſtre
preferé à tous autres pour les choſes qu'il a fait d'vne ſupreme magnificence. Son Empire de vray a eſté grand & fort glorieux: ce qu'au parauant n'eſt
point auenu à aucun Romain en ce qu'il a triumphé pour la troiſieſme fois

de la tierce partie du monde. Car combien que trois ayent triumphé de
l'vne de ces parties, il a toutesfois femblé aucunement auoir triumphé de
tout le rond de la terre, en triumphant premierement de l'Aphrique, fe-
condement de l'Europe, tiercement pour le dernier de l'Afie. Quant aux
diuerfitez des nations d'ont il a triumphé à part, on le pourra conoiftre
par ces chofes fubfequentes. Les noms de vray de ces regions là eftoient
telz. Le Ponte, l'Armenie, la Capadoce, la Paphlagonie, la Medie, Col-
chis, L'ifle Hyberie, l'Albanie, Syrie, Mefopotamie : outre plus les Iuifz
qui habitent au pres de Phenice, la Paleftine, & les Arabes. Il a auffi edifié
vne ville de fon nom es parties d'Orient, & des Ciliciens, & Ifaures entre
la Cilicie & Ifaure, apres auoir defait les pyrates & écumeurs de mer. Au
nombre defquels auffi on comptoit ces huict cents foixáte feize chafteaux
par les trophées qu'il à planté aux montz Pyrenées, les ayans reduit foubs
fa puiffance depuis les alpes iufques au cul de l'Efpagne, & prefques neuf
cents citez, huict cents nauz pyratiques. Les captifz princes de pyrates
menez en triumphe, & Tygranes d'Armenie, & fon fils auec la femme,
& fille du Roy d'Ariftobole Roy des Iuifz, la feur de Mitridates auec cinq
de fes enfans, & que défait que chaffé, que tué, que foubmis à fon obeiffance deux milions quatre vingts mile hommes. Il eft vray que la vertu ne
la raifon n'émouuoit pas ce Pompée à ces tant grádes & glorieufes proueffes, mais d'vne démefurée affeétion d'vne folie d'eftre grand: de forte que fi
hores il marchoit contre l'Efpagne, maintenant contre les cruelz effortz
de Lepide, & aux guerres des alpes, ou bien contre les forces Sertorien-
nes, ou pour inueftir les pyrates, & rendre paifibles tant de mers & diuerfes, il braffoit des moyens pour conferuer fon pouuoir. Qui là donques
attrait à l'Aphrique, au Septentrion contre Mitridates, & à tous les angles de l'Afie finon vn infatiable defir d'auancement, qui feul f'eftimoit
bien peu grand? Qui a émeu Cefar à fes euures tant priuées que publiques
finon fa gloire & ambition auec vne façon demefurée d'eftre plus grand
que nul autre: comme qui ne pouuoit fouffrir vn autre Cefar auant luy?
Duquel toutesfois fi au contraire on veult en femblable diligemment prédre garde à fes proueffes faiétes d'vn grand cœur, pour lefquelles il à efté
appellé dieu par les anciens, il fera de befoin entreprendre vne chofe ine-
ftimable, & infinië. Il a premierement eu la guerre contre les Suyffes qui
font les plus gens de guerre entre les Gaulois, lefquelz eftoient non feulement en vne ardeur, mais rage de combatre, tellement que partiz de leur
pays apres auoir brulé feize de leurs villes, & quatre cents bourgades, à fin
que l'efperance du defir de retour leur fuft ofté, ils fe ietterent d'vne plus
grande obftination à la fortune par les terres des Romains, comme au parauant auoient faiét les Dannemarchois & Allemans, n'eftans pas en rien
moindres qu'eux de hardieffe & courage. Or eftoit leur nóbre & la multitude des autres nations qui leur donnoient fecours efcrit (qui eft vn cas
merueilleux)en lettres Grecques fur tables de cuiure, qui furent trouuées

en

leur camp. Finalement le nom des teftes de toutes façons de gens eftoient
de trois cents foixante & huiĉt mille, d'ont il y en auoit ĉent quatre vingts
dix mille bien hommes de guerre, lefquels tous Cefar ayant rencontré aupres de la riuiere du Rone, a deux fois vaincu en bataille bien perilleufe, &
vaincuz reduit a fa fubieĉtion . Il a auffi eftimé meilleur de combatre les
Alemans eftans en crainte, qu'attendans le temps oportun, comme les diuinations des femmes forcieres ne les fouffriffent combatre auant l'apparence de la lune nouuelle. En affaillant donques leurs forts & mottes, il
n'a ceffé de les écarmoucher & éguillonner iufques à ce qu'outrez de courroux ils vindrent à la bataille. Lefquels mis en fuite eftans iufques au nombre de quatre cents foixante mille hommes (comme lon dit) Cefar pour
fuyuant quatre cents ftades iufques au Rhin, il à couuert[+] la terre de morts
& de dépouilles : le nombre defquelz on témoigne auoir efté de quatre
vingts mille hommes. Et de là il a deux fois dreffé vn pont de riue à riue,
eftant le premier des Romains qui a affailly l'Alemagne, mais les Barbares fe hafterent de gagner les foreftz & marecages, n'ofans combatre, qui
feruit de viĉtoire. Il a auffi vaincu & chaffé de la Gaule par vne feule bataille Ariouifte Ghef des Alemans fort arrogant. Il a auffi mené la guerre contre les Tournefans, & Artefans habitans en épeffes foreftz. Comme
donques ilz euffent retiré leurs enfans & menage au plus profond de la foreft loing de l'ennemy, ils firent vne charge foudaine fur Cefar auec foixante mille hommes de guerre, lequel ils rencontrerent affeant fon camp,
& ne combatant point . Parquoy fa cheualerië ayant tourné vifaige, ils
tuoient tous les Centeniers ayans encloz les feptiefme & dixiefme legiós.
Et fi Cefar prenant vn écu, & arreftant ceux qui combatoient en fa prefence, ne fe fuft ietté fur les Barbares, & que finalement la dixiefme legion
en forçant les bataillons des ennemys, ne luy euft donné fecours, eftant
en peril, il eft certain que pas vn n'en fut efchappé . Et combien que par
la vertu & hardieffe de Cefar, ils combatiffent outre leurs forces (comme
lon dit) ils ne forcerent point toutesfois les Tournefans de tourner vifage:
& ont efté tuez combatans vaillamment. Cefar de vray a témoigné qu'il
ne f'en fauua que cinq cents de foixãte mille . De là font enfuiuiës les reddi-
tions des villes iufques à la mer de Ponent. Les Bofleducois furent defaiĉtz
d'vne mefme furië. D'ont il en fut tué quatre mille, & cinquante mille venduz. Il y eut auffi vne bataille fur mer, & memorable auec les Vanoys habitans au pres de la mer de Ponent, lefquelz furent vaincuz : auffi furent les
Aquitains à force d'armes ayans cõiuré auec leurs voyfins pour leur defenfe . Il a auffi fait la guerre à la Gaule Belgique fecouruë des Alemans : la
force defquelz eftoit de foixante douze mille hommes d'eliĉte : lefquels
fortans des foreftz, les foldas Cefariens receurent, refiftans d'vn grand artifice, & les defaifans iufques à ce qu'ils les forcerent de fe retirer . Outre
lefquels il a conquis toute la Gaule qui eft afsife entre les Alpes la riuiere
du Rone, du Rhin, & de la mer du Ponent : laquelle contient en fon circuit

[+]Ex Plu-
tarcho cã-
pum omnë
cadaueri-
bus,

Aquitani
pro Equi-
tani,

fix cents milles . Or a-il prins par force en elle en moins de dix ans huiƈt
cents villes, fubiugué trois cents peuples, & a menant la guerre contre trois
millions d'hommes tué vn million , & prins vn autre en vie . Il a aufsi enclos Vercingentorix d'Auuergne Roy des Gaulois terrible de corps, d'armes & d'efprit , & d'vn nom forgé quafi pour épouanter, dedans la ville
d'Auffois auec vn palliffement de douze milles, apres auoir fouuent effayé
la fortune auec plufieurs grandes batailles & effors iufques à ce que toute
la Gaule prefque f'éleua auec deux cents quarante huiƈt mille hommes de
guerre pour le fecours du Roy : lefquelz aufsi furent defaiƈtz, chaffez, & repouffez : Ceux fe fauuerent qui le peurent. Le Roy finalement fe rendant,
comme vn grand & ample honneur de viƈtoire, & venant fimplement au
camp auec fupplications il dit iettant fa cotte d'armes, & les armes deuant
les piedz de Cefar, reçoy vn vaillant homme qui es le parragon de toutes
prouelles, car tu as vaincu . Et depuis il penfa d'vn autre monde comme fi
ceftuy cy ne luy fuffifoit pas, paffant en Angleterre, & en entreprint la
conquefte : à laquelle au parauant le nom feulement des Romains n'eftoit
pas coneu, & d'ont les efcriuains & hiftoriographes ne font pas en petit
debat : veu qu'aucuns d'eux fouftiennent qu'elle n'eft point realemét, mais
tant feulement vn nom feinƈt, pour laquelle hardieffe d'entreprinfe il f'eft
acquis vne grande gloire . Il a efté de vray le premier qui a ofé ietter armée fur la mer de Ponent, & qui à commencé a nauiguer la mer Atlanti-
que, tranfportant vne armée pour combatre, tellement que paffé d'vne
merueilleufe viteffe, il à receu d'eux épouuantez, armes, & oftages . Or
fuft il paffé plus outre fi la mer Occeane n'euft chaftié par vn bris la temerité de l'armée. Eftant donques de retour à la Gaule, il a de rechef pour-
fuiuy les Anglois par mer auec vne plus grande armée, & forces. Lefquelz
eftans defaiƈtz auec leurs Roys ont finalement fait iou au vainqueur . Puys
content de cela comme qui ne contendoit pas tant à la conquefte qu'à la
gloire, il eft retourné auec vn plus grand butin qu'au parauant. Il a triumphé quatre fois, comme le témoignent prefque tous hiftoriographes, mais
felon les plus certains, cinq fois . Le premier triumphe fut de la Gaule, &
aufsi de l'Angleterre, lequel fut le plus glorieux de tous. Le fecond de l'E-
gipte, le tiers de Pharnace, & du Ponte, le quart de Iuba, & de l'Aphrique, le cinqiefme fut de l'Efpagne. l'aiouteroye voluntiers le fixiefme de
Marfeilles, fi ce n'eftoit que parauanture il eft comprins foubs celuy de la
Gaule, car il n'y a point de doute à ceux qui ont leu cefte compleinte fi
afpre de Ciceron parlant de Cefar es liures des offices qu'il en a triumphé.
„ Apres (dit il) auoir foulé & ruiné les nations eftranges, nous auons veu
„ porter en triumphe Marfeille en exemple d'vn Empire perdu, & trium-
„ phe de cefte ville là, fans laquelle iamais noz Capitaines n'ont triumphé
„ des guerres tranfalpines. Il a finalement donné beaucoup plus de batailles,
qu'on ne les fauroit reciter. Au demourant il a efté tué par fa côduiƈte, côme
le témoignent quelques notables autheurs, vnze cents trente deux mille
                                                                    hómes

hommes, ou bien selon d'autres, vnze cents quatre vingt mille, d'ont il ya
eu soixâte & deux batailles, ou bien selon aucûs cinquante, passant seul en
cela Mar Marcel: lequel a semblablemêt combatu trente neuf foiz, ou bien
selon l'auis d'autres, quarante fois. Quel besoing est il que ie poursuyue ces
autres gestes? Apres tant de guerres vuydées, & tant de trauaux passez, lesquelz non seulemêt il est difficile de porter, mais aussi descrire, lire, & ouyr,
Cesar vainqueur retourna à Rome, & entrant à la ville denuée de forces,
il se fit Dictateur, prenant les finâces publiques dedans le thresor qu'on luy
auoit denié. Et depuys poursuyuant Pompée il a chassé son armée merueilleusement grande à la Campagne Pharsalique. Apres lequel vaincu & chaf
sé en Egipte, il eut à demesler vne grosse guerre auec les Alexandrins, tant
par mer que par terre. Finalement apres la submersion du Roy, Cesar victo
rieux laissant Cleopatra Royne du païs, passe par la Syrie en remettant Deiotare au Royaume de la petite Armenie: & priue du Royaume de Ponte,
Pharnace, l'ayant vaincu en guerre. Subsequemmêt apres il a tenu l'Aphrique, & apres auoir bien mené quelques guerres fort renommées, il a defait trois Capitaines tenâs le party côtraire, Scipion, le Roy Iuba, & Labiene. Cato l'vticense s'est tout de gré dôné de l'espée au trauers de l'estomach.
Cesar est retourné en Italie victorieux, puys est soubdain allé aux Espa-
gnes. Il defit auec vn grand dâger Cneius, & Sextus fils du grand Pompée,
là ou moururent trente mille Pompeians auec Cneius. Or n'a il pas voulu
qu'on fîst rolle du sang des Romains, qu'il auoit épandu durât ces guerres
là. Finalement il a esté créé prelat de Vesta, & tenu du nombre des Dieux,
non seulement par l'auctorité du Senat, mais aussi de l'opinion populaire.
Car aux ieux que son heritier Auguste Cesar a institué, vne estoille crinite
est apparuë l'espace de sept iours continuelz, à vnze heures du iour, & a lon
persuadé au menu peuple credule que c'estoit l'ame de Cesar transmis au
ciel. De laquelle estoille Virgile a fait mention au Bucoliques. Le simula-
chre aussi de Cesar le môtre au chef du quel est vne estoille. Et depuis aussi
vne columne de marbre Numidique assise au mesme lieu de vingt piedz de
haut auec vn tiltre insculpé du Pere du païs: & a lon d'vne longue obseruâ-
ce sacrifié, voué, & iuré par Cesar. Mais côbien que tous ces autres que nous
auons nommé soient renommez, aussi l'est bien Scipion, par le conseil &
vertu duquel Hannibal a esté contrainct de retourner en Aphrique. Cest
autre Scipion aussi l'Aphricain soit honoré qui a rasé Carthage & Numan
ce villes de grand pouuoir. Soit aussi tenu pour excellent. L. Paul, le car du
quel a honoré ce Roy Perses iadis trespuissant & noble. Aussi soit en gloyre
eternelle Marin qui a deux fois deliuré l'Italie d'vn siege & de peur de seruitude. Qu'on loue aussi iusques au ciel ceux qui auoient à combatre côme Dictateurs ou Consulz, là ou Alexandre Roy des Macedoniens fut
passé en Italie, i'entend Valere Corbin, C. Martin Rutilin, C. Sulpice, T.
Manlius Torquatus, Q. P. Philon, L. Papyrius Cursor, Q. Fabius Maximus.

Les deux Decies, L. Volumnius, N. Coruus, Que la longue experience de
guerre rende auſſi glorieux Philopœmenes , & à tous ſoit preferé Pompée: les faictz & proueſſes duquel ſont côtenuz es meſmes regions, es quelles le ſoleil l'eſt par ſon cours & limites: Iuille Ceſar touteſfois ne ſera point
dit auoir eſté au meſtier de la guerre ſecôd à ceux là, ne à ceſtuy cy, ne à nul
homme: lequel Eutrope eſcrit auoir eſté homme qu'onque autre n'a paſſé
au meſtier de la guerre. Et côbien que ia on ait aſſez parlé de ſa vertu & excelléce, il ne faut pas touteſfois oublier de luy vn autre temoignage de Ciceron: combien qu'il ſoit cogneu & manifeſte à tout le monde : Il eſt tou-
,, teſfois treſhonorable & vray. I'ay ſouuét de coutume, dit il, mettre en auát,
,, & voluntiers ſouuent tenir propos, que tous les faictz de noz Capitaines,
,, ne ceux des nations eſtráges & peuples fort puiſſans, ne de tous les Roys re-
,, nómez ne ſont point à côparer aux tiés: ne en grádeur d'entreprinſe , ne en
,, nóbre de batailles, ne en diuerſité de regions , ne en diligence pour vuyder
,, les guerres, ne en diuerſe façon d'elles. Au demourant les contrées entre el-
,, les fort élógnées n'ont point peu eſtre plus toſt epacées par les pas de quel-
,, qu'vn quelles ont eſté cogneues, ie ne dy pas par tes courſes, mais par tes vi-
,, ctoires. Le meſme Ciceron dit en vn autre paſſage: Côbien que tes proueſ-
,, ſes donnent mauuais luſtre aux louenges des autres, nous n'auós pas pour-
,, tant perdu la memoire de Pompée. Mais qui eſt l'hóme qui ne ſache quant
,, grand a eſté ſon nom? quant grandes ſes richeſſes? quant grande ſa gloire en
,, toute façon de guerres? quát grandz les honneurs du peuple Romain, ceux
,, du Senat, & quant grandz ſont finalement, les tiens? Il auoit ſans doute de
,, tant paſſé les anceſtres en gloire, que tu as eſté par ſus tous autres excellent.
,, Et pourrant nous compterons auec grandz merueilles les guerres, victoi-
,, res, triumphes, & Conſulatz de Cn. Pompée, au regard des tiens ilz ſont in
numerables. Mais pourautant que la queſtion a de coutume eſtre grande,
en quoy meſmement côſiſte ceſte excelléce de Chefz, Plutarche viédra en
,, place pour vn tiers temoing de renó. Ne péſe pas (dit il) qu'aucuns des plus
,, grandz & plus renómez Capitaines doiuét eſtre preferez à ce vaillát Chef:
,, car ſi quelqu'vn eſtime que les Fabins, Scipiós, Metelz, ou les Chefz de ſon
,, téps, ou du paſſé de naguieres cóme Sylla, Marin, es deux Luculles, & finale
,, ment le meſme Pópée, du quel la vertu & gloire au meſtier de la guerre a en
,, toutes ſortes flouri iuſques au ciel, luy ſoiét côparables, les proueſſes de Ce-
,, ſar ſans doute les vainquent tous. Et ſi outre ceux cy on veult conſiderer les
,, autres, comme Tarquin le ſuperbe, Regule, Fabrice, Curin, & Camille, c'eſt
,, ſans point de doute vne eſtoille qui ſplédit entre tous, ſelon Horace quart
,, temoing d'auctorité; comme la lune entre petitz feuz . Il ne faut pas auſſi
oublier Ouide aux faſtes faiſant à cecy, autheur d'eſtime, & qu'on ne doit
pas laiſſer en derriere:
,,   De tes faictz la meſure a bien le nom de grand,
,,   Mais cil qui t'a vaincu eſt de plus grand renom.
Subſequemment me confiant finalement de la parolle de Solin pour le
                                                              dernier

„ dernier témoignage à fin de comprendre toutes les louenges de ce Chef,
„ autant a furpaffé Cefar le Dictateur non feulemét tous les Capitaines,mais
„ auffi tous les hommes,pour mieux parler à la verité,qu'a fait Sicinius , ou
„ Sergius,les foldas.Mais fil nous faut tenir propos des Catons entre les plus
grandz Chefz,l'Vticéce fe trouuera entre Cefar,& Pópée, fans peur & braue,en fe meflant de la guerre ciuile.Ie n'en fache point d'autre de vray pour
luy bailler en tefte : car autre n'a peu voler de fi haute aile , que celuy qui
quád & quád fe foit éleué cótre ces deux en ce grand etónemét de la Republique ,& qui, les vns fuyuans le party de Cefar,les autres celuy de Pompée
ait dedaigné & irrité l'vn & l'autre,& montré qu'autres font les deuoirs enuers la Republique.De vray aufsi Chrifpe Salufte recite elegamment,& de
bonne grace que cefte Republique là n'auoit point eu d'homme de grand
vertu combien que de fa fouuenance il en fuft deux de bien grande, & de
diuerfe façon de viure,qui eftoient M. Caton,& C.Cefar .Defquelz l'vn e-
ftoit feuere, & l'autre clement . Caton eftoit conftant , & Cefar facile, ceft
autre fans largeffe , & ceftui cy abondant en richeffes . Il nombre entre les
louenges de Cefar qu'il defiroit grand Empire, armée,& nouuelle guerre,
là ou fa vertu peut fe montrer:il fe fioit à la bonne affection des gens grádz
par vertu,à fin qu'il trauaillaft de guerre les miferables nations, & que Bellona les tormentaft d'vn fouet fanglant,à fin qu'il y eut moyen de faire cognoiftre leur vertu.Mais fi pour la louenge de l'autre tu veux comprendre
fon image,tu y découuriras vn Atrides,vn Priamus,& vn Achilles courou
cé à ces deux:car en blafmant l'vn & l'autre , il a donné ce vray iugement
d'eux,difant qu'il feroit bány fi Pompée auoit la victoire:& fi Cefar l'auoit,
qu'il mourroit.A quoy comme il fe preparoit toft, apres la victoire de Cefar,ie veux bien auoir en admiration cefte fienne derniere playe , & noble
mort:par laquelle comme dit Seneque la liberté a perdu la vie.Et à fin que
i'affemble en vn toute la dignité enfemble la gloyre de ceft homme &Ca-
pitaine,m'aydant de l'auis d'vn autre efcriuain de l'hiftoire Romaine:

„ *Si par biens le grant los f'aquiert,& qu'on regarde*
„ *La vertu nuë d'heur , tout ce qu'en noz Maieurs*
„ *Nous louons,a efté dh'eur : qui a donq merité*
„ *Vn fi grant nom par Mars, ou par le fang des peuples?*
„ *I'aymeroy beaucoup mieux,qu'il tiraft fes triumphes*
„ *Des bancz de Barbarie & des fins de Lybie,*
„ *Que de monter trois fois dans le car de Pompée*
„ *Au Capitole,ou bien mal facret Iugurtha.*
„ *Or du païs voicy le vray pere , & trefdigne*
„ *De tes Autels ô Rome,au nom du quel iurer*
„ *Ne te repentiras,le faifant bien toft dieu,*
„ *Si iamais tu te voys de ton iou deliurée.*

Quant à ceft autre premier Caton Porcie,tout eft plein de louenge, tant au
pais, que hors, & en guerre. Car outre le renom memorable de fapience, en

la quelle on ne le cuyde point auoir esté par aucun vaincu, il a esté en ce temps la d'vn grand & merueilleux sauoir de lettres, & d'vne eloquence renommée. Il est vray qu'alors la splendeur de la langue Latine n'estoit pas encores à la perfection de sa dignité, ce que Seuere dit auoir esté soubz Ciceron. Ny n'a esté moindre que les autres en la Césure, & triumphe, liurāt des preceptes aux Romains de toutes choses desirables, & à part, de l'art militaire. Mais entre les premiers sont ceux de l'agriculture, & a esté à la confession de ce temps là tresexcellent agriculteur & sans enuië: aussi a-il Questeur fort cōstant, tresiuste Preteur, & Tribun en parragon. Il a aussi eu trois choses fort grandes en vn homme, de sorte qu'il a esté tenu pour tresgrand orateur, Senateur, & Capitaine. Toutes lesquelles choses il est certain auoir esté plus manifestement excellentes en P. Emilian, combien que non au parauant luy.   La vertu aussi de Caton le Consul a esté grande outre les choses que nous auons dit en la guerre de Biscaye, cōme qui fait cōpte d'auoir prins plus de villes en Espagne qu'il n'y a arresté de iours. Ny n'est cela vne iactance, si à la verité elles ont esté iusques au nombre de quatre cents. On dit aussi qu'entre Cesar, & Antoine a eu grāde cōparaison: car cōme ilz s'adōnassent quelques fois au ieu pour se recréér, cōme aux detz, ou au cōbat des perdris, ou coqz & autres animaux, il est certain que Cesar en a r'apporté tousiours la victoire. Parquoy on a veu souuēt quelqu'vn des famillers d'Antoine l'auertir par argucē en ces parolles: Quel affaire, Antoine, as tu auec ce ieune hōme (parlāt de Cesar) car cōbien que tu soys de plus grād renom, & plus seuere, & en plus grande dignité, auec vn plus grād excercice de guerre, ta naissance naturelle & ta destinée craint celle de cestui cy. Et combien que ta fortune soit en soy merueilleusement grande & noble elle flatte toutesfois aucunement la sienne. Les sept Consulatz de C. Marius mais plus tost vn, veu qu'il en a tant seulement receu vn, & rauy les autres, sont adherēs à la parolle du premier Aphricain, aussi sont deux beaux triūphes. Car comme il fust hōme de cheual soubz sa charge à la guerre de Numance, & que quelqu'vn interrogast Scipion par fortune (comme il auient durant le repas) quel grand Capitaine eust deu auoir la Republique, s'il luy Verti hæc ex Plutarcho in vita Marii. fust auenu quelque mesauenture. Cestui cy respōt il, de Marius, luy donnāt sur l'espaule, par lequel dict, on ne sauroit à peine bien iuger, si ceste vertu si perfaicte a mieux decouuert ceste tant grāde vertu naissante qu'il n'est certainnement auenu. Croyez que ce bāquet militaire a esté presage à Marin, qu'il se feroit par toute la ville des banquetz fort plaisans. Car cōme il soit certain qu'apres la cōqueste de l'Aphrique, & le Roy Iugurtha mené deuāt sō car, l'armée des Alemās ait esté defaicte, & qu'a la minuict il eut mādé la defaicte de deux cēts mille Dānemarchoiz, & quatre vingt mille priz auec leur chef Hermode, il n'y eut celuy qui ne luy sacrifiast en sa table cōme aux Dieux immortelz. Marc Claude Marcel se presente d'vne mesme reputatiō, cōme qui premier dōna le moyē de pouuoir vaincre Hānibal: qui estoit vn hōme d'vn grād cœur & hardy, & entre peu d'autres courageux cōbattāt,

fort

fort renommé par tous hiſtoriographes, & meſmement par la poëſie Vir-
giliane palant ainſi de luy.

,,   *Regarde comme marche auec riches dépouilles*
,,   *Marcel le renommé, ſurpaſſant en victoires*
,,   *Tous autres hommes preux.*

On pourroit dire beaucoup de choſes a la louenge de ce bon Capitaine,
mais on n'en ſauroit dire plus. Qu'a l'homme, ou quel auātage peut il auoir
plus grand que l'excellence par ſur tous autres ? Combien que Virgile ne
l'a point tāt dit pour ſuyure la verité que pour louer ceſte autre, lequel a ſuiuy Marcel fils d'Octauia ſœur d'Auguſte. Il eſt vray qu'il en ſurpaſſe pluſieurs, mais non pas tous. Les anciens Capitaines Romains ne des nations
eſtrāges (hors Hannibal) ne ſeront pas marriz, ſi Quintus Fabius ſe met de
rechef entre les plus renōmez, tāt pource qu'il a eſté tenu le plus ſage de la
nation Romaine (car Caton le Céſorin n'auoit pas encores occupé ce premier lieu de renom) que pour autant que luy meſme (comme dit Ciceron)
luy porte vn louable temoignage de ſa grande ſapience & vertu. Et a meſmement eſté fort honoré par ceſte manifeſte poëſie d'Ennius :

,,   *Vn ſeul homme nous a remis temporiſant:*
,,   *Car au ſalut les criz point il ne preferoit*
,,   *D'ont ſon los eſt plus hores, & ſera fleuriſſant.*

Le reſte des cauſes pour leſquelles ceſte gloire de fame, & ſurnom de treſgrand, combien qu'il n'eut prins ſa ſource en luy, peut eſtre iugé luy eſtre †Lego, nō
raiſonnablement deu. Et combien que les conſeilz de ceſt homme de bien ortum.
ſoient plus en memoire, que les batailles, il n'en a pas toutesfois faute pour
egaller la gloyre de ſon ayeul Fabius Maximus Rutilianus : lequel veritablement l'a paſſé en nombre de victoires, & de grandeur de batailles. Tite
Liue tient le ſeul Hannibal qu'il a vaincu de temporiſer, & de patiéce pour
vn ſuffiſant, grand, & ſingulier temoignage d'vn ennemy entres les louē-
ges de ce Capitaine Romain. Le peuple Romain a à haute voix mis iuſques
au ciel. Q Catulle en ce nombre & excellence de ces Chefz excellens. Car
comme eſtát à la place aux Proues il interrogaſt le peuple, ſil perſeueroit de
ſe repoſer de tous ſes affaires ſur le grand Pompée, il ſeſcrira tout d'vn conſentement, en toy : prenant ceſte auanture par cas ſoudain en laquelle il auroit ſon eſperance : par lequel jugemēt il a egalé le grand Pompeé à Catulle
auec tous ſes hóneurs que nous auós naguieres recité, cloz dedans l'eſpace
de deux ſyllabes. A bonne raiſon auſſi on a aiouſté à ce recit L. Marin cóme
vn exemple d'vn honneur admirable : lequel eſtant cheualier Romain
deux armées fort endomagées par la mort de P. & Cn. Scipions, & par
la victoire de Hannibal ont éleu pour leur Chef, au temps auquel leur
ſalut eſtant à l'extremité ne laiſſoit point de moyen de brigue. On y aiouſte auſſi vn autre ſingulier & bel exemple de tresbelles & grandes choſes
de L. Metel, eſtant premierement grand Pontife, & depuis deux fois Cóſul,
Dictateur, Cóneſtable, l'vn des vingt & deux éleuz pour departir les terres

grand Senateur,tresbon harengueur,bon combatant,Capitaine trespreux,
& finalement le plus sage & riche de sa ville si renommée: lesquelles l'opinion est certaine estre auenuës en luy seul,& non en autre depuis l'edification de Rome.Au regard de cest autre Sylla qui fait estime deuoir vsurper
le nom de heureux,on ne le sauroit assez suffisamment louer ne vituperer,
d'autant qu'en cerchant les victoires il se represente au peuple Romain
comme vn Scipion:il fait aussi le Hannibal en faisant le cruel.D'autre part
aussi Auguste se liure pour estre mis du nombre des preux & heureux Capitaines,& Princes: comme vn bien rare parement de vertu. Car à l'âge de
dixsept ans durant le Consulat de Hircine & Pansa , ayant dressé armée , &
estant enuoyé Propreteur contre Marc Antoine, & Dece Brute tenãt Modene assiegée, ce ieune homme ardant resté de la premiere bataille perduë
en laquelle Pansa fut tué , & de la seconde ou mourut Hircine donna la
chasse à Antoine,l'ayant vaincu:& apres estre de retour à Rome se voyant
estre haï du Senat, il s'allia auec Lepide & Antoine côtre l'ingtatitude des
citoyés.Et apres estre crée Consul en delaissant Lepide auec M. Antoine,il
a tenu l'Emathie poursuyuant en Grece Cassius & Brutus meurtiers de Ce-
sar.Finalement eux estans vaincuz à force d'armes,& l'Empire departy en
trois hommes,Antoine eut l'Asie,Lepidus l'Aphrique,& Octauiam l'Eu-
rope.Pédant ces entrefaictes L.Antoine Consul frere de M.Antoine assail-
lit Rome comme ennemy pour defaire ce ieune Empereur.Lequel Octauian ayât vaincu en bataille , & chassé a contreint par ses forces de ce rendre estant assiegé dedans Perouse , & pressé de famine.Et a depuys defait & chassé Sexte Pompée fils du grand,tenant toute la mer en creinte de
toutes pars par vne guerre pyratique auec vne armée de trois centz vaisseaux épanduz par toute la mer.Par vne mesme fortune aussi il a combatu
auec Lepide estant arriué auec vn grand nombre de gens de guerre de l'A-
phrique en Sicile pour l'occasion qu'il dóna:là ou vainqueur il luy sauua la
vie à sa priere.Puis tirant au riuage de la mer Adriatique,il fit diligence de
vaincre les Illiriques,Liburniens,& Dalmates.Subsequêment venant d'A-
ctium cap de la Grece,lá ou Antoine estoit venu auec la Royne Cleopatra accompagnée d'vne armée de deux cents vaisseaux pour descendre en
armes en Italie,il fut lá combatu cruellement tant par mer que par terre:fi-
nalement Auguste demourant victorieux,Antoine auec Cleopatra firent
voyle malheureuse en Egipte.Lequel Auguste poursuyuant a entierement
defait au pres du Phar.Et depuis apres la guerre Philippense,& de rechef a-
pres la Sicilienne marchant victorieux en Italie,deux fois triumphant , il a
fait entrée dedans Rome trois iours continuelz en triple triũphe Currule,
de la Dalmacie,& Sclauonie,& de la victoire au camp d'Actium,& de celle d'Alexandre estant le Iane clos , indice de paix . Au demourantil ne
peut longuement demourer en repos , émeu de la rebellion des nations.
Estant donques derechef le Iane ouuert passant aux Espaignes , & aux
extremes riuages de la mer Occeane vers les Cantabres & Estures , il
                                                                    les

les a forcé de se soubmettre au iou des Romains tellement qu'en roddant toute la prouince, il leur apprint par la crainte des armes de garder l'obeissance. Les Sarmates aussi & Parthes qui habitent entre le Septentrion, & l'Orient enuoyerent à Auguste soffrir à luy faire plaisir. Tigranes vaincu en Syrie par le lieutenant d'Auguste se repentit de sa rebellion. Estant finalement tout pacifié par les lieutenans es parties de Leuant, il reuint de la mer de Ponent & de l'Espagne à Rome: là ou de rechef il referma le Iane, lequel de rechef il fut besoing de r'ouurir, & de là forcé d'aller au pole Arctique, là ou les nations fort cruelles festoient enhardi d'estre ennemiës, & domta si bien les Vindeliciens, les Sallassins, Les Germains, les Marcomanins, les Souaues, les Sicambres, & tout ce qui est de çà & de là le Rhin, & toute la brutale Barbarie assise le long du Danube, qu'ils obeissoient de tout leur pouuoir. Et depuis tirant au midy, il a vaincu les Getulins, Garamantes & Marmarides: & a pacifié tout ce qui restoit à appaiser du costé de midy. Ny n'est aucune des autres prouinces qu'il n'ait visité, excepté l'Aprhrique, & Sardaigne, lequel venu à bout de toutes choses sans auoir son semblable, apres tant de conquestes faictes estant à Rome, & la paix acquise tant par mer, que par terre, a pour la tierce fois clos le Iane des Quirites, & a esté faict perpetuel Dictateur, & pere du pays auec vne reputation d'estre le plus heureux de tous les Princes non seulement au iugement d'autruy, mais aussi du sien propre. Car comme il destinast son arriere fils à la guerre, il requit aux Dieux de luy donner le courage de Scipion, la bienueillance de Pompée, & telle fortune que la sienne, comme s'il disoit qu'elle luy auoit esté bien necessaire. Outre sa fortune aussi il ne sest iamais trouué ny ne se trouuera vn tel Capitaine que luy, si nous croyons au iugement du peuple Romain, & mesmes à celuy de Horace disant ainsi.

,,   *D'honneurs promptz nous faisons largesse en ta presence,*
,,   *Pour en ton nom iurer, nous dressons des autelz:*
,,   *Confessans que rien tel n'est nay, ny ne naistra*
,,   *Mais ce present tien peuple est en ce sage & iuste,*
,,   *Qu'il te prefere à tous noz Chefz & aux Gregeois.*

C'est assez d'auoir touché en ce peu de parolles l'excellence des Capitaines de l'antiquité, en laissant toutesfois tout de gré Ninus, Liber, Castor, Pollux, & Hercules. Tout le monde de vray les confesse auoir esté d'vne si grande gloire, qu'ils semblent surpasser toutes les prouesses que la memoire des hommes a comprins. Au demourant quiconque tiendra par obstination outrecuidée & brutale les faicts recens equiparables aux gestes de ces tant grans & renommez Capitaines, que nous auons dit, sera par necessité sans la conoissance de l'antiquité, & de la verité. Ie voudroye bien que ceste preexcellence de Chefz cedast à nos temps, & Capitaines. Mais considerant à part moy les ruses, & sages conseilz de noz ancestres auec leur admirable, incroyable, & presque diuine gloire au mestier de la guerre, ie cô-

me iufte iuge, & hors de toute affection, ne trouue hôme auquel de droict
ilz doiuent eftre comparez . Au furplus comme ainfi foit Sigifmond
Pandulphe Capitaine de trefgrande prouefle, qu'entre les gens de bien &
nobles, il fe face vn plaifant debat des Chefz d'au iourd'huy pour fauoir
quelz on tient les plus dignes en experience de guerre, en exercitation d'armes, en nombre de batailles, en diuerfité de nations & ennemys, en preu-
d'hommië, grauité, foy, conftance, grandeur de cœur, diligence , & es autres témoignages excellens, & vertu de conduicte , & qui femblent le plus
approcher à ces autres anciens : & que diuerfement on en mette en auant
de diuers de noftre temps , ils ne te preferent pas finalement toufiours feulement à tous autres fans contredict, induictz de raifons probables , mais
encores attirent ils à leur opinion de grans perfonnages , & bien entenduz
en telles chofes , & qui font en grand renom entre tous autres hommes:
combien que cela ne doit point eftre r'amené en doute, & qu'il foit plus
clair que la clarté à † quiconque prendra garde au comble de tes faictz: veu

que feul tu as porté fur tes épaules (tout ainfi qu'Atlas le ciel) l'Italie diffi-
pée, & gaftée iufques à ce iour de tant de fureurs de guerres, & tirant à ruines, eftant appellé de toutes pars au fecours pour la garder d'eftre du tout
perduë. Les chofes font notoires que tu as execute contre le Pape Eugene,
pour la defenfe de ce noble Capitaine Francifque Sforce , en ce cours de
temps tant mauuais & difficile . Et pour Eugene contre ce mefme Capitaine tant preux, aufsi font celles que tu as fait pour Alfonfe Roy tant noble des Taraconnois : celles que pour le vaillant Philippe Marie Capitaine des Millanois & Geneuois . Et finalement ce que tu as fouffert es mers
fuperieure, & inferieure, pour l'augmentation , renom , & gloire des puif-
fantes Republiques des Florentins, Venitiens , & Senois, combatant, en-
treprenant, & executant partout d'vn grand cœur, & à force d'armes : de
forte que comme dit Homere, tu fembles facilement eftre le premier qui liures les cheuaux au combat, & vfes de la furië des gens de pied, non feulement aux noftres, mais aufsi aux nations eftranges, & peuples fort loingtains entre les plus excellens, & éprouuez Capitaines, qui font grands hômes de guerre, & d'vne execution hardië.

Note in margin: + Lego cuiuis pro cuius,

PEINES DIVERSES DES SOLDAS HABAN-
donnans leur enfeigne, & defobeiffans à leurs Capitaines.   Chap. XV.

A V regard de ceux qui defobeiffoient au vouloir du Chef ou de la
loy, la punition f'en enfuyuoit diuerfe & non femblable. Car les
vns eftoient puniz en leurs biens , les autres d'infamië, les autres
au corps. Mais pour autant que la rudeffe de la vengeance d'vn
malefice, la crainte aufsi des peines , eft le plus fouuent vne difcipline de
bien viure & fagement, nous commencerons à l'infraction de la foy d'ont
noz anceftres ont toufiours fait grand cas. L'hiftoire de Metin Suffecin

Alba-

Albain ne nous est pas incogneuë, d'autant qu'il rompit déloyalement
l'accord conuenu auec Tulle Roy du peuple Romain : d'ont il fut tiré à
quatre cheuaux, qui estoit veritablement vne nouuelle, & cruelle façon de
peine. Ie n'ay point de vray leu ny ouy dire qu'aucun au parauant ait esté
demembré à Rome. Mais pour autant qu'on ne sauroit rien voir plus inhumain ne plus etrange de la raison de l'homme, que demembrer les mébres par vn soudain écartelement, il reste que nous rendions la raison pour
quoy ce demembrement & ecartelement du corps a semblé si inhumain.
Il faut entendre que le peuple Romain est venu d'vn petit commencemét
à ceste si grande amplitude par l'exercice de toutes façons de vertu : mais
sur toutes choses il a eu la foy en recommendation, la gardant sainctement
tant en public qu'en priué. Par ce moyen il a liuré aux ennemys des Consulz hommes de grand renom pour conseruer la foy publique. De mesme
raison aussi il a voulu que celuy auquel on auroit donné la foy pour sa garde, defense, & patronage fust tenu plus cher que les parens, & qu'il deuoit
estre defendu mesmes côtre eux, ny n'estoit point de crime estimé pire que
si on prouuoit à quelqu'vn de s'estre separé de celuy qu'il auoit prins soubz
sa protection. Or ont noz ancestres ordonné ceste foy, mesmement es deuoirs de la guerre en l'exercice & conuenances : d'autant qu'autrement ilz
pensoient que les nerfs de la discipline militaire se perdoient, si la deloyau-
té des hommes abusoit sans vne peine grâde, & épouuantable. Quant aux
autres choses il est certain que nulle nation n'a vsé de plus douces peines.
Et pour tant comme le Consul Aureille Cotta eut ordóné pour la necessité aux cheualiers de venir r'emparer, & qu'vne partie d'eux n'eust fait côte
de son commandement, il fit tant enuers les Censeurs que le Senat les condemna : & obtint que par apres ils ne receurent leurs gages, d'ont les anciens les appellerent (*dirutos aere*) decheuz de soude : d'autant que par ignominië, elle leur estoit ostée pour vn moys, ou pour vn an : tellement qu'elle
tumboit dedans le fisque, & non pas dans la bourse du soldat. Comme Artaxerxes ayant condamné vn certain Arbace Medien, le disant chargé de
lâcheté, & non pas de trahison pour la retraicte qu'il fit à la bataille vers
Cyrus, apres la mort duquel il auoit de rechef rebellé, il commáda que nud
il porteroit tout le iour tout autour de la place au marché vne putain sur
ses epaules. Il ordonna aussi de ficher trois cloux en la langue d'vn autre
d'autât qu'ayant promis d'allerà deux des ennemys pour les retirer il auoit
esté trouué méteur. Pendant que Hannibal estoit en Italie auec vne armée,
& qu'il eut donné quelques batailles au peuple Romain, les Bruciens furent les premiers de toute l'Italie qui suyuirent son party. Mais apres que
Hannibal sen fut retiré, & que les Aphricains furent vaincuz les Romains
ayans porté cela mal enuis ne firent plus de leuée de soldas de la Bruce par
façon d'ignominië, ny ne les tenoient pour alliez, leur enchargeans d'obeir
& seruir comme serfz aux Magistratz tirans aux prouinces : & pourtant ils
suyuoient les Magistrats comme ceux lesquelz es ieux de farces on appelle

bourreaux, & lioient ou fouettoient ceux qu'on leur ordonnoit. Appius Claudius auec le decret du Senat, ordonna que d'entrée tous ceux que Pyrrhus Roy des Epirottes auoit prins prisonniers, & r'enuoyé de son bon gré les gens de cheual feroient la guerre à pied, & les gens de pied feroient enrollez auec le secours des tireurs de fonde, & qu'à pas vn d'eux ne seroit loysible de reuenir à son premier estat de guerre, s'il ne r'apportoit deux dépouilles des ennemys. Il a esté aussi anciennement vne autre maniere de punition militaire en ordonnant de seigner le soldat par ignominie. Et combien qu'on n'en ayt peu trouuer la raison es liures des anciens, on a toutesfois depuis pensé cela auoir esté faict aux gens de guerre de cœur étonné, en declinant de son naturel : tellement qu'elle ne sembloit pas tant peine que medicine : combien que depuis on pense que pour plusieurs autres delictz cela se fait par coutume, quasi que tous ceux sembloiét estre trop sains qui delinquoient contre leur deuoir. Ce Crasse que Sempronius Asellio, & plusieurs autres historiographes disent auoir eu entre autres bonnes choses cinq grandes & precipuës : qu'il estoit tresriche, treseloquent, tresnoble, Iurisconsulte par excellence, & grand Pontife, eut la prouince de l'Asie auec le Consulat, fit les apprestz pour assieger & forcer les Luques, ayant necessité d'vne tronche forte & longue pour le mouton à batre les murailles de la ville. Il escriuit à vn maistre Grec & le plus grand des Atheniens alliez & amys du peuple Romain, qu'il fit diligence de luy enuoyer le plus grand de deux pomiers qu'il auoit veu dedans Athenes. Lors ce maistre sachant pourquoy il le desiroit, ne luy enuoya pas le plus grant suyuant son commandement, mais le moindre qu'il estimoit estre le plus idoene & commode à faire le mouton, & plus aisé à porter. Crasse le mande, & s'enquist pourquoy il ne luy auoit enuoyé celuy qu'il luy auoit commandé, & en dedaignant ses raisons & causes qu'il mettoit en auant, il le fit dépouiller & batre de verges, estimant que tout le deuoir d'vn Chef estoit corrumpu & defait, si quelqu'vn repond à ce qui luy est commandé par vn conseil non requis, & non par vn seruice deu. Luce Papyrin requit que Q. Fabius Rutelian Connestable fust fouëtté pour auoir combatu & chassé victorieusement les Samnites contre son commandement. Auquel il eust fait trancher la teste, mais l'armée en debatant ou priant donna occasion à Fabius de se sauuer à Rome, là ou il l'a poursuiuy. Ny ne fut hors de crainte iusques à ce qu'il se ietta auec son pere à ses piedz, & que le Senat & peuple Romain en firent la requeste protestant finalement qu'il ne quittoit pas ceste peine à Fabius, mais à la puissance du Senat, & peuple Romain. Comme le Consul Luce Calfurnin Pison menoit la guerre en Sicile contre les fuitifz, & que Titius Chef de la cheualerie enuelopé de la multitude des fuitifz eust rendu les armes, il commanda qu'il fust puny de ceste maniere de peines, l'ordonnant auec les ailes des tireurs de fonde, & commandant qu'il fust vestu d'vn long manteau sans lambeaux, d'vn saye

fans

fans ceincture & qu'il fe trouuaft depuis le matin iufques à la nuict piedz
nudz pres de la bande des Princes tout le temps de la guerre, qu'il fut foubz
luy, en le priuant de la compagnie des hommes, de l'vfage des baings, &
des bandes de cheuaux, d'ont il auoit la charge. Q. Fuluius Flaccus Cenfeur chaffa aufsi du Senat fon frere Fuluius pour auoir ofé donner congé de
fe retirer à leur maifon à vne bande d'vne legion d'ont il eftoit Tribun, fans
l'authorité du Conful. T. Manlius Torquatus fit foueter & trancher la tefte à fon fils prefent l'armée: d'autant que contre les defenfes il combatit au
defceu de fon pere côtre Geminus Metius ennemy & Chef des Tufculeins,
l'ayant appellé au combat : combien qu'il fuft victorieux . Pofthumius
Tyburtius Dictateur condamna fon fils A. Pofthumius d'auoir la tefte
tranchée pour auoir fans fon commandement, & de foymefme affailly &
defait les ennemys : combien qu'il en euft r'aporté la victoire. Auffi ne fit
pas de moindre cœur A. Fuluius de l'ordre du Senat mourir fon fils alant
au combat fans fon ordonnance, que T. Manlius, ou Pofthumius le Dictateur. Il fit de vray mourir ce ieune fils excellent entre ceulx de fon âge,
d'entendement, de lettres, & beauté, apres l'auoir retiré de my chemin tirant d'vne furië temeraire au Camp de Catelin, duquel comme mal auifé
il auoit aquis la Familiarité & apres auoir auant dit qu'il n'auoit pas engendré vn fils à Catelin contre le pais, plus toft au pais contre Catelin.
Claude fecond Empereur de ce nom caffa tous les foldas qui auoient ofé
affaillir le camp des ennemys fans fon congé & les enuoya à Rome pour
les punir felon leurs demerites. Par ce moyen il eft certain qu'on a plus fouuent anciennement puny, & de plus grande feuerité ceux qui contre le
commandement ont combatu l'ennemy, & qui au fon de la retraitte fe
font trop tard retiré du combat, que ceux qui ont ofé abandonner leur enfeigne, ou qui repouffez ont tourné vifaige. Combien que Q. Fabius ait
quelque fois couppé les mains dextres de ceux qui fe rendoient, lefquels
eftans es garnifons Romaines feftoient retiré à l'ennemy, à fin de donner
crainte aux autres de fe reuolter, il fut toutesfois d'auis de foy mefme & de
fa clemence qu'on deuoit leur faire defenfes, & appaifer par douceur & parolles gratieufes, & qu'il ne falloit pas accufer toute fufpition, ny eftre rigoreux totalement à tous fufpectz. Car côme il euft découuert qu'vn certain
Marfus premier en proueffe & nobleffe entre fes compagnons eftoit accufé
de reuolte, il n'en fit point de punition, mais pour autant qu'il fauoit bien
que non obftant fa dignité on l'auroit à dedaing, alors il dit : les capitaines font plus toft blafmez pour acquerir les bonnes graces, qu'on ne leur
fait d'honneur felon leur vertu: & par apres il a blâme ceft autre, d'autant
qu'il ne luy faifoit en rien requefte. Apres ce propos tenu, il luy fit prefent
d'vn cheual courageux, & d'autres dons, d'ont par apres il fe rendit homme de grande foy & affection. Comme auffi vn foldat Lucanin fuft par
deuant luy accufé, que fouuentesfois la nuict il fortoit du camp pour l'a-
mour d'vne femme, & qu'au demourant on le dift homme de grand faict

d'armes, il fit fecretement prendre la femme qu'il aymoit tant, & la luy
amener, apres laquelle arriuée, il le fait appeller, luy difant, qu'il eftoit bien
auerty que contre la loy tu paffes lá toute la nuict hors du camp, aufsi au
parauant ne nous eftoit il pas inconeu, comme tu vis en homme de bien:
parquoy les fautes feront compenfées aux prouesfes, d'orefenauant tu me
feras bonne compagnie, car i'ay bon repondant, & lors il luy recomman-
da & deliura fa femme. Or Sigifmond, Q. Fabius Maximus ne me laisfe
pas te paffer en filence en ce paffage des peines militaires, comme qui à fa
mode ne prens pas garde à toutes les fautes des gens de guerre, ny ne les
punis felon leurs demerites, en difsimulant au contraire la plus grande
partie tout degré, fachant trefbien que c'eft vne maniere de gens inclinée à
mal, & que leur nature & façon de vie inueterée n'eft pas fort aifée à extir-
per. Et comme tu leur lâche fouuentesfois la bride de f'ébatre & éiouir, de
forte que quand l'ennemy eft pres, tu punys rigoreufement les paresfeux,
contumaces, nonchallans, negligens, feditieux, & ceux qui habandon-
nent leurs enfeignes: d'autant que tu entens bien que ces vices lá ne touchent pas feulement d'vn chacun fa façon priuée de viure, mais aufsi le falut du tout en general. I'ay entendu aufsi que tu as par nature de te contri-
fter fort pour les fautes des gens de guerre, lá ou il faut recourir aux armes contre quelqu'vn, & au contraire te reiouir merueilleufement, lá ou
tu en as fauué plufieurs & remis fus: & encores (qui eft vn grand don de
Dieu) de ne defirer en cefte feuerité la mort des hommes, mais au contraire
vouloir de tout ton pouuoir procurer plus toft à chacū le falut. Et cōme plu
fieurs foient émerueillez en t'en blâmāt que tout ainfi que tu es trop doux,
que tu fembles aufsi quelque fois trop rude & cruel: tu as de couftume de repondre qu'il n'eft point d'hóme à qui la cruauté foit moins cóuenáte qu'au
Prince, & que pour la victoire le Chef d'vne armée doit eftre plus craint que
l'ennemy. On trouue par efcrit qu'eftant vne mutinerië leuée par les foldas
IuilleCefar appaifa tout le cāp, & regaigna léur cœur par la punitiō de quel
ques vns:& lá ou ils faifoiét les facrifices de la guerre, on dit qu'il chaftia fes
gens, en ce mefmemét que quād ilz font entrez en vne ville, il ne leur eftoit
licite de fpolier les hómes ne les téples des dieux. Ce que par apres il repro-
cha, ainfi que la mutinerië f'échauffoit toufiours plus: car ceux qui auoient
iuré aux dieux & citoyens Romains ne pouuoiét impugner ce d'ont par le
facremét de la guerre ils auoient prins la defenfe. Au demourant les foldas
qui eftoiét notez de telle infamië ne pouuoiét pas receuoir foude, ne iouir
des priuileges de gens de guerre, ne porter armes, ny eftre remis à porter ceincture, que premierement on ne les euft auant tous autres marqué
pour les merites de leurs vertuz. Augufte a efté fort feuere en l'art militaire,
& a casfé auec infamie les legions mal obeisfantes auec vne par trop im-
modefte requefte de leur retraicte. Il a aufsi puny de mort les centeniers &
Chefz de chambre pour auoir laisfé leur garnifon. Quant aux autres façós
de vices il a puny les foldas de diuerfes peines, comme de les faire tenir de
bout

bout tout le iour deuât le Pretoyre, quelque fois en faye fans ceincture, quel que fois aufsi portans vn gazô de terre.C.Curio ayât decouuert vne legion des cinq mutinée durât la guerre Dardanique au pres de Durafe, la fit marcher fans armes, & la força de copper de la paille eftant decincte en la prefence de toute l'armée en bataille.Puys au lendemain il les fit faire vn foffé eftant pareillement decinctz.Ny ne fut pofsible par nulles prieres de la legion d'impetrer de luy de ne leur ofter leurs enfeignes, ne abolir leur nô, & qu'il ne diftribuaft les foldas pour r'emplir les autres legions. Luce Domician Corbule fit en Armenie loger hors le rempart deux ailes, & trois enfeignes, lefquelles en fa côpagnie tournerent d'entrée vifage à l'ennemy pres d'vn chafteau, iufques à ce que par vn continuel trauail, & par courfes heureufes, ilz recouurerent leur honneur.Ceux qui durant le Confulat de . P. Cornelie Nafica, & de Decimus Iulius auoient habâdonné l'armée furent condamnez, & apres auoir eu des verges vêduz publiquement.Côme. M. Cato apres auoir longuemêt fait fonner la trompette pour l'embarquemêt eut leué lancre, & fait voile du riuage du païs ennemy, y ayât fait feiour par quelques iours, et que l'vn des foldas qui eftoit demouré fit merueilleux cry & gefte pour eftre tranfporté en r'amenant toute l'armé au riuage, il le print, & le fit mourir faifant plus toft feruir d'exemple, celuy que par ignominië les ennemys euffent fait mourir. L . Paul ordonna de bailler à foudroyer aux Elephans qnelques vns des eftrangers qui auoient tourné leur robbe apres auoir vaincu le Roy Perfe . Le dernier Aphricain aufsi apres a-uoir ruiné l'Empire Carthaginoys liura aux beftes fauuages & fpectacles qu'on faifoit au peuple vn homme de la mefme condition & coulpe . Lequel aufsi (comme lon dit) eftant declaré Cenfeur, ofta le cheual à vn ieune homme par ce que durant le fiege de Carthage, il bailla fumptueufement en vn foupé en pillage à fes compagnons vn gafteau faict auec du miel, auquel il auoit donné la femblance de Carthage auec le nom . Et comme il requit la caufe pour quoy il luy auoit ofté fon cheual: Tu as (ce luy dit il) ruine Carthage auant moy. Xerxes Roy des Perfes permit à Pithius pere de cinq enfans & requerant le congié pour l'vn, d'elire celuy qu'il voudroit & apres l'auoir departy en deux, il les mift d'vn cofté & d'autre du chemin, par la quelle victoire, il a faict la purgatiô de l'armée. Actifanes Roy des Ethiopiens apres la reduction des Egiptiens foubz fa puiffance, les gouuerna d'vne fupreme equité. Il refrena de vray les deftrouffemens par vne nouuelle mode, fans faire mourir, ne laiffer impuniz les delinquens, & par vn iugement donné, il condemna d'vne douce fentence les chargez, apres les auoir tous affemblé. Or les força-il d'aller au cul du defert apres leur auoir coupé le nez, leur edifiant lá vne ville appelleé Rhinocere à caufe du nes coupé. Côme Affuere defiraft que la renommée & bruit de luy couruft par toutes natiôs, & peuples d'auoir tué Cyrus, Et que Mitridates qui premier l'auoit bleffé, & Chares fubfequemment luy ayant coupé la veine du iarret

d'ont il tűba portoient mal enuys, qu'iniuſtement la gloyre leur eſtoit oſtée
par preſens enuoyez du Roy, il fut merueilleuſement enflambé de courroux ayant ces nouuelles, & cőmanda de trancher la teſte à Chares. Et cőme la mere ſe trouuà là: Monſieur (dit elle) ne faites pas mourir ce Chares
homme ſi execrable d'vne peine ſi ſoudaine: c'eſt à moy de le payer de ſes au
daces que ia de lőg temps il braſſe. Et comme le Roy eut donné le pouuoir
à ſa mere d'en faire la punition, elle commanda à ſes bourreaux de le prendre, & d'eſtre mis l'eſpace de dix iours en tourmét, de luy creuer les yeux, &
de luy couler dedans les oreilles du cuyure fondu: & par ce moyen le faire
mourir matiriſé de toute façon de peines. Quelque peu de temps apres il
fit mourir Mithridate dedans des ſquifz pour la meſme cauſe: d'autant
qu'il ſe ventoit publiquement d'auoir tué de ſa main, Cyrus, & n'auoir pas
tiré ſon dard en vain, & à faute, comme Artaxerxes, mais qu'au contraire
il l'auoit porté par terre en luy fauſant la téple, duquel coup, il eſtoit finalement mort. Au regard de ſa mort & ſupplice, elle fut de ceſte ſorte. Apres a-
uoir edifié deux ſquifz ioingnans bien l'vn à l'autre, ilz renuerſent l'homme, qu'ilz veulent executer dedans l'vn mettát l'autre deſſus. Par ce moyen
ilz les aſſemblent tous deux, de ſorte que la teſte, les mains, & piedz demeurent dehors, le reſte du corps demeure enfermé dedans. Ilz luy donnét
viures, & le forcent de manger, en luy piquant les yeux d'eguillons: Et cőme il a mangé, ilz luy coulent dedans la bouche pour ſa boyſſon du laiĉt
meſlé de miel, duquel auſſi ilz luy arrouſent la bouche, & ſa face. Et en tour
nát ſon ſquif, il aſseient touſiours contre le ſoleil, luy couurás tous les iours
d'vne multitude de mouches ſa face, qui ſ'y attachent. Et comme la vertu
naturelle face ce que la neceſsité contreint faire les hommes beuuans &
mangeans, il ſ'engendre de la corruption & pourriture, diuerſité de vers,
par leſquelz penetrás dedás les veſtemés le corps ſoit ronge. Et cőme apres
la mort de l'homme on leue le ſquif de deſſus, on voit la chair mangée, &
apparoiſt autour des entrailles vne multitude de telle vermine, & d'autres
qui tous les iours naiſſent. Mithridate eſtant martiriſé de ceſte maniere de
ſupplices a veſcu langoreuſement l'eſpace de dix iours, mourant finalemét
ainſi. Auidius Caſsius qui voulut eſtre diĉt Marius mit en croix les ſoldas
qui auoiét rauy par force quelque choſe aux prouinciaux, es lieux meſmes
eſquelz ilz auoient delinqué. On dit auſſi que ce fut le premier qui inuenta
vne façon de punition plus toſt de cruauté que de ſeuerité: tellement qu'il
prenoit vne bien longue tronche qu'on fichoit en terre, à laquelle il attachoit les condánez depuys la cyme iuſques au bas mettát le feu au pied, de
ſorte qu'il en faiſoit mourir les vns bruſlez, les aucűs par la fumée & tormét
du feu, & les autres de peur & frayeur. Le meſme Auidius auſsi en a noyé
par dizaines enchainéz enſemble, & a coupé les mains à pluſieurs qui a-
uoiét habandonné le cáp, aux autres les iambes & iarretz, diſant que l'exéple d'vn criminel viuant miſerablement eſtoit plus grand que tué. Comme
auſſi ſans ſon ordonnance vne bande de ſecours eut tué trois mille Sarma-

tes

(marginal note:) Aſſuerus & Artaxerxes, meſme hőme.

tes logez au tour du riuage du Danube faifant mauuais guet, & qu'elle fut
reuenuë à luy auec vn merueilleux butin eftans leurs Tribuns en grande
efperance de recompenfe pour auoir auec fi peu de gens defait vn fi grand
nombre d'ennemys, il les fit trouffer, & mettre en croyx, & finalement
mourir, difant qu'il pouuoit auenir que ce fuft vne embuche,& que la reue
rence de l'Empire Romain periroit. Et comme vne mutinerie fe fut dreffée grande dedans l'armée, il fe ietta nud au mylieu ayant tant feulement
fes brayes leur difant : frappez moy fi vous auez le cœur, & faictes vn acte
de difcipline corrûpuë. Et lors eftans tous appaifez il merita d'eftre creint,
pour autant qu'il n'auoit point eu de crainte. Pifcenius Niger fit tuër diz
foldas pour auoir mangé vn coq qu'il auoient rauy à vn Prouincial, & defendit le feu, & la viande cuicte à l'armée qui par prieres & non par force
empefchoient l'execution, & de ne manger ne boyre que pain & eau,
en payant & liurant premierement le decuple au Prouincial. Vn foldat
charpentier aufsi fut par la fentence d'Alexandre Seuere, ou bien d'Aureille adiugé à vne femmelette pour carreton, à fin que par vn meftier feruile il
procuraft la nourriture à vne vieille qu'il auoit oultragé de parolles. Et côme les foldas en fuffent marriz il leur perfuada de porter patience, & les ef-
fraya d'vne modeftie. Aurelian a efté grand chaftieur de puterië. Il fe contenoit de vray & a chaftié d'vne cruelle peine les adulteres. Car comme ilz
euffent volé la femme de leur hofte il les a attaché à vne corde en courbât
deux arbres, apres laquelle lachée le criminel pendant d'vn cofté & d'autre
eft foudain mort demembré. Mais Marin a encores plus rudement chaftié
des foldas, lefquelz ayans violé la chambriere de leur ofte il fit enfeuelir
(car il eftoient deux) vifs dedans des cuirs de bœufz, ayans tant feulement
la tefte hors, à fin que de la multitude des vers qui f'y engendreroiêt ilz fuffent longuement tormentez. Autres ont inuenté de les pendre en plufieurs
façons de croix la tefte contre la terre : les autres les epaules : les vns de leur
etendre les braz au gibet : les autres de lier vn corps mort au vif, comme
Opilius Macrinus, & Mezentius duquel Virgile dit :

"   *Les corps mortz aux viuans oultre plus il ioingnoit,*
"   *Mains aux mains, face à face aufsi il conioingnoit :*
"   *D'vne tardiue mort, les tiroit ce torment,*
"   *Pourriz & corrumpuz en leur embraffement.*

Noz anceftres ont aufsi ordonné quelque fois quant aux punitions, que fi
le crime en l'art militaire auoit efté commis par plufieurs, on en puniroit
les aucuns par fort, à fin que la creinte couruft à tous, & la peine à peu. Car
le foldat qui a habandonné fon ranc, qui f'eft effrayé de l'effort des ennemys peut bien quelque fois par apres eftre meilleur côbatât, bon citoyen,
homme de bien. Les bons foldas donques obeiront, & garderont les com-
mandemês de leur Chef, finon que par fortune ilz foient contre la conferuation de la Republique. Car en tel cas le feul deloyal & mechant homme
de guerre y obeit. Quelle iniquité y a plus grande, ou plus grande execra-

tion que ſans aucun egard aſſaillir tout ce que le Chef ordonnera? Ne ſera
pas ce propos (par auanture quelque fois approuué dedans vn camp)
trouué funebre, cruel, & plein de trahiſon.

>>   *Si dans le pis du frere, & du pere en la gorge*
>>   *Tu m'encharges cacher mon glaiue, & de ma femme*
>>   *Au ventre plein de fruiƈt, m'augré qu'en ait ma dextre*
>>   *Ie le feray: ſ'il faut, & les Dieux depouiller,*
>>   *Et temples mettre en feu, la flambe de la guerre*
>>   *Des Dieux, & de Iuno fera vne meſlée:*
>>   *Et ſi aſſoit le camp ſur le Tibre Tuſcan,*
>>   *Ie le viendray planter d'audace en l'Heſperie*
>>   *Campagne. Lors auſſi quelque murs que tu vueilles*
>>   *Abbatre, de ces braz le belier ébranlé*
>>   *Eſcartera les pierres, & quoy que ce ſoit Rome*
>>   *La cité que voudras eſtre miſe en ruïne.*

Et combien qu'homme ne puiſſe rien dire plus inique, ne d'ont vn Chef
Romain deuſt eſtre plus offenſé ; ſil eſtoit loyal, ce meſchant ſoldat
toutesfois ſ'eſt efforcé de donner temoignage de ſa foy en ſon deuoir par
ces parolles, par leſquelles il ſe rend conuaincu, attendu les ordonnances de la guerre , d'eſtre meſmement deſloyal & trahiſtre . Ces propos
donques auront eſté miz en auant contre ceux qui maniënt la guerre de plus grande pareſſe & nonchallance, ou autrement que
ne requiert la commune diſcipline, ont encouru note
d'ignominie , & d'infamie, eſtans approuuez par
pluſieurs exemples, à fin que les gens de guerre apprenent à ſe donner garde au peril
d'autruy, ou bien qu'ilz ſoiét prou-
uoquez par les exem-
ples de la vertu
d'autruy.

Fin de l'vnſieſme liure.

Le

LE DOVZIESME LIVRE
DE ROBERT VALTVRIN, DE
l'art militaire

Des Triumphes, & que c'eſt, & d'ou il eſt venu. Chap. I.

Ous mettrons finalement pour la conſummation de noſtre euure, Sigiſmond Pandulphe, les triumphes d'vn ordre raiſonnable, & deu à noſtre narration, veu qu'ilz ſont la fin des guerres, & l'honneur & gloire des gés de guerre. Car le triúphe eſt le ſupreme honneur de toutes les proueſſes de la guerre, & vne treſgande ioye de tous, tant maſles que femelles, que de tous âges de toute la cité, auec vne venuë au deuãt qui ſe faiſoit au Chef, & à l'armée victorieuſe à ſon retour, d'vne glorieuſe defaicte des ennemys portãt en pourtrecture deuãt ſoy ſes geſtes faictz de hardieſſe & bon heur: & eſt ainſi dict cóme on le temoigne du mot Grec θριάμβενσις, qui ſignifie en latin *exultatio*, reiouiſſance. Quelques autres croyent que ce nom eſt venu en couturme des Gregeoiz, & que quelque choſe de ceſt hóneur en appartient à ſon premier autheur le pere Liber, qu'ilz appellét θρίαμβον: & combien que Plutarche nië cela eſtre vray, toutesfois le treſdocte en toutes choſes & ſubtil M. Varron, le dit eſtre deriué de là. Il eſt vray que Tranquille afferme que *Triumphus* ſe doit plus toſt eſtimer eſtre latin, d'autãt que celuy qui triumphãment faiſoit ſon entrée à la ville, eſtoit honoré par trois iugemens. Premierement l'armée auoit le iugement touchant d'octroyer le triumphe au Chef: Secondement le Senat, puys pour le tiers le peuple: mais c'eſtoit de celuy meſmement qui Dictateur, Conſul, ou Preteur auoit fait choſes dignes de triúphe. Tite Liue: Quãd les affaires auoient eſté de toutes pars bien vuydez, l'armée en iugeoit, & a le Dictateur fait ſon retour à Rome triumphant par le decret du Senat, & par le cómandemét du peuple. Le meſme encores au trente & vnieſme liure: L. Corneille Lentule eſt retourné de l'Eſpagne: Et cóme il euſt fait entendre au Senat les choſes que par pluſieurs ans il auoit vuydé de grande hardieſſe, & bon heur, luy requerant eſtre loyſible d'eſtre porté dedãs Rome en triúphe, le Senat iugea ſes euures dignes de triúphe: mais qu'ilz n'auoiét point d'exemple de leurs anceſtres, que celuy qui auoit mené la guerre n'eſtãt Dictateur, Conſul, ne Preteur triúphaſt: qu'au regard de luy il auoit eu le gouuernement de la prouince de l'Eſpagne, cóme Proconſul, & non pas cóme Conſul, ou Preteur. Il fut toutesfois dit qu'il entreroit en ioye à Rome, par l'interceſſion de Sépronius Longus Tribun de la cómune, lequel toutesfois diſoit que ſuyuant la couſtume des anceſtres on ne l'auoit iamais veu faire. Mais finalement le Tribun veincu par le conſentement du Senat, y conſentit, tellement que par le decret du Senat, Lentulus entra en triumphe à Rome.

N n. iij.

DES TROPHEES, ET DE LEVR ORIGINE,

& en quoy ilz font differens du triumphe : & que les vns apres
la victoire auoient de coutume d'immoler vne brebis, les au-
cuns vn bœuf, & les autres vn coq. Cha. II.

Il fe fault donner garde, que ce en quoy f'abufent aucuns touchant le triumphe & trophée, ayans opinion qu'vne mefme
chofe doiue eftre appellée par deux noms, ne nous confonde.
Car tout ainfi que celuy eftoit dict triumphant, qui par la loy
triumphale faifoit vne pompe Martiale, & epouuantable par la boucherie des ennemys: femblablement aufsi ilz appelloient trophée là ou les ennemys auoient eu la chaffe, & non fans propos du nom Grec τροπαιον dict à
caufe que l'ennemy tourne vifage. Or eft il que les anciens appelloient trophée vne tronche de chefne de môtaigne taillée en façon d'homme vaincu, & comme veftu de fes depouilles & armes. De vray on y pendoit de
toutes pars des depouilles bien parées, & en bel ordre, ny n'eftoit fiché
en terre qu'en lieux bien apparans. Et pourtant Salufte dit de Pompée:
» Apres la conquefte de l'Efpagne il ordonna des trophées es mons Pyrenés.
Pour laquelle coutume aufsi on attachoit es villes des trophées à des arcz
de maffonnerie. D'ont noftre tant elegant poëte a dit:

»   *Sur le fepulchre il dreffe vn chefne bien fort grand*
»   *Tout autour ebranché, & d'armes claires l'arme:*
»   *A toy grand les depouilles adreffe pour trophée*
»   *Le belliqueux du Chef Mezence, qui font creftes*
»   *Arroufées de fang, auec fes dardz brifez,*
»   *Et la cuyraffe aufsi en douze lieux faucée:*
»   *Soubz la feneftre il lie vn bouclier faict de cuyure,*
»   *Et au col luy pendit vne efpée d'yuire.*

Et de rechef en vn autre paffage:

»   *Il veult les Capitaines porter les troncz vetuz*
»   *Des armes ennemyes, & y ficher les noms.*

Or a-il dit que les tiltres auec les noms des ennemys mortz eftoient attachez aux trophées. Et pourtant dit Iuuenal:

»   *Des guerres les depouilles aux trophées ficbées*
»   *Tronques, & la cuyraffe, auec vne bauiere*
»   *Pendant du cabaffet faucé: & du Timon*
»   *La courte courbe, auec l'appreft de la gallere*
»   *Veincuë, & le captif trifte au fommet de l'arc.*

» Il ne faut pas aufsi oublier que l'ouacion eft vne façon de triumphe, qui
n'eft pas dicte d'ouatio, c'eft adire clameur Bacchique, comme plufieurs
penfent, combien que comme dit Plutarche on crie & châte en l'ouation.
Au demourant les gens de guerre ont de coutume de facrifier vn bœuf en
vn grand triumphe & pleine victoire, & en l'ouation vne ouaille d'ont
                                              cefte

ceſte façon de triumphe a prins ce nom:& d'autant que ceux qui venoient de la bataille auec la multitude alloient au deuant aux moindres dieux,& que lá ou ils auoient chaſſé les ennemys,ils leur ſacrifioient des ouailles , ils eſtoient appellez (*Ouantes*) . En ſemblable auſſi l'ouation eſt le moindre triumphe. Celuy auſſi qui à merité l'ouation eſt ſur vn cheual, & conduict au Capitole par la commune, ou bien par les cheualiers Romains, lá ou il ſacrifie des ouailles, d'ont,comme il à eſté dit , eſt venuë l'ouation. Au regard de celuy qui triumphe,il eſt porté à quatre cheuaux blancz,deuant lequel marche le Senat au Capitole, auquel il ſacrifie des taureaux . En quoy auſsi il ne fault pas laiſſer en arriere , entant que touchent les moindres triumphes , & ouations : en quoy ie treuue les anciens Hiſtoriographes auoir eſté diſcordans : partie d'eux eſcriuans, que celuy qui ouoit , auoit de coutume d'entrer à cheual : & toutesfois Sabin Maſſurin dit qu'ils eſtoient à pied ſans ſuyte de gens de guerre, mais auec tout le Senat. I'eſtime auſſi choſe digne , & à propos de conſiderer le Legiſlateur des Lacedemoniens , lequel à ordonné de ſacrifier quelque peu autrement que les Romains. De vray , ſi quelque Chef des Lacedemoniens a vuydé ſon entreprinſe par menées ou par beau langage, il ſacrifie vn bœuf, ſi par bataille,vn coq : tellement que combien que ce ſoit vne maniere de gens fort Martiaux, & telz reputez par tout le monde , ils iugeoient toutesfois les faictz plus grands, & plus conuenans à l'homme vuydez par raiſon & prudence,que par violence,& proueſſe.

DIVERS GENRES DE TRIVMPHES SELON
la diuerſité des peuples & nations.   Chap. III.

Out ainſi donques que toutes nations n'ont pas gardé vn meſme exéple de religion es ſacrifices des triumphes , auſſi eſt il certain que la façon de triumpher à eſte diuerſe entre elles. Parquoy pour r'amener le premier autheur de trîumphe, on dit que quatre Elephans attelez traynerent le car de Denys que les Latins appellét le pere Liber triumphant des depouilles de pluſieurs nations, apres auoir ſubiugué l'Indie. On dit auſſi que Seſoſtris Roy des Egiptiens fut d'vn cœur ſi hautain & glorieux,qu'il auoit de coutume d'atteler à ſon car au lieu d'Elephás chacun des Roys de ſes ſubiectz ſelon le ſort,triumphant de ceſte ſorte ſans en auoir aucun exemple de ſes predeceſſeurs,(pas que i'aye trouué) prenant ceſte ſi grande licence d'vne gloyre,cruauté,& fierté intollerable. Erichtone auſſi a eſté le premier qui victorieux a prins en Grece le car à quatre cheuaux. Mais entre les noſtres Coſſe & Marcel amenans vn butin fort riche furent auſſi portez en car à quatre ieugs : toutesfois Denys n'a pas bien dit diſant que Romule ait vſé du car, veu que les ſtatuës comme on a l'aiſſé par memoire eſtoient à Rome à la veuë de tout le monde portans à pied les dépouilles, d'ont il eſt manifeſte que ſes triumphes eſtoient à pied . On

dit que depuis Tarquinius Priſcus, & par apres le fils de Damarate ordonnerent ceſte forme & magnificence mal ſeante de car à quatre cheuaux au
triumphe, laquelle toutesfois les Hetruſques prindrét & vſurperent au parauant. Quoy qu'autres affirment que Publicole a premierement triumphé
en telle pompe, laquelle auſsi ie treuue auoir eſté deniée à aucuns, & non
ſans bien grandes raiſons, tout ainſi qu'elle a eſté octroyée par les loix des
anciens à pluſieurs & grandz Capitaines.

QVE LES TRIVMPHES N'ESTOIENT PAS
octroyez à tous, & quelz ilz eſtoient.　　　Chap. IIII.

Omme donques l'honneur de triumphe fuſt venu à telle raiſon
qu'on n'eſtimaſt poít eſtre poſsible au Senat. P. Romain, & à l'armée de bailler, ne à vn Chef receuoir d'eux choſe plus gráde pour
vn treſample honneur, & gloire apres auoir vaincu les ennemyz,
& qu'à cèſte cauſe chacun chef d'armée requeroit le triumphe, qui eſtoit le
ſupreme des honneurs pour des petites batailles & rencontres, on y obuia
par la loy, qu'à celuy ſeul ſeroit permis d'entrer à Rome en triúphe, lequel
ſeroit Chef renommé par ſes euures & proueſſes, & qui en vne ſeule bataille auroit defait l'armée des ennemys, les rompant & tuant iuſques au
nombre de cinq mille hommes. Et depuis L. Marin & Marc Caton Tribuns de la commune ordonnerent punition aux Chefz qui par lettres auroient deguiſé au Senat fauſemét le nombre des mors des ennemys, ou bien
celuy de la perte des citoyens, commendant d'auantage à ceux qui faiſoient leur entrée de faire ſerment deuant le Queſteur: ſur celá, à ſauoir
ſi les choſes qu'ils auoient donné à entendre au Senat n'eſtoient pas fauſes.
D'autre part tout ainſi qu'au parauát les Tribuns de la commune ſoloient
eſtre contraires aux requerans le triumphe : tellement que donnans quelque fois empeſchement aux gens de bien, & de proueſſe, ils détournoient
ceux des autres de frayeur, & les faiſoient triumpher auſsi comme il eſt
eſcrit de Manlius, la coutume auſsi eſtoit qu'il fuſt loyſible de bailler la
coronne de laurier pour l'augmentation de l'Empire, & non pour la re-
conqueſte des choſes qui en auoient eſté. A ceſte cauſe le triumphe n'a
point eſté ordonné à Q. Fuluius apres auoir conquis le peuple Campa-
nois, ne à L. Opimius pour la reduction des Fragelleins, le requerans au
Senat : car il eſt certain que le Senat auoit le pouuoir d'ordonner & aiuger
ceſt honneur : combien que durant le Conſulat de Valere & Horace, il fut
premierement triumphé. Ce qu'au parauát iamais n'auoit eſté fait par l'ordonnance du peuple ſans l'authorité du Senat. Ie trouue auſsi que touchant
ceſte pompe, il eſtoit ordonné d'ancienneté que le triumphe ne ſeroit
point aiugé à ceux qui ſans aucune authorité de Magiſtrat auroient eſté
enuoyez à grandes entreprinſes, & de renom pour les vuyder par guerre.
Parquoy M. Marcel, & P. Scipion n'ont point eſté portez en car triumphal,

phal, lors que l'vn d'eux a reduit Sarragouze, & l'autre, les Efpagnes à l'obeiffance des Romains fans Magiftrat. L'obferuance eftoit auffi fuyuant la coutume des anceftres que nul triumphaft qui eut delaiffé fon armée à vn autre, fil ne liuroit la prouince à fon fucceffeur conquife, & pacifiée. Parquoy comme la grandeur des faictz rendift le triumphe impetrable au Proconful L. Manlius, le requerant à fon retour d'Efpagne au Senat dedans le temple de Bellona, l'exemple des autres luy repugnoit: vn moyen honneur toutesfois luy fut ordonné, c'eft qu'ouant & non pas triũphant il feroit fon entrée. D'auantage la coutume du Senat auffi eftoit de decerner le triumphe de forte, qu'il n'efcoutoit la harangue de nul autre, que de celuy qui auoit à triumpher, ou bien de ceux qui feftoient trouué à la guerre. Et à cefte caufe eftoit il ordonné que les lieutenans, Tribuns, Centeniers, & finalement les foldas fe trouueroient au triumphe, à celle fin que publiquement la vertu fuft veuë des prouefles de celuy à qui on faifoit tant d'honneur. Iamais auffi triumphe par l'ancienne coutume des Romains ne fe procuroit par pleurs ne par fang des citoyens, ny n'eftoit admis eftant octroyé. M. Fabius Conful apres auoir vaincu les Hetrufques & Veientes par vne glorieufe bataille refufa le triumphe à luy offert par vne grande affection du Senat, & du peuple: D'autant que fon frere Q. Fabius Conful y fut tué combatant vaillamment: difant qu'vne fi grande perte pour la Republique les pleurs y eftoient mieux feans que le triumphe. Le Senat auoit le pouuoir de déniër le triumphe, aufsi eftoit il en la puiffance à qui il eftoit offert de le refufer, ayant combatu foubz la conduicte d'autruy, ou en autre prouince que la fienne, comme premierement le fit Helius; aufsi a Cn. Claudius, & fubfequemment Neron, lequel Helius ayma mieux fuiure à cheual Line Salinateur triumphant, de la gloire duquel il eftoit participant à la defaicte de Hafdrubral que de iouir du triumphe que le Senat luy auoit decerné egal. Parquoy il triumpha fans car, d'autant que la bataille auoit efté donnée en la prouince du Salinateur. On denioit aufsi le triumphe à celuy qui auoit vuidé la guerre d'vne autre armée que la fienne, & qui euft delaiffé fa prouince pour le profit du pillage, comme il aduint prefque au Preteur L. Furius: auquel combien qu'il euft fait fans aucun exemple, on decerna le triumphe des Gaulois contre la coutume, à raifon de fes grandes prouefles, auec la grace, & priere de fes amys en l'abfence du Conful. Nous lifons auffi que par vne licence militaire du temps paffé ceux qui fuyuoient le car, fe iouoient ce iour là à arrozer le triumphant de moqueries, & vers, fans danger. Lefquelles chofes toutesfois fe difoient de forte par les gens de guerre au Chef, que facilement on les découuroit eftre dictes contre vn Capitaine voluntaire, & ambitieux. Nous auons aufsi entendu qu'on auoit de coutume de porter en pompe par maniere de rizée vne Citerië, qui eftoit vne effigië fubtile & de grand babil deuifant auec le peuple. Et pourtant difoit M. Caton contre M. Cecile: Que diroye ie d'auantage? comme qui croy qui fera porté en ,,

,, pompe pour vne Citeriëes ieuz, & deuiſera auec les aſſiſtans.Au demourant la ville auoit vne ordonnance treſſainɛte, & digne entre les autres, laquelle à toutes entreprinſes & vuydemens d'affaires inuoquoit les Dieux:
d'autant que les choſes qu'ils approuuoient,eſtoient hors de calumniё : &
quand elle decernoit vn triumphe ou ſupplication,elle diſoit en parolles
ſolennelles,qu'il auoit tresbien & heureuſement aminiſtré la Republique.

LES PAREMENS, ET ORNEMENS DES
triumphans.   Chap. V.

Es triumphans auoient pluſieurs paremens, comme la coronne
de l'aurier,vne taſſe d'or, & ſacrificale, l'anneau de fer, le manteau long de pourpre, auec palmes, vn ſceptre d'yuire, ou bien
celuy du treſgrand, & tresbon Iuppiter,la face outre plus peinɛte
de rouge flamboyant,tellemёt que tout ainſi qu'on a de coutume de pein-
dre es feſtes la face de L'image de Iuppiter, comme le temoignent les autheurs non ſeulement graues, mais auſi ſainɛtz, les corps auſi des triumphans les ont eſté de meſmes:& a triumphé Camille de ceſte maniere de re-
ligion.La Bulle auſi pendant depuis le pis iuſques au cœur, & ayant la figure d'vn cœur eſtoit vn parement des triumphans,tout ainſi que des ado-
leſcens , au dedans de laquelle eſtoient des remedes qu'ils eſtimoient valoir
contre les eguillons & morſure de l'enuie. Il eſt auſi certain que les triumphans la portoient ſur le cœur, à fin que ceux qui la regarderoient ſeſti-
maſſent de tant eſtre dignes du nom d'honneur ſilz ſurpaſſoient tous les
autres de ceſte partie. Au demourant auſi (Bulla) eſt diɛte de βουλὴ mot
Grec, qui ſignifie en Latin(conſilium) conſeil, ou bien d'autant que la Bulle
couure la partie du corps, en laquelle le naturel conſeil fait ſa reſidence .
Les triumphans auſi eſtoient amonneſtez par derriere en ce tant glorieux
car,qu'ils eſtoient hommes.De vray on luy diſoit: Regarde apres toy, & te
ſouuienne que tu es homme . A la verité auſi eſtoient ils en ſi grande ioye
de ſe voir en vne ſi grande ſplendeur de gloire, que l'auertiſſement de leur
condition leur eſtoit oportun . Or comme la coronne fuſt ſouſtenuё par
derriere, & que l'anneau de fer fuſt au doigt,on prenoit garde tant à la fortune du triumphant, que de celuy qui arreſtoit la coronne. Au ſurplus les
triumphans auoient droiɛt d'eſtre veſtuz d'vn ſolennel parement , & qui
n'eſtoit pasloyſible à chaſcun de porter.La robbe de vray acquiſe par vertu
n'eſtoit pas à tous de meſme, car elle eſtoit differente de matiere & de
couleur. Quant au pourpre ie treuue que les Romains en ont touſiours
vſé, vray eſt que Romule a porté la robbe Trabée. Tulle Hoſtille a eſté le
premier des Roys qui a vſé du long manteau à bort de pourpre, & de celuy
à cloux d'or,apres auoir vaincu les Hetruſques. Verius auſi fait entendre
que Tarquinius Priſcus a depuis triumphé en chemiſe d'or, laquelle les
autres appellent Palmée, d'autant que ce veſtement làeſtoit celuy duquel

vſeroient

vferoient ceux qui auoient merité la palme, ou bien d'autant que les palmes
y eftoiét veuës figurées. Ariftote de vray temoigne au fixiefme des proble-
mes que l'arbre de la palme n'eft pas fans propos tenu entre les paremens
de la victoire & des triũphans: aufsi faict Plutarche au huictiefme des Sim-
pofes. Car fi tu charge ceft arbre de grãd pois, & que tu le forces & charges
fi outrageufement que la grandeur ne fe puiffe porter, la palme n'obeit
point au fais, ny ne fe cambre contre terre, arguant au contraire contre la
charge, tellement qu'elle fe courbe & cambre contremont. Parquoy dit
,, Plutarche: la palme eft aggreable es combats, pour figne de victoire, &
,, d'autant que ceft vn bois noble, & qui ne fe rend point aux efforts & vio-
,, léces: de là eft venu qu'on a dit que les triũphans ont porté rameaux de pal-
,, me. La coutume eft aufsi venuë de porter corones de l'aurier, & de tenir vn
rameau à la main, non pas d'autant que comme aucuns dient, que fil eft
offert entre les ennemys armez, c'eft indice de repos, & + qu'on l'aioufte   +Ex Plí.
aux lettres pour principalement denoncer aux Romains vne ioye, & les   l.xv.cxxx.
victoires, ne pour autant qu'il eft continuellement verd, ne aufsi pour de-   adde, ad-
noncer la paix, ne pour auoir efté pofé au giron de Iuppiter le trefgrand &   ditur lit-
teris pro
tresbõ, toutes les fois qu'vne nouuelle victoire apportoit vne ioye: car aue-   fuiffet.
nant l'vn ou l'autre, l'oliuier luy eftoit à preferer: mais pour autant qu'elle eft merueilleufement belle au mont Pernafe, & à cefte caufe aggreable
à Appollo, eftans ia comme le temoigne L. Brutus, les Roys Romains
accoutumez d'y enuoyer des dons: prenans parauanture occafion, d'autant que là Brutus auoit merité la liberté publique, ayant baifé cefte terre là
portant l'auriers, fuyant la reponfe de l'oracle. Et d'autant que ceft le feul
des arbres qu'on plante à la main, qu'on reçoit es maifons & que la foudre
n'atteint point. Pour ces caufes donques croyroye ie plus toft qu'on luy feroit honneur es triumphes, que pour autant que ce feroit vn perfun de la
defaitte des ennemys, & vne purgation comme dit Maffurius. Il eft aufsi
auenu à Augufte de grans cas dignes de memoire de ceft arbre, pour lefquels ie penfe auoir efté vfurpé es triumphes. De vray comme *Liuia Dru-*
filla (laquelle depuis a par mariage receu le nom d'Augufte) eftoit afsife, vne
aigle defcendant du ciel luy offrit fans f'effrayer vne poule d'vne viue blancheur fans eftre offenfée: & en f'émerueillant y eut autres merueilles, en ce
quelle tenoit au bec vn rameau de laurier chargé de grene. Les Arufpices
ordonnerent de garder cefte poule & fa race, & de planter le rameau & le
bien garder. Ce que fut fait au village des Cefars afsis pres le Tybre à la
neufiefme pierre fur le chemin Flaminin qui à caufe de ce f'appelle aux pou-
les blanches: là ou par grandz merueilles eft venuë vne foreft, de laquelle
depuis Cefar triumphant a tenu vn laurier en fa main, & porté vne corone,
& depuis luy tous Empereurs. Et a efté la coutume introduicte de planter
les rameaux qu'ils ont tenu, & demouroient les forefts diftinctes par leurs
noms.

OR pourſuiurons nous la maniére des triumphans donnans à co-
noiſtre en ces choſes l'ordre des Romains. Au iour donques auquel deuoit eſtre la pompe, tout le peuple Romain y abordoit
par tout eſpars pour voir le ſpectacle du triumphe, eſtant chacun
ſelon ſon pouuoir paré des plus beaux veſtemens, tellement que pas vn des
citoyens ne gardoit la maiſon, prenans place chacun la nuict precedant le
iour du triumphe es Theatres equeſtres qu'ils appellent *Circos,* & finalement es lieux dreſſez de boys pour cela, autour de la place, es temples, &
porches, es places publiques, feneſtres, feſtes de maiſós, & par tous les lieux
de la ville eſquelz feroit le paſſage pour voir le triumphe: l'aiſſans tant ſeulement la voye de l'Empereur epanduë par tout de flœurs & bouqueſtz
odoriferans, de Verueines, & autres herbes donnans ſuaue ſenteur. Puis
vn grand nombre d'hommes ayans bâtons en main faiſoient faire voye
au peuple la rendans vuyde & ſpacieuſe. Au demourant vne partie des gens
de guerre marchoient auant iour par troupes, & ordre auec leurs Chefz,
& eſtoit eſtablië au pres du temple d'Iſis (car lá les princes repoſoient ceſte
nuictée lá) puis au point du iour ilz portoient à leur main dextres le laurier veſtuz de pourpre tiſſuë d'or, & portez dans vn car doré, & fort eleué pour pouuoir eſtre veuz, eſtans aſsiz en maieſté ſur le ſiege curule &
d'yuire. Puis tous les gens de pied marchoient deuant ſoubz leurs enſeignes, & Tribuns. Apres leſquelz eſtoient portées les depouilles des ennemys, corones d'or, & les preſens des villes alliées. Subſequemment
ſuyuoit le ſon des trompettes auec toute la nobleſſe des oſtages, & priſonniers d'vne face, & habillement triſte. Et ſi le Chef des ennemyz eſtoit
prins, il eſtoit ſur la queuë de tous eſtant mené deuant le car enchayné.
Quatre cheuaux beaux, & blancs, bien harnachez tiroient le car, apres lequel tous les priſonniers qui eſtoient venuz par la prouince à teſte raſé pour
l'affranchiſſement de la ſeruitude, ou bien ayans chapeau en teſte pour
marque du don de la liberté ſuyuoient le car du triumphant. Les gens de
guerre & cheualiers ſuyuans ce car des Empereurs ſelon les legions, cohortes, & chambrées auec le laurier en main, chantans en partie des car-
mes du pais meſlez de rencontres, & moqueries : & chantans en partie
les louenges des triumphans paſſoient aux galleries de la ville, lá ou le
Senat & tous les ordres epanduz au deuant attendoient leur venuë: laquelle ne ſe faiſoit ſinon par la porte & voye triúphale aupres du Vaticane,
qui a prins le nom, d'autant que la pópe des triumphes y paſſoit touſiours.
Et lá apres auoir fait leurs ſacrifices, & oraiſons aux Dieux, ils prenoient
leur refection, & menoient le triumphe veſtuz de robbes magnifiques &
triumphales eſtans les Dieux aſsis à la porte, auxquels ilz faiſoient ſacri-

fices

fices paſſans entre les eſcharfaux , à celle fin qu'ilz fuſſent veuz plus aiſément du peuple . Or ne ſauroit on ſuffiſamment reciter la multitude, ne
la magnificence de ces ſpectales en toutes choſes , ne meſmes les penſer, ſoit en nouueauté d'artifice , ou de richeſſes, ou de nature. On a de
vray cerché toutes les choſes qu'on peut trouuer entre les hommes bien
fortunez en quelque contrée que ce ſoit , ſelon qu'elles ſont plus admirables & magnifiques, plus aux vns qu'aux autres : tellement qu'vne
multitude infinie d'argent & d'or tant en œuure, que pur, que monnoye,
& d'yuire & pierreries, & de riches robbes d'vne eſtoffe rare ſuyuoit : les
autres portoient grandes taſſes & phioles, & gobelletz fort bien penez,
& grands. Les autres des vaſes en grand nombre d'or, & de pierrerie
d'vn grand artifice , & poix. On portoit ſubſequemment des chaines,
& ecuſſons auec montagnes d'or enuironnées de cerfz, lions, & pomes
de toutes ſortes par vn ordre certain. On portoit auſſi des images à demie boſſe, & les Dieux que les autres auoient fait d'vne grandeur merueilleuſe, & d'vn artifice diligent . Apres eſtoient portez à chariotz me-
dailles de bronze , & de marbre , auec tableaux & colloſſes . Auſſi e-
ſtoient bâtons & autres depouilles des ennemyz comme catapultes, baliſtes, & tous inſtrumens de baterie auec armes riches , & belles d'vn
cuyure , & de fer bien poly, ordonnées de ſorte qu'elles ſembloient y
eſtre cheuës par fortune : entre leſquelles eſtoient couchées ſalades, e-
ſcuz , cuyraſſes, graiues, boucliers, pointons, trouſſes , mords de cheuaux, eſpées nuës, & des piques fichées : tellement que le regard don-
noyt frayeur meſmes aux veinqueurs. Laquelle eſtoit meſmement grande
veu les engins qu'on portoit : pour la grādeur deſquelz, ceux qui les r'encon
troient, eſtimoient les porteurs eſtre en grand dangier. On portoit en triū-
phe les enſeignes des gés de guerre, auec les modelles des villes, & bourgades. On menoit auſſi troupes des cheuaux priz & de diuerſes maniéres d'a-
nimaux, comme d'Elephans, & lyons harnachez de leur propre harnois.
Apres eſtoient menez bœufz à cornes d'orées, parez de bandeaux, & corones, leſquelz vne ieuneſſe menoit trouſſée pour les ſacrifier : & les taſſes d'or, & d'argent eſtoient portées pour ſeruir au ſacrifice . Toutes leſquelles choſes ne pouuans eſtre menées en vn meſme iour , pour la
multitude & abondance, eſtoient quelques fois reſeruées au lendemain. A-
pres leſquels vne autre face de guerre ſembloit ſ'offrir es ieux, eſquelz on voyoit ruiner des villes fortes, defaire la force des ennemys, les vns eſtre tuez,
les autres fuir : Les vns priz priſonniers, abbatre d'engins murailles d'vne
hauteur merueilleuſe, raſer chaſteaux , ruiner villes bien peuplées, l'armée
ſ'eſpandre dedans les cartiers tous pleins de malſacre, les prieres des gens
ſans defenſe, le feu mis aux réples, les ruines des maiſons ſur leurs maiſtres.
L'artifice & grandeur des ouurages les monſtroient aux aſſiſtans, ne les
ſachans comme quaſi faictes au vray : Ainſi le diſant Ouide au Ponte :

,, *Les villes ebutnées auront de tours & murs*
,, *La ceincture, & qu'au vray faicte semble la feincte.*

Or estoit le temple de Iuppiter le Capitolin, la fin de ce triumphe : là ou a-
pres qu'on estoit arriué, les veinqueurs suyuans l'ancienne coutume attendoient iusques à ce que quelqu'vn les auertit de la mort du Chef des ennemys. Car le Roy ou Chef des ennemys estoit condamné à perpetuelle pri-
son : ou bien attaché par vn licol on le menoit publiquement à la mort. Et
apres les nouuelles receuës de ceste fin de vie, & que tous auoient fait la
court, ilz se retiroient au palais estans les sacrifices celebrez & perfaictz so-
lennellement pour la seconde fois. Puys les triumphans dressans banquetz
aux autres, faisoient inuiter suyuant la coutume les Consulz pour s'y trouuer, les contremandans par apres, à fin que ce iour là personne n'y fust de
plus grande authorité que le triumphant. Au demourant tous les autres
auoient en leurs maisons apprestz de banquetz : par ce moyen la ville de Rome celebroit à grande ioye outre toute maniere accoutumée d'honorifi-
cence ce iour heureux, pour l'augmentation du bien public, & de l'Empire
du peuple Romain auec la fin des maux ciuilz.

LES LOIX TOVCHANT LES
coronnes. Chapitre. VII.

L est aussi necessaire de mesurer la maiesté des coronnes d'vne
speciale consideration, comme qui sont d'vne grande dignité
auec vn grand eguillon de prouesse. La prudence Romaine a
tenu vne coutume d'ancienneté pour enhardir les cœurs, que le
Capitaine apres auoir bien, & de bon heur vuydé vne guerre, montoit en
chaise, & assembloit les gens de guerre pour louer chacun en ces prouesses,
& que pour le temoignage de la vertu il dónast coronne à ceux qui auoiét
bien seruy la Republique, à fin qu'il y eust qualité de faueur. Et à fin que ie
commence presque au commancement, les anciens les portoient legeres,
les appellans strophes, d'ont sont venuz les strophioles, lequel vocable encores a esté vsurpé entre les choses Diuines, & les honneurs Martiaux, esquelz les coronnes gardent leurs noms : tellement que quand les coronnes
se faisoient de fleurs, elles ont esté appellées *seruiæ* de *serere* semer. Le peuple Romain a fait l'honneur de fleurs tant seulement à Scipion surnommé
Serapion pour la semblance qu'il auoit à vn certain marchant de pour-
ceaux. C'a esté vne façon qui n'a pas fort pleu aux Grecz anciennement.
On souloit lors de vray coronner de rameaux d'arbres es combatz sacrez,
qui a esté quelque temps es camps Romains : tellement que Romule a ainsi
coronné d'vn feuillart Hostilius grand pere du Roy Tulle Hostile, pour
estre entré le premier dedans Fidenes : ausi a de mesme l'armée le pere P.
Decie Tribun des gens de guerre pour auoir sauué la vie à Corneille Cosse

Ex Plinio
li.21.ca.3

Capitaine

Capitaine general & Conful durant la guerre des Samnites. On a depuis
commécé à les diuerfifier, par vn meflement de diuerfes couleurs: & ont les
Sicioniens premierement bruflé enfemble les odeurs & couleurs des fleurs:
defquelles encores chacun ne pouuoit pas vfer à fon plaifir, finon eftant re‑
ceu auec vne grande feuerité. De vray on ne trouue point d'exemples de la
licence d'elles autre de l'ancienneté que de la fille du Diuin Augufte, du
quel Dieu les lettres gemiffent que Marfias ait efté coróné toutes les nuictz
par la luxure d'elle. Comme P. Numatius eut coronné fa tefte d'vne coron‑
ne de fleurs oftée à Marfie, & qu'à cefte occafion les Triumuires euffent or‑
donné de le mener en prifon, il en appella aux Tribuns de la cómune, lef‑
quelz ne luy donnerent point de confort.   Comme le changeur Lucius
Fuluius fuft accufé eftre allé de fa galere en la place de iour auec vne coron‑
ne de rofes durant la feconde guerre Punique, il fut par l'authorité du Se‑
nat mené en prifon, fans en partir auant qu'elle fuft finie. Apres lefquelles
corones ainfi receuës bien toft apres vindrent celles qu'on appelle Egi‑
ptiennes, & par apres les hyuernales lors que la terre denië les fleurs, en dó‑
nant teincture aux ratures de corne : aufsi fit celle que Homere appelle
στέφαῷ. Depuys ancra à Rome peu à peu le nom de Corolles par Lu‑
cilius ainfi au commencement dicte pour eftre grefle, & bien toft apres
celuy des Corolleres mefmement depuys qu'on les bailloit de lames de
cuyre tenures d'orées ou argentées. Il eft certain que la coutume de coroner
a efté premierement des Dieux des Gentilz: & dit on que Dyonifius, com‑
me le temoigne Diodore lioit fa tefte d'vne mittre, fi quelque fois elle
trauailloit pour auoir beu: d'ont il a efté appellé Mitrophore, & que de‑
puis les Roys auoient de coutume de facrer leur tefte d'vn diademe au
lieu de mittre: & qu'ainfi l'a premierement le pere Liber mis en fa tefte
fait d'yerre ayant triumphé des Indiens. Les autres comme Pherecides diét
que Saturne a efté auant tous coroné. Les aucuns tiennent que Iuppiter
a efté premierement honnoré de cefte dignité apres auoir defait les Tita‑
nes. Au furplus la corone d'efpicz de bled, fut baillée pour enfeigne tref‑
faincte à Romule à fon facerdotat, qui feroit liée d'vn ruben blanc, lequel
auoit premierement inftitué les prelats des terres labourables, & feftoit
nommé pour le douziefme frere entre eux. Ceft la premiere corone receuë
à Rome, & eft vn honneur qui ne finit qu'auec la vie. Mais apres qu'el‑
les commencerent à eftre baillées par honneur aux Dieux, en coronant
aufsi les victimes, elles ont efté fubfequemment vfurpées aux combatz fa‑
crez. De vray c'eftoit vn grand honneur en Achaïe, de coroner de Per‑
fil les veinqueurs, au combat facré de Nemée, tout ainfi que de l'Am‑
brofie (qu'aucuns appellent Botrys, les autres Armoife) on en coronne
en Capadoce. ilz ordonnoient que les veinqueurs ne feroient pas feule‑
ment honorez, mais aufsi le païs. De là eft venu qu'on les liuroit à ceux
qui deuoient triumpher dedans les temples de Diane pour foudain
les liurer aux ieux. Et ont efté dictes Donatices, d'autant qu'on les

donnoit es ieux aux vainqueurs:ce qu'on faifoit de mefme aux ouans.Il eſt
certain aufsi que les Atheniens n'ont pas feulement introduit l'vfage de l'o-
liue pour les veinqueurs,mais aufsi pour les citoyens d'excellente vertu,en
coronant le Chef de l'excellent Pericles: Les Grecz aufsi de l'oliue fauuage
de l'Olimpie.Et pourtant Hercules auoit le Chef coronné hores d'oliuier
fauuage, maintenant de Peuple, autre fois de brin de perfil.Au iourd'huy
les feulz Atheniës,& plufieurs des Grecz vfent de la coronne d'oliuier. Au
furplus l'oliuier a fait grand honneur à la maiefté Romaine en coronant
les troupes des Cheualiers,qui eſt vne coronhe qui n'eſt pas fort anciene
aux noſtres , ny n'a eſté de ces temps là liurée , mais tant feulement du
temps de Q.Fabius Rutilianus , qui premier ordonna que les Cheualiers
Romains coronnez de rameaux d'oliuier iroient le quinziefme de Iuillet à cheual du temple d'honneur au Capitole.Et depuys eſt venuë la coutume que ceux qu'on receuoit entre les Cheualiers eſtoient coronnez de
ceſte maniere de fueillars,quafi comme tranſportez & adioinctz à ceſte di-
gnité.Nous lifons aufsi que ceux qui auoient procuré le triumphe, en e-
ſtoient parez,& non pas ceux qui f'eſtoient trouué aux batailles. Il eſt vray
que ie ne pourroye bien dire la caufe pourquoy ceſte coronne-lá ait
plus toſt eſté d'oliuier que d'autre rameau : ny ne me fouuient l'auoir
leu es autres efcriuains,quelque curieufe recerche que i'en aye fait : combien que ie ne foye ignorant qu'on lá peut tirer à diuerfes fignifications,
ou plus toſt fottifes,& refueries.Et combien que ceſte nation princeſſe feule des terres & citez ait plufieurs efpeces de coronnes que nulle autre contrée,qui ont eſté d'vn grand interualle,& fort differétes,comme celle d'or,
les vallares ou palliſſaires,murales,roſtrées,& Bourgeoifes , ou citoyennes:
il n'a point toutesfois eſté de coronne plus noble que la Graminée. Laquelle le Senat eſtant hors de la folicitude de la guerre,& le peuple en
repos ont ordonné:& ne l'auoit aucun fi non en vn extreme defefpoir,ny
n'eſtoit decretée que par toute vne armée fauuée. Quant aux autres corones les Empereurs les ont donné,mais le foldat donne ceſte feulle au
Chef.Elle f'appelloit aufsi coronne de fiege lors qu'vn camp eſtoit deliuré
d'vn fiege,& d'vne defaicte abominable,d'autant que ceux qui eſtoiét deliurez la donnoient au Chef qui les auoit fauué. Or eſtoit elle en grád
honneur & gloyre,car fi l'honneur qu'on fait à la Bourgeoife pour auoir
fauué quelqu'vn,encor que ce foit quelque fimple citoyen,eſt tenu pour
noble & fainct,en quelle eſtime doit on auoir la fauue de toute vne armée par la vertu d'vn feul? On la bailloit de l'herbe de chien, dent verte
cueillie au lieu au quel quelqu'vn euſt fauué les afsiegez. C'eſtoit de vray
anciénemét vn bien grád figne de victoire,quád les veincuz tendoiét l'her-
be:car c'eſtoit quitter fa nourrice la terre,& la fepulture:laquelle coutume a
lóguemét duré en Germanie. A la verité aufsi les anciés ont voulu que l'her
be fuſt dicte palme ou victoire,ce que Actius montre apertemét au Melea-
,, ger:Ilz f'efiouiſſent(dit il)ilz courét,ilz cóbatét,ilz offrét l'herbe,ilz dónét,

Emendaui
ex Pli. lib.
2 2. cap.4.

chacun

chacun garde la coronne qu'il a autour de sa teste. Au demourant quand
ie baille l'herbe dit Plaute, cela signifie que ie me confesse veincu, qui est vn
signe d'vne ancienne vie & pastoralle. Car quand les hommes combatoiét
en vn pré à la course ou luyte, ilz cueilloient de l'herbe en la terre, ou estoit
le ieu, & la liuroient à leur aduersaire. Ceste coróne fut donnée à Lucius
Dentatus vne fois apres en auoir merité quatorze Bourgeoises. Quelques
Chefz aussi souuét l'ont eu par don, comme Decius Mus, Tribun des gens
de guerre par l'armée: & vne autre de ceux lesquelz tenans garnison furent
assiegez. Or montra il par sa deuotion, quant grande estoit l'hautorité de
cest honneur, car l'ayant eu en don il immola vn boeuf blanc à Mars, & cent
autres fauues que les assiegez luy auoient donné pour sa vertu. Outre lesquelz l'honneur de ceste coronne est auenu à M. Calphurnin Flamine, Tribun des gens de guerre en la Sicile, & au mesme temps à la guerre de Dannemarc à Cneius Attinas Centenier. Sylla aussi Dictateur a laissé par escrit
comme elle luy fut donnée aupres de Nolle par l'armée, estant lieutenant
en la guerre Marsique: ce qu'aussi il a peint en sa maison en la Bourgade
Tusculane, que Ciceron eut depuis. Et s'il est vray de tant plus le diroy ie
execrable, veu que par sa prescription il a arraché de sa teste, ayant depuis
faiçt le massacre de beaucoup plus grand nombre de citoyens qu'il n'en
auoit sauué. Or qu'il aiouste encor auiourd'huy à ceste gloyre ce superbe
nó de heureux, il a toutesfois cedé au Sertorin en ceste coronnee, stant les
assiegez bániz partout le móde. Elle a aussi esté baillée par le Senat & P. Ro.
à ce Fabiꝰ qui remit sus les Romains sans eóbatre lors que Hánibal fut chassé de l'Italie. Emiliã Scipion aussi a eu en don (cóme recite Varro) ceste corone de siege en Aphrique, estant Manlius, Consul, pour la sauue de trois
cohortes, pour lesquelles sauuer il en auoit tout autant mis aux champs.
On dit aussi que le Senat en donna vne au Diuin Auguste le seiziesme iour
de Septembre. Et combien que comme beaucoup d'autres de noz ancestres
ceste coutume soit abolie, l'excelléce toutesfois & grandeur de ton cœur
(Sigismond Pandulphe) a de nostre temps esté honorée de ceste coronne,
d'vn consentement vny, a la guerre de Plombin, mesmes de toute l'armée
des Tuscains sauuée par toy, & subsequemment par ceux qui estoient assiegez, du Senat aussi & peuple Florentin, & finalement de toute la Tuscane & Italie deliurée par toy du peuple barbare (qui est vn hóneur d'ont
à mon auis il n'est rien si glorieux) veu qu'en chassant de la Tuscane ce
grand Roy de Terraconne de Sicile de çà & au de là du Phar de Valence, de
Hierusalem, de Hongrie, de Maiorque & Minorque, de Sardaigne, de
Corse, Comte de Barselonne, Duc d'Athenes, de Neopatrie, Comte aussi de
Rossillon, & de Ceritanie: tu as forcé son camp en façon de foudre auec si
peu de gés, en te iettant à si grandz perilz, & en remettant sus toute la Tuscane, allant en ruine, & presques perduë, lors que les corones murales se de-
cernoient à ses soldas, qui à ce dernier voyage là auoient ia monté la mu-

Emendaui
ex Pli. lib.
22. ca. 6. &
quæ sequû
tur.

raille. Au retour de la quelle beauté & pompe d'armée remettant toutes
choses sus, tous les habitans du pais & des villes furent au deuant, lesquelz
tous contemploient par merueilles tes soldas, & toy seulement entre tant
de notables Capitaines. Toute la cité de Florence auoit l'œil sur toy, chacun
te contemploit en te regardant comme vn homme diuin enuoyé du ciel,
tout ainsi que la victoire: chasun te louoit pour la protection du pais: ny
ne sesmerueilloient pas moins que ton seul pouuoir ait esté si grand que
d'auoir esté autheur de la restitution de leur ancienne seigneurie, & liberté
presque esteincte par le Roy, & que par toy la victoire se trâsportast au lieu
d'ont elle s'estoit detourné auec vn merueilleux r'abaissement de la gloire
Royale. D'auantage aussi apres auoir delaissé la Tuscane, les Venitiens veu
le bruit de la gloire de ton nom pour tes prouesses faictes en elle, te font
par vne voix, comme d'vn decret du Senat, vn honneur non seulement humain mais aussi Diuin. Ilz t'elisent pour leur protecteur contre Francisque
Sphorce au pais de Lombardie auec vn grand apprest, & depenses, te faisans Chef de leurs peuples. Ie dy qu'ilz t'offrent comme maistre bien entendu en toutes choses qui ont à estre vuydées soient d'entendement, d'astuce,
de gaigner les lieux auantageux, preuenir l'ennemy de vigilance, de tem-
poriser, de diligence, de fallaces, d'amusemens, & ruses, toutes les fois &
quantes qu'il en sera besoing, tant à la prospere qu'à la mauuaise fortune,
& aux cas subitz & improueuz, estant au parauant les leurs defaictz par
luy en la derniere & malheureuse bataille, & finalement rompuz, & la plus
part chassez, & grand pais prins, & qui a esté & sera mis en proye. Ce qu'ilz
ont fait pour la defence & conseruation de leur estat, ny n'ont iamais esté
frustrez de l'esperance qu'ilz ont en toy, toutes les fois qu'ilz ont suiuy ton
conseil. Par vne mesme voye, & non point autrement quelque peu de téps
apres que le bruyt courut par la Gaule Cisalpine tout ainsi que par la Tuscane t'estant à bonne raison la superintendence de la guerre ordonnée par
sur tous, & passant à Creme ville tresforte, & inexpugnable auec toute l'armée bruslant les bledz, & demolissant les maisons, auec prinses d'hommes
& de bestial en ruinant tout le pais entierement, tu as reduit à ton obeissance comme victorieux par force, estans les paluz deseichez non seulemét
les forteresses, lesquelles au parauant n'auoient iamais souffert siege soubz
la conduicte de quelqu'vn: mais d'auantage plusieus autres fortes & inaccessibles ont fait iou à tes effors. Que diray ie plus, veu qu'il est certain
qu'estant entre tant d'excellens Capitaines ordóné & appelle par le decret
du Senat Chef pour la troisiesme fois tu as repoussé iusques à la mer inferieure, Ferdinand fils du Roy de Tarraconne auec toute son armée Royalle? Et comme les Florentins desirassent reduire à leur ancienne subiection
Folian, outre plusieurs autres places qui est vne grande ville, que la force
du Roy tenoit bien garnie de viures, & munitions: & que pour ce faire tu
fusses party auec vne forte armée: il est certain que les assiegez ont esté par
toy reduictz soubz ta puissance, estans lassez pour le trop veiller, con-

tinuel

Legō fle-
xisset pro
stetisset.

tinuel trauail , & pour les combats auſſi continuez iour & nuiĉt , qui Addo poſt
n'a eſté ſans grand peril & perte des tiens. Et combien que Sauone ville vada Sa-
maritime noble & ancienne, grenier pour la guerre du Roy contre la Tu- batia.
ſcane fuſt d'aſsiete inexpugnable tant pour la grande armée de mer que
pour le rempart ſur terre merueilleuſement long, & la vicinité du port,
ioint qu'elle fuſt bien garnië de viures & d'vn grand nombre d'hommes
choiſiz (ilz eſtoient de vray quatre mille) tellement qu'il n'y auoit aucune
eſperance de la prendre , eſtant le lieu fortifié de tours, de murailles, bar-
rieres , foſſez , & rempars: La promptitude toutesfois de ta prudence ſ'eſt
auiſé d'vne raiſon plus forte que les armes , par laquelle ſurprinſe contre
l'opinion de tout le monde auec la mort & fuyte de pluſieurs par la demo-
lition du lieu tu l'as ioint à la ſeigneurië des Florentins, auxquelz elle eſtoit
deſtinée. Comme donques tu ayes aquis non ſeulement à toy, & à toute la
noblë race des Malateſtes, mais auſi à toute l'Italie vne dignité , & louenge
auec vn nom immortel & gloire eternelle par tes vertus & autres , l'honneur, & la gloire ſupreme te conuient: veu que tes louenges ſont manifeſtes non ſeulement aux noſtres, mais auſi aux langues des Tuſcans , François, Anglois, & a autres quelque part que ce ſoit , & le ſeront par cy apres.
La corone bourgeoyſe eſtoit par la loy ordonnée à quiconque auoit ſauué
de mort le citoyen, d'ont la premiere eſtoit d'Euze . Ceſt vne façon d'arbre
touſiours vert, & pourtant dit Cecilius: On les apporte auec corone d'Euze , & manteau en noſtre garde. Depuis on la trouua meilleure de l'Eſcule
de Iuppiter: laquelle encores on a chãgé auec le cheſne , ſoit qu'on face ceſt
hõneur au cheſne à cauſe des Archades, que l'oracle Diuin ſoloit appeller
mãge glans, ou bien que ceſt arbre ſoit entre les ſauuages le plus beau & fertile, & entre les frãcz le plus fort (il liure de vray le gland à meintes nations
pour leur nourriture & richeſſes, encores qu'ilz ſoiẽt ſans guerre , & en ſont
les beſtes & oyſeaux peuz, duquel auſi le guy eſtoit d'vn grand ſecours aux
chaſſeurs) ou bien qu'il liuroit plus aiſémẽt paſture au ſoldat & par tout: ſoit
auſi qu'il ſoit vn guerdon raiſonnable d'auoir ſauué le citoyen, d'autãt que
le cheſne eſt dediẽ à Iuppiter garde des citez. A ceſte occaſió Claudian dit:

„   *Le camp iadis ſoloit d'vn chappellet de cheſne*
„   *Les temples coroner, de cil qui a peu ſauuer*
„   *Le citoyen veincu, & au danger de mort.*

Les corones donques citoyennes d'arbres à gland ſont vne treſnota-
ble marque de la vertu des ſoldas. Auxquelles cedent les muralles & vallares ou palliſſaires, & celles d'or, quoy qu'elles ſoient plus riches : auſi ſont
les Roſtrées, ou eperonnées, combien qu'elles ayent eſté en grande eſtime,
meſmement en deux hommes, qui ſont Marc Varron (auquel durãt la
guerre des Corſeres Pompée la donna) & M. Agrippa, que luy donna Ceſar à la guerre de Sicile: laquelle auſi fut diĉte pyratique. Au parauant les
eperons des nauires fichez au ſiege des Tribuns eſtoient à honneur, tout
ainſi comme vne corone aſsiſe ſur le peuple Romain. Mais apres que par

O o. iiij.

les feditions Tribunities ils commencerent eftre foulez & paftouillez aux
piedz : depuis aufsi que les forces publiques furent faictes priuées & cer-
chées par chacun des citoyens, & qu'ilz firent les chofes facrofainctes, pro-
phanes : alors les eperons fe drefferent de leur piedz aux teftes des citoyens.
Augufte donna cefte corone à Agrippa, laquelle aufsi fut donnée à Iuille
Cefar par Therme à la prinfe de la Mettelline. Il eft aufsi auenu que M. T.
Ciceron pere de l'eloquence Latine a efté honoré de cefte façon de corone
par le peuple Romain à la faueur de L. Gellius le Cenforin dedans le Senat : d'autant que par l'induftrie & vigueur de l'eloquence de ce tant copieux orateur la trefcruelle coniuration de Catelin a efté découuerte & pu-
nie. Au demourant Sabin Manfurin en l'vnzieme liure des chofes memorables dit, comme le temoigne Aulus Gellius, que cefte corone a de coutume d'eftre baillée à celuy qui en vn mefme temps euft contregarde le citoyen en tuant l'ennemy, & que le camp luy fuft demouré. Toutesfois il
dit que comme Tyberius Cefar fut requis, fi celuy pouuoit prendre ceft
honneur qui euft fauué le citoyen tuant fur la place deux des ennemys,
combien qu'il ait perdu le camp du combat d'ont l'ennemy fe foit faict
maiftre en le repouffant, il repondit qu'on ne luy pouuoit raifonnablement déniër cefte gloire & honneur : veu que le combat a efté fi defauanta-
geux, que le plus gentil combatant du monde ne l'euft peu garder. Les autres difent outre ces chofes que Sabin a dit touchant la corone citoyenne

†Emen-
daui ex
Pli. li. 16.
cap. 4.

qu'il faut que le fauué le confeffe, autrement les temoings ny feruent de
rien, & qu'il foit citoyen. Les alliez ne baillent point ceft honneur, combien que le Roy ait efté fauué : ny n'eft l'honneur fait plus grand pour
auoir fauué le Chef, parce qu'en toutes chofes les Legiflateurs ont preferé la bourgeoyfie. Depuis qu'elle a efté vne fois receuë on la peut tou-
iours porter : le Senat aufsi a de coutume de toufiours fe leuer à fon arriuée aux ieuz, & a droict de faffoir au pres d'eux. Il eft exempt de toutes
charges, aufsi eft fon pere, & fon grand pere paternel. Les corones triumphales font celles lefquelles d'or font portées deuant le Chef victorieux.
Or ne treuue ie point à qui on ait donné corone d'or : au regard du premier qui en a donne. L. Pifo en parle. A. Pofthume dictateur apres auoir
forcé le camp des Latins au pres du lac fainste Seuere, donna à celuy par le
moyen duquel il fut forcé, vne corone d'or du butin : tellement que celle
qui anciennement eftoit de Laurier, a efté par apres faicte d'or, lequel or
on appelle communement or coronal. Pindare & Callimache font memoire qu'Apollo fe coronna de laurier, les autres dient de l'Efcule apres la
defaicte du dragon.   Ouide :

>>   *Or à fin que le temps la fame n'effaçaft*
>>   *De l'cuure, Pythia ordonna les fainctz ieuz*
>>   *D'vn renommé combat, dictz du nom du ferpent*
>>   *Veincu, là ou celuy qui d'entre la ieuneffe*
>>   *Auoit veincu des piedz, des mains, ou de la roue,*

,,   *S'acouſtroit de l'honneur d'vn rameau Eſculée.*
,,   *L'ors n'eſtoit le laurier, Phebus de chacun arbre*
,,   *Les temples ceincturoit belles d'vn long fueillart.*

Le pere Liber auſſi marchoit affeublé d'vne corone de l'aurier apres auoir triumphé des Indes, auquel auſſi eſtoit l'Ierre conſacré, duquel, comme les autres diſent, il a premierement coroné ſa teſte. Ceſar Auguſte auoit en triumphant le laurier en teſte, & en main, lequel combien qu'il ſoit proprement dedié aux triumphes, eſt toutesfois portier treſaggreable aux Ceſars, pour beaucoup de raiſons & diuerſes. Ouide :

,,   *Compagne aux Chefz ioyeux, lors feras que la voix*
,,   *Chantera les triumphes en ioyeuſe lieſſe:*
,,   *Aux venerables huys garde ſure poſée*
,,   *Auant l'entrée feras, & defendras le cheſne.*

Le meſme en vn autre paſſage :

,,   *Pourquoy donq du laurier eſt couuerte la porte,*
,,   *Et ceinct l'arbre feuilleux les venerables huys?*
,,   *Eſt ce que ce manoir a merité triumphes*
,,   *Perpetuelz? ou bien qu'elle eſt touſiours aymée*
,,   *Du Dieu Leucadien? ou quelle ſoit en ioye?*
,,   *Ou tout réiouiſſant? ou bien que ceſte cy*
,,   *Soit la note de paix qu'elle a liuré au monde:*
,,   *Tout ainſi que touſiours verdoye le laurier,*
,,   *Ne fleſtriſſant ſa fueille, ainſi a ceſtuy cy*
,,   *Son honneur eternel? Or de la ſuſaſſiſe*
,,   *Corone, la raiſon montre temoing l'eſcrit*
,,   *Que par luy ont eſté les citoyens ſauuez.*

Le laurier finalement paroit les maiſons, & teſtes des poëtes tout ainſi que celles des Ceſars & Pótifes: pour leſquelz coroner nous auons leu auoir eſté obſerué d'ancienneté, que les Grecz auoient de coutume d'honorer trois combatz à chacun Quinquennal, de la muſique, de la luicte, de nud à nud, & de courſe de cheuaux: leſquelz Nero Claudius a premier introduit à Rome, les appellant de ſon nom Neroniaux. A l'imitation duquel Domitian les a ſubſequemment honoré. Par ce moyen les guerdós & honeurs eſtoient ordonnez aux victorieux d'entre tous les eſcriueins & poëtes, comme d'entre les combatans à courſe, à pugnade, & à la luicte. On choiſiſſoit de vray quelque nombre des plus ſauans entre tous les lettrez, à fin qu'à leur iugement ceux qui entre les combatans de poëſies ſeroient par ſur tous autres plus louez, fuſſent honorez ainſi que les gens de guerre combatans entre eux de corones, & gloire meritée. Ny n'eſtoit cela ſans raiſon, car tant aux vns qu'aux autres eſt deuë preſque vne meſme gloire, & preſque meſme honneur tant à ceux qui ont fait les proueſſes, qu'à ceux qui par temoignage des choſes faictes, des lettres, & de leur eſprit le laiſſant à la poſterité ont acquis vne immortalité de nom. La corone auſſi

ou ale s'ingere es affaires de la guerre, gratieusemēt toutesfois & sans meurtre estans soudain les ennemis reduictz. A laquelle gratieuseté ilz ont dit
que le feuillard de la victorieuse Venus y estoit bien seant, d'autant que c'e-
stoit vn certain triumphe quasi Venerien & non pas Marcial. Chacun portoit ceste corone non pas en car, ne attouré de son de trompettes, mais à
pied auec souliers Patriciens, & vne harmonië de flustes en menāt la pompe à chant de Pean. La fluste aufsi de vray est pour la paix, & le myrte l'ar-
brisseau de Venus, laquelle hait sur toutes choses la violence & la guerre.
Posthume l'Affranchy à marché en triumphant en son Consulat des Sabins, estant le premier qui ouant est entré dedans Rome, & a rendu l'arbris-
seau desirable. Et depuis il fut la corone des ouans:excepté en M. Crasse,le-
quel apres auoir vuydé la guerre des fugitifz, fut porté coroné de laurier
contemnant le myrte d'vn decret du Senat faict de grace. Massurius recite
que les triumphans en car, ont aufsi vsé de la corone de myrte. L. Piso dit
que Papirius Masso lequel premier triumpha des Corses au mont Alban,
auoit de coutume de regarder les ieuz Circenses estant coroné de myrte,
· Il fut grand pere maternel de l'Affricain qui fut depuis. M. Valere portoit
deux corones de laurier & de myrte, aufsi l'auoit il de veu. La corone murale est celle que le Chef donne à celuy qui premier a monté la muraille, &
est entré par force dedans la ville des ennemyz. Et pourtant dit Tite Liue:
» La propre gloire de la corone murale, estoit à celuy qui premier auoit móté
» la muraille. Or dit on que le cheualier T. Romulius a esté le premier qui a
receu ceste corone. Q. Trebellius, & Sextus Digitus montans ensemble la
muraille ont à cause de leur vertu receu de Scipion ceste corone en don.

La corone Castrense estoit celle qu'on donnoit au premier qui en com-
-batant forçoit le camp des ennemys, auquel on bailloit pour marque vn
pallissement d'or. La corone nauale est celle qu'on a de coutume de donner en vne guerre marine à celuy qui premier fust entré en armes dans le
nauire ennemy. Or seroit il trop long, & laborieux de comprendre en vn
recit tant des estrangiers, que des nostres, quand a esté la coutume de donner en or la corone nauale, murale, & vallare, & qui outre plus les a inuenté, & quelles premierement, ou qui premier les a receu, car elles sont presques innumerables & infiniës, & vn grand nombre de liures d'elles escritz
par diuers autheurs. Somme qu'entre les Grecz Mnestée & Callimache
medecins, & Theophraste ont escrit à part de ces corones. Au regard des
nostres quelques vns ont intitulé des liures *Anthologiron*: pas vn toutesfois (pas que ie treuue) n'a parlé des flœurs. Il est vray que Claudius Satur-
nius commentateur a comprins en vn liure les corones des Dieux des Gentilz: auquel il a si bien epluché les causes & sourses, especes & solennitez,
qu'il n'est point de grace de flœur, ne beau feuillard, pied d'herbe ne ra-
mieau qui n'ait esté trouué estre dedié à la teste de quelqu'vn. Cecy suffira
touchant les corones.

†Ex 15.l.
Plinii. ca.
29. Massu
rius pro
Maximus.

LES

LES HONNEVRS ES PERSONNES
priuées.　　　　　　　　Chap. VIII.

IL ya d'autres honneurs de la vertu qui pour le present s'offrent que les Chefz ne vsurpoient pas, mais en faisoient part à ceux qui estoient participans des trauaux de leurs combatz. Et pourtant non sans cause dit Dauid à son coustellier: Il a mis le sang du combat en sa ceincture ceinte sur ses reins, & sur la chaussure de ses piedz: sinon d'autant qu'il y auoit quelques marques de vertu à l'accoustrement des personnes priuées. Le Balthée n'est pas seulement la ceincture d'ont nous nous ceignons, mais aussi celle à laquelle pendent les armes. Les enseignes de la legion se peuuent discerner par le nombre. Il est certain aussi que les Romains ont donné aux alliez & aux estrangers des chaines d'or, & à leurs citoyens tant seulement d'argent: auxquelz aussi ilz ont baillé l'écusson que les estrangiers n'auoient point. On donnoit aussi aux anciés des bardes & pointons pour leur vertu. L.Sicinius Dentatus de vray qui fut tribun des gens de guerre receut en don vingt & cinq bardes & dixhuict pointons, & d'auantage. Le pointon estoit le supreme des armes, & de l'Empire: & pourtant on en faisoit present aux vaillans hommes, & soubz lequel aussi les prisonniers estoient venduz: les Roys des Romains le portoient au lieu du Diademe, lequel les Grecz appellent σκήπτρα sceptres. A la verité aussi les anciens au commencement du monde adoroient les pointons pour Dieux immortelz: pour la memoire de laquelle religion on a depuis aiousté des pointons aux images. Il est certain aussi qu'on n'a pas seulement donné aux anciens des bardes, & pointons, mais aussi des cœurs d'or. Nous lisons que Ancus Tarquinius Priscus a esté le premier qui donna vn cœur d'or à son fils, ayant en bas âge tué l'vn des ennemys: d'ont depuis en vint la coutume que les enfans des cheualiers porteroiét ceste marque, à celle fin que les enfans des nobles fussent discernez de ceux de la cómune. Le parement aussi de l'anneau d'or estoit en grande authorité & dignité aux autres nations & aux nostres. Auquel les fables ont donné commencement du roc de Caucasus par vne interpretation fatale des liens de Promethée plus tost que pour parement. Au regard de ce que l'antiquité luy donne le premier anneau, & de fer, ie le tien pour fable. Et quant à celuy de Midas, autour duquel personne ne voyoit celuy qui le portoit: qui ne dira cela estre trop estrange de la verité, combien que selon l'auis de Ciceron il soit possible? On dit aussi que le Roy Pyrrhus, qui eut la guerre aux Romains auoit vne agathe sans feinte, & de grand pris, en laquelle on voyoit des images naturelles, & sans artifice d'homme de diuerses choses, comme iumens, riuieres, forestz, oyseaux, & bestes sauuages, de figures naïues & non grauées auec lignes si bien couchées & conioinctes ensemble, que chacune d'vn si grand nombre d'images se choisissoit en vn si petit espace suffisant à son pourtraict. Le bruyt de l'anneau de Pylocrates

†Verti ex 7.li.c.28. plinii.

†Lege. A. Tarqui.

Ex.xxxvii Plinii.c.r, adde filii, post, meruissent.

Hæc emédaui ex prohem 37. Plinii.

eſt de plus grande ancienneté: duquel ceſte Sardonice qu'il auoit en recó-
mendation eſtant iettée en la mer, fut r'apportée auec la prinſe d'vn poiſſon
tué deux centz & trente ans apres l'ediſication de Rome. Et combien que
nous ne liſons en Homere que du temps des Troyens il ne fut aucun anneau, & qu'il n'y ait point de doubte que les paquetz de lettres qu'on enuoyoit eſtoient cloz d'vn neud, & non pas d'vn cachet : on dit toutesfois
que entre les Carthaginois le parement des anneaux eſtoit receu ſelon le
nombre des voyages qu'ilz auoient fait à la guerre. On dit que les Lacedemoniens les auoient de fer. L'anneau auſsi a iadis eſté le parement des cheualiers Romains, les ſeparant de la commune, ny n'a commencé en meſme
temps à l'ordre des cheualiers & du Senat : & eſt certain que long temps
apres ils prindrent les anneaux d'or . On les bailloit de vray publiquement
aux ambaſſadeurs allans en eſtrange contrée pour les porter publiquemēt,
vſans en priué de ceux de fer. Ie croy que c'eſtoit d'autāt que par ce moyen
les eſträgiers les cognoiſſoient les plus honorables, ny n'eſtoit la coutume
aux autres d'en porter, & non qu'à ceux qui les prenoient pour ceſte cauſe
publique. Ilz triumphoient auſsi communément de ſorte, que quand l'He-
ſtruſque couronne d'or eſtoit ſouſtenuë par derriere, ils auoient toutesfois
l'anneau de fer au doigt. Ainſi triumpha C. Marius de Iugurtha, lequel on
dit auoir chargé l'anneau d'or à ſon troiſieſme Conſulat. Par ce moyen l'or
n'eſtoit pas grand à Rome par vn long temps : car à la verité quand la ville
fut prinſe par les Gaulois, ilz ne ſceurent payer pour achetter la paix plus de
ſix mille eſcuz : l'vſage auſsi des anneaux eſtoit bien rare à la ſeconde guerre
Punique : car comme pour la pompe de la grande defaiête aux Cannes il
ſoit certain que par le commandement de Hannibal, les anneaux d'or fuſſent epanduz à l'entrée de la court, l'amas en fut ſi grand, qu'on afferme
qu'en les meſurant il ſy en trouua trois boiſſeaux & demy, les aucuns diſent
trois, les autres deux entiers enuoyez à Carthage, combien que le bruyt
commun a eſté comme il ſemble à Tite Liue, & qui approche plus la verité, qu'il n'y en auoit point plus d'vn boiſſeau, diſant d'auātage pour montrer la defaiête plus grande, que nul hors les Cheualiers, ou leurs Chefz
portoient ce ſignal. Pluſieurs auſsi des Cheualiers, & qui ont eſté du nombre des Preteurs, ont porté iuſques à la mort l'anneau de fer dedaignans ceſte maniere d'anneaux d'or : comme Manilius, L. Suffidius & Calphurnius,
& aſſez d'autres vaillans hommes Romains, l'eſtimans choſe reprochable,
effeminée, & digne de blâme : d'ont encores on fait memoyre de ce diêt de
,, Gracchus contre Neuius : Conſiderez, dit il, Meſsieurs les Romains ſa ſe-
,, neſtre : Voyla celuy ſoubz l'authorité duquel vous viuiez, & qui pour le de-
,, ſir des dames, eſt paré en femme. Celuy qui premier ordonna les anneaux,
n'en a pas ſans propos accouſtré la main gauche & ſecrette, comme quaſi
n'eſtans pas ſeurs pour la gloire de la dextre. Craſſus grand Capitaine general eut deux anneaux en ſa vielleſſe, mettant en auant pour excuſe que ſes
richeſſes eſtoient creuës. Or tout ainſi qu'aucuns de ceſte ancienne ſeuerité

n'auoient

Lego miſ-
ſitatos pro
inuſitatos
ex ca. 1. li.
33 Plinii.

n'auoient aucuns anneaux, autres aufsi hommes notables les ont eu, lors
auec pierreries, & graueures par vn defordre d'âges. D'ont Sylla a efté fi
friand qu'il portoit faictz grauez en vne pierre dans vn anneau d'ont la
graueure eftoit de ce Bocchus Roy de la haute Mauritanie, qui liuroit fon
gendre Iugurtha à Sylla, le prenant entre fes mains, qui fut la caufe de ce di-
fcord irreparable d'entre luy & Marius, qui ruina prefque la Republique
Romaine: veu que plufieurs qui brufloient d'enuie contre Marius femoiét
par tout que ç'auoit efté l'ouurage de Sylla. Nous lifons aufsi que l'anneau
de Pompée auoit vne pierre precieufe ayant en graueure vn lion portant
efpée. Il eft vray aufsi que la coutume eftoit de porter anneau non feulement pour diapreure, mais aufsi pour cacheter. Et pourtant il n'eftoit loyfible d'en auoir plus d'vn, ny à autres qu'aux hommes libres : lefquelz feulz
la foy difcernoit gardée en la graueure. Parquoy il n'eftoit pas licite aux feruiteurs d'en porter. Les aucuns aufsi ont fait prouifion d'anneaux pour la
mort, enfermans des poifons foubz des Ceraunies, Iacinthes, Emeraudes,
& autre pierrerie. Ainfi a fait Demofthenes Chef de guerre & fupreme des
orateurs de Grece : aufsi a fait Hannibal Chef des Carthaginois, & Heliogabale: à celle fin qu'en aualant la poyfon qu'ilz portoient foubz la pierre
precieufe fil en eftoit befoin, c'eft à dire que quelque violence les preffaft,
ilz mouruffent foudain. L'vfance donques des anneaux d'or diftinguoit les
Cheualiers de la commune, comme nous auons dit: veu que ceux qui ne l'e-
ftoient, auoient de coutume de le porter de fer, & rien autre chofe durant
la paix. Car es batailles on auoit de coutume d'enrichir les armes d'or, mefmes les Gaulois, defquelz non fans caufe eft ce dict de Virgile :

,,   *D'or eft leur cheueleure, aufsi eft leur vefture*
,,   *Ilz fe montrent fort braues en nerueures de faye,*
,,   *Et font d'or leurs blancz colz, tout autour enlaffez.*

Nous lifons aufsi par mefme moyen qu'aucuns de l'armée d'Alexandre
ont efté appellez Argyrafpides, à caufe de leurs armes argentées, tout ainfi
que les Capitaines & Cheualiers de noftre temps ont leur crefte, armet, &
fayes enrichiz d'or, & d'argent.

LES SERVICES D'AVCVNS VICTORIEVX ET
triumphans renommez par furnoms.   Cha. IX.

Ais outre toutes les chofes fufdictes, on donnoit à ceux qui par
leurs prouefses l'auoient merité pour perpetuer leur renom, des
furnoms, cóme à Romule dict de ç'ὁμη fignifiât force, lequel les
anciés furnómoiét Quirinus, cóme fi ce furnom euft en foy quelque chofe de Martial & belliqueux. Nous lifons de vray que les anciens a-
uoient de coutume de dóner la lance à ceux qui cóbatans vaillámét auoiét
merité louenge par leur prouefse: d'ont il eft auenu que Romule, cóme vn

certain Dieu Martial a esté appellé Quirinus : combien qu'il n'a pas faute
d'autheurs notables qui afferment, que ce surnom a esté deduict, d'autant
que ses citoyens estoient appellez Quirites : lesquelz ont baillé ce nom à
+Lego vi-leur Roy : ou bien d'autant que le Roy des Romains a vaincu les Cures.

+Lego vi-
cerit pro
vixerit,

Le Dictateur Camille apres auoir recouuré le pais des ennemys, & estant
porté en triumphe à Rome à son retour, fut à plaisans motz de gens de
guerre (que comme de coutume ilz degousilloient lourdement) appellé
d'vne louenge veritable Romule pere du pais, & le second edificateur de
Rome . On dit aussi que M. Claudius cinq fois Consul ne fut point au-

Lego Mar
tis pro
Marci,

trement surnommé & dict fils de Mars : car comme il fust homme d'experience à la guerre, fort de tous ses membres, & de sa nature ardant au
combat, il eut le premier de la race des Marcels le surnom de Marcial, ainsi que dit Possidœne, selon l'auis duquel il est certain qu'il a esté appellé
par les Romains espée, tout ainsi que Fabius, bouclier. Aussi de mesme a
esté le surnom de Capitolin à M. Manlius, d'autant qu'il repoussa le premier les Gaulois du Capitole, qui le surprenoient la nuict . Ie ne suis pas
bien assuré si le surnom de l'Aphricain a point prins son renom d'vne faueur des gens de guerre, ou bien d'vn bruyt de commun peuple, ou bien
s'il a prins son commancement d'vne flaterie de ses amis, comme celuy de
Sylla le heureux, & du grand Pompée par la memoire des ancestres . De
vray cest le premier Chef, comme dit Tite Liue, qui a esté renommé du
nom de la nation qu'il a vaincu. Ce que confesse n'auoir pas en petitte admiration d'estre dict d'vn si grand autheur : veu qu'au parauāt Cneius Mar-
tius apres auoir prins Coriole ville des Volsques a esté dict Coriolan pour
ses excellentes prouesses de guerre. Que dirons nous de ce premier Caton ?
N'a-il pas esté dict Censorin pour sa seuerité Censorine ? veu qu'au parauant il estoit dict Priscus, & depuis il fut dict Cato, quasi comme d'vn
surnom de vertu & sapience : ou bien comme dict le Cesariense de *catus*,
qui ne sonne pas comme aucuns disent, saige, mais subtil, ainsi que le disent Helius & Varro : ou bien en suyuant l'authorité de Plutarche, d'autant
que les Romains appellent Cato celuy qui auoit l'vsage & experience de
plusieurs choses. Fabius aussi Rutilianus pour faire vn cōmun accord, & que
les electiōs ne se fissēt par la force du menu peuple mit à part toute la tourbe des practiciés, les assemblāt tant seulemēt en quatre bēdes, & les appella
Vrbeines : qui fut vne chose, comme l'on dit, receuë d'vn si grand contentement, qu'il s'acquit de ceste moderation d'ordre le nom de tresgrand, qu'il
n'auoit peu acquerir d'vn grād nōbre de victoires. Q . Fabius a pareillemēt
acquis le surnom de Temporiseur, soit que de sa nature il fust posé (veu que
pour sa clemence aux armes on le iugeoit brebiette) ou bien qu'en tempo-
risant tout de gré vne nouuelle victoire & salutaire, & sans combatre auec
l'ennemy, il a remis soubz la Republique Romaine. Quelque autre aussi
fut appellé Celer, pour l'admirable diligence & prōptitude de son apprest :
d'au-

d'autant que quelque peu de iours apres le trespas de son pere, il fit les ieuz funebres des gladiateurs, tout ainfi que Claudius fut furnommé hardy pour auoir veincu les Volfiniens. Ie treuue aufi es Annales, que L. Siccius Tribun de la commune a esté plus qu'il n'est croyable, vaillant combatant, & que pour fa grande hardieffe il a esté appellé le Romain Achilles: ny n'a point esté autrement que luy Q. Cottius furnommé pour fa proueffe. Le furnom de Torquatus a esté baillé à T. Manlius venu de bien grande race, & auons entendu la caufe du furnom auoir esté d'autant qu'il fe para du butin d'vne chaine qu'il osta à l'ennemy, l'ayant tué: pour lequel faict luy & les fiens ont esté furnommez Torquatz.

Il n'est Historiographe notable qui ne die que Valere le tresgrand estant ieune & Tribun des gens de guerre, ne fe foit gaigné le furnom de Coruin en tuant le Chef des Gaulois: tant pour fa proueffe que par l'ayde d'vn corbeau arriuant foudain par vne vertu Diuine, en empefchant les yeux & la veuë de l'ennemy de fes ailes & ferres. Lequel aufi pour auoir prins Meffina ville de Sicile de grand renom, fut premierement appellé Meffana, puis peu à peu par vn commun changement de lettre, Meffala.

Comme Cornelius Ruffus estant du nombre des dix deputez perfuadast que les liures Appollinaires fuffent dreffez felon les Sybillins, il en fut par apres appellé Sibille, & depuis par vne corruptelle de vocable, comme nous auons dit, il commença estre appellé Silla, d'ont par apres Sylla le Dictateur prend fuyte: qui tout ainfi qu'entre les Latins il a eu le furnom de heureux, est intitulé enuers les Grecz L. Cornelius Sylla Venerien, comme il est notoyre en la Cheronie de Plutarche qui en a efcrit en Grec, & comme aufi on a trouué les trophées de la guerre Mithridatique ainfi intitulez, & non fans grace: car, comme dit Menander, la fortune donne beaucoup de bône grace, & non nous, à laquelle il feft voué auec toutes fes proueffes tât renômées, fécriât aupres de l'Oedipode Sophoclée:

„ *Ie me reclame estre fils de fortune.*

Iuille Cefar aufi voulut qu'on luy decretast le nom d'Empereur pour auant nom, & celuy de pere du pais pour furnom, entre autres plufieurs chofes donnans gloire à fon nom. Le fucceffeur duquel Octauian Cefar a esté dict Augufte, d'vn furnom beaucoup plus riche, d'autant qu'on appelle Auguftes les hômes grâds, fainctz, & heureux: ou bien d'autât que les lieux fainctz, & efquelz on facrifioit quelque chofe par augures font dictz Auguftes de *auctus* ou de *auium geftus* ou *guftus* qui fignifiêt de mefmes. Q. Fabius Maximus f'acquit & aux fiens le furnom d'Allobrox, pour vne victoire fur les Gaulois: de mefme aufi les Germaniques fe font acquis ce furnom, pour auoir veincu en guerre les Germains ennemys. Les noftres de vray prennent ces furnoms ou auantnoms tout ainfi que les Grecz les foloiét bailler: d'ont plufieurs noms ont esté baillez à Dionyfius par les hômes à caufe des chofes qu'il a faict. Les vns de vray l'ont dit Bacchus à caufe des Femmes, lefquelles le ſuyuoient (*Bacchantes*) tranſportées de furië : les autres l'ont dit Lenée, à cauſe du preſſouer qui preſſe le vin : les aucuns Bromie, à cauſe du tonnerre qui auint le iour de ſa naiſſance, pour laquelle cauſe il eſt auſſi appellé Pingenius. Il eſt auſſi dit triumpheur, d'autant que premier il a triumphé des Indes, eſtant de retour au pais auec vn grand butin. On l'eſtime auſſi auoir eſté dict Libre, non pas pour vne licence de parolles, mais pour autant qu'il deliure l'eſprit de la ſeruitude de ſoucy, & qu'il le rend plus vif, & plus hardy à toutes entreprinſes : au ſurplus on l'appelle Pere, d'autant qu'ayant veincu les Indiens, les Thebains ſeſtimoient libres & conſeruez luy viuant, quaſi comme ſoubz la garde d'vn bon pere. Il en eſt auſſi d'autres deriuez de ſes euures, comme Sauueur, & Victorieux, & à cauſe de la vertu Bienfacteur, & Fraternel. On dit qu'Ariſtides a eſté ſi excellent en la vertu d'abſtinence, qu'on l'a ſurnommé iuſte, & Phocion, bon, pour ſa bonne vie. On a auſſi dit ceux enfans de Iuppiter, qui ont eſté excellens en vertu, prudence, & force, comme Eacus, Minos, & Sarpedon, & ceux, enfans de Neptune, qui ont eſté trop outrageux, cruelz, & inhumains, comme engendrez de la mer, ainſi qu'ont eſté Cyclops, Gerion, & les Leſtrigones : les autres à cauſe de la bonne fortune, comme Eudemon. Nous liſons de vray que Baſſus a eſté ainſi appellé. Le ſurnom auſſi de raſeuille fut donné à Demetrie fils d'Antigone, Chef pour lors de renom, à cauſe du raſement des villes, ou bien pour l'art & diſcipline d'aſſieger vne ville, & pour ſa ingenieuſe inuention d'engins pour batre & forcer les villes. Nous en nommons auſſi aucuns ſelon la fortune de leur naiſſance, comme les Procules, à cauſe d'eſtre naiz en païs eſtrange loing de leurs parens : & celuy Poſthume qui eſt nay depuis le treſpas de ſon pere : & vopiſque, celuy qui des deux iumeaux ſuruit l'autre. Celuy auſſi, Ceſar, qui eſt nay par l'ouuerture du ventre de ſa mere ia treſpaſſée. Voyla comment eſt nay le premier Scipion l'Affricain, & qui premier entre les Romains a eſté appellé Ceſar, pour l'inciſion du ventre de ſa mere : on appelle celuy Seruius, qui apres la mort de ſa mere eſt conſerué en ſon ventre. Nous liſons auſſi aucuns auoir prins ſurnom de leur corps. De vray Horace print le nom de Cocles, ayant au parauant perdu vn œil à la bataille, quaſi comme Borgne, & voyant tant ſeulement d'vn œil. Les anciens de vray appelloient vn borgne, Cocles, tellement que nous liſons les Cyclopes auoir eſté dictz Coclites : d'autant qu'on les recite n'auoir eu qu'vn œil. Quelques vns toutesfois penſent cela eſtre dit, pour autant qu'ilz eſtoient camuz, comme deſquelz le nez eſtoit ſi écaché & plat ſoubz le front, qu'il n'y auoit preſque nul eſpace entre deux yeux : & eſtoient leurs ſourcilz continuez & confuz enſemble. Et pourtant ainſi que le vouloir de pluſieurs eſtoit d'appeller ce nez Cyclops, la coutume de parler a gaigné de ſorte que la plus grande partie l'ont appellé cocles. M. T. Ciceron a auſſi eu au bout du nez vne carnoſité en forme de chiche, d'ont il a eu le ſurnom de Ciceron. Q. Fabius le temporiſeur a

auſſi

aufsi efté dit Verruqueux à caufe d'vne verruë aux leures : & Cneus a efté
dict à caufe d'vne l'entille. M. Curtius, & Cn. Papyrius Carbo ont efté
furnommez Dentez, pour eftre naiz auec dens. Neoptolemus a efté dict
Pyrrhus, à caufe de la qualité de fa perruque : lequel on dit auoir premierement dreffé l'art des courfaires: & Afcanius, Iulius, pour la barbe qui luy
poignoit au temps de la victoire. Artaxerxes, Longimanus à caufe de la
main dextre qu'il auoit plus longue que la feneftre. Varro penfe que le
nom de Ancus eft venu des Sabins. Valere Antias efcrit, qu'il a eu le coude offenfé, que les Grecz appellent ἀγκών, Papyrius a efté appellé Curfor à
caufe de fa viftefse. Au regard de ceux qui naiffoient les piedz premiers
& non pas la tefte, qui eft vn enfantement qu'on eftime fort perilleux &
maladif, ilz ont efté appellez Agrippes, par vn vocable compofé d'*egri-*
tudo & pes. Les autres ont prins le nom par parentage comme les Man-
lies, Cornelins, & Pompées, lefquelz autres difent auoir efté ainfi furnommez d'autant que Pompée leur autheur amena de l'Efpaigne vne pópe de bœufz. Ainfi eft il auenu en Grece aux Heraclydes, & Pelopides, &
plufieurs furnoms à autres par vne imitation de vie, & quafi par vne certaine fimilitude prolongeans la gloire des viuans : veu que les aucuns ont
prins merueilleux plaifir d'eftre appellez foudres, comme les Iumeaux,
Scipiades, eftans deux foudres de guerre, & ruine de la Lybie : les autres aigles victorieufes, & oifeaux de proye inuincibles : les autres Dieux, & engendrez de Dieu, comme ceft Alexandre de Macedoyne, & outre luy plufieurs autres prenans grand plaifir d'eftre ainfi furnommez.

LES RECOMPENSES DES ANCIENS POVR
les prouesses. Chap. X.

Ais pour autant qu'on a de coutume d'employer le trauail &
prendre le peril là ou il y a efperance de gain & d'honneur, &
que les hommes ne f'auantureront point à vn danger, fi on ne
propofe grandes recompenfes aux grandz effors, on a concedé
outre les chofes que nous auons maintenant recité d'autres aux Chefz, aux
Auxiliaires, & legions, tant par le decret du Senat, que par la liberalité
des anceftres lefquelles on dit eftre en grand nombre & diuerfes. Ilz ordó-
nerent de vray pour la recópenfe du plus ancien des Aphricains des ftatuës
d'vn mefme enrichiffement pour eftre veuës auec vn accouftrement triumphal, lefquelles feroiét pofées en plufieurs quartiers de la ville, & es plus frequens: cóme à la place des elections, a celle des proues, à la court, & au Ca-
pitolle, & de luy bailler tous les ans de fa vie vn Confulat continuel, & vne
perpetuelle Dictature. Ilz ordonnerent aufsi que fon image fortiroit en
parement triumphal du temple du trefgrand & trefbon Iupiter. Ny n'a fa
grádeur de cœur, & fa notable modeftie peu refufer apres fa mort, ce qu'on

ne luy a peu donner par l’ordonnance du peuple, ne par le decret du Senat.
Le peuple Romain a esté fort liberal en grandeur de presens, comme qui a
donné l’Asie au Roy Attale, mais aussi Attale n’a pas mis en oubly le present qui par vne equité de testament, a fait à sa mort vn lais de l’Asie au
peuple Romain. Eumenes frere du Roy Attalle, & qui vint au secours
contre Antiochus Roy des Macedoniens eut par don du Senat toutes les
citez d’Asie, qu’Antiochus auoit perdu par guerre. Pompée donna à Deio-
taire Roy des Galates la petite Armenie pour auoir mené la guerre auec
luy contre Mithridates. Comme aussi Massinissa Roy des Numides, receu en amitié par P. Scipion l’Aphricain, eut faict plusieurs grandz faictz
d’armes, par lesquelz il a acquis vne grande gloire aux nostres, estans les
Carthaginois veincuz & Syphax prins, duquel l’Empire estoit grand &
ample en l’Aphrique, le peuple Romain luy donna toutes les villes &
païs qu’il auoit subiugué. Comme M. Curius eut chassé de l’Italie le Roy
Pyrrhus, & que le Senat eut ordonné sept arpens Romains au peuple, &
à luy cinquante, il n’a point passé la raison de l’assignation populaire, estimant le bourgeois peu duisant à la republique qui ne se contentoit de la
portion qu’on faisoit aux autres. Le Consul aussi P. Corneille Scipion ordonna à ses soldas touchant les terres que chacun d’eux prendroit deux arpens pour chacun an qu’il auoit hanté la guerre en Espagne, & Aphrique.
Comme le dernier Scipion departoit les dons militaires à ceux qui auoiét
bien fait leur deuoir, T. Labienus luy remonstra de bailler à vn preux Cheualier des blazons d’or, & comme il ne le voulut faire, à fin que l’honneur
de l’ordre ne fust violé en cestuy là qui de nagueres seruoit, Labienus luy
donna de l’or du butin des Gaulois: ny ne se teut Scipion disant au Cheualier tu receuras vn don d’vn homme riche, ce qu’oyant l’homme de cheual il baissa la teste iettant l’or aux piedz de Labienus, & comme apres il
ouïst Scipion luy disant. Le Chef de l’armée te fait present d’armes d’argent, il s’en alla allaigre & ioyeux. L’affection de C. Marius en recongnois-
sances n’a pas seulement esté singuliere, mais aussi bien grande. De vray
il a donné à la bataille mesmes le droict de bourgeoisie Romaine contre la
condition de la cófederation, & cótre toutes les loix à deux bandes de Ca-
mertins soustenás d’vne merueilleuse vertu la furié des Dannemarchois. Et
cóme quelques vns blâmassent cela, il repondoit qu’il n’auoit peu ouir les
loix à cause du vacarme des armes. Comme d’auantage C. Lucius fils de sa
sœur, & Marefchal en son secód Cósulat, fist effort à Trebonius d’vne gráde
beauté & soldat soubz sa charge pour le violer, & que le ieune homme l’eut
tué, il ne nia point d’auoir mis à mort celuy qui estoit constitué au Magistrat, cóme il fust accusé de plusieurs, & de nul soustenu: mais il mit vne cau
se en auát & la prouua: Cóme, qu’il auoit resisté aux importunitez de Lucius, & cóbien qu’il presentast beaucoup de choses, qu’il ne voulut toutesfois iamais abandóner sa chasteté: parquoy Marius se fit apporter la corone
qu’on a de coutume de donner aux grandes prouesses de guerre, & en co-
rona

ronna Trebonius. Comme quelque fois Bandius faluaſt Marcellus, Marcellus luy demande qui il eſtoit, combien qu'il le cogneuſt tresbien, & comme il repondit: qu'il eſtoit Bandius, Marcel comme ſe reiouiſſant & émerueillant: Es tu (dit il) ce Bandius duquel la renommée eſt ſi grande entre les combatans aux Cannes, comme que tu es le ſeul qui n'as point abandóné le Conſul P. Emilius, & qui comme on luy dardaſt innumerables dards les as receu le couurant de ton corps? Ce que confeſſant Bandius, & montrant quelques cicatrices: pourquoy (dit il) portant telles márques d'amitié enuers nous, n'y venois tu à haſte? Nous as tu eſtimez hómes iniuſtes, pour retribuer les recompenſes de la vertu des amys: aux quelz les ennemys meſmes portent ſi grand honneur. Apres ſes parolles graticuſes, il prend ce ieune homme par la main, & luy donne vn bien excellent cheual de ſeruice auec quinze cents dragmes d'argent. Hannibal auſſi aſſembla ſes gens de guerre pour les harenguer au païs Millannois, & leur promet de fort riches & certaines recompéſes, comme qu'il donneroit terres en Italie, Aphrique, & Eſpagne, là ou chacun d'eux les voudroit prendre franches à luy & à ſa poſterité, & qu'il ſatisferoit au deſir de celuy qui aymeroit mieux argent que terres, & qu'il donneroit pouuoir d'eſtre bourgeois de Carthage à qui le voudroit eſtre, & qu'à ceux qui voudroient retourner en leurs maiſons, il donneroit ordre tel qu'ilz ne deſireront leur fortune eſtre changée à pas vn de leurs citoyens. Au ſurplus il propoſe aux ſerfz ſuyuans leurs maiſtres la liberté, & d'en bailler deux aux maiſtres pour vn. Et à fin qu'ilz tinſent ces choſes veritables, il prend vn agneau à la ſeneſtre tenant vn caillou à la dextre, & prie Iupiter, & les autres Dieux qu'ilz fiſſent tel ſacrifice de luy (ſ'il trompoit) qu'il feroit de lagneau: ſuyuant laquelle priere il a rompu la teſte à lagneau. Ceſar auſſi ordonnoit des Queſteurs à chacune legion es preſentes, & groſſes batailles pour cognoiſtre les gens de bien, & les recompenſer: à celle fin que les récompenſes ne defailliſſent point à la renommée des proueſſes. Or na-il pas aſſemblé les richeſſes ny opulences par la guerre pour ſon plaiſir, ne pour ſes delices, plus toſt les a-il voulu conſeruer en ſes mains pour les departir comme recompenſes cómunes aux gens de cœur, ſ'eſtimánt eſtre de tant enrichy toutes les fois qu'il les départoit aux ſoldas & à ceux qui l'auoient merité. Auſſi de vray enuoyoit il à Rome tout l'or & l'argent & toutes autres richeſſes conquiſes ſur les ennemys les élargiſſant aux Ediles pour les ieuz, & en donnant aux Preteurs, Conſulz, & à leurs femmes il ſ'en eſt beaucoup gaigné, & a renuoyé les autres auec grande eſperance & dons. Mais entre autres choſes il ne faut pas taire qu'à l'entrée de la guerre ciuile, il a ſeul vuydé en vn iour le treſor du peuple Romain, que tant de Roys veincuz, tant de peuples d'Aſie, tant de nations, tant de guerres auoient aſſemblé, & qui eſtoit demouré ſi long temps entier: du quel entre autres choſes (comme il eſt eſcrit) il a tiré trente ſix mille tuyles d'or, & innumerables marcz comme de ſix mille, & (comme autres eſcriuent) de huiĉt mille deux centz ſoixante dix, & pres d'vn million huiĉt

centz mille marcz d'argent. Ce qu'il n'a fait, comme nous auons dit, que
d'vn defir de faire largeffes:car,comme dit vn autre, il n'en eft point qui
ait vfé de plus grande liberalité en vne victoire, comme qui ne feft rien
retenu finon la liberté de la départir. Et pourtant eft bien magnifique,
& entre tous louable cefte parolle & exhortation de Tite au fiege de
Hierufalem: Ie puiffe mourir(dit il) fi ie ne fay par mes remunerations,
porter à tous enuie à celuy qui premier montera la muraille de forte
que fil furuit il fera Chef de fes compagnons. Ny ne feft trouué de-
faillant à fes promeffes, lequel en vne harengue apres la prinfe de Hierufalem leur dit qu'il recompenferoit & honnoreroit ceux qui auroient
combatu de plus grande proueffe, & qui auroient rendu leur meftier
de la guerre plus noble par leurs faictz magnanimes & manifefte renom de leurs proueffes: & que celuy qui auroit mieux trauaillé que les
autres ne feroit point priué d'vne raifonnable recompenfe. Et pourtant
foudain il commande à ceux qui auoient la charge de declarer tous ceux
qui feftoient porté en gens de bien, lefquelz appellant par leurs noms,
il louë en leur prefence, comme qui fe reiouiffoit beaucoup de fes affaires domeftiques bien conduictz, & leur mettoit à la tefte des corones
d'or, leur donnant chaines & piques, & enfeignes d'argent, changeant
d'vn chacun fa condition en meilleur,& outre plus leur diftribuant or,ar-
gent, & autre butin du pillage d'vne grande liberalité.

LES TILTRES RENOMMEZ NON
feulement pour la memoyre des Chefz viuans, mais auffi des
trefpaffez, & fubfequemment des columnes, obelifques,
pyramides, arcs, boucliers, tableaux, & vafes pour
cela edifiez.   Chapitre. XI.

Ecitons maintenant les tiltres renommez de la memoyre continuée des Chefz non feulement viuans, mais auffi des mors:
& premierement de Iupiter lequel à l'auis de plufieurs a furpaffé les autres tant en Deité, qu'en faictz. Car comme Eue-
merus temoigne r'amaffant fes geftes,& des autres qui font tenuz pour
Dieux, & dreffant fon hyftoire par les tiltres & infcriptions facrées qui
eftoient es temples fort anciens, il eft certain qu'au temple de Iupiter le
Trifile fut pofée par Iupiter mefme vne columne d'or, en laquelle comme le montroit le tiltre il a defcrit fes faictz, à celle fin qu'elle feruit de temoignage à fa pofterité. Sefofis mettant fin à fon voyage de guerre en la
Turchie a en plufieurs lieux par luy fubiuguez dreffé columnes, efquelles il
eft certain eftre efcrit en lettres Egiptiennes, qu'ils difent facrées: SESO-
SIS ROY DES ROYS, ET PRINCE DES PRINCES
A PAR ARMES CONQVIS CESTE PROVINCE. Que di
rons nous de ceft Alexãdre de Macedoine? Na-il pas edifié Alexãdrie es cõ-

fins

fins des Sogdiãs pour le témoignage des limites de son voyage? au quel lieu
aussi les autelz ont esté dressez premieremẽt par Hercules, & depuis par le pe
re Liber, & subsequémẽt par Cyrus, & Semiramis, & finalement par le mesme Alexãdre, d'autãt qu'ilz ont estimé vn supreme moyen de gloire d'auoir
etendu les limites de leurs voyages iusques là en la côtrée des terres que la riuiere diuise appellée par les seulz Bactrians Iaxarte, & par les Scytes Silis.
L'armée d'Alexãdre le grãd l'a pensé estre la Tane. Mais apres que Demoda-
mas guyde de Seleuque, & d'Antiochus eut passé ceste riuiere, & les limites il
le trouua estre autre que la Tane, pour la marque de laquelle gloire, & pour
sa renommée il a dressé des autelz à Apollo Didime, c'est a dire Colliminin,
d'autant que les confins de la Perse se ioingnoient aux Scythes. Le mesme a
aussi suyuant le bon heur de ses triumphes edifié vne autre ville de son
nom sur le bord de la mer d'Egipte, que Dinocrates l'architecte a epacé, & Ex Pli.lib,
5. cap.10.
Dinocra-
tes pro De
nochares si
ue Demo-
crates.
comprins de pourpris de quinze miles par vn esprit digne de memoire à la
semblance d'vn manteau Macedonique, c'est a dire d'vn circuit tournoyãt
au pais d'vne traicte à angles autant à dextre qu'à senestre, estant toutesfois
ia lors la cinquiesme partie dediée au Roy. On trouue aussi qu'il a edifié dou
ze citez en diuerses regions de l'Asie, mettant pour marque en leurs
murailles certains characteres Grez, esquelz on lisoit: LE ROY A-
LEXANDRE FILS DE IVPITER L'A FAIT. Le mesme
encores apres auoir passé les voyages de Hercules, & du pere Liber,
commanda à celluy qu'il auoit commis au gouuernement de la Persi-
de de dresser des columnes d'or de vingt & cinq piedz de hault, esquelles il escriuist ses faictz, & qu'il les assist au bout de l'Indie outre les
trophées du pere Liber, & d'Hercules. Et pourtant il escrit à son precepteur
Aristote: I'ay d'auantage assis mes cinq trophées d'or plus hault que les autres de dix piedz, & les ay commandé pour estre à l'auenir à miracle (Mon
trescher precepteur) à la posterité, comme vn noueau & perpetuel temoignage des vertus non sans grande admiration, & auquel les hommes n'auront à porter enuie pour la perpetuelle opinion de nous, & de l'industrie
de nostre esprit. Les Romains ont ensuyuy la gloire de ce Roy, mais ilz n'ont
iamais esté si riches: ilz ont dressé des columnes r'apportans la memoire de
leurs faictz, mais elles estoient de cuyure ou de marbre. Auguste de vray
ayant subiugué toute l'Egipte que Cesar auoit en partie conquis, print de la
guerre nauale plusieurs eperons, apres lesquelz fonduz, il fit quatre columnes, lesquelles par apres ont esté assises au Capitole par Domitian. Il est vray
que Iuille en fit des éperons apres auoir veincu sur mer les Aphricains, desquelles il est certain que l'vne fut posée à la place aux proues, & l'autre deuant la court. Il a aussi esté des columnes de marbre, soubz lesquelles anciennement les nobles hommes estoient enterrez au dessus des montaignes, ou bien au dedans. D'ont est auenu que sur les corps mortz on faisoit
des pyramides qui sont masses larges par le pied, s'amortissans en pointe:
ainsi dictes d'autant qu'elles s'aminuisoient comme le feu en pommes de

pin,ou bien qu'on y affit des columnes fort grandes. Et combien que Herodote,Homere,Durifian,Ariftagoras,Dyonifius,Artemidore,Alexandre, Polyhiftor,Buthoriades,Antifthenes,Demetrie,ayent efcrit de la pyramide,de fa maffe, & forme, pas vn d'eux toutesfois ne certifie qui premier les a commencé.Au regard de la caufe de les dreffer & dedier en Egipte, plufieurs difent que ce a efté vne oifiue & folle oftentation des Roys en leurs finances, à fin de ne les laiffer à leurs fucceffeurs, ou à leurs enuieux les guettans,ou bien que le menu peuple ne languift d'oifiueté.Quant á l'vfage des colúnes Cornelius Meuius l'a cómencé entre les Romains, ayant veincu les Prifques, l'an de l'edification de Rome, quatre cenrz feize. Il y auoit auffi en la place la columne de Traian, foubz laquelle fes offemens eftoient enterrez,encores en y a il deux à Rome renómées des noms d'Hadrian,& de M.Antonius.Or eft il qu'elles feruent à ce que ceux à qui elles font dediées,font glorifiez par fus tous autres hommes, comme nous voyons à Rome entre diuerfes maffes plufieurs obelifques, les vns couchez, les autres dreffez,que les bons Empereurs glorieux de conqueftes de peuples par guerre, & d'vn bó heur de gráde proueffes ont dedié aux dieux par deuotion.Sefofis Roy d'Egipte a de vray par ce moyen dreffé deux obelifques de pierre,chacun d'vne piece ,& de trente toyfes de haut, efquelles il a defcrit la grandeur de fon Empire,& les nations qu'il a conquis. Les Efpagnolz auffi qui eftoient vne nation belliqueufe auoient de coutume de dreffer des obelifques autour d'vn chacun fepulchre felon le nombre des ennemys que le trefpaffé auoit tué. On dreffoit auffi des arcz triumphans,d'ont il en eft encores à Rome fur piedz, & mefmemét de l'Empereur Cefar,L. Septimius, & de l'Empereur C. M. Aurelius,Antonius Pius d'vn marbre excellent,& artifice noble, comme le montre la graueure du tiltre. Auffi fait l'arc triumphant de Conftantin, lequel les lettres grauées le difent fauueur & fondateur du repos de la ville de Rome. Il en eft vne autre noble & triumphal en Hierufalem ayant ce tiltre: DIVO VESPASIANO, ET DIVO TITO FILIO S.P.Q.R : Au Diuin Vefpafian,& à fon Diuin fils Tite,le Senat,& peuple Romain.Au demou rant il n'y a plus gueres de reliques des triumphes, combien que depuys l'edification de Rome iufques à ces temps que nous auons recité on compte trois cents vingt triumphes. Auffi n'y a-il point de doute que pour le miracle de la vertu noz anceftres n'ayent commencé à glorifier en fupremes louenges,& en nouueaux & finguliers hóneurs les Roys decedez,foit que ce fut par flaterie,ou bien par les biensfaiétz qui les auoient ainfi réduz gratieux. Outreplus les Roys finalement decedez, n'eftoient pas peu regretez, comme ilz euffent efté merueilleufement aymez de ceux qu'ilz auoient nourriz & remply de plufieurs honneurs.Par ce moyen les hommes de ce temps lá, comme Samiens , Corinthiens, Affiriens, Egiptiens, ou d'autre nation ont fait des fimulachres & ftatuës pour en contemplant les images tirer quelque volupté.Et pourfuyuans plus outre,ilz ont

par

par amour porté reuerence à la memoire des trespaſſez, à fin qu'ilz ſemblaſſent recognoiſtre ceux qui le meritoient,& d'attraire leurs ſucceſſeurs à
vn deſir de bien regner: ce que l'excellent orateur amonneſte en la nature
» des Dieux diſant:Les viuans & la commune façon de viure a receu d'ele-
» uer iuſques au ciel par vn renom & de leur vouloir les hommes excel-
» lens en biensfaictz. Voylá comme l'ont eſté Hercules, Caſtor, & Pollux, Eſculapius, & Liber. Puys en pluſieurs autres paſſages : On peut auſſi
entendre qu'en pluſieurs citez la memoyre des hommes preux a eſté conſacrée auec l'honneur des Dieux immortelz, à celle fin qu'vn homme de
bien print plus voluntiers le peril pour le bien de la Republique. Voyla
le moyen par lequel les Maures ont conſacré leurs Roys & les Romains
leurs Ceſars,& les hommes renommez de grand proueſſe. De là auient
que la religion des Dieux ſe change diuerſement par les nations & prouinces,veu qu'vn Dieu ſeul n'eſt pas honnoré de tous, gardant chacun la
propre religion de ſes anceſtres. Ce qu'eſtre ainſi Alexandre a eſcrit à ſa
mere par vn notable volume,que les Dieux luy auoient reuelé le ſecret: ce
qu'auſſi auoit fait le Pontife aux hommes,que pour la crainte de leur puiſſance la memoire des anceſtres & Roys auoit eſté gardée. Et depuys la
reuerēce eſtant tournée en crainte, la mortifere ſuperſtition a gaigné peu à
peu,& eſt ce dict poëtique veritable.

»   *La crainte a fait les premiers Dieux en terre.*

Au regard du temps,auquel ont commencé eſtre faictz aux hommes ces
Diuins honneurs , il n'eſt pas incogneu : attendu meſmement que nulz
Roys ont eſté auant Saturne ou Vrane, & qu'au temps de Iupiter les temples eſtoient premierement edifiez, & les Dieux nouuellement adorez. Par
ce moyen les effigies des hommes ont commencé à eſtre figurées:ce qu'on
ne ſoloit pas faire, & non ſans quelque cauſe notable de ceux qui auoient
merité vne perpetuité de nom . D'ont le commencement fut pour la
victoire des ſacrés combatz, & meſmement de l'Olympie : là ou la coutume eſtoit de faire les images de tous ceux qui veincroient pour la troiſieſme fois,en pourtrayant les lineamens de tout le corps ſelon ſa reſſemblance. Mais ainſi qu'il me ſemble ceſt honneur des ſtatuës eſt deu aux
Grecz, ny ne penſe pas qu'à aucuns d'eux en ait eſté plus dedié, qu'à
Demetrius Phalereus filz de Phanoſtrate : lequel faiſant harengues aux
Atheniens, eut le gouuernement de leur ville l'eſpace de dix ans , & luy
a l'on fait l'honneur de trois cents ſoixante ſtatuës de cuyure deſquelles la
plus part eſtoient à cheual,aſſiſes en cars & chariotz:& furent paracheuées
d'vne grande diligence de quatre centz iours preſque . Or comme les A-
theniens l'euſſent en grand honneur , il·fut auſſi aſſailly d'enuie qui conſume toutes choſes, comme qui abſent fut par la menée de quelques vns
condamné à mort: combien qu'il ne tombaſt pas entre leurs mains:mais
portans par terre toutes ſes ſtatuës ia d'induſtrie enrouillées,ilz en ont vendu quelques vnes,ſubmergeans les aucunes,& mis en pieces les autres, ex-

cepté vne qui fut fauuée à la bataille. Le bruit a efté que cela fut fait par les Atheniens à Demetrie fuyuant le commandement du Roy. Il eft certain auffi que les Romains ont eu quelque temps en grande reuerence les ftatuës tant à pied qu'à cheual: celles toutesfois de cheual ont leur cómencement plus ancien: de l'honneur defquelles les femmes ont participé à l'exemple de Cloelie : la ftatuë de laquelle eftoit à cheual, comme fi feftoit peu de chofe qu'elle fuft enuelopée d'vn manteau long, veu qu'elle ne fut point ordonnée à Lucreffe, ne à Brutus ayant chaffé les Roys, pour la caufe defquelz Cloelie fut entre les oftages. Et combien qu'il y eut grãdz cris en la cenfure de Cato, que les ftatuës des femmes Romaines fuffent pofées es prouinces , il ne peut toutesfois garder qu'elles ne fuffent auffi affifes à Rome, comme à Cornelia mere des Gracches, fille du premier Aphricain. On dedioit anciennement les ftatuës mantelées, & depuys nuës tenans vn pointon en main. Car c'eftoit la façon des Grecz de dedier des ftatuës fans rien couurir d'elles . Les Romains au contraire leur bailloient des mãteaux longs & cuyraffes. Cefar le Dictateur a fouffert qu'on luy dediaft en la place vne ftatuë auec corps de cuyraffe. Celle de M. Trebellius qui par deux fois vainquit les Samnites, & auoit deliuré le peuple du payement de foudé pour la prinfe d'Anagne fut à cheual, & auec manteau long. Celle auffi de Scipion qui mena la guerre en Afie, & a veincu Antiochus, eft affife au Capitole non feulement auec vne cotte d'armes, mais auffi auec pattins. Elles eftoient dediées à aucuns d'argent, aux autres d'or. Pompée de vray en tranfporta vne d'argent au triumphe de Pharnax qui fut le premier regnant au Ponthe: auffi fit il les cars d'or & d'argent de Mitridates, combien qu'aucuns eftiment faulfément que l'vfage de l'argent a efté premierement dedié en ftatuës au Diuin Augufte. Vne ftatuë d'or maffif a efté affife au temple d'Anaitis pour vn Dieu treffacré à cefte nation là, laquelle depuis fut depecée durant la guerre Partique d'Antoine. La ftatuë auffi du Roy Affarius qu'il falloit adorer fur peine de mort, fut d'or, & auoit foixante & trois coudées de haut. Mais entre les noftres Domitian fut de fi grand orgueil, & outrecuydance, que comme il euft triumphé des Daces, & Germains, il ordonna de mettre fes ftatuës d'or & d'argent dedans le Capitole . Ie treuue auffi que la premiere ftatuë de bronze faicte à Rome, fut auffi premierement dediée à Ceres du propre bien de Spurius Caffius que fon pere tua tendant à la coronne. Celle auffi de Horace qui fut furnommé Cocles fut de bronze, & affife au temple de Vulcan, laquelle rapportoit le dommage receu en fon corps (car comme dit Plutarche) que fautant armé dedans le Tibre il fouffrit bleffé d'vn dard Tyrrein : combien que Tite Liue die autrement, temoignant qu'il ait nagé iufques aux fiens fain & fauue, non obftant qu'il fuft chargé de multitude de dardz. Cefar le Dictateur n'a pas feulement fouffert qu'on luy ait dedié des ftatuës en la place, mais a d'auãtage remis celles de Pópée qu'on auoit abbatu. Et pourtant me femble la façon d'Augufte Cefar louable d'auoir fait finguliere diligence

(marginalia:) Lego Cloelia, pro Claudia. Ex Pli li. 34. cap. 6.

gence de glorifier les anciens Chefz qui auoient augmenté l'Empire Romain, remettant fus à chacun ses faictz & tiltres, en dediant de tous les statuës en habit triumphant aux porches de leur place. Le faict est aggreable,
aussi ne l'est pas moins la raison: car il fit au parauant entendre par vn edict
qu'il le faisoit à celle fin qu'il y en eut, à l'exemple desquelz tant des hómes
excellés de son téps que du passé les façons de vie se formassent: & selon lesquels quasi cóme à vne reigle presente le peüple Romain recerchast ses prin
ces dressez. De vray c'estoit sagemét faict: car cóme les statuës fussent quelque fois enseignement de vertu, & qu'on les posast à ceux qui estoient d'vn
entendemét & doctrine excelléte, & qui auoient fait de grandes prouesses,
ou auoient souffert la mort pour le bien public, cóme nous les lisons auoir
esté decretées aux ambassadeurs tuez par le Roy des Vegétes, on ne sauroit
selon l'auis de Ciceron faire recompense à vn mort plus chere, ne de plus
longue durée ne grace plus grande que les statuës ou sepulchres. Or ont la
plus gráde part de ces chefz de guerre, que nous auons dit, desiré affectueusemét ceste memoyre des faictz & de la gloyre, l'estimás pouuoir estre eternelle, comme s'il auoient à acquerir plus de recópense de ceste façon de cer-
cueilz & images sans aucun sens, que par vne cóscience de leurs faictz hon-
nestes & iustes. Cato le Censorin toutesfois a montré cóme il est bien seant
à celuy qui tend à la vraye gloyre, de conténer ces choses, comme petites &
nulles, quand estant interrogué pourquoy il n'auoit vne statuë entre tant
d'hommes de renom: I'ayme mieux (dit il) laisser douter les gens de bien,
pourquoy ie ne l'ay merité, que gronder (qui est pire) pourquoy ie l'ay impe-
tré. Les boucliers aussi viénent en rác pour la gloyre de la guerre, lesquelz ie
treuue par institution anciéne estre dediez au téple, ou bien publiquement
aux personnes priuées. On dit qu'Apius Claudius a esté le premier qui l'a
fait: i'entéds celuy qui fut Cósul auec Seruilius l'an de l'edification de Rome deux cétz soixáte dix. Il a de vray assis ses ancestres au téple de Bellona,
& les a voulu estre veuz haultz, & que les tiltres de leurs faictz renommes
fussent clairement leuz. Depuis lequel M. Emille collegal au Cósulat de Q.
Luctatius non seulement en la gráde sale Emilie, mais aussi en sa maison a
voulu que l'image de la vertu fust amplement descrite au bouclier de chacun qui s'en estoit aydé. Les Aphricains les faisoiét d'or, & les ont porté telz
au cáp auec les images. On a aussi cóbatu de ceste maniere d'escuz à Troye
auec les images, & en fut vn assis sur la porte du Capitole iusques au premier feu: & tát grande a esté notée l'authorité de noz encestres en cela, que
M. Aufidius redépteur de la defence du Capitole durant le Consulat de L.
Manilius Fuluius l'an de l'edifica. de Rome cinq céts soixante quinze, a fait
entendre que les boucliers d'argent estoient les peres, lesquels par quelque
téps ont esté ordónez pour ceux de cuyure. Il en est qui ont aussi honoré la
memoyre de leurs gestes par des tableaux, cóme L. Emille Paul, & Luce Scipion, & le prince Messala. Desquelz le premier triumphát des Geneuoyz a
laissé en public tout l'ordre de la guerre peinct en vn tableau: le secód a mis
au Capitole vn tableau de sa victoire Asiatique, & le tiers a planté au costé

Qq. j.

de la court hoſtilie l'an de Rome neuf céts quaráte, le tableau auquel eſtoit
peinct la bataille en laquelle il defit en la Sicile les Carthaginoys & Gerion.
Au regard de ce laboureur C. Marius Arpinas, & Chef tiré des bandes il n'a
point deſcrit ſes faictz en eſcuz pédás, ne en tableaux peinctz, ne graueure,
ne enſeigne, ſtatuë, ne marbre, ne en bronze, ou obeliſque, ne en arc triumphal, ne pyramide, ne en columne, ne tát ſeulemét en columne d'or, ou edifice, mais les a ſort glorieuſement fait cognoiſtre en vne naſſelle. Car on dit
qu'apres le triumphe Iugurthin, Dannemarchois, & Theutonique, il beuuoit à la mode du pere Liber à naſſelle par laquelle indice de la victoyre tirée de l'Aſie, il ſaquiſt, & rendit ſa victoyre ſemblable.

LES SOLENNITEZ DES IEVZ.   *Chap. XII.*

Pres ces choſes ſenſuyuent les ſolénitez des ieuz, leſquelles eſtoiét
ordonnées aux dedications des nouueaux temples, ou bien à l'ac-
compliſſement des veuz des princes auec vn abord d'vue grande
tourbe de peuple, entre leſquelz ceuz de la chaſſe, qu'ilz appelloient dons, eſtoient attribuez à Saturne: ſoit que ce fut d'autant que quand
ilz ont à faire vn voyage de guerre, ilz doiuent regarder les combatz, & les
deux armées ſe ioignans pour la bataille, à fin qu'ilz ne ſepouantent en la
guerre des armes des ennemys, ne des plaies, ne du ſang, ou bien (cóme aucuns diſent) que ceſte deuotion a eſté faicte anciénemét, à fin que contre les
ennemys on fiſt premierement ſacrifice à ce Dieu du ſang des cytoiés. Car
Piſcenius Feſtus recite es liures des hiſtoyres, que les Carthaginoiz auoient
de coutume d'immoler à Saturne des hómes, & que lors qu'ilz furent veincuz par Agatocles Roy des Siciliés, ilz penſerét que Dieu eſtoit courroucé
contre eux: & pourtát pour faire vne purgation plus ſoudaine, ilz ſacrifie-
rent deux céts enfans: tant a peu perſuader de maux la religion, que de tuer
vne ſi grande part de leur cité, & telle parauanture qu'Agatocles veinqueur
n'auoit pas tué ſi grande. Ce meſme Saturne a eſté honoré en l'Italie de la
meſme maniere: non pas qu'vn homme fuſt immolé à l'autel, mais en ſorte
qu'il eſtoit ietté du pont Miluin dedans le Tibre: ceſte façon toutesfois de
ſacrifice, fut abolie par Hercules retournant de l'Eſpagne par Italie auec les
aumailles de Gerion: & perſuada à leurs peuples qu'ilz chágeaſſent les malheureux ſacrifices à des heureux, demourant toutesfois la façon de faire en
ſon entier: de ſorte que pour les vrays hommes on ietta leurs images faictes
de ionc, comme l'enſeigne Ouide en ſes Faſtes:

» *Au Dieu Leucadien triſtes on preparoit*
» *Chacun en ſacrifices, auant qu'en ces contrées*
» *Hercules arriua, iettant Quirins de paille*
» *Dans les eaux: iette donq à l'exemple de luy*
» *Corps feinctz.*

Lequel poëte fait auſſi memoyre par ces parolles que les vierges Veſtales
ont fait ceſte maniere de ſacrifices:

» *Auſſi a de coutume vne vierge ietter.*

Du

,,   *Du haut du pont en bas les anciens feinctz de ionc*

Par ces caufes recitées de la fourfe de cefte folénité, il appert que les Saturnales font plus anciénes que la ville de Rome: tellemét qu'Accius recite en fes
annales par ces vers que cefte folennité a cómencé en Grece auant Rome.

,,   *La plus grand part de Grece, & mefmes les Athenes,*
,,   *Au Dieu Saturne font Saturnins facrifices:*
,,   *Par eux reiterez , & celebrans le iour*
,,   *Par tous village & ville, ilz font ioieufe chere*
,,   *Et traictent leur famille.*

De lá auffi eft venuë la coutume entre les noftres que les feruiteurs repaif
fent auec leurs maiftres. On dit auffi que cóme au mefme téps ilz penfaffent
ia de longue main appaifer Pluton, auec teftes d'hommes, que Hercules re-
tournât par l'Italie auoit perfuadé aux nations de faire autres facrifices, portás à Pluton des petittes images pourtraictes au vif, & non pas teftes d'hom
mes. Ie treuue que depuis quád on faifoit les ieuz à Rome par les carrefours
que les facrifices furent remys fus par Tarquinius Superbus aux bons &
mauuaiz efpritz, & à la Manie fuyuant l'oracle d'Apollo: par lequel il eftoit
cómandé que pour teftes on facrifiaft teftes, ce que fut obferué par quelque
téps, tellemét que pour la cóferuation d'vne famille on facrifioit des enfans
à la Déeffe Manie mere des efpritz bós, & mauuaiz, c'eft à dire aux Dieux infernaux: laquelle maniere de facrifice Iunius Brutus apres auoir chaffé Tarquin ordonna eftre autrement celebrée, comme qui cómanda de facrifier à
teftes d'ail, & de pauot, pour fatisfaire à la reponce d'Apollo touchát le nóbre des teftes en oftant la mefcháceté du malheureux facrifice. Et eft auenu
qu'on pendoit par les carrefours des boules & effigies d'hommes & femmes
faictes de laynes , & qu'on pédoit autát de boules , qu'il y auoit de chefz de
ferfz, & autát d'effigies que d'hómes libres: lefquelles finalemét penduës à la
Manie aux portes d'vn chacun ilz detournoiét par cefte purgation le peril,
fi vne famille eftoit en dágier, & que la Déeffe pardónoit aux viuans córéte
de cefte maniere de boules, & fimulachres. Au regard des ieuz ilz les ont
appellé *compitales* à caufe des ruës des carrefours aux quelles on les iouoit.
Mais pourrant qu'il eft certain qu'on a fait celebration Diuine à Pan Licée,
& que d'auátage on a fait anciénemét des feftes Lupercales, felon les efcriuains de l'antiquité, il femble que nous en deuons parler pour vn troifiefme
article. Ces efpeces donques de facrifices, cóme il femble au plus elegás efcri
uains des hiftoires, ont premierement efté transferez aux noftres par ceux
qui partás de l'Archadie auec Euandre font allez au lieu, ou maintenant eft
Rome, & ont efté celebrez à leur mode. Ouide aux Faftes:

,,   *Les Archades iadis comme on dit honorerent*
,,   *Pan le Dieu du beftail, eftant bien abondant*
,,   *En iouz Archadiens: là Pan eftoit le Dieu*
,,   *D'aumailles & des eaux, receuant des prefens*
,,   *Pour les ouailles faines. Or auec foy les Dieux*

```
,,    Syluestres Euander transporta: & alors
,,    Le lieu ou est la ville estoit d'elle la place.
```

En laquelle ville il est certain qu'Euandre ordonna qu'estant la tourbe des pasteurs éparse, les ieunes garçons nudz & eueloppez dedans les peaux des bestes sacrifiées couruffent à l'honneur de Pan Licée déguizéz, & transportéz d'vne resiouiffance de trop boyre & manger par vne superfluité & debauchement, & que portans en main vn fouet ilz batteroient tous ceulx qu'ilz r'encontreroient, & mesmement les femmes de bon âge, leurs offrans leurs mains de leur bon gré, pour l'estime qu'elles auoient que ce leur pourroit estre vn heureux moyen d'enfanter, comme le dit le mesme Poëte subsequemment:

```
,,    Qu'attens tu mariée? hores ne seras mere
,,    Par la paleur des herbes, ou par tes oraisons,
,,    Ne par magiques vers, reçoy patiemment
,,    En la dextre fecunde vn coup: car le voué
,,    De son ayeul le nom desiré portera.
```

Or y a-il plusieurs causes qui par le cours de l'antiquité sont venuës iusques à nous, lesquelles nous enseignent pourquoy ilz ont nudz adoré ce Dieu: soit qu'estant nud il ait trouué bon que pour sa vistesse les ministres nudz luy estoient plus conuenans: ou bien que les Archades qui sont les plus anciens de tous les peuples qui ont habité la Grece, menans encores vne vie semblable aux bestes sauuages dedans les forestz & montaignes sans cognoissance d'art, ne de loix, ont premierement cómencé de reuerer ce Dieu selon leur façon d'acoustremens. Le mesme Ouide aux Fastes:

```
,,    Si tu quiers la raison de leur course, & pourquoy
,,    S'il fault courir, leurs corps portent nudz delaissans
,,    Robbes: ce leger Dieu s'esiouyt de la course
,,    Par les hautes montaignes, & prend les bestes vistes.
,,    Ce Dieu nud donques veult tous ses ministres nudz
,,    Ny n'estoit pour courir la robbe bien commode.
```

Au surplus Actacilius escrit, comme temoigne Plutarche, que comme auát l'edification de Rome, le bestail de Romule eust esté robbé par les larrons, il fit lors premieremét ses prieres auec la solénité des Lupercales, à l'hóneur de Faune tournoyát de course par apres nud pour n'estre empesché de sueur toutes les mótaignes & forestz, & qu'à ceste cause les Lupercales ont celebré ces ieuz. Les autres disent que les Luperques estoient faictz nudz, d'autant que Faune ayant esté moqué des siens pour vne robbe, l'a defendu en ses sacrifices. Ouide es Fastes.

```
,,    Le Dieu moqué, les robbes ebloissans les yeux
,,    N'ayme point, appellant à ses festes les nudz.
```

Iustin dit que la cause de la nudité est plus venuë à raison de la façon du Dieu, au quel on faisoit telz sacrifices que d'autre part: veu qu'on dit que Faune fut le tiers qui regna apres luy, soubz lequel Euander est venu en
Italie

Italie de Palantée ville d'Archadie, auec vne moyenne compagnie de menu peuple.Auquel Faune affigna gratieufement terres,& le mont que depuys il appella Palantée,au pied du quel il edifia vn temple à Lycée,que les
Grecz appellét Pan:& les Romains Lupercal,Au regard de l'image du Dieu
elle eft nuë, & attourée d'vne peau de chieure, au quel habit on a depuys
couru à Rome aux ieux Lupercales.Cóme que ce foit on trouue que cefte
obferuation a dure iufques au temps de Cefar:car comme eftant affis il re-
gardaft ces facrifices, & qu'entre ceuz qui celebroient la folennité Marc
Antoine fuft prefent pour lors Conful,& depuis Triumuir. On dit qu'il
fefforça d'affeoir le diademe fur la tefte de Cefar. Ce que comme Cefar re-
poulfa des mains en retirant fa tefte,il ordonna foudain qu'on le mift à la
ftatuë de Iupiter le Capitolin.Au regard du nom des Lupercales, on n'en
baille pas vne raifon feule,mais plufieurs, difans les aucuns qu'vn lieu fut
confacré en Archadie au Dieu Pan:auquel auffi a efté confacré le mont Ly
cée,dict en Grec Lucos,c'eft a dire loup, comme qui ne fouffre pas les loups
rauir les brebis.Et pourtant Euander dedia vn lieu au Dieu de fa nation, &
l'apella Lupercal, d'autant que par fa preferue les loups eftoient chaffez
d'autour de fes ouailles. Les autres cóme le recite Plutarche penfent que le
nó eft plus toft venu de *Lupa* qui a nourry Romule: veu que cóme il dit, les
Lupercales commencent le ieu,là ou comme lon dit, Romule fut mis à l'a-
uanture:combien que les chofes qui concernent les facrifices ne conuiennent point à ce qu'on dit de *Lupa* nourrice de Romule. A quoy temoigne le poëte par ces parolles:

"   *Elle a le nom donné au lieu de Lupercal,*
"   *Grand loyer la nourrice a de fon laict tiré.*
"   *Qui defend les Luperques eftre nommez du mont*
"   *Archadien? fes temples a la faune Licée*
"   *En Archadie.*

Il fen treuue auffi, comme dit Quintilian,qui difent que les Lupercales
font trois parties de l'oraifon, quafi comme iouer par le bouc .Finalement
on penfe,comme dit Plutarche,que ce ieu a efté ordonné d'ancienne obferuance pour appaifer les Dieux infernaux.Auffi fe faifoient ilz (comme Lego ex-
piàdos pro
expedien-
dos.
il dit)aux iours malheureux de Feurier, lequel il interpretent mal encon-
treux,comme dit Ouide aux faftes:

"   *Le tiers matin apres les Ides les Luperques*
"   *Voit nudz, & fait on fefte au faune le bicorne.*

Les Cófuales eftoiét ieux qu'ilz faifoient en l'honneur de Confus,qu'ilz efti
moient Dieu de confeil . Au regard des Circenfes que Romule celebra
premierement au nom des Cófuales apres le rapt des Sabines ilz eftoient
dediez à Neptune:lefquelz iadis eftoiét faictz au riuage d'vne riuiere, mettans de l'autre cofté efpées,& glaiues,à fin que d'vn cofté & d'autre la beftife fuft en peril.Ilz ont efté dictz Circenfes d'autant qu'on les dreffoit a-
uec efpées mifes tout autour,cóbien qu'aucuns difent qu'ilz font ainfi dictz

des Aftercienfes à caufe de tournoyer. Mais ie ne voy point que la raifon de ces ieuz ait autre chofe finon qu'vne folie, vanité, & furië : car les cœurs eftoient émeuz d'aufsi grande fureur que de grande impetuofité, on y couroit de forte que ceux qui feftoient là affemblé pour voir, feruoient de plus grand fpectacle, lors qu'ilz auoient commencé a fécrier, braire, & treffaillir. Les Ecuries, font ieuz que Romule inftitua à Mars par la courfe des cheuaux, qui fe faifoient à la campagne de Mars. Le (*munus*) don des Gladiateurs, eft ainfi dict pour autant qu'on les donnoit côme vn (*munus*) prefent : celuy aufsi qui les donne eft appellé (*Munerarius*) donneur : celuy aufsi eft appellé Lanifte qui a vne famille de gladiateurs, les dreffant & apprenant en fa maifon pour puis apres les vendre. Et a efté ainfi dict le nom des Gladiateurs, d'autant qu'on auoit de coutume de tuer des prifonniers aux fepulchres des vaillans hommes. Mais comme depuis cela femblaft cruel, le combat des gladiateurs deuant les fepulchres fut receu : laquelle façon de faire noftre Homere Mantuan a declaré par ces parolles :

,,   *Sacrifices viuans pour immoler aux mortz*

,,   *Il prend, & pour fur flambe epandre fang captif.*

Et comme dit Florus, le Spartaque ne refufa point les accouftremens Pretoriens, lequel faict foldat, de Thrace tributaire, & de foldat, habandonneur d'enfeigne, puis brigant, & fubfequemment gladiateur à caufe de fes forces a folennifé la mort des Capitaines tuez à la bataille des funerailles des Empereurs, & a ordonné que les captifz combattroient à oultrance dedans vn parc Royal, comme quafi purgeant par là la honte du temps paffé, fi de gladiateur il eftoit faict dreffeur du ieu gladiatoire. Tite Liue ,, au vingtneufiefme : Scipion eft retourné à Carthage pour accomplir fes ,, veuz aux Dieux, & pour faire le ieu gladiatoire qu'il auoit preparé à caufe ,, de la mort de fon pere & de fon oncle. Le fpectacle des gladiateurs ne fut de cefte maniere d'hommes, que les Laniftes ont de coutume d'achetter comme d'vne leuée de ferfz & libertins, qui vendent leur chair : car le ieu fut d'hommes combattans voluntairement, & fans foude. D'autant que les vns furent enuoyez par les Roys pour montrer la vertu naïue de la nation : les autres f'offroient de combatre pour l'amour du Chef : L'enuie aufsi de combatre a attrait les vns de prefenter, ou bien de ne refufer le combat. Mais de quoy fe deura lon plus émerueiller en cecy, de l'inuenteur ou de l'inuention, de l'ouurier ou de l'autheur, qui a ofé le penfer, regarder, ou commander, ou bien fur toutes chofes de la fureur du peuple ? Qui eft celuy qui ne voit quant vile eft cefte execration de vies, quantes querelles de là, & mechanceté en fortent. Les ieuz des Neuueines font ceux qu'on folennife à l'honneur des mortz. Au furplus quand anciennement quelqu'vn eftoit trefpaffé on le r'apportoit à fa maifon. D'ont on dit, r'apporte auant ceftuy aux fiens : & là il eftoit fept iours : au huictiefme on le brufloit, puis au neufiefme on le mettoit en terre à fa maifon : d'ont eft venuë la coutume que les Dieux domeftiques font honorez aux maifons. Ie treuue finalement mêt que les ieuz funebres, Plebeiens, Megaléfes, & Appollinaires, d'ont les Ediles curules auoient la charge publique, eſtoient ſolenniſez à grande ioye. Les funebres eſtoient inſtituez pour amuſer le peuple, pédant que la pompe ordonnée à l'honneur d'vn homme Patricie fuſt dreſſée. Les plebeiens ſont faiɛtz pour le ſalut du peuple apres auoir chaſſé les Roys, & pour la liberté, ou pour la reconciliation du peuple apres leur retraiɛte au mont Auentin. Les grands ieuz eſtoient appellez Romains qu'ilz faiſoient à l'honneur de Iupiter, ou bien au temoignage d'Aſconius, les ieuz Romains Royaux ont eſté inſtituez ſoubz leurs Roys, & ont eſté appellez grandz, d'autant qu'lz ont eſté donnez à grandz fraiz : veu qu'au commencement la depence des ieux montoit cinq mille eſcuz, tant on eſtime les ieux auoir eſté faiɛtz grandz, d'autant qu'ilz ont eſté baillez au Dieux des Côſeilz & ſecretz, c'eſt à dire à Neptune, au Lare, & aux grãdz Dieux, c'eſt à dire aux Lares de la ville de Rome, par le moyen deſquelz on dit que les Sabines ont eſté rauies : Ce que Virgile ſemble auoir noté :

,,   *Et magnis Circenſibus aɛtis.*

,,   *Apres les grandz ieuz Circenſes perfaiɛtz.*

Au regard des Megalenſes c'eſtoiët les ieux des nobles, & conſacrez aux grandz Dieux : ainſi appellez du lieu de l'inuention. Aux quelz le deuoir des Preteurs eſtoit de ſ'y trouuer, & de louer les ioueurs. Iuuenal aux Satyres :

,,   *Les ſpeɛtacles tandis des nappes Megalenſes*

,,   *La feſte Idée font, là ou comme on triumphe*

,,   *Eſt aſſis le Preteur rauiſſeur de cheuaux*

,,   *Et ſi licite m'eſt de dire ſauf la grace*

,,   *Du grand peuple à merueilles au iourd'huy le parc rond*

,,   *Toute Rome comprend, & le bruyt eſtourdit*

,,   *L'oreille : d'ont i'atten le malheur du drap verd :*

,,   *De vray ſ'il defailloit, tu verrois ceſte ville*

,,   *Fachée, & eſtonnée ainſi qu'à la defaiɛte*

,,   *De noz Conſulz aux Cannes. Or donq que la ieuneſſe*

,,   *Aſſiſte auſquels le cri ſiet bien, & la promeſſe*

,,   *Hardie, & ſ'aſſeoit pres la fille parée.*

Valere Ancie dit que les Megalenſes ont eſté appellez ieuz de theatres, & qui ſi nous croyons à Firmian ont eſté attribuez à Liber, auquel reuenant des Indes à Thebes, les Grecz (comme lon dit) ont inſtitué les Trieterides, pour l'eſpace triennal employé en ce voyage. On dit que l'origine des ieux Appollinaires a eſté à cauſe de la viɛtoire, & non pas pour la ſanté, comme aucũs ont eſcrit, ſuyuans deux vers du prophete de Mars, du quel on auoit apporté deux volumes au Senat, d'ont au premier vers la prophetie de la defaiɛte des Cannes ſonnoit preſques ainſi : Fuy la riuiere de Cannes ô Romain deſcendu des Troyens, à fin que les eſtrangiers ne te forcent de combatre à la campagne de Diomedes. Si ne me croyras tu pas pourtant, iuſques à ce que tu ayes réply la place de ſang, & que la riuiere porte beaucoup

Emendaui ex Tit. Li, li. 5.3. Decadis.

Q q.iiij.

de milliers de tes corps dedans la grande mer de la terre fructueuse en poissons, oyseaux, & bestes sauuages qui habitent la terre, & auxquelz ta chair sera en proye: Iupiter le m'a de vray ainsi dit. Au regard de la Campagne de Diomedes le Grec, & de la riuiere des Cannes, ceux qui y auoient esté à la guerre, & aussi à la defaicte les cognoissoient bien. Et alors aussi fut trouué vn autre verset parlant ainsi: Si entre vous Romains vous voulez chasser de vostre pais l'ennemy & l'apostume des nations qui viennent de loing, ie suis d'auis qu'on voue des ieuz à Appollo, lesquelz on luy fera tous les ans gratieusement. Et apres que le peuple aura baillé vne portion sur les finances publiques, les personnes priuées bailleront pour eux, & pour les leurs. Desquelz ieuz le Preteur aura la superintendence, qui aura tout droict de iustice sur le peuple. Les dix deputez feront la solennité auec sacrifices à la façon des Grecz, lesquelz si vous faites bien, vous serez tousiours en ioye: vostre bien auiendra tousiours: car ce Dieu qui gratieusement nourrit voz terres eteindra voz ennemys. Et comme on eut employé vn iour pour l'interpretation de ce verset, on fit finalement vn decret du Senat que les dix deputez pour estre mieux instruictz en l'execution des ieuz Appollinaires, & pour bien faire le sacrifice Diuin iroiét aux liures Sybillins, aux quelz comme le r'apport fut d'auoir trouué de mesmes, Les Senateurs ordonnerét de vouer, & faire des ieuz à Appollo, & apres les ieuz faictz on liureroit au Preteur six vingt escuz, & deux des plus grandes hosties. Il fut aussi ordonné par vn autre decret que les dix deputez feroient la solénité à la mode des Grecz, & auec ceste façon d'hosties: d'ont vn bœuf auec deux chieures blâches dorez seroiét pour Appollo, & vne vache dorée pour Latona. Il estoit aussi ordonné au peuple de regarder ces ieuz estant coroné. Au regard des matrones, elles estoient en priere, tout le monde mangeoit en veuë, & à portes ouuertes: somme que ce iour là estoit solennisé de toutes façons de cerimonies. Par ce moyen (comme dit Sisinius Capito) on a commécé peu à peu de faire aux autres dieux l'honneur de ceste maniere de ieuz: & a esté chacun ieu, comme Sisinius Capito le descrit es liures des spectacles, consacré en leurs noms.

LES OBLATIONS DES PRINCES FAICTES
aux Dieux du butin des guerres. Chap. XIII.

Vr la derniere donques partie de nostre labeur nous coucherons la supreme des princes, en recitant leurs oblations de la guerre. Qui est celuy qui sortant victorieux des tourbillons des guerres oublie à honorer le seigneur des armées? veu que ceux qui mesmes n'auoient pas la cognoissance du vray Dieu, ne mettoient point en oubly celuy quiconque en auoit la puissance, de sorte qu'ilz ne l'eussent en bien grande reuerence. Mais à fin que quelqu'vn n'en soit parauanture en doute, vous auez de tresexcellés Capitaines pour temoingz, & entre autres

princi-

principalement Dionyſius,qui fut auſſi dict Liber,& Alexandre de Macedoyne. Car ceſt autre eſtant entré aux Indes,offrit premier au Dieu Iupiter
en orient les primices qu'il eut des priſonniers . Et ſi cela n'eſtoit aſſez manifeſte Ouide le temoigne richement es Faſtes diſant :

>>   *Or auant ta naiſſance,ô Liber les autelz*
>>   *Ne furent honorez , l'herbe auſſi fut trouuée*
>>   *Es atres froidz, on dit qu'apres auoir ſoubzmis*
>>   *Ganges,& l'Orient as au grand Iupiter*
>>   *Mis à part les primices,& que premier donnas*
>>   *Le cinname & l'encens captifz,& les entrailles*
>>   *Roſtiës de ce beuf,d'ont tu as triumphé.*
>>   *De celuy de l'autheur, leur nom les Libamines*
>>   *Tirent,auſſi font Libes aux feuz ſacrez liurez.*

Au regard d'Alexandre , comme en ſon enfance il iettaſt à la façon des
Grecz de l'encens aux autelz ſans meſure, Leonide ſon pedagogue eſtant
marry de ceſte prodigalité luy dit : Mon fils tu offriras ainſi à largeſſe les
ſenteurs,lors que tu iouyras du pais qui porte l'encens. Lequel finalement
iouiſſant de l'Arabie,enuoya à Leonide vn nauire chargé d'encens,& vne
lettre de ceſte teneur preſques : Ie t'ay enuoyé force encens & caſſe , à fin
qu'es choſes Diuines tu ne tiennes les choſes cheres qui ne les ſont pas ,
comme qui n'es pas ignorant que nous ſommes iouiſſans de la terre fru-
ctueuſe en ſenteurs. Le meſme Alexandre auſſi depuis eſtant en fleur d'âge
auoit en recommendation les lampes ardentes es chapelles de bois mort,
comme iadis au temple d'Apollo le Palatin : lequel prins à la prinſe de
Thebes le meſme Alexandre auoit dedié à Lucinie. Hannibal auſſi paſſant l'Eſté pres le téple de Iuno Luciñie au pais de la Bruſſe dreſſa là vn autel, & le dedia auec vng grand tiltre de ſes faictz en lettres Grecques & Puniques. Lequel auſſi apres tant de bonnes fortunes de guerre en l'Italie, &
meſmement apres auoir abaiſſé & preſque du tout ruiné la puiſſance Romaine par la defaicte des Cannes ordonna de ſolenniſer vn ſacrifice aux
Dieux immortelz . Au demourant Romule fut le premier qui porta les
depouilles d'Acron Roy des Cenienſes tué de ſa main au temple de Iupiter,
qui premier fut conſacré à Rome. Depuis luy Corneille Coſſe ayant tué
Columnie l'Hetruſque Chef des Fidenates conſacra ſa dépouïlle au meſme dieu. Il ne fault pas auſſi oublier M.Marcel, qui au pres du Pau défit &
tua,& deſarma Briomale Roy des Gaulois , & de là il monta au temple de
Iupiter le Feretrie pendant les armes par vne dedication ſolennelle . Ny ne
fut en cela Marcel ſatisfait,car apres auoir prins Sarragouſe , il tranſporta à
Rome les paremens,enſeignes & tableaux d'ont pour lors la ville floriſſoit,
& les dedia aux Dieux du païs.On les voit à la porte Capene au temple par
luy dedié. Nous liſons auſſi que le temple de vertu , & d'honneur a eſté par
luy rebaſty : lequel long temps au parauant auoit eſté dedié à Q.Maxi-
mus durãt la guerre de Genes.Ie treuue auſſi que comme Tullus Hoſtilius

eut deux fois triumphé des Albains, & des Sabins pour la tierce fois, il
consacra de veu vn temple à Saturne, & que lors premierement furent ordonnez les Saturnales à Rome : combien que Varro au sixiesme liure des
maisons sacrées écriue que le Roy L. Tarquin bailla à faire le temple dedãs
la place: & T. Laertius le Dictateur le dedia aux Saturnales. Ny ne suis ignorant que Gellius a escrit, que le Senat ordonna que le temple de Saturne
fust faict, d'ont L. Furius Tribun de la commune eust la charge. Tarquin
auquel la façon de vie donna le surnom de Superbe, bastit vn temple des
dépouilles des ennemys: lequel comme on consacrast à Iupiter, & que les
autres Dieux luy cedassent la place, ce fut vn cas merueilleux que le charroy & les Dieux des bornes s'arresterent comme Dieux opiniastres promettans toutes ces choses stables & eternelles. Scipion le Numantin edifia le
temple de Vertu, & depuis C. Marius fit vn temple à l'Honneur & à la Vertu, du pillage des Dannemarchois, & Theutoniques. Scaurus Emilius en a
par apres fait vn à l'Entendement, d'autant que nay enuiron le temps de la
guerre de Dannemarc, l'eloquence & erudition sont entrées à Rome, &
l'ont commencé à enrichir amplement. Comme le Consul Emilius eust
veincu en bataille les Gaulois, il dressa à Iupiter vn trophée d'or de leurs
chainnes, d'autant qu'ilz auoient fait veu que filz vaincoient, ilz consa-
creroient à Mars de Gaule vne chaine d'or des dépouilles des Romains.
Mais comme Furius Camillus eust esteinct la fureur des Gaulois, & eust
deliuré Rome qu'on r'achetoit au pois de l'or, il edifia vn temple aupres de
la rue neuue, non pas de conseil, ne de force, mais de renom & diuination.
On treuue es anciennes escritures qu'Agrippa en a fait vn merueilleusement beau de tous les Dieux à Iuppiter le vengeur. La Minerue iadis située
à Rome au pres du Capitole qui estoit à Euphranore fut depuis dicte Ca-
tullienne pour auoir esté dediée de Q. Luctatius Catullus. Emilius Paulus
en a dedié vn autre à Rome dedans le temple de Fortune. Spurius Claui-
lius aussi apres auoir défait les Samnites combatans soubz condition de
veincre ou mourir fit vn Iupiter au Capitole de leurs corselletz, sallades, &
greues. Le Diuin Iulle Cesar voulut qu'on entendist que l'accoustremét de
corps, qu'il dédia à la mere Venus dedans son temple estoit fait de perles
d'Angleterre. Pompée le grand & Chef consacra au temple de Iupiter le
Capitolin vn sep de vigne d'or auec le raisin : Au demourant elle estoit de
trois centz mille escuz ayant le tiltre d'Aristobole fils du Roy Alexandre.
On treuue par escrit que le Diuin Auguste a edifié ou bien reparé tous les
temples. Le Diuin Vespasian a edifié & perfait le temple de Concorde &
de Paix. Or à celle fin que ie ne poursuyue ceste matiere vniuersellement,
d'autant que ce seroit chose trop longue & trop laborieuse, & que mon
propos à bon droict finisse en toy (Sigismond) auquel il a commencé, tu
as n'estant moindre de ces excellens Capitaines, & de leur subsequens en
bastimens, en excellence de religion, & imitation de gloire, basty outre les
temples assiz hors la ville à trois milles à la montaigne, & vis à vis de la

mer,

mer,ce temple tant renommé & digne de grande admiration:& finalemēt
singulier temoignage de ton nom Royal,que tu as laissé basty de fond en
cōble,& dédié à Dieu au milieu de la ville aupres de la place,de la depouille des villes que tu as assiege & prins,conforté d'vne supreme religion d'vn
prince tressainct & Diuin,apres auoir mis fin à la guerre de l'Italie, estans
tous les ennemis défaictz & ruinez par la vertu inuincible de ton cœur. Tu
as finalement tourné ta fantasie des armes aux affaires ciuilz, & as si large-
mēt enrichy ce temple paré de tant merueilleuses peinctures & graueures,
que combien que ceste ville ait beaucoup de choses memorables,& dignes
d'estre cogneuës,elle n'a toutesfois rien si noble, ny rien qu'on pense plus
digne d'estre veu,mesmement en l'exaucement des murailles, & nombre
d'arcz merueilleusement hautz,faictz de marbre de pais estrange, desquelz
les tables de pierre sont couuertes , & par lesquelz on les voit de bien belle
graueure,& quand & quād celles des sainctz peres,& des quatre vertuz , &
des signes du celeste Zodiac,& des planettes:aussi sont là les images des Sybilles,des Muses, & de beaucoup d'autres nobles choses,lesquelles ont bien
le pouuoir d'attraire les sauās hommes,& autres que le menu peuple les regardans,non seulement pour l'artifice notable de la taille & graueure,mais
aussi pour la cognoissance des formes,estās les lineamēs pris du profond de
philosophie,par toy le plus subtil, & sans doute plus renōmé de tous les prin
ces de ce siecle.Tu as outre plus paré ces lieux tant sainctz de tresexcellēs pri
uileges du Pape,& d'innumerables dons,& reliques des sainctz:veu qu'outre le merueilleux reuenu ordinaire d'or & d'argent dédié à Dieu,tu as d'vn
mesme don élargy pierres precieuses,perles,tasses,calices,nauettes,encēsiers,
croix,chādeliers,tableaux,orgues,tuniques de pourpre, chappes d'or frisé:
& finalement plusieurs liures de la saincte escriture,& des Ethniques, & de
toutes sciences & ars.C'est sans point de doute vne nouuelle,noble, & grāde inuention pour l'immortalité:veu que tu as voulu non seulement estre
dédié par l'or,argent,cuyure,ou marbre,ou par chaux,ou pierres, mais aussi
es biblioteques,par ceux desquelz les ames immortelles parlent es mesmes
lieux.Quant au comble de tes autres faictz, ie ne l'estime aisé à dire, veu
qu'outre ces autres ton nom est par tout tant cogneu par tant de temoignages manifestes de tes euures,qu'il ne sera iamais posterité si sourde,ne renō-
mée si ingrate,qui ne loue iusques au ciel,& ne luy donne la gloire deuë,&
exquise.Il me semble,Sigismond Pandulphe Malteste , qui es le trescertain
salut,la lumiere,l'honneur du pais, & le pere, que i'ay accomply la charge
de ton commandement,& de mon euure touchant le mestier de la guerre,
sachant tresbien que les choses commandées estoient de plus grand pois,
que n'estoient les forces d'vn moyen entendement pour les porter,& qu'au
demourant i'ay teu plusieurs choses cogneuës , lesquelles eussent peu estre
cōmodement inserées en ce liure. Au surplus comme ce soit (par maniere
de dire) vne commune maladie aux hommes,que chacun ignore plus qu'il
ne scet:& comme dit Horace.

> *Chacun ne decrist pas armées heriſſées*
> *De dards ne des Gaulois renuerſez la defaicte:*
> *Ne du Parthe tumbant de cheual les bleſſeures.*

S'il y a rien en ces liures peu ou trop: ſ'il y a rien auſſi qui ſemble départir de ceſte ancienne, & elegante façon de parler, & tumber en arriere, ie te prie qu'à moy ſeul en ſoit le blaſme: ſi auſſi il y a choſe qui ſemble digne d'eſtre gardée, & miſe en ſeurté, quaſi comme ceſte Minerue de Phidie, ou bien qui ſemble eſtre partie de la boutique de la meſme Minerue, que non ſeulement on en rende graces à dieu auec moy, & à ta Diuinité, mais auſſi qu'on le recognoiſſe grandement d'effect par euures de toy, & non pas de moy, comme qui fauoriſant noz eſtudes par ta conduicte & bonne fortune les rendans plus renommez & allaigres, les as touſiours eguillonné, & as(comme l'on dit)inceſſamment haſté ma courſe : quoy que pour mettre fin à ton labeur entreprins tu fuſſes au grand feu de la guerre.

Fin.

A VN SEVL DIEV HONNEVR ET GLOIRE.

www.ingramcontent.com/pod-product-compliance
Lightning Source LLC
Chambersburg PA
CBHW050553270326
41926CB00012B/2029